L'INCROYABLE MONSIEUR MAXWELL

HISTOIRE D'UN EMPIRE

Ouvrage traduit de l'anglais par :
Jeanne-Marie Santraud (chapitres I et X); Jean Bonnefoy (chapitres II et III); Abel Gerschenfeld (chapitre IV); Frédérique Coste (chapitre V); Christine Thomelin (chapitre VI); Jean Jaffray (chapitre VII); Brigitte Delorme (chapitres VIII et IX).

Nous remercions Mme Élisabeth Maxwell
des conseils qu'elle nous a apportés
pour la mise au point de la traduction.

Titre original : *Maxwell.*
Édition originale publiée en Grande-Bretagne
par McDonald and C° Publishers Ltd, Londres 1988.

Pour la traduction française :
ISBN 2-7381-0037-6

Joe Haines

L'INCROYABLE MONSIEUR MAXWELL

HISTOIRE D'UN EMPIRE

ÉDITIONS ODILE JACOB
15, rue Soufflot, 75005 Paris

à Betty Maxwell

Sommaire

Préface

En 1976, il me fallut trois mois pour écrire mon premier livre et six mois pour le publier. Six mois de travail ont été nécessaires pour le présent ouvrage dont la publication a demandé trois semaines. Quoi que l'on puisse dire de Bob Maxwell, c'est un éditeur extraordinaire.

Dès le début, j'ai été considérablement aidé par sa femme Betty; par amour pour son mari, elle a soigneusement conservé, en archiviste consciencieuse, le moindre bout de papier se rapportant à la vie de son époux – tant professionnelle que privée; il n'existe donc pas de source mieux documentée et j'y ai eu accès. Il m'a fallu faire un tri et si des épisodes de la carrière de Maxwell ont été omis, j'en porte l'entière responsabilité. Rien que pour Pergamon Press, il existe plus de 47 000 lettres de 1956 à 1968; leur dépouillement complet eût retardé la publication de ce livre bien au-delà des limites qu'imposent mes espérances de vie active et même les siennes.

Pour le soixantième anniversaire de son mari, en 1983, Mme Maxwell a recueilli les témoignages de 248 personnes : amis, confrères et membres de la famille. La plupart émanent des milieux scientifiques, dont le soutien a depuis toujours joué un rôle précieux dans la vie professionnelle de Maxwell – ce que le public ignore. La liste des participants est aussi impressionnante que leur qualité : entre autres trente-huit professeurs, deux académiciens, un chef d'État, un duc, une duchesse, deux ambassadeurs, un sénateur américain, deux Pairs du Royaume-Uni, etc. Ses sept enfants en vie –Anne, Philip, Christine, Isabel, Ian, Kevin et Ghislaine – ont tenu à exprimer l'amour qu'ils éprouvent pour leur père, et dans des termes qui vont bien au-delà du simple devoir filial.

Ni moi, ni mes confrères du Daily Mirror, *ne nous attendions à ce que j'écrive ce livre. Au temps où Maxwell s'efforçait de racheter le groupe du Mirror, j'étais son adversaire déclaré. Que nous ayons fini par collaborer aussi étroitement m'étonne moi-même et provoque le soupçon chez les autres. A cette entente, il est, je crois, une explication : habitués l'un et l'autre à lancer des ultimatums, nous ne nous en sommes pas encore adressé.*

J'ai commencé ce livre le 1er septembre 1987. Heureusement, je n'ai jamais appris à écrire lentement, sinon il n'aurait certainement pas été imprimé pour le soixante-cinquième anniversaire de Maxwell. Pourtant, je n'aurais pu y parvenir sans la diligence de plusieurs personnes. En premier lieu, je dois tout particulièrement remercier ma femme, qui a su patiemment supporter mes accès de nervosité pendant toute la durée de ce travail; c'est elle qui m'a remonté le moral, après que la tempête d'octobre 1987 eut dévasté une grande partie du sud de l'Angleterre et détruit quelque trente à quarante arbres de mon jardin, c'est-à-dire presque autant qu'il y en avait. Ma secrétaire, Gloria Sharp, a su de même affronter avec fermeté les moments de tension provoqués par l'achèvement de cet ouvrage. Elle a dû y travailler autant de jours qu'il le fallait, c'est-à-dire y consacrer la plupart de ses journées, et durant autant d'heures qu'il était nécessaire, c'est-à-dire un très grand nombre. Il lui a fallu parcourir un grand nombre de kilomètres. C'est elle qui remettait en forme le produit de mon micro-ordinateur à traitement de texte, quand je me débattais avec sa technologie dernier cri. Quatre de mes confrères du Mirror *m'ont aussi apporté une aide inappréciable. Bob Head, chef de la rubrique économique et spécialiste de la City, m'a servi de guide dans la jungle des questions financières les plus complexes. Alan Law, son rédacteur pour les questions industrielles, qui avait écrit, à l'époque, des articles sur la querelle de* Park Royal, *m'en a fourni un résumé simple et compréhensible. Anton Antonowicz s'est chargé de retrouver et d'interviewer un grand nombre de savants qui ont travaillé avec Maxwell ou pour lui. Peter Donnelly, auteur de plus de livres que j'en écrirai jamais, a « décortiqué » les longs et fastidieux rapports des inspecteurs du ministère du Commerce. Je suis également reconnaissant à lord Silkin, l'ancien Attorney-General *, pour son récit du procès intenté par Maxwell aux inspecteurs devant*

* Avocat du gouvernement (procureur général) avec fonctions ministérielles; il est toujours membre du Parlement. (*N.d.T.*)

le juge Wien. Jean Baddeley a fait montre de toute la compétence acquise pendant vingt-cinq ans au service d'un employeur exigeant pour procéder à la fabrication de ce livre avec une rapidité dont je n'ai jamais rencontré d'autre exemple. Mike Molloy, rédacteur en chef des Mirror Group Newspapers, et lord Donoughue m'ont prodigué de sérieux encouragements après avoir lu les premiers chapitres, et Molloy s'est aussi chargé de choisir, avec Mme Maxwell, les photographies qui illustrent ce volume.

Mais ma gratitude va essentiellement à ma documentaliste, Mme Wendy Whitworth. Elle a travaillé pendant plus d'heures encore que moi-même; elle en sait davantage sur la famille Maxwell que la plupart de ses membres; elle s'est révélée une source d'informations infaillible. Elle ne s'est jamais plainte et ne s'est jamais découragée quelle que fût la question que je posais. Il est absolument certain que sans son concours ce livre n'aurait jamais pu être écrit. Je n'ai jamais rencontré personne qui s'impose une plus grande discipline dans son travail.

J'ai accepté d'écrire ce livre pour une somme forfaitaire. Au-delà de cette somme, tous les droits d'auteur provenant des ventes en librairie, des cessions à des clubs de livres, des reproductions dans la presse, de la diffusion par voie d'agence, des traductions étrangères, des éditions populaires au format de poche, des adaptations cinématographiques et télévisuelles, seront versés à la Fondation Maxwell dont les objectifs sont décrits dans le dernier chapitre.

Le 12 février 1988

I

Comment se sortir de la misère

> « Le jeune homme qui, jour après jour, impérativement, s'éloigne de l'Orient n'en demeure pas moins prêtre de la Nature. »
>
> Wordsworth

Solotvino est niché au cœur des collines et des montagnes, des bois et des forêts de la Ruthénie qui a souvent enjambé les frontières de cinq pays : Hongrie, Roumanie, Pologne, Tchécoslovaquie et Union soviétique. C'est une ville dont l'histoire mérite à peine d'être évoquée et dont l'architecture ne vaut pas que l'on s'en souvienne. Elle est située, dit-on, exactement au centre du continent : si tel est le cas, c'est vraiment là tout ce qui la distinguait, en cette Europe d'avant-guerre, des milliers d'autres petites villes, villages et hameaux de cette partie du monde. Pour ceux qui y vivaient, l'existence ne pouvait être que dure. Le froid de l'hiver est aussi glacial que la chaleur de l'été est accablante. Ces régions montagneuses, dans l'est des Carpates, sont arides et moins d'un cinquième des terres s'y prêtent au labour et à la culture.

Pendant près de mille ans, la Ruthénie, province de moins de treize mille kilomètres carrés, dépendit du royaume de Hongrie et de l'empire austro-hongrois. Quand cet empire disparut à la fin de la Première Guerre mondiale, la Ruthénie fut annexée, aux termes du Traité du Trianon, par la toute jeune république de Tchécoslovaquie. Son appartenance à cette république fut brève. En moins de vingt ans, elle retomba aux mains de la Hongrie, bouchée jetée en pâture au gouvernement qui avait aidé à régaler le monstre, récompense au pays qui avait prêté main-forte à Hitler pour intimider d'abord, démembrer ensuite la Tchécoslovaquie. Chaque fois qu'elle changeait de propriétaire, elle changeait de nom. On l'a appelée Ruthénie carpatique, Ruthénie hongroise, Russie des Carpates, Transcarpatie ou Russie subcarpatique. A l'automne 1944, elle fut libérée ou plutôt, à proprement parler, occupée par les troupes de l'Union soviétique et elle porte maintenant le nom d'Ukraine carpatique.

Elle est désormais fermement tenue par l'Union soviétique, et le restera vraisemblablement pour autant qu'on puisse le prévoir.

Mais bien que le nom du pays ait changé, la condition économique de ceux qui vivent en Ruthénie ne s'est que faiblement améliorée. La moitié de la province est couverte de forêts épaisses, les hommes s'y aventurent rarement, sauf les chasseurs d'ours, de sanglier, ou ceux qui cherchent à voir un loup. Les régions montagneuses ont une population clairsemée de paysans qui s'efforcent de tirer leur subsistance de ces pentes inhospitalières. L'ironie du sort a voulu que ces terres isolées, à la pauvreté cruelle et impitoyable, puissent attirer tant de regards cupides.

Pendant des siècles, cette pauvreté a constitué la réalité obsédante dans la vie quotidienne des paysans ruthènes, particulièrement ceux de confession juive. Elle a fait vieillir prématurément les hommes, altéré la santé des femmes, soumis les enfants à un régime alimentaire qui leur donnait à peine la force de lutter pour survivre.

Solotvino (également appelé, de mémoire d'homme, Solotvina, Slatinské Doly, Selo Slatina, Szlatina, Slatina et Slotfina, selon l'occupant de l'époque) était situé dans la province ruthène du Maramuresh passé en proverbe dans un vieux dicton juif [1] :

> Dix brassées de pauvreté furent données au monde; le Maramuresh s'en est attribué neuf.

C'était une de ces régions dont personne ne s'inquiétait. Dans les années 1920-1930, le gouvernement tchécoslovaque avait à plusieurs reprises et sans conviction tenté de conférer un semblant d'attrait touristique à ses montagnes, ses lacs et ses forêts. Un guide, publié à cette époque, s'efforçait de remplir le moins mal possible cette tâche difficile. Solotvino, indiquait-il, est « entièrement entouré de montagnes »; naturellement « ce qu'il y a de mieux ici, c'est vraiment la pureté de l'air ». Les visages des juifs, ajoutait-il, « contrastent grandement avec ceux des Ruthènes, ces êtres plutôt dénués d'intelligence, assis côte à côte sur la place du marché, prononçant à peine un mot, bougeant rarement un muscle, le regard presque vide, perdu dans le lointain [2] ».

C'était reconnaître sans en avoir l'air que les Ruthènes étaient gens revêches, peu aimables envers l'étranger.

Depuis la guerre, l'Union soviétique a développé les scieries et l'industrie du bois de construction dans la région. Les villes plus importantes comptent des usines de meubles et de maisons préfabriquées. Maintenant, à Solotvino, s'élèvent des immeubles modernes en acier et en béton au-dessus de rues non pavées; des villas spacieuses entourées de vastes jardins se dressent à côté de maisons en bois où habitent les paysans. Dans les régions rurales on se livre aux cultures traditionnelles : maïs, blé, avoine et pomme de terre, même un peu de tabac; l'élevage des porcs y est intensif. Il y a des vignobles sur les contreforts des montagnes et des vergers dans la vallée de la Tisza, mais c'est toujours un coin perdu comme il en existe en Europe.

Le seul trait caractéristique de la région, susceptible d'impressionner l'étranger, ce sont les mines de sel, exploitées depuis des millénaires. Des pièces de monnaie et divers objets d'artisanat remontant à l'époque romaine y ont été découverts ainsi que des témoignages de l'âge de bronze. Les mines ont peu changé depuis qu'en 1938 un voyageur américain rapportait ainsi ses impressions [3] :

> Si le Grand Lac Salé se déversait dans Jackson's Hole, au Wyoming, s'il s'évaporait et s'écoulait sous le comté voisin; si un puits de mine muni d'un ascenseur rapide était creusé dans la pierre vive; et si, depuis 1777, les hommes avaient sculpté des colonnes de cristal, des voûtes, une nef, un transept, des chapelles, une cour entourée d'un cloître, le spectacle grandiose, à vous couper le souffle, de cette cathédrale souterraine, ressemblerait très exactement à la vue que l'on peut avoir sur les pentes ravinées de la mine de sel de Slatinské Doly.
> Sur une petite passerelle en bois fixée au sommet de la paroi, je me tenais en compagnie de l'ingénieur en chef. Au-dessous de nous béait un gouffre si profond que les ouvriers employés à charger des blocs de sel ne semblaient pas plus gros que des souris... Des murs de cristal réfléchissaient le scintillement des lumières. Autour de nous, tel le rugissement d'une lointaine chute d'eau, grondait l'écho des marteaux-piqueurs, occupés à creuser encore l'immensité du temple titanesque.

Cette majesté ne produisait vraisemblablement pas la même impression sur ceux dont le travail était d'extraire le sel de la mine.

Pendant les années au cours desquelles Robert Maxwell – Ludvik Hoch – y grandissait, Solotvino avait un petit hôtel de ville, une rue principale, un marché tous les vendredis, quelques boutiques, des bains publics pour les hommes, et d'autres, le Mikvah, pour les femmes juives, un cinéma, une gare de chemin de fer, seul moyen de transport en commun disponible, quatre synagogues et une buvette. Bien que les bicyclettes aient été nombreuses, les Hoch n'ont jamais eu les moyens d'en acheter une. A en croire les souvenirs d'un ancien habitant établi maintenant aux États-Unis, la ville s'enorgueillissait aussi de cinq automobiles (nombre considérable) dont l'une était un taxi et l'autre la propriété d'un prêtre roumain qui en tirait fierté et joie. Bien des années plus tard, Maxwell décrivit Solotvino comme « un village très primitif, comme celui évoqué dans *Un violon sur le toit* ».

Par-dessus tout, Solotvino était marqué par la pauvreté, la pénurie, les privations, la misère à l'état endémique, chronique, le dénuement d'où rien ne pouvait vous tirer. Pour Maxwell, le souvenir persistant, « obsédant » de cette époque est celui de la faim dont il souffrait perpétuellement. « Nulle part au monde je n'ai rencontré pauvreté plus grande », dit-il, et c'est un homme qui a beaucoup voyagé. Un de ses cousins évoque le rêve que sans cesse il faisait dans son enfance : avoir le ventre plein et faire la grasse matinée; mais ce rêve était, semblait-il, irréalisable. Vivre, chaque jour, se confondait presque avec mourir de faim.

La population de la ville était mélangée. Elle comprenait de nombreux juifs ainsi que des chrétiens d'origine hongroise, roumaine, polonaise, ukrainienne ou slovaque. Le maire était hongrois, mais il n'y avait quasiment pas de discrimination raciale dans son administration; le « conseil municipal » comptait plusieurs anciens, appartenant à diverses communautés, sans distinction de nationalité. Le tambour de ville était juif et des juifs travaillaient à la perception. La police était tchécoslovaque; la brigade des pompiers, tous volontaires, regroupait différentes ethnies. Les enfants de toutes ces nationalités jouaient ensemble; les actes d'antisémitisme étaient exceptionnels, mais les jeunes juives sortaient rarement avec des gentils et les jeunes filles chrétiennes fréquentaient encore plus rarement des garçons juifs.

Du temps de l'enfance de Maxwell, la ville de Solotvino s'étalait dans un certain désordre, sur les pentes les plus basses à flanc de montagne; trois de ses rues à peu près parallèles descendaient par ondulations successives jusqu'à un affluent du Danube, la Tisza, qui, lors de la fonte des neiges du printemps, inondait les demeures les plus pauvres, bâties près de ses berges. Les maisons les plus frustes – c'est-à-dire la majorité – étaient en bois; d'autres étaient faites d'un mélange de bois et de mauvaise brique fabriqué par les tziganes à partir d'argile jaune et de paille. A Solotvino-le-Haut, la partie la plus huppée de la ville connue sous le nom de Kolonie et réservée aux classes moyennes (surtout des enseignants et des cadres tchèques employés dans les mines de sel avoisinantes), les maisons étaient entièrement construites en brique. Les rues étaient bordées d'arbres plantés au petit bonheur, et devant la plupart des demeures, même les plus modestes, on voyait un jardinet dont les arbres portaient tous des fruits : il y avait des noyers, des cerisiers, des pommiers ou des pruniers; les arbres d'ornement auraient passé pour un luxe extravagant.

Sur l'autre rive, reliée à Solotvino par un pont de bois et de fer, long et étroit, se dressait Sziget (également nommée Sighet et Maramuresh-Sziget). C'était une des principales villes du Maramuresh, à la fois plus grande et plus riche ou du moins pas aussi pauvre que Solotvino. Un auteur contemporain l'a décrite comme « crasseuse ». Jusqu'en 1918, la supériorité économique de Sziget sur ses voisines était visible; ceux qui avaient les moyens d'y faire leurs achats passaient le pont (celui-là même qui, selon Maxwell, fut emporté par les inondations au printemps de 1940). A Solotvino même, on ne trouvait que les denrées de première nécessité : il y avait une échoppe de tailleur et un marchand de tissu, des boutiques où l'on vendait du grain et des bonbons pour les enfants, un boulanger, un barbier, un marchand de chaussures et un marchand de porcelaine. Pour les juifs, essentiellement d'origine hongroise, qui constituaient un bon tiers de la population de la ville, Solotvino n'avait pas de rabbin. Ceux qui avaient besoin de ses services devaient se rendre à Sziget, sauf le mardi, jour où c'était lui qui passait le pont.

Après les annexions postérieures à la Première Guerre mondiale, la différence devint moins perceptible, bien que les deux villes fussent toujours vouées à la pauvreté. Solotvino fut séparé de Sziget, situé au-delà de la frontière roumaine. Ce nouvel état de choses fut avantageux pour les deux communautés, mais surtout pour les habitants de Solotvino qui firent passer en Roumanie, en contrebande, et avec profit, des textiles, de la mercerie, des vêtements, des chaussures. Ils les vendaient à des prix plus élevés et revenaient avec de la nourriture et de l'alcool, considérablement moins coûteux là-bas. La nuit, les plus hardis faisaient entrer en contrebande des spiritueux achetés à Sziget. Ils couraient le risque d'être arrêtés par les bateaux des douaniers en patrouille qui leur tiraient dessus et certains évoquent comme un souvenir pittoresque l'odeur d'alcool que dégageait la rivière après une expédition manquée. L'histoire semble peu vraisemblable car le courant était rapide et la rivière large. Commerce plus licite, des boutiques s'ouvrirent à Solotvino :

on y vendait des chaussures et des vêtements et elles appartenaient à des juifs.

En 1930, 38 % de la population de Sziget était juive. Elie Wiesel, prix Nobel de la Paix, parent éloigné de Maxwell et survivant d'Auschwitz et de Buchenwald, naquit à Sziget et y grandit. Il en a depuis rappelé l'ambiance typiquement juive [4] :

> On sortait dans la rue le samedi et on sentait le Shabbat (Sabbath) dans l'air. Les magasins étaient fermés, les entreprises en congé, les bureaux de l'administration déserts. Pour les juifs, tout comme pour leurs voisins chrétiens, c'était une journée de repos total. Les vieillards se réunissaient dans les synagogues et les foyers d'études pour y écouter des prédicateurs en tournée, les jeunes flânaient dans le parc, dans les bois, le long de la rivière. Les préoccupations, les angoisses et les soucis pouvaient attendre; le Shabbat, c'était pour chacun le refuge.

Préoccupations, angoisses, soucis, il y en avait, certes, et on n'en manquait pas, surtout de l'autre côté de la Tisza quand on venait de Sziget.

L'émigration des habitants de Solotvino vers les États-Unis et l'Argentine avait commencé avant la Première Guerre mondiale; à l'époque, quelques douzaines de juifs avaient quitté la ville, chassés par la pauvreté; à la fin des années 20 l'oncle de Maxwell, Nathan, partit en Amérique. La fuite vers un pays plus hospitalier s'accéléra au début des années 30, lorsque la situation économique des juifs leur laissa de moins en moins d'espoir. Les émigrants n'oublièrent jamais ceux qu'ils avaient laissés derrière eux. Deux fois par an – avant les grandes fêtes (Rosh Hashana et Yom Kippour) de septembre-octobre et pour la Pâque juive – ceux qui se trouvaient aux États-Unis envoyaient des dons aux chefs de la communauté pour les pauvres. A part cette aide étrangère, la communauté juive elle-même assistait les plus nécessiteux; on organisait des collectes, par exemple en faveur des jeunes fiancées les plus démunies; les synagogues distribuaient des vivres aux plus pauvres, dont les Hoch faisaient partie.

Un des rares habitants de Solotvino émigré aux États-Unis à être jamais revenu au pays fut Joseph Shimonovitch. Il était parti outre-Atlantique pour faire fortune. Après son retour dans sa ville natale, il ouvrit une boutique de gros où il vendait toutes sortes d'articles divers. Mais son entreprise fut victime de l'antisémitisme latent dans les régions rurales jusqu'à, parfois, tourner à la violence. Un dc ses employés, un encaisseur du nom de Gershon, fut assassiné par des non-juifs lors d'une tournée dans un village voisin. Le cheval ramena la voiture; celle-ci contenait le cadavre de Gershon.

A part les mines de sel qui occupaient près de mille ouvriers et employés de bureau, il n'y avait pour ainsi dire pas d'industrie importante à Solotvino. Quand les Hongrois étaient propriétaires des mines, ils ne recrutaient aucune main-d'œuvre juive. Bien que la discrimination eût officiellement pris fin avec la naissance du nouvel État tchécoslovaque, pas plus d'une demi-douzaine de juifs n'y trouvèrent un emploi entre les deux guerres mondiales. Aujourd'hui, tout débat sur la discrimination ou l'antisémitisme est devenu purement académique : il ne reste aucun juif à Solotvino, alors que la communauté en comprenait plus de trois mille il y a cinquante ans. On en comptait encore deux, naguère, mais Kalman Slomowitz, cousin germain de la mère de Maxwell (fils du frère de son père), a émigré en Israël en 1973 à l'âge de soixante-huit ans; l'autre est mort de vieillesse.

La langue commune aux juifs de Solotvino était le yiddish. En fait, la population de la ville était si mêlée que tous les juifs, ou presque, parlaient au moins trois ou quatre langues : généralement le hongrois, considéré comme la langue des intellectuels – Maxwell l'avait appris de sa mère et perfectionné plus tard, en prison, à Budapest –, le tchèque et le roumain.

Les juifs appartenaient à des familles nombreuses – la plupart avaient entre six et quatorze enfants – où la chère était maigre et monotone : haricots un jour, pommes de terre ou maïs le lendemain. On ne mangeait de viande que pour le Sabbath et il était entendu qu'un seul poulet suffisait pour seize personnes. Peu de gens avaient plus d'un seul vêtement; nombreux étaient ceux, adultes comme enfants, qui marchaient pieds nus en été.

Le travail à la mine étant pratiquement réservé aux Tchèques et aux Hongrois, les juifs continuaient à pratiquer l'artisanat, selon leur tradition : ils étaient savetiers, cordonniers, tailleurs ou menuisiers, ou gagnaient leur maigre pitance au hasard de petits boulots, voire à force d'ingéniosité. Mais leur communauté tirait un avantage indirect des mines de sel; on avait besoin d'eux pour les denrées et les services requis par ceux qui y travaillaient. L'employeur juif le plus important était un certain Moses Shlomovitch, qui possédait une entreprise de sel et une scierie; il fournissait du travail à une cinquantaine de personnes.

Pour agrémenter l'ordinaire de la famille, les hommes de la communauté juive allaient pêcher dans la Tisza. Cette « pêche » consistait à empoisonner le poisson avec une pâte à base de paprika – qui faisait enfler et flotter le poisson à la surface – ou, méthode plus expéditive, à le tuer en faisant exploser une sorte de « bombe » à essence, de fabrication artisanale, précurseur du cocktail Molotov; on pouvait aussi employer de la dynamite, volée sans doute dans les mines de sel. Les poissons de taille moyenne étaient mangés aussitôt; on faisait sécher les plus gros pour les mettre en réserve en prévision des jours où la rivière serait gelée ou en crue. Cette pêche d'un genre spécial était également une ressource pour les jours de fête. Pour célébrer la circoncision de Maxwell, huit jours après sa naissance, ses parents se trouvèrent dans l'obligation de régaler leurs hôtes. La pêche à l'explosif fut pour son père si heureuse que la moitié du village, dit-on, vint prendre part au festin.

***

Si la pauvreté, dans les villes du Maramuresh, était difficile à décrire, elle était pire dans les campagnes. Dans les années 20, le paysan ruthène, tout comme le juif moyen, devait se débattre pour survivre.

Quand arrivèrent les années de la crise économique, après 1930, les relations entre Ruthènes et juifs se gâtèrent, selon un processus courant dans toute l'Europe centrale et orientale. A la campagne, on accusa les juifs d'exploiter les paysans en leur fournissant de l'alcool et en leur prêtant de l'argent à des taux usuraires; en ville, on leur reprocha d'être des « étrangers » qui ruinaient leurs concurrents non juifs en faisant baisser les prix. Il n'y avait à cela rien d'étonnant. L'histoire nous apprend qu'en cas de crise économique, le juif sert de bouc émissaire.

Un juif, membre du Parlement tchécoslovaque, le Dr Kugel, informa l'assemblée de la façon dont se dégradaient les conditions de vie dans la Ruthénie subcarpatique [5] :

> Il est aujourd'hui absolument impossible de donner une idée exacte de la pauvreté qui règne dans cette région. Les juifs, soit un septième de la population totale, en souffrent autant que les autres.
>
> Dans les zones rurales en particulier leur sort n'est en aucune manière meilleur que celui des non-juifs. Je tiens à m'élever énergiquement contre les tentatives qui tendent à rendre les juifs responsables de la pauvreté dont souffre la paysannerie en Ruthénie subcarpatique. Ces accusations proviennent de perfides ragots; si leurs auteurs allaient observer par eux-mêmes les

maisons juives dans les villages... ils verraient de leurs propres yeux comment beaucoup de juifs ont dû vendre tout ce qui leur appartenait, jusqu'au dernier objet, pour survivre. Le fait qu'un petit nombre de juifs ait reçu une licence qui leur permet de faire commerce de l'alcool ne signifie pas que l'ensemble de leurs concitoyens juifs en tire avantage et si quelques-uns obtiennent ces licences à force de bakchiches, il convient de rappeler que c'était là pratique admise sous l'ancien régime hongrois... La crise économique, qui s'est aggravée dans les Carpates en raison de l'effondrement de l'industrie du bois de construction et des activités annexes, a inévitablement touché les juifs de la région qui vivaient déjà dans la misère et les difficultés. Par centaines, les juifs, ouvriers, rouliers et journaliers, sont sans travail. On a fermé les usines et des centaines de juifs qualifiés sont privés de leur gagne-pain.

Mais la situation continua d'empirer et les revendications des Ruthènes se firent plus pressantes : ils voulaient l'autonomie que le gouvernement tchèque leur avait un jour promise; ils devaient réaliser leur rêve de façon bien éphémère en 1939, avant que les troupes hongroises y mettent un terme de façon brutale et radicale. Mais tout cela appartenait encore au futur et faisait partie des horreurs à venir.

***

Comme dans bien d'autres communautés écartées du monde extérieur, les superstitions étaient largement répandues à Solotvino. S'agissait-il de recoudre un bouton sur un vêtement? Il fallait mâchonner un morceau de fil en même temps pour empêcher le cerveau d'être cousu lui aussi, croyance probablement liée à l'ensevelissement du cadavre cousu dans son linceul. Un bébé était-il sérieusement malade? On l'emmenait à la synagogue et on lui donnait un nouveau nom, généralement Haim parce que ce mot désigne la Vie; ainsi quand l'Ange de la Mort se présenterait, l'enfant qu'il viendrait chercher ne serait plus là. Le pied du lit n'était jamais en face de la porte car c'est ainsi que les cadavres quittaient la pièce, les pieds en avant.

L'éducation que recevaient les enfants juifs était rudimentaire, ce qui n'a rien de surprenant. Il y avait une école primaire religieuse, le Heder, où l'on enseignait le judaïsme, mais la plupart des élèves provenaient de familles pauvres et la surveillance laissait à désirer.

Les enfants de foyers plus aisés ou de familles prêtes à faire des sacrifices étaient confiés à des précepteurs dont la compétence surpassait largement celle des maîtres du Heder. La communauté juive n'avait pas fondé d'établissement d'enseignement général, et les jeunes juifs (y compris Maxwell) fréquentaient l'école publique où l'enseignement était dispensé en tchèque. Maxwell entra d'abord au Heder à l'âge de sept ans, puis il fut inscrit à l'école publique l'année suivante, en 1931. De l'avis de tous, il était très intelligent. Lui-même dit qu'il était très bon en calcul mental. Son seul point faible, c'était le dessin, conséquence probablement inévitable des tentatives que l'on avait faites pour l'empêcher d'écrire de la main gauche. C'est à l'école publique qu'il connut un chagrin commun à la plupart des écoliers : un premier amour malheureux. Il en a évoqué le souvenir, voilà quelques années [6] :

> Je tombai amoureux d'une gamine à l'école : elle avait trois ans de plus que moi. J'avais onze ans. Je me rappelle avoir été très malheureux... elle ne faisait pas attention à moi et me traitait comme un gosse.

Les classes du Heder avaient lieu chez la famille Schachter qui louait une pièce de sa maison pour se procurer un petit revenu supplémentaire. Certains élèves se levaient dès 5 h 30 du matin et étudiaient la Torah jusqu'à 7 h 30, puis se rendaient à l'école tchèque de huit heures du matin à une heure de l'après-midi et revenaient au Heder à 2 heures. Quand Maxwell eut commencé à suivre les cours de l'école tchèque, il y alla le matin et fréquenta le Heder en fin d'après-midi. Le Heder était réservé aux garçons et la discipline n'avait rien d'une plaisanterie. On y faisait usage de la canne avec une douloureuse régularité. Quiconque arrivait en retard risquait d'être sévèrement puni : le maître pouvait, par exemple, mettre les enfants à genoux sur des cailloux jusqu'à dix minutes d'affilée en expiation de leur faute.

Mais, pour les jeunes de Solotvino, la vie n'était pas toujours morose; elle n'était pas qu'études sempiternelles et ininterrompues. Maxwell et d'autres jeunes garçons de la ville jouaient au football avec un ballon fait de chiffons sur les berges sablonneuses de la Tisza, tout comme d'autres enfants, à trois mille kilomètres de là, s'y exerçaient dans les rues de Glasgow et de Londres. Leurs jeux étaient ceux de tous les garçons du même âge, de par le monde : ils lançaient des pierres sans but précis dans la rivière, jouaient à cache-cache et, ce qui était plus dangereux, se baignaient dans la Tisza ou se balançaient sur le bois de flottage venu des forêts en amont. Ils se fabriquaient des skis en bois pour l'hiver; l'été, ils ramassaient des champignons, des mûres et des fraises qu'ils trouvaient dans les bois à moins de deux kilomètres de la ville. On ne permettait pas aux enfants juifs de cueillir des fruits avec les doigts, le jour du Sabbath, interdiction qu'ils tournaient en se grimpant mutuellement sur les épaules et en attrapant directement les baies entre leurs dents.

Gyorgy Bernat, éditeur de Budapest et, plus tard, ami de Maxwell, évoqua la vie dans les Carpates du temps où ils étaient jeunes tous deux, à l'occasion de l'anniversaire de Maxwell :

> Les contreforts sur lesquels nous grandîmes étaient beaux à voir, mais peu accueillants. Il n'y poussait à la vérité que des arbres; les étés étaient courts et il fallait en profiter au mieux. Très jeunes nous apprîmes à ne jamais remettre au lendemain ce que nous pouvions faire dans l'instant. Il le fallait si nous tenions à la vie, quel que fût notre métier : travailler la terre, tenir une minuscule boutique d'articles en tous genres, ou effectuer des livraisons à bord d'une voiture tirée par un seul cheval. Cette habitude, Bob l'a gardée toute sa vie. Il n'a pas d'heures fixes pour son travail car il se préoccupe de chaque chose quand le besoin s'en présente; tant pis si la journée de travail est plus longue...

***

Dans la deuxième moitié du XVIIIe siècle, un nouveau mouvement populaire religieux, celui des Hassidim, vit le jour parmi les juifs de l'extrême sud-est de la Pologne et la Lithuanie. D'après l'*Encyclopaedia Judaïca*, les principaux traits du hassidisme étaient « l'extase, l'enthousiasme collectif, la solidarité d'un groupe très soudé autour de chefs religieux charismatiques », ce qui remit en question le comportement social et religieux des fidèles. Les nouvelles attitudes supposaient un recours au mysticisme, la croyance à la sorcellerie, aux visions et aux miracles. On priait à haute voix et en état d'extase, avec accompagnement de chants, de mouvements, de tremblements, d'applaudissements. Un esprit chagrin est une malédiction pour les Hassidim parce qu'il élève une barrière entre l'homme et Dieu. Les juifs Hassidim croyaient que l'homme devait éviter de trop se lamenter sur ses péchés pour éviter de sombrer dans la mélancolie, état qui entrave le service de Dieu. Cette doctrine apportait un réconfort aux affligés; elle était, sans nul doute, commode pour les esprits moins nobles. La lamentable situation des juifs dans les régions où naquit le hassidisme était, nous dit l'*Encyclopaedia*, « ressentie de façon aiguë par les chefs hassidiques aux yeux desquels l'obligation suprême est l'adoucissement des souffrances endurées par les juifs. Dans les cours sur lesquelles régnait un rabbin hassidique, on enseignait aux riches à aider leurs frères moins bien partagés; ils apprenaient à ne pas regarder de haut leurs semblables dépourvus d'instruction ».

Le mode de vie des premiers juifs hassidiques était essentiellement ascétique; beaucoup d'entre eux menaient une existence de reclus, pratiquaient le jeûne et s'infligeaient toutes sortes de mortifications. Les réactions des sectes juives bien établies furent hostiles : elles dénoncèrent les miracles comme des tromperies; la foi dans les pouvoirs miraculeux des « zaddikim » (chefs hassidiques) fut taxée d'idolâtrie. Cependant, le nouveau mouvement commença à faire des adeptes et il attira dans ses rangs de plus en plus de juifs, surtout en Biélorussie, en Galicie et en Pologne centrale, puis en Hongrie, après l'incorporation de la Galicie à l'empire austro-hongrois. Vers les années 1830, les Hassidim n'étaient plus une secte persécutée; leur mode de vie était cité en exemple par la majorité des juifs dans ces secteurs d'Europe orientale.

Pendant la Première Guerre mondiale, les régions où le hassidisme était le plus solidement implanté furent transformées en champs de bataille et nombre de ses chefs religieux s'enfuirent vers les grandes villes pour ne plus jamais revenir, même après la fin des combats. Le mouvement reçut un coup terrible quand il fut coupé de sa branche russe lorsque les Soviets s'emparèrent du pouvoir. Mais, entre les deux guerres, les Hassidim furent parfois le seul secteur de la population juive d'Europe orientale à conserver soigneusement ses traditions vestimentaires, culturelles et linguistiques. Pendant l'Holocauste, tous les centres hassidiques d'Europe orientale furent détruits, et la plupart de leurs chefs assassinés.

***

C'est de Mehel et Chanca Hoch, juifs hassidiques orthodoxes, que naquit Maxwell, le 10 juin 1923; c'était le premier enfant mâle d'une famille qui avait déjà eu deux filles; on vivait dans la pièce de devant chez grand-père Yankel, rue de la Synagogue, en plein centre de Solotvino. La première des filles fut appelée Gisl; née en 1919, elle mourut à neuf ans. La seconde fille, Brana, vit le jour en 1920. Grande et athlétique, elle fut l'un des trois enfants Hoch qui survécurent à la guerre, malgré son internement dans les camps de concentration, à Mauthausen d'abord, puis à Buchenwald. Elle gagna l'Angleterre en 1946 et s'établit ensuite en Amérique où elle épousa un ingénieur, David Atkin, dont elle eut deux enfants, Hélène et Michael. Elle mourut en 1972, d'une maladie de cœur, conséquence de son séjour dans les camps.

Un second fils, Chamhersch, né en 1925, deux ans après Maxwell, mourut en 1927 de la diphtérie, généralement fatale à l'époque. Maxwell eut la diphtérie, lui aussi, à l'âge de six ans, et faillit en mourir; mais il survécut après que sa mère eut donné son unique oreiller pour payer le traîneau qui l'emmena à l'hôpital en pleine nuit d'hiver.

Une autre fille, Shenya, vit le jour en 1926; tout le monde s'accorde à dire que c'était la beauté de la famille; elle était grande, comme la plupart des autres Hoch, brune et avenante.

Sylvia, qui, elle aussi, survécut à l'Holocauste, naquit en 1929. Son frère l'emmena en Angleterre, comme Brana, après la guerre, et elle épousa Dennis Rosen biophysicien.

Il y eut encore trois enfants : deux filles, Zissel (en 1931) et Tzipporah (en 1933), enfin le plus jeune fils, Itzak, en 1940, après la fuite de Maxwell à l'Ouest.

Le père de cette nombreuse famille, Mehel, était né en 1887. Il était manœuvre par intermittence et, en raison de sa taille exceptionnellement haute – il mesurait 1,96 m – on l'appelait Mehel der Lange, c'est-à-dire le Grand Mehel. Il avait le cœur à l'ouvrage; encore fallait-il qu'il y eût de l'ouvrage, et ce n'était pas souvent le cas.

Il parcourait la région en quête d'un emploi, achetait du bétail pour le compte des bouchers locaux et obtenait en paiement les cuirs qu'il revendait aux pelletiers (jamais la viande qui n'était pas kascher). Mehel était mince, avait les yeux bleus et aurait été un bien bel homme si son visage n'avait eu une expression continuellement soucieuse. Il avait à Solotvino une réputation d'honnêteté et d'intégrité, qualités qui n'étaient pas la règle dans une ville où jusqu'à 80 % de la population participait à la contrebande frontalière.

Mehel avait un frère, Lipman, boucher dans un village voisin qui se détacha de sa communauté religieuse pour fonder sa propre synagogue. Ce fut pour lui que Mehel força la porte de l'autre temple et y prit la Torah afin que la synagogue de Lipman devînt la seule institution religieuse officielle, l'ancienne ne pouvant fonctionner sans le Livre de la Loi. Malgré cette frasque, où les chrétiens auraient vu un sacrilège, Mehel était un homme d'une grande droiture. Mais celle qui faisait marcher tout le monde, celle qui commandait, c'était incontestablement sa femme, Chanca, de six ans plus jeune que lui.

Ses enfants et les membres de la famille qui ont survécu à l'Holocauste se souviennent de Chanca comme d'une femme « intelligente, débrouillarde, moderne, perspicace et instruite, toujours un livre ou un journal à la main ». Elle était passionnée de politique et d'actualité; elle était présente et donnait son avis, chose rare alors chez les femmes, quand on discutait des problèmes de la communauté, au point qu'à Solotvino où tout le monde se connaissait on qualifiait de « vraie Chanca », toute personne passionnée pour la politique. Elle avait adhéré au Parti social-démocrate tchécoslovaque dès sa fondation. Elle exerça une influence aussi importante qu'évidente sur le fils que Mehel et elle avaient prénommé Lev (Ludvik en tchécoslovaque) mais que l'on appelait généralement Laiby – il était de tradition chez les juifs de donner à un enfant le nom d'un parent décédé et Maxwell reçut celui de son grand-père, Abraham Leib. Quant à elle, jamais elle ne douta de l'avenir qui attendait son fils. Elle dit à l'une de ses parents, à Solotvino, Lilly Goldstein, qui vit maintenant aux États-Unis : « Mon fils Laiby sera un jour célèbre. Je le sens. J'en suis sûre. »

Elle fit certainement tout ce qu'elle put pour lui; elle lui apprit à lire et à écrire à l'âge de quatre ans et demi. Son premier espoir fut qu'il deviendrait un grand rabbin, et peu de temps avant sa Barmitzvah on l'envoya, sur la recommandation du rabbin Teitelbaum, dans une Yeshiva, école de tradition juive spécialisée dans l'étude de la littérature rabbinique, à Sziget. Il y passa une année, chez sa tante Myriam, jusqu'en 1936. Puis il fut envoyé à une Yeshiva plus importante à Bratislava, à 600 kilomètres de Solotvino. Il se rappelle très nettement aujourd'hui s'être senti gêné d'avoir des vêtements rapiécés. Il n'avait pas d'argent. Chaque jour, selon la tradition juive, il allait prendre ses repas dans une maison différente, ce qui peut-être explique en partie son hospitalité généreuse quand on va le voir sans s'être annoncé.

Patrick Leigh Fermor, qui, en décembre 1933, entreprit son voyage à pied de Rotterdam à Constantinople, a décrit la ville de Bratislava à cette époque [7] :

> C'était le poste avancé de tout un ensemble de villes où faisaient halte les voyageurs en chemin pour quelque terre lointaine; de tous ces errants, les juifs étaient les plus anciens et les plus célèbres; ils étaient suffisamment nombreux à Bratis-

lava pour avoir fortement marqué la ville... depuis des temps reculés. Je remarquai une des innombrables buvettes juives... un café où se trouvaient des rabbins installés çà et là, facilement reconnaissables à leurs longues barbes, à leurs bonnets de castor et aux pardessus noirs qui leur battaient les chevilles. Certains étaient accompagnés de jeunes talmudistes... coiffés de calottes ou de chapeaux bas de forme aux larges bords relevés et d'étranges papillotes tire-bouchonnées sur les oreilles...

Si Leigh Fermor était arrivé à Bratislava deux ans plus tard, l'un de ces étudiants aux papillotes aurait bien pu être Maxwell.

Ce dernier dut quitter la ville après que la Slovaquie fut devenue un « protectorat » du IIIe Reich, en mars 1939, mais il avait abandonné ses études l'été précédent car la discipline de l'école lui pesait. Le rabbinat, c'était clair, ne lui convenait pas. Plus tard dans sa vie, il dira qu'il était né juif, qu'il se considérait juif et qu'il mourrait juif, mais qu'à Bratislava, il avait commencé à trouver sa voie : il était devenu libre penseur, s'était affranchi de l'idéologie juive et avait entamé une carrière de jeune représentant de commerce en bijouterie fantaisie.

Sylvia, l'une des deux sœurs de Maxwell, lui écrivit à l'occasion de son soixantième anniversaire :

> Je me souviens de toi dans notre jeunesse lorsque tu revenais nous voir de la Yeshiva de Bratislava. Je me rappelle ton arrivée à la maison, quelques mois seulement sans doute après ton premier départ. Nous habitions encore chez grand-père. Je crois que tu devais avoir treize ou quatorze ans. Ce détail m'est resté en mémoire parce que les poches de ton pardessus étaient bourrées de verroterie et de petits bijoux qui constituaient, je pense, ta marchandise de représentant de commerce à mi-temps. Tu vendais ces objets pour te faire un peu d'argent – peut-être de quoi payer ton voyage à la maison. Quoi qu'il en soit, je me rappelle cela très clairement parce que tu m'as permis de choisir l'un de ces colliers comme cadeau. Dans notre famille démunie, on ne savait pas ce qu'était un cadeau; ce que j'avais reçu de mieux jusque-là, c'était une nouvelle robe ou une paire de chaussures neuve à l'occasion de grandes fêtes religieuses. Ta générosité m'a tellement touchée que je m'en souviens encore cinquante ans après.
>
> Le second détail que je peux me rappeler, c'est ton arrivée à la maison, après un autre retour de Bratislava quelques années plus tard. Dans l'intervalle, nous avions emménagé, chez nous, dans notre propre maison à Nagyhely Tuca (quartier de Solotvino à forte population hongroise et roumaine). Avec Brana, nous sommes allées te chercher à la gare. Quand tu es descendu du train, nous avons eu du mal à te reconnaître; à la

> place du jeune Yeshivabucher que nous attendions, nous nous trouvâmes en présence d'un jeune gars en costume voyant, l'équivalent du teddy boy d'aujourd'hui dans l'Europe centrale d'avant-guerre... Plus de papillotes mais une coiffure chic. Plus aucune trace du jeune étudiant orthodoxe que tu avais été. Nous étions ébahies et inquiètes de l'effet que ton changement d'allure aurait sur notre mère. Ce serait l'effondrement de tous ses espoirs de voir son fils préféré devenir un grand Rabbin. Nous te conseillâmes toutes deux de t'arrêter chez un coiffeur pour te faire raser la tête... Tu nous as demandé de nous calmer et de te laisser le soin d'expliquer à notre mère, quand tu la verrais, ton changement de personnage. Tu ne doutais pas qu'elle comprendrait. J'ai oublié, je le crains, votre rencontre mais je suppose qu'elle te pardonna, parce qu'elle continua à t'adorer.

A la vérité, Chanca fut réellement contrariée de voir qu'il avait coupé ses papillotes et abandonné le caftan. En réalité, c'est de Solotvino que Maxwell se défaisait. Il avait vu le monde extérieur et il voulait être moderne, désir qu'il partageait avec d'autres jeunes gens dans la ville, qui avaient, eux aussi, voyagé au-delà de leurs limites religieuses et géographiques.

Sylvia elle-même n'obéissait aux désirs de ses parents que par intermittence – c'était un garçon manqué qui leur donnait du fil à retordre parce qu'elle se bagarrait et faisait l'école buissonnière. Elle relate un autre détail sur son frère d'après les récits d'autres membres de la famille :

> Tu avais décidé de sacrifier à un sport, alors à la mode, qui consistait à sauter du haut du pont Slatina-Sziget, déjà impressionnant en soi, dans l'impétueuse Tisza qui ne l'était pas moins. C'était considéré comme un exploit très dangereux pour les grands nageurs. Comment tu en es sorti vivant, c'est toujours un mystère car tu ne savais pas nager.

Il l'avait, dit-elle, « échappé belle ». La chose surprend à peine si l'on pense que Maxwell n'avait alors que cinq ans. Il revoit la scène :

> J'observais les garçons plus âgés que moi qui sautaient dans la rivière et je décidai de les imiter et de sauter moi aussi, sans savoir nager. Je me trouvai emporté par la rapidité du courant et je me rappelle qu'il me vint à l'esprit que j'allais mourir. Ce que je sais ensuite, c'est que je me suis réveillé : on m'avait repêché.

J'ai demandé à Maxwell s'il pouvait se rappeler pourquoi il avait fait une chose aussi stupide. Il haussa les épaules et répondit : « Je m'étais dit chiche, j'imagine. »

La famille de Robert Maxwell en 1925.
En haut : le grand-père, Yankel Slomowitz (3e à partir de la gauche) ; *à côté de lui* : la sœur de Robert, Gisl (4e) puis son père Mehel Hoch (5e). *Au milieu* : grand-mère Slomowitz (2e à partir de la gauche) et sa mère Chanca Hoch (3e). *En bas* : Robert Maxwell (Ludvik Hoch) (4e en partant de la gauche); *à côté de lui* : sa sœur Brana (5e).

Solotvino, le village natal de Robert Maxwell (la photo est de 1936).

Simple soldat à l'exercice :
Maxwell, âgé de 17 ans,
dans le corps des Pionners,
à Ilfracombe.

La famille adoptive de Robert Maxwell :
John, Eileen, Jack et Brian Straton-Ferrier, photographiés à Londres.

Robert Maxwell, alias sergent du Maurier, tireur d'élite, avec des civils français en Normandie (1944).

Le capitaine Paul Meynard,
père de Betty Maxwell,
en 1917.

Colombe, mère de Betty Maxwell,
en 1915, quand elle fut décorée
de la Croix de Guerre.

Le sous-lieutenant et madame Robert Maxwell, décoré de la Military Cross, le jour de leur mariage, à Paris, le 14 mars 1945.

A Berlin, en 1945, avec Fritz Neuman, chef de la SDP de Berlin, et Arno Scholz, rédacteur en chef du journal *Der Telegraf.*

Lors du 70e anniversaire de Ferdinand Springer, à Heidelberg.

Avec Sir Robert Robinson pour le lancement de la revue *Tetrahedron*.

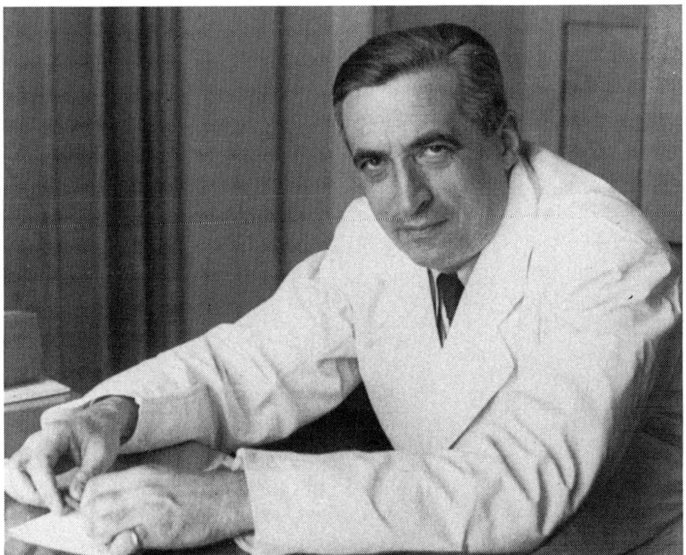

Le docteur Kervran, praticien français dont les conseils ont sauvé la vie de Robert Maxwell au cours de sa maladie, en 1955.

Avec Sir Robert Robinson et Giulio Natta, Prix Nobel, Stockholm, 1963.

Avec le professeur Hodgkin,
Prix Nobel.

Avec Maria Meyer, Prix Nobel,
et son mari.

La promenade de la victoire, après les élections de Buckingham, en 1964.

En compagnie du professeur Theodore von Karman, le père des fusées.

Le sourire des barons de la presse : Rupert Murdoch, Yosaji Kobayashi et Maxwell.

La nouvelle salle de rédaction du *Daily Mirror,* en 1988, dotée des installations techniques les plus perfectionnées dans le domaine du journalisme.

Allocution aux travailleurs, à propos du plan de sauvetage de BPC.

Salut de bienvenue à Mr Gorbatchev à Londres, en 1984.

L'éditeur, le Prince Charles et son fils William, regardent les évolutions des Red Devils (Diables rouges : escadrille d'acrobaties aériennes) en juin 1985.

Applaudissements mutuels avec Deng Xiaoping en 1986.

Le Président Ronald Reagan accueille Maxwell à la Maison Blanche, en 1987.

Avec Edgar Faure et le Premier ministre Jacques Chirac, à Paris, en 1987.

Aparté avec le Président François Mitterand, à Paris, en 1988.

Sa mère, comme toujours, lui pardonna. Pas son père qui lui administra une bonne correction. Maxwell lui-même n'aurait probablement pas autrement traité l'un de ses propres enfants; aimer est une chose, être faible en est une autre.

***

La maison de grand-père Yankel était semblable à celle des paysans de la Russie du Nord : elle était en bois avec une véranda et ouvrait sur une cour avec un puits, commodité enviable dans une petite ville où la plupart des gens vont chercher l'eau à la pompe de la rue.

Yankel était un homme fier; il faisait à l'occasion, comme son gendre, le commerce du bétail; mais, à l'inverse de Mehel, il se mêlait de tout, aimant à contredire les uns et les autres, prenant la mouche quand des passants osaient marcher sur l'herbe devant sa maison. Par ailleurs, il était bon et généreux, nourrissait les mendiants et les autorisait même à dormir chez lui après que sa fille l'eut quitté, avec sa famille, en 1937; il invitait toujours quelqu'un à partager le repas du vendredi soir.

Il était aussi très pratiquant et se levait à 4 heures du matin pour aller à la synagogue. Un de ses petits-enfants, Martin Tabak, fils de la sœur de Chanca, se rappelle avoir habité chez lui un hiver où tous deux dormaient dans une chambre dont les carreaux des fenêtres étaient cassés. Un matin, au réveil, il vit que son grand-père avait du givre et de la glace dans la barbe; il le crut mort. Plus tard, la fille aînée des Hoch, Brana, s'installa chez son grand-père pour s'occuper de lui. S'il avait plus d'argent que les autres membres de la famille, c'est sans doute qu'il pratiquait, comme beaucoup d'autres Solotviniens, la contrebande et que sa maison servait parfois de cachette où l'on dissimulait l'alcool du commerce clandestin; Maxwell en fit la malencontreuse expérience dans sa jeunesse. Voici ce qu'il raconte à ce propos :

> Les contrebandiers avaient pris des dispositions pour entreposer de l'alcool dans des bidons dissimulés derrière une armoire dans notre unique chambre à coucher. Une partie des « droits » étaient payés en alcool à mon grand-père. Contrairement à l'habitude, je me trouvai seul dans la pièce où je m'emparai d'une chope à moitié pleine d'alcool et j'en bus. Plus tard, les gendarmes me trouvèrent dans le caniveau et me ramenèrent à la maison à trois heures du matin, malade comme un chien; je manquai mourir de la raclée que me flanqua mon père. Depuis

ce jour, jusqu'au moment où je me suis trouvé face à un char d'assaut Tigre, sur la tête de pont de l'Orne, en 1944, je n'ai pu sentir l'odeur de l'alcool sans avoir la nausée.

Le sol de la chambre où vivait la famille Hoch était en terre battue; Chanca faisait la cuisine sur un poêle à bois, de couleur noire, dont le tuyau montait tout droit jusqu'au plafond et s'échappait par une ouverture du toit. Il n'y avait pas de four – on cuisait le pain chez le boulanger et seulement le jour du Sabbath. Les Hoch dormaient, mangeaient et faisaient leur toilette tous dans la même pièce; il y avait pourtant un bain public à proximité, pour les hommes, outre la Mikvah, le bain rituel, où les femmes juives devaient aller se purifier après leurs règles.

Comme pour tant d'autres familles, à Solotvino, l'essentiel de leur nourriture se composait de purées de maïs, de pommes de terre et, rarement, seulement les jours de fête religieuse, d'un poulet. Une fois l'an, on tuait l'oie, et l'on n'en gâchait rien : on faisait griller la peau; on conservait la graisse; la viande que l'on ne consommait pas tout de suite était confite. Mehel et Chanca n'avaient pas les moyens d'acheter du lait « entier »; ils le buvaient écrémé ou coupé d'eau. On n'achetait de vêtements que dans des circonstances exceptionnelles – quand on en achetait; les enfants Hoch, de plus en plus nombreux, étaient vêtus de fripes encore convenables mais rapiécées. Les Hoch connaissaient d'autres problèmes plus graves, ceux que posait, périodiquement, la naissance d'un nouveau bébé. La pièce où vivait la famille ne contenait que deux lits, l'un pour les parents, l'autre pour les enfants. Les aînés dormaient à cinq dans un lit et les bébés dans des hamacs suspendus au plafond. Une cabane derrière la maison abritait des latrines, typiques de l'époque et de la région : un trou percé dans des planches, posées au-dessus d'une fosse. Des tziganes passaient tous les ans pour vider la fosse et étaler le fumier dans le jardin, procédé que ne recommanderaient pas les horticulteurs actuels.

En raison de leur pauvreté, les Hoch ne pouvaient suivre l'exemple d'autres familles juives qui employaient un gentil pour les travaux domestiques pendant le Sabbath. Ce jour-là, toute activité était interdite, ils se contentaient de se promener et d'aller à la synagogue. La communauté religieuse connaissait la situation de la famille; Sylvia Rosen se rappelle qu'on lui donnait des haricots, de la farine et du sucre lors des grandes fêtes.

En 1936, l'horizon s'éclaircit un peu pour les Hoch. L'oncle Nathan, le frère de Chanca, revint des États-Unis où il avait ouvert avec succès une blanchisserie, pour revoir les siens, à Solotvino. Il fut si ému et si affligé du dénuement dans lequel il trouva la famille de sa sœur qu'il lui fit cadeau de cinq cents dollars pour l'achat d'une maison. Ils procédèrent à cette acquisition l'année suivante et emménagèrent dans une maison de deux pièces avec, derrière, à flanc de coteau, un jardin potager, où ils plantèrent des pommes de terre, des haricots, des oignons, des choux et du maïs. Les Hoch furent même en mesure d'élever quelques oies. Mais c'est après le départ de Maxwell qu'ils devinrent suffisamment aisés pour posséder une chèvre. Ils ne furent jamais assez riches pour acheter une vache. Pour Chanca et Mehel Hoch, c'était le paradis.

Chanca devait toujours faire la cuisine sur son poêle à bois de couleur noire, mais à présent elle avait un four et l'on marchait sur du plancher. Il y avait même un second four pour le pain. Le seul inconvénient, c'est qu'il n'existait aucun puits à proximité : il fallait tirer l'eau à la pompe, en bas de la rue. On s'éclairait avec des lampes à huile mais, selon la tradition juive, on faisait brûler au moins deux bougies le jour du Sabbath. Un cousin de Maxwell dit que le vendredi était le jour « le plus agréable » de la semaine : la maîtresse de maison commençait à cuire le pain dès quatre heures du matin et dressait la table en ayant soin de mettre une bougie par enfant quand on avait assez d'argent.

Sylvia se rappelle bien la nouvelle maison, mais à l'époque où les Hoch déménagèrent, Maxwell faisait déjà la navette entre Solotvino et Bratislava, puis Budapest; il ne se souvient que vaguement de ce logis.

Au physique, il a laissé le souvenir d'un jeune homme solidement bâti, et même bien en chair, malgré la pauvreté chronique de son ordinaire. Les mots employés pour le décrire sonnent vrai, encore aujourd'hui : « vivant », « malicieux », « débrouillard »; certains disent aussi que « l'on n'avait pas besoin de lui répéter deux fois la même chose ». Quand il faisait du football, on trouvait son jeu « agressif ». Ceux qui se rappellent avoir joué avec lui disent qu'il aimait le poste d'avant-centre, mais il prétend qu'il était ailier gauche, ce qui donne à penser que ses choix politiques ont déteint sur ses souvenirs sportifs. Il n'est pas taillé pour faire un ailier gauche et sa tendance naturelle ne le porte pas à rester en dehors de la mêlée.

Tous les témoignages sur la jeunesse de Maxwell mentionnent son avidité pour la lecture et la politique. Son cousin, Michael Tabak, qui l'accompagnait à Budapest en 1939, raconte qu'un jour il manqua le renverser dans la rue, parce que, le nez plongé dans un livre, il ne l'avait pas vu. S'il s'était rendu dans la capitale hongroise pour y chercher du travail, il semble avoir passé la plus grande partie de son temps dans les salles de lecture des bibliothèques publiques. On se rappelle aussi qu'au cours d'un hiver glacial, comme il y en a en Tchécoslovaquie, il s'en fut rendre visite à une cousine éloignée et la trouva en train de lire un livre. Il s'empara du volume (à cette époque déjà, ses façons étaient autoritaires) et le lut dehors, malgré la neige qui lui arrivait à mi-corps.

Quant à la politique, il avait participé à des réunions sionistes à Solotvino dès l'âge de douze ans. Il s'inscrivit au Betar – c'était à la fois un mouvement religieux et une organisation paramilitaire qui entraînait les adhérents en vue de leur installation future en Israël. Guerre, préparation militaire, coups de force, création de nouveaux mouvements politiques, antisémitisme, ambitions territoriales, tout cela faisait partie de la vie courante dans l'Europe d'avant-guerre. Des hommes par millions sur tout le continent, sentaient jusque dans leurs entrailles qu'une nouvelle « Grande Guerre » était inévitable même si la plupart des dirigeants de leurs pays restèrent insensibles et sourds à la menace jusqu'au moment où les canons se mirent à cracher.

***

Maxwell n'avait encore que seize ans moins trois mois quand fut achevé le démembrement de la Tchécoslovaquie. L'Europe se trouvait désormais et irrémédiablement engagée sur le sentier de la guerre. Ceux qui trahirent cette république, d'abord à Munich en septembre 1938, et, pour terminer, en mars 1939, avaient condamné tout le continent européen, puis le monde entier, à la guerre et au spectacle du génocide qui détruisit la majorité des juifs européens. Ceux qui échappèrent à l'Holocauste ne pourront jamais oublier ce qu'il advint des autres. Maxwell fut l'un de ceux, fort rares, qui, non contents de s'en sortir physiquement, connurent ensuite une grande prospérité matérielle. Dans la famille de Maxwell, son père et sa mère, son grand-père, trois de ses sœurs et son frère, ainsi que de nombreux oncles et tantes, cousins et amis d'enfance devaient mourir fusillés ou dans les chambres à gaz. Profondes et ineffaçables sont les cicatrices qui le marquent et le récit de sa vie ne serait pas complet sans un bref rappel des événements politiques et militaires qui mirent un point final à l'existence de la Tchécoslovaquie libre et démocratique.

Le démantèlement de l'État hongrois par le Traité de Trianon, en 1920, après la victoire des Alliés, portait déjà en germe la Deuxième Guerre mondiale et l'Holocauste. Aux termes de ce traité, la Hongrie cédait la Transylvanie à la Roumanie, une partie de la Croatie à la Yougoslavie, les zones frontières de la Galicie et de la Slovaquie à la Pologne et 61 000 kilomètres carrés de son territoire en Slovaquie et en Ruthénie subcarpatique à la Tchécoslovaquie. D'autres régions de moindre importance passèrent sous la domination de l'Autriche et de l'Italie. Il s'ensuivit que la Hongrie se trouva diminuée des deux tiers et que sa population tomba de 20 886 000 habitants en 1910 à 7 615 000 en 1920. Les forces armées hongroises furent réduites à 35 000 hommes et leurs activités limitées au maintien de l'ordre sur la frontière et à l'intérieur du pays.

Tout autant que le Traité de Versailles, principal instrument du nouveau découpage de l'Europe après la guerre de 1914-1918, le Traité de Trianon devait engendrer des mécontentements, des animosités, et des ambitions territoriales réunissant les conditions nécessaires pour qu'un nouveau conflit, encore plus horrible, éclatât moins d'une génération plus tard. A partir de 1920, tous les gouvernements hongrois ont jugé les conditions de paix intolérablement dures et injustes. L'économie hongroise s'en trouvait complètement ruinée, d'où un dénuement poussé à l'extrême. Même dans l'euphorie de la victoire, les Alliés avaient manqué d'équité : ainsi un million de Magyars devinrent tchécoslovaques. Le moment venu, le gouvernement hongrois, de plus en plus fascisant, dirigé par l'amiral-régent Miklos Horthy, se fit l'instrument consentant voire enthousiaste de Hitler lorsqu'il s'agit de détruire l'indépendance de la Tchécoslovaquie. Surtout, la Hongrie voulait reprendre les territoires ruthènes qu'elle avait perdus et que Hitler allait lui rendre. Donner la Ruthénie, c'était échanger un œuf contre un bœuf.

Après avoir réoccupé la Rhénanie et annexé l'Autriche, Hitler s'était employé à mettre la main sur la Tchécoslovaquie au cours du printemps et de l'été 1938. En s'appliquant méthodiquement et avec cynisme à faire monter la tension internationale, il créa un état de crise dont l'enjeu était la minorité allemande des Sudètes en Tchécoslovaquie. On inventa des cas de « brutalité » à son égard, jusqu'à ce que le Führer pût saisir l'occasion de proclamer que sa patience était à bout. Le 15 septembre 1938, Neville Chamberlain,

Premier ministre britannique, prit l'avion pour Berchtesgaden afin de s'entretenir avec le Chancelier allemand et voir si l'orage qui montait ne pourrait s'apaiser. Du point de vue britannique, le voyage de Chamberlain était une mission de paix. Vu de Berlin, c'était une tentative d'apaisement de la part d'une nation qui avait perdu tout ressort. Chamberlain accepta que les Sudètes fussent cédées au IIIe Reich, générosité consentie aux dépens de la souveraineté d'une autre nation. On comprend que le gouvernement tchécoslovaque mît peu d'empressement à souscrire à un tel accord et à en apprécier les bienfaits.

Le 19 septembre, Français et Anglais proposèrent conjointement à la Tchécoslovaquie d'accepter des concessions, requête que le gouvernement du président Edvard Beneš, à Prague, rejeta avec fermeté; il acceptait néanmoins un arbitrage. Les Britanniques et les Français, si soucieux d'apaiser un ennemi virtuel mais puissant, réagirent sans ménagements face à la résolution et au courage d'une petite nation, pourtant leur alliée et leur amie. Le soir même on fit savoir au gouvernement tchèque que s'il ne se pliait pas à leurs exigences, la France et la Grande-Bretagne abandonneraient la Tchécoslovaquie (à laquelle la France au moins se trouvait liée par les clauses d'un traité, tout comme la Grande-Bretagne l'était à la France, avec les conséquences qui en découlaient) et la livreraient à son destin.

Bien qu'il fût prêt à braver l'agresseur, Beneš, compte tenu des circonstances, capitula devant ses protecteurs. Il s'inclina devant les propositions anglo-françaises.

Le 22 septembre, Chamberlain prit encore l'avion pour aller voir Hitler, cette fois à l'hôtel Dresden à Bad Godesberg, sur le Rhin près de Bonn. Il dit à Hitler que les gouvernements britannique, français et tchèque étaient maintenant d'accord pour céder les Sudètes à l'Allemagne sans plébiscite. « Désolé, répondit Hitler, mais après les événements de ces jours derniers, tout cela ne m'intéresse plus [8]. »

La tension s'accrut. Chamberlain retourna en Angleterre et l'Europe se prépara à la guerre. C'est alors que, sur l'initiative, semble-t-il, du dictateur fasciste italien Mussolini, la rencontre de la dernière chance eut lieu à Munich, le 29 septembre, entre Hitler, Mussolini, Chamberlain et le Premier ministre français, Édouard Daladier.

On n'accorda même pas aux Tchèques le droit d'être présents dans la salle de réunion au moment où l'on décidait du sort de leur pays. C'est aux quatre puissances, Allemagne, Italie, Angleterre et France, qu'il incomba de décider que les troupes allemandes commenceraient l'occupation des Sudètes le 1er octobre. Les biens appartenant à des Tchèques y seraient confisqués sans indemnisation. Toutes les principales fortifications qui garantissaient la Tchécoslovaquie contre une éventuelle attaque allemande se trouvaient à l'intérieur des 28 000 kilomètres carrés du territoire que les Tchèques étaient forcés d'abandonner, ce qui les priverait de toute protection si les Allemands revenaient à la charge. La Tchécoslovaquie perdit les deux tiers de son charbon, 86 % de ses produits chimiques, 70 % de son fer, de son acier et de son électricité et 40 % de son bois de construction. Elle était ainsi amputée de sa puissance économique et militaire. Chamberlain rentra chez lui pour y annoncer parmi les hourras que « la paix était sauvée »; Winston Churchill déclara, sans guère rencontrer d'écho, que les Alliés avaient essuyé « une défaite totale et sans excuses ». Même un homme comme lui ne pouvait pourtant se rendre parfaitement compte de ce qui attendait les peuples d'Europe, et particulièrement les juifs.

Hitler avait déclaré à Chamberlain qu'il ne voulait « pas de Tchèques du tout » sur son territoire, et que l'Allemagne, après avoir résolu la question des Sudètes, n'avait « pas d'ambitions territoriales en Europe ». Aussi les accords de Munich stipulaient-ils que les quatre grandes puissances européennes garantiraient les frontières internationales de la Tchécoslovaquie ainsi corrigées. (La victime de ces accords fut alors rebaptisée Tchéco-Slovaquie, le trait d'union indiquant que la Slovaquie, dont les dirigeants étaient les séides de Hitler, était tenue pour largement autonome.) Il y avait cependant une condition essentielle à la promesse de garantie faite par l'Allemagne et l'Italie. Aux termes de l'article 1, elle ne prendrait effet que « si la question des minorités polonaises et des minorités hongroises en Tchécoslovaquie était réglée ». Le fait est que la Pologne avait profité de la crise internationale pour s'emparer du district de Teschen, petit territoire de quelque 625 kilomètres carrés où vivaient 230 000 personnes, la plupart d'origine polonaise. Il semblait donc que seules les revendications de la Hongrie faisaient encore obstacle à « l'avènement de la paix » prophétisé par Chamberlain.

Frantisek Chvalkovsky, ministre tchécoslovaque des Affaires étrangères, et Kalma Kanya, son homologue hongrois, entamèrent promptement des pourparlers et des négociations qui durèrent quatre jours sans aboutir. Ils décidèrent alors d'un commun accord de soumettre leur cas respectif à l'arbitrage « impartial » de Joachim von Ribbentrop, ministre allemand des Affaires étrangères, et au comte Galeazzo Ciano, ministre italien des Affaires étrangères et gendre de Mussolini, qui se rencontrèrent à Vienne. Après que Ciano eut fait, au moins, un effort de justice envers les Tchèques (ignorant les véritables intentions de Hitler), ils décidèrent « d'attribuer à la Hongrie les zones territoriales qui sans cela auraient bien pu faire l'objet de maints litiges virulents [9] ». Cet « arbitrage » accorda à la Hongrie ce qu'elle voulait sauf la Ruthénie subcarpatique qu'elle désirait plus que tout. Les districts cédés couvraient une superficie de 20 000 kilomètres carrés sur lesquels vivait une population de 775 000 habitants. On ne laissait à la Tchécoslovaquie qu'une seule ville sur le Danube, Bratislava, capitale de la Slovaquie semi-autonome. Les Hongrois étaient furieux et, selon l'opinion commune, Hitler et Mussolini eurent du mal à les empêcher de s'emparer de la Ruthénie par la force; il est pourtant difficile de croire qu'une nation dont le chef avait craint de voir la Grande-Bretagne et la France prendre les armes pour défendre la Tchécoslovaquie aurait eu la témérité de défier Hitler si peu de temps après ces événements.

A la vérité, tout au long des diverses crises tchécoslovaques, l'amiral Horthy, régent de Hongrie, fut une marionnette dont les Allemands tiraient les ficelles. Le 23 août, alors que la situation était encore explosive, Hitler recevait Horthy et les membres de son gouvernement au cours d'exercices navals à Kiel. Il confia à ses hôtes que s'ils voulaient avoir leur part dans le démembrement de la Tchécoslovaquie, ils feraient bien de se hâter. « Celui qui s'invite à table doit au moins donner un coup de main en cuisine », leur dit-il [10]. Les Hongrois ne demandaient pas mieux; le seul point qui les inquiétait était de voir les Alliés utiliser la force contre eux. Lorsqu'il fut évident qu'il n'y avait rien à craindre de ce côté-là, ils ne furent que trop heureux de prêter main-forte à Hitler.

Le 20 septembre, cinq jours après sa première rencontre avec Chamberlain, Hitler avait reçu le Premier ministre hongrois, Bela Imredy, et son ministre des Affaires étrangères. Si l'on en croit les minutes du ministère des Affaires étrangères allemand, « le Führer reprocha aux émissaires l'attitude hésitante de la Hongrie [11] »; cela ne permet guère de penser qu'il aurait fallu user de la menace pour empêcher les Hongrois de se montrer téméraires à peine deux mois plus tard. Il leur donna l'assurance que « ni l'Angleterre ni la France n'interviendraient » et, si l'on en croit cette note, il leur parla en ces termes :

C'était la dernière chance qu'avait la Hongrie de se joindre à nous. Si elle ne le faisait pas, il ne serait pas en mesure de dire un mot en faveur de la Hongrie. A son avis, le mieux serait de détruire la Tchécoslovaquie.

Les Tchèques n'avaient pu que se résigner à accepter l'arbitrage de Vienne, mais ils insistèrent pour que, les frontières nouvelles étant désormais fixées, les assurances données à Munich concernant leur modification future par l'Allemagne et l'Italie prennent effet. Non, répondit Berlin, pas avant que les nouvelles frontières aient été tracées par une commission réunie à cet effet. Ce fut chose faite vers la fin novembre et les Tchèques présentèrent à nouveau leur requête. Pas de réponse. En décembre, l'ambassadeur de France à Berlin demanda au nom de son gouvernement que les assurances si solennellement données à Munich entrent en vigueur. On lui fit une réponse de Normand.

Ni lui, ni son gouvernement, ni le gouvernement britannique ne savaient (bien qu'ils auraient pu se douter de quelque chose) que le 21 octobre 1938 Hitler, dans un ordre du jour officiel, avait commandé à la Wehrmacht de s'apprêter à liquider une fois pour toutes « ce qui restait de la Tchécoslovaquie ». Il est de fait que, deux jours seulement après les Accords de Munich, Hitler avait demandé au général (futur maréchal) Keitel de l'OKW, le haut commandement allemand, combien de temps et quelles forces militaires seraient, d'après lui, nécessaires pour soumettre le reste de la Tchécoslovaquie. Keitel lui répondit en peu de mots que l'opération n'exigerait ni beaucoup de temps ni beaucoup d'efforts.

En janvier 1939, Hitler avait renouvelé ses manœuvres d'intimidation à l'égard de la Tchécoslovaquie, en exigeant que son armée fût réduite à 10 000 ou 20 000 hommes. En mars, les Slovaques révoltés lassèrent la patience du président tchèque, le vieux Dr Emil Hacha qui avait succédé au Dr Beneš au mois d'octobre précédent. Il eut le courage de révoquer le Premier ministre pro-allemand, Jozef Tiso, ainsi que deux de ses ministres, et fit occuper Bratislava par les troupes de son gouvernement.

Bien que ce fût un acte de courage, Hitler saisit ce prétexte pour en finir, une bonne fois, avec la Tchécoslovaquie. Il ne fait aucun doute, cependant, qu'il se serait passé de cet alibi s'il ne s'était pas présenté. L'Allemagne dédaignait de plus en plus, de justifier ses actes sur la scène internationale. Le 10 mars, le Führer envoya un ultimatum à Prague; le 13 mars, il convoqua Tiso et lui dit que la situation était devenue « intolérable »; il lui annonça son intention de régler l'affaire « une fois pour toutes ». Ce n'était plus une question de jours, ajouta-t-il, mais d'heures. Par l'intermédiaire de Ribbentrop, on fit savoir à Tiso que la Hongrie envoyait des troupes vers la frontière slovaque. Ribbentrop ne disait pas que les troupes en question ne menaçaient pas la Slovaquie mais la Ruthénie et que la manœuvre avait été organisée à l'instigation de Berlin. L'idée que l'armée hongroise devait se mettre en marche n'avait été présentée à Horthy que le matin même. Il l'avait acceptée « avec enthousiasme », émettant pourtant le vœu de retarder l'action d'une semaine car ses troupes n'étaient pas prêtes. Mais ce délai n'était pas conforme aux plans de Hitler et Horthy donna des ordres à son armée.

Le 14 mars, le parlement slovaque à Bratislava, redoutant une invasion hongroise à laquelle Ribbentrop avait fait allusion, proclama l'indépendance de la Slovaquie et demanda la « protection » de Hitler, requête à laquelle le Führer accéda généreusement, sachant qu'elle ne l'engageait en rien puisque la menace était purement imaginaire. Le même jour, la Ruthénie subcarpatique, en la personne de son nouveau président, M. Volosin, suivit l'exemple donné par Bratislava et proclama son indépendance; elle sollicita également la « protection » de Hitler. Mais cette fois le refus fut brutal, Berlin enjoignit à M. Volosin de renoncer à toute velléité de résistance.

Pendant ce temps, Hitler était à Berlin où il rencontrait, sur leur demande, le président Hacha et le ministre des Affaires étrangères Chvalkvosky, lesquels, en désespoir de cause, tentaient une ultime démarche pour sauver quelque chose dans le naufrage de leur pays. Hitler exigea la capitulation sans condition des autorités tchèques, ni plus ni moins. « Le temps des négociations est passé », dit-il. « Le moment est venu de prendre note des décisions irrévocables du gouvernement allemand. »

A 1 h 30 du matin, le 15 mars, c'était les Ides de Mars, Hitler annonça à Hacha que la Wehrmacht avait reçu l'ordre de commencer l'occupation de la Bohême et de la Moravie à 6 h 30. En cas de résistance, Prague serait détruite par 800 bombardiers allemands. Hacha avait soixante-dix ans et souffrait de graves troubles cardiaques. En fait, il s'effondra plusieurs fois pendant la nuit et au cours des premières heures de la matinée. Un peu avant 4 heures de l'après-midi, il perdit complètement connaissance, provoquant chez les Allemands leur seul moment de panique : ils craignaient d'être accusés de l'avoir assassiné; ce qui ne manquait pas de piquant : c'était bien le seul crime dont ils auraient été innocents! Cependant, le médecin de Hitler, Theodor Morell, parvint à rendre à Hacha assez de force pour qu'il signât l'accord reconnaissant en bonne et due forme la liquidation de son pays.

Les troupes allemandes se mirent en marche ce matin-là sans rencontrer de résistance. L'armée hongroise envahit la Ruthénie à peu près à la même heure et l'annexa officiellement le 16 mars 1939, jour où Horthy avait prévu de provoquer un incident de frontière qui aurait justifié l'invasion. Ce ne fut pas nécessaire. La Tchécoslovaquie, née en 1920, n'était plus. La mort de la plupart de ses juifs allait suivre. Munich l'avait rendue inévitable.

***

Robert Maxwell était à Bratislava en mars 1939 avec son cousin, Michaël, s'efforçant toujours de gagner sa vie comme représentant en bijoux fantaisie. Ils durent fuir tous deux. Maxwell alla d'abord à Solotvino, puis, dans le courant de l'été, comme il atteignait son seizième anniversaire, il fit à pied les 450 kilomètres qui le séparaient de Budapest, cherchant du travail et menant sur la route la vie d'un vagabond. Dans la capitale hongroise, un membre des Sokols [12], groupement de jeunesse désormais interdit, le prit en amitié; ainsi commença le fantastique enchaînement de circonstances qui devait se terminer par son arrivée en Angleterre un an plus tard.

Maxwell fut conduit par son nouvel ami à une réunion organisée dans la cave du consulat de France à Budapest, où il fut en fait recruté par un mouvement de résistance qui aidait les volontaires, désireux de former une armée tchécoslovaque libre, à s'enfuir vers l'Ouest. Sa première mission fut de se rendre à la gare principale de Budapest et d'y acheter des billets pour différentes villes de Hongrie. Il devait ensuite retourner à la cave et remettre les billets à un homme (dont il ne se rappelle pas le nom) qui lui avait fourni l'argent. Au bout d'un mois, cet homme dit à Maxwell qu'ils prendraient ensemble un train en direction de la frontière yougoslave. Lui, Maxwell, le plus jeune des deux, avait pour tâche d'acheter des vivres et des boissons dans les gares, le long de la route, et son compagnon les faisait passer à d'autres voyageurs dispersés d'un bout à l'autre du train. Après s'être acquitté de cette mission au cours de trois ou quatre voyages, Maxwell fut chargé de repérer les gendarmes qui contrôlaient les papiers des voyageurs avant le passage de la frontière; c'était une « promotion »; on désigna un autre jeune homme pour acheter les vivres. A cette époque, Hitler avait envahi la Pologne le 1er septembre et la guerre avec la Grande-Bretagne et la France avait éclaté. Maxwell dit qu'il était bien payé pour acheter les vivres; ce n'était pas là un salaire, pourtant il n'avait jamais si bien mangé auparavant. L'inévitable catastrophe se produisit en décembre 1939. Les fugitifs furent dénoncés à la police hongroise par le guide censé les conduire vers un havre en Yougoslavie; le traître révéla également l'existence du réseau et l'itinéraire utilisé.

Maxwell et ses camarades furent arrêtés à la frontière, reconduits à Budapest et accusés d'espionnage. Quatre mois durant, il fut enfermé dans une cellule sans fenêtre, pieds et mains entravés, battu le jour ou la nuit à coups de matraque en caoutchouc et de chaîne de bicyclette; trois policiers hongrois se relayaient pour l'interroger. Un coup assené en travers du visage lui brisa le nez; il lui est difficile aujourd'hui de respirer par la narine droite. Les questions ne variaient jamais :

> Qui l'avait recruté?
> Combien touchait-il?
> Quels étaient les fonctionnaires français
> qui aidaient les fugitifs?
> Qui devait les prendre en charge en Yougoslavie?

Maxwell ne cessait de répéter qu'il ne savait rien, ce qui était presque vrai, il ne savait pas grand-chose.

Quelques semaines après, on l'informa qu'il avait été jugé selon la loi martiale et condamné à mort, bien qu'il n'eût comparu devant aucun juge ni tribunal militaire. On lui demanda s'il désirait faire appel et il répondit affirmativement. L'ambassade de France à Budapest, qui veillait aux intérêts de la Tchécoslovaquie en Hongrie et qui semble avoir déployé plus de fermeté pour défendre la liberté des Tchèques que le gouvernement français quelques mois auparavant, intervint alors. Elle éleva une protestation auprès de l'amiral Horthy en alléguant que Maxwell avait été traduit à tort devant un conseil de guerre : il n'avait pas dix-huit ans et il était mineur. On rouvrit donc le procès et Maxwell fut convoqué devant un tribunal en janvier 1940.

Le gardien qui le conduisait en camion devant ses juges était un vieux soldat manchot; il avait perdu un bras pendant la Première Guerre mondiale. Maxwell avait des menottes aux mains mais ses pieds étaient libres. Il assena un coup de ses menottes sur la tête du garde et s'enfuit. Il a déclaré plus tard, paraît-il, qu'il avait peut-être tué cet homme mais il croit que sa victime a survécu et n'a été

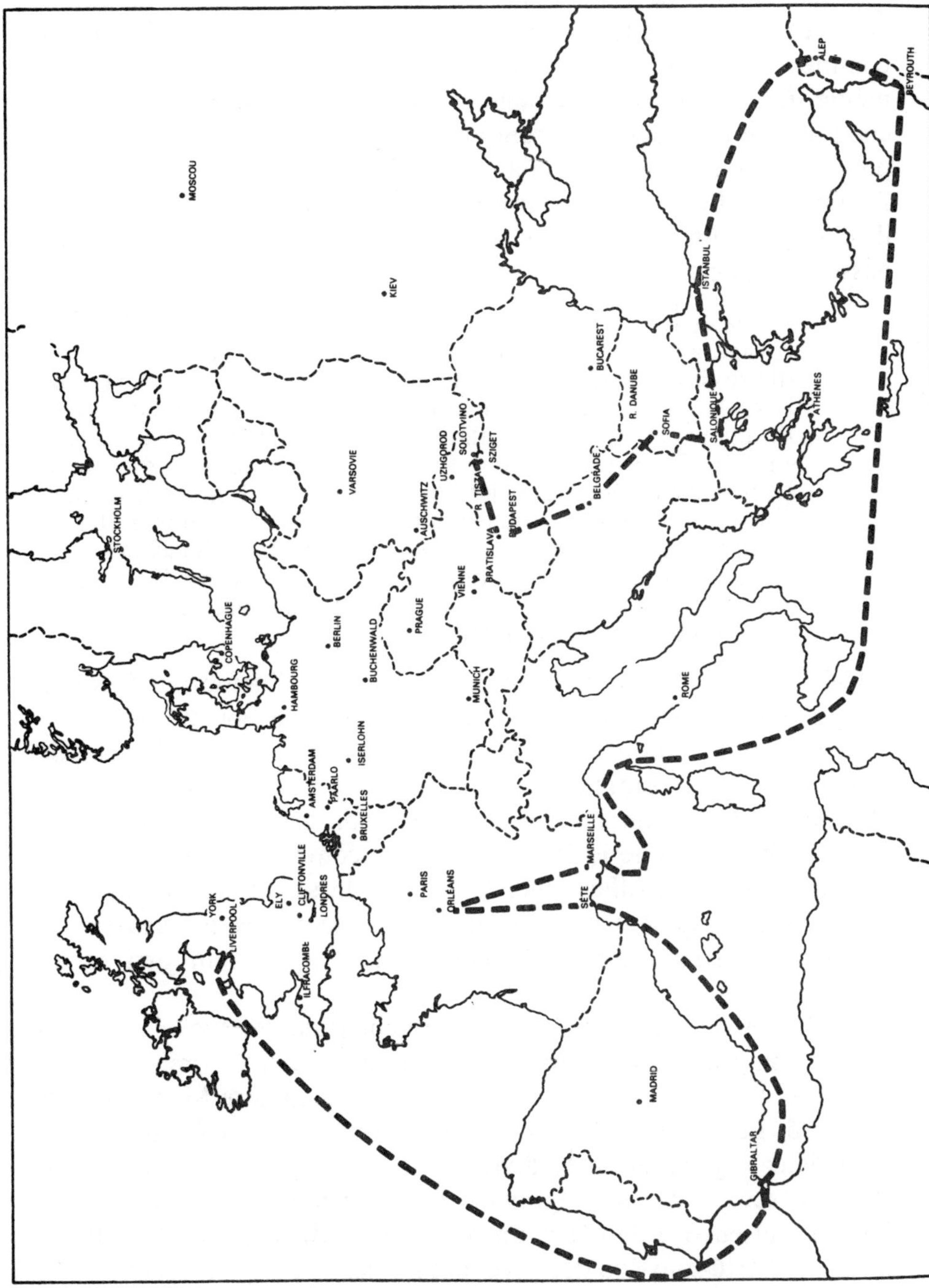

L'itinéraire de Robert Maxwell : de Solotvino à Londres (Frontières antérieures à 1939).

qu'assommée. Il se cacha sous un pont où ses menottes lui furent enlevées des poignets par une « tzigane »; il se demande encore comment elle s'y est prise. Il sauta ensuite à bord d'un train, celui-là même qu'il avait régulièrement pris avant son arrestation et qui le conduisit de Budapest à la frontière yougoslave; il traversa celle-ci et poursuivit son chemin jusqu'au jour où il trouva une voiture pour l'emmener à Belgrade; il se présenta alors au consulat de France où il se joignit à un autre groupe de jeunes Tchèques qui cherchaient à passer à l'Ouest.. Voici ce qu'il m'a raconté :

> Je me rendis alors à Sofia et traversai la Bulgarie en train; le voyage avait été organisé par les Français; je suivis ensuite la filière des fugitifs par Salonique, Istanbul (c'est-à-dire Haydar Pasa, la partie asiatique de la ville avec une vue fabuleuse sur le Bosphore) et Alep, tout cela en troisième classe avec des sièges en bois. En Syrie, on nous fit camper dans les casernes de la Légion étrangère française, on nous donna à manger et sans plus tarder, on nous embarqua pour ce qui nous sembla être un voyage interminable jusqu'à Beyrouth où nous logeâmes dans un camp de la Légion. Pour la première fois de ma vie je reçus une ration de vin et de cigarettes. Je n'y touchai pas. Puis nous embarquâmes pour Marseille.

Cela se passait en mars 1940. Depuis le mois d'octobre précédent, les volontaires tchèques de la Légion étrangère étaient regroupés dans un camp militaire à Agde-sur-Mer, près de Marseille, et de jeunes Tchèques continuèrent d'arriver par groupes jusqu'en mai. Maxwell avait rejoint la Légion après avoir menti sur son âge (il n'eut dix-huit ans que le 10 juin, en plein combat). Après l'invasion des Pays-Bas par l'Allemagne, le 10 mai, la situation militaire des Alliés devint rapidement désespérée; les nouvelles recrues furent envoyées au front presque immédiatement après leur arrivée au camp.

Les forces tchèques en France, au moment de l'offensive allemande, ne comprenaient au total que quelque 10 000 hommes; elles formèrent la première division tchèque. Le légionnaire Maxwell y fut transféré. Le 6 juin, le haut commandement français fit monter au front deux régiments de la division, soit 5 200 hommes, pas un de plus. Le second de ces régiments fut incorporé à la 239ᵉ division française et envoyé défendre un pont sur la Marne, près de l'Ourcq et de la Ferté-sous-Jouarre. Au début, les Tchèques réussirent à contenir les Allemands; mais nulle part en France les défenses ne tenaient bien longtemps. Le commandement enjoignit à la 239ᵉ division de battre en retraite et les hommes reculèrent de quelques kilomètres vers Vilbert-Rozay où on les embarqua dans un train en direction de la Loire; ils occupèrent alors des positions défensives près d'Orléans jusqu'au 18 juin. Avant de rejoindre la division, Maxwell avait subi un entraînement accéléré de mitrailleur à bord du side-car d'une moto; il se trouvait appartenir comme simple soldat à une brigade de motocyclistes envoyée en renfort à ses compatriotes pendant la bataille d'Orléans. Il fut légèrement blessé au genou par un éclat de shrapnel, mais pas assez sérieusement pour être évacué. Pendant quelques heures, dans le feu de l'action, il fut prisonnier des Allemands; au milieu de la confusion générale, il lui fut facile de s'échapper.

Maxwell ne participa vraiment au combat que pendant deux ou trois jours. Comme partout ailleurs cet été-là, rien ne put arrêter l'avance allemande sur la Loire. Les Tchèques continuèrent à battre en retraite avant d'être dirigés sur Sète, près de Marseille.

Parmi les soldats qui s'y regroupaient, nombreux se plaignaient amèrement d'avoir été, selon eux, abandonnés par leurs officiers au plus fort de la bataille. Cette trahison devait avoir des conséquences peu de temps après, quand les restes de la division furent parvenus en Grande-Bretagne.

Le gouvernement de Winston Churchill avait promis au docteur Beneš, chef du gouvernement tchèque en exil, que toute unité tchèque décidée à poursuivre la lutte serait évacuée; trois navires de la Royal Navy et trois bâtiments de transport égyptiens attendaient au large pour les embarquer. Voici le récit de Maxwell :

> Le vice-consul des États-Unis, par le truchement d'un interprète, m'offrit la possibilité d'obtenir une bourse d'études aux États-Unis. L'interprète me dit : « Votre gouvernement prétend que vous êtes un garçon intelligent et que vous méritez de faire des études; ainsi, après la guerre, vous pourrez aider à reconstruire votre pays. » Je lui déclarai avoir appris que Churchill avait annoncé à la radio la volonté de l'Angleterre de continuer la guerre contre l'Allemagne. Je lui affirmai que je voulais me battre contre les Allemands. Le vice-consul rétorqua que tout le monde donnerait son bras droit pour aller en Amérique et que j'étais un imbécile.

Quelque 4 000 combattants tchèques seulement arrivèrent à Sète assez tôt pour être évacués, dont 1 600 de ceux qui avaient pris part au combat, pas davantage. Les autres faisaient partie d'une formation qui n'était jamais montée en ligne. Le sort de ceux qui se virent abandonnés fut affreux. Une note du Haut Commandement allemand stipulait que les Tchèques capturés les armes à la main aux côtés des Alliés seraient fusillés. Tout homme identifié comme juif serait livré à la Gestapo et exécuté; il mourrait aussi certainement que sous les balles d'un peloton mais, selon toute apparence, de façon moins rapide. Cette réglementation demeura en vigueur pendant toute la durée de la guerre : c'est la raison pour laquelle le soldat Hoch prit plusieurs faux noms avant d'adopter finalement celui de Maxwell en 1945.

Maxwell fut embarqué à bord d'un destroyer britannique où on lui donna du pain blanc (c'était la première fois de sa vie qu'il en goûtait), des cigarettes Gold Flake, du thé et de la confiture d'orange, avant d'être transféré sur le *Mohamed-el-Kebir*, un des navires égyptiens transformés en bâtiments de transport militaire (il devait être coulé plus tard, au cours de la guerre, par un sous-marin allemand). Le voyage de Sète à Liverpool, via Gibraltar, prit près de deux semaines. Maxwell arriva sur les rives de la Mersey la dernière semaine de juillet, « mon fusil à la main, dit-il; je n'étais pas un réfugié ». Il portait l'uniforme français et ne savait pas un mot d'anglais, pas même « Goodbye ».

***

Bien qu'il ne s'en rendît pas compte à l'époque, une nouvelle vie commençait pour lui. Il ne devait plus jamais habiter en Tchécoslovaquie et ne retournerait à Solotvino qu'une seule fois. Voici ce qu'il écrivit en 1968 :

> Je suis né dans cette région de la Tchécoslovaquie qui avait été volée à la Hongrie par le Traité de Versailles et qui se trouve maintenant volée aux Tchèques par les Russes.

Pendant bien des années après la guerre, il tenta de revoir sa ville natale, ne fût-ce que pour exorciser les souvenirs du dénuement dont il avait souffert et pour retrouver les traces de ceux qu'il y avait connus. Les autorités soviétiques se refusèrent toujours à le lui permettre. Maxwell adressa une requête personnelle à Nikita Khrouchtchev mais le dirigeant soviétique la rejeta lui aussi; son veto était dû, selon toute apparence, au fait qu'il avait failli, jadis, être victime d'un attentat à Solotvino. Enfin Leonid Brejnev, successeur de Khrouchtchev, se montra plus compréhensif. En 1978, Maxwell entreprit le voyage, en compagnie de sa femme, Betty. Mme Maxwell note dans le journal qu'elle tenait pour ses enfants :

> Nous eûmes le privilège et l'honneur insignes d'être les hôtes de l'Union soviétique, car aucun étranger n'a le droit de s'approcher de plus de cinq kilomètres de la frontière et à plus forte raison dans cette zone (l'accès en était limité parce que apparemment c'était vraiment un secteur stratégique). On a découvert, m'a-t-on dit, que Solotvino est le centre géographique de l'Europe. Je n'y ai vu qu'un paysage gris, très plat malgré les ondulations de quelques collines assez basses avec, au loin, de hautes montagnes vers la droite, du côté de la Roumanie; le village est éparpillé tout en longueur. On m'a montré le puits d'une mine de sel moderne, puis des maisons basses, quelconques, modernes, elles aussi : tout ceci, m'a-t-on dit fièrement, datait des douze dernières années. J'avais l'impression que ce ne pouvait être ça, le village de papa... et puis, trois kilomètres plus loin, nous avons fait un demi-tour complet, et nous sommes revenus en arrière mais plus bas. C'est alors que j'ai pu voir quelques bâtiments plus anciens et des maisons dispersées sur un terrain en pente qui descendait jusqu'à la Tisza.

Le président du Soviet local accueillit les visiteurs. Il dit à Maxwell qu'il ne reconnaîtrait plus le village de son enfance; tout avait été entièrement reconstruit. Mais après avoir visité la nouvelle mine de sel et un nouvel hôpital, ils arrivèrent enfin dans la partie ancienne, la plus pauvre de Solotvino où Maxwell avait jadis vécu. Voici le récit de madame Maxwell :

> Nous passâmes devant de vieilles maisons dont les murs étaient faits en troncs d'arbres et devant une cour plutôt vaste qui avait été la place du marché, puis devant d'autres maisons en bois. Dans cette rue-là, il n'y avait de bâtiments que sur le côté droit. Le côté gauche formait la crête d'une pente abrupte qui descendait jusqu'à la Tisza et à la frontière roumaine... Maxwell se dirigea d'un pas décidé vers l'endroit où s'était trouvée la demeure de son grand-père. C'est là qu'il rencontra un Roumain de son âge ou à peu près, mais qui paraissait avoir vingt ans de plus que lui. Ils échangèrent quelques mots... et cet homme lui dit : « Je sais qui tu es; je t'ai reconnu quand tu es arrivé à la mairie. Je me suis dit que c'était toi. On allait en classe ensemble. » Et tout soudain les deux hommes tombèrent dans les bras l'un de l'autre. Il nous expliqua que la baraque qui était la maison de Papa (celle de Yankel) avait été démolie, que la synagogue, juste derrière, était maintenant transformée en boulangerie, que la rue, jadis en cul-de-sac, avait été percée, raison pour laquelle il n'y avait plus trace de la maison à proprement parler. Les maisons étaient vieilles, en bois, et elles avaient l'air aussi pauvres que du temps de Papa. Les rues étaient pleines de boue et, franchement, dans ce coin du monde rien n'avait vraiment changé.

Mise à part la rencontre avec ce témoin de l'ancien temps, le voyage fut une déception. Il ne connaissait plus personne et ne reconnut pas grand-chose. Il n'a plus aucun désir de retourner dans sa ville natale et n'a certainement jamais regretté son départ.

Immédiatement après avoir quitté Solotvino, les Maxwell furent invités à un dîner à Novosibirsk, en Sibérie, où était organisée une « semaine britannique ». Un ministre soviétique qui figurait parmi les invités porta un toast à Maxwell et aux autres Britanniques présents, y compris l'ambassadeur de Grande-Bretagne en Union soviétique, Sir Curtis Keeble, et une autre personnalité importante, Sir Fitroy MacLean, militaire, écrivain, diplomate et député conservateur au Parlement de Londres, où il avait représenté les circonscriptions de North Ayrshire et de Bute. Comme la ville natale de Maxwell, devenu citoyen britannique, faisait maintenant partie du territoire soviétique, leur hôte affirma que la Grande-Bretagne avait gagné dans cette affaire, autant que l'Union soviétique y avait perdu. MacLean l'interrompit pour lui demander ce qu'il serait advenu de l'intéressé si celui-ci était resté en Tchécoslovaquie, après la guerre. Le ministre répondit qu'à son avis, Maxwell ne se trouverait pas loin de l'endroit où il se tenait en cet instant précis, c'est-à-dire en Sibérie; mais, ajouta-t-il, il n'était pas en mesure de savoir si ce serait sous terre ou sur terre.

***

Le sort réservait aux juifs de Tchécoslovaquie d'être les victimes de deux hommes parmi les pires qu'ait connus l'histoire de l'humanité. En comparaison, les Goths et les Vandales, les hordes mongoles de Gengis Khan n'étaient que des enfants de chœur. Reinhard Heydrich, le numéro 2 de Heinrich Himmler, et Adolf Eichmann, le plus ignoble organisateur de génocide dont le monde ait jamais conservé la mémoire, conçurent et mirent en œuvre ce que l'on appelle maintenant l'Holocauste. L'objectif était l'extermination de tous les juifs d'Europe et il fut, dans une large mesure, atteint.

Auschwitz, dans la province polonaise de Galicie, fut l'un des camps d'extermination les plus célèbres, où les juifs furent soumis à des expériences pseudo-médicales, gazés, incinérés dans des conditions effroyables quand fut mise en œuvre la « solution finale ». Construit sur les ordres de Himmler en 1940, son personnel fut recruté parmi des criminels allemands. C'était un camp relativement modeste à l'origine et il ne regroupa que quelques juifs jusqu'au jour de 1941 où une vaste rangée de casernements en bois y fut édifiée sous le nom de Birkenau ou Auschwitz II, bien que les deux endroits soient communément appelés « Auschwitz » l'un et l'autre.

La décision d'entreprendre l'extermination des juifs fut prise, semble-t-il, à la demande de Heydrich. En juin 1941 (mois où Hitler attaqua la Russie et où la Hongrie entra en guerre à ses côtés), l'officier commandant Auschwitz reçut de Himmler l'ordre de procéder à des préparatifs en vue du génocide planifié. Combien en définitive moururent là-bas, nul ne le sait. Les registres du camp font état de 261 000 détenus assassinés, mais la plupart des noms n'étaient pas consignés dans les registres. Si l'on en croit les statistiques pour la période allant de février 1942 à novembre 1944, environ un million de juifs et 250 000 autres personnes, dont des Polonais, des Russes et des tziganes, y trouvèrent la mort [13].

Le génocide des juifs hongrois fut savamment agencé par Eichmann mais il ne commença que vers la fin de la guerre. Eichmann avait déjà entrepris bien plus tôt d'exterminer les juifs de la communauté tchécoslovaque. Le massacre avait débuté sérieusement après que deux Tchèques parachutés par la RAF près de Prague eurent assassiné Heydrich pendant l'été 1942. Il y eut d'abord des atrocités à Lidice, village situé aux portes de la capitale, où tous les hommes et les jeunes gens de plus de seize ans furent exterminés de sang-froid; puis, presque tous les juifs de Tchécoslovaquie furent rassemblés comme du bétail et conduits à la mort.

Parmi ceux qui périrent à Auschwitz se trouvaient Chanca, la mère bien-aimée de Maxwell, avec ses trois plus jeunes enfants, Zissel, Tzipporah et Itzak, ainsi que grand-père Yankel. Ils faisaient partie du premier convoi envoyé de Solotvino à Auschwitz. Le second convoi emmenait des juifs en provenance de plusieurs villages environnants, mais rassemblés en un premier temps dans le ghetto de Solotvino; parmi eux figuraient plusieurs membres de la famille Hoch. Nul ne sait au juste comment et quand mourut Mehel. On pense qu'il a été fusillé, bien que l'on ignore si ce fut au moment de son arrivée à Auschwitz ou quelque temps après.

Après la guerre, selon des rumeurs, son père aurait été aperçu par des témoins. Maxwell se rendit à Prague en 1945 avec l'autorisation de le faire sortir de Tchécoslovaquie s'il parvenait à le retrouver, mais il n'y avait aucune trace de lui. Selon d'autres informations, Mehel aurait figuré parmi les victimes d'un navire coulé dans la Baltique peu après la fin de la guerre, mais ce Bruit n'était pas plus fondé qu'aucun des autres. En tout état de cause, pourquoi les Allemands auraient-ils traité le père de Maxwell autrement que les autres juifs du sexe masculin et d'âge moyen qu'ils avaient rassemblés? Vraisemblablement, le destin de Mehel fut de ne pas survivre longtemps à sa femme et à sa famille, si toutefois il leur survécut, bien que les juifs qualifiés fussent souvent « sélectionnés » pour peiner au service des troupes allemandes avant d'être mis à mort quand ils étaient trop épuisés pour être encore de quelque utilité.

Les autorités avaient établi un ghetto à Solotvino, dans la partie basse de la ville, entre la rivière et la première colline, là où demeuraient la plupart des juifs de la ville. Les années de guerre y avaient rendu la vie encore plus intolérable. Pas de farine pour faire le pain, il fallait moudre des pois cassés et des haricots pour fabriquer une sorte d'ersatz qui en tenait lieu. Mais ce qui rendait pires encore les conditions d'existence dans le ghetto c'est que l'on y était entassé les uns sur les autres. Il n'y avait guère à manger, parfois même rien du tout, sauf si l'on avait les moyens d'acheter des vivres aux Roumains qui les apportaient en fraude.

Le couvre-feu était à cinq heures de l'après-midi très exactement. Nul n'était autorisé à sortir de chez lui, sous aucun prétexte, même pour aller aux latrines. Deux jeunes filles tentèrent de le faire, des soldats hongrois les rossèrent en menaçant de les battre « jusqu'à ce que les océans s'entrouvrent pour laisser passer Moïse ».

Après un mois passé au ghetto, les quelque 4 000 juifs qui s'y trouvaient, à moitié morts d'inanition pour la plupart, furent embarqués dans des convois à destination d'Auschwitz. Ils furent rassemblés le 20 mai 1944, c'était le jour du Sabbath. On leur fit prendre le chemin de la gare, on les fourra dans des wagons à bestiaux et on les expédia le lendemain. Le second convoi partit trois jours plus tard. Le premier train pour Auschwitz arriva à minuit le mardi 23 mai. Les juifs y avaient été entassés, à 70 par wagon, avec deux miches de pain et deux seaux, un pour l'eau et l'autre pour leurs besoins naturels. On leur avait dit qu'ils allaient travailler comme journaliers dans des fermes.

Quand ils arrivèrent au camp, les personnes âgées des deux sexes et les enfants furent séparés des hommes et des femmes en état de travailler. Les « faibles » furent aussitôt conduits à la chambre à gaz. On est sûr que Chanca, Zissel, Tzipporah, Itzak et Yankel furent assassinés dans les premières heures de la matinée, le mercredi 24 mai. C'est Laishu, cousine germaine de Maxwell et rescapée du camp, qui le lui a raconté. Sa propre mère et quatre de ses frères et sœurs moururent avec les Hoch ce jour-là.

Shenya, Brana et Sylvia travaillaient toutes les trois à Budapest lors de la rafle à Solotvino. Brana fut arrêtée à la sortie de la gare où elle était allée s'assurer du départ de Sylvia pour Solotvino; elle fut envoyée au camp de Mauthausen, puis à celui de Buchenwald. Sylvia fut par chance arrachée du convoi et put ainsi éviter d'être expédiée dans un camp. Elle trouva refuge dans un foyer de la Croix-Rouge à Budapest. Parmi les enfants recueillis par le foyer, il y avait trois jeunes Roumains. Quand leur mère vint les chercher, en janvier 1945, elle emmena Sylvia avec elle pour l'aider à s'occuper des petits pendant le voyage de retour en Roumanie, puis elle invita la jeune fille à rester jusqu'à la fin de la guerre.

Shenya travaillait chez une actrice, chrétienne, en qualité de gouvernante, dans la capitale hongroise, et elle avait de faux papiers. Mais bientôt elle fut arrêtée elle aussi dans une rue de la ville pendant l'hiver 1944, lors de la dernière rafle de juifs, et disparut sans laisser de traces. Elle subit, selon toute vraisemblance, le sort des juifs capturés à la même époque. Certains d'entre eux étaient attachés par groupes avec une corde, mains liées derrière le dos, et on les poussait par-dessus le parapet des ponts dans le Danube; les autres étaient abattus sur-le-champ. Dans un témoignage saisissant, Isabella Leitner, rescapée d'Auschwitz, donne les détails suivants sur la mort de sa propre sœur à Budapest :

> Ils l'avaient attachée avec des cordes à un groupe de 400 autres juifs. Ils l'avaient traînée de force hors de chez elle, toute nue, comme les autres, au milieu de la nuit, en plein hiver... et ils ont fait feu et les corps ont basculé dans le Danube. Et ils ont recommencé le lendemain, et le surlendemain, et encore le jour d'après...

Sylvia écrivit à Maxwell en 1983 :

> Brana et moi, nous sommes retournées à la maison après la guerre pour voir ce qu'il restait de la famille. Brana revenait du camp de concentration de Buchenwald et moi je rentrais de Roumanie. Nous avons eu la chance d'arriver à Solotvino en même temps, ce qui a rendu notre retour moins pénible qu'il aurait pu l'être. Nous deux, au moins, nous en avions réchappé et nous espérions bien que tu étais sain et sauf, dans l'armée britannique. Notre maison avait été mise à sac et abandonnée, notre champ et notre verger avaient été donnés à nos voisins hongrois par les autorités russes, aussi ne pouvions-nous envisager aucun avenir pour nous à Solotvino. Il nous fallait chercher un nouveau pays et un nouveau foyer.

La première idée qui vint à l'esprit des deux sœurs fut de se rendre en Palestine et elles se mirent en route, avec un certain nombre d'autres jeunes juifs rescapés; elles traversèrent la Hongrie, l'Autriche et l'Allemagne sous les auspices de l'UNRRA. Mais, avant de quitter l'Europe, elles avaient décidé de faire une tentative pour retrouver leur frère. Sylvia raconte qu'une sorte de « téléphone arabe » fonctionnait parmi les réfugiés pour les aider à repérer la trace des personnes recherchées. A force de s'enquérir de leur frère, elles tombèrent sur quelqu'un de Solotvino qui l'avait vu à Prague, où lui-même les recherchait.

Après que Sylvia fut tombée sérieusement malade, atteinte d'une septicémie contractée dans un camp près de Munich, Brana prit la décision de mettre tout en œuvre pour retrouver Maxwell. Elle se rendit à Berlin en novembre 1945 pour demander au Quartier Général de l'armée britannique si quelqu'un pouvait lui fournir quelque indice. A sa stupéfaction, ce fut le cas. On lui apprit qu'il était officier, chargé des interrogatoires au Service de Renseignement du Haut Commandement à Bad Salzuflen, près d'Iserlohn. C'est là que Brana le retrouva. Maxwell installa ses sœurs dans une famille allemande, les Bruch, à Gratz, où son régiment tenait garnison, jusqu'au moment où il obtint l'autorisation de les envoyer en Angleterre, huit mois plus tard. En remerciement de leur « hospitalité », Maxwell approvisionnait les Bruch en café et en nourriture.

Sylvia écrivit par la suite à Maxwell :

> Je n'oublierai jamais notre joie de te revoir; et ce qui était encore plus merveilleux, c'est que tu avais l'air tout aussi heureux et ravi de nous avoir retrouvées. Nous avions un frère qui se souciait vraiment de nous savoir vivantes et en bonne santé, et qui s'ingéniait à nous faire oublier le dénuement dont nous avions souffert pendant la guerre. Notre projet d'émigrer en Palestine fut vite abandonné et c'est avec enthousiasme que nous avons accepté ton invitation à vivre en Angleterre.

Maxwell prit des dispositions pour que Sylvia termine ses études dans une école privée du Devon. Elle habite maintenant avec son mari dans le nord de Londres.

II

De simple soldat à capitaine

> « Si l'on vous demande pourquoi nous sommes morts, dites-leur : parce que nos pères ont menti. »
>
> Rudyard Kipling.

Maxwell arriva en Grande-Bretagne alors même que ses alliés lui faisaient défaut. Le Royaume-Uni se trouvait seul devant Hitler. L'armée britannique avait abandonné le plus gros de son matériel dans les champs de France ou sur les plages de Dunkerque; Hitler se vantait tous les jours que ses plans d'invasion allaient mettre un terme imminent à la guerre. Le président des États-Unis, l'anglophile Franklin D. Roosevelt, faisait son possible, dans les limites de sa Constitution, pour aider l'Angleterre. Cette tâche n'était pas aisée avec un Congrès en majorité anglophobe et une opinion publique aux tendances isolationnistes peu encline à comprendre que le combat des Britanniques était également le sien. L'entrée en guerre de l'Italie, sitôt que le conflit parut pencher en faveur de son allié de l'Axe, avait considérablement affaibli la position stratégique de l'Angleterre en Méditerranée, au Moyen-Orient et en Afrique; toutefois, nul ne pouvait prévoir à l'époque les défaillances des troupes italiennes au combat, face aux Grecs et à la minuscule armée de Wavell en Libye et en Cyrénaïque. Dans l'histoire du Royaume-Uni, c'était un moment désespéré puisque sans issue. Seul, son empire tenait bon. Il n'y avait personne d'autre pour le soutenir. Quelques pays restaient neutres, mais on sentait que leur intervention aux côtés de l'Axe était probable. C'était le cas de l'Espagne de Franco au sud de l'Europe et, à l'est, d'États comme la Hongrie, la Bulgarie et la Roumanie. La tentation de partager le butin avec le vainqueur était grande. Sous la conduite de Churchill, le peuple britannique n'avait d'autre choix que de poursuivre la lutte. A tout moment les Britanniques craignaient que la terrible menace de bombardements d'intimidation ne devienne réalité; ce qui serait le prélude à une invasion de grande envergure. Pour leur part, les membres des forces tchèques ou polonaises n'étaient guère mieux lotis. Encore sur le continent, ils tentaient d'échapper à l'Europe hitlérienne à bord de n'importe quelle embarcation capable de tenir la mer. La défaite de la Grande-Bretagne eut entraîné leur mort; si ce n'était pas au combat, ce serait devant un peloton d'exécution ou pis encore.

Les soldats juifs des territoires occupés couraient les plus grands risques. Pour chacun d'entre eux, c'était une question de vie ou de mort. Ils avaient vu à Sète le désespoir de centaines de civils tchèques, hommes, femmes et enfants, en majorité juifs, qui essayaient d'embarquer sur des transports de troupe en partance pour l'Angleterre. Les officiers commandant la division tchèque avaient dû prendre la décision difficile, quoique inévitable, d'en abandonner le plus grand nombre au sort peu enviable que leur réservait la Gestapo.

En fin de compte, quelque cinq cents civils tchèques réussirent à monter sur les embarcations. Dans le même temps, selon un historien juif [1], des officiers commandant certaines unités avaient reçu l'autorisation d'exclure des personnes à évacuer tout soldat jugé « politiquement douteuse » ou « ne méritant pas, compte tenu de son comportement et de ses qualités personnelles, de rester dans nos rangs ».

L'antisémitisme d'un certain nombre d'officiers tchèques put se donner libre cours. Bien des soldats juifs, de même que leur famille, n'eurent pas accès aux transports de troupe qui levaient l'ancre de Sète. Un témoin écrit :

> On vit des scènes déchirantes... Des gens désespérés essayaient encore de monter à bord des navires tandis qu'on hissait leur passerelle. Ils tombèrent à la mer et s'y noyèrent. Parmi les civils juifs qui furent ainsi repoussés, figurait le Dr Ludwig Levy, le vénérable grand rabbin de Moravie. Il devait mourir dans la France occupée...

Les dernières troupes évacuées quittèrent Sète le 27 juin, deux jours après la cessation officielle des hostilités avec la signature de l'armistice par la France sous la direction vacillante du maréchal Pétain, vieillard de droite à l'entourage antisémite qui avait pris les rênes du pouvoir huit jours plus tôt. Quelques Tchèques réussirent, via Marseille, à gagner la Yougoslavie après cette date, mais la majorité des laissés-pour-compte fut prise au piège. Néanmoins, et ceci fut primordial dans la lutte pour la suprématie aérienne, près d'un millier d'aviateurs tchèques présents en France réussirent à gagner la Grande-Bretagne et se distinguèrent par leurs actions d'éclat durant la bataille d'Angleterre. Seuls vingt-huit ne purent être évacués. Quant au reste de l'armée tchèque, aucun rôle héroïque ne l'attendait.

A mesure que les troupes tchèques débarquaient de France et du Moyen-Orient, elles étaient logées sous la tente à Cholmondeley Park près de Chester. Certaines, au bord de la mutinerie, dénonçaient l'arrogance, la couardise ou l'antisémitisme de leurs officiers, voire les trois à la fois. La situation dégénéra rapidement. Lorsque Maxwell arriva au camp, l'effervescence régnait; les hommes refusaient d'obéir aux ordres de leurs officiers. Lors de la revue, on ordonna aux rebelles d'avancer d'un pas; près de cinq cents hommes le firent; Maxwell en était. Ils furent aussitôt encerclés par des gardes et transférés dans une autre partie du camp. Le 26 juillet, le président Beneš rendit visite au camp. Il donna à une délégation de huit soldats juifs l'assurance qu'il ne tolérerait aucun antisémitisme. Le lendemain, sur ordre du haut commandement tchèque à Londres, tous les mutins furent renvoyés de l'armée tchèque. Et le 28 juillet, Maxwell se retrouva dans un groupe de cinq cent trente-neuf Tchèques livrés aux autorités militaires britanniques. Ils furent conduits par des policiers militaires, baïonnette au canon, dans un camp d'internement à Oswestry dans le Shropshire.

Bon nombre de ces hommes étaient des communistes, pour la plupart d'anciens combattants des Brigades internationales. Ils avaient inspiré la révolte à Cholmondeley Park. A leur tête, se trouvait le communiste Vladimir Clementis, au destin tragique : ministre des Affaires étrangères de Tchécoslovaquie de 1948 à 1950, il fut pendu à Prague en 1952 pour avoir « avoué » être un agent des « impérialistes occidentaux ». En 1963, il fut réhabilité et réintégré dans le parti à titre posthume. Outre le noyau de rebelles, près de cent cinquante soldats juifs quittèrent l'armée de leur propre initiative, ne supportant pas ce qu'ils jugeaient un antisémitisme intolérable.

Le groupe de « mutins » expédié à Oswestry fut plus tard transféré dans un autre camp sur le champ de courses d'York et enfin dans un troisième, à Sutton Coldfield, près de Birmingham. La majorité d'entre eux, ainsi qu'un nombre appréciable d'ex-soldats de l'armée tchèque, demandèrent à s'engager dans l'*Auxiliary Pioneer Corps* – le corps des sapeurs auxiliaires – seule unité de l'armée britannique ouverte aux étrangers en 1940; ils furent quatre cent soixante à être acceptés, dont Maxwell. Son engagement dans le corps des sapeurs date du 9 octobre 1940. Il lui fallait remplir un formulaire, et il devait s'engager, sous peine de sanction, à ne fournir aucune fausse information. Cela ne l'empêcha pas de mentir encore une fois sur son âge, indiquant qu'il était né en 1921 et non en 1923. Ainsi débute-t-il sa carrière dans l'armée britannique sous le matricule n° 12079140, seconde classe Hoch L. (plus tard, en tant que seconde classe L.I. du Maurier, son matricule fut le 13051410; comme seconde classe Leslie Jones, ce fut le 5050000 et comme officier dans le Queen's Regiment (régiment de la reine), ce fut le 342170).

Le corps des sapeurs ne correspondait guère aux attentes de Maxwell. C'était quasiment le moins prestigieux de toute l'armée britannique. Il accomplit pourtant une tâche solide et essentielle qui lui valut après guerre l'honneur d'ajouter à son titre le préfixe « royal ». Mais il s'agissait là d'une récompense pour avoir creusé des tranchées, non pour avoir combattu, comme le prouvait son insigne qui arborait une pioche et une pelle. Maxwell raconte qu'il avait été induit en erreur : sur le continent, les sapeurs étaient des ingénieurs, pas des manœuvres. Mais là n'était pas la question : de toute manière il n'avait pas le choix.

Il s'ennuyait, il avait perpétuellement faim, et n'appréciait guère la solde de deux shillings (10 pence en valeur décimale) par jour. Le travail manuel qui occupait tout son temps (creuser les routes, les fondations des casernes...) lui paraissait dur et fatigant.

Les autres recrues du corps étaient soit des étrangers, soit originaires du Commonwealth. Ce n'était pas l'élite de l'armée. Soit on se méfiait d'eux, soit on les jugeait incapables d'intégrer les unités combattantes. En juillet 1940, le corps comptait plus de mille Allemands. Parmi eux, quelques médecins hautement qualifiés auxquels on accordait seulement le droit de travailler comme aide-soignants avec rang de simple soldat. La méfiance à l'égard des « étrangers » était grande, tant parmi les responsables que chez l'homme de la rue. On vivait dans la crainte de l'invasion; on redoutait les dégâts que pourrait faire une cinquième colonne camouflée en réfugiés. Selon l'histoire officielle des sapeurs [2], certain sous-directeur des travaux, pressé par l'officier commandant une compagnie « d'étrangers » de fournir des armes à ses hommes, lui avait répondu : « Il est bien possible qu'en cas d'alerte, l'envie prenne aux hommes de cette compagnie, s'ils sont armés, de maîtriser les éléments britanniques et de s'emparer des armes. »

Or, et ce texte le mentionne, les réfugiés étaient « loin d'être satisfaits de leur sort ». Ils avaient hâte de participer à l'effort de guerre contre le nazisme. Telle était l'obsession de Maxwell.

Au bout de quelques semaines dans le corps, il commença à se plaindre de douleurs d'estomac. L'armée possédait le remède à de tels maux : on lui ôta l'appendice à l'hôpital d'Ely en décembre 1940, même s'il ne semble pas que cette opération eût été réellement nécessaire.

Maxwell passa les trois années suivantes presque intégralement chez les sapeurs, stationné en différents endroits d'Angleterre et du Pays de Galles, entre autres à Ilfracombe dans le Devon, Diss dans le Norfolk, Newmarket dans le Suffolk et Sennybridge dans le Breconshire, où il cassa des pierres dans une carrière et participa à la construction d'un important champ de tir.

C'était, il le dit lui-même, un travail ennuyeux et éreintant. De cette période au Pays de Galles, il n'a retenu qu'une chose : il ne voyait jamais le soleil. Il compensait cela en dévorant des *Penguins* et des *Pelicans*, les tout premiers livres de poche, au rythme moyen d'un par jour.

Un ancien compagnon d'armes, M. Bedrich Flesch, de Cambridge, qui servait avec lui à Ilfracombe, se souvient, dans une lettre à Betty Maxwell, d'avoir été avec lui de corvée de patates :

> Bien que logés dans un hôtel, écrit-il, nous dormions sur un matelas par terre. Votre mari était un très bon soldat et ses boutons et insignes étaient toujours parfaitement astiqués, bien qu'il ne perdît aucune occasion de faire savoir qu'il était venu pour combattre les Nazis, pas pour astiquer des boutons et des insignes! Comme vous pouvez l'imaginer, nous avions régulièrement des inspections et lorsque d'autres soldats perdaient couteau ou fourchette, ils allaient se servir chez votre mari (sans doute le plus jeune membre du peloton), si bien qu'au moment de la revue son équipement n'était plus complet.

La toute première préoccupation de Maxwell était d'apprendre l'anglais. Il ne lui fallut pas longtemps. En 1982, il confia à Terry Coleman du *Guardian* qu'il avait appris à le parler en six semaines, grâce aux leçons d'une buraliste de Sutton Coldfield avec qui il s'était lié d'amitié en 1940. Coleman lui demanda s'il entendait par là qu'il avait bénéficié du meilleur professeur possible, à savoir d'une maîtresse anglaise. A quoi Maxwell répondit :

> J'étais trop jeune pour avoir une maîtresse. J'étais très innocent dans ce domaine. Non, on parlait beaucoup, on marchait et on lisait.

Quand Coleman lui demanda s'il l'avait jamais revue, Maxwell lui répondit que non.

Durant près de trois ans, Maxwell ne vit rien de la guerre. La Russie avait été envahie; Moscou et Leningrad assiégés; Pearl Harbor bombardé. Singapour tomba et Tobrouk fut pris, perdu et repris. La Grèce et la Yougoslavie avaient été écrasées et en Tchécoslovaquie, la campagne d'élimination de la population juive s'intensifiait. La Roumanie et la Bulgarie, où des régimes fascistes avaient pris le pouvoir, étaient entrées en guerre. Point crucial pour le destin de la famille de Maxwell et des autres juifs de Ruthénie, la Hongrie avait fait de même, quelques jours après l'attaque lancée par Hitler contre l'Union soviétique, le 22 juin 1941. Puis, pour reprendre l'expression de Winston Churchill, la chance tourna : les Allemands avaient été repoussés devant Moscou et piétinaient devant Leningrad. Avec l'entrée en guerre de l'Amérique, un flot d'hommes et de matériel commençait à parvenir en Angleterre. Jour et nuit, les bombardements massifs des aviations américaine et britannique portaient les combats au cœur même de l'Allemagne. El-Black Alamein entama le processus qui devait chasser d'Afrique du Nord toutes les forces de l'Axe. L'Italie se rendit. Mussolini, grâce à l'intervention d'Otto Skorzeny, échappa de justesse à l'ignominie d'être emprisonné par le peuple même qu'il avait dirigé vingt ans durant.

Pendant que tous ces événements – et bien d'autres – se déroulaient, Maxwell vivait la période la plus ennuyeuse et la plus frustrante de toute son existence :

> Jusqu'en octobre 1943, je suis resté dans le corps des sapeurs, à construire des routes, des cabanes, décharger et casser des cailloux dans des carrières galloises ou bien charger des munitions et remplir des trains d'essence. Pour tout dire, ce fut une expérience fort désagréable.

Après la convalescence qui suivit son opération, il se cassa le pouce dans une bagarre avec un autre soldat et se retrouva à l'hôpital, cette fois à Cambridge, puis, pour une seconde période de convalescence à Bedford. Si la guerre n'avait rien d'excitant pour lui, ses heures de permission lui fournissaient des compensations, comme il l'évoque dans une note dictée en 1952 :

> J'avais fait la connaissance de Mme Tillard (Mme Leila Tillard, fille d'un général de division et veuve d'un colonel des fusiliers Gurkha; elle devait mourir en 1970), femme charmante qui venait de subir une épreuve cruelle : la perte de son fils unique lors d'un raid de nuit sur Essen. Elle me témoigna une grande

> sollicitude durant de longues années et fut pour moi une mère. Par son intermédiaire, j'ai fait la connaissance du directeur du collège de Bedford (H.W. Liddle, M.A.) et par ce dernier, j'ai connu une autre personne, une veuve, qui devait jouer un rôle majeur dans ma vie au cours des deux années qui suivirent. Nous nous étions rencontrés au bar du Bridge Hotel et avions bavardé la moitié de la nuit. Ce fut le coup de foudre. C'était une femme très intelligente et très belle et bien qu'elle fût beaucoup plus âgée que moi, j'étais très amoureux d'elle. Je n'avais que dix-huit ans à l'époque... Même si nous avons rompu tout contact en 1944, je ne puis repenser à ces années sans que son image me revienne aussitôt. Elle représente un tournant dans mon existence. Avec elle, l'adolescent est devenu un homme; avec elle, j'ai tiré un trait sur tout ce qui était encore incertain en moi, sur toute ma jeunesse.

Par l'entremise de cette veuve, prénommée Sylvia, Maxwell fit la connaissance du général de brigade M.A. (Gary) Carthew-Yorstoun, titulaire de la DSO (Distinguished Service Order) et CBE (Commander of the British Empire). Membre du Black Watch (Garde écossaise) et officier d'active depuis la Grande Guerre, il commandait alors la 176ᵉ brigade d'infanterie et devint le mentor de Maxwell. Le général, qui devait mourir en 1968, se prit aussitôt d'amitié pour ce jeune Tchèque discutant avec passion de tactique ou stratégie militaire. Peu après, il prit l'habitude de l'inviter chez lui. Grâce à lui Maxwell embrassa la carrière militaire qui devait aboutir à une citation et à la Military Cross. Le 3 juin 1943, une semaine avant l'anniversaire de Maxwell, le général de brigade Carthew-Yorstoun annonçait à Ivan du Maurier – patronyme emprunté à la marque de cigarettes que fumait Maxwell – une bonne nouvelle : ses épreuves au sein du corps des sapeurs touchaient à leur fin. Voici la lettre du général Carthew-Yorstoun :

> J'ai été retardé par l'attente d'une lettre de votre supérieur qui ne m'est parvenue qu'avant-hier. Maintenant que cette affaire est bien engagée, je pense que tout cela va se régler au plus vite. J'espère dès dimanche voir quelqu'un au ministère de la Guerre afin d'accélérer la procédure normale. Ne vous tracassez donc pas; on va vous sortir de là sans délai.

L'influence du général Carthew-Yorstoun constitua pour Maxwell un atout considérable. L'officier avait appartenu à l'état-major de Montgomery dans les années 30. A la mort de Betty Montgomery en octobre 1937, il s'occupa du fils unique du couple, David. Après que Monty eut accepté un poste en Palestine l'année suivante, il hébergea David jusqu'au moment où les obligations de son rang l'en empêchèrent à son tour. Quelque étroites qu'elles soient, ses relations personnelles avec Monty ne jouaient pas sur la carrière militaire du général. Quand le vainqueur du désert revint d'Italie au début de 1944 pour prendre le commandement des forces d'invasion britanniques, il releva Carthew-Yorstoun de ses fonctions pour raisons médicales. Mais plus tard, cette même année, le général de brigade fut nommé à la tête des troupes britanniques à Paris : encore une coïncidence favorable pour Maxwell.

Carthew-Yorstoun veilla à ce que Maxwell fût d'abord retiré du corps des sapeurs puis affecté provisoirement dans l'infanterie légère du Somerset (ILS), basée à Colchester. Enfin, Maxwell fut versé dans un bataillon sous son commandement, le 6e Staffordshire Nord, alors stationné à l'hôtel Beckenhall à Cliftonville, près de Margate sur la côte du Kent. Lors de son passage à l'ILS on lui demanda d'évoquer pour les autres soldats la lutte des Tchèques. Voici un extrait des notes de Maxwell, les quelques pages qui n'ont pas été perdues :

> Nous attendons (il parle des Tchèques), et sommes prêts, le moment venu, à rembourser notre dette à votre égard. Le monde a décidé de sacrifier notre pays afin de préserver cette paix qu'il désirait tant. On nous a pris nos frontières – nos montagnes –, nous privant ainsi de toute possibilité de défendre notre sol. L'armée tout entière était prête au combat. Toute la nation était sur le pied de guerre et ses soldats attendaient, en armes, aux frontières. Notre cri de ralliement était « Ne dame se » – « Nous ne céderons pas ». A Munich, nous avions sacrifié une partie de notre territoire au nom de la paix et du bien-être de l'Europe... Les événements atteignirent leur point culminant en mars 1939. Les Nazis balayèrent ce qui restait de notre pays. Il était trop tard pour songer à se défendre... Nos villes étaient occupées, nos forces désarmées et, jour après jour, la nation se voyait dépouillée de ses ressources afin de nourrir une Allemagne affamée... Bon nombre des nôtres étaient persuadés que la guerre était inévitable. Dès lors, il fallait sans perdre de temps prendre place dans la lutte pour un avenir meilleur, pour bâtir une Tchécoslovaquie et une Europe libres, aux côtés de nos amis, où qu'ils soient et dès que nous pourrions les trouver. Nous avions oublié le sacrifice auquel nous avaient contraints les Alliés...

Ce texte ne pécherait pas par son originalité si l'on ne tenait compte de son auteur, un garçon de vingt ans à peine qui, trois ans plus tôt, n'avait encore jamais franchi les frontières de son pays natal et dont les études avaient essentiellement été religieuses. Comment ne pas être frappé par la lucidité et la remarquable maîtrise de la langue anglaise de ce jeune Tchèque?

Ses compagnons du bataillon du Staffordshire Nord se souviennent de lui; il portait alors le nom de Leslie du Maurier : c'était un « grand type dégingandé, mais plutôt beau gosse », qui arborait une moustache à la Adolphe Menjou. Arrivé avec la moitié seulement de son barda, il partagea une chambre avec le soldat L. Kent, surnommé « Jambes arquées ». Par la suite, Maxwell, Kent et un autre soldat, le seconde classe Harold Thorley, remportèrent le premier prix de la division dans une course de seize kilomètres à travers les South Downs, avec tout leur barda sur le dos, en un temps record d'une heure quarante-deux minutes. A l'époque « j'étais en pleine forme », constate aujourd'hui Maxwell.

Peu après son arrivée à Cliftonville, Maxwell fut promu caporal et détaché pour diriger une section de francs-tireurs de douze à quinze hommes. Le jour du débarquement, il était devenu sergent. Le caporal Walter Smith et le caporal-chef Sam Mitchell, tous deux francs-tireurs, servirent avec lui durant toute la campagne de Normandie. En septembre 1987, ils assistèrent à une réunion à Derby, quand le *Derby County*, club de 1re division dont Maxwell est l'actuel président, joua (et perdit) contre l'Oxford United, club qu'il avait présidé naguère.

Mitchell se souvient particulièrement bien de Maxwell parce que, dès leur première rencontre, ce dernier l'avait engueulé; Mitchell avait alors décidé que si ce Tchèque, nouveau venu dans le Royaume-Uni devait être nommé à la tête de sa section, il demanderait illico son transfert. Pourtant, par la suite, dans le feu des combats, l'un et l'autre devinrent bons amis.

Les souvenirs de Mitchell recoupent les autres témoignages sur cette période. Maxwell n'était pas « très service-service » mais il « se débrouillait » plutôt avec les problèmes. Il semblait bien s'entendre avec les colonels mais pas avec les sergents-majors; quant aux sous-officiers, ils le détestaient. Mitchell se souvient également d'une engueulade entre Maxwell et un général et de la réponse de ce dernier : « Oh! et puis faites comme ça vous chante, du Maurier. » Mitchell avait trouvé cette familiarité – et le fait que Maxwell pût se la permettre sans réprimande – « inhabituelle ». L'antipathie des sergents-majors envers Maxwell était réciproque. Un jour que Mitchell aidait à transporter sur une civière un sergent blessé après la traversée de l'Orne en août 1944, le seul commentaire de Maxwell avait été : « Ça en fera toujours un de moins, Sam. »

Brian Straton-Ferrier raconte que la maison de sa mère dans le quartier de South Kensington à Londres devint la base de repli de

Maxwell durant ses permissions vers la fin de 1943. Sa famille avait « plus ou moins adopté ce jeune homme impressionnant et séduisant », en partie parce qu'il ne connaissait personne d'autre et n'avait pas d'autre point de chute. Straton-Ferrier avoue qu'il était jaloux du charme et de la prestance de Maxwell. Pour lui, son assurance n'était que vulgaire « arrogance ». Voici le témoignage de Brian Straton-Ferrier :

> A l'époque, il y avait déjà chez l'homme quelque chose de dominateur, presque d'impérieux, qui offensait mon éducation raffinée. La tradition des collèges privés britanniques, dont j'avais été nourri, veut que l'on dissimule son sentiment de supériorité derrière une façade de mépris de soi flegmatique. Je me demande si ses fils, eux-mêmes élevés comme je l'avais été, n'ont pas ce même problème avec lui!...

Au début de 1944, Maxwell fut mis sur une liste d'aptitude d'officier. Il passa trois jours devant une commission de sélection au ministère de la Guerre mais échoua à l'examen. Néanmoins, il prenait rapidement du galon. Promu caporal-chef en avril, et sergent en mai, il se vit confier la section de francs-tireurs d'un bataillon.

Le capitaine Edward Abbotts, décoré de l'Ordre de l'Empire britannique, ancien officier de renseignement de la 59e division d'infanterie et connu des autres militaires sous le sobriquet de « Crash » Abbotts, se souvient de sa première rencontre avec Maxwell. C'était en 1944, avant le débarquement de Normandie, quand il s'appelait encore le sergent du Maurier. Entre autres tâches, Abbotts avait celle de superviser l'entraînement des artilleurs; il avait donc décidé de rencontrer le sergent chargé de former les tireurs d'élite de la division :

> Quelle ne fut pas ma surprise. Je m'attendais à voir un vieux briscard usé par ses années de service comme instructeur à l'École de guerre ou dans quelque établissement similaire. Or j'avais en face de moi un jeune homme de vingt ans, mince et athlétique. Au premier abord, il donnait plutôt l'impression de sortir de l'école. Il n'avait pas l'allure du responsable d'une division des tireurs d'élite. Un examen plus attentif laissait toutefois transparaître sa force de caractère et son dévouement... S'il ne m'avait pas mentionné ses origines d'Europe centrale, je l'aurais pris pour un de ces Anglais de souche qui parlent la langue sans nulle trace d'accent du terroir. Il me décrivit les grandes lignes de son programme d'instruction. Je me rendis compte aussitôt que je n'avais rien à y ajouter. Il possédait déjà une bonne équipe et cherchait avant tout à la motiver. Ses objectifs au combat étaient similaires aux miens

mais la passion personnelle qu'il y mettait était mille fois supérieure à la mienne. Ce qu'il me restait de mieux à faire, c'était de le laisser continuer cet excellent boulot sans m'en mêler.

La 59e division ne s'embarqua pas avant le 27 juin 1944 pour la Normandie, soit trois semaines après le Débarquement. Le bataillon de Maxwell, le 6e Staffords Nord, fit route pour Basly du 5 au 7 juillet afin d'entreprendre des reconnaissances en vue de l'offensive de la division qui devait s'effectuer sur Caen par le nord. Les bulletins de service notent que le bataillon commença par attaquer le village de La Bijude, au nord de Caen, le 8 juillet. Toute la journée, les combats furent âpres et confus mais dans la soirée La Bijude était conquise et le 7e Staffords Sud dépassait le bataillon pour tenter de prendre Malon. Il n'y réussit pas et le lendemain, à 10 h 30 du matin, c'était au tour du 6e Staffords Nord d'attaquer le village. Celui-ci était fortement défendu par des chars Tigre embusqués et des canons de 75 antichars mais à 14 h 30, il était pris. Les pertes subies par le bataillon au cours de ces deux jours de combat étaient lourdes, quarante-trois morts : deux officiers et quarante et un soldats; cent quarante-sept blessés : douze officiers (dont un mortellement) et cent trente-cinq hommes du rang. Maxwell s'en sortit indemne mais la prise de La Bijude l'a marqué comme sa première « épreuve du feu ». Il se souvient : « J'avais eu la trouille de bout en bout. » Toujours est-il qu'il fut recommandé (sans résultat immédiat) pour une promotion, d'où il conclut que son supérieur avait dû estimer qu'il ne « s'était pas trop mal débrouillé ».

Le 11 juillet, le bataillon opéra un repli pour se réorganiser mais dès le 16, il était de nouveau sur la brèche : il avait reçu l'ordre de prendre Haut-des-Forges, afin de soutenir la 177e brigade d'infanterie dont l'objectif était alors de couper la route de Villers-Bocage à Caen, secteur le plus puissamment défendu de tout le front allemand en France. L'attaque servait de préliminaire au lancement, le 18 juillet, de l'opération Goodwood chargée d'écraser la résistance allemande et d'ouvrir la voie à la 1re armée britannique qui devait se déployer lors de l'opération Cobra, le 20 juillet.

Montgomery avait annoncé que son offensive en tenaille « devait embraser le front de Normandie [3] » mais son attaque fit plutôt l'effet d'un pétard mouillé. Toutefois le 6e Staffords Nord y joua modestement son rôle et Haut-des-Forges fut prise, au prix de huit morts britanniques, dont un officier, et de vingt-quatre blessés. Cinq officiers allemands et deux cent quatre-vingt-cinq soldats et sous-officiers avaient été faits prisonniers. Les trois jours qui suivirent, le bataillon dut rester retranché à Haut-des-Forges. Les pertes furent légères malgré le pilonnage d'obus et les tirs de mortier de l'ennemi : deux hommes furent tués et deux autres, dont un lieutenant, blessés. Au cours des dix jours suivants, le bataillon se consacra pour l'essentiel à des missions de patrouille. Durant cette période, huit hommes furent tués et trente-cinq blessés.

Le 4 août, le bataillon reçut l'ordre de gagner Villers-Bocage et de prendre position au sud de la ville. Il rencontra peu de résistance. Mais le 6, l'ordre lui vint de franchir l'Orne, ce qu'il fit le soir même, à la suite de deux compagnies du Staffords Sud.

Un peu plus tôt ce même jour, Abbotts avait reçu des services de renseignement un rapport « inquiétant ». Les combattants originaires des pays occupés par le Reich n'étaient pas traités par les Allemands comme des prisonniers de guerre mais considérés comme des déserteurs ou des traîtres. Ils étaient envoyés dans des camps de concentration. Compte tenu de ces informations, Abbotts fut chargé d'avertir tous les réfugiés servant dans sa division des dangers qu'ils couraient. Il devait en outre faire tout son possible pour ne pas les exposer inutilement. Comme il l'explique, cela équivalait à les retirer du front :

> J'ai envoyé une dépêche urgente au 6e bataillon du régiment du Staffordshire Nord, auquel était attaché du Maurier, pour le convoquer sur-le-champ. Une heure plus tard, il était devant moi; je l'informai qu'il devait se retirer de l'opération en cours en lui donnant les raisons de cette décision. Il me regarda, totalement abasourdi... Il m'expliqua que son expérience personnelle du nazisme ne lui avait laissé aucune illusion sur l'esprit chevaleresque, les règles de la guerre et autres raffinements. Il ne connaissait que trop bien le genre d'ennemi qu'il combattait...
> Il termina en me demandant la permission d'ignorer l'ordre de regagner l'arrière... En raison des circonstances, je m'inclinai devant son désir mais je l'avertis encore une fois qu'il courait plus de risques que ses collègues, et qu'il aurait tout intérêt à profiter des directives de l'état-major. Il me remercia et me quitta sans dire s'il comptait ou non suivre mon conseil.

Le capitaine Abbotts ne devait pas revoir Maxwell avant près de quarante ans mais il se rappelle les suites de l'affaire. Quelques jours plus tard, un autre officier de renseignement s'étonna : « Je croyais que vous aviez dit à du Maurier de se replier? – Effectivement, répondit Abbotts. Je le lui ai fermement recommandé. – C'est fou ce qu'il a tenu compte de vos recommandations, remarqua l'autre officier. Il est là-bas sur le pont, au beau milieu de la bataille. » Abbotts commente : « Je pris note du fait, sans surprise. C'était inévitable. A vingt et un ans à peine, il s'était assigné une mission et rien ne l'en détournerait. »

La traversée de la rivière était chose faite avant la nuit; prenant les Allemands par surprise, la manœuvre n'avait rencontré que peu d'opposition. Le calme ne devait pas durer longtemps. Voici un extrait du bulletin du régiment sur le théâtre d'opération où se trouvait le 6e Staffords Nord :

> Malgré un pilonnage continu au mortier et à l'obusier de 88 mm, les troupes atteignirent leurs objectifs et s'y retranchèrent dès 23 h 30, après avoir fait quelque quarante prisonniers. Du 7 août jusqu'à l'après-midi du 9, le bataillon maintint ses positions sur la tête de pont de l'Orne. Après une puissante contre-attaque des troupes SS équipées de chars Tigre, il ne restait du bataillon que son Q.G. et sa compagnie D, à peu près intacts, tandis que les compagnies A, B et C étaient réduites à l'état de squelettes... Tout au long de cette période, les tirs de canon et de mortier furent nourris et continus, forçant les hommes à rester sur le qui-vive quasiment en permanence. On finit par perdre le compte des contre-attaques ennemies tant elles étaient nombreuses. C'est sans doute au magnifique tir de barrage de notre artillerie que l'on doit d'avoir maintenu la tête de pont.

Les pertes durant cet épisode se montaient à trente-trois tués, deux officiers et trente et un soldats, et à cent seize blessés, sept officiers et cent neuf soldats. Cinquante-trois autres hommes étaient portés disparus.

Le rôle du 6e Staffordshire Nord, durant la traversée de l'Orne, avait été d'assurer la protection d'un lieu de passage, aux environs de Le Bas, en couvrant les opérations d'édification d'un pont. C'était, explique Abbotts, crucial pour le succès de toute l'opération, même si le rôle de la 59e division se résumait à opérer une diversion durant un temps relativement limité. L'offensive principale était programmée pour le lendemain matin, 7 août, lorsque l'armée canadienne et la division blindée polonaise convergeraient vers le sud pour tenter de combler la faille de Falaise, empêchant de la sorte la fuite d'une importante fraction de l'armée allemande. La traversée de l'Orne était destinée à éloigner l'infanterie et les blindés allemands du sud de Caen afin de faciliter cette entreprise. La poussée canadienne devait être précédée d'un bombardement massif des positions allemandes par l'aviation mais à ce moment, note Abbotts, « la situation devint folle ».

Comme à d'autres reprises lors de la campagne de Normandie, le bombardement fut ponctuel mais se trompa de cible : le plus gros du barrage tomba sur les infortunés Polonais et Canadiens. Leur offensive dut être annulée mais la 59ᵉ division se trouvait à présent bloquée dans une entreprise de diversion – une tête de pont sur l'Orne – « qui se mua lentement en combat au mortier sur un terrain défavorable, face à un ennemi largement supérieur en nombre comme en armement et qui, avantage supplémentaire, avait le choix du terrain pour se défendre ».

La tête de pont fut tenue pendant trois jours, alors qu'en face la 271ᵉ division d'infanterie allemande avait reçu les renforts de deux régiments de Panzer-grenadiers de la 12ᵉ Panzer division SS, la « Jeunesse hitlérienne ». Les panzers faisaient des efforts réitérés pour atteindre le pont tandis que le commandement britannique ne pouvait, en raison des facteurs météorologiques, demander un appui aérien avant la soirée du deuxième jour. Cet appui vint finalement sous la forme d'une escadrille de Thunderbolts. Une fois encore, il y eut confusion sur l'objectif, qui devait être l'orée de la forêt de Grimbosq, et les bombes furent larguées sur le cantonnement de repos de la 59ᵉ qui était déjà surchargé de blessés. Le 6ᵉ Staffords Nord avait été une des unités les plus touchées. D'après l'un des survivants, les pertes dues à cette erreur furent « épouvantables ». Ajoutées à celles des combats antérieurs, la division était gravement affaiblie. Ceux de ses membres encore en état de combattre furent par la suite dispersés dans d'autres unités quand Montgomery se vit contraint de « cannibaliser » plusieurs divisions pour en renforcer d'autres.

L'après-midi du 9 août, le bataillon reçut l'ordre de repli pour une période indéterminée afin de reconstituer ses forces et se réorganiser. Le répit fut bref. Entre le 13 et le 14 en effet, il fit mouvement vers Donnais et l'extrémité nord de la forêt de Cinglais, sur la rive orientale de l'Orne. Il traversa la forêt et déboucha à Pont-d'Ouilly, après avoir, estime-t-on, effectué la marche forcée la plus rapide réalisée jusque-là par une unité quelconque. Près de quatre-vingts prisonniers furent capturés durant l'opération, quasiment sans la moindre perte. Le bataillon se retrouva au bout du compte si loin devant le reste de la brigade qu'il dut observer une halte de vingt-quatre heures, le temps que les autres troupes le rattrapent.

La bataille pour la tête de pont sur l'Orne, à l'orée de la forêt de Grimbosq, reste pour Maxwell, comme pour le capitaine Abbotts, leur souvenir le plus mémorable de ces premières journées en France. Abbotts dit que ce fut l'« enterrement » de la formation dans laquelle il avait servi depuis 1939. Maxwell, de son côté, avoue que, durant quarante-huit heures, il crut que l'heure de sa fin avait sonné. Le récit que fait Abbotts indique que les Allemands n'observaient pas la Convention de Genève :

> Les SS, par exemple, tiraient sur les aumôniers et les brancardiers qui portaient secours aux blessés; en plus des mines déjà dissimulées dans les haies et sur les routes, les Allemands en retraite minaient les marches des calvaires édifiés au bord des chemins, voire n'hésitaient pas à piéger les cadavres.

Selon les archives du régiment, l'une des victimes de ces mines fut l'officier commandant le 6e Staffords Nord, le lieutenant-colonel G. Wilkins. Il semble donc faux de croire, comme certains de ses hommes, dont Maxwell, qu'il aurait été tué lors du malencontreux bombardement du camp de repos par l'aviation américaine.

Comme toujours, les anecdotes sur les combats abondent chez les survivants. L'un des anciens seconde classe de la réunion de Derby se rappelle comment Maxwell, sur une moto prise à l'ennemi, partit, avec quelques-uns de ses hommes, se mettre à couvert dans un bosquet et se retrouva face à face avec un char Tigre. « Ce fut le moment le plus terrifiant de toute mon existence », avoue Maxwell.

Il ne perdit pas son sang-froid. Alors qu'il n'avait pas touché une goutte d'alcool depuis sa mémorable expérience d'enfant, il avala une grande lampée d'une bouteille de gin Gordon que venait de lui lancer l'ordonnance du commandant du bataillon! Puis, avec son fusil antichar Piat, il fit deux fois mouche, mettant l'engin hors de combat. Un peu plus tard, alors qu'un petit groupe de soldats britanniques décrochait devant une attaque allemande et se débandait sur le pont, on vit Maxwell braquer sur eux une mitrailleuse et les menacer d'ouvrir le feu s'ils ne regagnaient pas illico l'autre rive. Ils obtempérèrent; le pont fut sauvé. A une autre occasion, des hommes du bataillon se retrouvèrent suffisamment près des Allemands pour entendre ceux-ci les injurier. Maxwell leur renvoya le compliment dans un parfait allemand; sa maîtrise des langues semble lui avoir valu l'admiration de ses compagnons d'armes. D'ailleurs, ils le considéraient comme un brave, estimant que s'il y en avait un qui devait survivre à la guerre, ce serait lui.

En 1984, l'*Evening Sentinel* de Stoke a recueilli des témoignages sur le passage de Maxwell au régiment du Staffordshire Nord : « Il y avait chez lui quelque chose de lisse », de soyeux, raconte Eric Grindley de la Ash Bank à Stoke-on-Trent, à l'époque intendant militaire adjoint de la compagnie B dans laquelle Maxwell avait été d'abord versé avant d'être muté au quartier général. Pour sa part, un ancien caporal du 6ᵉ bataillon, Harry Shorthouse, de Derby, est encore plus explicite : « Maxwell, dit-il, était de ces individus qui auraient été capables de vendre du sable aux Arabes. »

A l'un de ses autres camarades de chambrée qui l'interrogeait sur ses projets après la guerre, Maxwell répondit : « Aller en Angleterre, et devenir propriétaire terrien. »

Sam Mitchell se souvient d'une occasion où le sergent « du Maurier » et lui acceptèrent la reddition de cent prisonniers. Maxwell prit tous les billets que les Allemands avaient sur eux tandis que Mitchell héritait de leur menue monnaie. Aucun de ses anciens camarades ne nourrissait le moindre doute quant à l'intention de Maxwell de tuer, capturer ou sinon vaincre les Allemands. Pour y parvenir, peu lui importaient « les règles » de la guerre. A Bayeux, il laissa éclater sa rage quand six de ses hommes omirent de se présenter au rapport à 17 heures précises, conformément à ses ordres. Les hommes plaidèrent que leur retard était dû à l'absence de montre. Le lendemain, Maxwell en offrait une à chacun, toutes récupérées aux poignets de prisonniers de guerre allemands. A Villers-Bocage, il se présenta en mission de reconnaissance vêtu d'un uniforme d'officier allemand. On lui délivra aussitôt un livret militaire au nom du caporal Leslie Smith, au cas où il serait fait prisonnier. Le subterfuge ne l'aurait sans doute pas sauvé s'il s'était fait capturer. On sait que les Allemands exécutaient les ennemis portant leur uniforme quand ils tombaient entre leurs mains. Le dernier mot revient à Eric Grindley. Quelques mois plus tard, il s'occupait de la démobilisation de la XIᵉ armée, dans un hôtel de Bruxelles. Deux mains gantées vinrent par-derrière lui masquer les yeux tandis qu'une voix demandait : « Devine qui c'est? » Quand il retrouva la vue, il découvrit Maxwell, vêtu d'un uniforme d'officier de l'armée britannique. Il en conclut machinalement qu'il l'avait dérobé et n'imagina pas qu'il avait été promu et y avait droit...

En novembre 1969, dans une enquête, le *Sunday Times* affirme que Maxwell n'était pas « vraiment populaire » dans les rangs parce que les autres soldats ne comprenaient pas d'où il venait. Ce portrait, qui faisait partie de toute une série d'articles destinés à salir la réputation de Maxwell, – but qui, nous le verrons, fut partiellement atteint –, citait aussi le témoignage anonyme d'un adjudant :

> Maxwell, un grand gaillard. Tout brun. Un tantinet mystérieux. Il s'est éclipsé quelques jours après notre débarquement en Normandie pour revenir chargé de bouteilles de calva.

On pourrait penser que cette anecdote contribua pour le moins à accroître sa popularité auprès des autres hommes.

Les combats sur l'Orne furent le dernier engagement du 6ᵉ régiment du Staffordshire Nord. Le 20 août 1944, il se repliait pour se réorganiser avant d'être dispersé. Son bulletin de campagne conclut :

> Durant toute la période où le bataillon fut en France, il a pris part aux opérations d'envergure qui se sont conclues par la défaite de la VIIᵉ armée allemande. Il a combattu contre tous les types de divisions ennemies, y compris (la) SS (et les) Panzer... Il a souffert de pertes considérables, particulièrement dans les rangs de ses officiers, mais n'a jamais échoué dans ses objectifs... Nous avons combattu sur toutes sortes de terrains, depuis les zones extrêmement dévastées et fortement défendues au nord de la route de Villers-Bocage à Caen jusqu'à des secteurs de campagne laissés quasiment intacts par la guerre. Outre le fait d'avoir dû affronter tout l'arsenal connu des armes allemandes, nous avons également été mitraillés par nos propres Thunderbolts et certains d'entre nous se sont retrouvés désagréablement proches de bombes de 250 kilos larguées par erreur.

Le bilan définitif des pertes subies par le bataillon était terriblement lourd : cent vingt et un tués (neuf officiers et cent douze soldats) et trois cent soixante-seize blessés (vingt-neuf officiers et trois cent quarante-sept soldats) plus un officier et cinquante-sept soldats disparus. Maxwell avait encore été touché mais ce n'était qu'une blessure légère : il avait été atteint à la joue par un éclat de shrapnel ou bien par une balle perdue. Il en porte d'ailleurs toujours la cicatrice.

Le général de division Lyne (DSO), commandant de la 59ᵉ division, écrivit le 10 août au général de brigade R.W.K Fryer, commandant la 176ᵉ brigade d'infanterie :

> Voulez-vous faire part à tous les hommes de la brigade placée sous votre commandement de ma véritable admiration pour le combat magnifique qu'ils ont livré avec succès sur la tête de pont de l'Orne. La progression de nuit a été réalisée de main de maître, produisant un effet de surprise total. Il nous revenait

> ensuite de nous accrocher à la tête de pont ainsi établie. Le succès d'une telle entreprise, le monde entier aujourd'hui le connaît. Cette réussite est non seulement tout à l'honneur de chaque homme et de chaque officier, elle a contribué en outre de manière décisive à créer la situation proprement désastreuse dans laquelle se trouve aujourd'hui l'armée allemande.
> Vous serez tous heureux d'apprendre qu'à présent nous sommes repassés à l'offensive; notre division poursuit son avancée. Rien qu'aujourd'hui, elle a fait deux cents prisonniers. La forêt est littéralement jonchée des corps de soldats de la 12e division SS, tués au cours de leurs contre-attaques réitérées et que vous avez si bien su repousser.

Maxwell avait été promu au grade de sergent-chef durant la bataille de l'Orne. Mais, à la suite des combats, son pseudonyme de l'époque, Leslie du Maurier, ainsi que son unité, avaient été cités lors d'une émission radiophonique où le commentateur canadien Chester Wilmot louait sa bravoure et mentionnait sa nationalité. Sur ordre du général de division Lyne, Maxwell fut aussitôt retiré du front et doté d'une nouvelle identité : il devenait cette fois le soldat Leslie Jones. Après un entracte comme interrogateur dans un camp de prisonniers de guerre à Arras, il gagna avec le reste de son bataillon la Belgique, qui lui déplut royalement, puis réussit à décrocher une semaine de permission et descendit à Paris. Alors, la chance lui sourit à deux reprises : il découvrit d'abord que son protecteur, le général Carthew-Yorstoun, était le commandant des troupes britanniques dans la capitale, puis il fit la connaissance d'Élisabeth Meynard. Grâce à cette première rencontre, il se retrouva affecté à un travail de renseignements à Paris, en attendant que lui parvienne sa promotion, ce qui lui permettait d'évoluer à sa guise en civil ou en uniforme. Il tomba fou amoureux pour la seconde fois de sa jeune existence. Mais cette fois, il se maria dans les huit mois.

***

Après quatre ans d'occupation, Paris n'avait pas l'attrait romantique attaché à sa réputation. C'était quand même un havre pour les soldats alliés qui, depuis des mois, n'avaient pas dormi dans un lit confortable, passé une soirée en galante compagnie, et qui s'étaient nourris exclusivement de rations militaires. Par milliers, ils affluaient dans la capitale. Le général Carthew-Yorstoun se préoccupait du sort de son jeune protégé tchèque qui, de son propre aveu, avait commencé à « faire des ravages chez les filles ». Carthew-Yorstoun n'estimait toutefois guère convenable le genre de personnes que

Maxwell était susceptible de rencontrer; aussi le recommanda-t-il à un ami qui à son tour le confia aux soins de Mme Maloubier, présidente du French Welcome Committee. Ce club, créé de fraîche date, permettait aux officiers alliés (et à ceux qui attendaient leur promotion) de rencontrer des familles françaises désireuses de les recevoir.

Il est peu probable que le jeune Maxwell, débarquant à Paris pour la première fois de sa vie, ait pleinement apprécié le souci qu'avait le général de sa santé morale mais, raconte-t-il, il finit par se rendre au club dans l'espoir d'y trouver des gens qui pourraient lui décrire leur vie sous la botte allemande :

> Quand je suis entré, il y avait là une foule d'officiers et de civils. Ces derniers étaient encore plus nombreux. La pièce était bondée. Les conversations battaient leur plein. J'avisai une fille debout derrière un grand bureau. La cohue était telle que je ne pouvais pas passer, alors je suis resté sur le seuil, à la contempler. Elle était mignonne, très vive, mince, bien bâtie... Et par-dessus tout, j'étais incapable de détacher mes yeux de son visage. Y brillait la plus adorable paire d'yeux bleus que j'eusse jamais vue. Elle avait une adorable petite mine de désespoir un rien enfantin, perdue au milieu de tous ces gens qui lui parlaient en même temps. Je suis aussitôt tombé amoureux d'elle. Dès la minute même où je la vis, je voulus en faire ma femme.

Comme à son habitude, Maxwell s'empressa de réaliser ses ambitions.

Élisabeth Jenny Jeanne Meynard était née le 11 mars 1921 à La Grive, entre Lyon et Grenoble. Au moment où elle commençait ses études littéraires à la Sorbonne en 1939 (avant d'entreprendre son droit, qu'elle poursuivit pendant trois ans), Maxwell était en train de vendre des colifichets dans les rues de Bratislava. Sa famille était aux antipodes de Maxwell. Son père, commandant durant la Grande Guerre, avait servi dans le Cadre noir de Saumur, régiment de cavalerie d'élite; il était officier de la Légion d'honneur et Croix de guerre avec palmes et deux étoiles. Il était d'origine aisée. Il avait hérité de son père, qui lui-même les tenait de son grand-père, plusieurs usines de soierie à Lyon mais celles-ci avaient fermé durant la dépression au début des années 30. Après ce revers financier, sa famille était venue s'installer à Paris. Durant la Seconde Guerre mondiale, M. Meynard avait gagné sa vie comme inspecteur des fraudes en fruits et légumes aux Halles. Plus tard, il devint docteur en droit puis conseiller juridique.

Institutrice de formation, la mère d'Élisabeth était entrée dans l'administration des PTT. En 1914, elle était surveillante au service du téléphone, en poste à Arras. Quand les Allemands occupèrent la ville, la population civile reçut des autorités françaises l'ordre d'évacuer mais elle resta sur place, cachée dans les caves de l'hôtel des postes, assurant à elle seule la liaison téléphonique avec le front. Ce qui lui valut d'être citée dans un communiqué. Plus tard, après que les Français eurent reconquis la cité pour la perdre à nouveau, elle réitéra son acte de bravoure et reçut la Croix de guerre avec palme, rare honneur pour une femme.

Durant ses études de droit, Élisabeth était « pionne * » dans une maison de correction pour jeunes de huit à seize ans. En juin 40, tandis que les armées allemandes marchaient sur Paris, elle accompagna les enfants évacués à Cabourg, en Normandie. Ils y restèrent un mois, jusqu'à l'arrivée des Allemands; il fallut alors les transférer à Flers dans l'Orne, puis à Condé-sur-Noireau, à quelque soixante-dix kilomètres de là. Les enfants durent faire tout ce chemin à pied. Ils revinrent à Paris pour la rentrée scolaire.

Pendant toute l'occupation, Élisabeth poursuivit ses études. A la libération, elle obtint un poste au French Welcome Committee parce qu'elle parlait l'anglais : alors qu'elle était petite, sa famille qui venait d'être ruinée l'avait en effet mise en pension dans un couvent à Acocks Green, près de Birmingham. Il y avait un mois qu'elle travaillait au Club quand Maxwell la vit pour la première fois. Par la suite, elle fut secrétaire bilingue d'un colonel américain au *48 Hours'Leave Club* (« Le Club des perm's de deux jours »). Lorsqu'elle accepta la demande en mariage de Maxwell, ce dernier voulut absolument qu'elle démissionne. Une femme moderne aurait peut-être rétorqué avec une égale vigueur que c'était à elle de décider. Elle n'en fit rien et s'en explique [4] :

> J'essaie toujours de déterminer mes priorités, mais si un choix s'impose, mon mari passe d'abord. Cette attitude, je l'ai adoptée dès le début de notre vie commune.

Pour Maxwell, la rencontre avec Élisabeth mit, de son propre aveu, un terme à sa vie d'« aventurier ». Brian Straton-Ferrier, qui rencontra Élisabeth chez sa mère peu après son mariage, note que la jeune Française était « passablement effarouchée par ce jeune homme moustachu, mal dégrossi, manifestement issu d'un autre milieu culturel qu'elle ». Si tel était le cas, elle avait bien surmonté

* En français dans le texte *(N.d.T.)*.

ses inquiétudes. Comme dans toutes les histoires d'amour en temps de guerre, il lui fit une cour empressée et ils vécurent une grande passion dont l'issue fut heureuse. Mais au début, la famille Meynard s'inquiéta sans aucun doute de l'irruption soudaine de cet étranger. La sœur aînée de Betty, le Dr Yvonne Vittoz, gynécologue qui devait plus tard mettre au monde tous les enfants de Maxwell sauf un, a scrupuleusement consigné le déroulement de l'intrigue du début à sa fin. On avait demandé à Betty de s'occuper d'un jeune sergent tchèque détaché auprès de l'armée britannique et porteur d'une recommandation du général Carthew-Yorstoun. On lui avait décrit Maxwell sous les traits d'« un soldat courageux, méritant qu'on s'occupe de lui ».

> C'est ainsi qu'elle fit la connaissance d'un certain Ivan du Maurier, un beau grand brun, d'allure guerrière, chaussé de superbes bottes lacées jusqu'au genou, et conduisant un side-car.

La perfection vestimentaire du pilote contrastait avec son maniement du frein, qualifié par le Dr Vittoz de « contestable ». Preuve en est la façon dont Maxwell frôla de justesse un camion alors qu'il visitait Paris, guidé par Betty installée dans le side-car. Betty reçut dans les côtes le chargement de tubes qui dépassaient à l'arrière du véhicule. Un Maxwell en état de choc la conduisit à l'hôpital où l'on découvrit heureusement qu'elle ne souffrait que d'une forte contusion. Maxwell tira parti de l'accident :

> Eux seuls savent si l'incident fut le point de départ de leur aventure, mais ce fut en tout cas une bonne raison pour que le « Tchécoslovaque » vienne à la maison, pour prendre de ses nouvelles. Mes parents et moi-même le regardions d'un œil peu amène : il avait une allure un peu sauvage, mais surtout, il avait failli tuer Betty! Vivement qu'il reparte et ne s'occupe plus d'elle! Nous pensions bien ne plus jamais le revoir.

Quand Maxwell réintégra son unité, la famille crut – et espéra – que Betty ne le reverrait plus jamais. Mais dès la mi-novembre, il était de retour à Paris :

> Cette fois la famille commençait à réaliser, non sans inquiétude, que le sergent étranger s'intéressait beaucoup à Betty. Il racontait plein d'histoires, qui nous paraissaient un peu louches : comment il avait réussi à s'échapper d'une prison hongroise, à l'âge de quinze ans, en assommant le gardien de nuit; ses péripéties pendant un an, pour atteindre la France, en passant par la Yougoslavie, la Turquie, le Liban puis l'Afrique du Nord. Son enrôlement dans une unité tchèque cantonnée

dans les caves de Roquefort (ce qui a entraîné son horreur définitive du fromage de brebis) et sa participation à la bataille d'Orléans, son exode jusqu'à Sète puis son embarquement sur un bateau arraisonné en pleine Méditerranée par les Anglais... Ce genre d'évasion qui est entré dans la légende mais que nous avions à l'époque du mal à croire.

Il racontait, qu'il appartenait à « l'Intelligence Service », que s'il avait un nom français, c'était parce que sa tête ayant été mise à prix par les Allemands, il avait changé son nom tchèque, pour celui de sa grand-mère d'origine française, qu'il s'était infiltré dans un régiment allemand, où on lui aurait bientôt proposé la croix de fer, s'il ne l'avait pas quitté, que sa solde lui était payée par son « Oncle Adolphe »!!! Il disait également qu'il avait été fait officier sur le champ de bataille en Normandie, mais qu'il ne portait pas encore l'uniforme de son grade parce qu'il venait d'être muté dans un autre régiment. De quoi nous affoler, mais en même temps, le rendre séduisant. Pour l'heure, il faisait la chasse aux chefs de la Gestapo, qui se camouflaient sous l'aspect de militaires anodins. Il exhibait un étui à cigarettes en argent : « prise de guerre », sur un Allemand démasqué.

Mieux, il était venu à Paris avec, dans son side-car, un Obermeister, qu'il tenait à sa merci par la terreur. Betty cachait mal qu'elle était amoureuse de son militaire, tandis qu'il paraissait de plus en plus inquiétant à nos parents, qui lui trouvaient des allures d'aventurier, avec lequel il semblait impensable de voir leur fille faire des projets d'avenir.

Après quelques jours de permission, le garçon repartait vers le nord et vers la guerre.

Betty recevait bientôt une lettre, dans laquelle il lui avouait, qu'après avoir gagné bien des batailles, il venait d'en perdre une : « celle de l'amour ». La lettre s'achevait par une demande en mariage en bonne et due forme.

A la maison, elle fit l'effet d'une bombe. On ne savait rien de lui, que ce qu'il en racontait, des histoires qui nous paraissaient invraisemblables et il osait la demander en mariage!

Insensible à ces arguments, Betty rayonnait. Notre père voulut obtenir des renseignements. Il reçut une lettre élogieuse d'un général anglais, qui le rassura un peu. Ivan, dit Ian, obtint de l'ambassade tchécoslovaque une attestation de naissance et un certificat attestant, qu'étant donné son jeune âge lorsqu'il avait quitté la Tchécoslovaquie, il était très peu probable qu'il ait jamais fait l'objet d'une condamnation. L'affaire fut rondement menée. Sans que je me souvienne comment, les fiançailles furent décidées pour la fin de l'année.

Ian arriva les tout derniers jours de décembre. Cette fois, il avait un énorme chien noir dans son side-car, chien errant, qu'il avait recueilli et qui devait lui sauver la vie quelques semaines plus tard, en sautant sur une mine devant lui. A cette époque, nous reçûmes la visite du général Carthew Yorstoun, ce qui

> impressionna beaucoup mon père. Il présenta Ian comme son protégé, dont il remplaçait le père, et fit de tels compliments de lui, que nos parents en furent retournés sur-le-champ. Il alla jusqu'à dire qu'il n'avait que des fils mais que s'il avait eu une fille, il l'aurait bien volontiers donnée à un garçon d'une telle valeur. L'aventurier était dédouané et la confiance venue, il n'y avait plus qu'à se laisser aller à la joie des promesses.
> Les fiançailles furent marquées par un repas simple, réunissant mes parents et les couples de leurs deux filles. Ian avait passé une modeste bague au doigt de Betty.
> Très pressés, ils avaient fixé la date de leur mariage au mois de mars. Très vite, Ian devait repartir pour la Hollande où l'armée allemande s'accrochait.
> Il avait refusé une proposition de parachutage en Allemagne, jugée par lui comme suicidaire. Désormais, à cause de Betty, il tenait à sa vie. Il n'en partait pas moins vers de rudes batailles, mais croyant en son étoile, il assurait à Betty, qu'il en reviendrait avec la « Military Cross ».

Quand la famille entendit de nouveau parler de Maxwell, ce fut pour apprendre qu'il avait effectivement reçu cette décoration. Voici le récit du Dr Vittoz :

> Mon père qui était Saint-Cyrien et ancien officier de carrière, était particulièrement fier de ces honneurs qui récompensaient la bravoure de son futur gendre.
> Pendant ce temps, les préparatifs du mariage accaparaient ma mère et ma sœur.

La pénurie régnait encore en France, et la future mariée se faisait du souci pour sa robe, comme Betty le raconte maintenant :

> La dentelle était la seule étoffe disponible qui n'était pas rationnée. L'inconvénient toutefois, c'est qu'elle était transparente. Bob parvint à me dénicher une toile de parachute dont on tira plusieurs épaisseurs de jupon qui masquèrent cette transparence.

Betty se souvient d'avoir songé : « Avec cet homme, au moins, je ne risque pas de m'ennuyer. » Elle aurait eu du mal à imaginer à l'époque que cette vie dépourvue d'ennui se traduirait pour elle par la mise au monde de neuf enfants.

Le 14 mars 1945, Betty devint Mme du Maurier à la mairie du 16e arrondissement et le 15, le service religieux était célébré par le pasteur Maury en l'église protestante de l'Annonciation, rue Cortambert. La cérémonie nuptiale ne manqua pas d'émotions et les invités anglais dont le français n'était pas parfait crurent que Betty rompait avec Maxwell à la dernière minute, quand ils l'entendirent crier « Non! non, non, non » en réponse au maire qui lui demandait si elle était disposée à suivre son futur époux en toutes choses, à partager sa nationalité... Soudain la pensée lui était venue que Maxwell était tchécoslovaque et que la Tchécoslovaquie se trouvant occupée par l'Allemagne, elle deviendrait allemande si elle disait oui.

Le mariage coïncidait, jour pour jour, avec la date de l'invasion de la Ruthénie par les troupes hongroises, six ans plus tôt. Le Dr Vittoz conclut ainsi ses souvenirs :

> L'assemblée était nombreuse et brillante, beaucoup d'uniformes, dont le général Carthew, Lady Moorehead, colonel de l'armée féminine (les WAACS), le canadien J. J. Larue. Beaucoup de membres de notre famille avaient pu venir se joindre à nous, avec les amis chers, les Gandouin, les Gourin.
> Betty était très en beauté dans une robe de dentelle, entourée des cousines Steinheil et de Jacqueline Arnal, comme demoiselles d'honneur, avec ma petite Martine, donnant la main à un mignon petit cavalier de son âge.
> Il y avait des fleurs à profusion, mais le plus extraordinaire fut l'abondance et la richesse du lunch dans la période de restrictions, qui continuait depuis tant d'années... Ce fut « la grande bouffe », que maman avait réussi à organiser dans notre villa de la rue Desbordes-Valmore avec l'aide précieuse de son nouveau gendre qui avait obtenu des victuailles introuvables à l'époque, grâce à la complicité de l'intendance militaire anglaise!

***

La perplexité qu'avait ressentie la famille Meynard à l'égard de son nouveau gendre était partagée par la plupart de ceux qui le connaissaient. Comme toujours, ses activités durant ses séjours à Paris restaient nimbées de mystère. Le laissez-passer l'autorisant à se vêtir à sa guise émanait du bureau de l'état-major britannique à Paris, en date du 7 octobre 1944, et stipulait :

> Le porteur du présent laissez-passer, N°13051410, Sgt/chef du Maurier, L.I. est un soldat britannique et il est autorisé à séjourner à Paris et porter tout uniforme ou vêtement civil de son choix.

Les autorités militaires alliées redoutaient une insurrection communiste derrière leurs lignes. Le laissez-passer délivré à Maxwell était destiné à lui permettre d'évoluer librement incognito, afin de pouvoir observer si ce danger était réel ou bien imaginaire. Tel jour, il portait l'uniforme d'un commandant de parachutistes; le lendemain, il était habillé en ouvrier. Toute sa vie durant, il a pris plaisir à semer la confusion; la guerre lui a certainement donné très tôt la possibilité d'exercer pleinement ce talent.

On avait même un moment envisagé, juste avant la Noël 1944, de le larguer en parachute derrière les lignes allemandes. On espérait que sa parfaite maîtrise de la langue allemande lui permettrait de rendre compte des mesures prises par la Wehrmacht pour défendre la mère patrie contre une offensive des Alliés au printemps.

Maxwell a d'ailleurs conservé un ordre de mission du Haut Commandement du Corps expéditionnaire allié (le SHEAF), en date du 18 décembre 1944, adressé au sergent-chef L.I. du Maurier et qui était ainsi libellé :

> 1. Vous quitterez votre poste actuel à Paris, France, à bord d'un appareil militaire, le 20 décembre 1944 ou aux alentours de cette date, en vue d'une mission qui vous sera assignée.
> 2. Le transport par appareil militaire est réglementé. Les bagages personnels sont limités à quarante-cinq kilos.
>
> Sur ordre du général EISENHOWER

et l'ordre était signé de l'aide de camp adjoint du général, le lieutenant-colonel H.C. Chappell.

Maxwell n'était pas pressé de partir. Il jugeait suicidaire la « mission assignée ». En fait, l'attaque surprise des Allemands dans les Ardennes avait semé la confusion dans le Haut Commandement allié, et toutes les forces armées étaient rassemblées pour contenir puis repousser l'offensive allemande. Maxwell n'entendit plus jamais parler de la possibilité d'être largué en parachute derrière les lignes ennemies.

A l'époque, Maxwell portait également sur lui un certificat du gouvernement tchécoslovaque en exil à Londres – celui-là même qu'il avait présenté à la famille Meynard – attestant qu'au vu des archives officielles du ministère de l'Intérieur, « M. Ludvik Hoch, alias du Maurier, est né le 10 juin 1923, à Selo Slatina, Tchécoslovaquie. » Le document poursuivait :

> Compte tenu de son âge lorsqu'il a quitté la Tchécoslovaquie, nous jugeons hautement improbable qu'il eût jamais été condamné par un quelconque tribunal tchécoslovaque. Le présent certificat lui est délivré en vue d'une promotion dans l'armée britannique.

Il est tout aussi improbable que le ministère de l'Intérieur ait été au courant de la condamnation à mort de Maxwell par les Hongrois. D'ailleurs, si elle avait été connue, une telle sentence n'aurait sans aucun doute guère entravé sa promotion.

De fait, à la Noël de cette même année, Maxwell retournait en

Angleterre pour être promu officier au grade de second lieutenant et le 6 janvier 1945, il se voyait affecté au régiment de la reine (du West Surrey). Il avait dès lors accompli son ultime changement d'identité pour devenir le second lieutenant Ian Robert Maxwell. Il avait hésité à adopter encore un nouveau nom – il avait déjà dû se défaire de Hoch, Jones et Smith, ces deux-là au cours des six derniers mois – et voilà qu'il devait également abandonner du Maurier – mais les autorités se montrèrent inflexibles.

Au surplus, ces fréquents changements de patronyme avaient le don d'irriter le directeur de sa banque. Au début de l'année, son chef de bataillon au Staffordshire Nord l'avait recommandé auprès de la banque Grindlay de Westminster en vue de l'ouverture d'un compte (de nos jours, on est moins regardant à l'égard des nouveaux clients) :

> Il a été cité pour une promotion... dont j'ai tout lieu de croire qu'elle lui sera accordée, pour autant qu'il ne se fasse pas tuer d'ici que le ministère de la Guerre se décide. Sa principale source de revenus est bien entendu la solde de l'armée qui est négligeable et ne permet pas de garantir un compte en banque. Ses autres sources de revenus paraissent marginales et d'une nature non prévisible. J'ai découvert qu'il avait quelque 30 £ sur lui et j'ai estimé qu'à son âge et avec ses perspectives d'avenir, il était grand temps qu'il ouvrît un compte en banque...

Maxwell se souvient :

> Le directeur de la Grindlay était furieux quand je lui indiquai ma nouvelle identité et il me prévint : « C'est la dernière fois. Ne me redemandez pas de la changer encore ou je clôture définitivement votre compte! »

Il se maria pourtant bien sous le nom de du Maurier, neuf semaines plus tard, car ses papiers officiels portaient encore ce nom. Maxwell a toujours fièrement proclamé que son choix définitif était un nom bien écossais – Carthew-Yorstoun, qui apparemment le suggéra, était lui-même originaire de cette région – même si à l'époque il avait simplement estimé « qu'il en valait bien un autre ».

Maxwell fut versé au 5e bataillon du régiment de la reine. Son vieil ami, le général Carthew-Yorstoun, intervint à nouveau pour donner à sa carrière d'officier un sérieux coup de pouce. Dans une lettre du 2 janvier 1945 à l'officier commandant le bataillon, il écrit :

> Le lieutenant Maxwell est, je crois savoir, sur le point d'intégrer votre bataillon après avoir reçu une promotion pour sa bravoure sur le terrain durant la bataille de Normandie. Je le connais

> depuis des années, de même qu'un certain nombre de ses amis; il a logé chez moi, dans ma famille, et j'ai pour lui le plus grand respect et la plus haute estime... Il possède une très forte personnalité et est extrêmement discipliné. Pour diverses raisons, il se montre sous son meilleur jour dès qu'on lui laisse sa liberté de choix et de mouvement au lieu de l'enserrer dans un réseau de règles et de contraintes.
> Son sens du devoir est manifeste et son désir de tuer des Boches une puissante motivation... Je suis certain que vous avez gagné là un officier de grande valeur.

Le régiment de la reine appartenait à la 7e division blindée, célèbre sous son nom de *Rats du désert*. Durant quelques semaines, cette formation avait occupé un front d'environ dix kilomètres au sud-ouest de la seule position allemande encore en place sur la rive gauche de la Roer; il s'agissait d'une poche profondément enfoncée à proximité de Roermond, ville néerlandaise située tout près de la frontière allemande. La 131e brigade se trouvait sur la droite du secteur et le 5e régiment de la reine à la droite du dispositif, tandis que son quartier général était installé juste de l'autre côté de la frontière, dans le village allemand de Wehr. L'histoire du régiment de la reine [5] indique que l'élimination de cette poche constituait un préalable essentiel à la progression du front en direction du Rhin. Il avait été prévu de lancer une attaque au début de décembre mais celle-ci fut d'abord retardée par un temps « exécrable » puis par l'offensive désespérée de l'ennemi dans les Ardennes, en direction d'Anvers. Après une période dangereuse, l'attaque fut contenue et dès la mi-janvier, le dernier sursaut de Hitler avait échoué. Toutefois, tant que subsistait la menace, le 5e régiment restait sur la défensive. Le pilonnage allemand des positions britanniques était intense, avec de fréquentes escarmouches entre troupes allemandes et britanniques. Les neiges hivernales dissimulaient les champs de mines ennemis; certaines patrouilles eurent à subir de lourdes pertes.

Le 10 janvier, le bataillon fut relevé et se replia pour se préparer en vue de l'opération Blackcock; il s'agissait de conduire l'armée alliée jusqu'au bord de la Roer pour en éliminer la poche de résistance ennemie. La 7e division blindée devait y jouer un rôle essentiel, épaulée dans l'opération par la 8e brigade blindée et la 155e brigade de la 52e division. L'attaque principale devait commencer le 16 janvier 1945, mais dès le 12, le 5e régiment reçut l'ordre de s'emparer du village de Bakenhoven afin d'y assurer une base solide. Le temps était « affligeant », d'après un récit des combats recueilli par le commandant H.J. Nangle, qui avait été placé temporairement à la tête du bataillon. La couche de neige qui recouvrait la campagne avait fondu par endroits puis gelé en formant une solide croûte de glace que de nouvelles chutes de neige et de pluie glacée recouvraient à leur tour. Pour achever le tout, d'épaisses nappes de brouillard s'étendaient à perte de vue.

De surcroît, le village de Bakenhoven était entièrement entouré de digues et de canaux. L'attaque du 5ᵉ régiment débuta aux toutes premières heures du 13. Un pont métallique léger – le fameux « Ciseau » – jeté par-dessus le chenal fut aussitôt franchi par un convoi de blindés et de camions, non sans difficulté d'ailleurs, car il était soumis à un pilonnage régulier au canon et au mortier.

Toutes les maisons du village avaient été minées, à l'exception de celles occupées par les Allemands, mais dès six heures trente du matin, la compagnie D tenait solidement le bourg. Par malheur, l'un des chars avait fait s'écrouler le pont de campagne en repassant dessus, l'un et l'autre avaient terminé dans le fossé. La compagnie était coupée du monde extérieur alors que les Allemands contre-attaquaient le soir même. « Le minutage de l'offensive était parfait », indique le commandant Nangle. L'ennemi – il s'agissait de jeunes aviateurs allemands – attaqua à la tombée du jour; les soldats, vêtus de combinaisons blanches, étaient difficiles à distinguer dans ce paysage immaculé. Mais après deux heures de combat acharné, les Allemands furent contraints au repli, laissant vingt-cinq morts sur le terrain. La voie était libre pour entamer l'opération Blackcock. L'unité de Maxwell, une compagnie du 5ᵉ régiment, sous le commandement de l'infanterie légère de Durham, franchit un cours d'eau, le Vloed Beek, puis obliqua vers le sud pour aller occuper une cimenterie.

Les hommes du 5ᵉ devaient à présent s'emparer de Susteren, un village puissamment défendu, de l'autre côté du Vloed Beek. Les conditions météorologiques avaient encore empiré. Un léger dégel avait transformé le sol en boue épaisse, le brouillard régnait; à deux heures du matin, quand débuta l'attaque, il faisait noir comme dans un four. Il était impossible de faire traverser les digues aux canons antichars; pourtant, dès huit heures, la compagnie B avait pris pied à Susteren. Les Allemands contre-attaquèrent alors, un peloton fut anéanti et le Q.G. de la compagnie sévèrement touché. Mais deux chars ennemis avaient été détruits et les blindés britanniques arrivèrent bientôt. Les Allemands se retirèrent en milieu d'après-midi. Le village fut dégagé. Les pertes britanniques étaient considérables : trente-neuf tués et blessés (dont tous les officiers de la compagnie B) plus vingt-neuf disparus. A présent, le dégel s'était accéléré, rendant la progression encore plus difficile. Comme le note le communiqué officiel [6] :

> Dans ce pays de digues et de marécages, les chars ne pouvaient évoluer efficacement que par temps de fortes gelées et ces conditions n'existaient plus.

Le 21 janvier, le 5e régiment fit mouvement vers Echt puis Aanderberg, au nord de Montfort, afin de soutenir les autres unités en proie à de violentes contre-attaques. Les Allemands infiltraient également les lignes de communications du bataillon et la compagnie A fut obligée de les dégager; elle parvint à rétablir le contact le 25, à Aanderberg. Les troupes ennemies se repliaient à présent de l'autre côté de la Roer mais elles laissaient derrière elles un grand nombre de mines, la progression était lente. Le 29, la compagnie A fit mouvement pour libérer le village hollandais de Paarlo. C'est là que Maxwell gagna sa décoration. La citation officielle indique :

> Durant l'attaque sur Paarlo, le 29 janvier 1945, le lieutenant Maxwell dirigeait son peloton lorsque celui-ci se retrouva soumis à une intense concentration d'artillerie qui tua et blessa plusieurs hommes.
> L'attaque menaçait de tourner court mais cet officier, faisant preuve des plus hautes qualités de chef, pris la tête de ses hommes avec autorité et assura leur progression. Au cours de la nuit, un autre peloton de sa compagnie subit une contre-attaque et fut partiellement anéanti. Une tentative pour reprendre la position avec un autre peloton échoua mais le lieutenant Maxwell ne cessa de demander l'autorisation de mener un nouvel assaut, permission qui lui fut en fin de compte accordée. Au milieu d'un tir nourri, cet officier entraîna deux de ses sections avec promptitude et détermination : il réussit de la sorte à rétablir le contact avec le peloton qui s'était retranché dans plusieurs maisons.
> Au mépris de sa sécurité personnelle, il entraîna ses sections dans la tâche difficile de nettoyer les bâtiments tenus par l'ennemi, infligeant à celui-ci de lourdes pertes et contraignant les survivants au repli.
> Par son magnifique exemple et son esprit offensif, cet officier a permis de sauver le peloton et de rétablir la situation.

Le compte rendu officiel précise que, durant la nuit du 29 au 30, près de cinquante soldats allemands retraversèrent la Roer en barques d'assaut. Précédés d'intenses tirs de mortier et d'artillerie, ils lancèrent une contre-attaque surprise sur la compagnie A [7] :

> Les Allemands pénétrèrent dans les maisons tenues par le peloton 8 (celui du lieutenant M.L. Baker) et des combats

acharnés se déroulèrent alors dans le noir. Dans une des maisons, le caporal Dennis, faisant preuve de la plus extrême bravoure, contint l'ennemi avec sa mitraillette Sten jusqu'à ce que le peloton 7, splendidement mené par le second lieutenant R. Maxwell contre-attaque, soutenu par les blindés, et chasse les Allemands du village.

Dans son compte rendu des combats, le major D.J. Watson, commandant de la compagnie A (il fut blessé après le passage du Rhin par le bataillon), décrit l'action qui suivit l'attaque des Allemands contre la maison où le lieutenant Baker et ses hommes étaient retranchés. Deux soldats équipés de mitraillettes Bren, en faction au rez-de-chaussée, furent les premiers blessés; le caporal Dennis les conduisit aussitôt à l'abri dans la cave, tandis que le lieutenant Baker remontait pour les remplacer par deux autres hommes. C'est à cet instant que les Allemands surgirent dans la maison, isolant Dennis et Baker. Le major Watson poursuit :

> Afin de les relever, je pris avec moi deux sections d'un autre peloton et nous avons essayé de ramper jusqu'à la maison. Un Allemand blessé, étendu dans la rue, se mit à geindre : « S'il vous plaît... amis, venez m'aider... » Je me relevai mais à cet instant précis, quelques mètres devant moi, un autre Allemand m'arrosa avec sa Spandau. Il me manqua et toucha le caporal à mes côtés. Nous avions chacun une Bren mais quand nous voulûmes tirer, par malchance nos armes s'enrayèrent. Compte tenu des circonstances, je me vis contraint d'ordonner à mes sections le repli. Je fis venir un blindé... pour nous débarrasser de la Spandau. Les tankistes accomplirent un travail superbe. Ils réduisirent rapidement au silence la Spandau, en même temps qu'une autre mitrailleuse braquée sur leur tourelle.
> Pendant ce temps, le reste de la compagnie faisait mieux que tenir. M. Maxwell, également chef de peloton, effectua une sortie avec deux sections et sans plus être entravé par la Spandau qui avait barré leur route, entreprit dès lors de nettoyer les maisons qui encadraient celle de M. Baker.
> Ce fut le tournant de la bataille. L'ennemi décrochait à présent, harcelé de plus belle par nos hommes et nos blindés. Pour récupérer nos copains dans la cave, il fallut mettre les masques, tant l'air était envahi par la fumée des grenades et des munitions qui explosaient. M. Baker crut que nous allions les retrouver morts mais tous s'en sortirent sains et saufs.

D'après le caporal Dennis, les soldats réfugiés dans la cave avaient été sauvés grâce à la disposition des lieux : la cave était séparée en trois compartiments, celui du milieu formant un « no man's land » tandis que celui où se tenaient les Anglais était fermé par un rideau.

Chaque fois que les Allemands essayaient d'entrer dans la section centrale, Dennis les arrosait avec sa Sten :

> A son arrivée, Maxwell a eu bien de la chance de ne pas se faire abattre. S'attendant à la présence d'Allemands, il leur ordonna dans leur langue de descendre. L'un de nos gars s'écria alors : « Tiens, tu vas voir... » et fit feu. Il le rata de justesse. Les secours n'arrivèrent pas trop tôt : les seules munitions qui me restaient se réduisaient à un demi-chargeur de Sten.

Maxwell évoqua plus tard la situation juste avant qu'il se porte à la rescousse de Baker, Dennis et les autres :

> Le peloton sur ma droite était débordé et le commandant du bataillon donna l'ordre de repli à ma compagnie. Mon chef de compagnie (le major Watson) m'ordonna de décrocher : d'après lui, la position était intenable avec ce feu nourri des Allemands (armes automatiques, fusils, mortiers et autres) contre nous. Je lui répondis que je ne pouvais obéir à son ordre car je pensais que le lieutenant Baker et quelques hommes de l'autre peloton pouvaient être encore vivants; en conséquence, j'étais bien décidé à mener une contre-attaque pour voir si nous pourrions repousser les Allemands et sauver nos camarades. Le major me laissa faire, non sans ajouter que c'était une entreprise stupide et que je risquais la cour martiale si j'en sortais vivant. Je regroupai néanmoins les forces qui me restaient et contre-attaquai.

Les Allemands furent tellement surpris par cette action inattendue qu'ils commencèrent à se retirer. Les Britanniques comptaient sept morts et blessés. Le lendemain, les Allemands faisaient sauter le dernier pont sur la Roer et l'opération Blackcock était terminée. Le 5ᵉ régiment de la reine resta dans le district de Paarlo jusqu'au 7 février, puis passa cinq jours dans le « confort relatif » des casernes de Maesyck, charmante petite bourgade belge à la population « très hospitalière ». Après quelques patrouilles de routine, toute la division fut relevée le 21 février par une division blindée américaine, et se replia dès lors pour prendre du repos et préparer l'offensive sur le Rhin.

Début mars, Maxwell apprit que sa mère et sa sœur avaient été exécutées « comme otages » en juillet 1944. Dans un petit mot adressé le 4 mars à Betty pour lui donner des nouvelles, il écrit :

> Comme tu peux l'imaginer, je ne fais aucun prisonnier et quelle que soit la maison que mes hommes occupent, lorsqu'ils sont sur le point de la quitter je leur donne l'ordre de la détruire.

Le lendemain, le maréchal Montgomery remettait les décorations gagnées par la division durant l'opération Blackcock. Le commandant Nangle recevait une barrette à sa DSO, le commandant C.V. Lilley, le lieutenant M.L. Baker et le second lieutenant R. Maxwell étaient tous trois décorés de la Military Cross. Le caporal R. Dennis recevait la Distinguished Conduct Medal et le caporal F. Dolly la Military Medal. De toute la 7e division blindée, c'était le 5e régiment de la reine qui était le plus décoré.

Maxwell reçut une pluie de félicitations. Le général de division L.O. Lyne, commandant la 7e division blindée, écrivit : « Bien joué! » Le général de brigade Carthew-Yorstoun se montra chaleureux mais ajouta :

> A présent, que vous le vouliez ou non, il va falloir me mettre un peu la sourdine et cesser de vous démener pour anéantir les Boches. C'est que vous devez penser à votre femme...

Il ignorait, bien sûr, que la jeune femme s'était vu promettre une décoration. Elle aussi dut être étonnée de la rapidité avec laquelle Maxwell avait tenu son premier serment, en moins de six semaines. Voilà qui en tout cas ne put que confirmer l'extraordinaire confiance qui l'avait poussée à lui donner sa main sans hésiter. Non qu'on lui ait laissé le temps de se raviser : quatre jours après la cérémonie de remise des médailles, Maxwell était de retour auprès d'elle à Paris pour préparer une autre cérémonie, nuptiale, celle-ci.

***

Maxwell retourna au front après une permission de treize jours. L'offensive de printemps, l'opération Plunder (« Pillage »), l'ultime grande poussée du conflit qui devait conduire les Alliés au-delà du Rhin, était sur le point de débuter. Dégager la rive gauche du fleuve avait exigé près de cinq semaines à la Ire armée canadienne et à la IXe armée américaine. Le terrain était détrempé et, par endroits, inondé. Si l'on y ajoutait d'importants champs de mines et la grande forêt du Reichswald, les difficultés et la lenteur de la progression s'expliquaient. Ce ne fut pas avant le 12 mars que les deux armées effectuèrent la jonction. Pour sa part, la 7e division blindée était restée en Hollande. Elle devait se reposer et s'entraîner jusqu'au moment de l'assaut final. Son rôle était de passer à gué le fleuve à Xanten, l'un des principaux points de passage (l'autre étant situé à Wesel) sur le front britannique. Son objectif était ensuite de foncer vers l'est-nord-est pour couper les lignes de communication de la Ire armée parachutiste allemande, la seule à avoir pu rejoindre pratiquement intacte la rive droite du Rhin. La première offensive commença le 23 mars. Dans la soirée du 26, la 15ᵉ division avait établi une tête de pont à huit kilomètres à l'intérieur de la rive droite tandis que la 7ᵉ division blindée traversait le fleuve le lendemain. Les minutes officielles du 5ᵉ régiment de la reine notent [8] : « Le 5ᵉ bataillon était en excellente condition, renforcé en effectifs, plein d'efficacité et d'allant après ce mois de repos et d'exercice. »

Au début, l'opposition fut modérée et ce même compte rendu note que « quantité de Boches n'étaient pas mécontents de se rendre »; mais dès le 29, le 5ᵉ rencontrait une forte résistance allemande devant Südlohn où les rescapés d'une division de Panzer-grenadiers s'étaient retranchés. Les Allemands furent battus, on fit trente prisonniers. Les compagnies A et D progressèrent dès lors sur deux itinéraires parallèles en direction d'Arhaus. La compagnie D fut retardée par plusieurs attaques allemandes au bazooka, sa colonne éclata. La compagnie A ne fut pour sa part retardée que par des champs de mines. Ensemble, avec la compagnie B qui les avait rejointes, elles occupèrent Arhaus qui avait été entièrement détruite par la RAF, le 31 mars. Le 1ᵉʳ avril, la division avait progressé de deux cents kilomètres à l'est du Rhin jusqu'à l'Ems. La résistance avait été légère; l'armée allemande de l'Ouest s'effondrait, son organisation était quasiment inexistante et la résistance attendue des civils et des « loups-garous » (les francs-tireurs) ne se concrétisa pas. Les civils apparaissaient au contraire « surtout maussades et apathiques », indiquent les archives du régiment.

On notait épisodiquement des poches de forte résistance, en particulier de la part des élèves officiers et instructeurs de l'École des cadets de Hanovre. Ils se battirent avec énergie, au point de retarder deux divisions blindées durant quarante-huit heures, « bon exemple des résultats que peut obtenir en défense une infanterie déterminée et bien entraînée face à des forces largement supérieures ». Mais l'avance était dans l'ensemble inexorable; seul son rythme variait. Le 5 avril, la 22ᵉ brigade blindée, avec le 5ᵉ sous ses ordres, progressait de trente kilomètres mais dès le 7, la 7ᵉ blindée était de nouveau immobilisée : les Allemands avaient fait sauter tous les ponts sur la Weser. Les compagnies A et D de la 5ᵉ, renforcées du 8ᵉ hussard, lancèrent alors une attaque coordonnée contre le village de Riede, sur la route de Brême, mais quand elles y entrèrent avec leurs chars, elles découvrirent que les Allemands qui avaient tenu toute la journée avaient fui. Le lendemain [9],

> le bataillon, de nouveau associé au 8ᵉ hussard, reçut l'ordre d'attaquer les deux villages de Südweyne et de Kirchweyne, à

> une huitaine de kilomètres au sud-ouest de Brême... Une compagnie prit l'initiative avec succès et dès midi, elle avait nettoyé Südweyne, alors tenue par une compagnie de la 20ᵉ division d'entraînement SS, tout juste arrivée; le 7ᵉ peloton (du lieutenant R. Maxwell) avait à lui tout seul tué quinze SS et fait quatorze prisonniers.

Les autres compagnies du bataillon rencontrèrent une forte résistance; il fallut même transférer un gradé de la compagnie A à la C car tous les officiers de cette dernière étaient morts ou blessés. En conclusion, l'opération se soldait par : « ... une excellente journée pour le 5ᵉ de la reine, qui avait progressé jusqu'à huit kilomètres de Brême malgré l'opposition déterminée d'une solide formation SS ».

Les Allemands étaient manifestement décidés à se battre avec acharnement pour conserver Brême. Aussi la 7ᵉ division blindée fut-elle transférée sur une autre partie du front et le 15 avril elle traversait l'Aller. Le 5ᵉ se mit en branle à 11 heures du matin; à la tombée de la nuit, il avait progressé de quinze kilomètres pour s'emparer de la ville de Walsrode. Le lendemain, la compagnie C libérait douze mille soldats anglais et américains ainsi que des milliers de prisonniers d'autres nationalités détenus dans un vaste camp au sud-ouest de Fallingbostel. La compagnie A traversait le fleuve au nord-ouest de la ville pour en isoler les défenseurs. Mais les Allemands s'étaient retirés à temps. Le 20 avril, jour anniversaire de Hitler, le 5ᵉ reçut l'ordre de participer au nettoyage de la forêt de Harbourg; dès le lendemain, il prenait position sur les hauteurs boisées dominant Harbourg et Hambourg.

La résistance se durcit une fois encore. La compagnie D vit l'une de ses patrouilles anéantie par un groupe d'Allemands abrités derrière un drapeau blanc. Durant quelques jours, l'activité resta confinée aux tirs sporadiques et aux patrouilles. Mais partout ailleurs, la guerre était perdue pour les Allemands. Le 29 avril, ils entamaient des négociations pour la reddition de Hambourg qui fut acquise le 2 mai. Jusqu'à ce moment, le régiment de la reine dut encore subir les tirs de soldats isolés ou de postes allemands nullement décidés à se rendre mais, précise la chronique [10] :

> Au matin du 3, après l'annonce de la capitulation de la ville, les prisonniers commencèrent à affluer. Il y en avait de tous âges, des jeunes garçons jusqu'aux vieillards, tous semblaient complètement apathiques.

Le 3 mai, à 4 heures de l'après-midi, le 5ᵉ de la reine, Maxwell dans ses rangs, accompagné du 5ᵉ blindés royal, entrait devant la

7e division blindée dans la cité dévastée. C'était la plus grande ville jamais conquise par les Alliés, le principal port d'Allemagne. Le 5e s'empara de l'hôtel de ville, de la poste et des casernes de la police, tous édifices situés dans le centre. Cette nuit-là, on annonça la capitulation de l'Allemagne. Les hostilités devaient cesser le lendemain. Bien que le jour de la victoire ne dût être officiellement décrété que le 8 mai, la guerre en Europe était finie. Elle avait fait près de cinquante millions de victimes, dont six millions de juifs, et parmi eux – bien que Maxwell ne pût encore le savoir avec certitude – la majeure partie de sa famille. Au cours des hostilités, le 5e bataillon de la reine avait perdu près de quinze cents hommes; dans la dernière phase de sa campagne, entre le Rhin et l'Elbe, ses pertes avaient été comparativement légères – neuf officiers et soixante-neuf hommes tués ou blessés.

Le 7 septembre, Maxwell marchait en tête du détachement du 5e qui prit part au défilé de la victoire des Alliés à travers Berlin. Quel chemin parcouru depuis Solotvino! Il lui avait fallu cinq ans pour arriver là mais, aucun moment dans toute sa carrière militaire, ne lui avait donné plus de satisfaction.

***

Tout au long des combats des quatre premiers mois de 1945, Maxwell écrivit à sa fiancée et bientôt, son épouse. La majeure partie de ces missives correspond à ce qu'on peut lire sous la plume d'un fiancé puis d'un jeune marié; toutefois presque toutes décrivent également les combats auxquels son unité a pris part. Elles révèlent un jeune homme confiant, ambitieux, parfois vaniteux, ne doutant jamais de sa survie ultime, même s'il est à l'occasion conscient des angoisses d'une épouse qui devait vivre dans la hantise quotidienne d'un télégramme du ministère de la Guerre : « J'ai le profond regret de vous informer... »

Ces lettres, adressées à « Betouschka », sont toutes rédigées dans un anglais courant qui ne trahissait en rien ses origines d'Europe centrale. Elles révèlent une haine farouche des Allemands, une impitoyable volonté de les combattre, d'autant plus frappantes qu'elles ne souffrent aucune discussion : bien qu'il admît parfois l'horreur de la guerre, Maxwell est incontestablement comblé par le rôle qu'il y joue. Ainsi pouvait-il négligemment informer son épouse qu'il a tué le maire d'une ville allemande sans apparemment se demander si elle ne risquait pas de trouver cette exécution sommaire comme une punition bien lourde au regard de la faute d'un fonctionnaire qui l'avait trompé. Ces lettres constituent un témoignage exceptionnel sur la personnalité de leur auteur. Aussi, plutôt que de les répartir dans le récit, il nous a semblé préférable d'en reproduire les principaux extraits l'un après l'autre. La première a été rédigée peu après que Maxwell eut rejoint le régiment de la reine en janvier.

20 janvier 1945

Avant de quitter Bruxelles, j'ai eu un entretien au QG de l'armée. On m'a appris que l'officier qui commandait la division dans laquelle j'ai servi en Normandie commandait également celle où je suis affecté; en outre, ce même officier a personnellement demandé mon affectation après avoir écrit une lettre de louanges à mon égard, lettre qui me sera d'une grande utilité pour ma carrière sous les drapeaux.
Le cheval et le chien sont également ravis et brûlent d'en découdre avec ces Boches abhorrés. (Le « cheval » était une moto avec side-car. Le chien, un labrador que Maxwell avait adopté à Paris. Dans le style d'un officier anglais de la Grande Guerre, il l'emmenait au front avec lui, dissimulé sous une couverture dans le side-car. Il fut tué un jour qu'il courait devant Maxwell, en sautant sur une mine.)

26 janvier 1945

... A toi, mon amour, échoit la tâche la plus dure, celle de l'angoisse de l'attente, celle de la crainte de ce que pourra t'apporter le facteur le lendemain... pour moi, cette période n'est qu'un cauchemar qu'il faut bien subir et que l'on finira par oublier mais dans le même temps, elle me fortifie en vue de mes responsabilités futures et me purifie pour que je sois digne de devenir ton époux, mon étoile.

28 janvier 1945

Je suis en Hollande. Je commande une trentaine d'hommes et cette fois, demain je les mènerai au combat... quand je leur parle ou leur donne des ordres, je suis toujours aussi solide et confiant, mais intérieurement, l'angoisse me ronge. Vais-je bien faire? Je prie Dieu qu'il m'accorde force et sagesse afin que je sorte victorieux de l'épreuve qui m'attend. Les gars que je commande semblent former une bande de rudes gaillards pas faciles... tout ce que je dois leur montrer demain, c'est que je suis également un bon combattant et que tout le reste est facile dans ce jeu abominal qu'on appelle la guerre.

31 janvier 1945

J'ai passé l'épreuve. Je suis à présent assis dans une maison à essayer de t'écrire une lettre. Je dois faire un gros effort pour ne pas laisser échapper mon stylo tant je souffre encore des effets du combat passé. Nous avons pris un village au matin du 29 après avoir rencontré une certaine opposition. Nous avons fait notre trou et sommes à présent contraints de le tenir. Hormis les tirs habituels d'artillerie et de mortier, il ne s'est rien passé durant la journée mais le soir, vers 10 heures, après une intense préparation d'artillerie, les Boches ont lancé une attaque destinée à reprendre le village. (Ce fut le combat qui valut à Maxwell sa décoration.) Cela, je l'ai appris en interrogeant des prisonniers après la bataille, qui s'est prolongée jusqu'à deux heures et demie du matin. La plupart des hommes ont été très braves.

1er février 1945

Je viens à l'instant de terminer de censurer le courrier de mon peloton. Un gars, dans une lettre à sa fiancée, dit que « cette racaille » – en parlant de son régiment – lui donne l'impression de vouloir gagner la guerre à elle seule, opinion que je partage volontiers.

Plus tard, le même jour

Minuit : un calme étrange et sinistre recouvre le paysage alentour, juste à l'instant rompu par le vrombissement lointain d'un chasseur de nuit en patrouille. Cette paix est incroyable, bien éloignée du bruit et du fracas habituels au champ de bataille; la guerre est un jeu étrange et, comme tu le vois, elle possède également ses instants de paix qui sont les bienvenus. Posée à l'ombre de la lampe-tempête qui m'éclaire tandis que j'écris ces lignes, ta photo me paraît chaque fois plus belle. Je ne me lasse jamais de la contempler. J'ai toujours l'impression de découvrir quelque chose qui m'avait échappé sur ce visage que j'adore.

5 février 1945

La maison que j'ai quittée il n'y a pas si longtemps a été touchée trois fois de plein fouet; comme toujours, ils ont attendu jusqu'à ce que je parte (tiens-toi bien, Adolf). Je suis content d'avoir ordonné aux civils d'évacuer les lieux sinon c'est eux qui auraient tout pris... Peux-tu, à la manière d'un aide de camp m'annoncer que tous les préparatifs (du mariage) sont achevés? Parce que, ici, le lieutenant Robert Maxwell s'est déjà acquis la réputation de ne pas laisser les choses traîner ou se faire à moitié. Alors, tâche d'avoir l'œil, autrement, tu risques de faire l'objet d'une accusation dont tu auras peut-être du mal à te justifier, toute juriste que tu sois.

12 février 1945

Nous sommes de nouveau repartis au front et le temps est purement et simplement inqualifiable. J'aimerais bien que le ciel cesse de venir en aide à Hitler en faisant empirer la situation. Nous avons fait sauter les digues de la Roer, ce qui a rendu les choses encore plus difficiles pour tout le monde.

16 février 1945

Je ne jugerai aucun labeur trop dur, aucun effort trop difficile pour parvenir à cet objectif unique et fondamental, qui est notre bonheur et celui de nos enfants. Je crois que si nous faisons preuve de volonté et de force de caractère, nous parviendrons au bonheur auquel nous aspirons.

23 février 1945

Je suis à présent dans une ville de Hollande... La journée, je fais de l'exercice avec mes hommes. La nuit, je lis tout ce qui me tombe sous la main et je tâche de dormir autant d'heures que je peux.

27 février 1945

Je ne crois pas que je retournerai au front avant notre mariage, car je dois participer à une revue au cours de laquelle Montgomery doit m'offrir une médaille.

28 février 1945

Je viens à l'instant même de recevoir une lettre du général commandant la division, qui me félicite personnellement pour ma Military Cross; ce lundi qui vient, la décoration me sera remise par Montgomery.

6 mars 1945

J'ai été décoré hier par Montgomery. Il m'a posé toutes sortes de questions et s'est montré apparemment ravi de mes réponses.

Maxwell regagne Paris le 9 mars et se marie cinq jours plus tard, soit trois jours après l'anniversaire de Betty. Ils passeront leur lune de miel à Versailles, du 15 au 19.

22 mars 1945

Je viens à l'instant d'achever ma journée de travail, qui a consisté à entraîner mes hommes au combat de rue. Je me sens fourbu, car j'ai dû beaucoup me démener et crier; ici, le temps est quasiment estival, ce qui m'est d'un grand secours parce que ça m'aide à surmonter ma solitude... Je suis heureux car j'ai la certitude que tout ceci prendra bientôt fin et que nous serons dès lors en mesure de partir ensemble sur la route du bonheur, en formant une union indissoluble qui sera capable d'affronter toutes les tempêtes pour en émerger finalement triomphante...

27 mars 1945

Je me sens parfaitement bien et très amoureux de quelqu'un que tu dois connaître, qui me manque tout autant que trente tonnes de blindage autour de moi, vu que, depuis une demi-heure, c'est devenu l'enfer dans le coin. Il fait froid et brumeux mais ce n'est pas ça ni le reste qui m'empêchera de terminer ma lettre à ma femme. Ici, c'est dur mais ça ne peut pas se prolonger bien longtemps parce que l'ennemi, lui aussi, passe un sacré quart d'heure. Les obus pleuvent autour de moi mais je me suis trouvé un trou bien profond et bien abrité que les Allemands ont dû passer au moins deux jours à creuser, alors je ne me fais pas trop de souci.

28 mars 1945

On a finalement réussi à faire déguerpir les Allemands... Ils restent pour l'instant introuvables.

1er avril 1945

Le commandant de ma compagnie a été blessé au bras. J'ai reçu un fragment de shrapnel dans le genou, pas très grave. (C'était une blessure identique à celle qu'il avait reçue en 1940 mais cette fois, à l'autre genou.)

3 avril 1945

J'ai eu hier une journée très amusante. Je m'en vais te la raconter. Mes hommes et moi nous sommes emparés d'un pont et d'un carrefour dans la nuit du 1er; le lendemain, dès le petit jour, j'avise un village à un kilomètre environ devant mes positions. Je décide de m'y rendre pour y jeter un œil avec mon ordonnance, armé d'un simple fusil mitrailleur; parvenu à la première maison, je demande à l'Allemand qui l'habite combien de soldats se trouvent dans le village et où ils se trouvent. Il me répond qu'il y en a seize et m'indique les maisons qu'ils occupent, alors je l'envoie leur dire d'en sortir avec un drapeau blanc ou ce qu'ils trouveront d'équivalent. Quelques minutes plus tard, je les vois qui détalent des maisons : aussitôt la fusillade commence. J'en descends deux et, revenu vers mes positions, j'ordonne aux mortiers de pilonner le village durant plusieurs minutes. Peu de temps après, le drapeau blanc était hissé sur l'église du village : je prends donc tous mes hommes avec moi et nous entrons dans le bourg. Au bout de celui-ci, commençait une ville d'environ huit mille habitants; je me dis alors que je pourrais peut-être refaire le même coup : j'envoie donc un des civils allemands me chercher le maire de la ville. En l'espace d'une demi-heure, il se pointe et je l'informe qu'il doit prévenir les Allemands de se rendre en hissant le drapeau blanc, sinon la ville sera détruite. Une heure plus tard, il revient m'annoncer que les soldats vont se rendre et que le drapeau blanc était hissé; alors nous nous mettons en marche mais à peine sommes-nous ébranlés qu'un char allemand ouvre le feu sur nous. Par chance, il nous a manqué, j'ai descendu le maire et je me suis replié. Je suis allé voir mon colonel pour lui demander si notre artillerie pouvait tirer sur la ville. Il m'a répondu oui, si je pouvais la guider par TSF. J'ai dit d'accord et je suis retourné dans le village. Le seul poste d'observation d'où je pouvais diriger les tirs était le clocher de l'église; j'y suis donc monté, j'ai mis en route ma radio et j'ai donné l'ordre à l'artillerie d'ouvrir le feu. Durant une demi-heure, j'ai dirigé les tirs sur différentes cibles; crois-moi, c'était un sacré spectacle. Je voyais très précisément l'endroit où explosait chaque obus. Cependant, les Allemands avaient dû se douter que quelqu'un dirigeait les tirs, tant ils étaient précis. Ils savaient que le seul poste d'observation était le clocher de l'église, aussi tentèrent-ils de l'abattre. Sans succès.

6 avril 1945

Je suis en pleine forme; je me trouve très loin à l'intérieur de l'Allemagne, en train de progresser sur une grande route. Je ne sais pas où sont les Allemands mais la réciproque est vraie, on continue donc d'avancer jusqu'à ce que quelqu'un se mette à tirer... Alors, il faut se battre et là, la bagarre est plus ou moins intense, tout dépend du nombre d'Allemands; en général, on gagne, on remonte dans nos blindés et nos camions; on repart. Je t'ai raconté comment on a fini par prendre la ville. Elle était défendue par six cents élèves officiers de l'école de Hanovre, tous fanatiques, de sorte que la majorité sont morts... Je suis crevé de fatigue. Je ne me suis pas déshabillé depuis des semaines; je n'ai pas dormi depuis trois jours, mais enfin ça ne va plus être très long maintenant.

9 avril 1945

Je vais bien et je me bats toujours. Je dois accomplir une tâche très délicate. Il nous faut traverser un pont sur un fleuve assez imposant. On espère l'avoir franchi assez vite pour ne pas donner aux Boches le temps de déclencher le détonateur et de faire sauter le pont quand nous serons dessus ou juste après notre passage. Mais je sais que Dieu veille sur nous.

Plus tard le même jour

Ça va... je suis en bonne santé et d'excellente humeur après une journée de combats menés avec succès à quelques kilomètres de Brême. Les Allemands ont mobilisé des formations SS pour défendre la ville. Ce fut notre premier affrontement avec eux. Je suis entré dans un village à la tête de mon peloton. J'ai dû me battre quasiment pour chaque maison. Mon combat le plus rude s'est déroulé dans le cimetière. Résultat, je me suis emparé du village après quatre heures de combat. J'ai eu un tué et un blessé. En face, on en a tué vingt et fait dix-neuf prisonniers. J'ai expulsé les Allemands d'une très belle maison pour y installer mon QG...

12 avril 1945

Le QG du 21e corps d'armée a refusé ma promotion au grade de capitaine sous prétexte que cela pourrait faire mauvais effet auprès des autres officiers de la brigade si j'étais promu aussi vite. Il est vrai que je ne suis lieutenant que depuis trois mois. Enfin, je ne suis pas déçu outre mesure car, après tout, je ne suis pas dans l'armée pour faire carrière...

13 avril 1945

Je t'écris cette lettre depuis une maison allemande dont je viens de vider les occupants en l'espace de dix minutes, ce qu'ils n'ont pas trop apprécié. Alors, je leur ai rappelé 1940, 41, 42, et ce qu'ils avaient l'habitude de faire subir aux autres quand ils étaient vainqueurs...

17 avril 1945

Je suis en pleine forme et si les Boches ne décident pas de lancer une contre-attaque sur mes positions, je vais peut-être pouvoir dormir quelques heures... Merde de merde, ça y est, les tirs ont repris... d'accord, c'est une contre-attaque, alors si je poste cette lettre, tu sauras que j'aurai réussi à l'écraser.

20 avril 1945

Cette semaine, nous n'avons cessé de combattre ou d'avancer. Nous sommes à présent tout près de Hambourg et plus on approche de ce putain de bled, plus ça devient dur... Pour l'heure, je suis assis dans une cour de ferme et je t'écris cette lettre, mon bloc calé sur un genou; le soleil est levé et il fait beau et chaud. A quelques centaines de mètres d'ici, un bois a été incendié, un peu plus loin sur ma gauche, on aperçoit nos blindés et notre artillerie en train de raser encore un village allemand, et ça va continuer ainsi jusqu'à ce que le dernier Boche soit mort ou ait déposé les armes... J'ai l'impression de ne savoir parler que de cette fichue guerre... Mais tant que je continuerai de faire ce que je fais, je ne pourrai pas parler d'autre chose.

23 avril 1945

Je l'ai échappé belle la nuit dernière en patrouille : un énorme obus est tombé cinquante centimètres devant moi et il n'a pas explosé! Crois-moi, j'ai eu les jambes coupées pendant quelques minutes, mais je me suis quand même fait ma ration quotidienne de Frisés et j'ai regagné nos positions à cinq heures et demie du matin...

26 avril 1945

Ce matin, j'ai eu un entretien au sujet de mon travail d'officier de liaison avec l'Armée rouge; ça s'est fort bien passé. Je saurai d'ici à trois semaines si j'ai été ou non accepté. Nous sommes tout près de Hambourg et les Allemands ont réussi à bloquer notre progression. Depuis trois jours, nous n'avons pas avancé d'un pouce, nous sommes sur la défensive. Les Boches sur notre front se montrent très belliqueux : ils ne cessent de harceler nos lignes, attaquant ici, attaquant là, comme s'ils ignoraient que la moitié de leur pays est déjà occupée. Parfois, je commence à me demander si je n'aurais pas dû m'engager dans un autre régiment, parce que, je ne sais pas pourquoi, celui de la reine semble toujours attirer sur son front tous les Nazis fanatiques. Enfin, peu importe, on les a déjà ratiboisés plus d'une fois et nul doute qu'on les aura virés d'ici vite fait. Et c'est tout juste ce qui est en train de se produire sur mon petit secteur du front. En ce moment précis, un avion allemand est au-dessus de nous, nos canons lui tirent dessus et l'on reçoit quelques obus; nos pièces ont ouvert le feu, on se croirait dans l'Enfer de Dante. L'air résonne de toutes sortes de bruits, sifflements, craquements, détonations... J'allais t'écrire que tout était calme à nouveau mais notre artillerie vient de remettre ça... Tout est calme à présent, excepté, au loin, les explosions d'obus quelque part à l'intérieur des lignes boches...

27 avril 1945

Tu dois absolument m'écrire tous les jours... parce qu'il me faut ce petit morceau de bonheur quotidien pour m'empêcher de sombrer dans cet univers qui n'est fait que de haine, de peur et de destruction... On nous a transférés vers un secteur du front bien plus dangereux, toujours près de Hambourg, mais les Boches ne sont qu'à cent cinquante mètres, ce qui veut dire qu'il faut veiller toute la nuit et dormir dans la journée, si on peut. J'ai les pieds qui me brûlent d'une manière intolérable; ça fait tout juste un mois aujourd'hui que je n'ai pas retiré mes bottes ou mes vêtements, et je commence vraiment à en souffrir. Demain, il faudra absolument que je prenne un bain, même si je dois aller chercher l'eau sous les balles...
La fusillade vient de reprendre. Mon peloton est attaqué. Il faut que j'y aille...
C'était une patrouille allemande qui essayait de faire quelques prisonniers mais de toute façon, on les avait repérés depuis un petit bout de temps. C'est pourquoi tous ces discours de Victoire qu'on peut lire en ce moment dans tous les journaux ne riment pas à grand-chose pour moi. Te souviens-tu quand je t'ai

dit en décembre dernier que ça ne serait pas fini avant juin? Eh bien, ça tient toujours.

29 avril 1945

Apparemment, on est bien parti pour devoir camper sur nos positions défensives quelques jours encore, alors j'ai décidé de faire creuser un grand trou où je puisse installer tout mon état-major, ma radio et mon téléphone. L'ordonnance, le télégraphiste et moi, nous y avons travaillé pendant douze heures d'affilée. La tranchée fait 1,70 mètre de profondeur sur 2,50 mètres de long et 2,20 mètres de large; nous l'avons dotée d'un toit très solide, lui-même recouvert de toute la terre que nous avons pelletée. Ça fait un excellent terrier et seul le tir direct d'un obus de gros calibre pourrait m'atteindre quand je suis planqué là-dessous...
Il faut que j'aille inspecter mes sentinelles, vérifier qu'elles ne dorment pas et font bien leur boulot. J'ai posté douze hommes de garde pour toute la nuit et c'est excellent pour le moral des troupes de leur montrer qu'il a beau être minuit, je n'ai pas peur de sortir inspecter les sentinelles les plus avancées de mon peloton; elles ne sont pourtant qu'à une soixantaine de mètres des positions boches.

Plus tard le même jour

Tout va bien, mais je suis toujours au même endroit; la nuit surtout, c'est particulièrement éprouvant pour les nerfs... Les autres ont lancé une contre-attaque avec deux cents hommes, un char et plusieurs automitrailleuses. Les combats se sont prolongés toute la nuit et au matin, ils avaient leur compte. Ils ont eu 47 morts, 56 hommes capturés et sans doute un bon nombre de blessés mais ils ont réussi à se faire évacuer – de notre côté, on compte 7 morts, 20 blessés et 18 hommes ont été faits prisonniers.

4 mai 1945

La guerre est finie!!! Ils viennent de l'annoncer, à 20 h 20, c'est vrai, c'est fini et je suis encore entier... On vient juste de me dire qu'il fallait pousser jusqu'à Kiel immédiatement. Regarde bien les films d'actualités sur Hambourg, tu m'y verras en train de donner des ordres, toujours muni de ma fidèle badine.

III

Berlin, le troc et les livres

« J'ai été pauvre et j'ai été riche. Mieux vaut être riche. »

Sophie Tucker.

La fin de la guerre, quand elle survint enfin, fut loin de provoquer l'effondrement brutal comme en 1918. La défaite de l'Allemagne était une issue prévisible depuis des mois, même au sein de la hiérarchie nazie. En se suicidant, Hitler ne réussit qu'à se soustraire à la punition que lui réservaient les victimes du IIIe Reich. Dans leur majorité, les soldats qui n'appartenaient pas aux troupes alliées voulaient rentrer chez eux au plus vite et remettre à nouveau l'avenir de l'Europe entre les mains des politiciens. En Grande-Bretagne et en Amérique, les familles dont les fils, frères ou pères servaient – ou étaient prisonniers – en Extrême-Orient désiraient qu'on mît rapidement un terme aux combats. La Grande-Bretagne, en particulier, avait hâte de commencer à réparer les dégâts causés par la guerre à ses cités comme à son économie. Cet état d'esprit la conduisit, moins de deux mois après l'armistice, à chasser Winston Churchill des affaires ou – plus exactement – le parti conservateur. La gratitude du peuple pour ce que Churchill avait accompli ne s'étendait pas au parti politique qu'il dirigeait. Les électeurs, et en particulier les militaires, ne tenaient pas à laisser profiter de la paix un parti dont la politique d'avant-guerre avait mené droit au conflit.

Maxwell avait déjà décidé que son avenir se trouvait en Angleterre. Il avait donc envoyé Betty s'installer à Londres chez les Straton-Ferrier, jusqu'à ce qu'il fût en mesure de lui offrir un logis et de commencer à bâtir sa fortune. Il ne faisait aucun doute qu'il était bien décidé à réussir de manière éclatante, dans un domaine ou dans un autre. Savoir lequel, voilà qui demeurait incertain le 8 mai 1945. L'élection d'un gouvernement travailliste en juillet semble n'avoir provoqué chez lui aucun commentaire. Comme il n'avait pas le droit de vote, n'avait aucune expérience du système électoral anglais et ne possédait d'ailleurs même pas encore la nationalité britannique, la nature radicale du changement intérieur lui aura peut-être échappé.

Ses propres inclinations politiques avaient été modelées durant son adolescence par sa mère. Il appartenait à la gauche européenne, détestait les bonnes paroles; il se considérait comme un ennemi de la classe qui avait condamné son père et des millions d'autres à la pauvreté, et s'était montré incapable de fournir un logement, une éducation et une aide décentes à leurs familles. Mais à part la promesse contenue dans sa demande en mariage, rien, à ce stade, dans son comportement, n'indiquait qu'il envisageait une carrière politique.

Il songeait pourtant sans aucun doute à sa reconversion dans le civil. Le 10 mai, soit deux jours après la victoire, il écrivait à Betty :

> Nous ne bougeons plus désormais, nous contentant de surveiller les Boches vaincus. Le boulot est très simple... et il me laisse plus de temps pour songer à notre avenir, pour lequel je bâtis désormais des plans minutieux et détaillés... Je te les ferai connaître sitôt que j'aurai décidé quelle orientation prendre, soit accomplir mes deux années dans l'armée d'occupation, soit me faire démobiliser au plus tôt. C'est en ce moment mon gros problème... Si je reste encore deux ans dans l'armée, alors toutes les places bonnes à prendre dans le civil auront été pourvues.

D'un autre côté, il semblait presque réticent à l'idée d'abandonner la guerre. Peut-être était-il encore trop tôt pour tirer un trait sur ses cinq premières années d'homme, toutes passées sous l'uniforme. Le 11 mai, il récrivait à Betty :

> Pour me distraire du terrible ennui que j'éprouve en ton absence, j'ai effectué, avec huit de mes hommes, une patrouille de sécurité et inspecté mon secteur. J'ai fouillé un bon nombre de maisons et découvert trois fusils avec leurs munitions, neuf soldats allemands, dont quatre en uniforme, le reste en civil et un en tenue de la Gestapo: pas mal comme récolte. Les Allemands dans le secteur, je leur flanque une trouille bleue, ils m'ont déjà surnommé l'Ouragan noir et feraient pour moi n'importe quoi. Le Herrenvolk (peuple des Seigneurs), ils me font bien rire... Ce soir, il faut que je prépare une conférence sur le thème : comment être un bon citoyen, parce que demain matin, je vais en parler à mes hommes... maintenant qu'il n'y a plus d'Allemands à combattre, il faut quand même qu'on trouve de quoi occuper les troupes et la manière de passer le temps avant la démobilisation, c'est assurément de les préparer à leurs responsabilités dans le civil; j'y contribue en leur faisant des conférences sur divers sujets et je suis également devenu

prof à temps partiel, vu que j'enseigne les langues deux heures par jour. Ça change sacrément de la pelle et du fusil.

Le 13 mai, encore, souffrant du mal du pays, de l'absence de sa femme, mais éprouvant toujours autant de difficultés à se défaire de la guerre, il écrivait :

> Parfois, le fardeau de la solitude m'écrase à tel point qu'il en devient presque insupportable... Quand il y avait des Allemands à combattre, je pouvais encore transformer cette solitude en haine mais à présent, auprès de qui chercher un réconfort, sinon toi... (Décrivant les photos prises juste après l'entrée dans Hambourg.) Les trois chars que tu vois sont sous mon commandement et ce sont mes hommes qui les pilotent. Ils nous ont sauvé la peau plus d'une fois.

Vers la fin mai, il saisit l'occasion de quelques jours de permission pour faire un saut à Londres. Comme la plupart des militaires de retour au pays, il rapportait des cadeaux, les fameux « souvenirs », un certain nombre de vases et de statues en porcelaine qu'il avait achetés. Plus tard, certains de ces objets furent vendus, d'autres sont encore conservés par la famille.

Betty logeait dans la maison d'Eileen Straton-Ferrier à South-Kensington. Elle était arrivée fin avril, l'air « épuisée, à moitié morte d'inanition et maigre comme un clou », selon Brian Straton-Ferrier. Elle n'avait pas vu de riz ou de saucisses depuis quatre ans, rappelle-t-il, et les rations britanniques ordinaires, plutôt spartiates à l'époque, « lui firent l'effet d'un véritable festin ».

Mme Straton-Ferrier se souvient de l'arrivée soudaine, inopinée, de Maxwell en permission. Bien qu'il eût régulièrement écrit à Betty, ses lettres avaient dû être retardées et elle avait « craint le pire ». Betty dévala les cinq étages qui conduisaient à sa chambre, sous les combles, pour se jeter dans les bras de Maxwell avant qu'il eût le temps de poser son paquetage.

Bien des années plus tard, au cours d'une conversation avec sa mère, Brian Straton-Ferrier lui rappelait le jour où un paquet lourd et encombrant leur était parvenu, adressé à Betty. Il était envoyé par Maxwell et « puait à plein nez ».

> Nous l'ouvrîmes pour découvrir à l'intérieur les peaux brutes de deux magnifiques renards argentés. Betty les fit traiter et transformer en deux étoles de grand chic.

Ce fut l'occasion pour Mme Straton-Ferrier de raconter à son fils ce qu'il advint quelques années plus tard, alors qu'elle devait être présentée à la Cour, en présence de la reine Elisabeth, aujourd'hui la reine mère :

Impécunieuse comme l'était ma mère, le problème angoissant de sa tenue atteignait des proportions gigantesques. Betty la sauva en lui prêtant un élégant chapeau qu'elle avait acheté lors d'un récent voyage à Paris, une paire de longs gants de chevreau noir et... deux superbes fourrures en renard argenté.

Quand Maxwell retourna en Allemagne après sa première permission à la maison, il se mit à mener une vie « bien trop tranquille pour lui » (lettre du 7 juin). Il tuait le temps en se perfectionnant en russe. Le 26 juin, ce jeune époux de vingt-deux ans, marié depuis trois mois à peine, philosophait sur le mariage et le divorce en écrivant à Betty :

> Si tu me demandes pourquoi tant de mariages s'achèvent devant le tribunal des divorces, c'est parce que la plupart des hommes ne font pas autant d'efforts pour s'occuper de leur foyer que pour réussir dans leur travail ou leur vie professionnelle... pourtant, avoir une épouse satisfaite, un foyer heureux et paisible a plus de valeur pour un homme qu'un million de livres. Il n'y en a pas un sur cent pour y songer vraiment avec sérieux ou faire honnêtement les efforts nécessaires au succès de son mariage. Tous laissent au hasard ce qu'il y a de plus important dans la vie et gagnent ou perdent, selon que la chance leur sourira ou non, et ça... c'est une chose que je ne ferai jamais; voilà pourquoi je suis tellement certain qu'avec ton aide... nous saurons nous créer une vie à la hauteur de nos rêves, de nos promesses et qu'en définitive, nous saurons sans aucun doute offrir à nos enfants l'exemple parfait du bonheur obtenu par le sacrifice, l'effort et la bonne volonté.

Le lendemain, appliquant sa philosophie du mariage aux réalités pratiques, il écrivait :

> Voici les six règles d'or de l'accord parfait :
> 1. Ne pas ergoter.
> 2. Ne pas critiquer indûment.
> 3. Juger avec honnêteté.
> 4. Avoir de petites attentions.
> 5. Rester courtois.
> 6. Avoir la plus entière confiance en soi et en son partenaire.

Le 1er juillet, Maxwell se trouvait en poste à Berlin, avec l'avant-garde chargée de récupérer auprès des troupes soviétiques le secteur britannique de la ville. Quatre jours plus tard, il écrivait à Betty, d'un ton léger :

> As-tu lu, ma chérie, que la Ruthénie carpatique vient d'être officiellement intégrée à l'Union soviétique, ce qui fait de nous des citoyens soviétiques?

La tâche de Maxwell était de cantonner son bataillon à Berlin. Du matin au soir, dit-il, il avait travaillé pour récupérer les casernes abandonnées par les troupes russes. Celles-ci les avaient laissées « dans un état particulièrement immonde ». Pour régler l'affaire, il ordonna au bourgmestre de réquisitionner cinq cents femmes afin de nettoyer les locaux, mais « alors qu'elles y (étaient) depuis quatre jours, le boulot n'était toujours pas achevé ». De surcroît, il lui fallait trouver des ouvriers pour rebrancher l'eau et l'électricité, acheter du mobilier et « cent autres choses ». Bref, il était complètement épuisé. Le 9 juillet, son ton était sombre :

> Berlin est un champ de ruines. Tu peux y rouler pendant une heure sans trouver une seule maison intacte. Les gens se nourrissent de rations de survie et nul doute que d'ici à la fin de l'année, des milliers d'entre eux seront morts de faim.

Pour sa maîtrise des langues, Maxwell était très apprécié; c'est ainsi qu'il fut détaché auprès du gouvernement militaire et bénéficia de bureaux dans la prison berlinoise de Spandau. Cette occupation permettait de faire preuve d'initiative mais il ne l'aimait pas.

> Primo, en faisant mon boulot, j'aide les Allemands, secundo, je suis obligé de passer le plus clair de mon temps au bureau à interroger des gens ou rédiger des consignes... et je n'ai pas l'intention de moisir comme rond-de-cuir en uniforme... d'ailleurs j'envisage déjà de me lancer dans les forces de maintien de l'ordre sur le terrain.

A l'époque, sa réflexion politique n'était pas au niveau de son expérience militaire. Sur la lancée de la victoire, l'Occident baignait dans un optimisme béat que les faits allaient bientôt démentir. Le 21 juillet, Maxwell écrivait à Betty :

> Au sujet de Potsdam... je crois que les trois grandes puissances parviendront à un accord sur l'instauration d'une paix durable en Europe, malgré l'ampleur des difficultés à surmonter; car si elles ne parviennent pas à s'entendre d'une manière acceptable pour le reste du monde, le plus grand désastre qu'on ait jamais connu risque alors d'embraser toute la planète, et je suis sûr que Churchill, Truman et Staline en sont conscients. D'où ma certitude qu'ils sauront instaurer une paix durable, et aboutir à un accord sur toutes les questions économiques importantes, lors de cette conférence internationale d'une importance capitale pour toute l'histoire de la diplomatie; et je suis également certain que son succès retentira avec profit sur toute l'humanité avec l'instauration de la paix et de l'ordre sur la terre entière.

En fait, la conférence de Potsdam ne déboucha pas sur grand-chose. Elle avait débuté le 17 juillet, mais dès le 25, Churchill devait regagner Londres afin d'être sur place pour fêter la victoire escomptée des conservateurs aux élections générales. Au lieu de cela, ce fut un raz de marée travailliste. Clement Attlee, qui avait accompagné Churchill à la conférence, y retourna donc sans lui, bien qu'il eût invité le vieux chef des années de guerre à rester dans la délégation britannique. Attlee arriva le 28. Huit jours plus tard, la bombe atomique était lâchée sur Hiroshima et le monde changeait à nouveau. Organisé le 7 septembre dans les rues de Berlin, le défilé de la victoire des Alliés – auquel Maxwell prit fièrement part – s'inscrivait dans une autre ère, l'ère nucléaire.

En attendant, son avenir personnel était pour Maxwell un souci plus immédiat que l'avenir du monde. Il quitta son poste auprès du gouvernement militaire britannique pour regagner son bataillon où, confiait-il à Betty le 23 juillet, il ne « faisait rien de la journée », même s'il rectifiait aussitôt :

> Je ne perds pas mon temps, au contraire, je gagne même des sous. Je t'en donnerai un état précis dès que possible. Jusqu'à présent, mes gains se montent à près de cent livres, ce qui n'est pas si mal. Mes perspectives de gain futur ne sont pas mauvaises du tout et je ne fais rien d'illégal... Il me reste au mieux un an de service; je compte bien mettre à profit cette période pour parfaire mon français et mon russe et, si j'ai le temps, apprendre aussi l'espagnol puisqu'il est impératif que je manie cette langue si je veux faire des affaires avec l'Amérique du Sud. (En fait, l'espagnol devait être une des rares langues qu'il n'apprit jamais.)

Dans une autre lettre, il répète sa prédiction quant au sombre avenir qui attendait les Berlinois : ils étaient « sans aucun doute en train de mourir de faim » et, à moins que les conditions de ravitaillement ne s'améliorent rapidement – ce qui n'avait aucune chance de survenir dans un délai proche –, « la faim allait mettre *kaputt* des milliers de gens ».

Il attendait toujours des nouvelles de sa famille à Solotvino. L'année précédente, il avait appris le décès de sa sœur et de sa mère mais n'en savait pas plus et il redoutait déjà qu'aucun des siens n'eût survécu. D'où sa colère. Sa haine des Allemands était toujours profonde :

> Il est affligeant de voir tous ces Anglais se balader bras dessus bras dessous avec ces femmes boches. Je suis tout bonnement

> écœuré de voir à quel point ils peuvent avoir la mémoire courte...

Aujourd'hui, la férocité de cette haine, de cette amertume qui l'ont consumé durant la guerre et l'après-guerre s'est quelque peu apaisée :

> Le chagrin de la perte des miens demeure toujours présent. Ce n'est pas mon rôle de pardonner, les morts seuls le peuvent. Moi, je suis incapable d'oublier. Mais je trouve que le peuple allemand fait de louables efforts pour racheter ce qui ne peut l'être. Je ne hais pas les Allemands aujourd'hui. Mais ils sont consciencieux jusqu'à la pédanterie. On leur a appris à obéir aux ordres au point qu'ils seraient capables de tuer de sang-froid. L'immense majorité des Anglais se rebellerait si on les obligeait à faire pareil. Jamais on ne verrait des paysans britanniques vivre à côté d'un camp de concentration et garder le secret...

Le 29 juillet, il informait Betty qu'il allait accepter un poste auprès de la Commission de contrôle en Allemagne, pour éviter d'être expédié dans le Pacifique, perspective qui ne le réjouissait pas outre mesure. « Ne te tracasse pas, ma chérie, rassurait-il son épouse, je finirai bien par m'en sortir. » En attendant, il poursuivait ses cours de russe :

> J'apprends à lire et écrire le russe deux heures par jour, je fais d'excellents progrès et je devrais être capable de t'écrire une lettre en russe d'ici quinze jours.

Savoir si Mme Maxwell aurait été capable ou non de traduire une telle lettre n'était pas son problème. Il avait l'esprit entièrement accaparé par son projet de retourner en Tchécoslovaquie afin d'y découvrir le sort de sa famille. Il avait prévu d'arriver à Prague au début août mais son chef de corps refusa de lui accorder la permission de peur que les Russes ne l'arrêtent s'il tentait de franchir leur zone sans laissez-passer. Mais il n'en avait pas oublié pour autant ses autres préoccupations. Ainsi écrit-il à Betty le 4 août :

> J'espère que tu as bien reçu les cinq tableaux que je t'ai envoyés par un de mes soldats. Prends-en bien soin, surtout de ceux démunis de cadre. Fais bien attention à ne pas les endommager. Je t'indiquerai sous peu ce que tu devras en faire.

Expertisées plus tard, les toiles devaient se révéler d'habiles copies sans grande valeur. Les Maxwell en possèdent toujours une.

Le 7 septembre, toujours préoccupé par des questions personnelles, il écrivait :

> L'avenir m'inquiète, pour des questions matérielles, mais c'est d'abord et avant tout le sort de mes deux sœurs qui me soucie. Où sont-elles? Que font-elles? N'auront-elles survécu aux horreurs d'Auschwitz que pour mourir de faim et de froid dans ce monde qu'on dit libéré?

A cette époque, il ne savait pas avec certitude si l'une ou l'autre de ses sœurs était encore en vie. Par l'entremise de la Croix-Rouge, il avait réussi, en 1943, à faire parvenir un télégramme à sa famille à Solotvino et il avait reçu une réponse l'informant que tout le monde allait bien. Mais il ignorait ce qui avait pu se passer ensuite, sinon que les juifs de Hongrie avaient été raflés pour être, dans leur grande majorité, expédiés à Auschwitz. De leur côté, Brana, qui avait survécu à Mauthausen et Buchenwald, et Sylvia, qui s'était réfugiée à Budapest puis en Roumanie, ne pouvaient savoir avec certitude si leur frère s'était sorti indemne du conflit.

Le 17 septembre, Maxwell était nommé officier de renseignement du 5e bataillon :

> Ça signifie pour moi un surcroît de boulot; en plus de surveiller les cent trente Allemands qui travaillent pour nous dans le camp, il faut aussi que je m'occupe de la ferme du bataillon, avec ses cochons, ses poulets, ses oies et ses canards. Ajoute à cela les obligations normales du régiment et tu comprendras que ton mari n'a guère le temps de paresser.

Mais trois jours plus tard tombait la nouvelle que le bataillon devait quitter Berlin au début d'octobre. Maxwell voulait être muté au renseignement en zone britannique afin de pouvoir ultérieurement postuler à un travail d'agent de liaison auprès de la Commission de surveillance. Il s'agissait d'un poste civil, payé près de mille livres par an, salaire considérable pour l'époque. Mais ce n'était pas le plus important pour lui. En vérité, si Maxwell tenait tant à ses fonctions, c'est qu'il espérait ainsi faciliter sa naturalisation. Devenir un sujet du Royaume-Uni était l'essentiel de sa préoccupation.

Le 20 septembre, il écrivait avec allégresse qu'un colonel tchèque avait promis de retrouver la trace de ses sœurs en guise de remerciement car il lui avait procuré de l'essence!

> Dès qu'on les aura retrouvées, j'ai l'intention de les faire venir ici, à Berlin, et tout le temps de mon séjour en Allemagne, je pense qu'elles devraient rester avec moi, surtout si je me porte volontaire pour rester encore un an ici. Dans ce cas, tu me rejoindrais pour m'aider à m'occuper d'elles.

Le 14 octobre, enfin, il partait pour Prague, muni d'un certificat autorisant son père à se rendre à Berlin « afin d'aider au retour des citoyens tchèques dans leur pays ». La date de validité du certificat était expirée mais cela importait peu puisque Mehel Hoch était mort depuis un an au moins, sinon plus. Néanmoins, ce séjour à Prague fut positif : Maxwell ne passa pas inaperçu. Sylvia et Brana apprirent donc par ouï-dire que leur frère était bien vivant, en bonne santé, et qu'il était à leur recherche.

En novembre 1945, Maxwell prenait à Iserlohn ses nouvelles fonctions d'officier de renseignement chargé des interrogatoires. C'est là que Brana devait retrouver sa trace et dès le 21 novembre, les trois survivants de la famille Hoch étaient enfin réunis. Il réservait à ses sœurs une bonne nouvelle : elles seraient bientôt tantes. Betty était enceinte et attendait leur premier enfant pour le début du printemps.

***

Le 7 janvier 1946, il informait mystérieusement Betty que le commandant Willi Johannmeier, « détenteur du troisième exemplaire du testament de Hitler, était ici avec lui mais qu'il n'était pas autorisé à discuter plus avant de la question ». En fait, Maxwell avait été à deux doigts de mettre la main sur les dernières volontés de Hitler, sans doute à l'époque le document historique le plus recherché du monde. Johannmeier était resté dans le bunker de Hitler à Berlin jusqu'au 29 avril, jour du suicide du Führer. Lui et un officier SS, Wilhelm Sander, assistant personnel de Martin Borman, avaient été chargés d'une mission précise : transmettre au monde extérieur les dernières volontés du Führer dont on leur avait remis les copies. Zander devait en remettre deux, avec l'acte de mariage de Hitler avec Eva Braun, à l'amiral Dönitz, l'éphémère successeur de Hitler; Johannmeier devait passer son exemplaire au maréchal Ferdinand Schoerner, qui venait d'être nommé commandant en chef de l'armée. Maxwell avait interrogé Johannmeier. Par un fonctionnaire du ministère de la Propagande, Heinz Lorenz, les Anglais avaient appris qu'il détenait un exemplaire du testament. Lorenz était également resté dans le bunker jusqu'à la fin et il avait emporté avec lui les dernières volontés de Joseph Goebbels. Johannmeier, dit Maxwell, refusait de se séparer du testament de Hitler : il entendait négocier ce document contre sa propre libération. Maxwell n'avait pas pouvoir d'accéder à ce désir. Son supérieur, le général Sir Brian Horrocks, informa Maxwell qu'il n'avait pas obtenu le feu vert pour cette négociation. Londres avait décidé d'envoyer à Berlin, afin de mener à bien l'interrogatoire de Johannmeier, un officier supérieur de renseignement. Il s'agissait de Hugh Trevor-Roper, qui devint Lord Dacre et écrivit les *Derniers Jours de Hitler*. Il était déjà expert en la matière. Maxwell demanda à Horrocks la garantie que Trevor-Roper n'obtiendrait pas le droit de rendre la liberté à Johannmeier puisque lui ne l'avait pas eue. Horrocks s'empressa de lui donner cette assurance.

A partir de là, les versions de Maxwell et de Trevor-Roper divergent du tout au tout. Maxwell soutient que Johannmeier était un officier SS. Dans une lettre qu'il adresse sur un autre sujet au Pr Trevor-Roper en juillet 1952, il mentionne en passant qu'il avait été, dans le 1er corps à Iserlohn, l'un des interrogateurs du commandant Johannmeier, « l'aide de camp SS de Hitler ». Trevor-Roper, dans son livre, décrit quant à lui Johannmeier sous les traits d' « un soldat droit, d'une loyauté inconditionnelle, courageux et parfaitement apolitique [1] », toutes qualités qu'on ne s'attendrait pas normalement à rencontrer chez un SS; il écrit :

> Au début, Johannmeier affirma ne rien connaître de l'existence du bunker puis, constatant l'impossibilité de maintenir cette version, il souligna qu'on ne l'y avait envoyé qu'afin de servir d'escorte à Zander et à Lorenz, pour les guider à travers les lignes russes. Ce qu'était leur mission, il l'ignorait : ça ne le regardait pas. Rien ne put le faire démordre de cette position. Malgré la divergence entre son témoignage et celui de Lorenz, il convainquit presque ses interrogateurs.

Mais Maxwell n'était manifestement pas convaincu. Il souligne que Johannmeier voulait obtenir sa liberté et l'arrêt de toute poursuite. Pour Trevor-Roper, il n'est pas question de marchandage de cette sorte. Il affirme que Johannmeier était mû surtout par son loyalisme... « dédaignant la peur, indifférent au gain, il semblait que rien ne pût l'ébranler hormis la raison », raison qui au bout du compte, et cela ne surprendra personne, devait être celle de Trevor-Roper. Sa force submergea Johannmeier à tel point qu'il « capitula » et lui tendit le testament. Maxwell ajoute que malgré les assurances de Horrocks, Trevor-Roper offrit à Johannmeier la liberté. Un fait est certain : Trevor-Roper n'évoque nulle part l'arrestation de Johannmeier alors que Zander et Lorenz, ses deux compagnons du bunker, étaient emprisonnés.

Contre le portrait brossé par Trevor-Roper d'un soldat simple, loyal, apolitique, il existe bien des indices : la présence de Johannmeier dans le bunker jusqu'à la fin alors que les départs avaient été possibles et nombreux plusieurs jours auparavant; sa fidélité envers Hitler bien après sa mort. Enfin les historiens autres que Trevor-Roper tracent de Johannmeier un portrait bien différent. Pour William Shirer [2], c'est l'aide de camp militaire de Hitler, un officier « couvert de décorations »; pour John Toland, auteur d'une biographie de Hitler qui fait autorité [3], c'est l'aide de camp du Führer. Or il semble peu vraisemblable que les collaborateurs directs de Hitler n'aient pas été choisis parmi des partisans loyaux. Personne, fût-ce un simple soldat, n'aurait pu être aussi proche de lui et ignorer les crimes commis sur ses ordres.

Près de trente années plus tard, les hasards de la vie apportèrent une sorte de revanche au jeune officier qui avait été dépossédé du testament de Hitler par un officier supérieur venu tout exprès de Londres pour le supplanter. Alors qu'il attendait dans un studio de la BBC avant de participer à une émission télévisée, Maxwell vit arriver feu Charles Douglas-Home, rédacteur en chef du *Times.* « Salut, dit Maxwell. Quel bon vent vous amène? – Une nouvelle sensationnelle : la découverte des carnets de Hitler! » Maxwell garda son calme. Il conseilla à Douglas Home de ne pas être stupide, ces carnets n'existaient pas. Fort des assurances données par Trevor-Roper, Douglas Home tint bon. Maxwell narra l'épisode de l'interrogatoire à Iserlohn. Peut-être n'aurait-il pas entamé la croyance de Home en l'existence des carnets, mais quelques heures plus tard, Trevor-Roper revint sur sa conviction première et nia l'authenticité de ce « document ».

Le passage de Maxwell à Iserlohn fut marqué par maintes aventures. Le secret régnait au point que chaque officier de renseignement devait porter un pseudonyme. Cette pratique était devenue banale pour Hoch-du Maurier-Smith-Jones-Maxwell. Cette fois, il s'appelait le « capitaine Stone », bien que ce nom servît uniquement à dissimuler sa véritable identité.

L'un des Allemands sous la garde personnelle de Maxwell n'était autre que Herr Friedrich Flick, sans doute le plus important industriel allemand après Krupp. Il devait plus tard comparaître devant le tribunal de Nuremberg. Flick était un magnat de l'acier; il avait activement soutenu le parti nazi et, en remerciement de ses services, avait obtenu de récupérer pour une bouchée de pain une usine située en Lorraine annexée. A Nuremberg trois chefs d'accusation – emploi de travailleurs esclaves, spoliation et coopération avec les SS – ont été retenus contre lui, mais il fut lavé de l'accusation de crime contre l'humanité et condamné à une peine de sept ans d'emprisonnement.

Quand Maxwell s'était présenté pour arrêter Flick dans son château près de Düsseldorf, il l'avait trouvé au lit avec une fille de seize ans : cet homme âgé était en train de goûter jusqu'au dernier instant les fruits du pouvoir nazi. La règle voulait que tous les dirigeants nazis soupçonnés de crime de guerre soient soumis à une fouille corporelle lors de leur arrestation. On craignait qu'ils aient dissimulé sur eux des comprimés de cyanure. Vu sa totale nudité, il n'y avait qu'un endroit où Herr Flick aurait pu dissimuler l'instrument du suicide. Il refusa de se courber en avant. Pour l'y obliger, Maxwell lui « flanqua une raclée » avec sa badine d'officier. Mais il ne trouva rien.

Un interrogatoire de la plus haute importance fut celui du lieutenant-colonel Herman Giskes, chef du contre-espionnage allemand dans les Pays-Bas et le nord de la France de 1943 à la fin de la guerre. Giskes avait dirigé l'opération de renseignements sous le nom de code de « Pôle nord ». Aujourd'hui encore, la vérité n'a pas été révélée sur son succès.

En juillet 1940, le gouvernement britannique avait créé le Bureau des Opérations spéciales *(Special Operations Executive)*, un département des services secrets chargé d'encourager et soutenir les mouvements de résistance dans les territoires occupés par l'ennemi. Le secteur couvert par Giskes était sans aucun doute le plus sensible, c'était la zone par où les Alliés devraient faire leur entrée en Europe. Mais la section hollandaise du SOE fut capturée et retournée par les Allemands dès les premiers jours. D'après l'ouvrage de M.R.D. Foot, *SOE*[4], un agent néerlandais du nom de Zomer fut arrêté vers la fin de l'été 1941 porteur d'un nombre suffisant de documents pour permettre aux Allemands de décrypter le système de codage du MI 6 *. Dès lors, ceux-ci se mirent à transmettre à Londres de faux messages codés, soi-disant émis par d'authentiques agents ou membres de la résistance. Soit à la suite d'une accumulation d'erreurs qui feraient passer les services secrets de l'après-guerre comme des modèles d'inefficacité, soit de propos délibéré, ce qui établirait de nouveaux records d'insensibilité, on continua de parachuter en Hollande des douzaines d'agents : arrivés sur place, ceux-ci ne trouvaient que des Allemands en guise de comité d'accueil. Conséquence de ce que Giskes appelait l'*Englandfunkspiel*, plus de

* Military Intelligence : avec le MI 5, l'équivalent du 2e Bureau français. *(N.d.T.)*.

cinquante agents parachutés sur les Pays-Bas furent massacrés. La supercherie allemande continua jusque vers la fin de 1943. Une fois le piège éventé, Giskes expédia insolemment un message à Londres – *en clair*, cette fois –, dans lequel il remerciait le SOE de sa « longue et fructueuse coopération » avant d'ajouter :

> Chaque fois que vous viendrez en visite sur le continent, soyez assurés que vous y serez reçus avec le même empressement et les mêmes résultats que nous avons réservés à tous ceux que vous nous avez déjà envoyés. A bientôt.

En apparence, c'était le plus grand succès de toutes les opérations de l'espionnage allemand. Non seulement les agents étaient parachutés dans leur filet mais en outre, indique Janus Piekalkiewicz [5] dans son livre *Agents secrets, espions et saboteurs*, ils avaient apporté avec eux une énorme quantité d'armes et de matériel, plus de quinze tonnes d'explosifs, trois mille pistolets automatiques, cinq mille armes de petit calibre, trois cents fusils mitrailleurs, deux mille grenades à main, un demi-million de chargeurs, soixante-quinze émetteurs radio et une masse énorme d'équipements divers.

La question demeure : le SOE savait-il que son opération en Hollande avait été « retournée »? Dans l'affirmative, il l'aurait poursuivie, même si cela signait l'arrêt de mort de ses agents, car elle aurait constitué un élément d'un vaste plan destiné à tromper les Allemands sur les projets alliés d'invasion de l'Europe. En effet, la croyance des Allemands en un débarquement allié sur les côtes du Pas-de-Calais justifiait la concentration de leurs troupes dans les Pays-Bas. Et, en 1944, cette erreur d'appréciation provoqua un retard qui leur fut fatal pour repousser le débarquement en Normandie. Cette hypothèse rejoint la conclusion de Maxwell dans son rapport rédigé après l'interrogatoire de Giskes. Pour lui, la théorie de la double supercherie est correcte : les agents ont été sciemment envoyés à la mort par le SOE. A l'époque ce rapport fut rejeté comme « stupide », mais, par la suite, bien des spécialistes, dont Piekalkiewicz, s'y rallièrent.

Giskes fut envoyé à Londres pour un complément d'interrogatoire qui se prolongea plusieurs mois. Après avoir estimé que rien ne permettait de le juger pour crimes de guerre, les Anglais le remirent aux autorités néerlandaises qui le relâchèrent en septembre 1948.

***

L'avenir de Maxwell se joue. Quel que soit l'intérêt des interrogatoires de Johannmeier, Flick et Giskes, quelles que soient les révélations obtenues, cela compte moins pour lui, durant cette même période, que l'éveil de son intérêt pour la science. Celui-ci devait devenir le fondement de sa réputation, de son succès et de sa fortune. Il raconte que les bombardements d'Hiroshima et de Nagasaki ont focalisé son attention sur la révolution scientifique provoquée par la guerre. Toutefois, la révélation la plus immédiate de cette prise de conscience lui vint durant son travail à Iserlohn. En 1981, il l'explique à *Computer Weekly* :

> J'étais chargé d'interroger des scientifiques allemands et c'est là que je découvris que la plupart des problèmes scientifiques ne peuvent trouver leur solution que si les gens qui travaillent dessus ont accès aux informations correctes.

En dépit de l'intérêt du travail de renseignement, Maxwell attendait avec une impatience grandissante le jour de sa démobilisation. Il lui faudrait alors trouver sa voie dans une Angleterre de l'après-guerre qui se débattait pour se remettre du conflit le plus dévastateur de l'histoire.

Dans une lettre à Betty, il écrit.

> Un homme avec ma personnalité et mes connaissances linguistiques ne devrait avoir aucune difficulté à décrocher une bonne place dans le commerce d'exportation, d'autant que ce commerce est destiné à devenir florissant : l'Angleterre est devenue le seul pays industriel d'Europe en mesure de répondre à une demande insatiable.

Dès le Nouvel An, il était proposé pour la promotion au grade de capitaine, au grand dam des autres officiers, Maxwell n'étant à Iserlohn que depuis quelques semaines et ayant déjà reçu une promotion moins d'un an auparavant! « Aussi, grommelait-il, pour éviter une situation délicate, ils retardent un peu ma montée en grade, ce qui fait que j'accomplis la tâche de capitaine avec une solde de lieutenant. » La promotion intervint toutefois peu après : il était désormais le capitaine Maxwell.

Le général Lyne, son vieux commandant de la 7ᵉ division blindée, lui proposa de faire carrière dans l'armée. On lui laissait entrevoir les galons de commandant, avec la responsabilité de la production et de la distribution des films, assortie du contrôle de tous les cinémas de la zone britannique en Allemagne. Il refusa. La grossesse de Betty accaparait ses pensées, il avait hâte d'obtenir sa naturalisation – ce qui était essentiel à sa réussite dans le civil; il avait hâte de quitter l'armée. Dans toutes ses lettres, il parle constamment à Betty de leur futur enfant :

> Franchement, c'est quelque chose que je n'arrive pas à coucher sur le papier. Tout ce que je sais, c'est que chaque fois que je me mets à penser à toi et à notre enfant (ce qui arrive fort souvent), une espèce de béatitude divine m'envahit le corps et l'esprit.

A mesure qu'approchait le jour, l'anxiété grandissait : serait-ce une fille ou un garçon? Betty souffrirait-elle? L'aimerait-elle autant qu'avant? Saurait-il être à la fois bon mari et bon père?

Son premier fils, Michael, naquit le jour anniversaire de Betty, le 11 mars 1946. Les lettres qu'il adressa à la mère bouillonnaient d'exubérance. Trois jours plus tard, il écrit :

> D'abord, laisse-moi te féliciter du fond du cœur et, en second lieu, te dire que je t'aime et te vénère plus que tout ce que tu peux imaginer. ... te dire à quel point je suis heureux et fier... mon formidable désir de vous étreindre tous les deux... As-tu beaucoup souffert? J'ai été si content d'apprendre que notre fils ne pesait que cinq livres : si petit, j'espère qu'il t'aura fait moins souffrir.

Michael, par sa naissance dans un hôpital londonien, acquérait automatiquement la citoyenneté britannique; il était en avance sur son père. Mais Maxwell multipliait les efforts pour rattraper son fils.

Le gouvernement britannique avait suspendu les procédures de naturalisation en 1940. Cinq ans plus tard, la liste des dossiers en souffrance était énorme et il fallut décider de priorités. Par chance, la première fut donnée à ceux qui non seulement possédaient « les qualités escomptées en temps normal d'un bon citoyen » mais qui avaient « rendu de bons et loyaux services dans les Forces de la Couronne », pour reprendre les termes de James Chuter Ede, ministre de l'Intérieur, devant le Parlement, le 15 novembre 1945. Tout ceci allait manifestement dans le bon sens pour Maxwell. Il trouvait cependant que cela n'allait pas assez vite. Il était pressé d'en finir. L'absorption de la Ruthénie carpatique par l'Union soviétique ne manquait pas de l'inquiéter, lui qui était toujours citoyen tchèque; aussi, sur le conseil de son chef de corps, avait-il déjà cherché le soutien d'un député conservateur, Sir Jocelyn Lucas. Un fonctionnaire du ministère de l'Intérieur écrivit à Sir Jocelyn cette lettre apaisante :

> Les Affaires étrangères m'ont chargé d'enquêter pour savoir si M. Maxwell devra acquérir la nationalité soviétique. Je crois que ce ne sera pas nécessaire à moins qu'il le désire et qu'il pourra demeurer tchèque...

En fait, Maxwell refusait cette alternative. Mais une fois encore, la bonne fortune lui sourit : le général Lyne avait été promu chef d'état-major au ministère de la Guerre. Lorsqu'il invita Maxwell, début juin 1946, à embrasser définitivement la carrière militaire, ce dernier lui rappela qu'il n'était pas citoyen britannique. Lyne téléphona aussitôt au secrétaire permanent à l'Intérieur, Sir Alexander Maxwell (aucun lien de parenté), lui demandant de venir à son bureau, ce que Sir Alexander accepta de bonne grâce. Et la procédure fut immédiatement mise en branle pour accorder à Maxwell la nationalité britannique bien que, sur ces entrefaites, celui-ci eût décidé de ne pas rester dans l'armée.

L'annonce officielle de sa naturalisation parvint à Maxwell le 13 juin. Le ministère de l'Intérieur l'informa qu'un certificat de naturalisation lui serait expédié « contre reçu d'une taxe de dix livres ». Il s'empressa d'envoyer la somme et le certificat lui parvint quelques jours plus tard, le 19. Le 2 juillet, un ami au ministère de la Guerre écrivait pour le féliciter : « Je constate aux premiers renvois de formulaires que ton nom apparaît en tête de liste. »

Maxwell était désormais Anglais. Par la suite, Mme Maxwell suivit son exemple mais elle garda la double nationalité, française et britannique, comme du reste tous ses enfants.

***

En mars 1946, Maxwell fut nommé à la surveillance de l'information à Berlin et le 20 juillet, on lui offrit un poste à la Commission de surveillance pour toute l'Allemagne avec le titre d' « officier temporaire de 3ᵉ échelon, division du groupe SP/SSI pour la Surveillance des Services d'Information » : il devenait bel et bien le censeur de la presse libre berlinoise toute neuve. Sa lettre d'engagement stipulait qu'on lui demandait de servir jusqu'au 30 septembre 1948. Le traitement, y compris une indemnité de 25 % sur son salaire de base réglé par la Commission de surveillance et une indemnité supplémentaire de 90 £ par an versée par les services des Affaires étrangères, s'élevait à 260 £ par an : un pactole impensable à

Solotvino et une somme tout à fait raisonnable dans l'Angleterre d'après-guerre. Maxwell avait pris ses dispositions pour faire venir ses sœurs au Royaume-Uni et sa procédure de démobilisation était en cours. Le 17 juillet, il entama une permission de quatre-vingts jours qui devait s'achever le 5 octobre, date de sa libération des obligations militaires. Le général Lyne lui fournit à nouveau une généreuse lettre de recommandation :

> Le capitaine Maxwell, Military Cross, a servi sous mes ordres, comme soldat puis comme officier durant la plus grande partie de la campagne en Europe du Nord-Ouest et par la suite.
> Le capitaine Maxwell est un meneur d'hommes né et certains de ses exploits ont été tout à fait remarquables. Il a certainement mérité plus d'une fois sa décoration. Il a su pousser ses hommes à accomplir de remarquables exploits d'endurance et de bravoure, et fut quasiment l'un des meilleurs jeunes officiers que j'aie eu l'occasion de rencontrer tout au long de la guerre.
> C'est en toute confiance que je puis le recommander pour tout poste qui exige maîtrise de soi, qualités de chef et esprit d'initiative.

Un peu plus tard, Maxwell reçut du ministère de la Guerre une lettre qui le remerciait pour « la valeur des services rendus au pays dans une période de grave crise nationale ». Il fut élevé au grade de capitaine de réserve.

Le directeur de la branche Presse et Publicité des Services britanniques d'information à Berlin, supérieur direct de Maxwell, était le commandant George Bell. Formé à Sandhurst, c'était un ancien du corps des blindés. Il vivait avec son épouse dans un appartement sur Kastanien Allee, à Charlottenburg, une banlieue réservée au personnel militaire britannique. A l'étage supérieur, habitaient les Maxwell, Bob, Betty, leur bébé Michael et un chien loup nommé Barry dont Maxwell avait fait l'acquisition de la manière bizarre qui s'attache à tant de ses activités. Maxwell avait eu besoin de soins dentaires. Désirant ce qu'il y avait de mieux, il avait consulté le Dr Eibisch, le praticien qui naguère encore soignait Hitler. Tout en traitant les dents de Maxwell, le dentiste lui parla des chenils où le Führer avait l'habitude de choisir ses bêtes. Maxwell s'y rendit et obtint ainsi Barry, le dernier des mâles de l'élevage. Le départ de son berger allemand fut un trop grand choc pour l'éleveur qui se suicida peu après. Quant au bridge posé par le Dr Eibisch, entièrement en platine et vanadium, il tient encore aujourd'hui.

Quand les Maxwell quittèrent Berlin, ils donnèrent Barry aux parents de Betty, à Paris, pour éviter à l'animal les six mois de quarantaine obligatoires avant son entrée en Grande-Bretagne. Plus tard, quand les Meynard prirent un logement plus petit, ils confièrent Barry à un douanier dans les Alpes. Aux dernières nouvelles qu'ils eurent de lui, il aidait au sauvetage des victimes d'avalanche, nourrissant des illusions de grandeur en se prenant pour un saint-bernard.

Dans sa contribution pour le soixantième anniversaire de Maxwell, Mme Bell remarquait :

> A son arrivée à Berlin, il était déjà plus ou moins un personnage de légende, un peu comme une énigme pour les autres officiers : il alimentait bien des discussions, pimentées d'un brin de jalousie... George était satisfait de lui comme collaborateur... Le don de Bob pour les langues, son étonnante aptitude à digérer les faits nouveaux, à lire rapidement, retenir ce qu'il avait lu, conjugués à ses bonnes relations avec les éditeurs et journalistes allemands, étaient inestimables... Déjà, il faisait montre de ses qualités de charme, de charisme et d'ampleur de vue. Le Bob de cette époque m'a souvent fait songer à la phrase de John Cowper Powys : « L'intelligence est assez répandue, c'est l'imagination qui est rare. »... Parfois d'ailleurs, ces qualités éveillaient les soupçons des braves gens un peu ternes.

Detlev Raymond était alors rédacteur stagiaire du *Berliner* (que les Allemands rebaptisèrent par la suite *Der Telegraf* pour manifester quelque velléité d'indépendance). Il se souvient d'un Maxwell à la Commission de surveillance devenu pratiquement méconnaissable pour tous ceux qui l'avaient fréquenté :

> Betty n'était pas encore arrivée (à Berlin) et vous le croirez si vous voulez, mais Bob Maxwell ne travaillait pas. Il ne foutait strictement rien... ce qui s'appelle rien. Je pense qu'il jouait énormément aux cartes avec les autres officiers et je crois bien même qu'il lui arrivait de boire... Bref, il tirait sa flemme. Il débarquait au bureau sur le coup de 11 heures, l'air un peu hagard, discutait le bout de gras avec le rédacteur en chef, lui disait ce qu'il fallait imprimer et ne pas imprimer – le rédacteur en chef piquait une colère noire mais qu'y pouvait-il? Les Alliés faisaient la loi. Puis Maxwell disparaissait jusqu'à midi. Il se repointait éventuellement dans la soirée... essayait de chambouler la mise en page et ainsi de suite mais en général les typos l'en empêchaient.

Raymond raconte que, sitôt son épouse arrivée cet hiver-là avec leur bébé Michael, Maxwell devint « discipliné, travailleur, presque ponctuel ». Il ne discutait plus avec le rédacteur en chef. Il lui dictait, tout simplement... Il n'avait plus le temps de jouer aux cartes.

Raymond narre de quelle manière pittoresque Maxwell aborda la politique internationale. L'Est et l'Ouest se disputaient le contrôle de Berlin. Des élections devaient avoir lieu le 20 octobre 1946 à l'assemblée municipale. En vérité, les urnes décideraient du sort de la ville : soit une intégration dans la zone russe, comme les Soviétiques le revendiquaient, soit sa partition entre l'Est et l'Ouest. Afin que le scrutin fût libre, chacune des puissances occupantes devait superviser le déroulement du scrutin. Elle pouvait déléguer des observateurs dans les autres secteurs de la ville. Maxwell fut désigné comme représentant britannique en secteur soviétique. Il alla donc y installer son QG le jeudi précédant le scrutin, qui avait lieu un dimanche. Raymond avait eu instruction d'arriver dès le dimanche matin pour se présenter à Maxwell. Il raconte :

> Ce que je vis alors dépasse toute description rationnelle... Une pièce grande comme une salle de bal, dans une ancienne riche demeure bourgeoise de Berlin-Est, avec une table en U de dimensions considérables, sur laquelle étaient disposées un nombre incalculable d'assiettes remplies de jambon, œufs durs, saucisses, petits pains, des bouteilles de vodka, du beurre, encore de la vodka, des gâteaux et autres friandises dans le plus complet désordre : incroyable. Au bout de la table, trônait un colonel russe, un colosse, en train de dévorer une assiette tout aussi colossale d'œufs frais sur le plat. Assis près de lui, (Maxwell), à l'évidence pas dans la meilleure forme. Mais enfin, il était resté là, miraculeusement, pendant ces trois jours de festin ininterrompu (c'est du moins ce qu'il me clama non sans fierté, en montrant ses deux collègues observateurs américain et français étendus par terre sur le tapis, tout habillés, quoique légèrement débraillés, dormant à poings fermés ou bien inconscients)... Je contemplai le pauvre lieutenant américain qui était non pas noir ou blanc, comme tout officier américain qui se respecte, mais bel et bien vert, et demandai à Bob s'il ne valait pas mieux appeler une ambulance. Il se contenta de rire avec un grand geste des bras, laissant entendre qu'il fallait laisser les « morts » reposer en paix, et me convia de nouveau à m'empiffrer.

Comme l'après-midi s'avançait, Maxwell se mit à réclamer avec insistance qu'on procédât enfin aux opérations de contrôle du scrutin. Le colonel russe lui indiqua ses collègues alliés, prostrés, et haussa les épaules. Maxwell resta inflexible. Un officier soviétique vint alors annoncer que tous les moyens de transport étaient en panne. Maxwell insista : on n'avait qu'à utiliser sa jeep, avec laquelle

Raymond était arrivé. Finalement tous se rendirent au bureau de vote :

> Nous entrâmes, raconte Raymond. Bob était complètement débraillé. Je crois bien qu'il était en tenue de combat, avec des espèces de bottes de para, une capote jetée sur les épaules, sans le moindre insigne, une casquette d'officier anglais rejetée en arrière. Il avait les cheveux en bataille, avec une mèche qui lui barrait le front. A la table de vote étaient assis deux scrutateurs... arborant l'un et l'autre à leur boutonnière un gros insigne du parti SED (communiste). C'était totalement illégal... Bob leur en fit la remarque en allemand. Me trouvant près de lui, j'entendis leur réponse : « Mais vous ne comprenez pas, nous sommes communistes. » « Je vois, dit Bob. A présent, vous allez m'ôter ces insignes. » Mais ils ne cessaient de répéter qu'ils étaient communistes. Bientôt nous comprîmes, Bob et moi, qu'ils le prenaient pour un officier russe...

En dépit de sa rigueur légaliste, Maxwell avait lui-même enfreint les instructions : le gouvernement militaire britannique avait en effet interdit à ses officiers de fournir la moindre assistance à un quelconque parti politique. Or, Maxwell avait aidé les sociaux-démocrates à se procurer essence, papiers et fonds. Par la suite, le Dr Kurt Schmacher, chef du SPD, et son adjoint, Erich Ollenhauer, se rendirent à Berlin pour remercier personnellement Maxwell de son aide.

En définitive, les élections donnèrent soixante-trois sièges aux sociaux-démocrates, vingt-neuf aux chrétiens-démocrates et vingt-six seulement aux communistes. Ce raz de marée pro-occidental démoralisa les communistes berlinois mais ancra les Soviétiques dans leur résolution de conserver leur secteur de la ville. La division de Berlin était entérinée, prélude à ce qui allait donner le Mur de Berlin.

Au début de 1946, James Byrnes, ministre américain des Affaires étrangères, proposa au gouvernement britannique la fusion des zones américaine et britannique en Allemagne. Cette offre se fondait essentiellement sur des considérations économiques. Ses avantages politiques, incontestables certes, n'étaient pas évidents à l'époque. Et Ernest Bevin, son homologue britannique, ne cacha pas ses réticences mais, comme le décrit Bullock dans sa biographie de Bevin [6], son profit pratique était « écrasant ». Avec l'hiver qui s'annonçait, les habitants de la zone britannique risquaient de connaître des conditions de vie désastreuses; la Grande-Bretagne, dans sa situation économique elle aussi critique, ne pouvait se permettre de puiser sur ses ressources pour assurer la survie des populations allemandes. Le plan bi-zonal était conçu pour redonner l'aisance économique à l'Allemagne de l'Ouest en trois ans; à court terme, l'objectif le plus urgent était surtout d'empêcher les gens de mourir de faim. Les Américains apportaient dans la « corbeille du mariage » une dot de quelque quatre cents millions de dollars. On mit en place une Agence commune d'import-export. L'organisme était chargé de revivifier l'économie (ouest) allemande en important les denrées alimentaires nécessaires aux affamés ainsi que les matières premières nécessaires pour relancer les exportations.

La détresse de l'Allemagne était telle que l'intégralité des quatre cents millions de dollars fut débloquée d'urgence en l'espace de trente jours. Et les commandants en chef de chaque zone furent priés de sélectionner des officiers chargés des achats. Maxwell était l'un des douze Britanniques choisis pour cette tâche. Sa mission spécifique consistait à acheter du sucre, du café, de la balle de coton (pour nettoyer les locomotives), de la peinture pour repeindre les ponts et les équipements ferroviaires, des soies de porc pour confectionner des pinceaux. Le général américain qui les informa de leur travail, lui et ses collègues, les avertit que, dès l'ouverture de leur bureau le lundi matin, « tous les escrocs de la chrétienté » seraient à leur porte pour fourguer leurs rossignols et proposer des dessous de table.

Le bureau de Maxwell était installé au treizième étage du siège de l'IG Farben, à Francfort. Dès le lundi matin, la queue s'étirait devant sa porte, dans l'escalier et jusque dans la rue. Le général américain n'avait pas exagéré. Le premier homme que reçut Maxwell était un Hongrois « qui ressemblait à un évêque ». Voici le récit de Maxwell :

> Il se présenta comme un émissaire du gouvernement magyar. Il avait deux trains entiers de sucre en attente à la frontière austro-hongroise. Son prix était de X dollars la tonne. Je lui répondis : « Merci, laissez-le où il est, on vous écrira. » Mais l'homme refusa de sortir; il avait encore un message pour moi : on l'avait également chargé, me dit-il, de me proposer une commission de six dollars la tonne, à virer sur un compte en banque suisse. Je fis arrêter cet individu et me procurai mon sucre ailleurs.
>
> A la fin de cet exercice, j'eus un entretien avec mon supérieur. La majorité de mes collègues avaient été surpris à accepter des pots-de-vin. Il me demanda pourquoi je n'avais pas fait de même. Je lui répondis que si l'on m'avait proposé vingt-cinq cents la tonne, j'aurais peut-être cédé. Mais une somme de cette ampleur était au-delà de mon entendement.

Ses fonctions à la Commission de surveillance et à l'Agence commune d'import-export préparèrent sans nul doute Maxwell au tourbillon des affaires; d'ailleurs, il s'y était déjà lancé avant même d'avoir quitté l'Allemagne pour de bon.

Julius Springer, cousin du vieil éditeur allemand Ferdinand Springer, était venu le voir pour se plaindre du décalage entre les quotas de papier alloués aux journaux de son groupe et la générosité à l'égard des publications sous le contrôle de Maxwell. Bien que ce dernier ne fût pas responsable du papier destiné aux livres, Julius l'avertit que si l'on n'augmentait pas son quota, il irait se plaindre à Sir Stanley Unwin, président de l'Association des éditeurs britanniques. Maxwell le jeta hors de son bureau. Au bout du compte, Unwin finit par saisir de l'affaire le ministère des Affaires étrangères, lequel se plaignit à son tour. Maxwell jeta la lettre au panier. Mais les Springer revinrent à la charge; Julius présenta Maxwell à Ferdinand. Les deux hommes devinrent amis. Avant guerre, Ferdinand Springer avait été le premier éditeur mondial d'ouvrages scientifiques. Bien qu'il eût du sang juif, l'intercession de la communauté scientifique allemande lui avait permis d'échapper à l'extermination. Lors de l'occupation de Berlin par les forces soviétiques, il avait été emprisonné; un interrogateur russe plus amical que les autres l'avait autorisé à se rendre à Berlin-Ouest; c'est là qu'il fit la connaissance de Maxwell. La femme de Springer, une Hongroise, avait pu cacher une partie de ses bijoux. Leur vente avait procuré à l'éditeur allemand les finances nécessaires au redémarrage de son affaire et Maxwell l'aida à remonter celle-ci à Heidelberg.

En conséquence, on alla récupérer dans un château un lot important d'anciens numéros des publications de Springer, étiquetés (selon Brian Straton-Ferrier, ce que Maxwell conteste) comme « vieux papiers » et le tout fut expédié à Londres, ce qui était à proprement parler miraculeux, à une époque où les moyens de transport étaient réservés exclusivement à l'armée. Ce fut un des premiers miracles de Maxwell. Ces ouvrages se révélèrent d'une valeur inestimable pour la communauté scientifique occidentale. Maxwell les entreposa puis les vendit pour le compte de Springer, par l'intermédiaire d'une société qu'il avait créée et baptisée *European Periodicals, Publicity and Advertising Corporation.* Sa carrière dans l'édition et la diffusion scientifique venait de commencer. Plus tard, en 1949, l'EPPAC fut remplacée par la Lange, Maxwell et Springer (qui devint I.R. Maxwell et Cie, Ltd. en 1955 et porte aujourd'hui la raison sociale de Bumpus, Haldane & Maxwell Ltd., filiale à cent pour cent de Hollis plc). Le rôle de Maxwell était de diffuser les livres et revues du groupe dans le monde entier. En l'espace de deux ans, la société atteignit un effectif de vingt personnes. Lange, un Prussien, avait, selon les termes d'un historique interne à la Springer-Verlag de New York, largement contribué à assurer la survie de l'entreprise durant la « période difficile du IIIe Reich ». Voilà, sans doute, le plus bel euphémisme pour qualifier les douze années de dictature hitlérienne.

Tout en continuant de travailler pour la Commission de surveillance, où il avait rapidement acquis une grande expérience dans les techniques de troc, et alors qu'il était en instance de démobilisation, Maxwell devint directeur de la Low-Bell, Ltd. (qu'il avait coutume d'appeler la Low-Ball, Ltd.). La Low-Bell était une entreprise d'import-export fondée en 1945 par un autre Tchèque, Arnold Lobl. Mais Lobl (dont Maxwell avait fait la connaissance à Londres) parvenait tout juste à gagner sa vie. Le 12 septembre 1946, Maxwell acquit quatre-vingt-dix actions de la société; quelques jours plus tard, il en achetait trois cents autres et assurait la direction de la firme, avec Jack Straton-Ferrier, le mari d'Eileen.

Les bureaux de la Low-Bell étaient sis 113, Grand Buildings, Trafalgar Square, en plein cœur de Londres. A part le nom de l'immeuble, qui n'était pas usurpé, l'entreprise n'avait rien de grandiose. Le loyer était faible (dans les 80 £ par an) car la plus grande partie de la lumière qui aurait dû inonder les fenêtres des locaux exigus était interceptée par un panneau publicitaire vantant *Perchance to dream* d'Ivor Novello. Low-Bell achetait et revendait un peu de tout et de n'importe quoi, depuis la soude caustique, le ciment, la teinture, l'huile d'eucalyptus, jusqu'à la menthe poivrée, sans oublier le cuir, les fûts de cidre, le charbon, les tapis de Turquie, la cannelle, la vanille, les garnitures en plume, les bottes et souliers, les meubles, les enseignes au néon, le poivre, le kapok, les sardines, le gingembre, les colliers, les épingles à nourrice, les crayons, les peaux de daim et les pois cassés. Partout en Europe, en cette époque de rationnement, de pénurie, de quotas et de manque de devises étrangères, la clé du succès reposait sur l'aptitude à savoir troquer et fournir les produits que les concurrents étaient incapables de trouver. Maxwell avait affiné ce talent lors de son passage à la Commission de surveillance mais il l'avait hérité du temps où, adolescent, il faisait le camelot et vendait de la bimbeloterie dans les rues de Bratislava :

Un jour, se souvient Brian Straton-Ferrier, toute ma famille se mit à la recherche du demi-million de paires de bottes réclamées, je crois, par quelqu'un en Turquie... Un Vénézuélien voulait du carrelage de salles de bains, du matériel sanitaire et du ciment. Moi-même j'ai gagné un billet de cinq livres en dénichant quelques boîtes de soude caustique introuvables ailleurs...

Plus tard, Lobl quitta l'entreprise. Celle-ci fut rebaptisée en octobre 1947 la Low-Bell, Maxwell, Ltd., puis en avril 1959 Maxwell Scientific International (Distribution Services), Ltd.

Maxwell quitta la Commission de surveillance le 15 mars 1947. Sept jours plus tard, il déposait les statuts de sa nouvelle société, l'EPPAC, et engageait un autre Tchèque, John Kisch, qu'il avait rencontré en Allemagne. Kisch avait été officier de presse, responsable de l'attribution de fournitures aux nouveaux journaux allemands. En 1985, il évoque cette période :

Toutes nos imprimeries avaient été ratiboisées par les bombes et leur matériel réduit à néant. Pour rendre opérationnels les nouveaux journaux, quantité d'équipements étaient nécessaires. Tel article précis, particulièrement demandé, était totalement introuvable. « Il n'y a qu'un seul homme qui puisse vous aider », me dit (un) commandant. « A Berlin, c'est un officier de presse, un certain capitaine Robert Maxwell. Passez-lui donc un coup de fil. » Ce que je fis. Après quelques préliminaires, Maxwell s'enquit de mes origines. Je lui dis que je venais de Prague et nous poursuivîmes la conversation en tchèque. C'était la première fois que je lui parlais. Fidèle à sa réputation, après un long marchandage, il me procura ce que je désirais... Ayant noté notre goût commun pour l'action et l'efficacité, nous décidâmes de collaborer après notre démobilisation.

Toujours d'après Kisch, Maxwell ayant accaparé l'importation des journaux allemands, ils estimèrent que leurs meilleurs clients seraient les prisonniers de guerre allemands encore détenus en Angleterre. Maxwell possédait un gros Dodge qu'il avait réussi à dénicher à Berlin et ramener avec lui. Kisch s'en servit pour prospecter des clients. Le camion portait encore une plaque minéralogique du gouvernement militaire de Berlin. Aux dires de Kisch, les 50 £ de bénéfice tirées par Maxwell de la vente d'une tonne de soude caustique constituèrent le capital initial d'EPPAC. A mesure que les prisonniers allemands rentraient chez eux, la diffusion des journaux importés diminuait, mais le principal souci de Maxwell était désormais l'importation de revues scientifiques :

Bob dénicha de beaux bureaux au 3, Studio Place, juste derrière Kinnerton Place (Knightsbridge). Cette fois, le loyer

> était de 350 £ et je ne savais pas où l'on trouverait l'argent. Lui non plus.

Au cours de cette même année, Kisch sentit qu'il n'était plus aussi proche de Maxwell, il reprit son métier de journaliste. Mais l'équipe s'agrandissait, avec entre autres l'arrivée de Victor Sherwood, futur directeur commercial de l'une des sociétés de Maxwell. Avant sa mort, en 1987, il décrit ainsi son patron :

> Dès les premiers jours, au temps où il ne savait pas d'où viendrait la prochaine rentrée de mille livres – même si les sommes finissaient toujours par se matérialiser – il était évident qu'il atteindrait son but.

Vernon Baxter, qui collabora avec Maxwell au cours des cinq années suivantes, l'avait connu à Berlin, juste après sa démobilisation. « Il me proposa un salaire de six livres par semaine pour un travail non précisé. Je sentais que mon ancien grade de sergent-major exigeait que j'en demande au moins huit. Il me considéra, les yeux mi-clos, un bon moment, comme s'il se demandait si je valais réellement pareille somme, puis finalement accepta. »

La suite des événements se déroula selon un schéma encore familier aujourd'hui : Baxter se présenta à Kinnerton Place à 9 heures pile. Personne n'avait jamais entendu parler de lui. « Personne », à savoir Victor Sherwood et « une séduisante secrétaire qui fumait des cigarettes si fortes qu'elle souffrait de vertige et percuta deux fois le montant de la porte vitrée du bureau directorial ». Le directeur, Jack Straton-Ferrier, reçut Baxter avec « la plus extrême courtoisie bien qu'il n'eût pas la moindre idée de qui il s'agissait. On câbla à Berlin; dans les trois heures, l'engagement de Baxter était confirmé ».

Peu après, raconte Baxter, Maxwell revint de Berlin avec une douzaine d'accords qui faisaient d'EPPAC l'agent exclusif de quelques-unes des maisons d'édition technique, scientifique et médicale les plus réputées d'Allemagne. Ce fut le début d'une active coopération avec Ferdinand Springer. Alors qu'il n'avait aucune culture scientifique et technique, Maxwell devait à sa bonne étoile de s'être trouvé au bon endroit, Berlin, et au bon moment, quand la communauté scientifique internationale brûlait de connaître les travaux des chercheurs allemands auxquels elle n'avait pas eu accès depuis des années. Maxwell avait en outre eu la chance de dénicher sur place l'homme de la situation. Pour cet ancien paysan tchèque dont toute la vie d'adulte s'était passée dans l'armée britannique – il n'avait que vingt-quatre ans à peine –, avoir su reconnaître cette occasion et la saisir au vol révélait une intuition quasi géniale.

Entre août et octobre 1969, le *Sunday Times* publia une enquête en profondeur sur la vie de Maxwell depuis l'époque de Solotvino. Il avait fallu un an pour en recueillir les éléments. Depuis plus d'une vingtaine d'années, sous la houlette de ses divers propriétaires et rédacteurs, ce journal a toujours été obsédé par Maxwell. Tous les articles parus à cette époque étaient truffés d'insinuations, à la limite de l'accusation directe, conséquence sans doute de l'épuisante bataille juridique menée par Maxwell à coups d'assignations et d'injonctions. L'entretien de ces rumeurs n'en avait pas moins un effet nocif. Ainsi, entre autres, l'article du 5 octobre évoquait-il en ces termes le début de la carrière de Maxwell après guerre :

> Le 1er janvier 1946, Springer-Verlag reçut des autorités britanniques sa première autorisation à reprendre ses publications. Mais redémarrer n'était pas aussi simple : par crainte des bombardements, les stocks de la firme avaient été éparpillés dans toute l'Allemagne, ses exportations étaient gelées et ses installations détruites. Il ne fait aucun doute que Maxwell a joué un rôle crucial dans la remise en marche de l'affaire. Les dirigeants de Springer ont reconnu que Maxwell, dans le cadre de son travail à la commission de surveillance de l'information, leur avait été d'un grand secours à ce moment-là...

En réalité, nous le savons, quand Springer-Verlag obtint son autorisation, Maxwell était encore officier chargé des interrogatoires à Iserlohn; il ne devait intégrer la commission qu'au moins six mois plus tard. Le *Sunday Times* citait également un mémoire rédigé par un cadre de Springer en 1959, portant sur l'aide fournie par Maxwell à l'entreprise :

> C'était une période où il n'y avait ni essence, ni téléphone, ni pièces détachées pour les machines d'imprimerie, ni autres équipements essentiels à la reprise d'une affaire telle que Springer-Verlag. Le capitaine Maxwell avait réponse à tout, il résolvait les problèmes les plus délicats... C'est pour une large part à lui que l'on doit d'avoir pu dégager la route menant à la reprise de nos activités.

Le *Sunday Times* aurait également pu citer le mémoire lorsqu'il remarquait (et soulignait avec insistance) : « Springer-Verlag n'oubliera jamais l'aide apportée à cette époque par le capitaine Maxwell. »

L'article poursuivait : « Le premier contrat entre Maxwell et Springer-Verlag fut signé en décembre 1947. »

Le sous-entendu était clair même si l'accusation n'était pas explicite. Mais si Maxwell avait joué un rôle dans le redémarrage de l'affaire Springer, ç'avait été en encourageant Ferdinand à repartir à zéro. En janvier 1946, il n'était pas en position d'aider, à tort ou à raison, à l'attribution de licences. Ses fonctions d'officier de presse le cantonnaient dans les problèmes de presse. Un autre de ses collègues était lui responsable du secteur de l'édition. Quand il signa avec Springer, Maxwell avait quitté la Commission de surveillance depuis neuf mois et, revenu à la vie civile, il s'était déjà lancé dans les affaires à Londres.

De son côté, rien n'empêchait Springer de laisser tomber Maxwell, une fois levées les restrictions sur le commerce allemand, au tout début des années cinquante. Pourtant, il demeura un partenaire actif jusqu'au début de 1959, quand Lange écrivit à Maxwell pour lui annoncer le non-renouvellement de leur accord de diffusion. Aussitôt, Maxwell répondit à Lange que cette décision l' « avait profondément affecté » :

> Affecté parce que c'est l'annonce officielle de la rupture de relations privilégiées qui existaient entre nous depuis plus d'une décennie et qui avaient été si chères à mon cœur. Tout ce que je sais, tout ce que j'ai édifié, tout ce que j'ai appris et acquis, tout cela avait, d'une manière ou d'une autre, jailli d'une source commune, celle que vous aviez formée, le Dr Ferdinand Springer et vous, autour de la splendide maison Springer-Verlag.

Durant ces dix années de coopération de 1948 à 1958, le chiffre d'affaires total d'EPPAC, de Lange, Maxwell & Springer puis d'IR Maxwell et Cie avait dépassé la somme de 20 millions de deutsche-Marks. Le mémoire cité par le *Sunday Times* était un avant-projet de rapport daté du 11 juillet 1959, et adressé au Dr Lange. Ce rapport, critique sur bien des aspects des relations de Springer avec Maxwell, était en fait destiné à préparer le terrain de la rupture; à l'en croire, Maxwell avait marchandé dur, exigeant les taux de remise maxima sur les livres et revues de Springer, ainsi que la mainmise sur les exportations du groupe pour qu'elles transitent obligatoirement par Londres. Néanmoins, le mémoire reconnaissait à plusieurs reprises que l'aide de Maxwell avait été cruciale pour Springer; le rétablissement du groupe aurait été impossible sans lui.

Springer-Verlag avait désespérément cherché à reprendre ses

exportations mais dans la situation d'après-guerre, il n'était pas question pour lui de livrer ses publications aux abonnés dans le monde. Quand, en octobre 1947, la firme entama des pourparlers avec les autorités britanniques sur la possibilité d'exporter ses ouvrages, il n'existait aucun taux de change officiel pour le deutsche-Mark. Chaque prix devait être visé par la direction britannique des exportations, l'Agence commune d'import-export. Le mémoire Lange poursuit :

> Durant cette période particulièrement difficile, Maxwell nous fit sa première proposition; sa méthode radicale et particulièrement heureuse ... contribua en un rien de temps à aplanir les difficultés et facilita considérablement nos premières tentatives d'exportation.

Ce que Maxwell avait réussi à obtenir pour Springer-Verlag, c'était un taux de change extrêmement favorable pour l'époque de vingt et un deutsche-Marks pour une livre, au grand désarroi de l'administration américaine en Allemagne. Certes, les éditeurs allemands vendaient leurs publications à bas prix mais le seul fait de les vendre importait plus que le prix obtenu. Springer-Verlag finit toutefois par ne plus apprécier la filière Maxwell et le rapport indique amèrement :

> L'assistance qu'il reçut de Springer-Verlag en tant qu'éditeur, libraire et spécialiste du livre ancien fit à long terme plus que contrebalancer les bénéfices de son aide : celle-ci était née des besoins de l'après-guerre et sa nature était donc essentiellement transitoire.

Les éditeurs allemands avaient fini par s'irriter des méthodes commerciales d'EPPAC. Ces pratiques, « assommantes et frisant l'amateurisme », étaient dues pour l'essentiel à un manque de personnel qualifié alors que Maxwell n'était plus en mesure de consacrer tout son temps aux affaires. Aussi, le 1er septembre 1949 était créée la Lange, Maxwell et Springer, société dont Maxwell devint en décembre le directeur commercial pour un mandat de dix ans, avec un salaire annuel de 2 500 £. Mais, indique le rapport remis au Dr Lange :

> L'incapacité grandissante à promouvoir les produits Springer depuis Londres conduisit les relations d'affaires à s'amenuiser progressivement jusqu'à la séparation finale... La raison, parfaitement compréhensible d'un point de vue humain, qui conduisit à cette séparation tient au fait que les objectifs de Maxwell allaient bien au-delà des exigences de Springer-Verlag. L'existence entière de Springer tournait autour de Springer. Mais

pour Maxwell, ce n'était qu'un moyen de parvenir à ses fins, qui étaient de se créer une importante position commerciale sur la place de Londres.

Maintenant qu'explosait le « miracle économique » ouest-allemand, Springer-Verlag n'avait qu'une hâte : couper le cordon avec Maxwell. La firme voulait retrouver sa position prééminente d'avant-guerre et regagner ses anciens clients, en particulier aux États-Unis; elle sentait que Maxwell n'était pas capable de lui rendre ce service.

Mais dans les premières années et jusqu'en 1952, Springer avait eu besoin de lui parce qu'il lui assurait un débouché sur le monde. C'est Springer qui avait choisi Maxwell, de préférence à une firme suisse, qui lui proposait un plan de relance similaire.

Comme le résumait le fameux rapport (dans un passage non cité par le *Sunday Times*) :

> Sa collaboration avec Maxwell entre 1947 et 1950 apporta à Springer-Verlag de nombreux succès alors qu'aucune exportation directe depuis l'Allemagne n'était possible à l'époque. Mais Maxwell avait su obtenir pour Springer des avantages de toute nature en tirant habilement parti des difficultés que connaissait alors l'Allemagne. Sans son intervention, rien de tout cela n'aurait pu se réaliser... En revanche, dès lors qu'on put envisager de nouveau d'exporter directement depuis l'Allemagne, l'association avec Maxwell devenait désavantageuse et de peu d'intérêt pour notre société dont l'expérience des relations commerciales avec l'étranger remontait à des décennies...
> Les étroites relations de Maxwell avec Springer-Verlag lui avaient, à partir de 1950, non seulement apporté de grands avantages financiers; elles lui avaient permis d'établir les relations sur lesquelles il pourrait bâtir sa propre maison d'édition, Pergamon Press.
> Nous ne voulons en aucun cas insinuer que Maxwell n'était pas en droit de concentrer ses efforts personnels sur sa maison d'édition et ses propres intérêts; dans le même temps, il est tout aussi manifeste que, dès ce moment, ses intérêts n'étaient plus du tout liés à ceux de Springer. C'est là que l'on doit trouver l'origine de la séparation finale.

L'entreprise qui devait devenir Pergamon Press avait été, en fait, co-fondée en 1948 par Butterworths and Cie (Publishers), Ltd., l'une des plus anciennes maisons d'édition britanniques, et Springer-Verlag. Elle avait été simplement baptisée Butterworth-Springer, Ltd. et constituée en société en avril 1949. Mais ses origines remontaient à novembre 1946, quand le gouvernement britannique avait suggéré à Butterworths d'aborder le domaine de l'édition scientifique. L'histoire de la firme précise [7] :

> L'émissaire (du gouvernement) était le comte (Frederick) Vanden Heuvel, personnage discret et influent, décrit comme « l'archétype du diplomate à favoris et feutre noir ». Étaient également partie prenante quelques-uns des plus célèbres scientifiques de l'époque; et, au tout dernier moment, un jeune capitaine de l'armée britannique, d'origine tchèque, et qui avait adopté le nom de Maxwell. Sous de tels auspices, l'entreprise aurait mérité de connaître un plus grand succès.

Les scientifiques qui rencontrèrent Butterworths dans les bureaux gouvernementaux de Great George Street, à deux pas de Whitehall, portaient tous des noms célèbres : Sir Wallace Akers, Sir Charles Darwin, Sir Alfred Egerton, Sir Richard Gregory, le professeur R.S. Hutton et Sir Edward Salisbury. On comptait également un représentant de Butterworths et Sir Charles Hambro, directeur de la Hambros Bank. Un Comité scientifique consultatif fut établi, avec comme secrétaire le professeur Hutton. Sir Alexander Fleming, l'inventeur de la pénicilline, rejoignit le conseil dès sa seconde réunion. Sir Edward Appleton en devint membre en 1949. Les représentants de Butterworths étaient John Whitlock, directeur commercial, et Hugh Quennell, l'un et l'autre directeurs de Butterworth-Springer depuis la création de la société. Quennell et Whitlock, « novices dans le domaine scientifique », s'appuyaient sur les conseils et le soutien de Vanden Heuvel. L'histoire de la firme poursuit :

> John Whitlock avait coutume d'appeler le comte « l'homme des services secrets ». Ses amis l'appelaient Van mais ceux qui le connaissaient depuis plus longtemps, et peut-être un peu mieux que Whitlock, le baptisaient Fanny the Fixer (Fanny la Combine).

Vanden Heuvel (ou Huyvel) était d'origine hollandaise. Comte du Saint-Empire romain, il disparut en 1963 à l'âge de soixante-dix-huit ans. Dans les ouvrages de référence, on indique qu'il fut membre des services diplomatiques britanniques en Suisse durant la guerre – en fait, il était chef de poste des services de renseignements (le MI 6) à Berne – et eut l'insigne honneur de devenir CMG * en 1945. A l'époque, il ne connaissait pas encore Maxwell mais il joua un rôle dans le malencontreux rachat de Simpkin Marshall, quelques années plus tard.

* Compagnon de l'ordre de Saint-Michel et Saint-George *(N.d.T.)*.

Le Comité consultatif avait pour objectif le développement de l'édition scientifique britannique par l'entremise de Butterworths, grâce à la compétence de Springer. Le Dr Paul Rosbaud, également présent lors de la réunion initiale et protégé de Springer, devait diriger le bulletin que le Comité se proposait de publier. Rosbaud lui aussi avait vécu dans l'univers sinistre de l'espionnage; Vanden Heuvel l'avait présenté à Butterworths. Selon un livre publié aux États-Unis en 1986 [8], on avait apparemment vu en Rosbaud un « pilier de la société nazie » quand il était en fait un espion britannique sous le nom de code de « Griffin ». L'ouvrage met à son actif la première transmission de renseignements sur les V2 qui frappèrent Londres à la fin de 1944; c'était également par lui que le gouvernement britannique avait eu vent des intentions allemandes de fabriquer une bombe atomique. Sa motivation exclusive était une haine farouche du nazisme. Il fut enlevé de Berlin à la fin de 1945 et ramené à l'Ouest. Parmi ses supporters au sein du projet Butterworth-Springer, on comptait Sir Charles Hambro et Vanden Heuvel. Après avoir quitté Butterworth-Springer, Rosbaud resta de nombreuses années directeur scientifique de Pergamon Press jusqu'à ce qu'un désaccord de fond avec Maxwell sur l'expansion de l'entreprise le conduisît finalement à démissionner.

Les ramifications financières et les accords réciproques au sein de la Société Butterworth-Springer étaient d'une complexité dédalesque; dès 1948, Butterworths commençait à s'inquiéter des liens éventuels entre Springer et Maxwell. Le rapport Butterworths précise [9] :

> A cette époque, Rosbaud ne faisait pas partie du personnel de Butterworths mais travaillait pour eux en indépendant. Les comptes rendus de ses visites à Springer tendaient à parvenir à Quennell via Vanden Heuvel, qui avait connu Maxwell par l'entremise de Whitlock. Par la suite, Rosbaud transféra ses remarquables talents d'éditeur à Maxwell.

Au cours de l'été 1950, le directeur des ventes scientifiques de Butterworths, Ron Watson, estimait que « Butterworth-Springer travaillait plus au profit de Springer que de Butterworths ». En conséquence, et après des discussions à Berlin avec le Dr Lange et Ferdinand Springer, Butterworths décida de se retirer. En mai 1951, Butterworths accepta de céder sa part à Maxwell contre la somme nette de 13 000 £, et de changer le nom de la firme en Pergamon Press, Ltd. (l'idée originelle d'adopter le nom Parthenon Press avait été abandonnée). Butterworths renonçait à une créance de 23 547 £

due par Butterworth-Springer, elle ressortait donc de ce qu'elle avait qualifié une « aventure » avec un passif de 10 547 £.

Le stock de titres publiés par Butterworth-Springer et transmis à Pergamon, constituant ainsi le début de son catalogue, était le suivant :

- Comptes rendus de biophysique.
- Comptes rendus de physique nucléaire.
- Comptes rendus de physique des métaux (sauf les vol. I et II).
- Introduction à la statistique.
- Thermo-chimie métallurgique.

En outre, Pergamon avait acquis trois revues :

- *Annales de spectrochimie* (achetées au Vatican par Vanden Heuvel pour le compte de Butterworths).
- *Journal de physique atmosphérique et de géophysique.*
- *Annales de géochimie et de cosmochimie.*

Aujourd'hui, le catalogue de livres et revues publiés par Pergamon fait huit centimètres d'épaisseur. Dans une histoire de la société, Maxwell en précise les objectifs :

> Les hommes politiques et les principaux savants britanniques avaient vu non sans inquiétude durant l'entre-deux-guerres les travaux scientifiques allemands jouir d'un prestige supérieur aux nôtres, alors qu'en qualité les travaux britanniques étaient d'un niveau plus élevé. Une analyse du problème leur permit d'expliquer cette inégalité : les Allemands possédaient avec Springer une maison d'édition dynamique, apte à divulguer les résultats obtenus par la science allemande, de manière bien plus efficace que nos presses universitaires. En conclusion Butterworths et Springer-Verlag étaient invités à travailler de conserve. L'idée était de constituer une entreprise commune, de sorte que le savoir-faire et les techniques agressives de Springer dans le domaine de l'édition scientifique soient mis au service de la recherche scientifique britannique, de ses publications et de leur diffusion.

Maxwell n'avait aucun intérêt financier dans Butterworth-Springer, mais la Lange, Maxwell & Springer, Ltd. (LMS) en devenait le diffuseur exclusif.

Tom Clark, un comptable, rejoignit Maxwell au début de 1951 quand celui-ci opérait encore depuis ses locaux de Neal Street, derrière Covent Garden, à Londres – juste à côté d'un grossiste en pommes de terre; aujourd'hui encore, il travaille pour lui à temps partiel. Il se souvient :

> En ce temps-là, les caisses étaient toujours vides, la boîte avait en permanence épuisé son autorisation de découvert bancaire,

> mais elle était fréquemment sauvée par de fortes rentrées d'argent, en général par tranches d'environ 30 000 £, qui arrivaient impromptu de Chine, accompagnées de grosses commandes d'anciens numéros de revues.

En fait, un seul chèque important – de 25 000 £ – fut reçu des Chinois, mais nul doute qu'il fut alors le bienvenu. A vrai dire, toute commande l'était.

Durant l'année 1951, Butterworths se montra de moins en moins satisfait de sa collaboration avec Springer. La société commune exigeait un important investissement en capital sans aucune garantie de rentabilité. Springer-Verlag, pour sa part, désirait développer ses propres publications en anglais sans être entravée par un partenaire. Aussi voulait-elle mettre un terme à l' « anomalie » de ce monopole de diffusion de LMS qui forçait toutes les commandes de ses clients étrangers à transiter par Londres.

Les 13 000 £ qui avaient permis à Maxwell et sa famille de prendre le contrôle de l'entreprise paraissent aujourd'hui une somme risiblement dérisoire. Elle leur donnait pourtant 75 % des actions tandis que le Dr Rosbaud détenait le reste. Quoi qu'il en soit, 13 000 £ représentaient plus d'argent que Maxwell n'en possédait à l'époque, aussi dut-il emprunter. Il alla d'abord voir Sir Charles Hambro, qui lui avait été présenté par le conseil d'administration. Maxwell avait fait forte impression au banquier; ses idées l'avaient à présent suffisamment convaincu pour qu'il donnât l'ordre à son caissier principal de lui remettre un chéquier assorti d'une autorisation de découvert à concurrence de 25 000 £; un geste dont Maxwell, on le comprend, lui resta à jamais reconnaissant. A en croire Sir Charles, « c'est le boulot d'un banquier de se fier à son jugement », mais le prêt n'était pas simple caprice de sa part. Un article de *King* en 1967 cite un autre directeur de la Hambros :

> Maxwell a toujours donné l'impression de savoir où il allait. Et surtout, il était capable d'expliquer comment il comptait y parvenir. Il avait réfléchi à tout le parcours de A à Z.

Maxwell obtint des prêts supplémentaires de ses parents d'Amérique (on remit à contribution l'oncle Nathan, qui avait aidé la famille Hoch à s'acheter sa maison de Solotvino en 1937), ainsi que de sa belle-famille. En outre, il obtint un contrat de l'Imprimerie nationale pour la fourniture de documents scientifiques allemands publiés durant la guerre et épuisés depuis. L'Imprimerie nationale ne pouvait, à cause de l'accord Byrnes-Bevin [10] et de l'instauration de l'agence commune d'import-export, importer ces documents sans licence; qui plus est, elle n'aurait pas été en mesure de les acheter, au taux de change favorable que Maxwell était parvenu à garantir. Elle se retourna donc vers lui, lui versant la somme de 7 000 £ à titre d'acompte. Maxwell emprunta alors 5 000 £ à la Westminster Bank, acheta les documents pour 12 000 £ et revendit le tout 20 000 £ à l'Imprimerie nationale, dégageant un bénéfice net d'environ 8 000 £. Avec cette somme, les quelques centaines de livres de sa prime de démobilisation et la vente pour 200 £ de quelques perles de cristal achetées en Tchécoslovaquie lors de son retour à Prague à l'automne 1945, il disposait désormais d'un capital pour commencer à faire fructifier son affaire.

Pour baptiser sa nouvelle société, Maxwell choisit le nom d'une ville grecque d'Asie Mineure, célèbre pour une grande œuvre d'art, l'autel de Pergamon consacré à Zeus, mais aussi pour sa bibliothèque unique dans le monde civilisé méditerranéen. L'emblème de la société, sa marque commerciale, était une tête d'Athéna empruntée au revers d'une pièce datant d'environ quatre siècles avant notre ère. Le 10 juillet 1951, le conseil d'administration approuva cette nouvelle raison sociale. Quand Maxwell reprit Butterworth-Springer, la société n'avait que les quelques ouvrages et revues cités plus haut à son catalogue. Entre cette date et la fin 1987, Pergamon Press édita quelque onze mille livres; elle maintient environ quatre mille titres en vente et publie de trois cent soixante-cinq à quatre cents ouvrages par an.

Maxwell avait une idée directrice : les prochaines années allaient voir éclore un besoin criant de publications scientifiques internationales sous toutes leurs formes; cette certitude commença à prendre tournure au niveau commercial. Maxwell se rendit compte que les universitaires et scientifiques désiraient publier les résultats de leurs recherches fondamentales; les droits d'auteur entraient accessoirement en ligne de compte. D'autres scientifiques étaient tout aussi désireux d'être informés des travaux de leurs collègues. Les bibliothèques universitaires et générales n'étaient que trop contentes de pouvoir se procurer, quasiment à n'importe quel prix, les comptes rendus des recherches. Maxwell courait le risque – bien qu'avec un peu d'intuition, celui-ci fût minime – de prendre un bouillon. De leur côté, les scientifiques ne gagnaient peut-être pas beaucoup d'argent mais à coup sûr leur réputation s'élargissait. Lorsqu'il édita un *Dictionnaire de physique* et que celui-ci se vendit bien mieux que prévu, Maxwell doubla les droits d'auteur, ajoutant un bonus de trente mille livres aux trente mille initialement prévues au contrat.

Dans une interview de 1964 [11], Maxwell explique en deux phrases le succès de Pergamon :

> Une production rapide, avec une diffusion mondiale. Je crois que la recherche scientifique est internationale et ne doit pas se cantonner à l'intérieur des frontières nationales.

Maxwell était désormais bien parti pour devenir le second éditeur scientifique mondial. Comparés à cette réussite remarquable, ses succès dans les domaines de la presse ont peu d'importance même les plus brillants. La route était semée d'embûches et il allait bientôt devoir affronter et subir le premier sérieux revers de sa carrière depuis son arrestation à la frontière yougoslave en 1939.

Au printemps 1951, quelques-unes des figures éminentes du monde de l'édition britannique lui demandèrent de sauver de la faillite un grossiste au rôle primordial pour la profession. Il s'agissait de Simpkin Marshall qui opérait à perte. La participation de Maxwell à ce sauvetage devait lui valoir l'inimitié des autres éditeurs pendant une génération. Pour la première fois, son optimisme, sa capacité à franchir tous les obstacles, son habileté à transformer toute épave en un modèle flambant neuf, devaient lui faire défaut. Il découvrit à cette occasion que son énergie démoniaque, son habitude de travailler dix-huit heures par jour, sa résolution à réussir là où d'autres avaient échoué ne suffisaient pas. Dure leçon, pour lui et pour ses partenaires dans l'affaire. Encore était-il assez jeune, lui, pour en tirer profit. Quand les éditeurs vinrent lui demander de sauver Simpkin Marshall, il n'avait que vingt-huit ans. Dix ans plus tard, il aurait imposé sans doute des conditions draconiennes : sa réputation comme son compte en banque en auraient moins pâti.

La première d'une longue série d'articles sur Mawxell, publiés par le *Sunday Times*, citait, le 27 décembre 1964 l'opinion d'un comptable (anonyme) qui a étudié l'historique de l'affaire Simpkins :

> Il a bien failli se faire assassiner. Il s'était trouvé au mauvais endroit au mauvais moment. Cette histoire le poursuivra jusqu'à la fin de ses jours. Désormais il est comme l'éléphant solitaire du monde de l'édition.

L'importance réelle de l'affaire Simpkin Marshall réside dans cette conclusion. Maxwell aurait dû éviter comme la peste cette entreprise; il n'aurait jamais dû la saisir à bras-le-corps. Quand, une quinzaine d'années plus tard, éclata la controverse Leasco, les critiques revinrent à l'« affaire Simpkins » pour établir une analogie. Dans chaque cas, on se trouvait devant un montage financier très complexe. On se souvenait fort bien des accusations portées contre Maxwell à l'époque où Simpkins avait coulé; des faits réels, bien moins. Il avait commis l'erreur de vouloir sauver une entreprise tristement notoire pour son amateurisme et son incompétence à répondre aux besoins de ses clients comme aux aspirations de ses auteurs. (Maxwell devait d'ailleurs écrire en 1964 dans *Time and Tide* : « L'édition britannique est encore largement considérée comme un passe-temps pour gentlemen ».) Cet anticonformiste notoire qu'est Maxwell avait certes été flatté que les pouvoirs établis du monde de l'édition l'appellent à la rescousse. La sagesse aurait voulu qu'il déclinât leur invitation.

L'engagement de Maxwell avec Simpkins intervint au moment où sa carrière prenait son envol. LMS faisait des bénéfices, il avait acquis Pergamon et son équipe commençait à grandir en proportion avec ses ambitions. Pour la première fois depuis son retour d'Allemagne, il se sentait en mesure de consacrer du temps à d'autres objectifs. Le grossiste, de son côté, se débattait dans de graves difficultés; il cherchait un sauveur. Le bouillant Maxwell semblait exactement avoir la tête de l'emploi. Simpkins appartenait à un imprimeur-éditeur de renom, Sir Isaac Pitman and C°, Ltd., entreprise dirigée par James et Christophe Pitman. Les frères Pitman n'avaient ni l'argent ni les talents de gestionnaires susceptibles de ressusciter Simpkins. Cette firme ne s'était jamais remise de la destruction de ses installations et de ses stocks durant le raid aérien du 29 décembre 1940, quand la Luftwaffe avait dévasté la City de Londres. Ils voulaient s'en défaire au plus vite. La plupart des éditeurs britanniques – avec toutefois de notables exceptions – tenaient à ce qu'on maintienne en vie Simpkins car elle jouait pour eux un rôle inestimable, en réalisant ce que eux-mêmes étaient dans l'incapacité totale de faire : fournir au détail un exemplaire de pratiquement n'importe quel ouvrage disponible. Mais si l'entreprise se vantait toujours d'y parvenir en moins de vingt-quatre heures, cette prétention était devenue plus théorique que réelle.

John Whitlock de chez Butterworths présenta Maxwell aux Pitman. Il pensait que la parfaite connaissance de Maxwell de l'industrie allemande de l'édition, de ses méthodes de diffusion, ajoutée à son énergie phénoménale, seraient capables de revivifier Simpkins. Maxwell fut tenté par le défi. Au cours d'un déjeuner avec les éditeurs éminents au Reform Club, sir Stanley Unwin, le plus réputé de tous, l'encouragea vivement à reprendre l'entreprise en lui promettant son total soutien. Fort de cette assurance, puis d'un rapport d'expertise qui indiquait que Simpkins pouvait repartir sainement sur de nouvelles bases *avec la coopération des principales maisons d'édition*, et après de nouvelles réunions avec les frères Pitman, Maxwell décida de se jeter à l'eau, de racheter l'affaire. Il comptait en faire un succès – et pouvoir à nouveau fournir les exemplaires au détail dans les vingt-quatre heures – car il s'était vu promettre le soutien que les éditeurs avaient naguère refusé à Simpkins : une remise plus importante sur leurs livres.

Après la liquidation de Simpkins en 1955, le rapport de l'administrateur judiciaire rappelait que la société avait été volontairement liquidée en février 1941, après le bombardement allemand. Mais le besoin de services de diffusion assurés jusque-là par Simpkins conduisit l'Association des Éditeurs à contacter Pitman : on lui demandait de remonter une entreprise de diffusion en coopérative, les éditeurs lui fournissant leurs livres d'office. Simpkin Marshall (1941), Ltd. fut donc créée en mars de cette année-là et deux représentants des éditeurs et des libraires nommés au conseil d'administration de l'entreprise (et ce jusqu'en 1948), preuve de son importance pour la profession. En septembre 1941, Pitman avait avancé 50 000 £ à la nouvelle société, sans caution. Au vu de ce qui allait advenir après sa reprise par Maxwell, le rapport de l'administrateur judiciaire, analysant en 1955 la situation de la firme après 1941, est révélateur :

> Il était clair que les pertes encourues étaient dues pour l'essentiel à l'incapacité de la société à accroître sa rentabilité, par suite de l'indisponibilité des livres due aux restrictions de la guerre. Mais ces pertes venaient aussi de *la réduction des taux de remise consentis par les éditeurs* (c'est nous qui soulignons). Il apparaissait que l'entreprise initiale dégageait un bénéfice brut équivalant à une commission de 14 à 15 % quand, sur l'ensemble de ses achats, sa remplaçante ne pouvait obtenir plus de 10 % de commission sur les ventes. Une autre difficulté se présenta lorsque, contrairement aux attentes du conseil d'administration, bon nombre d'éditeurs refusèrent de coopérer sur la base d'une fourniture des livres en office mais exigèrent de la société des achats fermes.

Après l'abandon du projet de coopérative, disait Clarke, l'entreprise poursuivit une activité de grossiste compétitive et obtint des éditeurs « certaines améliorations » des conditions commerciales après que Simpkins eut décidé de ne pas vendre aux détaillants avec une remise supérieure à celle accordée par les éditeurs. Simpkins essuya une perte de plus de 42 000 £ en 1942 mais les quatre années suivantes la maison dégagea de modestes bénéfices, entre 1 728 £ et 4 946 £, une misère sur un chiffre d'affaires total de 811 000 £. Au cours des quatre années suivantes, le chiffre d'affaires atteignit 1 121 000 £, mais les profits furent remplacés par des pertes qui dépassèrent les 130 000 £ pour cette période. Outre l'accroissement des frais généraux, ces déficits tenaient essentiellement à une disposition arrêtée par la société durant la guerre; l'achat de la totalité de la production de certains fournisseurs. Quand, à la fin du conflit, les livres de meilleure qualité redevinrent disponibles, Simpkins ne put se débarrasser de ses stocks. En janvier 1948, l'Association des Éditeurs informa Simpkins qu'elle ne souhaitait pas faire jouer sa clause de reprise accordée à la société en 1941.

En 1950, les Pitman en avaient assez. Ils avaient financé Simpkins sans caution ni intérêt jusqu'à concurrence de 344 000 £; en juin 1950, ils informèrent donc le conseil d'administration que, dans l'incapacité de faire de nouvelles avances, ils souhaitaient rompre leurs liens avec la société. Pour éviter la liquidation de l'entreprise, on décida en novembrre 1950 d'essayer de la vendre en l'état. Les résultats de l'exercice 1950/51 étaient en progrès. Le chiffre d'affaires s'élevait à 1 178 739 £ et le bénéfice brut annuel était de 147 370 £ (17 216 £ net) tandis que la dette envers Pitman avait été réduite à 282 475 £. Néanmoins, les perspectives restaient sombres lorsque, en juin 1951, débutèrent les négociations avec Maxwell pour le rachat de l'entreprise. Le rapport de l'administrateur judiciaire poursuit :

> Maxwell indique qu'avant de prendre le contrôle de la société, il avait examiné en profondeur sa situation commerciale et financière. Il avait eu des discussions avec les principaux éditeurs et libraires. Il était parvenu à la conclusion que l'entreprise était indispensable au commerce du livre et que la majorité des éditeurs soutiendraient son plan de rationalisation de la diffusion du livre au Royaume-Uni dans le cadre de sa société. Son objectif était de convaincre les libraires de concentrer sur Simpkins tous leurs achats de livres au détail et de faire en sorte que les éditeurs remettent à celle-ci l'ensemble de leur catalogue.

Les ambitions de Maxwell pour Simpkin Marshall étaient vastes mais elles reposaient sur la coopération sans réserve des éditeurs britanniques. C'était là le point faible. Avec le système de l'office, les éditeurs lui fourniraient leurs livres, mais ils ne les leur paieraient qu'une fois vendus. Cette méthode avait des avantages pour les deux parties : les éditeurs n'avaient pas à stocker les ouvrages dans leurs propres locaux, bien souvent inadaptés, tandis que Maxwell n'avait pas à effectuer de grosses sorties de capitaux au risque de se retrouver avec des stocks d'ouvrages invendables.

En mars 1953, il indiqua les grandes lignes de son plan dans une lettre aux éditeurs. Moins d'un an plus tôt, il avait repris une brasserie abandonnée (rebaptisée Maxwell House) sise Marylebone Road, à Londres, pour la convertir en entrepôt, et en l'espace de cinq mois, il pourrait mettre ces locaux en service. Il reconnaît volontiers que tout n'était pas encore parfait : les revêtements du sol étaient encore à poser; il fallait « se débrouiller au mieux » au milieu du provisoire et de l'improvisation. Mais quand il eut repris Simpkins à Pitman, le nouveau conseil d'administration dut prendre une « décision fondamentale » :

> Simpkins devait-elle demeurer en gros telle quelle, avec peut-être quelques améliorations dans l'organisation et le service, ou était-elle prête à se lancer dans la tâche autrement plus ambitieuse et vitale de tenir en stock l'intégralité du catalogue éditorial britannique disponible?

Les libraires clairvoyants, disait-il, réclamaient depuis longtemps l'instauration d'un organisme centralisé de diffusion des livres. Simpkins avait dû déménager et par chance avait trouvé un bâtiment de taille apte à répondre à toutes les demandes...

> Aussi avons-nous décidé, avec l'aide de nos soutiens financiers, d'édifier une nouvelle Simpkins *avec laquelle nous serons en mesure de tenir en stock tous les exemplaires de livres disponibles...*
> L'avantage pour le libraire, assailli par le perpétuel accroissement des coûts de transport et l'envolée des frais généraux, est évident. Pour tous les éditeurs dont le catalogue est intégré dans le plan, l'ensemble des commandes quotidiennes du libraire peut être regroupé sur un bon unique et livré, *sur stock*, dès réception, en un seul colis. Songez à l'économie de timbres, de tampons, de correspondance! Songez à la facilité du suivi des commandes!

De la même manière, poursuivait-il, le plan était rentable pour les éditeurs pour qui les commandes de détail constituent un cauchemar, nécessitant emballage, adressage, expédition avec tous les frais afférents. Un bon nombre de catalogues d'éditeurs importants étaient déjà sur les rayons de Simpkins ou en passe d'y figurer. Maxwell citait quelques-uns des noms les plus fameux de l'édition britannique : Allen and Unwin, Black's, Jonathan Cape, Chatto and Windus, Collins, Peter Davies, Faber, Harrap, Heinemann,

Methuen, Murray's, Oldhams, Oxford University Press, Secker and Warburg et bien d'autres.

Certes, les travaux d'aménagement du nouveau bâtiment avaient eu pour conséquence « d'affecter de manière défavorable la vitesse et la précision dans le suivi des commandes, tous objectifs vers lesquels nous tendons ». Il ajoutait toutefois, en des termes révélant qu'il n'ignorait pas les risques encourus :

> Nous nous sommes chargés d'une entreprise qualifiée d'irréalisable par les plus grands noms de la profession. Et si elle était réalisable, disaient-ils, elle ne serait de toute façon pas rentable. C'est ce qu'on verra!

Il évoquait alors comment il comptait concrétiser ces ambitions :

> Les quatre niveaux de Maxwell House offrent près de quatorze mille mètres carrés de superficie. Sur ce vaste espace, nous sommes en train d'installer quelque quarante-cinq kilomètres de rayonnages. Près de quarante-trois sont déjà achevés. Quand l'ensemble sera terminé, Simpkins pourra abriter quelque neuf millions de volumes. Sur la valeur du stock déjà en rayon, près de 450 000 £ ont été déjà investis... D'ici la fin avril, nous serons totalement opérationnels; les ouvriers et les maçons auront quitté le bâtiment...

Mais il n'avait pas laissé son optimisme invétéré masquer la réalité de ce que Simpkins essayait de réaliser :

> Une fois édifiée cette grande machine, une fois qu'elle sera vraiment mise en branle, nous aurons peut-être deux ans devant nous pour justifier notre confiance et confondre les sceptiques. A ce moment, si nous avons réussi, il sera devenu de règle pour tout libraire moderne d'envoyer ses commandes quotidiennes à Simpkins... Il y a sans doute chaque année l'équivalent de 7 500 000 £ de commandes de détail sur un marché britannique du livre dont le montant total des ventes s'élève aujourd'hui, si nous excluons les exportations, à plus de 45 000 000 £. La vaste majorité de ces commandes de réassort à l'unité sont pour l'instant traitées avec réticence et pour un coût rédhibitoire par les éditeurs. Est-ce trop espérer que d'attendre 3 000 000 £ de plus de ce marché en 1954?

La réponse, en bref, était : oui. Maxwell expliqua aux libraires qu'il n'avait aucun désir d'accroître sa mainmise sur Simpkins, dont il était directeur commercial. Ses intérêts, disait-il, se tournaient plutôt vers le domaine technique « mais il avait repris Simpkins, en partie pour répondre au défi d'un ami, comme une entreprise dans laquelle il fallait se lancer, une affaire qui valait le coup ». En revanche, une fois qu'elle serait devenue un élément vital du commerce britannique du livre, ce serait

> une entreprise qui devrait être prise en charge et gérée par ceux-là mêmes qui tiraient profit de son activité. C'est peut-être envisager, au-delà d'une formidable série de barrières et de fossés, un poteau d'arrivée situé bien loin. Mais je veux qu'il soit bien entendu que, lorsque nous l'aurons atteint, l'avenir sera entre vos mains (il s'adresse aux libraires) et celles des éditeurs, et non plus entre les miennes.

Son intention de ne pas s'attarder dans l'entreprise plus longtemps qu'il ne fallait pour la remettre sur pied était donc explicite. S'il avait réalisé ses plans pour Simpkins, on l'aurait traité jusqu'à nos jours en héros de la profession, on lui aurait décerné ce qui peut être l'équivalent de la *Victoria Cross*. Mais au bout du compte, la société était perpétuellement en manque de fonds, ce que Maxwell ne s'était pas privé de reprocher sans relâche aux éditeurs. Il n'était pas question pour lui de compromettre l'avenir de ses deux entreprises, LMS et Pergamon, pour sauver une affaire dans laquelle il n'avait aucune intention de rester, même si une réussite lui aurait permis de réaliser son vaste stock d'actions avec une importante plus-value. Son montage financier pour l'acquisition de Simpkin Marshall et les moyens envisagés pour l'approvisionner en liquidités par la suite étaient compliqués; comme dans bien des domaines compris surtout par les lecteurs du *Financial Times*, ils suscitaient la méfiance de tous ceux qui n'en pouvaient suivre les méandres, ce qu'on ne peut leur reprocher.

Le rapport de l'administrateur judiciaire sur ces dispositions (à partir des négociations de juin 1951) était des plus objectifs mais il en révélait également la complexité :

> Des facilités de découvert avaient été obtenues auprès de nouveaux banquiers – Maxwell précise qu'il avait eu l'intention de se défaire des stocks de la société, dont la valeur s'élevait à environ 250 000 £, pour les remplacer par un dépôt de fourniture en office qu'elle n'aurait à régler qu'une fois les ventes effectuées. De cette manière, les sommes avancées à la firme par les banques auraient été remboursées en l'espace de deux ans.

Aux termes d'un accord en date du 31 octobre 1951, entre Pitman et Maxwell, il était stipulé (entre autres) que :

> (*a*) sur la dette de la société à l'égard de Pitman qui s'élevait alors à 268 217 £, 160 000 £ étaient transférées à Maxwell en vue d'un règlement immédiat : 50 000 £, suivi de neuf acomptes semestriels jusqu'à concurrence de 110 000 £;

(*b*) Pitman acceptait un règlement de 72 590 £ effectué par la société sous forme d'acomptes pour solde des 108 000 £ restantes, acomptes provenant de montants identiques reçus par la société de *Book Centre, Ltd.*, en échange de services fournis à cette entreprise;
(*c*) les actions émises par la société (à 109 £) devraient être transférées à un mandataire désigné par Maxwell.

Maxwell prétend avoir personnellement réglé à Pitman les 50 000 £ dans le cadre du report de la dette de 160 00 £; il ajoute que son compte personnel dans le grand livre de la société avait été crédité de 160 000 £ au 1er avril 1952. A cette même date, Pitman et Maxwell décidèrent que, dès règlement immédiat de 90 000 £ plus 8 000 £ au 31 mars 1953, le solde de 110 000 £ encore dû aux termes de l'accord serait passé par pertes et profits...

Le 8 juillet 1952, 50 000 actions privilégiées furent émises (45 000 pour la société mandataire des banquiers de l'entreprise... et 5 000 pour Maxwell) et 44 891 actions ordinaires pour Maxwell plus 5 000 pour la société mandataire (payées par Maxwell), soit un capital total de 100 000 £. A la même date, la société remboursait à Maxwell 54 891 £ (somme qu'il avait déboursée pour acheter des actions) correspondant au montant de son prêt.

D'après ces transactions, Pitman avait reçu 50 000 £ de Maxwell, personnellement, et 98 000 £ en liquide de la société. Celle-ci avait perçu 99 891 £ correspondant à ses parts de capital et remboursé à Maxwell 54 891 £ à cette même date. La dette due à Pitman, à savoir 268 217 £, était éteinte mais le montant des liquidités de l'entreprise avait diminué de 53 000 £ tandis qu'une somme de 12 000 £ restait due à Maxwell.

Durant les mois de février et mars 1952, Maxwell prêta 13 500 £ au capitaine Peter Baker. Le capitaine, titulaire de la croix de guerre, était imprimeur, éditeur et financier; député conservateur de la circonscription sud de Norfolk, c'était un ancien prisonnier de guerre. Bien qu'adversaires politiques, les deux hommes avaient plus d'un point commun, dont leur grade militaire, leur activité dans l'édition, et leur décoration obtenue pour acte de bravoure. Cette amitié devait être exploitée contre Maxwell à un moment ultérieur de la saga Simpkins, lors de sa première tentative d'entrée aux Communes.

En 1954, Baker, s'il n'était pas alcoolique, était gros buveur. A sa demande, il fut hospitalisé dans un établissement psychiatrique du Surrey; c'est là qu'il fut arrêté par des inspecteurs de la Répression des fraudes. Il passa par la suite en jugement, convaincu d'avoir contrefait la signature de deux industriels, Sir Bernard Docker et Sir John Mann, pour des sommes dépassant les 100 000 £; condamné à sept ans de prison, il fut exclu de la Chambre des Communes. Quand Maxwell reprit Simpkin Marshall, Baker contrôlait le Centre britannique du livre, à New York, et il était également l'un des directeurs de Falcon Press, Ltd., à Londres. En 1951, Maxwell avait prêté 8 500 £ à ces deux entreprises par l'entremise de Baker. Le parlementaire avait promis de rembourser le 15 décembre mais n'en avait rien fait. Il écrivait à Maxwell le 21 janvier 1952 en le remerciant humblement de sa patience :

> Je sais à quel point les choses sont difficiles pour vous (et moi) à l'heure actuelle. Je vous suis, par conséquent, plus que reconnaissant de m'avoir malgré tout accordé ce sursis. Je ne doute pas qu'à long terme vous n'en tiriez avantage mais dans l'intervalle, si je puis accélérer les choses sans avoir de nouveau recours à vous, croyez que je n'y manquerai pas.

Onze jours plus tard, Baker écrivait à Maxwell pour le remercier à nouveau, cette fois d'avoir prorogé le prêt, promettant de « passer le voir la semaine suivante » avec des propositions de remboursement. Baker était en pleine déroute financière. L'administrateur judiciaire adjoint, dans un rapport de 1954 sur les 290 000 £ de déficit de Falcon Press, indiquait que dès mars 1950, soit un an avant que Maxwell consentît son prêt à Baker, il était « clairement manifeste » que l'entreprise était « à sec ». Il ajoutait :

> Le représentant du tribunal de commerce était si souvent présent qu'à sa mort, la direction se cotisa pour lui offrir une gerbe. On se demandait presque s'il n'appartenait pas au personnel.

Aux termes d'un accord en date du 2 mai 1952, Maxwell rachetait 1 215 des 2 500 actions du Centre britannique du livre pour la somme de 11 800 £ qui, précise l'administrateur judiciaire de Simpkins, avait été dégagée par son renoncement à sa créance sur Baker. Dans son livre *Mon testament*, publié peu après son incarcération, Baker raconte que lui et les autres directeurs du Centre du livre avaient été « fort soulagés » de le vendre à Maxwell, « ce nouveau et remarquable magnat de l'édition britannique » [12]. Baker estimait que Maxwell avait déjà gagné 200 000 £ dans l'édition avant son rachat de Simpkin Marshall, ce qui explique sans aucun doute pourquoi il s'était adressé à lui pour obtenir un prêt. Il le décrit ainsi :

> L'un de ces magnats flamboyants, capables et vifs d'esprit qui, bien qu'ayant le pouvoir de vous gêner considérablement par ses actions, pouvait en l'espace de cinq minutes annihiler votre colère avec son charme et un verre de sherry. Quelle que fût la vivacité des paroles échangées, on finissait toujours par se réconcilier. Alors que j'attendais de passer en jugement, je fus très heureux d'apprendre qu'il avait téléphoné à mon père pour l'assurer de sa compassion, quoi qu'on pût me reprocher.

La sympathie de Maxwell à l'égard de Baker n'allait pas toutefois jusqu'à renouer des relations d'affaires. En février 1960, il lui écrivait :

> Je suis, moi aussi, fort désolé d'avoir dû si tardivement modifier notre rendez-vous... Comme je vous l'ai dit, je suis tellement bousculé que je ne puis me distraire de mes activités, aussi me vois-je dans l'obligation de décliner votre offre de prise de participation dans votre société coopérative.

La nouvelle direction du Centre du livre comprenait Maxwell et Arthur Coleridge, directeur commercial de Simpkins au moment de la reprise par Maxwell, et représentant de la banque Hambros à New York. Une annonce indiquait des négociations entre plus de trente éditeurs britanniques pour la poursuite de la coopération avec le Centre; celui-ci, de surcroît, serait en mesure de puiser dans les « vastes ressources » de Simpkin Marshall et de Lange, Maxwell & Springer. Le Centre du livre avait des dettes mais, après son rachat par Maxwell, des arrangements avec les éditeurs britanniques créanciers échelonnèrent leur remboursement : 20 % seulement étaient immédiatement exigibles tandis que des billets à ordre à l'échéance de 1957, cautionnés par Simpkins, étaient émis pour le solde de 75 %. En échange, les éditeurs s'engageaient à fournir leurs livres au Centre par l'entremise de Simpkins et selon la procédure de la remise à l'office.

Maxwell dit à l'administrateur judiciaire qu'il savait, lors de la reprise, que le Centre était insolvable. Il avait cru, en laissant Simpkins lui accorder un large crédit, qu'il constituerait un « débouché inestimable » pour les exportations de la société; il pensait même qu'il se révélerait une affaire rentable une fois qu'auraient repris les ventes sur le marché américain. En fait, pour l'exercice qui se clôturait le 31 décembre 1954, le Centre avait dégagé un maigre bénéfice de 3 000 £. A la date de mise en liquidation de Simpkin Marshall, il lui devait 117 260 £ dont 14 839 seulement devaient être récupérées pour solde de tout compte, et encore cette dernière société avait-elle été libérée de ses engagements vis-à-vis des éditeurs britanniques pour cautionner le Centre.

Le 1er octobre 1952, Simpkins transmettait à ses banquiers un certificat d'obligation qui créait une dette flottante sur ses capitaux, en garantie de toutes les sommes dues (soit 74 000 £) ou exigibles à court terme, à un taux d'intérêt de 5,5 % l'an. Puis une nouvelle complication intervint lorsque Whitlock présenta Maxwell au Dr Kurt Waller, alias William Kurt Wallersteiner. Le Dr Waller, réfugié juif allemand et chimiste spécialiste en chimie organique, détenait ou contrôlait un groupe de sociétés international, y compris une banque d'affaires britannique, l'Anglo-Continental Exchange, Ldt. et la Watford Chemical Cie (que Maxwell avait rebaptisée, pour l'affubler invariablement du sobriquet de « Watford Comical Cie »). Cet homme était le grand expert du troc, phénomène commercial alors florissant dans les conditions de restrictions monétaires et de rationnement qui dominaient les échanges dans l'Europe d'après-guerre; il était à la recherche d'un homme d'affaires jeune et dynamique capable de l'aider à résoudre ses problèmes grandissants, entre autres des problèmes d'autofinancement. Après l'avoir rencontré, Waller décida que Maxwell était son homme.

L'une des anecdotes préférées de Maxwell a trait au génie des affaires de Waller. Après la victoire de la Chine communiste sur Tchang-Kaï-Chek en 1949, le nouveau gouvernement chinois avait eu besoin de toutes sortes de matières premières. Elles étaient indispensables au rétablissement de l'économie du pays ruiné par les hostilités. Comme elle avait accédé à l'indépendance au plus fort de la guerre froide, la Chine ne pouvait traiter avec l'Occident par les voies commerciales habituelles. Pour des raisons idéologiques, les hommes d'affaires expérimentés, naguère responsables du commerce chinois, avaient été remplacés par des apparatchiks sans expérience, mais idéologiquement sains. Waller se tira « phénoménalement bien » de ses négociations avec le nouveau gouvernement mais tout particulièrement quand ce dernier désira commander cent tonnes de teinture bleu indigo. Par malchance, un fonctionnaire ignare ajouta un zéro à la quantité requise et Waller se vit donc demander d'en livrer mille tonnes, ce qui correspondait en gros à la production mondiale de l'époque. Waller ratissa la planète pour honorer la commande, l'expédia en Chine et en tira un profit considérable :

> Une des conséquences de cette erreur, raconte Maxwell, fut que lorsque les armées chinoises envahirent la Corée du Sud, les troupes américaines et britanniques découvrirent à leur grande

surprise que les fantassins chinois étaient vêtus d'uniformes bleus qui les rendaient particulièrement voyants et faciles à abattre. L'autre conséquence fut que vingt-cinq ans durant, jusqu'à la révolution culturelle, presque tout le monde en Chine s'habilla en bleu.

Waller gagna « des millions » au commerce avec la Chine. Il s'en servit pour investir dans ce qui était sa spécialité, à savoir le troc. Il échangea de vastes cargaisons de ciment, de jaune d'œuf, de soie, de conserves de porc, de baraques en bois, bref tout ce qu'on pouvait avoir contre tout ce qu'on pouvait désirer. Après avoir rejoint la société de Waller, Maxwell se rendit à Vancouver, Toronto, Atlanta et diverses autres villes pour traiter les affaires en son nom. Une petite catastrophe se produisit à Vancouver quand les dockers canadiens refusèrent de décharger un liberty-ship de ciment en raison de son origine est-allemande. La coque avait des voies d'eau et le ciment prit. A Atlanta, cinq cents baraques en bois, faute de correspondre à la réglementation locale contre les dangers d'incendie, durent être abandonnées et condamnées à pourrir sur place.

Maxwell avait accepté d'aider Waller à la condition expresse que ce dernier, en échange, acceptât de s'engager dans le financement de Simpkin Marshall; tractation qui devait compliquer encore la situation de Simpkins.

Maxwell expliqua à Waller que travailler pour lui signifierait passer un temps non négligeable loin des affaires de Simpkins. Les Hambros, qui étaient les banquiers de Simpkins, exigeaient instamment une réduction de la dette contractée par l'entreprise, soit quelque 320 000 £ : Waller accepta de régler celle-ci contre la reprise des obligations au taux de 5,5 % l'an, remboursables en août 1958. De surcroît, il était convenu que Maxwell recevrait pour sa rémunération 20 % des bénéfices nets des entreprises Waller, ce qui représentait, lui assurait-on, aux alentours d'un million de livres les deux premières années. La majorité du capital de Waller était bloquée en biens et en matériaux qu'il avait reçus en échange d'autres articles. L'un dans l'autre, les stocks qu'il détenait étaient évalués à bien plus de dix millions de livres et Waller désirait en réaliser la plus grande partie :

> Je vis dans cet arrangement, raconte Maxwell, une source non négligeable de capitaux à moyen terme pour Simpkins. Or, c'était précisément ce qu'il lui fallait pour surmonter ses difficultés, le temps pour moi d'achever de réorganiser l'affaire en collaboration avec l'industrie britannique du livre. A l'époque, mon intention était de compenser une partie des créances

de Waller à mon égard par des dettes de Simpkins envers lui et ses sociétés.

Avant la signature du protocole d'accord entre Maxwell et Waller en juillet 1953, la Watford Chemical C° accepta de verser 50 000 £ à Simpkins à titre d'acompte sur les gains à venir de Maxwell. Après la signature du protocole, deux représentants de Waller entrèrent au conseil d'administration de Simpkins tandis que l'Anglo-Continental Exchange prêtait 80 000 £ supplémentaires, sans caution, après avoir en outre remboursé Hambros.

Le *Sunday Times* du 5 octobre 1969 décrivait Whitlock, cet ancien commandant de l'armée, comme un « vétéran du renseignement ». Sans doute était-ce pour pimenter la théorie selon laquelle Waller avait été la victime d'une bande d'espions qui l'auraient « incité », selon les termes de l'article, à concéder 20 % de ses bénéfices à Maxwell. Le raisonnement était le suivant :

> Une partie des activités de Wallensteiner consistait à faire le commerce de teintures et de produits chimiques avec l'Allemagne de l'Est et la Chine communiste. Ce n'était pas illégal en Angleterre mais devait fatalement le conduire à de sérieuses difficultés avec le gouvernement américain. Wallensteiner craignait en outre d'encourir les foudres des autorités britanniques. Ses relations avec Maxwell s'expliquent aisément si l'on admet que – à tort ou à raison – il croyait ferme que ce dernier le protégerait des ennuis avec divers services secrets.

Quelle lecture palpitante pour les amoureux du roman d'espionnage! Mais Waller n'était pas un imbécile. C'était un gros brasseur d'affaires. Pourquoi aurait-il dû croire qu'il aurait des ennuis avec « divers » services secrets sous prétexte qu'il commerçait légalement avec l'Allemagne de l'Est et la Chine? Et d'abord, quels services secrets? Les Américains? Que pouvaient-ils lui faire sous le manteau que leur gouvernement ne pouvait accomplir au grand jour? Les États-Unis étaient en train de traverser la période d'anticommunisme la plus violente de toute leur histoire mais les activités de Waller n'enfreignaient aucune loi. S'il avait cru Maxwell à même de le protéger d'actions menées par le gouvernement britannique aux termes de lois non encore promulguées – et quand bien même elles le seraient, elles ne pouvaient être rétroactives – pour quelle raison aurait-il imaginé pareil scénario? Whitlock et Maxwell étaient peut-être l'un et l'autre d'anciens officiers de renseignement mais Maxwell ne l'avait été que durant une période de quelques mois. Si vraiment Waller s'imaginait que des ex-agents secrets reconvertis dans l'édition étaient en mesure d'empêcher les autorités britanniques d'intenter contre lui une action légale quand il n'enfreignait aucune loi, alors il ne méritait guère d'être laissé en liberté, encore moins de diriger plusieurs entreprises dont une banque d'affaires...

En fait, le véritable problème de Waller était autre : il désirait convertir ses stocks en liquidités; or Maxwell, depuis son passage à la Commission de surveillance, avait acquis la réputation d'un négociateur-né, d'un habile pourvoyeur d'impossible – que ce fût du café ou un taux de change favorable –, d'un charmeur capable de fourguer du vernis à ongles à la Vénus de Milo. Il est plus logique de penser que Waller avait vu Maxwell sous cet aspect plutôt que comme un personnage central gravitant dans le monde mystérieux du MI 5 et du MI 6. Son besoin de se défaire d'un vaste stock de marchandises à troquer devenait de plus en plus pressant à mesure que le monde se remettait des séquelles du conflit. Le miracle économique ouest-allemand était en route, la période du rationnement s'achevait dans toute l'Europe occidentale. Une fois revenue l'abondance, les millions de chaussures, les centaines de baraques en bois ou bien les milliers de tonnes de teinture deviendraient des rossignols invendables sur le marché. Bref la marchandise de Waller devait sa valeur à la pénurie mondiale.

L'administrateur judiciaire établit que Simpkins était en permanence à court de liquidités; entre juillet et décembre 1953, l'Anglo-Continentale avait avancé 100 000 £ supplémentaires, dont pas un sou n'avait été remboursé à la date de la liquidation. En janvier 1954, l'Anglo-Continentale avança encore 200 000 £ à Simpkins, sans aucune caution. Le 30 mars, une compagnie d'assurances prêtait 30 000 £ au taux de 7 % garantis par une hypothèque sur les bâtiments de Marylebone Road; le Dr Waller acceptait que cette hypothèque fût prioritaire sur les propres créances de sa société. A peu près à la même époque, Maxwell, sur injonction du fisc, demanda la modification de son accord initial avec Waller : les règlements seraient désormais faits directement à Simpkins, en échange de quoi la société autoriserait Waller à utiliser ses services.

Ce nouvel accord stipulait en outre que Maxwell agirait à titre de « conseiller secret » de Waller pendant trois ans à dater du 3 mars 1953, que Simpkins recevrait 20 % des bénéfices nets de chacune des sociétés de Waller à partir de cette même date, que les obligations sur les créances ne seraient pas converties tant que les capitaux de Simpkins ne seraient pas menacés, que les 50 000 £ avancées par la Watford Chemical Cie en juin écoulé seraient considérées comme le règlement du transfert de 50 000 actions préférentielles, et enfin que le taux d'intérêt payé par Simpkins sur l'ensemble des prêts consentis par les sociétés de Waller devrait être ramené à 4 % l'an. L'accord semblait intéressant pour Simpkin Marshall, beaucoup moins pour les sociétés du Dr Waller; du moins, est-ce ainsi que ce dernier et Todd, son conseiller financier, voyaient les choses.

> L'encre sur l'accord était à peine sèche, raconte Maxwell, que survint un différend avec Waller. Celui-ci trouvait (disait-il) que Simpkins allait gagner trop d'argent sur le travail que j'avais accompli pour ses entreprises; il voulait donc diminuer la rémunération totale. Bien entendu, je ne voyais aucune raison d'y consentir mais Waller essaya de m'y forcer. Sa tactique principale fut de « découvrir » soudainement que ses investissements chez Simpkins étaient en péril; il me menaça d'exiger l'apurement des créances. Ce qui aurait évidemment conduit Simpkins à la faillite, avec pour conséquence de nombreuses pertes d'emplois et un tort incalculable fait à l'industrie britannique du livre.

D'après l'administrateur judiciaire, Todd avertit Waller au mois de mai que, selon lui, les capitaux de Simpkins étaient en péril. Todd prévint Maxwell de son intention de convoquer les créanciers. Maxwell réagit en déposant avec succès un recours qui interdit la tenue de cette assemblée, à la suite de quoi un nouveau protocole d'accord fut rédigé, cette fois-ci entre Simpkin Marshall, Waller, Maxwell, l'International Services Trust (une entreprise appartenant à Maxwell) et d'autres sociétés encore, aux termes duquel Simpkins et le Trust héritaient respectivement d'une somme égale à 20 % de l'ensemble des bénéfices des sociétés du groupe Waller pendant une période de dix-sept mois à compter du 1er janvier 1953. Ces sommes devaient compenser les 100 000 £ dues par Simpkins à l'Anglo-Continentale plus le montant de l'hypothèque. Mais la société n'était plus en mesure de verser à Waller sa part de bénéfices. On mit à la tête du conseil d'administration de Simpkins un représentant de Waller, le général de brigade A.C. Critchley, un Canadien, golfeur réputé, qui avait été brièvement député conservateur avant la guerre et qui avait perdu la vue l'année précédente; l'Anglo-Continentale s'engageait pour sa part à ne pas exiger le remboursement des dettes avant août 1958, pourvu que des remboursements de 5 000 £ fussent effectués tous les six mois à dater du 1er décembre 1955 :

> De fait, déclare Maxwell, je rompais les liens avec Waller au terme de cet accord final; je pressentais que Simpkins ne pourrait espérer des sociétés de Waller plus que ce qui lui était dû : je soupçonnais déjà que lors de la présentation des comptes, Waller s'arrangerait pour que les dettes de Simpkins apparaissent bien plus élevées que ses créances. Qui plus est, je ne pouvais escompter de nouvelles avances de la part des sociétés de Waller. Par conséquent, Simpkins se retrouvait encore une fois à court de liquidités.

Au moment où le rapport de l'administrateur judiciaire était publié, les comptes des sociétés de Waller n'avaient pas encore été présentés mais Todd annonça néanmoins qu'ils étaient globalement en déficit : aussi, conformément aux accords, il n'y aurait aucun versement à Simpkins. Maxwell contesta cette déclaration, affirmant qu'une somme substantielle était due. Mais elle n'était pas près de se matérialiser. Il avait parfaitement conscience des sérieuses difficultés financières de l'entreprise. Maxwell prit aussitôt des dispositions pour que Chalmers, Wade and Cie, vérificateurs aux comptes aussi bien auprès de l'Association des Éditeurs que de Simpkins, examinent la situation commerciale de la firme, en particulier ses marges bénéficiaires sur les livres qu'elle vendait. Le 16 novembre 1954, le cabinet Chalmers-Wade remettait son rapport qui recommandait :

- Le développement de la vente au détail.
- L'amélioration des conditions consenties par les éditeurs pour accorder à Simpkins une marge de 20 %.
- La généralisation dans les plus brefs délais de la procédure de livraison par office.

Copies du rapport furent transmises à toutes les associations d'éditeurs et de libraires, leur demandant une réponse rapide. Celle-ci vint le 21 janvier 1955. Les éditeurs refusaient. Maxwell explique : « Je n'avais dès lors pas d'autre choix que d'inviter Waller à nommer un syndic de liquidation. »

Depuis le jour de sa résurrection en 1941, après le bombardement de ses locaux, l'histoire de Simpkin Marshall avait traduit les contradictions du milieu de l'édition. Les éditeurs désiraient les services d'une grande entreprise de diffusion du livre mais refusaient de lui accorder la marge de profit qui aurait assuré son existence. Rétrospectivement, leur décision de 1948 de ne pas faire jouer leur clause de reprise sur Simpkin Marshall apparaît comme une grave erreur.

Dès le jour où il avait repris l'entreprise, Maxwell avait essayé de restructurer le commerce de gros sur des bases coopératives. Dès octobre 1953, il avait conclu des accords avec trente-cinq éditeurs pour qu'ils fournissent à Simpkins des livres en dépôt-consignation. Bien que cela signifiât que la société n'avait pas à acheter les livres, les éditeurs exigeaient toujours d'elle un dépôt de garantie qui servirait de fonds de roulement. Quand les syndics furent nommés le 1er avril 1955, ces dépôts s'élevaient à quelque 68 000 £. Cette exigence des éditeurs, explique Maxwell, était l'une des raisons du manque de capitaux de Simpkins. La nécessité de transformer les nouveaux locaux pour répondre à ce qu'il jugeait être les besoins du marché en fut une autre.

Après le 21 janvier 1955, Simpkins n'avait plus de disponibilités et traitait désormais uniquement au comptant. Tom Clark, qui avait rejoint Maxwell au tout début de 1951 avant le rachat de Pergamon, et qui collaborait étroitement avec lui chez Simpkins, se souvient :

> Je revois André Deutsch entrant dans mon bureau avec son avocat, Rubinstein, et refusant d'en sortir tant que sa créance n'aurait pas été remboursée. Il disait que Simpkins l'avait aidé à monter son affaire et qu'il n'allait pas laisser Simpkins la couler.

En février, les principaux éditeurs tinrent deux réunions au cours desquelles ils décidèrent de n'entreprendre aucune action pour faire valoir leurs droits vis-à-vis de la société. Le 8 février, ils nommèrent une commission d'enquête sur ses affaires. Elle examina plusieurs propositions de relance de Simpkins présentées par Maxwell mais décida le 28 mars la mise en liquidation; le 31 du même mois, la commission, le créancier hypothécaire (l'Anglo-Continentale) et d'autres intervenants, constatant l'insolvabilité de Simpkins, décidèrent de nommer un administrateur judiciaire. Tous les créanciers privilégiés furent intégralement remboursés mais les autres, dont l'ensemble des créances s'élevait à quelque 656 000 £, ne reçurent que 19 pence par livre.

Dans sa majorité, la profession reprocha à Maxwell l'échec de Simpkin Marshall. Elle estimait qu'il s'était montré trop ambitieux. Maxwell, de son côté, rendait les éditeurs intégralement responsables de la faillite. Il indiqua à l'administrateur judiciaire que l'insolvabilité de la société était due à :

- La perte de ses possibilités de remise et de ses débouchés chez les détaillants, par rapport à l'entreprise précédente.
- Le manque d'incitation pour les détaillants à s'approvisionner auprès de Simpkins, étant donné que les éditeurs leur offraient des conditions plus intéressantes.
- Les objections soulevées par les associations de libraires et d'éditeurs à l'ouverture par la société de nouveaux points de vente de détail.
- La tendance de certains éditeurs à forcer la société à acheter des quantités substantielles de leurs titres pour obtenir des conditions de gros, ce qui conduisait souvent à des pertes non négligeables par suite de dépréciation du stock.

Maxwell refuse aujourd'hui d'admettre la moindre erreur de sa part. La leçon que lui avait enseignée l'échec de Simpkin Marshall, disait-il, était double : « Ne jamais laisser à nouveau un tiers fixer à ta place les marges bénéficiaires de tes affaires. » « Si un gentleman de l'*Establishment* t'offre sa parole ou son contrat, toujours choisir le contrat. »

Dans son rapport, l'administrateur judiciaire, quant à lui, répartissait également les responsabilités :

> L'échec de la société est dû principalement :
> 1° à une insuffisance structurelle de capital; 2° au faible écart entre les prix de cession accordés par les éditeurs et le prix de vente fixé par la société, écart insuffisant pour couvrir les frais généraux; 3° aux travaux sur les locaux de Marylebone Road et 4° au financement du *British Book Centre,* Inc. à New York. Il semble douteux que la société eût été solvable à un moment ou à un autre. L'acquisition des locaux de Marylebone Road et le financement du British Book Centre, Inc., à un moment où l'entreprise était insolvable, avaient été une erreur puisque les dirigeants n'avaient pas, au préalable, obtenu des conditions satisfaisantes pour une augmentation de capital. Qui plus est, comme la société n'avait pu arracher une marge plus grande entre le prix de cession des éditeurs et son prix de vente aux libraires, ses dirigeants auraient dû, en raison de l'accroissement des frais généraux, envisager et décider de la liquidation beaucoup plus vite.

James Pitman (le futur député conservateur de Bath) a toujours défendu Maxwell contre toutes les critiques. Quand Maxwell fut candidat travailliste dans la circonscription de Buckingham, en 1959, et que ses adversaires s'empressèrent de ressortir « l'affaire Simpkin Marshall », James Pitman protesta auprès du *Sunday Express* qui avait ravivé la controverse :

> Je suis tout à fait convaincu qu'aucun stigmate n'entache la réputation du capitaine Maxwell... Bien au contraire, il a accompli un effort particulièrement louable et désintéressé pour assurer la poursuite d'un service totalement anéanti par l'ennemi... et en grande partie reconstruit par l'organisation Pitman.

Mais la rumeur continuait à gronder. Après l'article du 5 octobre 1959 dans le *Sunday Times,* un éditeur aigri, qui avait perdu trois cents livres dans la faillite, écrivit à Maxwell une lettre haineuse :

> L'avenir pour vous apparaît bien sombre; vos amis doivent se compter sur les doigts de la main alors que grandit le nombre de vos ennemis... Je me demande combien de temps encore votre chance vous permettra de tenir.

La réponse de Maxwell fut nette. Son correspondant avait lésé Simpkins d'une somme bien supérieure aux trois cents livres qui ne lui avaient pas été réglées :

> J'en conclus que pas plus vous que le reste de l'industrie du livre ne pouvez vous dérober à votre part de responsabilité dans la faillite de Simpkin Marshall.

Maxwell démentit la relation des événements du *Sunday Times.* L'article avait mentionné que quatre ans après son rachat de Simpkin Marshall, l'entreprise avait un demi-million de livres de dettes; Maxwell rétorqua que, lorsqu'il avait repris la société, le total de son passif était bien supérieur. Il niait d'autre part que l'acquisition du Centre britannique du livre (mis en liquidation quelques années plus tard) eût été responsable de l'effondrement de Simpkins :

> Il est tout simplement faux de dire que Simpkins a avancé la moindre somme au Centre du livre. Simpkins disposait de stocks anciens considérables, totalement invendables au Royaume-Uni : on décida donc de voir s'il n'existerait pas un marché plus intéressant aux États-Unis. Personne là-bas ne voulait accepter ces livres autrement qu'en dépôt mais une telle procédure soulevait deux objections : d'abord Simpkins n'aurait aucun contrôle sur les ouvrages une fois qu'ils seraient expédiés, ensuite on risquait de rencontrer des problèmes administratifs dans le cadre de la réglementation des changes en vigueur à l'époque, qui imposait des critères très stricts pour les ventes à l'étranger.
> La solution (vendre les ouvrages au Centre britannique du livre en lui accordant des facilités de paiement) apparaissait comme la seule qui fût commercialement viable. Le Centre britannique

du livre expédia dès lors les ouvrages en dépôt aux libraires dans tous les États-Unis; je crois bien qu'ils en vendirent fort peu. En fin de compte, d'énormes quantités d'invendus retournèrent au Centre, qui les offrit aux syndics de liquidation pour solde des sommes initialement facturées. L'offre fut refusée par les syndics qui acceptèrent à la place un paiement de 42 000 dollars et les livres furent alors soldés ou mis au pilon.

Dans son rapport aux créanciers, Maxwell défendait le rachat du Centre britannique du livre. A l'époque où il avait acquis Simpkins, le Centre connaissait des difficultés financières; il avait perdu plus de 100 000 £, n'avait plus payé les éditeurs britanniques depuis un certain temps et ceux-ci avaient cessé de l'approvisionner :

> Il me parut dès lors opportun de sauver cette vitrine de l'édition britannique aux États-Unis. Par expérience, je savais qu'il existait là-bas un bon marché potentiel pour les livres anglais; j'en avais conclu que le Centre du livre de New York, grâce aux moyens et au soutien matériel de Simpkins, pourrait, avec le temps, se révéler une affaire rentable. En fait, tel fut bien le cas; pour l'exercice clos en décembre 1954, le Centre du livre avait, pour la première fois depuis sa création, fait de modestes bénéfices. Néanmoins, le tour pris par les événements fit que, pour Simpkins et moi, le coût du rachat de cette entreprise à ce stade se révéla fort lourd.

Finalement, que reprochent à Maxwell ses détracteurs, et, plus tard, le *Sunday Times*? Essentiellement de s'être bien sorti personnellement d'une faillite dans laquelle d'autres avaient laissé des plumes. Mais il répondit aux créanciers :

> Je n'ai jamais recueilli le moindre salaire ou dédommagement pour le temps et les efforts passés sur cette affaire et, durant toutes ces années, mes autres sociétés ont consenti des sacrifices financiers non négligeables pour aider Simpkins.

Certes, il révélait qu'au cours des négociations avortées avec l'Association des Éditeurs, antérieurement à la désignation de l'administrateur judiciaire, il avait offert d'injecter dans l'entreprise une masse substantielle d' « argent frais »; il avait en même temps proposé de confier les actions et la gestion de la société à des administrateurs désignés par les associations de libraires et d'éditeurs, « pourvu que la profession garantît la poursuite de son activité sous l'une ou l'autre forme ». Il ajoutait :

> Depuis le début, je suis resté fermement convaincu que ce serait une calamité pour l'ensemble de l'édition si l'on ne saisissait pas cette occasion de rationaliser la profession, en définitive pour son plus grand profit.

Arthur Coleridge avait été directeur commercial de Simpkin Marshall avant l'arrivée de Maxwell. Il était resté dans la société jusqu'à la mi-1953. Par une lettre à la revue professionnelle *The Bookseller* (Le Libraire), il accusait une majorité de libraires importants d'avoir traité directement avec les éditeurs pour les best-sellers mais de s'en être remis comme de juste à Simpkins pour les articles difficiles à vendre.

Loin de toute spéculation vaine sur ce qui aurait pu se passer, il paraît logique d'estimer que la profession aurait dû autoriser les frères Pitman à mettre Simpkin Marshall en liquidation sur leur demande en 1950. Les éditeurs qui contactèrent Maxwell pour sauver l'entreprise ne lui rendirent pas service, pas plus qu'ils ne s'en rendirent un. Et Maxwell ne les aida pas en les écoutant. Compte tenu de leur activité passée, c'eût été faire preuve d'un excès d'optimisme d'imaginer qu'ils consentiraient à Simpkin Marshall les marges indispensables à sa réussite. La vérité, c'est que les éditeurs avaient touché Maxwell à son point le plus faible : il n'a jamais su résister à un défi. Quand il succombe à la tentation, les résultats sont parfois spectaculaires. N'avait-il pas réussi à redonner le moral à un petit groupe de soldats anglais encerclés en 1945, après que son supérieur lui eut dit qu'il était stupide et qu'il risquait sans doute la cour martiale, même en cas de succès? Trente-cinq ans après l'affaire Simpkins, son comportement n'a pas changé quand il accepte de sauver de la déconfiture les Jeux du Commonwealth à Édimbourg; quand, en 1982, 1984 et 1987, il bondit à la rescousse, respectivement, de l'Oxford United, du Derby County et du Watford football club; quand il devient président de la commission des approvisionnements à la Chambre des Communes afin d'endiguer des pertes qui confinaient au scandale public; quand il cherche à utiliser ses importantes ressources pour lancer une campagne internationale destinée à venir en aide aux victimes du SIDA; quand il essaie de tirer Aston Martin de la faillite; quand il tente de sauver les assurances Craven. La liste est sans fin. Expliquer cette conduite par la vanité serait superficiel. Sa curiosité est insatiable. Il se complaît à résoudre les problèmes; on note chez lui une espèce de complexe de Salomon. Mais sans aucun égoïsme. Les situations requérant une solution propice au bien commun l'attirent avant tout. Il irait de déception en déception s'il attendait en retour la reconnaissance de l'opinion.

IV

L'essor de Pergamon

> « La science est mille fois plus stimulante pour l'imagination que les classiques. »
>
> J.B.S. Haldane

Après la fin de Simpkin Marshall, Maxwell se consacra à nouveau entièrement à son œuvre, Pergamon Press, la société qu'il avait bâtie sur une conviction unique, simple et claire : l'après-guerre serait dominé par les développements scientifiques que les besoins de la guerre avaient accélérés. Et cela concernait tous les domaines : de la recherche atomique et spatiale au moteur à réaction et au radar, sans oublier les antibiotiques, pour ne citer qu'eux. Son entreprise se développait rapidement, car la demande de manuels, revues et articles scientifiques, surtout des publications allemandes d'avant 1945, ne cessait de croître. Un an plus tôt, en janvier 1954, Maxwell avait entrepris le premier d'une série de voyages qui devait durer plus de dix ans. Leur objectif était toujours le même : l'achat de nouveaux droits pour la société et le recrutement de différents savants comme directeurs ou conseillers de ses revues toujours plus nombreuses. Maxwell séjourna dix jours à Moscou comme membre d'une délégation de trente personnes venue développer l'échange de publications scientifiques entre l'Est et l'Ouest. Depuis des générations, les Russes pillaient sans vergogne les livres britanniques, les reproduisant sans payer de droits. Maxwell, au cours de son séjour, eut l'occasion de s'en indigner auprès de Nikita Khrouchtchev. De telles pratiques, en vigueur depuis le temps des tsars, ne pouvaient plus durer. Khrouchtchev répondit simplement : pourquoi payer ce que l'on pouvait obtenir gratuitement? Maxwell rétorqua que, dans ce cas, il publierait dans les mêmes conditions des ouvrages russes, sans payer de droits. Il rentra avec les droits britanniques sur une cinquantaine d'ouvrages soviétiques scientifiques, techniques et médicaux. Il rapportait aussi une promesse d'achat pour un nombre bien plus important de livres anglais. Il avait même l'engagement de

Khrouchtchev de régler le problème des droits, mais sur ce point celui-ci se hâta lentement, au point d'établir une sorte de record historique en la matière... Néanmoins, la promesse finit par être respectée.

Vingt-quatre heures à peine après son retour d'URSS, Maxwell repartit pour un voyage de dix-sept jours au Canada. N'avait-il pas promis à Waller de vendre aux Canadiens du ciment est-allemand troqué et d'aider au redémarrage de leurs échanges commerciaux avec l'URSS, qui avaient pratiquement cessé pendant la guerre froide? Il leur annonça que les Russes étaient « décidés » à acheter, pour commencer, au moins 20 millions de dollars de produits canadiens, et que d'autres commandes suivraient.

Mais son premier déplacement à l'étranger après l'effondrement de Simpkins fut un séjour à Pékin. Il faisait partie d'une délégation conduite par S.A. Lane du groupe Bush, invitée par l'agence chinoise d'Import-Export, en réponse à une demande d'Anthony Eden, le tout nouveau Premier ministre. A l'époque, un voyage en Chine était une véritable expédition, par air et par voie ferrée : on devait emprunter un vieux coucou jusqu'à Hong Kong, puis un train infiniment plus vieux et inconfortable jusqu'à Pékin. Des haut-parleurs placés dans les compartiments débitaient sans interruption de la propagande communiste, ce qui accentuait l'inconfort! Comme il était impossible de baisser le son, Maxwell arracha le haut-parleur de son compartiment. Cela n'arrangea pas vraiment les choses. On menaça de l'expulser du train. Il fallut attendre que l'engin diabolique fonctionne à nouveau pour que le train reparte.

Les négociations avec le nouveau régime furent d'un genre tout à fait inédit. Maxwell représentait l'édition, la presse et le cinéma. Mais les pourparlers avec le ministre de l'Éducation étaient interrompus à intervalles réguliers. La délégation chinoise quittait la salle pour faire sa gymnastique. Le résultat des entretiens fut on ne peut plus maigre. Subir à nouveau la torture chinoise du train était au-dessus des forces de Maxwell : il ne le supporterait pas. Il demanda l'autorisation de rentrer en Grande-Bretagne par avion, via l'Union soviétique. La guerre froide étant alors à son apogée, on lui répondit par une fin de non-recevoir. Il en fallait plus pour décourager Maxwell. Alors que leurs compagnons durent repartir comme ils étaient venus, un consul soviétique compréhensif leur délivra, à lui et à Lane, les visas leur permettant de prendre un avion des lignes nationales chinoises pour Moscou, via Irkoutsk. L'appareil n'était pas d'un confort extrême (le dernier à monter devait refermer la porte derrière lui), et son trajet était le plus souvent en zigzag. Lorsque Maxwell demanda la raison de cet étrange parcours, le vice-ministre soviétique du Commerce extérieur, Kirmikan, qui était du voyage, fournit une explication inattendue : il n'était pas question de laisser des capitalistes découvrir les réalisations merveilleuses de la Sibérie. Une vive discussion s'engagea. Maxwell prévint le Russe que les Chinois aimaient encore moins les soviétiques que ceux-ci n'aimaient les Américains et les Britanniques, que d'ici deux ans les Russes viendraient demander aux alliés occidentaux de les protéger contre Pékin. La discussion prit un tour orageux; à l'atterrissage, Maxwell fut brièvement interrogé par la police secrète, le NKVD.

Cette première visite de Maxwell en Chine connut son épilogue bien des années plus tard, lorsqu'il y fut de nouveau invité en 1970. Avant tout, le ministre de l'Éducation s'excusa de ne jamais avoir répondu à une lettre que Maxwell lui avait écrite en août 1955. Ce retard était dû à la Révolution culturelle. Maxwell le félicita pour l'efficacité de son système de classement.

A son retour de Pékin, Maxwell s'envola vers Genève pour assister à la première Conférence internationale des Nations unies sur les « Utilisations pacifiques de l'énergie nucléaire », dont il devint l'éditeur officiel. Avec ou sans invitation, il assista à toutes les réceptions, espérant pouvoir y recruter de nouveaux auteurs et des collaborateurs pour Pergamon. Plus tard, Maxwell devait dire :

> Je fus si impressionné par les perspectives et l'importance de l'énergie nucléaire pour la paix comme pour la guerre que j'acceptai immédiatement de publier un grand nombre de revues concernant l'ensemble du domaine de l'énergie nucléaire.

On assista en effet à une explosion de nouvelles revues chez Pergamon : *Inorganic and Nuclear Chemistry, Annals of Nuclear Energy, Applied Radiation and Isotopes, Progress in Nuclear Energy* (avec douze séries différentes), *Health Physics*, et bien d'autres. Toutes connurent le succès dans les milieux scientifiques et universitaires; la plupart d'entre elles existent encore.

Le directeur actuel de *Annals of Nuclear Energy*, M.M.R. Williams, professeur d'ingénierie nucléaire à l'université du Michigan, se souvient de la Conférence de Genève :

> On allait de cocktail en dîner. Les délégations rivalisaient entre elles à qui mieux mieux. Il n'y eut pas une réunion à laquelle Bob Maxwell n'assistât. Qu'il fût invité ou non lui importait peu. Il lui fallait être là pour multiplier les contacts. Les

Français avaient décidé d'organiser un repas sur un bateau au milieu du lac Léman. Faute de place, les cartons étaient strictement contrôlés à l'embarquement. Au moment où le bateau commençait à s'éloigner de la rive et se trouvait déjà à un mètre environ du quai, Bob arriva en criant « Attendez-moi ! ». Il sauta à bord. Le marin qui l'aida à monter avait bien trop peur de le voir tomber à l'eau pour songer à lui demander son carton – la légende veut qu'il n'en ait pas eu et que la ruse fut préméditée...

Même incompréhensibles pour le grand public, les travaux de conférences comme « L'atome pour la paix » intéressaient au plus haut point les savants du monde entier. Obtenir les droits de ces colloques constituait un capital inestimable pour Pergamon. Par elles-mêmes, ces publications étaient rentables. En outre, elles étaient prestigieuses et facilitaient la signature de nouveaux contrats.

A Genève, la rencontre du chef de la délégation soviétique, l'académicien Topchiev, fut particulièrement importante pour Maxwell. Topchiev, grand expert mondial en pétrochimie, occupait aussi les fonctions de secrétaire de l'Académie des Sciences d'URSS. Maxwell se souvient :

> Comme tous, je fus surpris par la qualité de certains travaux soviétiques lors de cette conférence... et j'acceptai une invitation de l'Académie pour discuter avec ses membres les plus éminents de leur éventuelle traduction et publication par Pergamon en Angleterre.

Grâce à son opiniâtreté, son don de persuasion et son incroyable culot – c'est le seul mot qui convient – Maxwell taillait une place à Pergamon dans le monde de la science. Il avait trente-deux ans, débordait de vitalité et sa société était prospère. Il s'était littéralement approprié l'un des marchés les plus lucratifs de l'édition. Il était parvenu au sommet. A ce moment, à peine rentré de Suisse, il fut frappé par le désastre.

Soudain, sans jamais avoir été malade, il se mit à souffrir de violentes douleurs de poitrine. Son médecin traitant lui prescrivit des cataplasmes chauds. Les douleurs empiraient, et les radiographies révélèrent l'existence de tumeurs dans les deux poumons.

Dans son compte rendu du 7 octobre, le Dr Ogilvie Macfeat, du département de radiologie de la London Clinic, écrivait :

> On décèle deux opacités relativement importantes, de forme arrondie, dans la région axillaire gauche supérieure, et une petite ombre ovale recouvre l'intersection des quatrième et

> septième côtes droites... L'apparence des poumons est, dans l'ensemble, normale, comme la forme et la taille du cœur... Les opacités des deux poumons sont sans doute des dépôts secondaires malins – provenant probablement d'un séminome (cancer du testicule).

Quatre jours plus tard, le Dr Macfeat notait dans un autre compte rendu que les deux opacités importantes étaient composées de « nombreux nodules de forme arrondie ». On fit appel à un spécialiste éminent du cancer du poumon, Sir Stanford Cade, qui diagnostiqua des métastases pulmonaires. Le monde, qui jusqu'alors s'offrait à Maxwell, se refermait maintenant sur lui à une vitesse terrifiante. Betty se souvient encore du jour horrible où elle écouta Sir Stanford rendre son verdict :

> Je ne me souviens que trop bien du jour où le « grand homme », avec un détachement glacial, délivra sa sentence à Bob. Sir Stanford lui dit que, puisqu'il se trouvait à la tête d'une entreprise importante et avait six enfants à charge, il était de son devoir de le prévenir qu'il ne lui restait que quatre semaines à vivre. Il devait en profiter pour mettre de l'ordre dans ses affaires.
> Lorsqu'on me fit entrer, ma première réaction fut la révolte, suivie d'un intense désir de ne pas baisser les bras. Bob, lui, était effondré.
> Un jour, en regardant des fleurs qu'on lui avait apportées, il comprit à quel point la nature était belle. Il se rendit compte qu'il n'aurait plus jamais le temps d'apprécier la forme, la couleur et le parfum d'une fleur.

Le fait est qu'aujourd'hui il y a toujours des fleurs dans son bureau, chez lui, ou à l'endroit où il se trouve, même au milieu de l'hiver. Betty Maxwell poursuit :

> Les infirmières pleuraient à l'idée qu'un homme si beau et charmant, père de six enfants, soit condamné si jeune. Elles m'autorisèrent à dormir dans sa chambre. Je couchais sur un matelas posé à même le sol, près de son lit. Nous parlions tout le temps et échafaudions des plans. Je tenais sa main toute la nuit pour qu'il puisse s'endormir en paix, sachant que je ne laisserais pas la mort l'emporter à son insu, dans son sommeil.
> Bob avait connu des expériences terribles pendant la guerre et avait frôlé la mort à plusieurs reprises; mais s'entendre annoncer qu'il allait bientôt mourir, c'était autre chose... Pendant la guerre, il était seul au monde. Il s'était fixé un but : battre les nazis et venger sa famille en Tchécoslovaquie. Mais maintenant il avait une femme et six enfants qu'il adorait.

Au début, les Maxwell ne songèrent pas à contester le diagnostic de Sir Stanford Cade. On alla chercher à son école leur fils aîné,

Michael, neuf ans, pour qu'il puisse dire adieu à son père. Les cinq autres enfants, Anne, Philip, Christine, Isabel et Karine (cette dernière qui devait elle-même mourir deux ans plus tard) furent conduits à la clinique par leur nounou Marion Sloane. Betty raconte :

> Il faut comprendre. Nous étions très jeunes, et nous n'avions aucune raison de douter du diagnostic d'un éminent spécialiste comme Sir Stanford. Mais pendant mon séjour à la clinique, je commençai à remuer ciel et terre pour essayer de voir si l'on ne pouvait pas faire quelque chose.

D'abord, Betty eut recours à sa sœur, Yvonne Vittoz, la gynécologue parisienne qui avait mis au monde presque tous ses enfants. Elle lui téléphona, et reçut le conseil de demander un second avis à un pneumologue français, le Dr Roger Kervran. Yvonne Vittoz prit avec lui l'avion pour Londres. Le pneumologue français n'était pas persuadé de l'exactitude du diagnostic de Sir Stanford. Il conseilla de faire examiner Maxwell par une autre équipe. La situation semblait désespérée; les Maxwell étaient prêts à se raccrocher au moindre espoir. Ils consultèrent Sir Clement Price Thomas, le chirurgien qui avait opéré Georges VI d'un cancer du poumon en 1951. Celui-ci leur suggéra à son tour de demander au Dr Peter Kerley, qui avait été le radiologue du roi, de nouvelles radiographies.

Kerley effectua une tomographie, c'est-à-dire une radiographie qui permet de voir différents plans de la partie du corps examinée. Il identifia une petite tumeur dans la partie supérieure du lobe gauche du poumon droit, mais déclara que les métastases que Sir Stanford Cade avait cru voir n'existaient pas. En fait, il s'agissait de l'ombre produite par une excroissance sur une côte. A la suite de ces nouvelles radiographies, Sir Clement Price Thomas conseilla une intervention chirurgicale exploratoire. Il l'effectua lui-même au University College Hospital, à Londres, et retira le lobe supérieur du poumon droit de Maxwell. Une biopsie démontra ensuite que la tumeur n'était pas maligne.

Kerley demeura un ami de la famille Maxwell jusqu'à sa mort, une vingtaine d'années plus tard. Il avait été tellement choqué par le diagnostic originel de la maladie de Maxwell qu'il refusa le moindre honoraire, ni pour son intervention ni pour les radiographies ultérieures, d'abord tous les trois mois, puis tous les six mois, et enfin une fois par an. De son côté, Maxwell, à qui il arrivait de fumer jusqu'à deux paquets par jour, abandonna la cigarette. Aujourd'hui, il déteste le tabac; seuls les véritables toxicomanes de son équipe, et encore faut-il qu'ils soient très respectés, osent fumer en sa présence.

Il fallut un certain temps à Maxwell pour se convaincre qu'il n'allait pas mourir prématurément; sa maladie a probablement accentué la hâte et l'impatience avec lesquelles il traite toujours le moindre problème. Pendant des années, il eut l'habitude de commencer toute remarque sur l'avenir par les mots : « Si je suis encore en vie... » Ann Robertson, qui fut sa secrétaire de 1948 à 1958 avant d'émigrer en Afrique du Sud, se souvient de lui avoir rendu visite à l'hôpital avant l'opération :

> Il interrogeait un scientiste chrétien car il cherchait une vérité sur l'au-delà qui eût été acceptable pour son esprit analytique. Je dus ensuite lui lire des pages entières d'une charte scientiste chrétienne, mais il n'y trouva rien de bien satisfaisant; il se tourna ensuite vers le grand rabbin et le prêtre catholique, et même vers le pasteur anglican. Mais je pense qu'aucun d'entre eux ne lui apporta la solution qu'il recherchait.

Mme Maxwell dit que son mari ne consulta jamais de prêtre, catholique ou anglican; elle se souvient seulement d'une conversation avec un ami qui était scientiste chrétien. En dehors du cercle des intimes, certains voyaient uniquement les conséquences matérielles de la maladie de Maxwell. Le désintéressement n'était pas la vertu la plus répandue. Tom Clark raconte que

> la maladie de Bob provoqua la consternation chez certains parce que, en 1952, à la demande de Hambros, la société avait souscrit une assurance sur sa vie de 100 000 £. Bob ayant racheté cette police d'assurances aux syndics de Simpkin Marshall, on débattait âprement la question de savoir qui en bénéficierait si Bob venait à mourir. Certains créanciers pensaient que l'assurance n'aurait pas dû être vendue et que toute indemnité à venir devrait être partagée entre eux.

Cette expérience horrible connut un épilogue ironique. En 1949, Maxwell avait rapporté du Japon une grosse opale pour Betty. Après l'opération, à cause de la réputation de porte-malheur de cette pierre, Betty décida de la vendre par l'entremise d'un ami pour la somme « dérisoire » de 92 £, somme qu'elle perçut en espèces. Quelques jours plus tard, Sir Stanford Cade fit parvenir sa note d'honoraires. La tentation fut forte de lui répondre qu'il ne recevrait pas un sou, mais Betty se retint. Les honoraires demandés se montaient à 92 £, et elle décida donc de les régler... avec l'argent reçu en paiement de la pierre!

***

Après cinq semaines de convalescence en Jamaïque, obscurcies par la crainte encore vivace d'une mort imminente, Maxwell put consacrer de nouveau toutes ses énergies au développement de Pergamon. Il était décidé à poursuivre encore l'expansion de la société. En janvier 1955, il avait fixé au conseil d'administration son objectif : publier cent titres par an en 1957. En mars de la même année, le conseil avait accepté de se lancer dans une politique d'expansion systématique, afin de doubler la production en quelques années. Pour Tom Clark, la réussite de la société tenait aux raisons suivantes :

> L'une des grandes qualités de Maxwell tenait à sa rapidité d'analyse et de décision. Dès qu'un problème surgissait, il en voyait immédiatement l'essentiel et prenait aussitôt une décision. Or, bonne ou mauvaise, elle « marchait » presque toujours. La quasi-infaillibilité de leur chef donnait confiance aux cadres de la société. Ce don de galvaniser les énergies, même dans les moments les plus sombres, était extraordinaire. On aurait dit qu'il ne doutait jamais, qu'il n'envisageait jamais de faire marche arrière ou de s'avouer vaincu. A la moindre difficulté, il exigeait d'être prévenu sur-le-champ. Il prodiguait ses conseils sans formuler de vains reproches. En revanche, s'il était le dernier informé, les choses se gâtaient.
> Il avait des réactions étranges. Cinq livres perdues entraînaient pour le coupable une « engueulade », un véritable ouragan! Il en était de même lors d'une perte plus importante, par exemple 1 000 £, mais dans ce cas l'histoire était ensuite racontée au milieu d'énormes éclats de rire. Son idée fixe était « d'en avoir pour son argent ». Pas de dépenses sans bénéfices. Tout devait s'acheter au meilleur prix. Il ne fallait pas jeter l'argent par les fenêtres.

Un rapport impartial sur Pergamon, rédigé en 1978 par une équipe du Imperial College of Science and Technology de Londres, conclut :

> Il est sans doute une raison à l'essor fulgurant de la société. Pergamon a compris que l'après-guerre offrait des débouchés potentiels énormes pour la diffusion du savoir scientifique, à condition de rompre avec l'approche traditionnelle : ce marché ne se limitait ni à l'Europe ni au Commonwealth.

Et cette analyse, on la doit à Maxwell. Pressée et poussée par lui, la société Pergamon s'installa en 1955 dans des bureaux plus vastes, à Fitzroy Square, à Londres. La société conserva le même quartier général jusqu'à son transfert à Headington Hill Hall, à Oxford en 1960. Une assemblée générale extraordinaire de Pergamon – tenue le lendemain de la première radiographie des poumons de Maxwell – avait décidé de porter son capital à 50 000 £, par la création de 40 000 actions d'une livre. Mais le directeur scientifique de Pergamon, le Dr Rosbaud, s'opposait à ce développement à marche forcée. Rosbaud était le n° 2 de la société. Sa réputation, acquise chez Springer Verlag, lui valait la confiance des nombreux scientifiques que Maxwell avait recrutés. Pour Rosbaud, Maxwell était animé d'une ambition démesurée, d'où une volonté d'expansion trop rapide et dangereuse. Pendant des mois, la tension se développa. Maxwell était soutenu par le reste du conseil d'administration. La crise éclata en mai 1956. De sa propre autorité, Rosbaud avait informé Hugh Handsfield, directeur littéraire de la maison américaine McGraw-Hill, que Pergamon ne pourrait ni livrer les exemplaires d'un ouvrage, *Principles of Optics*, commandés par McGraw-Hill, dans les délais convenus, ni lui en garantir les prix. Or ces deux points étaient le fondement de l'accord négocié par Maxwell. « Il y a certainement un malentendu », écrivit Rosbaud à Handsfield :

> Je pense que nous ne pourrons pas livrer les feuilles à plat avant douze ou quinze mois et, en ce qui concerne le prix, nous ne pouvons pas vous donner une estimation puisque nous ne savons même pas quelle est la longueur du livre...

Maxwell explosa. Le 25 mai – soit deux jours après l'envoi de la lettre – après un entretien orageux, il adressa à son directeur scientifique une lettre officielle :

> Je tiens à vous confirmer la teneur de notre conversation de ce matin, au cours de laquelle je vous ai informé de votre suspension immédiate de vos fonctions de directeur scientifique... Je regrette d'avoir à prendre cette mesure, mais je crains que votre lettre du 23 mai à McGraw-Hill ne me laisse d'autre choix compte tenu de votre manque de loyauté. Ce n'est pas la première fois que vous recevez un blâme à ce propos. Je vous rappelle également qu'en septembre 1955 vous m'avez garanti sur l'honneur votre loyauté, votre soutien et votre coopération. Vous me dites que vous auriez agi sans réfléchir. Il m'est malheureusement impossible d'accepter cette excuse. Je considère que votre lettre à McGraw-Hill, ainsi que tous vos actes récents, constituent une rupture de votre contrat de travail avec notre société.

Le même jour, Rosbaud protesta de sa loyauté envers Maxwell; il n'y avait jamais manqué. La suspension de ses fonctions était « totalement injustifiée ». Mais lors d'une réunion extraordinaire du conseil d'administration, Maxwell défendit sa décision. Peu de temps auparavant, il avait garanti à McGraw-Hill que la publication de *Principles of Optics* aurait lieu vers la fin de 1956, et avait ainsi obtenu une commande ferme de 2 500 exemplaires. Lorsque Rosbaud l'avait appris, il avait agi « unilatéralement de manière déloyale et nuisible ». Selon Maxwell, il était sans doute mû par le désir d'inciter McGraw-Hill à négocier directement avec lui, « contribuant ainsi à jeter le discrédit sur la parole et l'autorité du directeur général (Maxwell) ».

Le Dr Rosbaud reconnut à nouveau qu'il avait agi de manière irréfléchie, mais rejeta les allégations de Maxwell quant à ses motivations. A cette époque, le président de Pergamon était Harry Siepmann, l'ancien directeur de la Banque d'Angleterre, une recrue de Maxwell. Selon Tom Clark, Siepmann était un homme très compétent et très introduit dans le milieu international des banques, mais il était toujours à court d'argent, ce qui ne manquait pas de poser quelques problèmes.

Le procès-verbal de la réunion du conseil d'administration résume l'intervention finale de Siepmann. La conviction initiale de Siepmann, à savoir la sincérité du Dr Rosbaud, dut tenir compte des débats. La discussion mit en évidence que Rosbaud avait eu d'innombrables occasions de parler de ce problème avec le capitaine Maxwell. Il ne l'avait pas fait. Il avait écrit à McGraw-Hill de son propre chef. Il s'était conduit comme s'il était le chien de garde du conseil d'administration. Il avait outrepassé ses attributions.

Siepmann blanchit le Dr Rosbaud de l'accusation de déloyauté, mais d'une manière particulièrement vicieuse. Selon le compte rendu, il pensait sans l'ombre d'un doute que le Dr Rosbaud n'avait pas été déloyal envers Pergamon, mais il savait bien que le Dr Rosbaud était intrinsèquement incapable de loyauté. « Le Dr Rosbaud ne semble pas comprendre que la loyauté envers une société implique la loyauté envers ses dirigeants... La lettre à McGraw-Hill n'aurait jamais dû être écrite. »

La suspension de Rosbaud fut donc confirmée. Après des négociations, Rosbaud donna « des gages sur sa conduite future », mais ses jours étaient comptés. En octobre, contre une indemnité de 2 500 £, accordée par le conseil d'administration, Rosbaud démissionna officiellement de son poste. Il vendit ses actions puis disparut de la circulation. Il mourut en 1963. Maxwell dit de lui : « C'était un excellent éditeur de formation européenne, qui m'a appris une partie du métier à mes débuts. »

Après le départ de Rosbaud, plus aucun obstacle ne se dressait devant Maxwell. La société pouvait se développer comme il l'entendait. S'il est vrai que Pergamon a été construit par Maxwell, il est non moins certain que Maxwell a été modelé par Pergamon. L'Angleterre de l'après-guerre compte à son actif bien peu de réussites commerciales durables. Pergamon est l'une des rares exceptions. Quelle que soit l'importance des réalisations de Maxwell, aucune ne vaudra jamais Pergamon. Et rien ne l'a blessé davantage que la perte de Pergamon pendant cinq ans, lorsque sa société passa sous le contrôle de Leasco.

Au cours de sa carrière, Maxwell a remis sur pied bien des canards boiteux. Il a aussi fondé un certain nombre d'entreprises nouvelles – comme une chaîne de librairies universitaires dans les années 60 et le *London Daily News* en 1987. Lorsqu'elles n'ont pas été source de bénéfices, il les a fermées.

Mais Pergamon est un cas à part. La vieille société Butterworth-Springer n'était qu'une simple expérience ratée, une association qui avait échoué. Il a édifié Pergamon Press sans presque rien au départ, sinon une énergie quasi-obsessionnelle et une conception quasi-prophétique. Pergamon est sa chose, sa création, et il l'a cajolée dès le berceau. Sans la moindre formation scientifique ou technique, voire sans la moindre connaissance tout court, il comprit ce que personne d'autre n'avait encore compris : le besoin en connaissances scientifiques et techniques ne pouvait que croître; les autres éditeurs de revues scientifiques n'étaient ni physiquement, ni mentalement, ni techniquement équipés pour répondre à la demande. Voici comment il expliquait, dans une interview avec Sheridan Morley [1], son originalité : « Les gens pensaient qu'il faudrait cent cinquante ans pour en arriver là. J'ai fait plus vite. »

A l'époque, Maxwell adorait citer l'image suivante :

> Depuis le début de l'ère chrétienne, notre savoir a doublé à quatre reprises. Il a d'abord fallu mille sept cent cinquante années, ensuite cent cinquante, puis cinquante. Et enfin la brusque accélération que nous avons connue : dix années.

Et en quinze ans, il allait encore doublé. En fait la principale raison de la réussite de Pergamon est claire : Maxwell comprenait intuitivement ce qui se passait dans les sciences, la technologie et la médecine. Le témoignage de Lady Elizabeth Wilson, femme d'un ancien ambassadeur britannique à Moscou, est révélateur. Un jour elle proposa à Maxwell la publication d'un dictionnaire anglo-russe :

> Je lui dis qu'il serait sans intérêt de publier un petit dictionnaire, il faudrait donc qu'il soit assez gros. « Êtes-vous prêt à prendre ce risque, alors que je n'ai pas le moindre diplôme de russe? » Je me souviendrai toujours de sa réponse : « Je suis toujours prêt à me donner les moyens de mes intuitions. » En fait le dictionnaire fut accueilli aux États-Unis et en Grande-Bretagne comme le meilleur (sans être le plus complet) des dictionnaires anglo-russes sur le marché.

Si l'on fait le bilan de la vie professionnelle de Maxwell, Pergamon représente sa grande réussite. La reconnaissance des savants avec qui il a collaboré compensera toujours amplement les calomnies qu'il a dû si souvent combattre devant la Justice.

Pendant ces quarante dernières années, il a consacré sa vie à Pergamon. Il a fait le tour du monde pour Pergamon; les kilomètres parcourus se chiffrent par millions, les nuits passées loin de sa maison et de sa famille par milliers. Selon Betty, il aurait passé 80 % de son temps hors de son foyer. Mais elle l'accepte avec un dévouement remarquable.

Conséquence de cette activité débordante et incessante, son ambition, qui effarouchait le Dr Rosbaud, s'est réalisée mieux que dans ses rêves les plus fous. Pergamon est le joyau de sa couronne. Par moments cette couronne est une couronne d'épines. Ironie du sort, l'opinion britannique ne perçoit que rarement et ne connaît pratiquement pas cet aspect de ses activités. Pour elle, Maxwell est d'abord et surtout synonyme de gros titres dans les journaux, soit qu'on annonce sa dernière OPA, ou sa prochaine acquisition, soit qu'on le montre en casquette de base-ball à Derby, à Oxford ou ailleurs, soit qu'on le voie s'élever avec véhémence contre son détracteur du moment.

Le plan d'expansion de Pergamon fixait comme premier objectif le recrutement des meilleurs collaborateurs, auteurs, et responsables des publications dans chaque domaine. Une fois choisis, on leur laissait la bride sur le cou. Cette décision a sans doute contribué puissamment à la réussite de Pergamon. Maxwell se montra loyal envers les directeurs de ses revues et eux, en retour, ne lui ont jamais fait défaut dans les pires difficultés. Grâce à eux, il a pu reprendre le contrôle de Pergamon à un moment où tous, dans les milieux politiques et dans l'édition, le croyaient fini. Cette loyauté existe encore aujourd'hui.

Environ trois cents directeurs de revues de Pergamon ont participé au recueil d'hommages offert à Maxwell pour son soixante-cinquième anniversaire. Dans ce volume, ils racontent leurs souvenirs. Le plus frappant, c'est l'estime unanime que les savants du monde entier éprouvent pour Maxwell. Ces hommages contrastent vivement avec la publicité qui entoure ses autres activités. Ils émanent de spécialistes dont la plupart ne sont pas connus en dehors de leur discipline ou de leur université. Ils constituent, en quelque sorte, le fan club anonyme de Maxwell.

Le professeur A.L. Copley, par exemple, directeur de *Biorheology*, raconte comment Maxwell l'a approché en 1959 pour mettre sur pied une nouvelle revue internationale de biorhéologie [2]. Copley et un de ses collègues, le Dr George Scott Blair, directeur du département de physique de l'Institut national de recherches laitières, près de Reading, essayèrent de dissuader Maxwell de ce projet : une tentative de même nature avait déjà échoué. Voici la suite, telle que la raconte Copley :

> Maxwell nous rétorqua que le responsable de cette revue était visiblement un incapable. Bob nous fit bien comprendre qu'il comptait perdre de l'argent pendant les cinq premières années. Pergamon ne rentrerait dans ses frais qu'à ce moment, et il faudrait encore quelque temps pour que le journal fût bénéficiaire. J'admirais dans Bob qu'il comprît la valeur de cette nouvelle science; il était enthousiasmé par une discipline qui, à l'époque, n'était connue que de rares spécialistes, au point de risquer une perte financière... Bob est un non-scientifique particulièrement audacieux qui a une intuition exceptionnelle de l'avenir scientifique.

Le directeur de *Ocean Engineering*, le professeur M.E. McCormick, déclarait :

> L'intuition de M. Maxwell a contribué de manière importante au développement de la science et de la technologie dans l'après-guerre car il a fourni le matériel de base qui a permis ces progrès scientifiques et technologiques... Sous sa direction, directe et indirecte, la revue est devenue la référence internationale en matière de technologie de l'océan.

Le directeur de *Insect Biochemistry*, le professeur L.I. Gilbert, disait :

> *Insect Biochemistry* ne compte que quelques centaines d'abonnés; sa publication par Pergamon Press rend service aux

chercheurs mais n'a rien d'une bonne affaire commerciale... Maxwell continue de publier la revue avec des techniques d'impression de haute qualité, et la met à la portée des chercheurs pour un prix d'abonnement symbolique. Financièrement parlant, sa société ne tire pas grand profit des ventes.

Le professeur Harry Messel, directeur de l'école de physique de l'université de Sidney, a rencontré Maxwell il y a trente-cinq ans :

> Notre amitié a été immédiate et n'a jamais faibli. Il voulait publier des livres et des revues scientifiques à une grande échelle; je voulais créer une école de physique de tout premier niveau... Maxwell cherchait du matériel de toute première qualité, et nous, nous cherchions un éditeur fiable, rapide et réputé. La conjonction de ces besoins a conduit à la publication par Pergamon de plus de quarante livres et monographies émanant de mon école de physique.

En 1969, Messel cherchait un mécène prêt à financer, à raison de 10 000 £, le 13e Cours scientifique international pour adolescents, consacré à « L'énergie nucléaire aujourd'hui et demain ». Il téléphona à Maxwell, qui lui répondit simplement : « A qui dois-je envoyer le chèque? » Il demanda ensuite à Maxwell s'il pouvait publier les cours en quatre semaines. Il y avait 473 pages de texte. Maxwell respecta les délais. Messel dit : « J'aime la détermination de cet homme. Il n'a pas le temps de changer d'avis. Il prend des décisions, en général, bonnes et il les réalise à toute vitesse. »

Maxwell a produit le même effet sur le professeur W. Johnson, directeur des revues internationales *Impact Engineering* et *Mechanical Sciences :*

> C'est un homme hors catégorie : un esprit vif, le don des langues et une capacité à prendre des décisions presque instantanément...
> Sans les liens étroits établis par Robert Maxwell pour la traduction d'ouvrages techniques, l'Occident aurait eu peu d'informations sur les réalisations de l'URSS dans le domaine de la mécanique appliquée.

Le directeur de l'Institut de développement mondial et président du comité éditorial de *World Development,* le professeur Paul Streeten, écrivait :

> On entend beaucoup de gens critiquer violemment Robert Maxwell... Pour innover il faut parfois se débarrasser des poids morts et les poids morts sont parfois suffisamment vivants pour ne pas se laisser faire. Mais ce sont de bien faibles résistances qu'ils opposent aux innovations puissantes auxquelles Bob

> donne son élan... Grâce à lui, de nombreux jeunes chercheurs ont trouvé des revues pour publier leurs travaux, même si les savants séniles s'en plaignent de temps en temps.

Une note plus personnelle était apportée par le professeur Neville Postlethwaite, directeur du *International Journal of Educational Research.* Il n'a rencontré Maxwell qu'en 1980 et il ne s'attendait pas exactement à ce qu'il a découvert :

> Il m'attendait devant la porte d'entrée de sa maison à Oxford. De lui, je savais simplement qu'il était né en Tchécoslovaquie et qu'il aimait parler de lui-même. J'eus la surprise de rencontrer quelqu'un qui s'exprimait dans un anglais particulièrement châtié (bien plus que le mien, et je suis pourtant britannique de naissance et d'éducation). J'ai été aussi frappé par sa courtoisie, son amabilité. Il exigea de porter ma valise jusqu'à ma chambre. Ce n'était pas exactement l'image que les médias donnaient de lui... J'affirme sans la moindre hésitation que Maxwell, à mon avis, a toujours eu au moins deux longueurs d'avance sur tout le monde... On se plaint de ses attitudes excessives et dictatoriales. Maxwell ne m'est jamais apparu sous ce jour. Il est vrai que je ne travaille pas sous ses ordres. Il déteste le bla-bla. On doit exposer ses idées vite et bien. Sinon, il s'énerve et peut devenir, disons, désagréable.

Le célèbre « penseur latéral », le professeur Edward de Bono, estime que d'ici dix ans plus de la moitié des écoles du monde apprendront « à penser ». Selon lui, Maxwell est le « personnage clé » qui a rendu cela possible. L'Union soviétique, la Chine, les États-Unis, le Canada, l'Australie, la Nouvelle-Zélande, l'Afrique du Sud, la Grande-Bretagne, l'Irlande, la Suède, la Malaisie, Singapour et Israël se sont tous montrés très intéressés par une telle perspective; certains pays l'ont même déjà fait. Au Venezuela, par exemple, tous les enfants doivent passer deux heures par semaine à exercer leurs aptitudes à penser; l'Équateur envisage de faire de même. Dans sa contribution au volume d'hommages, de Bono disait : « La réussite de ce projet tient à deux contributions essentielles de Robert Maxwell. »

La première, c'est le dîner organisé par Maxwell à Headington Hill Hall en juin 1979, avec le professeur vénézuélien Luis Alberto Machado et de Bono. Celui-ci expliqua à Machado le programme de sa Fondation de Recherches Cognitives pour favoriser le développement de l'intelligence. Depuis ce jour, cent cinq mille instituteurs vénézuéliens ont été formés aux méthodes de De Bono. La seconde contribution, ajoutait-il, fut plus fondamentale. Son frère, Peter, qui dirigeait le programme de publications de la Fondation, cherchait sans succès un éditeur qui pût le prendre en charge :

> Je le dis à Robert Maxwell. Il se proposa immédiatement... Il prit sa décision sur-le-champ. Je pense que pour des hommes comme Robert Maxwell, ce style de comportement est leur justification ultime. Ils échappent à la force d'inertie des comités de direction conservateurs et peurcux qui tremblent à l'idée de commettre une erreur. Ils décident et agissent, en fonction de leur désir d'agir et de leur analyse... Ce projet pour apprendre au monde à penser pourrait bien être la plus durable de toutes ses contributions.

Sir Derek Barton, prix Nobel, collaborateur de très longue date de Pergamon, fondateur et membre du comité éditorial de l'une de ses revues, *Tetrahedron*, disait à propos de Maxwell en 1983 :

> Il eut l'intuition de la révolution de l'édition scientifique, surtout de son internationalisation, dix ans avant qu'elle n'eût lieu... Je n'ai pas compétence pour juger le rôle politique national que Bob Maxwell a joué et peut encore jouer mais, en tant que scientifique, j'espère qu'il ne sera pas réélu député. Il pourra ainsi se consacrer pleinement à son véritable travail, qui est de développer l'édition scientifique.
> Un trait me paraît particulièrement admirable chez lui. Bien qu'il soit dépourvu de la moindre formation particulière, il a une connaissance parfaite du milieu universitaire. Il sait que tous les professeurs ne se valent pas, que certains d'entre eux, qu'il recherche et encourage, sont exceptionnels.

En 1955, le professeur Harvey Brooks, de Harvard, se laissa convaincre par Maxwell de diriger le *Journal of Physics and Solids*, qui n'était encore qu'une idée vague dans l'esprit d'un éditeur. Il hésitait :

> Je me demandais ce qu'il fallait penser de ce jeune homme dynamique et plein de vitalité qui, à trente-deux ans à peine, était une étoile montante dans le monde de l'édition technique. N'était-il pas plutôt une étoile filante? Était-il réellement sérieux?... Était-il bien raisonnable que j'investisse temps et effort dans une telle entreprise, commerciale de surcroît?

Il finit par décider que c'était raisonnable, et n'eut jamais l'occasion de le regretter. La tradition de l'époque voulait que les travaux des chercheurs paraissent pour l'essentiel dans les revues des sociétés savantes dont ils étaient membres. Pis encore, comme le disait le professeur Brooks, l'idée de gagner de l'argent n'était « pas très bien vue ». Et les mêmes doutes assaillirent le professeur Elias

Burstein de l'université de Pennsylvanie, quand Brooks le sollicita pour le comité consultatif international de *Physics and Solids :*

> Bien sûr, j'étais très tenté... Mais j'hésitais... L'idée qu'une revue scientifique fût publiée par un éditeur « commercial » avait suscité quelques inquiétudes aux États-Unis.

Mais il se joignit à Pergamon et ne le regretta jamais. Le professeur Jack Christian, d'Oxford, directeur de *Materials Science*, avait lui aussi ses réticences :

> En tant qu'auteur et directeur de revue, j'entretiens depuis des années une « relation durable, cordiale mais légèrement conflictuelle » avec Maxwell. Les tensions, inhérentes aux intérêts parfois contradictoires de la science et des affaires, ont toujours été résolues grâce à la cordialité de Bob, à sa générosité et à sa capacité d'admettre un autre point de vue que le sien. Les chercheurs se méfient en général des éditeurs scientifiques commerciaux. Au départ, je partageais leurs préjugés, mais... Pergamon a rendu des services essentiels.

Le professeur Zénon Bacq, de l'université de Liège, préside le comité éditorial de *Biochemical Pharmacology*, une revue de Pergamon qui connaît le succès depuis trente ans :

> Bob est toujours à l'écoute des bonnes idées... Il représente pour moi l'audace, le plaisir de mener à bien une action qui fait peur aux concurrents, même compétents et bien informés... Il a aussi un sens aigu du management... Il sait arrêter à temps un projet qui ne marche pas, admettre ses erreurs, changer de partenaires... En vérité, Bob est quelqu'un dont on n'a jamais fini de faire le tour.

Le professeur John Coales, de Cambridge, dit :

> Dans les années 50, tous mes amis éditeurs me disaient que c'était le pire des brigands, avec sa manie de racheter des revues par-ci, de tuer des revues par-là... Je suis parvenu à la conclusion que cette réputation était l'œuvre de ses adversaires qui, par jalousie, ne supportaient pas de voir ce jeune homme les battre à leur propre jeu.

Maxwell se dépensait sans compter, dix-huit heures par jour et sept jours par semaine, mais il se gardait d'interférer dans le contenu scientifique des revues. En 1955, il avait fondé la revue *Journal of Nuclear Energy*, qui existe encore trente ans après. Aujourd'hui, c'est la plus ancienne publication spécialisée dans la science et l'ingénierie nucléaire. Son rédacteur en chef depuis 1972, le professeur M.M.R. Williams dit : « S'il y a bien une chose que Maxwell ne fait jamais, c'est d'intervenir dans les décisions éditoriales. De ce point de vue, c'est la personne idéale pour publier des revues scientifiques. »

Bien d'autres scientifiques ont contribué à cet hommage à Maxwell, dont les citations précédentes ne représentent qu'une infime partie. Mais, de par la nature même de leur travail, ces chercheurs ne sont connus que par un tout petit nombre. Leurs opinions sur Maxwell ne sont donc guère acccssibles au grand public dont les oreilles sont rebattues, en revanche, par les reproches des « anti-Maxwell » qui l'accusent, entre autres, de vouloir mettre la main sur le football anglais pour son seul plaisir.

Pendant l'expansion de Pergamon – et encore plus lorsque le contrôle de la société lui échappa – les meilleurs alliés de Maxwell furent ces savants. Les jaloux reprochaient à Maxwell de sous-payer les chercheurs (les intéressés eux-mêmes ne formulaient pas un tel grief; ils connaissaient trop bien le déficit des revues) et de vendre trop cher ses publications. Ces détracteurs ne comprenaient pas que pour le monde scientifique, le prix de la revue n'était pas essentiel. Maxwell donnait aux chercheurs un atout inappréciable : la possibilité de publier leurs propres travaux, et de découvrir les travaux d'autrui. En outre, la vitesse de fabrication permettait aux articles publiés par une revue Pergamon de paraître en premier, ce qui constitue, pour les scientifiques, un avantage capital. Maxwell avait mis sur pied un système d'abonnements à deux vitesses, favorable à l'abonné individuel, qui payait le prix faible; les universités et les bibliothèques devaient payer le prix fort. Ce système fut durement critiqué lorsque Maxwell l'introduisit, mais il fut ensuite adopté par d'autres éditeurs. La meilleure preuve de l'estime des savants fut leur attitude lorsque Maxwell perdit le contrôle de Pergamon. C'est la loyauté des savants qui permit, par son retour à la présidence de Pergamon, d'éviter son effondrement et sa disparition en tant que maison d'édition scientifique.

Suivre Maxwell est souvent difficile. Il a l'habitude déconcertante de partir dans une direction inattendue, alors qu'il a déjà les mains prises ailleurs. Les terres inconnues l'ont toujours fasciné. Sa carrière dans le cinéma, une distraction par laquelle il se laissa tenter par Siepmann, en témoigne. Siepmann avait présenté Maxwell au metteur en scène Paul Czinner, le mari de la célèbre vedette d'avant-guerre, Élisabeth Bergner. Czinner rêvait de filmer le dernier concert de Furtwängler, son interprétation de *Don Giovanni* au festival de Salzbourg en 1954. Il cherchait un financier. Pergamon n'avait pas vraiment beaucoup d'argent à jeter par les fenêtres à cette époque; les finances de Czinner étaient encore en pire état, il n'était même plus capable de payer sa note de téléphone. Mais Maxwell croyait dans son projet, il fonda une compagnie, Harmony Films Ltd., pour le monter.

Même si le film fut très diversement reçu, les critiques furent pour la plupart chaleureuses. Pour le *Daily Telegraph*, l'expérience était « merveilleusement réussie » et *The Observer* la décrivit comme « une expérience cinématographique intéressante ». *The Spectator* trouva que le film était « un moment musical magnifique » et le *New Statesman* décréta qu'il s'agissait d'un film « à ne pas manquer ». Mais le *Guardian* jugea la bande-son « déformée ». Pour le *New York Daily News*, en revanche, la présentation du film à Carnegie Hall fut « excitante et inédite » et « un rare délice musical ». Le correspondant à New York du *Daily Telegraph* jugea que le film était « gâché par la mauvaise qualité des amplificateurs et des haut-parleurs » même si on pouvait difficilement en tenir Harmony Films pour responsable. *Don Giovanni* connut un grand succès en France, au Japon, aux États-Unis, au Canada, et aussi en Grande-Bretagne. Aujourd'hui encore, le film est réédité en vidéocassettes. On le montra aussi en Union soviétique, où les musiciens et chefs d'orchestre allemands qui avaient joué sous Hitler n'étaient pas très appréciés.

Ce film fut suivi d'une autre production en couleurs de Maxwell et Czinner, *Les Ballets du Bolchoï*, qui comportait une interprétation complète de *Gisèle* par Ulanova. Ce film demanda deux représentations spéciales à Covent Garden, la nuit, après le départ des spectateurs. Tom Clark se souvient : « On avait ôté tous les fauteuils de l'orchestre, installé des caméras, et on interpréta *Gisèle* de nouveau, Czinner dirigeant la photographie et l'incontrôlable Bob montant souvent sur scène pour dire en russe à Ulanova ce qu'elle devait faire et comment elle devait le faire. Cela dura jusqu'à 8 heures le lendemain matin. »

On dit que la plus grande danseuse du monde fut agacée par ces ordres, mais *Les Ballets du Bolchoï* furent un autre succès et apparaissent dans une liste des dix meilleurs films de 1957. Le *Manchester Guardian* jugeait le film d'Ulanova « superbe », et c'est sans doute la dernière fois que ce journal devait publier quelque chose de positif sur Maxwell. La duchesse de Kent et la comtesse Mountbatten assistèrent à la première londonienne, les bénéfices étant versés au Collège Royal d'Infirmières. *What's on in London* écrivait, sur un ton lyrique : « Nos petits-enfants béniront le nom du producteur Robert Maxwell. »

Après une représentation de gala au Haymarket de Londres, le film battit les records du box-office dans la capitale et en province. Il fut présenté au Festival International de Cinéma de San Francisco. Pendant un moment, Maxwell fut excité à l'idée de créer une nouvelle forme d'art cinématographique. Il s'intéressa à un projet de lady Robinson, femme de sir Robert Robinson, le prix Nobel de chimie : une série de dessins animés intitulés « Dodo, l'enfant de l'espace ». A un moment, il envisagea d'en produire cent vingt; au bout du compte, on en fabriqua cinquante-deux.

D'autres études concernaient ce que le *Film Daily*, journal professionnel américain, appelait des films « artistiques », y compris un ballet Sadler's Wells, un opéra de Gilbert et Sullivan, un film de Maria Callas à La Scala de Milan, une production du *Songe d'une nuit d'été* par la Royal Shakespeare Company, et un ballet du Ballet Royal Siamois. Mais Maxwell se brouilla avec Czinner en 1958 lorsque ce dernier essaya de négocier avec la Rank un film du Sadler's Wells Ballet, sous sa direction, et dont la société de Maxwell aurait été exclue. Il intenta un procès à Czinner et Elisabeth Bergner. Et le film projeté ne vit jamais le jour. En revanche, une représentation du *Lac des cygnes* et une production hongroise de l'opéra *Hary Janos* furent tournées en 1960 et sous les auspices de Maxwell, mais ils ne connurent pas un grand succès. D'autres affaires plus importantes l'appelèrent à ce moment. En un certain sens, il est dommage que cet aspect de Maxwell n'ait pas eu l'occasion de s'épanouir. En tant que producteur, Maxwell aurait été outrageusement hollywoodien, son succès peut-être encore plus. En abandonnant le cinéma après *Les Ballets du Bolchoï*, il put se consacrer de nouveau entièrement à Pergamon Press.

***

En 1956, l'accélération des événements se poursuivit. En mars, il accepta une invitation de l'Académie des Sciences soviétique. A Moscou, on mit à sa disposition la chambre du vice-président pour qu'il puisse y rencontrer les savants russes les plus importants.

Parmi eux, il rencontra l'académicien Kapitza, prix Nobel et directeur de l'Institut de physique théorique, collaborateur avant-guerre de Rutherford à Cambridge. Kapitza lui présenta le Pr Lev Landau, un ancien du goulag où il avait été envoyé pendant les purges de l'ère stalinienne. En 1939, Kapitza était intervenu en sa faveur auprès de Staline, de Béria, chef de la police secrète, et aussi de Molotov, alors ministre de la Sécurité intérieure. Molotov fit état des « aveux » de Landau, qui avait reconnu être un espion allemand. Néanmoins, le physicien fut finalement libéré et remis entre les mains de Kapitza. Il expliqua à Kapitza sa « confession » par son horreur de la violence physique. En février 1988, soit quarante-neuf ans plus tard, sous la politique de *glasnost* de Michaël Gorbatchev, on autorisa la publication des lettres de Kapitza. Maxwell tire la conclusion de son séjour à Moscou :

> Je revins persuadé que les occidentaux commettaient une grave erreur en sous-estimant la valeur de la recherche soviétique dans de nombreux domaines. Je pris la décision de lancer un important programme quinquennal de traduction de leurs livres et de leurs revues...

Trois ans plus tard, le directeur de la National Science Foundation de Washington (le plus important organisme gouvernemental de recherche aux États-Unis) lui permit d'organiser dans ses locaux une réunion des représentants des sociétés savantes et des administrations concernées. Maxwell poursuit :

> La veille de la réunion, l'Union soviétique plaça Youri Gagarine en orbite autour de la Terre... Et grâce à cela, plus personne ne pouvait nier l'urgence pour le monde occidental de connaître la production scientifique soviétique. La réunion fut une réussite totale : les plus hauts fonctionnaires y participèrent, dont différents conseillers scientifiques du président des États-Unis, alors qu'au départ seule était prévue la présence de responsables d'un rang bien plus modeste.

Et le gouvernement américain décida d'investir des millions de dollars dans la traduction du russe d'ouvrages scientifiques, médicaux et techniques. On demanda à Maxwell de mettre sur pied une fondation – qui devait devenir le Pergamon Institute – destinée à « encourager l'enseignement du russe et à diffuser la littérature scientifique, médicale et technique ». Maxwell écrivit à sir Alexander Todd : « Si la Grande-Bretagne n'agit pas vite, il ne lui restera plus à traduire que des revues de second ou troisième rang. »

A un scientifique russe, il dit que l'institut « constituerait un important outil d'amitié et de compréhension entre les chercheurs de nos deux pays ».

Plusieurs organismes gouvernementaux américains subventionnèrent le colossal programme de traductions : environ dix millions de dollars au cours des trois années suivantes. Maxwell précisa à ces organismes et à la communauté scientifique que l'Institut Pergamon, conjointement avec Pergamon Press, se chargerait de ce travail pendant cinq ans. Au cours de cette période, des milliers de pages furent traduites du russe et des centaines de titres furent publiés. Sir Robert Robinson, l'un des savants britanniques les plus réputés de l'époque, mondialement connu, devint le président de l'Institut. Le premier programme de traduction à grande échelle concerna l'aéronautique. Mais pour lui donner l'ampleur voulue par Maxwell, il fallut surmonter un certain nombre d'obstacles, le moindre n'étant pas de trouver des traducteurs compétents. L'Institut entreprit des travaux de plus en plus nombreux pour les organismes gouvernementaux et industriels. Vers août 1958, Maxwell prédisait à sir Robert qu'il serait sorti du rouge avant la fin de l'année. En 1959, l'Institut emménagea à Headington Hill Hall, mais sa production diminua progressivement. En 1963, Pergamon coupa de manière draconienne ses crédits : les revues Pergamon devaient passer en premier. En dépit de son anticommunisme intransigeant, Maxwell n'avait jamais cessé de promouvoir de meilleures relations anglo-soviétiques. L'Institut était une composante de sa vision planétaire, mais comme toute société appartenant à Maxwell, il devait trouver son point d'équilibre, même s'il n'avait jamais été question qu'il fût financièrement autonome, et à partir d'un certain moment cela ne fut plus le cas. L'Institut devint l'un des anciens combattants de la société. On ne le tua pas, mais il disparut progressivement. Son bilan, d'après Maxwell, est largement positif :

> Pergamon retira un énorme prestige de cette affaire, et le monde scientifique lui en fut grandement reconnaissant. Tout cela fut d'un appui inestimable à son expansion, pour ses négociations avec la communauté scientifique et les organismes gouvernementaux dans le monde entier.

Des projets comme l'Institut accéléraient encore le rythme des activités de Maxwell. Il continuait de participer à presque toutes les conférences internationales savantes, où ses collaborateurs scientifiques l'introduisaient. Il proposait de se charger de la publication de leurs actes.

En janvier 1957, lui et Betty assistèrent au bal inaugural du président Eisenhower à Washington. Leur présence était due à un concours de circonstances inattendu. Maxwell n'était guère connu aux États-Unis, on voyait en lui un petit éditeur britannique d'ouvrages à diffusion très restreinte. Mais Eisenhower était resté très lié avec un de ses adjoints britanniques de la Deuxième Guerre mondiale, un ancien d'Eton, le colonel James Gault, des Gardes

Écossaises. En 1949, une grave maladie l'avait terrassé. Pour le soigner, la streptomycine, antibiotique rarissime à l'époque, était indispensable. La famille de Gault envoya un SOS à Eisenhower. Le Président parvint à se procurer quarante-cinq grammes du précieux médicament. Or Maxwell se trouvait aux États-Unis, sur le point de s'envoler pour Londres. On lui demanda de transporter l'antibiotique. Ce qui lui valut une lettre personnelle du général Eisenhower. Le président des États-Unis lui exprimait « sa très grande reconnaissance » pour sa coopération.

Après Washington, les Maxwell se rendirent à l'université de Porto Rico pour le Symposium Oak Ridge sur l'énergie nucléaire, puis à La Barbade pour de courtes vacances. Celles-ci furent tragiquement interrompues. On les avertit que leur plus jeune fille, Karine, était tombée gravement malade. A leur départ d'Angleterre, rien ne le laissait prévoir. Mais une leucémie foudroyante s'était déclarée. Désespérés, les Maxwell firent appel à tous les grands spécialistes mondiaux du cancer. Aujourd'hui, avec les grands progrès que connaît le traitement de la leucémie chez les jeunes enfants, il aurait peut-être été possible de la sauver. A l'époque les guérisons étaient rarissimes et Karine mourut le 8 février 1957, à l'âge de trois ans. Les Maxwell étaient effondrés. Pour Maxwell, c'était le coup le plus dur qu'il avait reçu de sa vie.

Néanmoins, en mars il reprit ses voyages, cette fois pour assister au congrès nucléaire de Philadelphie. D'autres conférences devaient suivre, parmi lesquelles, la conférence internationale sur les radio-isotopes à Paris en septembre de la même année. Cette activité débordante inquiétait sir Charles Hambro, qui écrivit au début de 1958 à Betty : « J'espère que Bob écoutera mes conseils et prendra la résolution de se reposer et de retrouver sa force en cette année 1958. A ce rythme, il finira par se tuer, lui et sa société. »

Le conseil ne fut pas suivi. En mars 1958, Maxwell se rendit à la conférence AGARD (Advisory Group for Aeronautical Research and Development), un organisme de l'OTAN, à la cinquième assemblée de l'Année Géophysique Internationale à Moscou (juillet) et à Fusion 1958, la deuxième conférence des Nations unies sur les utilisations pacifiques de l'énergie nucléaire à Genève (septembre), où il loua un château pour fêter le dixième anniversaire de Pergamon.

Tom Clark a décrit le drame familial qui entourait chaque voyage de Maxwell hors du Royaume-Uni :

> Chaque départ de Maxwell pour l'étranger s'accompagnait toujours d'une agitation particulière. Ses secrétaires couraient

> dans tous les sens en essayant de rassembler ses dossiers. Tout en parlant au téléphone, Bob criait « Apportez-moi ceci... Apportez-moi cela... Où est mon chapeau? Où est ma valise? » – le chauffeur venait lui dire que la voiture était prête et qu'il allait rater l'avion. Enfin Bob se précipitait vers l'auto. Les enfants attendaient dehors; ils faisaient sonner une grande cloche de bateau suspendue à côté de la porte. Quand la voiture s'éloignait ils criaient « Au revoir! ».

Ensuite, tout devenait paisible jusqu'à son retour.

En 1958, Pergamon connut le premier de ces incendies mystérieux qui devaient se répéter pendant presque vingt ans. Deux étages des bureaux londoniens, à Fitzroy Square, furent sévèrement endommagés par le feu, une bibliographie secrète en 80 000 pages de tous les livres et brochures publiés en URSS pendant les vingt dernières années disparut dans le sinistre. Maxwell en avait négocié les droits de publication lors d'une visite à l'université de Moscou; en échange il avait dû procurer des publications occidentales épuisées et s'engager à fournir des livres occidentaux à paraître. Ce fut un sérieux revers. D'autres incendies se produisirent en 1973, 1976 et 1978, tous aux bureaux de Pergamon à Oxford. Après l'incendie de 1976, Maxwell revint d'Union soviétique. Une enquête approfondie laissa le mystère entier. L'incendie de 1978 fut presque la copie conforme des précédents de 1973 et de 1976. Les dégâts s'élevèrent à plusieurs milliers de livres. La police croyait à l'œuvre d'un pyromane, car elle imputait ces deux derniers sinistres à des engins incendiaires. Ce pyromane devait en vouloir à Pergamon... Maxwell promit une récompense de 1 000 £ à qui lui livrerait le moindre indice. Mais on ne découvrit jamais le coupable.

Vers le milieu de l'année 1959, avec plus d'un an de retard, Maxwell répondit à sir Charles Hambro, qui s'était inquiété de sa santé et de son activité trop débordantes :

> Mes affaires sont florissantes. J'ai remboursé toutes mes dettes et mes emprunts. Je suis en règle avec mes impôts, et nous avons eu en dépôt à la banque depuis le début de l'année entre 70 000 £ et 100 000 £. Je suis certain que cela vous fera plaisir d'apprendre que la société que vous m'avez aidé à lancer marche si bien...

Au cours de cette période, diverses revues virent le jour, dont *Tetrahedron, Metallurgy Abstracts Journal, Physics of Metals and Metallography, Vacuam*, et les *Proceedings of the Fourth International Conference on Biochemistry* à Vienne. Ce ne furent pas les seules... Pergamon diffusa aussi de nombreuses monographies et des ouvrages de référence. Au début de 1959, Maxwell publia une liste de cent vingt livres qu'il avait l'intention d'éditer avant le milieu de l'année ainsi qu'un catalogue de publications scientifiques et techniques et des cours de médecine. En outre, il se rendit en Pologne, à Budapest, à Vienne et à une autre conférence AGARD, cette fois à Athènes. Son plus jeune fils, Kevin, naquit en février.

En 1959, sa désignation comme candidat aux élections législatives à Buckingham et sa victoire électorale mirent un terme temporaire à son dévouement exclusif pour Pergamon. Dès l'installation de Pergamon à Headington Hill Hall en janvier 1960 il passa une annonce d'une page dans le journal local pour recruter du personnel.

Headington Hill Hall est un lieu chargé d'histoire. Sur son terrain il y a, depuis la fin du XVIIIe siècle, un manoir qui a remplacé une maison Tudor. Des travaux récents dans les cuisines semblent avoir démontré l'existence d'une demeure encore plus ancienne sur le site. Le bâtiment actuel ne fut construit qu'en 1861 par James Morrell, un brasseur d'Oxford. Ses descendants y ont vécu jusqu'en 1946, et le conseil municipal d'Oxford l'a racheté en 1953 pour 13 700 £. Au moment où Pergamon a repris le bail, la maison était presque en ruine, les immenses jardins à l'abandon. Le conseil municipal avait envisagé sa démolition, mais y avait renoncé, la jugeant trop onéreuse. Maxwell fit restaurer entièrement à ses frais la maison et le parc. Le site est aujourd'hui classé. Lorsque le bail portant sur les bâtiments et un terrain de huit hectares environ fut mis en adjudication, en 1958, par le conseil municipal, quatre personnes seulement formulèrent des offres : la première était de 350 £ par an; la seconde de 500 £ par an; la troisième de 550 £ par an. Pergamon proposa 2 500 £ par an, pour une durée de vingt et un ans, et enleva l'affaire sans la moindre hésitation. En septembre 1962, Pergamon demanda une prolongation du bail et offrit de payer un loyer nettement plus élevé. Un nouveau bail fut établi pour soixante-quinze ans à 3 000 £ par an; cette somme fut portée à 4 500 £ lorsque de nouveaux bureaux furent construits. En 1965 le loyer fut encore augmenté, Pergamon acceptant de payer 5 050 £ par an. Aujourd'hui, après d'autres négociations en 1978, Pergamon dispose d'un bail de quatre-vingt-dix-neuf ans sur la maison et le terrain. Pour cela, Maxwell a payé un capital de 10 000 £ et accepté des augmentations régulières du loyer, qui devrait atteindre 15 540 £ au milieu du siècle prochain.

La conclusion de ce dernier bail provoqua des protestations chez les habitants d'Oxford. On se lamentait. La propriété avait été bradée. La réponse de Maxwell mit un terme aux contestations : il rappela qu'il avait dépensé 1 250 000 £ pour restaurer la propriété, qu'il payait en outre 40 000 £ d'impôts fonciers et locaux, qu'il donnait du travail à 400 habitants d'Oxford, qu'il prévoyait de créer encore deux ou trois cents emplois. Aujourd'hui, les taxes payées sur les bureaux, la maison et les autres locaux dépassent 110 000 £ par an.

Au moment de son installation à Headington Hill Hall, Pergamon s'accroissait chaque jour. Les achats de différentes sociétés (y compris l'imprimerie Newnes & Bletchley, dans la circonscription de Buckingham) s'accompagnaient de la coédition avec l'université de Chicago du premier atlas de la face cachée de la lune. Le capital de la société doublait, atteignant 100 000 £. Pendant ce temps, Maxwell et Betty trouvaient le temps de participer à une collecte en faveur du Collège Royal d'Infirmières. Dans une lettre, le collège remerciait Betty Maxwell d'« avoir travaillé comme un nègre pendant deux jours » (comparaison peu heureuse en cette époque de susceptibilité raciale!) et concluait que Betty et son mari étaient « les meilleurs amis que le Collège ait jamais eus ».

Chaque mois voyait la sortie de nouveaux livres et de nouvelles revues techniques et donnait naissance à de nouveaux développements, de nouvelles idées. En 1961, Maxwell se trouvait de nouveau à Moscou pour rencontrer Youri Gagarine, le premier homme dans l'espace, et Nikita Khrouchtchev. Pour la première fois, au cours de cette rencontre il demanda à Khrouchtchev le droit de revoir son village natal de Solotvino. Khrouchtchev refusa. Cette même année, Maxwell lança une autre initiative, la série « Bibliothèque du Commonwealth ». Son objectif était de constituer une série bon marché de 1 000 ouvrages de cours inédits avant 1967. On prit des dispositions pour traduire les titres de la série en français, en allemand, en russe et en espagnol. Le catalogue allait littéralement de A à Z, partant de l'aéronautique pour arriver à la zoologie. La liste des centaines de membres du comité éditorial consultatif, professeurs, chefs d'entreprise, hommes politiques et savants, semblait sortie du *Who's Who.*

En 1962, Maxwell entreprit une tournée mondiale pour lancer la série. D'un pays à l'autre il alla répétant qu'il « voulait aider l'ouvrier d'usine qui souhaite faire sa propre éducation et avancer dans la vie ». En mai, un mois avant le lancement officiel, un incendie détruisit plusieurs centaines de milliers de pages destinées à la Bibliothèque. Néanmoins, ses débuts furent excellents.

Les lecteurs allaient des écoliers aux étudiants en fin d'études, les sujets couverts de l'agriculture à la chimie nucléaire. Le Premier ministre indien, Nehru, dont la sœur avait assisté au lancement de la série à Oxford, remercia Maxwell. Il lui dit qu'entre quarante-sept ou quarante-huit millions de jeunes étudiants indiens avaient un besoin urgent de livres. Il invita Maxwell à New Delhi. Les deux hommes se rencontrèrent dans un petit bureau. A peine Maxwell avait-il commencé à parler que Nehru bâilla, se mit à jouer avec un petit ballon gonflable sur son bureau, puis bâilla à nouveau. Maxwell, agacé, explosa : « Monsieur le Premier ministre, à mon avis c'est vous qui étiez l'agresseur au Cachemire. »

Surpris, Nehru cessa de bâiller et reposa le ballon. Pendant quatre heures, lui et Maxwell eurent une discussion animée sur la responsabilité de la guerre du Cachemire et de son million de morts. Maxwell n'était pas vraiment convaincu de la culpabilité de Nehru, mais il n'allait pas se laisser traiter comme un quelconque casse-pieds. Le lendemain, le ministre de l'Éducation lui montra un mémorandum de six pages que Nehru avait rédigé sur lui. Par la suite, Mme Nehru lui expliqua que les bâillements et le ballon étaient la technique de son frère pour raccourcir les audiences des visiteurs ennuyeux qu'il était obligé de recevoir.

Au moment de son lancement, le catalogue de la Bibliothèque semblait énorme. Un prospectus disait : « L'objectif de la Bibliothèque est de fournir aux lecteurs, partout où l'anglais sert ou peut servir de véhicule d'enseignement, un ensemble de manuels et de monographies de haute qualité à des prix abordables... C'est une aventure audacieuse et passionnante... à un moment où la soif d'enseignement à travers le monde est énorme. »

Un peu plus tôt, Maxwell avait déclaré dans une interview : « Les livres doivent remplacer les bombes dans les affaires humaines. » Et dans un autre entretien accordé en 1963, il expliquait comment la Bibliothèque se proposait d'accomplir cette tâche [3] :

> Tout récemment encore, les pays africains utilisaient des manuels qui avaient été écrits en réalité pour des écoliers anglais. Par exemple, on donnait le problème suivant à résoudre à un enfant nigérien : un train croise un autre train dans un tunnel... à quelle vitesse vont-ils? Pour un enfant nigérien, cela n'a aucun sens. Ils n'ont pas de chemins de fer à deux voies, et ils n'ont pas de tunnels. Les ouvrages de la Bibliothèque du Commonwealth tiennent compte des données locales. S'ils sont destinés à des enfants nigériens ou jamaïcains, les exemples

seront inspirés de situations que l'enfant rencontre dans sa vie quotidienne.

Certains des livres de la Bibliothèque connurent un grand succès. Un titre sur le commerce se vendit à 20 000 exemplaires, de même qu'un manuel d'exercices de mathématiques modernes. Un ouvrage de biologie se vendit à 12 500 exemplaires, et un livre sur les logarithmes à 11 000.

A l'assemblée générale de 1962 de Pergamon, à Headington Hill Hall, les actionnaires prirent connaissance d'un bilan impressionnant. Au cours de l'année financière qui s'était achevée au mois d'octobre précédent, Pergamon avait publié 213 livres, 600 numéros et volumes de ses 90 revues scientifiques, médicales et techniques. Les bénéfices nets pour l'année s'élevaient à 69 000 £, soit 24 000 £ de plus que l'année précédente.

En 1952, un autre projet ambitieux concernant l'URSS fut lancé lorsque Pergamon et MacMillan de New York s'associèrent pour publier un ouvrage de mille pages sur l'Union soviétique. Avec assurance, Maxwell écrivit à Nikita Khrouchtchev que ce serait « l'œuvre de référence sur l'Union soviétique » dans le monde occidental. Dans sa préface, on lit :

> Il est impossible de prévoir les actions futures des Russes, si nous ne connaissons pas leur passé, leurs aspirations et leurs revendications. Le temps est aujourd'hui venu où tout individu intelligent doit apprendre à penser globalement, en ne se limitant pas à un point de vue nationaliste étroit. On ne peut y parvenir qu'en s'informant sur l'histoire, la vie et la culture d'autres peuples... L'ignorance est le pire ennemi de la paix.

Mais l'encyclopédie fut mal accueillie. De l'avis général, elle reflétait trop la version soviétique de l'histoire, qui n'a jamais inspiré grande confiance.

L'expansion de Pergamon conduisit à une augmentation continuelle des employés. Maxwell se montrait de plus en plus exigeant, surtout avec ses collaborateurs personnels. Parfois, la pression dépassait les bornes. Lorsqu'il demanda, de manière péremptoire, sur l'interphone, à une secrétaire de lui préparer son thé, une de ses collègues s'écria : « Et n'oublie pas le sucre », ce qui provoqua une réplique immédiate : « Tu veux dire l'arsenic. » Malheureusement, la secrétaire avait oublié de bloquer l'interphone, et lorsqu'elle porta son thé à Maxwell, celui-ci lui demanda, très poliment : « Avez-vous bien pensé à l'arsenic? »

En 1962, Maxwell voulait recruter une nouvelle assistante. Une secrétaire épuisée rédigea une annonce parodique qui est restée dans les archives de Maxwell. Écrite en connaissance de cause, elle précisait :

> Éditeur cherche assistant(e). Le candidat doit satisfaire les critères suivants : il ou elle doit être célibataire, ne pas avoir d'intérêts autres que le travail, être brun(e) et légèrement sourd(e), avoir des yeux dans la nuque. Doit avoir un cuir de rhinocéros, être insensible aux injures, avoir du cran et être capable de prendre une lettre en dictée assise entre les deux sièges d'une voiture en mouvement. Le physique est important et doit comporter de larges épaules pour tenir une lourde porte ouverte pendant que les trois autres paires de mains portent un plateau particulièrement chargé.
> Le candidat doit être extra-lucide, patient comme Job, souffrir d'une insomnie permanente et avoir un estomac réduit à sa plus simple expression, ce qui lui permettra de se dispenser de manger. Il lui faudra être énergique, capable de taper des lettres à toute vitesse sans lire la correspondance originale, être capable de courir un kilomètre en quatre minutes en entendant le télex, lire un gribouillis indéchiffrable, ressusciter des papiers détruits, travailler sans contrôle pendant de longues périodes mais sans prendre la moindre initiative.
> Le candidat devra avoir de fortes opinions anti-capitalistes mais sera capable de conduire une Rolls, et saura se montrer adorable avec des hordes de bambins et d'épagneuls boueux. Sa constitution doit permettre au candidat de supporter le cri d'amour des paons et les ruades de petits poneys, il doit être capable de retrouver un téléphone enfoui sous plusieurs couches de vêtements. Il doit être capable de ne pas tenir compte, sans la moindre hésitation, des ordres avec une méfiance innée envers autrui et être capable d'avoir une casserole d'eau bouillante à portée de main pour ouvrir des enveloppes confidentielles.
> Si vous correspondez à cette description, téléphonez à ...

En dépit des pressions, la rédactrice de cette « annonce » demeura aux côtés de Maxwell pendant vingt-cinq ans.

Mme Wade, sa femme de ménage irlandaise, fut une victime de choix. Maxwell avait l'habitude de jeter par terre les papiers inutiles. Mme Wade, qui avait le sens du rangement, les ramassait et les remettait en petits tas sur le bureau de Maxwell. A plusieurs reprises, sans résultat, il lui avait demandé de ne pas le faire. Enfin, il finit par se fâcher. « Mme Wade, explosa-t-il, rien de ce que je vous dis ne semble avoir de l'effet. Vous ne remettrez plus les papiers sur mon bureau, ou je vous renvoie. » En tremblant, Mme Wade s'engagea à ne plus recommencer.

A cette époque, Maxwell préparait une conférence d'éditeurs à

Madrid, et la veille de son départ il demanda qu'on lui apporte tous les dossiers sur le sujet. Leur nombre était tel qu'il ne parvint pas à les poser sur son bureau; il en fit donc une pile par terre.

Le lendemain matin il arriva tôt à son bureau pour achever de lire ses dossiers. Ils avaient disparu. Maxwell appela sa femme de ménage. « Mme Wade, lui demanda-t-il, qu'avez-vous fait de mes dossiers? »

« Vous m'avez dit que tout ce qui se trouvait par terre devait partir à la poubelle, alors je les ai jetés », répondit-elle avec bonne conscience.

A l'époque chez Pergamon, tous les deux jours on détruisait dans un incinérateur le contenu des poubelles. Et ce matin-là, hélas, était le jour d'incinération. De justesse et en se brûlant les sourcils, le directeur du personnel, M. Bertie Upstone, parvint à récupérer les dossiers, chauds mais intacts. Un Maxwell hors de lui convoqua de nouveau Mme Wade.

« Mme Wade, demanda-t-il d'un ton résigné, ne savez-vous pas faire la différence entre une pile et un tas? »

***

En 1963, Pergamon dota Keble College, à Oxford, d'une bourse destinée aux jeunes diplômés en sciences désireux de suivre un enseignement dans des matières artistiques ou littéraires (deux ans plus tard, Balliol College fut doté d'une bourse analogue pour les sciences politiques). L'ouverture de la librairie Maxwell à Oxford, juste de l'autre côté du pont Magdalen, fut un projet très ambitieux. Elle comprenait une salle de conférences et une salle d'expositions, des librairies distinctes pour les livres de poche, les livres pour enfants et adolescents. Il y avait aussi un département de livres d'occasion, ce qui était d'une valeur inappréciable pour les étudiants à court d'argent, et une papeterie. Comme la librairie se voulait un lieu de rencontres pour enseignants et étudiants, en dehors de toute hiérarchie, elle avait aussi une cafétéria. La librairie exista pendant environ huit ans. Elle appartient aux réalisations où le cœur de Maxwell l'avait emporté sur son sens des affaires. A la fin il fallut en finir, comme l'explique le dernier gérant, Dennis Murphy :

> Rien ne manquait. Elle s'étendait sur des hectares, avec des kilomètres de rayonnages... Une cafétéria somptueuse proposait – tout le monde était d'accord là-dessus – le meilleur café d'Oxford. Le rayon de disques était vraiment inouï, avec le

> meilleur choix des nouveautés classiques et modernes. Pour achever le tout, il y avait un escalier époustouflant, digne du tsar de toutes les Russies, qui conduisait à la cafétéria et au rayon de disques.
> Mais la librairie était située du mauvais côté du pont Magdalen. Cela ne marcha jamais fort, sauf la cafétéria... Le magasin perdait de l'argent et je dus en parler au Chef. Des proches me conseillèrent d'y aller doucement : la librairie était sa joie et sa fierté...
> On me fit entrer dans son bureau. Il était entouré de quatre ou cinq personnes à la mine soucieuse. C'était des comptables. Le Capitaine était de très bonne humeur, amical et volubile (c'est alors qu'il est le plus dangereux : le cobra est sur le point de frapper).
> « Murphy, me dit le Capitaine, vous m'avez menti. La librairie ne perd pas X £ par semaine. Elle en perd trois fois plus. Il faut fermer. » « Quand? », demandai-je. « Tout de suite », répondit-il. A peine une demi-heure plus tard, j'étais de retour à la librairie. On ferma les portes pour toujours et j'annonçai à la vingtaine d'employés que tout était fini.

On ouvrit aussi des librairies à Glasgow, Edimbourg, Stirling et Lancaster. Ce furent des échecs, et on mit la clef sous la porte. Selon Tom Clark, qui était à l'époque secrétaire général de Pergamon, les difficultés de la librairie ne tenaient pas seulement à son mauvais emplacement. Le vol à l'étalage, dont les étudiants se rendaient coupables, était pour beaucoup dans le déficit. Pris sur le fait, le fils d'un millionnaire déclara : « Voler des livres chez Maxwell ne me donne pas mauvaise conscience, parce que cela ne représente qu'un détail dans le livre de comptes d'un millionnaire. »

En 1964, Clark annonça que les ventes et les bénéfices de Pergamon avaient enregistré une augmentation « substantielle », les premières de 22 % et les seconds de 160 000 £. Dans son rapport annuel, Maxwell écrivait :

> Aujourd'hui, les chercheurs et les ingénieurs ne sont plus capables d'absorber la masse de connaissances nouvelles qui se trouvent à leur disposition... Le problème est devenu si aigu qu'il est plus facile à certains de recommencer les expériences dans leur propre laboratoire et, s'il le faut, de « découvrir » ce qui a été inventé, que de consacrer des heures et des heures, souvent en vain, à patauger dans la multitude des thèses, des revues professionnelles, des livres et des articles.

Cette année-là parut le centième volume de la « Bibliothèque du Commonwealth ». L'objectif initial de 1 000 volumes avait été repoussé d'un an, en 1968 (il fut atteint en 1971). Les dividendes payés aux actionnaires, qui étaient de 10 % en 1963, furent de 50 % en 1964, et les bénéfices firent encore un bond, cette fois juste en dessous de 234 000 £. Pergamon n'était plus une société non cotée. Maxwell, comme la plupart des autres hommes politiques, prévoyait les élections pour le printemps de 1964. Elles furent fixées à l'automne. Sur les conseils du président de Henry Ansbacher & Co., il en profita pour introduire Pergamon en Bourse.

Les prévisions d'Ansbacher sur le lancement des actions étaient plus qu'encourageantes : les exportations représentaient 85 % de la production; des succursales existaient à New Delhi, Sydney et Tokyo; Pergamon avait des représentants dans de nombreux autres pays. La « Bibliothèque du Commonwealth » comptait déjà 120 volumes; Pergamon avait publié 1 000 titres en trois ans, dont 500 en 1963 seulement. Une nouvelle imprimerie, Buckingham Press, avait été construite à Bletchley; un accord avait été signé avec Macmillan de New York, devenu le distributeur exclusif des titres Pergamon dans le continent américain et aux Philippines. (Cet accord prit fin en 1965, lorsque le président de Pergamon New York, M. Majthenyi, accusa Macmillan d'avoir essayé, par un accord malhonnête, de vendre les livres de Pergamon à sa propre filiale); des contrats avaient aussi été conclus pour la distribution de Pergamon en Malaisie, au Kenya et en Rhodésie. Les locaux de Fitzroy Square avaient été vendus pour 165 000 £, puis reloués à Pergamon pour 13 000 £ par an, qui à son tour avait sous-loué une partie des locaux pour 10 000 £ par an. Cela semblait être une bonne affaire. Ansbacher promit à Maxwell un contrat de directeur général pour une durée de cinq ans, « pendant lesquels il s'engage à passer le temps requis sur les affaires de la société », mais Ansbacher parlait net et franc :

> Bien que M. Maxwell soit clairement l'élément moteur de la société, qu'il a créée lui-même, il pense que Pergamon pourra (et l'a déjà fait par le passé) fonctionner de manière parfaitement satisfaisante en se passant de son contrôle. Comme M. Maxwell sera candidat travailliste aux prochaines élections générales en octobre, il est impératif d'apporter toute assurance à l'encadrement de la société en vue de son retour au Parlement, et donc de son incapacité à se consacrer à Pergamon.

Le *Financial Times* s'inquiétait aussi du degré de dépendance de Pergamon à l'égard de Maxwell. Une semaine avant l'introduction en Bourse, un chroniqueur connu sous le pseudonyme d' « Observer », écrivait [4] :

> La City devra faire sa propre évaluation du personnage le plus controversé de l'édition anglaise. En dépit de son conseil d'administration de sept personnes, des deux cents personnes qui composent l'équipe éditoriale et de ses légions de conseillers scientifiques, Pergamon reste un « one-man-show ». Aucun autre éditeur, depuis que les lois sur la propriété littéraire existent, n'a bénéficié d'une telle publicité, n'a suscité tant de jalousie, n'a été l'objet de tant d'insultes.

Et après avoir – encore – rappelé que le père de Maxwell était un paysan tchèque, l' « Observer » ajoutait que « ses origines étrangères étaient l'une des charges retenues contre lui ».

Le lancement en Bourse eut lieu en juillet 1964; il prit fin en moins d'une minute. Le succès dépassa toutes les prévisions et l'offre de 1 100 000 actions de deux shillings (10 pences) vendues à 17 s 6 d (87,50 pences) pièce, soit 27,5 % du capital (le reste était détenu par la famille Maxwell), fut couverte plus de vingt et une fois. Quelques jours plus tard, les actions affichaient déjà sur le papier une plus-value de 20 %.

Dans son premier rapport à la société nouvellement cotée en Bourse, Maxwell constatait pour l'année finissant en juillet 1964 une hausse record sur les ventes et bénéfices nets. Le bénéfice avant impôt avait dépassé de 54 000 £ le chiffre prévu de 500 000 £, et les dividendes allaient être de 50 %, au lieu des 45 % prévus lors de la vente des actions. La société connaissait une expansion mondiale; le deux centième volume de la « Bibliothèque du Commonwealth » parut en avril 1965. A nouveau, 1965 fut une année de bénéfices record (cette fois-ci de 848 000 £, soit une augmentation de 53 % au cours des douze derniers mois) et les dividendes augmentèrent jusqu'à 70 %. En janvier, la société avait acquis le capital en actions de Pergamon Press, Inc., sa branche américaine, elle aussi bénéficiaire. Plus important encore fut que Pergamon se lança dans le stockage et l'utilisation d'informations sur ordinateur. Ce domaine aride, réservé alors à quelques enthousiastes, devait être à l'origine de la Maxwell Communication Corporation.

En 1966, la valeur de Pergamon était estimée à 7 millions de livres, son chiffre d'affaires annuel était de 5 millions de livres, elle employait 2 500 personnes, publiait 600 titres par an et 120 revues. Pergamon reçut le prix de la Reine pour l'Industrie en récompense de ses succès dans l'exportation, et George Brown, vice-premier ministre et officiellement numéro 2 du parti travailliste, inaugura à Headington les nouveaux bureaux et entrepôts de la société, construits sur le terrain de Headington Hill Hall.

Les voyages d'affaires incessants de Maxwell équivalent – si l'on risque cette comptabilisation – à un trajet de plus de deux millions de miles! A la fin de l'année, lorsqu'on lui offrit un numéro spécial de *Tetrahedron* pour son 80e anniversaire, sir Robert Robinson écrivit à Maxwell : « Votre contribution à la diffusion du savoir scientifique a été exceptionnelle et je suis certain qu'elle sera de plus en plus reconnue dans le futur. »

En fait, cette contribution se chiffrait de la manière suivante : de 1950 à 1965, 100 revues avaient été lancées; en 1976, ce chiffre était de 200; en 1982 de 300, et en 1988 de 400.

Mais entre-temps, Maxwell vivait dans une quête incessante de nouvelles acquisitions. En février 1966, Pergamon s'engagea dans un nouveau domaine avec le rachat de la vieille société Wheaton's, un important fournisseur de livres scolaires situé à Exeter. Une offre d'achat de Aberdeen University Press fut rejetée, mais Maxwell fit l'acquisition de l'entreprise de photogravure C.E. Layton, Ltd. et, pour soutenir le moral des salariés, il garantit à tous une année d'emploi au moins. Il acheta aussi Equipment Comparison Ltd, spécialisée dans la vérification du matériel et des services de gestion, la Religious Education Press, Bumpus, le célèbre bouquiniste, Haldanes, la Book Society, avant de faire le tour du monde à la fin de l'année pour vendre la *Chamber's Encyclopaedia*, qu'il avait acquise avec le club de vente par souscription de George Newnes Ltd, en décembre 1965 pour un million de livres. Le *Financial Times* constatait : « Un concurrent a dit, non sans amabilité, de Robert Maxwell qu'il était le Henry Ford de l'édition, mais il a su trouver des marchés avec plus d'intelligence que Ford. »

L'*Investor's Guardian* décréta qu'il était un « super-vendeur ». A son retour, le *Daily Telegraph* dit qu'une douzaine de pays se remettaient encore du cyclone de son tour de vente, tout en s'interrogeant sur la croissance de Pergamon [6] : « Cela peut-il continuer, ou bien le niveau actuel sera-t-il rétrospectivement perçu comme un sommet dans l'existence de Pergamon? »

La publication de la nouvelle édition de l'encyclopédie en 1967, célébrée par un déjeuner à l'hôtel Savoy de Londres, sous la présidence effective d'Anthony Crosland, secrétaire d'État à l'Éducation et à la Science, fut décrite sans excès de modestie par

Maxwell comme l'« événement éditorial le plus important de la décennie ». Celui-ci eut pour conséquence avortée une collaboration qui, si elle s'était pleinement développée, aurait eu des répercussions dépassant tout ce que le monde de l'édition et de l'imprimerie pouvait espérer ou redouter. Maxwell discuta alors un accord avec un certain Rupert Murdoch, de News Ltd., une société australienne, aux termes duquel Murdoch devait acheter la moitié du capital de Pergamon of Australia, qui lui aurait donné l'exclusivité de distribution de l'Encyclopédie dans presque toute l'Asie. Dans une lettre à un autre homme d'affaires australien, Maxwell disait que Murdoch était « idéal pour ce travail ». Mais ce fut une brève rencontre. Si cette collaboration n'avait pas été étouffée dans l'œuf, ses répercussions auraient dépassé tout ce que l'édition ou l'imprimerie pouvaient concevoir.

En 1967, parmi tant d'autres projets commerciaux et politiques, Maxwell augmenta sa participation dans le History Book Club à 90 %. Il acheta Speedwriting, Ltd., la filiale de Thomson fondée pour introduire en Grande-Bretagne la méthode américaine de sténographie, très populaire auprès des secrétaires parce que son apprentissage était plus rapide que la méthode Pitman, pourtant meilleure, utilisée en Grande-Bretagne. Il acheta aussi 61 250 actions de Thomson Press (Undia) et 50 % des parts d'International Learning Systems pour 486 000 £. On le dit intéressé par l'achat du *Spectator*, le magazine conservateur libéral (à l'époque) qui appartenait à sir Ian Gilmour, mais le projet tourna court. Et une offre de plusieurs millions de livres pour l'achat de Butterworths, la société dont il avait racheté une part au début de Pergamon Press, fut refusée. Selon Butterworths : « Tout le monde avait peur de Maxwell, même si certains ne voyaient pas son offre d'un mauvais œil, et ne craignaient pas pour leurs carrières. »

Le refus officiel de Butterworths donna lieu à une plainte en diffamation déposée par Maxwell. Il obtint devant les tribunaux de plates excuses. Après que Maxwell eut annoncé son désir d'acquérir la société, Butterworths demanda à l'une de ses employées, une certaine Mme Kekwick d'enquêter dans le milieu de l'édition en général et parmi les anciens salariés de Pergamon en particulier, pour essayer de découvrir des arguments contre Maxwell. Elle rencontra ainsi le directeur général du groupe Hamlyn et lui posa une question qui, par ses insinuations, selon les termes employés devant la cour, « faisait injure à la réputation et à l'intégrité de Maxwell et de Pergamon ». Butterworths reconnut le caractère

« totalement injustifié » de ces allégations, leur « fausseté » et l'inélégance de ce procédé « foncièrement incorrect ». L'avocat ajouta que les sous-entendus étaient « entièrement dépourvus de fondement et incorrects », paya tous les frais de justice, et remercia Maxwell d'avoir généreusement abandonné sa demande de dommages et intérêts. A la fin, Butterworth's fut racheté par l'International Publishing Company, le groupe qui avait vendu l'encyclopédie Chambers à Maxwell. Lorsqu'on demanda plus tard à Maxwell pourquoi son offre d'achat avait échoué, il répondit [7] : « Parce qu'IPC proposait 2 millions de livres de plus que moi. En fait, vu l'état de la firme, c'était 2 millions de trop. »

Mais son achat le plus important en 1967 – par ses conséquences à long terme – fut celui de Caxton Holding, éditeurs d'ouvrages scolaires et techniques et, par l'intermédiaire de la filiale à part entière, Caxton Publishing, du *New Caxton Encyclopaedia*. Caxton's était une affaire solide, fondée en 1901. Elle vendait presque exclusivement par représentants, au porte-à-porte, et très peu aux grossistes et aux libraires. La British Printing Corporation acheta la moitié des actions de Caxton Publishing pour s'associer à Pergamon dans la vente directe de livres. Le rachat de Caxton faisait partie de l'expansion naturelle de Pergamon. Il était parfaitement logique pour les propriétaires de l'encyclopédie Chambers. Caxton avait depuis longtemps des marchés à l'exportation en Australie et en Nouvelle-Zélande, en avait récemment développé d'autres en Afrique du Sud, Suède, Norvège, Danemark, Grèce, Turquie, Finlande, Malaisie et Singapour.

Caxton Publishing devint International Learning Systems Corporation, Ltd. Maxwell y voyait le tremplin idéal pour s'introduire en force sur le marché mondial des encyclopédies. Il dit au *Guardian* [8] :

> Je pense que cette société va devenir un concurrent sérieux pour les éditeurs américains d'encyclopédies. Aujourd'hui, trois sociétés se partagent à elles seules un marché de 200 millions de livres par an. Cela ne met pas en cause la qualité de la *Chambers's Encyclopaedia* ou la *New English Encyclopaedia*. Elles sont aussi bonnes, voire meilleures, que n'importe quelle encyclopédie américaine... mais les Britanniques ne savent pas vendre leurs encyclopédies et ils sont incapables de se donner les moyens financiers et commerciaux nécessaires pour répondre aux possibilités du marché mondial... Avec cette nouvelle société, nous pouvons facilement parvenir à contrôler 5 % de ce marché.

Cela aurait pu être vrai... si BPC et Maxwell n'étaient pas tombés sur des voleurs et n'avaient pas été escroqués par ceux-là mêmes qu'ils avaient engagés pour vendre leurs encyclopédies. Au moment de son rachat par Pergamon, le président de Caxton Holding était Hedley Le Bas, petit-fils du fondateur de la firme soixante-six ans auparavant. Le Bas connaissait les problèmes habituels de l'alcool et de l'argent – trop de l'un et pas assez de l'autre. La lucidité de Le Bas sur son cas était totale. Le 6 juin 1967, il écrivait à Maxwell : « Je vous confirme que vous pouvez mettre fin à mon contrat si je ne renonce pas de manière définitive à l'alcool. » Caxton's avait deux autres directeurs, Rodney Jenman, en qui on ne pouvait avoir guère plus confiance qu'en Le Bas, et Peter Carter-Ruck, l'avocat de la société, aujourd'hui spécialisé dans les affaires de diffamation.

Jenman, un homme d'une quarantaine d'années à l'allure sportive, un peu plus jeune que Le Bas, était responsable du secteur étranger, son contrat de travail avec la nouvelle société avait été conclu par l'intermédiaire d'une société aux Bahamas dont il était l'un des principaux actionnaires et qui était soi-disant responsable des ventes à l'étranger. En fait, cette société était un refuge fiscal : grâce à elle, les sommes versées par Caxton's à Jenman (légalement et aussi illégalement) étaient soustraites au commissaire aux comptes. Le Bas et Jenman touchaient tous les deux une commission sur les résultats de leurs vendeurs, calculée en fonction du nombre des souscriptions, qu'elles aient ou non été payées! Le pot aux roses fut découvert lorsqu'un des complices de Le Bas et Jenman, Victor Abbott, son assistant à Londres, d'une égale malhonnêteté, se brouilla avec eux et alla se confesser à Maxwell. Le Bas et Jenman se faisaient rembourser des frais inexistants, recevaient des commissions illégales sur la vente de toutes les encyclopédies et, de manière générale, roulaient leurs employeurs dans la farine. Jenman fut aussi accusé de chantage envers certains représentants de la société. Il se faisait payer un appartement à Londres par ILSC, dans lequel vivait sa maîtresse. Cette dame accordait certaines ou toutes ses faveurs à des représentants de passage; pour le bénéfice de Jenman, elle avait installé un magnétophone près de son lit.

Lorsque Maxwell découvrit en 1968 qu'il était volé comme dans un bois, il licencia immédiatement Jenman et Le Bas. Ceux-ci, prudemment, décidèrent de ne pas avoir recours à la justice pour réclamer les indemnités auxquelles tout homme honnête aurait eu droit. L'histoire de Caxton's, Jenman, Le Bas et Abbott refit surface quand le ministre du Commerce et de l'Industrie effectua une enquête sur Pergamon lors du projet de fusion avec Leasco. Le Bas se vengea et témoigna contre Maxwell. Lui et Jenman faisaient partie des « informateurs » du *Sunday Times* qui inspirèrent les articles qui, en 1969, furent préjudiciables à Maxwell.

Caxton's ne représentait qu'un aspect de la vie de plus en plus étonnante, déconcertante, fascinante que menait Maxwell. Un confrère éditeur lui demanda en 1967 d'écrire son autobiographie, il déclina l'offre. Il ne risquait pas de le faire « avant un bon bout de temps ». Plus tard, André Deutsch formula la même offre. Il proposa même une avance, geste superflu. Pour lui aussi, la réponse fut « non ». Les lecteurs durent donc se contenter des innombrables portraits qui paraissent régulièrement dans la presse. A un journaliste, Maxwell répondit [9] :

> J'aurais réussi dans n'importe quel domaine. Mais j'ai choisi une activité socialement utile, et cela me donne une satisfaction supplémentaire. Je ne sais pas pourquoi d'autres ne s'y sont pas mis avant moi. Mais j'ai découvert après la guerre ce secteur à explorer, et j'ai su que c'était ce qu'il me fallait.

A un autre journaliste, il fit part de son opposition à l'héritage, et dit [10] :

> Je n'ai pas l'intention de laisser un héritage à mes enfants. Ce qu'il restera après paiement des impôts retournera aux recherches scientifiques, qui sont la source de ma fortune.

Il dit au *Sun* en janvier 1968 :

> Je n'ai pas le sens de la propriété. La propriété ne m'intéresse pas.

En dépit des prédictions pessimistes des journaux sur le développement de Pergamon, cette société figurait en 1968 au 19ᵉ rang, juste derrière les magasins Marks & Spencer, du classement de la revue *Management Today*. En juin, Maxwell commença à préparer une offre publique d'achat sur la British Printing Corporation, mais un mois plus tard il n'était pas parvenu à acquérir 10 % du groupe, et il décida de mettre un terme à sa proposition. Comme on le verra, il renonça aussi à sa tentative de rachat de *News of the World*.

Il était fatal que les intérêts politiques et commerciaux de Maxwell finissent par se rencontrer. La politique lui donnait les moyens de promouvoir son dévouement au progrès scientifique et technologique. Et il croyait qu'un gouvernement travailliste était le plus apte à faciliter le progrès. Sa réflexion n'était pas guidée par des considérations politiques ou idéologiques. Pergamon lui donnait l'occasion de mettre ses idées en pratique, et de les diffuser. En 1963, il avait dit à la commission du parti travailliste sur la science et l'industrie (qu'il présidait) que l'application quotidienne de la science dans la vie courante n'était pas bien comprise ou pratiquée. Il fit des propositions importantes, impliquant des changements radicaux pour le développement scientifique et de nouvelles règles pour un gouvernement travailliste. En 1967, il publia une étude approfondie sur la nécessité pour le gouvernement de pratiquer une politique d'achats publics au bénéfice des entreprises industrielles de pointe. C'était un programme incroyablement détaillé avec plus de cent propositions qui impliquaient un changement essentiel de la politique gouvernementale. Maxwell soutenait que le gouvernement travailliste devait créer un Comité d'achats du secteur public pour conseiller et coordonner tous les achats réalisés par des organismes publics. Il recommandait la création d'un comité de liaison de la ville de Londres, l'attribution d'étoiles aux exportateurs et réclamait des marges bénéficiaires plus importantes pour les fournisseurs du gouvernement. Les collectivités locales et les hôpitaux devaient aussi réaliser des économies grâce à des achats plus efficaces. Tout au long des années 60, à l'intérieur et à l'extérieur de la Chambre des Communes, Maxwell continua de harceler avec ses idées un public apathique et un gouvernement qui s'en désintéressait.

En septembre 1968, il réclamait l'élargissement du marché. Dans un discours au Dorchester Hotel de Londres, il déclara [11] :

> Les compagnies aériennes européennes, les forces aériennes, les réacteurs nucléaires et les utilisateurs d'ordinateurs doivent se procurer prioritairement leur matériel auprès de compagnies européennes. On doit convaincre les fabricants de s'unir et fusionner au-delà des frontières. Autrement, pour ces seuls domaines, dans les dix prochaines années, 10 000 millions de livres seront passés aux États-Unis. Le développement et la compétitivité des pays européens à technologie de pointe sont freinés par l'éparpillement des achats publics, la division des contrats de développement par pays qui entraîne leur répétition inutile. Les producteurs américains dominent les marchés mondiaux de l'aviation, de l'énergie nucléaire et des ordinateurs en partie à cause de la taille et de l'homogénéité du marché américain, public et privé, et en partie aussi à cause de la concentration de leur effort. Par exemple, aux États-Unis les surgénérateurs nucléaires sont aux mains d'une société géante, mais en Europe nous avons trois programmes différents en Angleterre, en France et en Allemagne...

Vingt ans ont passé, le front européen n'a guère évolué, la coopération prônée par Maxwell n'existe toujours pas, même si la Grande-Bretagne a rejoint depuis longtemps le Marché commun.

En dépit de l'accueil chaleureux du gouvernement Wilson à ses propositions sur les achats publics, leur mise en pratique fut une tout autre affaire. Beaucoup d'entre elles finirent par être adoptées, mais par des gouvernements conservateurs : d'abord le gouvernement Heath de 1970, puis plus particulièrement sous l'administration Thatcher. En décembre 1984, on lit dans la revue *Purchasing and Supply Management* :

> Ce n'est qu'en 1979, avec l'élection du gouvernement conservateur le plus à droite du siècle, que Sir Keith Joseph annonça un « programme éclairé d'achats publics ». Ses buts, et une bonne partie de ses tactiques avouées, étaient directement inspirés par le rapport Maxwell. Des changements phraséologiques avaient été effectués pour les adapter aux idées conservatrices de « survie des meilleurs »; l'approche en termes de « chauffage à blanc par la technologie » n'était pas de mode...

En mars 1985, le ministre de l'Industrie et du Commerce écrivait à Maxwell. Il reconnaissait certes « les nombreux points communs entre les idées du rapport Maxwell et la politique actuelle », mais soulignait aussi les nombreuses différences... tout naturellement. De toute évidence, la principale différence était idéologique. Maxwell souhaitait coordonner les achats avec les industries nationalisées et les collectivités locales, et, comme le notait le ministre, ce n'était « absolument pas » le but du gouvernement.

Les propositions de Maxwell en 1968 pour une coopération européenne spatiale ne donnèrent jamais de résultat, même si des idées de ce genre sont encore dans l'air aujourd'hui. En tant que rapporteur du Conseil de l'Europe pour les questions scientifiques, il insista auprès de Wilson pour que la Grande-Bretagne fût associée à un programme européen commun de recherches spatiales. Dans un rapport au Conseil de l'Europe en janvier 1969 il disait [12] :

> La seule manière de faire réellement progresser les recherches spatiales européennes sera probablement, pour commencer, que les ministres mettent sur pied une Commission Spatiale Européenne. Le meilleur mode de sélection des membres de cette commission serait qu'ils soient nommés par les ministres eux-mêmes. Ils ne recevraient pas d'instructions mais auraient, à terme, l'obligation d'étudier tous les problèmes qui leur seraient soumis en fonction de l'Europe considérée comme un

tout. A terme, les ministres eux-mêmes devront adopter leur décision par un vote, mais tout d'abord, il faut mettre en place une Commission Européenne selon les lignes que je viens d'ébaucher.

Dans un discours devant la Chambre des lords, Lord Gladwyn, un pro-Européen ardent, cita longuement et avec enthousiasme le rapport de Maxwell. Dans le contexte européen Maxwell était un visionnaire, si par visionnaire on entend un homme dont les rêves mettent du temps à se réaliser... s'ils se réalisent un jour.

***

Rétrospectivement, ceux qui s'intéresseront à Maxwell l'éditeur lui reprocheront peut-être d'avoir prêté trop attention à sa carrière politique ou à des questions qui n'étaient pas directement liées à l'avenir de Pergamon Press. Mais ce serait mal le connaître. Maxwell ne s'estime pas satisfait s'il ne mène pas de front une douzaine de projets, négociations ou achats. Il se concentre sur une seule question à l'exclusion de toutes les autres; lorsqu'il en a fini, il agit de même sur un autre problème. Alors il fait comme si le reste de ses activités ou de ses préoccupations n'existait plus. Il est vrai que le *Financial Times* a qualifié Pergamon de « one-man-show ». S'il en était ainsi cela signifierait que dans une si grande organisation, un homme en fait trop ou que d'autres n'en font pas assez. Et les deux peuvent être vrais, la seconde proposition étant une conséquence de la première!

En même temps, sous la conduite de Maxwell, le développement de Pergamon semblait sans fin, quand bien même il ne pouvait s'y consacrer à plein temps. Le rapport d'activité pour 1966 annonçait des bénéfices (avant impôt) de 1 331 992 £ (et après déduction, de 710 427 £). Une douzaine de nouvelles sociétés avaient été rachetées, une augmentation de capital avait été effectuée; Pergamon produisait 131 revues et séries, au lieu d'une dizaine une décennie plus tôt, et la « Bibliothèque du Commonwealth » représentait une part importante des bénéfices de Pergamon. Les dividendes pour une période de quatorze mois étaient de 74,5 %. En 1967, les résultats s'améliorèrent encore. Le 31 décembre 1967, Pergamon publiait 152 revues, etc. Les bénéfices se montaient maintenant à 1 449 740 £ (net : 809 511 £), et son actif était de plus de 5 500 000 £, soit une augmentation de plus 2 millions de livres au cours d'une année. Compte tenu d'une émission de titres ayant eu lieu au cours de l'année, les dividendes avaient augmenté de 8 %. Dans son rapport, Maxwell annonçait que la première édition de la *Chambers's Encyclopaedia* – 15 000 exemplaires –, avait été entièrement épuisée en un peu plus d'un an. Le catalogue de Pergamon comportait à présent 6 000 titres, le 1 000e volume de la « Bibliothèque du Commonwealth » était programmé pour mars 1970.

Inévitablement, le rapport d'activité et les comptes pour 1968 étaient encore meilleurs. Plus de 125 pays achetaient les produits Pergamon, le nombre de revues publiées s'élevait à 185. Les bénéfices avant déduction d'impôts et paiement des intérêts aux banques étaient de 2 181 922 £. Maxwell, qui détenait une grande part du capital, annonçait aux actionnaires : « Outre le développement de notre entreprise, nous poursuivrons notre politique d'achat et d'expansion. » Pergamon avait racheté Sun Engraving, D.R. Hillman & Sons, Ltd., et une importante imprimerie à Bletchley. Des négociations étaient menées pour le rachat d'autres compagnies dans le courant de l'année, dont une appartenait à la famille Maxwell, Maxwell Scientific International, Inc. 1968 avait vu une seule déception :

> La plupart des actionnaires ont dû entendre parler l'automne dernier des efforts persévérants de Pergamon pour fusionner avec le journal *News of the World*. Beaucoup se sont peut-être demandé s'il était sage d'investir tant d'énergie, et tant d'argent, dans ce qui a pu sembler une bataille dure et stérile. Mais aucun événement n'est venu modifier le point de vue de votre conseil d'administration. Une union entre Pergamon et *News of the World* aurait donné naissance à un puissant groupe international d'édition et d'imprimerie...

Rupert Murdoch aurait été d'accord. Mais, hormis cet échec, tout semblait aller pour le mieux. Et Maxwell prédisait : « Sauf cas de force majeure, les bénéfices pour 1969 seront conformes aux 2 500 000 £ que nous avons prévues à la fin de 1968. »

Personne, ni lui ni quiconque, ne pouvait imaginer que ce rapport d'activité serait le dernier présenté par Robert Maxwell pendant cinq ans. Avant la fin de l'année, il devait être évincé de la présidence de Pergamon.

V

Revers et succès parlementaires

> « J'ai choisi d'être Britannique; vous, vous l'êtes par accident. »
> Maxwell à un détracteur.

L'entrée de Maxwell dans l'arène politique britannique fut – comme la quasi-totalité de ses entreprises – inattendue, spectaculaire, controversée, et favorisée par ce rien de chance qui accompagne tous ses pas. Hasard ou providence? Pendant quinze ans, Maxwell fut le candidat travailliste de la circonscription de Buckingham; pendant six ans, il en fut le député. Après la perte de son siège en 1970, il tenta de le reconquérir malgré les batailles juridiques et administratives menées pour récupérer Pergamon. Il brigua même un siège au Parlement européen. En dépit de l'étroitesse de ses pouvoirs, cette institution symbolisait sa conviction que l'avenir économique et politique de la Grande-Bretagne passait par l'Europe. Après l'échec de cette tentative, il abandonna la carrière politique.

En fin de compte, qu'en est-il résulté? Par rapport à l'ambition initiale – on se rappelle qu'à vingt et un ans il promit à sa fiancée d'être Premier ministre du Royaume-Uni –, pas grand-chose! Il ne fut jamais ministre, pas même secrétaire d'État. En tant que simple député, il fut à l'origine d'une loi d'un grand intérêt : la loi anti-pollution de 1968 qui contribua largement à l'assainissement du ciel britannique. Il fut également président de la sous-commission chargée de l'intendance de la Chambre des Communes; en d'autres termes, il était responsable des cuisines du parlement. Ce n'est pas sur ce genre de missions que s'édifie une carrière politique!

Mais si l'on juge un homme au nombre d'anecdotes à son sujet, Maxwell a certainement laissé une empreinte indélébile sur la Chambre des Communes. Maints ministres importants pourraient le lui envier. Dix-huit ans après son départ des Communes, on se souvient encore de lui : ses discussions, ses questions, ses interruptions, ses discours, ses chahuts... Tout l'intéressait, il avait toujours un mot à dire. Pour venir à bout du déficit de la « cantine » des députés, il imposa des mesures draconiennes qui coûtèrent cher à ceux-ci. Leurs récriminations furent sans effet. Il s'en tint à ce qu'il avait décidé. En dépit de son agilité à se mouvoir entre plusieurs activités, sa carrière politique entrava finalement sa réussite professionnelle. S'il n'avait pas consacré autant de temps aux questions parlementaires, il aurait peut-être pu éviter la perte de Pergamon Press, qui faillit l'anéantir. Il est vrai que les causes chères à son cœur : l'Europe, le développement scientifique et technologique de la Grande-Bretagne, pouvaient trouver plus d'appui au Parlement que dans l'édition, même si selon lui ces deux questions étaient étroitement liées.

Occuper le devant de la scène, attaquer ou recevoir des éloges, tout le stimulait. Un accord lui semblait terne s'il n'était précédé d'une bataille satisfaisante. Il aurait trouvé l'anonymat ennuyeux. Après sa désignation comme candidat, il découvrit à quel point les hommes politiques craignaient les vieilles coupures de presse les concernant; et pourtant, c'est lui qui fournissait les articles. Mme Maxwell les a rassemblés sur les activités de son mari au fil des ans, groupés avec ses papiers personnels, et ils représentent plus de 350 kilos.

En politique, rien n'a été dit assez souvent pour ne pas être répété; aucun plat n'est trop vieux pour être resservi; aucune action, aucun geste ne s'oublie ni ne se pardonne, et rien ne peut faire qu'une opinion, une fois dite, n'ait pas été exprimée. Les Britanniques ne placent pas leurs hommes politiques sur un piédestal, mais plutôt sous la lumière des projecteurs. L'ancien ministre de la Guerre John Profumo [1] et de nombreux autres peuvent en témoigner.

Le parti pris de la presse britannique est tel que les erreurs – réelles ou supposées – des travaillistes sont dénoncées avec davantage de zèle et de soin que celles des autres partis politiques. Mais si ces règles de jeu reflètent les opinions politiques des propriétaires des journaux, il est également vrai que le parti travailliste se montre un censeur moraliste, toujours prêt à dénoncer (comme le fit avec éclat Harold Wilson) les affairistes. Il est paradoxal qu'un parti tellement soucieux de la doctrine, des idées, porte un tel intérêt aux hommes, à leur personnalité. Et Maxwell sans aucun doute est un personnage. Même si ses actions en faveur des réfugiés et des immigrés en général furent toujours dignes d'éloge, Maxwell constata que la classe moyenne partage souvent la traditionnelle suspicion de la classe ouvrière à l'égard des étrangers. La xénophobie est depuis longtemps le ciment passionnel des socialistes autodidactes, surtout d'extrême gauche. Dans les années 50, le parti travailliste manifestait une grande méfiance à l'encontre des riches – sans pour autant dédaigner les avantages qu'il pouvait retirer de leur fortune. Et c'est encore vrai aujourd'hui, dans une certaine mesure. Quant aux riches étrangers, ils sont doublement visés. En outre, les personnalités dynamiques comme Maxwell sont difficiles à cerner – on l'a vu avec George Brown [2] et Aneurin Bevan [3]. Un style flamboyant peut faire soupçonner un manque de sincérité. Ceux qui suivent leur propre voie, sans se préoccuper de l'opinion publique, ceux qui croient que la notion de démocratie doit partout être mise en pratique, forment, dans le monde politique, le troupeau des empêcheurs de danser en rond. Le parti travailliste est un parti non-conformiste qui se méfie des non-conformistes.

Les sections locales du parti ont toujours été prêtes à choisir comme représentants de la classe ouvrière ceux qui n'en sont pas issus. De même, dans un souci égalitaire, on les trouve toujours disposées à envoyer quelques millionnaires au parlement, tels Stafford Cripps, George Strauss et Harold Lever. Le nombre des élus issus de la classe ouvrière – dockers, mineurs, cheminots ou camionneurs – a diminué au fil des ans, non seulement en raison du nombre réduit de travailleurs manuels sur le marché du travail mais surtout en fonction du choix des sections locales, de plus en plus orienté vers les classes moyennes.

Cependant Maxwell était une recrue unique en son genre. Qu'il fût d'origine ouvrière était indiscutable : rares sont les Anglais qui auraient pu naître dans une telle pauvreté. Et en même temps sa fortune était incontestable. Il avait pu prouver sa loyauté envers la Grande-Bretagne sur les champs de bataille. Il n'en restait pas moins un étranger. Pour achever le tout, depuis son départ de l'armée, il n'avait jamais été le salarié de quiconque. Il avait toujours été employeur. C'était un mélange paradoxal qui s'offrait à la section locale du parti travailliste de Buckingham.

Maxwell était connu pour la facilité avec laquelle il licenciait son personnel. Il prenait seul ce genre de décision. On lui reprochait de ne pas toujours consulter les syndicats; s'il les consultait, il ne suivait pas forcément leur avis. En outre, bien qu'il prétendît être un sympathisant actif du parti travailliste depuis 1945 et qu'il fût membre de la « Société des Fabiens » [4], Maxwell n'avait adhéré au parti qu'en 1958, un an avant d'être candidat. Beaucoup voyaient en lui un ouvrier de la vingt-cinquième heure, un aventurier et un arriviste qui n'avait même pas accompli son temps réglementaire de porte à porte et de collage d'enveloppes. (D'ailleurs l'itinéraire parlementaire de Maxwell ne serait plus concevable aujourd'hui : aucun candidat ne peut obtenir l'investiture s'il n'a pas été membre du parti depuis au moins deux ans.)

Pour Maxwell, une carrière politique s'imposait; le pouvoir, où qu'il soit, l'a toujours attiré. Il avait, et a toujours, une réelle conscience sociale. Si tel n'avait pas été le cas, le parti conservateur aurait constitué un choix évident pour un riche self-made-man. Il était aussi fatal qu'il soit déçu de cette expérience, qu'il juge la vie politique lassante et frustrante. Il reconnaît volontiers qu'il aurait fait un ministre désastreux. Son impatience n'aurait pas supporté la démarche prudente de l'administration. Son chef de cabinet se serait plaint en permanence de sa façon de traiter ses collaborateurs, de son habitude de tout régler par téléphone et non par écrit, de sa tendance à prendre et annoncer ses décisions d'abord et à consulter ensuite. Il n'aurait pas eu l'esprit d'équipe. Il aurait eu son opinion sur les affaires des autres ministres et l'aurait exprimée à tout bout de champ, comme le fit Mme Thatcher dans le gouvernement d'Edward Heath. S'il avait été secrétaire d'État, c'eût été infernal, car son directeur de cabinet aurait eu la tentation d'en appeler au ministre dont Maxwell aurait dépendu! Mais de qui Maxwell aurait-il pu dépendre?

Développer le potentiel scientifique et technologique de la Grande-Bretagne constituait son principal souci politique. Or le premier en date des ministres travaillistes de la Technologie ne fut autre que Frank Cousins, ancien secrétaire général du syndicat des Transporteurs et des Ouvriers non qualifiés et leader du mouvement pour le désarmement unilatéral. En 1960, lors du Congrès du parti travailliste de Scarborough, Maxwell et lui s'étaient affrontés de façon spectaculaire. Ils n'auraient pas pu rester plus de cinq minutes ensemble. Le successeur de Cousins fut Anthony Wedgwood Benn [5]; là encore il aurait été plus facile de mélanger l'huile et l'eau...

Pendant les dix-huit premiers mois, le député Maxwell travailla avec acharnement dans sa circonscription, reléguant au second plan ses affaires pourtant en pleine expansion. Il dynamisa le parti local qui devint l'un des plus riches de Grande-Bretagne grâce à de nouvelles méthodes de collecte de fonds. Il monopolisa la une des journaux locaux et nationaux; il intervint si souvent dans les débats de la Chambre des Communes qu'il laissa les nouveaux venus pantois, et les anciens jaloux. Ce n'était pas de la comédie, c'était son comportement habituel. Il devait le payer cher. En 1966, après l'écrasante victoire du parti travailliste en 1966, il décida de consacrer plus de temps à ses affaires; un voyage de six semaines à l'étranger lui rapporta de nombreuses commandes pour la *Chamber's Encyclopaedia*. Ses électeurs ne comprirent pas son absence. Et le choc en retour fut plus important que s'il avait négligé sa circonscription au départ.

En politique, bien que rapidement président du groupe centre gauche aux Communes, il ne se situait ni à gauche ni à droite. Il milita pour l'amélioration du niveau de vie des agriculteurs – traditionnellement des électeurs conservateurs; il prit fait et cause pour la nationalisation de la sidérurgie, alors que le sujet embarrassait de nombreux députés travaillistes. Ce père de famille trop sévère pour accepter la société permissive prit le contre-pied du courant de libération des mœurs des années 60. Sa décision de se porter témoin à charge dans le procès du roman pornographique *Last Exit to Brooklyn*[6] le rendit impopulaire auprès des hommes politiques et des éditeurs de gauche. Maxwell réclama une réforme du syndicalisme bien avant que le parti travailliste fût prêt à l'envisager et défendit l'accession à la propriété pour les locataires d'HLM, avant même que les conservateurs n'y songent. Sa campagne sur le thème : « Je soutiens la Grande-Bretagne » connut un brillant départ, mais certains y trouvèrent un relent de nationalisme étroit. Ce qui ne l'empêcha pas d'être internationaliste et de prôner l'entrée de la Grande-Bretagne dans le Marché commun au moment même où le parti travailliste commençait à s'y opposer. Sans être systématiquement anticonformiste, il ne craignait pas de choquer.

Son influence à Westminster fut incontestable et gênante. Même s'il ne fut pas toujours très respectueux des usages en vigueur à la Chambre des Communes, il fut un député remarquablement efficace. Il y prenait un grand plaisir. Après avoir quitté la Chambre, il resta toujours proche du parti travailliste, il lui fut toujours fidèle malgré un profond désaccord sur les problèmes de défense, sur le Marché commun et sur l'attitude à avoir devant la menace trotskiste au sein du parti. Au cours de la campagne législative de 1987, le groupe de presse du Mirror fut le soutien le plus puissant et le plus sûr du parti travailliste. Maxwell finança sans compter la campagne de presse; il participa quotidiennement à sa conception et à son déroulement. Il comprit peut-être que tout cet effort humain et financier était mis au service d'une cause perdue d'avance; il ne l'admit jamais ouvertement. Pour lui, c'était une action qu'il lui fallait mener.

***

Il est surprenant que le Comité régional de Buckingham ait réussi à surmonter les préjugés traditionnels du parti travailliste en choisissant Maxwell comme candidat à la députation. En dehors de toute autre considération, n'était-il pas le plus jeune des cinq aspirants députés? A cette époque, la jeunesse et son apparente omniscience ne provoquaient pas la révérence craintive à laquelle elles ont droit aujourd'hui. Plus tard seulement, certains membres du bureau exécutif formulèrent à son encontre les objections de rigueur envers un nouveau venu dans la politique, étranger de surcroît. Le racisme sous-jacent et le nationalisme affiché furent le privilège de ses adversaires conservateurs.

Pendant l'été 1959, la section de Buckingham avait dû faire face à une crise subite : grièvement blessé dans un accident de voiture, son très respecté candidat, le Dr Gordon Evans (qui, en 1955, avait été battu de seulement 1 140 voix par le conservateur Sir Frank Markham) avait dû déclarer forfait. En raison de l'imminence des élections générales – elles eurent lieu le 8 octobre 1959, un peu plus de six semaines après la réunion d'investiture de Buckingham –, il fallait lui trouver d'urgence un remplaçant. Une première liste de quinze candidats possibles fut ramenée à cinq noms. Le samedi 22 août, le Comité régional se réunit pour son choix final. Les quatre prétendants opposés à Maxwell étaient un cheminot de la région, un avoué londonien, un conducteur de train de marchandises de Grantham (ville natale de Margaret Thatcher), et Hugh (aujourd'hui Lord) Jenkins, secrétaire général adjoint du syndicat des Artistes de scène, un militant ardent du désarmement nucléaire.

Une autre personnalité locale briguait l'investiture du parti, Tom Mitchinson. Il n'avait pas été retenu parmi les cinq « sélectionnés ». Et, bien qu'ayant voté pour Maxwell à la réunion d'investiture, il se rallia à la candidature du conservateur Frank Markham. La première campagne électorale de Maxwell se serait bien passée de ce genre de querelle interne. Mitchinson, un ouvrier du bâtiment, ne cacha pas les raisons de son opposition à Maxwell lorsqu'il déclara au *Daily Mail*[7] : « Je crois que le parti devrait être représenté par les vrais copains travaillistes, et non par ces avocats, ces journalistes et tous ces intellos. » Les autres « vrais copains travaillistes » de la section locale désavouèrent Mitchinson et l'exclurent plus tard du parti.

Il fallut quatre heures et demie au comité d'investiture pour parvenir à une décision, ce qui est décent pour une circonscription très disputée. Au propre et au figuré, ils transpirèrent par ce chaud après-midi d'août. Au troisième tour, Maxwell fut le vainqueur indiscutable. A sa première vraie tentative – il avait jadis envisagé de se présenter à Aylesbury (chef-lieu du comté), mais s'y était pris trop tard –, il avait donc réussi!

Comme tout un chacun, il pressentait que le temps était compté. Bien que le parlement élu en mai 1955 fût théoriquement encore en place pour neuf mois, tout portait à croire que le Premier ministre conservateur, Harold Macmillan, projetait de retourner rapidement devant les urnes. Après l'humiliation de Suez, il avait remonté le moral de ses troupes et avait invité son vieil ami, le président Eisenhower, à participer au premier grand show politique télévisé en Grande-Bretagne. Tous deux apparurent tels les vivants symboles de la relation privilégiée des deux grandes démocraties. Le don de Macmillan pour la mise en scène était à son apogée. A l'époque, la Grande-Bretagne avait encore son mot à dire dans les affaires internationales – moins toutefois que les politiciens n'auraient aimé le faire croire à leurs électeurs; Macmillan tira le meilleur parti possible de la visite du commandant suprême des Forces Alliées de la Seconde Guerre mondiale. Les travaillistes – Maxwell y compris – commirent l'erreur de combattre Macmillan sur le terrain de son choix. Il aurait été préférable de se battre dans le domaine des idées politiques qu'ils maîtrisaient mieux. Au cours de la campagne, je fus témoin d'un incident significatif à Kelvingrove, dans la circonscription de Glasgow. La candidate travailliste, juchée à l'arrière d'un camion, déclara : « Je veux vous dire pourquoi il est essentiel que Hugh Gaitskell (alors chef du parti travailliste) représente la Grande-Bretagne au Sommet. » Elle fut interrompue sur-le-champ. « Rien à foutre de ton Sommet, Marie », cria une voix dans la foule, « Quand est-ce que je l'aurai ma bicoque? »... En 1959, le parti ne comprit pas cette leçon; et, en 1988, il n'en saisit toujours pas bien la portée.

Pour sa part, Maxwell avait lui aussi commencé son discours devant le comité d'investiture pour les affaires internationales :

> Je ne suis pas d'accord avec les dirigeants du parti sur leur politique actuelle de désarmement nucléaire. Leur proposition de créer un club antinucléaire (compromis laborieusement mis

> au point par Gaitskell pour se rallier l'aile pacifiste du parti) était vouée à l'échec dès le départ, car la plupart des partisans sincères de la destruction, unilatérale et immédiate, par la Grande-Bretagne de son stock d'armes atomiques savent que la politique actuelle n'est ni sincère ni réaliste; elle ne trouvera de soutien nulle part au monde.

Maxwell, quant à lui, avait sa propre politique qui devint célèbre sous le nom de « Plan Buckingham » : un gouvernement travailliste, réélu après les élections générales, renoncerait unilatéralement à utiliser les armes nucléaires, les mettrait à la disposition des Nations unies avec leur mode d'emploi. Il demanderait aux Russes et aux Américains le même geste. Pour Maxwell, ce plan présentait l'avantage d'être tout à la fois « politiquement honnête et électoralement payant ». Honnête... peut-être, mais il était aussi irréaliste que la politique qu'il dénonçait. En outre, cette « solution » avait une autre utilité : elle lui permettait de prendre ses distances à l'égard d'une politique qu'il condamnait – et qu'il condamne toujours – sans courir le risque d'être accusé de diviser le parti. Bien que nouveau venu dans la vie politique, il montrait déjà une grande expérience en matière de campagne électorale.

Le reste de son discours fut consacré aux thèmes classiques des travaillistes, notamment les nationalisations. Il les défendit avec force « non pour des raisons dogmatiques, mais tout simplement pour assurer le plein emploi à tout habitant des îles Britanniques qui veut travailler ». Il posa ensuite cette question qui, vingt ans plus tard, allait prendre tout son sens : « Si les conservateurs sont vraiment persuadés que les nationalisations sont néfastes pour le pays, pourquoi n'ont-ils pas privatisé British European Airways, le Gaz, l'Électricité, les Chemins de fer, pour ne citer que ceux-là ? »

Il promit qu'un gouvernement travailliste ne reviendrait pas au rationnement ni aux contrôles inutiles, excepté dans des domaines précis : la construction ou les travaux d'utilité publique (hôpitaux, routes, écoles; il leur joignit les usines) et la protection des réserves nationales d'or et de devises contre « les banquiers sans scrupules, les spéculateurs de la City et les places étrangères ».

Le dernier député travailliste de Buckingham, Aidan Crawley, ancien joueur de cricket de niveau régional, avait retourné sa veste et adhéré au parti conservateur (sa fille, Harriet, faillit battre l'ambitieux porte-drapeau de la gauche londonienne, Ken Livingstone, aux élections générales de 1987). La défection de Crawley était présente à l'esprit de certains militants travaillistes de Buckingham. Maxwell le savait. Et il conclut :

> J'aimerais maintenant faire une déclaration de caractère personnel. Deux camarades de cette circonscription... m'ont dit : « Nous vous promettons notre aide sans réserve, et nous sommes certains que si vous êtes investi vous l'emporterez. Mais nous aimerions vous poser une question : êtes-vous un arriviste?... L'affaire Crawley nous a terriblement déçus... » Je leur ai répondu que je ne suis pas un arriviste... Je suis issu d'une très humble famille de paysans; je préférerais me couper le bras plutôt que de trahir ma classe. De toute façon, Aidan Crawley avait besoin de faire carrière, ce qui n'est pas mon cas – puisque la mienne est faite.

Une fois investi, il se jeta dans la lutte avec son habituelle énergie. Trois jours plus tard il intervenait, lors d'une réunion en plein air de son adversaire conservateur, Sir Frank Markham. Dans une lettre qu'il adressa ensuite au député en place, il expliqua qu'il avait voulu réagir aux « insinuations, demi-vérités et contre-vérités » que Sir Frank proférait devant ses auditeurs. Et il réclama un face-à-face public. Sir Frank ne brillait pas particulièrement par son esprit de répartie ni par ses talents d'orateur. Il déclina sagement. Maxwell devait encore obtenir l'aval du Comité exécutif à sa candidature. Le Dr Evans l'aida efficacement en écrivant à l'agent national du parti, Len Williams, pour dénoncer l'hostilité de certains travaillistes locaux. Sous la plume de son éditorialiste politique, qui signait Crossbencher, le *Sunday Express* publia quelques lignes empoisonnées, même si elles étaient relativement amènes par rapport au style habituel du journal. Il rappelait l'affaire Simpkin Marshall, l'adhésion récente de Maxwell au parti, son origine tchèque et son nom de naissance Ludvik Hoch. Et, plus grave encore, on l'avait vu au volant d'une Rolls-Royce. Convaincu de la sincérité, de la franchise, de l'ouverture de vues de Maxwell, le Dr Evans était certain que le parti avait fait « un très bon choix ». Il avait hâte de mettre un terme aux rumeurs hostiles.

Finalement, le 14 septembre, le Comité exécutif avalisa la candidature de Maxwell, à une majorité de deux tiers (Richard Crossman, James Callaghan et Anthony Greenwood auraient figuré parmi les opposants). Mais il n'apporta cependant pas une grande aide à Maxwell dans sa campagne. Un seul travailliste d'audience nationale participa à un de ses meetings : l'estimable mais terne Patrick Gordon-Walker. Les syndicalistes membres du Comité protestèrent contre le manque d'expérience de Maxwell et son adhésion récente au parti. Maxwell ne se laissa pas atteindre [8] :

> La plupart des membres du Comité exécutif sont conscients du travail que j'ai accompli pour le parti depuis 1945... bien que ni eux ni moi ne soyons particulièrement fiers que je n'aie officiellement adhéré au parti que depuis douze mois. A ma décharge, il faut savoir que, dans la circonscription d'Esher où j'habite, le parti travailliste est totalement inactif. Il n'y avait même pas de section locale à Esher avant que je l'organise il y a un an!

Esher fait partie de la luxueuse ceinture résidentielle du Surrey, immuablement conservatrice, comme cela arrive le plus souvent dans ce genre de quartiers, à quelques exceptions près. Aux précédentes élections générales, le candidat conservateur y avait remporté la majorité avec un écart énorme de plus de 20 000 voix sur son adversaire travailliste.

Ayant assuré ses arrières auprès de ses camarades, Maxwell devait maintenant se battre contre les conservateurs. En prenant exemple sur Crossbencher, les calomnies pleuvaient. Selon le *Daily Telegraph*, on se serait plaint dans la circonscription que Maxwell ait caché ses origines tchèques. Maxwell rétorqua que c'était un mensonge : devant les responsables travaillistes de la région, trois semaines avant la conférence d'investiture, il s'était expliqué sur ses origines. D'ailleurs, comme toute la presse nationale et locale en parlait, il eût été enfantin de chercher à les dissimuler.

Plus sérieuse, une note confidentielle fut envoyée par l'agent du parti conservateur à Buckingham, Frank Smith, à Sir Frank et à Lady Markham, ainsi qu'à tous les responsables régionaux. Elle les incitait à interroger Maxwell sur les points suivants :

– son passage dans l'armée tchèque;

– le nom qu'il portait quand il reçut la Military Cross;

– la conduite de ses affaires, « qui a fait récemment l'objet d'un article dans le *Sunday Express* »;

– l'emploi par Pergamon Press de main-d'œuvre non syndiquée.

Le texte se terminait par cette recommandation : « Lisez ce document attentivement et prenez soin qu'il ne circule pas. Chaque exemplaire est numéroté. »

Cependant, un conservateur destinataire du libelle fut si choqué par ce procédé qu'il en envoya une copie à Maxwell. Aussi le premier qui lui posa les questions prévues (plus une sur sa prétendue association avec l'ancien député Peter Baker) reçut une assignation en diffamation, ainsi que Frank Smith et le *Buckingham Advertiser.* Plus tard, ce fut le tour de Lady Markham et du *Northampton Chronicle and Echo*, à cause d'une lettre d'elle que le journal avait publiée. Un médecin du comté, président du Club des conservateurs d'Olney, alla même jusqu'à pénétrer avec sa voiture dans une réunion où parlait Maxwell; il fut condamné à 25 £ d'amende (plus 15 £ de dépens). Cette campagne provoquait, on le voit, des débordements passionnels!

Maxwell écrivit une lettre au journal *Advertiser*, rappelant une déclaration de James Pitman, président des anciens propriétaires de Simpkin Marshall. Pour eux – et ils l'avaient écrit au *Sunday Express* – rien ne pouvait être reproché à Maxwell dans la fermeture de cette entreprise. Un « Maxwellgramme » exposa les faits plus en détail. Il reprit une citation de Sir Frank Markham qui déclarait préférer être élu sur le programme conservateur « plutôt qu'en calomniant bassement ses adversaires ».

Dans une lettre aux électeurs, Maxwell dénonça l'appel de Sir Frank à la xénophobie en citant un certain Bill West de Buckingham qui à la question : « Comment pouvez-vous voter pour un étranger? » avait répondu : « Le capitaine Maxwell n'est pas plus un étranger que le prince Philip. Comme lui, il est né à l'étranger, il est arrivé ici enfant, il s'est battu pour notre pays et il en défend les intérêts. »

Mais d'après le *Daily Telegraph*, trois jours avant les élections, on pouvait lire sur un mur de Buckingham l'affiche suivante : « Les habitants de notre comté n'ont nul besoin d'être représentés au Parlement par un étranger arrogant : faisons échec à ce Tchèque si sûr de lui. Un vrai Anglais, voilà ce qu'il nous faut! »

Les électeurs de Buckingham furent bombardés de discours, de déclarations et de « Maxwellgrammes » du candidat travailliste, appelant les sympathisants libéraux à voter utile pour battre les conservateurs, en attendant que le parti libéral remplace le parti conservateur comme deuxième parti de Grande-Bretagne : « J'appelle donc les électeurs libéraux à voter efficacement contre le candidat conservateur en donnant leurs voix aux travaillistes, au lieu de les gaspiller en soutenant la cause perdue d'avance du candidat libéral. »

Il n'y avait là certainement aucune attitude condescendante à l'égard des électeurs de Buckingham. Ils reçurent sa profession de foi sous la forme d'un « Maxwellgramme » de neuf pages dactylographiées simple interligne, exposant son programme, exigeant plus de crédits pour la science, la technologie et la recherche spatiale, une utilisation plus scientifique de la main-d'œuvre et des machines (cinq ans plus tard, ce même programme apportera le succès à Harold Wilson), l'égalité des salaires féminins, et toutes les rengaines du parti de 1959. Plusieurs de ses pages étaient consacrées au « plan Buckingham » pour le désarmement nucléaire, y compris une description détaillée des effets de l'explosion d'une bombe à hydrogène de 10 mégatonnes. Des copies du plan avaient été envoyées à M. Gaitskell, au président Eisenhower, à Nikita Khrouchtchev et au Secrétaire général des Nations unies. Maxwell ne faisait jamais les choses à moitié.

Ses vues planétaires ne l'empêchèrent pas de tenir un discours électoral plus terre à terre, avec la promesse à tous les locataires d'HLM d'une aide financière pour l'accession à la propriété. Ce projet, s'il avait été adopté et réalisé par le parti travailliste après 1959, aurait pu changer le paysage politique britannique. A en croire son agent, Bryan Barnard, pendant sa campagne de seize jours, Maxwell avait pris part à 179 réunions; il parcourait sa circonscription dans une caravane rouge et blanche transformée en bureau ambulant; ce phénomène fut salué par la presse locale comme une « innovation » électorale.

Les élections aboutirent à un raz de marée conservateur. A Buckingham, les travaillistes furent battus de 1 746 voix, contre 1 140 en 1955; le candidat libéral obtint un peu plus de 4 000 voix, mais perdit sa caution. Maxwell, bien que déçu par sa défaite, pouvait considérer sa performance comme honorable. Il refusa de serrer la main de Sir Frank Markham lors de la proclamation des résultats, arguant que ce dernier « avait mené une campagne déloyale ». Les chiffres définitifs furent :

Sir Frank Markham (conservateur)	22 304 voix
Robert Maxwell (travailliste)	20 558 voix
Evans Richards (libéral)	4 577 voix

Pourtant Bryan Barnard était amer et ne mâcha pas ses mots. « Maxwell, déclarait-il, avait largement dominé le lot des 14 autres candidats potentiels du parti, mais il souffrait également de handicaps exceptionnels : il était né tchèque et n'était membre du parti que depuis quelques mois. » Cependant, remarquait-il, l'antenne locale avait vite décelé « les qualités, la compétence, la personnalité et la sincérité de l'homme ». Et pourtant :

> Nous avons négligé l'autre combat qui se déroulait en même temps. La trahison a tranquillement investi notre propre camp,

> elle est venue de certains candidats éliminés... Un article venimeux est paru dans un journal du dimanche... L'un des traîtres de notre parti, Tom Mitchinson, candidat malheureux et ancien président de la section locale a donné sa signature pour l'investiture du conservateur... Jamais je n'ai vu une personnalité politique susciter autant d'enthousiasme et d'intérêt que Bob Maxwell. Politiquement, il pouvait démolir les conservateurs. Ceux-ci le savaient parfaitement; ils n'avaient qu'un moyen d'éviter la défaite : intensifier leur campagne de diffamation.

Ce moyen avait-il été efficace? Barnard n'en doutait pas une seconde. Il y avait eu, dit-il, une campagne « infecte de dernière minute au sujet de peines de prison encourues par Maxwell, ses liaisons avec des vedettes de cinéma, et le reste ». Au cours du week-end qui suivit l'élection, il parcourut la circonscription. Il interrogea au hasard 32 électeurs sur leur vote : 5 d'entre eux refusèrent de répondre, 5 avaient voté conservateur, 3 étaient des travaillistes « inconditionnels », 19 – tout en affirmant leur préférence pour le parti travailliste et Maxwell – avaient changé d'avis au dernier moment en se rendant compte « quel homme épouvantable c'était ». Pour Bryan Barnard, la preuve était faite : « La campagne de calomnie avait porté ses fruits et coûté à Maxwell au moins 3 000 voix, privant le parti travailliste d'une victoire éclatante. »

Sa déception était compréhensible, mais il ne faut pas oublier qu'à ces élections de 1959 un seul siège conservateur était passé aux travaillistes, et c'était en Écosse. Il est donc vraisemblable que Maxwell aurait perdu de toute façon, même si l'écart avait été moindre.

Plus tard, Barnard écrivit à Maxwell qu'il n'avait jamais vu un candidat avec un tel impact sur une circonscription électorale; il voulait aussi remercier Betty Maxwell « pour l'énorme somme de travail qu'elle avait fournie » pendant la campagne. Ce à quoi Maxwell répondit en offrant une montre à Barnard. Les responsables de campagnes n'ont pas l'habitude de tels gestes, et Barnard fut enchanté. Patrick Gordon-Walker – qui cinq ans plus tard allait perdre son siège à Smethwick, banlieue de Buckingham, après une campagne devenue célèbre par sa tonalité raciste – écrivit à Maxwell son admiration pour la façon dont il avait fait front « au cours de cette campagne sinistre et indigne ». Néanmoins, Maxwell avait perdu et c'est ce qui comptait. Il avait espéré gagner et avait même annoncé en privé une « jolie majorité » d'au moins 6 000 voix. Être un bon second ne l'intéressait pas et ne l'intéressera jamais...

Deux mois plus tard, avec une confiance inébranlée, il déclara dans un discours que les électeurs se tourneraient vers le parti travailliste « la prochaine fois qu'ils en auraient l'occasion ». En cela il avait raison, mais trop tôt : il lui fallut attendre cinq ans. Dans l'intervalle, il fit don de la caravane rouge et blanche de sa campagne à un ouvrier agricole, père de deux jeunes enfants, qui avait été expulsé de son logement de fonction.

***

Durant la législature, Maxwell eut le tort de s'impliquer trop souvent à propos de la ville et du comté de Buckingham dans des questions de détail. Il aurait dû prendre de la distance. Il devint président de la section locale de Buckingham longtemps avant que la procédure d'investiture du candidat officiel ne commençât. Il prit également la présidence de la Fédération travailliste du comté. Il assista régulièrement aux réunions des responsables locaux du parti – 12 sur 13 en 1960 – et se présenta aux élections régionales, ne perdant que de 107 voix un siège acquis d'avance aux conservateurs, avec un taux de participation de 70 %; il s'engagea dans des querelles constitutionnelles avec une fraction du parti. Cette tendance comptait parmi ses animateurs un adversaire de Maxwell, le cheminot Ray Bellchambers, qui n'avait jamais accepté son élimination lors de l'investiture d'août 1959.

Au crédit de Maxwell, il convient de mettre sa capacité à galvaniser un parti déjà actif. Sous son influence, il se surpassa. Le nombre d'adhérents augmenta; partout ailleurs, en Grande-Bretagne, il diminuait. De nouvelles permanences furent ouvertes dans la circonscription; un journal du parti, *Le Courrier de Buckingham*, fut créé (rédacteur en chef : I.R. Maxwell); enfin le *Tote*, principale source de financement du parti, récolta plus de 14 000 £ en 1960, somme qui même aujourd'hui dépasserait tous les espoirs de la plupart des sections locales et ne déplairait pas à une puissante section du parti conservateur. Il alla même jusqu'à convaincre Betty Maxwell, appréciée de nombreux militants pour son énorme travail, de se présenter en dernière minute à l'élection régionale de Newport Pagnell. Elle ne réunit que le tiers des suffrages, mais sans elle le parti n'aurait même pas été présent dans la compétition. Malheureusement, une querelle entre son mari et certains membres de la section de Newport Pagnell avait éclaté. Sur le fond, Maxwell avait raison, mais il n'aurait pas dû s'en mêler. Elle aboutit d'ailleurs au départ du président, Arthur Leary, et priva les travaillistes du soutien de plusieurs personnages clés.

En février 1961, dans un discours virulent, Maxwell s'en prit à la petite aristocratie du comté de Buckingham : les vicomtes, les lords et les ladies qui se succèdent au siège du comté de génération en génération. En l'occurrence, sa tête de Turc portait un patronyme que l'on aurait pu croire inventé pour les besoins de la cause, tant il semblait une parodie de la nomenclature aristocratique : Alderman Sir Everard Digby Pauncefort Duncombe. L'attaque de Maxwell provoqua une vive réaction; une lettre à un journal local montra que l'hostilité à son « origine étrangère » ne serait jamais surmontée. « Le capitaine Maxwell devrait se rendre compte », écrivait cet électeur indigné, « que sa tentative d'introduire des méthodes électorales en usage en Europe centrale avant la dernière guerre n'a guère de chances de plaire aux électeurs du nord du comté de Buckingham. Ceux-ci savent d'expérience que bon nombre des membres de ces vieilles familles ont rendu d'immenses services au comté. » Ce texte est intéressant. Il montre comment, en toute bonne foi, un représentant respectueux des traditions des provinces anglaises, ignorant tout du système électoral d'Europe centrale, croyait fermement en la supériorité du gouvernement local dans le Royaume-Uni sur toute autre forme d'administration. En vérité, une telle institution était exclusivement réservée aux Anglais de souche. Pour lui, cela ne se discutait pas un instant.

Sur le plan politique, Maxwell prit position en faveur de Hugh Gaitskell dans son combat contre le désarmement unilatéral. Ce courant déferlait sur le parti travailliste. Pour la première fois, l'aile gauche, sous l'impulsion de Frank Cousins, avait remporté une victoire capitale sur le numéro un du parti, Gaitskell. Cousins appartenait à cette race d'hommes qui, de temps en temps, émerge d'un mouvement quelle que soit sa tendance. Il mettait au service d'une pensée confuse un talent oratoire et un magnétisme certain, qui mettait en danger la stabilité du parti. Politiquement, il était naïf – comme tant de ses contemporains et successeurs syndicalistes –, mais cette naïveté s'accompagnait de pouvoirs étendus. Il contrôlait la majorité des voix au Congrès annuel du parti. Confier une arme politique d'une telle puissance à un individu sans responsabilité devant un électorat était – et est encore – une faille dans le règlement du parti travailliste. Et, lors du Congrès de Scarborough en 1960, on assista à la plus grande scission que le parti travailliste eût connue depuis la dissidence de Ramsay Macdonald en 1931. Les délégués votèrent en faveur du désarmement unilatéral, ce qui était inacceptable pour la direction du parti. La veille du vote, Maxwell avait pris la parole et proposé une résolution réclamant l'union. Vu les circonstances, une telle proposition était aussi efficace qu'une prière pour la paix mondiale le 2 septembre 1939. Maxwell visait Cousins, mais comme sa résolution stigmatisait les attaques personnelles, il ne le cita pas nommément. Aucun des auditeurs ne douta un seul instant qu'il n'eût ce nom à l'esprit quand il dénonça « les membres de notre mouvement qui ont prêché la désunion et la trahison ». Si les « naufrageurs » poursuivaient dans cette voie, le parti travailliste serait annihilé aussi sûrement que l'humanité par la guerre nucléaire. Il poursuivit [9] :

> Dimanche soir je regardais à la télévision M. Grimond (Jo Grimond, leader du parti libéral) prononcer le discours de clôture du Congrès libéral d'Eastbourne. Il ironisait sur le parti travailliste qu'il n'a pas besoin d'attaquer puisque nous le faisons si bien nous-mêmes. Les libéraux planent sur les ailes de l'Histoire comme des vautours attendant de prendre notre place si nous leur en donnons l'occasion.

Et pour ceux qui cherchaient à remplacer Gaitskell à la tête du parti, Maxwell définit clairement sa position [10] :

> Si nous élisions un nouveau leader, il serait incapable de rassembler notre mouvement comme l'a fait Hugh Gaitskell avant et pendant l'élection. Notre mouvement n'a pas et ne peut pas avoir de meilleur leader que Hugh Gaitskell, et nous sommes à ses côtés. Que ceux d'entre vous qui placent leur ambition personnelle avant l'unité du mouvement prennent garde! Notre règlement nous donne les moyens de nous occuper d'eux.

Dans la bouche de dirigeants syndicalistes, de telles menaces verbales sont monnaie courante. On était beaucoup moins prêt à les admettre de la part d'un « patron » à la tribune d'un congrès. Les partisans de Gaitskell applaudirent lorsque Maxwell quitta la tribune; ceux de Cousins furent plus discrets.

Le congrès, qui se tenait cette année-là dans une station balnéaire du Yorkshire, fut le plus spectaculaire de toute l'histoire agitée du parti travailliste. Aucun n'a depuis lors connu ce climat dramatique et passionné. Gaitskell – on prétend qu'Aneurin Bevan l'aurait comparé à « une machine à calculer desséchée » (ce que Bevan démentit) – avait, plus que tout autre dirigeant travailliste de l'histoire moderne, l'extraordinaire faculté de susciter le dévouement ou la haine. Cousins, lui, n'avait rien de commun avec Gaitskell, et pas davantage avec Maxwell, si ce n'est un instinct politique féroce. Cousins répondit à l'attaque de Maxwell en ces termes [11] : « La question n'est pas de savoir si Hugh Gaitskell et moi-même nous apprécions mutuellement. Cela n'a jamais fait de doute (rires). Le problème n'est pas là. »

Il parlait, dit-il, avec l'accord de sa délégation, qui souhaitait répondre aux « critiques déloyales émises par une certaine personne ». Il poursuivit : « Personne n'a le droit de nous dire que, faute de nous entendre entre nous, nous courons à la catastrophe. Je trouve que c'est là le plus beau discours de désunion que nous ayons entendu ces jours derniers. »

La résolution Maxwell fut néanmoins approuvée par une écrasante majorité. L'année suivante, le revers essuyé par Gaitskell sur le désarmement unilatéral fut largement effacé.

De retour à Buckingham, Maxwell poursuivit ses attaques contre le secrétaire général du Syndicat national des transporteurs et des ouvriers non qualifiés [12] : « En abandonnant le syndicalisme pour la politique, Frank Cousins a provoqué une scission au sein du parti. »

Quatre ans plus tard, après la mort de Hugh Gaitskell, Cousins et Maxwell siégèrent ensemble au Parlement et apportèrent leur soutien au gouvernement de Harold Wilson. L'ironie du sort voulut que Cousins occupât le poste de ministre de la Technologie, pour lequel Maxwell était de loin plus qualifié que lui. Il en est ainsi en politique.

Les Maxwell avaient projeté de s'installer dans la circonscription électorale de Buckingham quand leur fils aîné, Michael, fut grièvement blessé lors d'un accident de voiture, durant les vacances de Noël 1961. Transporté dans le coma à la clinique Radcliffe d'Oxford, il fut ensuite transféré au Churchill Hospital, où Mme Maxwell put venir le voir tous les jours. Il ne fut plus question de déménagement et la famille s'établit définitivement à Headington Hill Hall, qui était aussi le siège social de Pergamon Press. Mais ils gardèrent quand même une maison à Bletchley, près de Buckingham. Maxwell conserva la présidence de la Fédération travailliste du comté, mais abandonna celle de la section locale.

Grâce à Maxwell, la situation financière du parti ne cessait de s'améliorer; en 1962, un nouveau quartier général fut inauguré à Bletchley par un Hugh Gaitskell complètement abasourdi d'être amené en hélicoptère à cette nouvelle antenne locale. C'était la dernière trouvaille de Maxwell. Il avait décidé que l'hélicoptère constituait le seul transport convenable pour les hommes politiques qui, comme lui, n'avaient pas une seconde à perdre. L'immeuble avait coûté 20 000 £ et le terrain l'entourant mesurait près d'un hectare. Afin de se procurer des fonds, Maxwell créa une fondation, gérée par Bryan Barnard. Il souhaitait que Bletchley serve de modèle à d'autres circonscriptions; mais aucune ne réussit jamais à égaler ce succès.

En juin 1962, Maxwell fut de nouveau choisi par son parti comme candidat aux élections législatives. Il profita de l'occasion pour annoncer qu'il abandonnait son grade de capitaine de l'armée britannique. Désormais il désirait être appelé « monsieur » Maxwell. L'époque ne se prêtait plus au pouvoir militaire à l'échelon national, expliqua-t-il. Maxwell promit qu'il gagnerait la prochaine bataille; Sir Frank Markham déclara qu'il n'en serait rien, mais peu après il se retirait de la scène politique. La section locale du parti conservateur lui choisit comme successeur Mme Elaine Kellett, ancien député, intellectuellement brillante mais politiquement un peu excitée.

A cette époque, Maxwell dérouta bon nombre de ses supporters en se déclarant favorable à l'entrée de la Grande-Bretagne dans le Marché commun. Cette cause n'avait ni la faveur du parti ni celle de Hugh Gaitskell. Quelques mois plus tard, Gaitskell mourut. De retour d'une tournée en Inde et en Australie, Maxwell fustigea les journalistes et les conservateurs, y compris le Premier ministre, qui avaient dénigré le leader travailliste de son vivant et qui le portaient aux nues une fois sous terre. Cette attitude « l'écœurait ».

1963 fut une année pleine de grands événements politiques en Grande-Bretagne. La mort de Gaitskell avait plongé le parti travailliste dans le désarroi; son successeur, Harold Wilson, prit ses nouvelles fonctions, débordant d'idées et d'enthousiasme. Le scandale Profumo n'était pas seulement choquant en soi, il révélait la faiblesse du gouvernement. En dépit de ses airs de « superman », le Premier ministre d'alors, Harold Macmillan, paraissait bien mal informé sur son propre entourage, ignorant tout des activités extra-ministérielles de son ministre de la Guerre. Le parti conservateur fit pression sur Macmillan pour qu'il se retire. Après avoir résisté, il dut s'incliner, devant être opéré d'urgence de la prostate; c'était alors une intervention plus douloureuse qu'aujourd'hui. Ils étaient nombreux les affamés du pouvoir qui briguaient le 10 Downing Street! De la mêlée surgit le comte de Home, pair de la Couronne. Il dut renoncer à la Chambre des lords pour devenir Premier ministre. Il se transforma en Sir Alec Douglas-Home.

Pour Maxwell et les autres candidats travaillistes, ces événements impliquaient le report des élections générales prévues au printemps 1964 aux tout derniers jours de l'automne. Ils devaient tous patienter six mois de plus. Maxwell profita utilement de ce répit pour introduire Pergamon Press en Bourse.

***

L'expansion rapide de Maxwell dans l'édition scientifique s'accompagnait d'une conviction ferme et sincère : la Grande-Bretagne fermerait les portes de son avenir si elle refusait d'appliquer à l'industrie les dernières découvertes scientifiques de la technologie de pointe. Tout cela convenait parfaitement à Harold Wilson qui s'était engagé à mener la nation « jusqu'au cœur même de la révolution technologique ». Il y avait cependant une différence de taille entre eux : Maxwell consacrait sa vie aux progrès de la science, tandis que la promesse de Harold Wilson n'avait été décidée qu'à la dernière minute, à l'occasion de son premier discours de chef du parti au Congrès travailliste. Personne ne fut plus surpris que lui de découvrir qu'il avait touché une corde sensible avec une précision rarissime. Cela arrive une fois par génération d'hommes politiques! Son slogan : « Au cœur même de la révolution technologique » devint le cheval de bataille de sa campagne électorale; pour autant aucune révolution n'allait être déclenchée. L'intérêt de Wilson pour la modernisation de l'industrie britannique était réel mais, une fois au gouvernement, il s'effaça devant les habitudes anciennes. La formule tomba dans l'oubli.

Néanmoins, de nombreuses innovations marquèrent les débuts de son mandat, et parmi elles il y eut la constitution d'un groupe de travail sur la coopération entre la science, le gouvernement et l'industrie. La commission dont Maxwell fut nommé président relevait de Richard Crossman. Cet homme politique avait soif d'admiration; ses principes n'étaient pas à la hauteur. Par la suite, il devait écrire [13] :

> Maxwell est quelqu'un de très bizarre, un juif tchèque connaissant parfaitement le russe. Comme fondateur de Pergamon Press, sa réputation est épouvantable dans l'édition. Pendant toute la durée de nos travaux – je l'ai laissé, à contrecœur, constituer une équipe de savants de très haut niveau –, il a été parfait. Je n'ai jamais pu le prendre en défaut. Le rapport que lui et ses collègues ont rédigé est excellent.

Maxwell se lança avec enthousiasme dans ce travail. Ses interlocuteurs furent nombreux. Aux États-Unis, parmi d'autres personnalités éminentes, parmi des fonctionnaires du Pentagone, il discuta aussi avec le conseiller scientifique du président Kennedy, Jerry Wiesner. En Grande-Bretagne, il eut des entretiens avec le président du Conseil consultatif pour la politique scientifique, Lord Todd, avec l'ancien conseiller scientifique en chef du ministère de la Défense, Sir Frederick Brundrett, et beaucoup d'autres. Un grand nombre de recommandations proposées par la commission furent adoptées par le gouvernement Wilson, mais la volonté réelle de les mettre en pratique en créant un ministère des Questions scientifiques n'exista jamais. Des scientifiques célèbres, tels Lord Bowden et Lord Snow, entrèrent au gouvernement en fanfare, mais en repartirent sans un bruit. En fait, cet abandon se fit progressivement. Au congrès du parti de 1963, de nouveau à Scarborough, Maxwell fut acclamé.

La croissance de l'économie nationale, disait-il, dépend des dépenses consacrées à la recherche et au développement. Il recommandait vivement la création par le prochain gouvernement travailliste d'un ministère d'État chargé de l'Enseignement supérieur, de la Technologie et de la Recherche (il n'en fut rien : il y eut un ministère de l'Éducation et de la Science, mais c'était essentiellement l'ancien ministère de l'Éducation rebaptisé); il recommanda également la création d'une commission d'aide à la technologie et d'un service gratuit d'information scientifique et technique pour l'industrie et surtout les PME.

Pour un homme qui n'était pas encore député, Maxwell marquait des points. A l'occasion du Ve Congrès du parti on lui avait demandé de parler (ce qu'il a fait d'ailleurs chaque année de sa vie parlementaire). En février 1964, le porte-parole du groupe travailliste, George Brown, se rendit à Bletchley. Il promit à Robert Maxwell « un rôle de tout premier plan » dans le prochain gouvernement travailliste. Le rédacteur scientifique du *Daily Express,* Chapman Pincher, tint à peu près les mêmes propos. Maxwell m'avoua plus tard qu'il aurait fait un ministre désastreux, mais à cette époque tous les espoirs lui étaient permis.

Localement, la campagne de rumeurs, de calomnies, se développait. Toujours son origine étrangère. Le candidat libéral de Buckingham, Jack Wallis, déclara à un journal local que l'impopularité de Robert Maxwell était « un fait politique ». Il ajoutait perfidement : « Il ne m'appartient pas d'en chercher les raisons. En fait, en tant que libéral, je déplore certaines des raisons avancées par les conservateurs pour dénigrer le candidat travailliste. Mais en tant qu'homme politique libéral je suis obligé d'en tenir compte. »

Cette tactique politique est courante : rappeler aux électeurs l'existence de scandales sous prétexte de mieux s'en dissocier. Maxwell allait souvent être confronté à de telles pratiques dans les semaines précédant le scrutin du 15 octobre. Une organisation s'intitulant « Campagne Nationale pour la Liberté d'Expression » entra dans la mêlée par le biais d'une affiche toute simple, avec en énormes caractères cette seule inscription :

INTERROGEZ DONC VOTRE DÉPUTÉ SUR CE CHARLATAN ÉTRANGER JAN LUDVIK HOCH!

Dès le début, Maxwell avait annoncé qu'il gagnerait. Les deux autres candidats, Mme Kellett et M. Wallis, étaient nettement moins sûrs d'eux. L'atmosphère politique était au changement. Sir Alec Douglas-Home semblait un homme d'un autre temps; quelles que fussent ses qualités, il n'avait en lui ni l'énergie ni le dynamisme des candidats travaillistes. Mme Kellett avait beau affirmer qu'elle sentait dans l'air « une odeur de victoire », c'était un parfum bien léger qui échappait à d'autres nez politiques, pourtant tout aussi fins.

La bataille pour Buckingham s'engagea comme prévu. Maxwell s'en tint aux propositions du parti, même en matière de défense. Mme Kellett et lui s'engagèrent tous deux à mener une campagne décente, sans calomnies ni attaques personnelles. Quant à Jack Wallis, il demanda avec dédain comment le parti travailliste, qui se voulait le parti de l'égalité, avait pu choisir un millionnaire pour candidat. Maxwell, comme toujours, fut le plus mobile; il annonça qu'il visiterait les 179 villages de sa circonscription au cours d'une tournée de 5 000 kilomètres. Cette fois-ci, au lieu d'une caravane, il choisit une Land Rover qu'il fit aménager avec une épaisse moquette, des sièges rembourrés, un bureau et, bien sûr, un haut-parleur sur le toit. Bryan Barnard avait quitté la fondation chargée de la collecte de fonds pour retrouver sa place de responsable de campagne. Par coïncidence, Barnard avait déjà tenu un tel rôle en 1955 auprès du candidat travailliste dans le Nord-Ouest du Norfolk, et son « poulain » de l'époque avait déjà comme adversaire Mme Kellett. Il l'avait battue. Et avait ainsi donné aux travaillistes leur seule victoire dans une circonscription tenue par les conservateurs.

Même Tom Mitchinson, celui qui avait été évincé du parti en 1959 pour s'être rallié à Sir Frank Markham, annonça son soutien à

Maxwell. A l'entendre, il s'était opposé à sa candidature précédente parce qu'il voyait en lui un « parachuté ». Il ne pensait pas que Maxwell resterait dans la circonscription. Or maintenant les conservateurs présentaient eux aussi une « parachutée », et Tom Mitchinson avait fièrement refusé d'apporter sa signature à Mme Kellett. Les campagnes électorales ouvrent toujours la porte aux enfants prodigues : Mitchinson ne s'attendait pas à être réintégré au sein du parti...

L'itinéraire quotidien de Maxwell ressemblait à une promenade à travers l'Angleterre rurale, avec un court arrêt dans chaque localité traversée : par exemple, le 30 septembre, à Rowsham, Aston Abbotts, Cublington, Dunton, Hoggeston, Little Horwood, Nash, Whaddon, Haversham Village, Little Linford, Great Linford, Old Bradwell, Shenley, Loughton, Calverton, Beachampton et Thornton; il assista à des réunions sur la place du village de Great Harwood, à la mairie de Mursley, à côté de la poste de Drayton Parslow et au carrefour de Newton Longville. D'autres jours, on entendit sa Land Rover entrer à grand bruit dans Botolph Claydon, Water Stratford, Barton Hartshorn, Chetwode, Preston Bissett, Newton Blossomville, Stoke Hammond et quantité d'autres villages et hameaux aux noms idylliques.

Les promesses, comme toujours, furent nombreuses de la part de tous les candidats; la plus amusante fut celle de Maxwell qui jura de manger le chapeau d'un conseiller libéral si le candidat libéral ne perdait pas sa caution. (La caution était alors fixée à 150 £ et était confisquée si le candidat n'obtenait pas le huitième des voix exprimées.) Une fois encore, la campagne souterraine sur les origines de Maxwell ressortit au grand jour durant les derniers jours de la campagne; la veille du scrutin, le 14 octobre, Maxwell protesta publiquement. Dans ses tracts et ses discours, Mme Kellett avait souligné son âge (quarante ans) et qu'elle était britannique...

> ... impliquant par là même que je ne le suis pas, et ses supporters, prenant la relève, vont répandre partout que le candidat travailliste est étranger. Si je suis étranger, alors le duc d'Edimbourg l'est aussi! Lui aussi est né à l'étranger, mais apparemment il semble être populaire... Ne serait-il pas normal de demander à cette candidate et à ses amis si, pour naître britanniques, ils ont eu une quelconque voix au chapitre, ou s'ils ont dû faire le moindre effort? Moi si! J'ai eu vent, à plusieurs reprises, d'agents électoraux conservateurs qui répliquaient à mes partisans : « Ah vraiment? nous sommes quant à nous extrêmement inquiets au sujet du candidat travailliste – il

n'arrête pas de disparaître derrière le rideau de fer... » eh bien moi je peux vous dire que M. Chambers, de la société ICI, et bien d'autres, dont M. Reginald Maulding, font de même.

Pour faire bonne mesure, Maxwell souligna également d'autres analogies avec le prince Philip. Ils étaient tous les deux nés un 10 juin, avaient tous deux une épouse prénommée Elizabeth, même si le prénom de Mme Maxwell prenait un « s » et non un « z ». Son discours était ponctué des clameurs habituelles aux réunions de veille de scrutin et de l'inévitable hurlement « Espèce de Tchèque! »... Le dernier jour, tous les candidats se livrèrent à la quête frénétique des dernières voix possibles. En raison de l'étendue de la circonscription, le décompte des voix ne commença pas avant 9 heures du matin le lendemain, vendredi 16 octobre. Ce délai rendait le résultat de Buckingham crucial. En effet la majorité travailliste espérée avait considérablement fondu au cours de la nuit, et si des sièges comme celui-ci étaient perdus elle disparaîtrait complètement... Mais Buckingham ne déçut pas. Avec une participation de 86,5 % (chiffre record quand on sait que les listes électorales avaient été refaites exactement un an plus tôt), Maxwell devint membre du Parlement. Il disposait d'une majorité de 1 481 voix. Les chiffres officiels étaient :

Robert Maxwell (travailliste)	23 085 voix
Elaine Kellett (conservateur)	21 604 voix
Jack Wallis (libéral)	5 578 voix

Mr Wallis n'ayant pas atteint le quota minimum perdit sa caution, et Robert Maxwell n'eut pas à manger le chapeau du conseiller libéral; chapeau qui avait été exposé à la vitrine d'un magasin local dans l'espoir que Maxwell serait contraint de l'avaler, ou de ravaler ses mots! Le transfert de voix en faveur du parti travailliste fut d'environ 3,3 %, chiffre beaucoup plus élevé que pour certains sièges marginaux de Londres. Betty Maxwell était responsable des votes par correspondance, et c'est en grande partie grâce à ses efforts que le parti travailliste de Buckingham en reçut 1 750, soit 269 voix de plus que ce qui était nécessaire à la majorité de son mari et le second meilleur score de tout le pays. La majorité travailliste dans le Royaume-Uni n'était que de quatre sièges. Le soir même, dans un discours aux militants du parti, Maxwell prédit de nouvelles élections générales avant douze à dix-huit mois.

***

Maxwell fit son entrée à la Chambre des Communes à sa vitesse coutumière. Dès le premier jour, à peine le discours du Trône terminé, Bryan Barnard le présenta à un vieil ami, le Dr Horace King, alors vice-président de la Chambre des Communes (il en fut plus tard président). Barnard (né lui aussi un 10 juin) donna sa contribution au Livre d'Or du 60e anniversaire de Maxwell :

> Sans perdre une seconde, vous avez demandé à Horace comment vous deviez vous y prendre pour prononcer votre discours d'intronisation au Parlement. Horace vous a répondu de façon diplomatique : « Vous devriez attendre un jour de grande affluence, écouter attentivement les orateurs confirmés puis, quand figurera à l'ordre du jour un sujet que vous maîtrisez particulièrement, vous pourrez faire votre discours d'intronisation. » Ce à quoi vous avez répondu : « Je ne suis pas venu ici pour faire de la figuration. Je veux parler cet après-midi. » Horace en fut abasourdi. Il vous interrogea : « Êtes-vous vraiment sérieux ? » Votre réponse fut : « Bien sûr que je suis sérieux. » Après un instant de silence, Horace répliqua : « Je prends la présidence de la séance vers 16 h 30, je vous appellerai. »

Cela donnait deux heures à Maxwell pour écrire son discours. Il mit au panier plusieurs ébauches griffonnées à la hâte avant de prendre la décision d'improviser à partir de ses notes. Il devint ainsi le premier député du parti travailliste à faire son discours d'intronisation le premier jour de la première session de la nouvelle assemblée. Selon Judith Ennals, son attachée parlementaire pendant dix ans, certains avaient plaisanté : « Voilà bien notre Bob qui laisse à peine à la reine le temps de s'asseoir ! »

Malgré son impatience, Maxwell dans son discours respecta la tradition. Il fit l'éloge de son prédécesseur, Sir Frank Markham, de son « courage » – omettant avec tact de rappeler comment il avait refusé de lui serrer la main lors de la proclamation des résultats du scrutin de 1959 –, et il consacra la première partie de son propos aux problèmes de sa circonscription. Ce n'était pas seulement respect des conventions, mais aussi marque de bon sens, car tout Westminster pensait déjà aux prochaines élections. La seconde moitié de son discours était de portée nationale : un plaidoyer pour une aide gouvernementale au rapprochement science-industrie, une condamnation du gaspillage du potentiel scientifique et technologique – et de l'argent des contribuables – dans des programmes de recherche militaire.

Charles Longbottom, jeune et élégant député conservateur de York, lui succéda à la tribune et le félicita pour son discours d'intronisation « remarquable et d'un style agréable ». Les discours suivants ne devaient pas être accueillis aussi chaleureusement par les bancs conservateurs. Un compliment plus ironique vint de Charles Pannel, nouveau ministre de l'Équipement et des Travaux publics : « Cher Bob, c'était vraiment un bon premier discours, j'aurais aimé l'entendre. Meilleurs vœux. Charles. »

Le magazine *Nature* rapporta presque intégralement les propos de Maxwell sur la science et l'industrie, tout en remarquant avec finesse [14] :

> Les opinions et les idées de Mr Maxwell sont celles que nous attendions depuis bien longtemps. Cependant on ne peut s'empêcher de penser que beaucoup de ce qu'il a dit sur l'application du progrès scientifique à la pratique industrielle a une résonance politique; ce n'est que dans les prochains mois que nous saurons si le gouvernement commence à vraiment rentabiliser la recherche scientifique.

Maxwell tint rapidement sa promesse de créer des emplois dans sa circonscription; il y installa les entrepôts de Pergamon, une imprimerie et une affaire de fournitures pour bibliothèques. Et, bien qu'ayant approuvé une augmentation annuelle de 1 500 £ de l'indemnité parlementaire (ce qui provoqua un tollé général, car cette mesure entra en vigueur avant le relèvement des retraites), Maxwell fit don de son augmentation aux retraités nécessiteux de sa circonscription. Il trouva le temps d'assumer les fonctions de trésorier du « Centre 42 », association théâtrale d'inspiration gauchiste, et créa la Fondation Michael Maxwell pour la Recherche sur le cerveau avec un don annuel de 2 000 £ à l'hôpital d'Oxford, où Michael était toujours dans le coma depuis son accident de la route survenu quatre ans auparavant. Il s'enthousiasma pour son nouveau rôle, consacrant chaque week-end à la tournée de sa circonscription et reléguant ses affaires au second plan. Il parraina une collecte de fonds en faveur de la création d'un centre pour une douzaine d'enfants handicapés victimes de la thalidomide. Il défendit même la cause du maître d'hôtel du Club conservateur de Bletchley, menacé d'être expulsé de son logement. Maxwell se rendit au Club, parlementa avec ses dirigeants et obtint l'ajournement de l'expulsion.

Mme Ennals se souvient d'une « promenade dominicale » avec lui;

ils se rendaient à Stony Stratford en traversant les villages de Marsh Gibbon, Poundon et Twyford, Maxwell dans sa Rolls et elle le suivant dans sa Mini :

> Nous arrivâmes soudain à un stop, à un croisement de routes, en pleine campagne. Je marquai un temps d'hésitation et je traversai, tentant de ne pas perdre la Rolls de vue. Quelques instants plus tard, un motard de la gendarmerie me fit signe de m'arrêter. Il ne considérait pas mon hésitation comme un véritable arrêt. Il sortit son calepin pour verbaliser. Toujours vigilant, Maxwell avait vu la scène dans son rétroviseur. Il fit demi-tour. Il salua le gendarme et lui demanda des nouvelles de sa femme et de ses enfants en citant leurs prénoms! Ce qui laissa le policier complètement abasourdi, comme je l'étais moi-même. « Allez, Judy, ne faites pas perdre de temps à ce gendarme en discussions! » Nous repartîmes aussitôt. C'est grâce à sa mémoire d'éléphant que Maxwell arrive à clouer le bec à ses amis comme à ses ennemis.

Elle aurait pu ajouter : « grâce aussi à son culot »! « Culotté » était l'adjectif qui convenait également à Harold Wilson, alors dans les premiers mois de son mandat de Premier ministre : il avait un gouvernement sans aucune expérience, la plupart de ses ministres avaient voté contre sa candidature à la tête du parti, le ministre des Affaires étrangères (Patrick Gordon-Walker) et le ministre de la Technologie (Frank Cousins) n'avaient pas de siège au Parlement, sa majorité parlementaire n'était que de quatre sièges, une crise financière imminente menaçait de dévaster l'économie britannique. Maxwell ne se faisait pas d'illusions sur la gravité de la situation. Il affirma aux syndicats réunis à Buckingham en novembre que, si le gouvernement n'était pas capable de lever un emprunt de plus d'un milliard de livres, « le pays allait sombrer dans la faillite en moins d'un mois ». Selon lui, on assistait à une crise aussi grave que celle de 1940.

Comme Wilson, il avait été tenté de faire référence à la bataille de Dunkerque. Wilson, après coup, le regretta : la Grande-Bretagne n'avait pas besoin d'un miracle mais du courage nécessaire à un effort de redressement économique prolongé et soutenu.

La vie parlementaire fut vraiment mouvementée à cette époque. Politiquement, mais aussi physiquement. On vit, dans l'enceinte du Palais de Westminster, une ambulance amener des députés moribonds, à moitié inconscients; ils s'étaient fait transporter pour prendre part à un scrutin. La loi stipule, en effet, que, dans la mesure où il est physiquement présent à l'intérieur du Palais, un député n'est pas obligé de déposer lui-même son bulletin de vote; un mandataire peut le faire en ses lieu et place. Il suffisait qu'un député ait mauvaise mine pour que ses collègues le harcèlent de questions sur sa santé. En vérité, on se souciait moins de ses éventuelles maladies ou souffrances que des conséquences d'un décès. Une mort, cela signifiait presque sûrement la fin de la majorité gouvernementale, et par ricochet des élections générales anticipées. On imagine l'émotion du Premier ministre et du chef du parti travailliste à la nouvelle que Maxwell avait été condamné à une amende de 25 £ pour conduite imprudente au volant de sa Rolls. L'imprudence était caractérisée et originale : il se rasait tout en roulant à près de 120 kilomètres à l'heure. Une plainte contre lui fut déposée à titre privé par un administrateur de société – conservateur –; à trois reprises, elle fut ajournée... Le premier renvoi fut décidé parce qu'on était à trois jours du scrutin, qui aurait pu en être affecté.

La nationalisation de la sidérurgie s'accompagna d'une vive effervescence politique. Résolument hostiles à ce projet, les conservateurs comptaient sur la défection de quelques travaillistes pour le mettre en échec. Deux députés travaillistes, Desmond Donnelly et Woodrow Wyatt, semblaient justifier leurs espérances. Ils menaçaient de voter contre le projet gouvernemental, ce qui aurait mis théoriquement les deux partis à égalité. En outre, les maîtres de forges espéraient le soutien de Maxwell. En 1963, d'ailleurs, George Brown l'avait chargé d'une mission de bons offices avec les patrons de la sidérurgie. Il s'agissait d'élaborer, sur ce sujet brûlant, un compromis acceptable par le parti travailliste et susceptible de recueillir leur approbation résignée, sinon enthousiaste. L'affaire avait tourné court. Les patrons, qui croyaient à des élections générales très proches et à la défaite des travaillistes, s'étaient refusés à toute discussion, même officieuse par l'intermédiaire de Maxwell. Mais le discours du Trône de 1964 ne laissa aucun doute sur l'intention du gouvernement de donner suite à son projet de nationalisation. Un Livre Blanc des nationalisations des hauts fourneaux fut présenté aux Communes le 5 mai 1965. Des représentants de l'industrie sidérurgique prirent contact avec Maxwell et le pressèrent de se joindre à Wyatt et à Donnelly. Maxwell n'hésita pas. Qu'il fût opposé au système archaïque de nationalisation – et il ne le cachait pas – importait peu. Il répondit simplement que le parti travailliste ayant été élu sur un programme très clair de nationalisation, il lui serait fidèle. Il ajouta que les patrons avaient laissé passer leur chance. Finalement, ayant obtenu de George Brown quelques concessions mineures, Wyatt et Donnelly, les deux dissidents, rentrèrent dans le rang. Au cours de la session parlementaire suivante, lorsque la majorité travailliste se trouva à l'abri de tout risque de défection, la sidérurgie fut nationalisée.

L'activité et l'énergie de Maxwell étaient phénoménales. Harold Wilson devint l'un de ses bons amis. On connaît le goût du leader travailliste pour les chiffres et les statistiques. Il a donné libre cours à son hobby pour évaluer l'impact de Maxwell sur les débats parlementaires la première année de son mandat. On lit sous la plume de Harold Wilson, dans le livre du 60e anniversaire, que Maxwell a prononcé des discours sur :

> Les vaches charolaises, les œufs, l'agriculture industrielle, la fixation des prix agricoles, les avions P1154 et HS681, les nodules sous-marins et leur extraction, le Pacte de Varsovie et la Convention de La Haye, l'aviation soviétique à Berlin, le fonctionnement de la Chambre des communes (cinq interventions différentes, insistant sur les priorités), l'industrie informatique (dont il était un pionnier), la publication du découpage électoral, les conseils de développement régional, la situation économique du Sud-Ouest de l'Angleterre, l'utilisation des œstrogènes synthétiques dans l'agriculture, les écoles religieuses, le collège d'enseignement supérieur de Bletchley, les professeurs à temps partiel, les écoles primaires, l'éducation religieuse, les coûts de l'enseignement et de la recherche universitaires, la conférence du président de la Chambre des communes sur la loi électorale, le bureau d'études et le personnel de la direction des chemins de fer, les aides à l'exportation, les exportations en général, les discours et les résolutions présentés par les agriculteurs et les syndicats d'agriculteurs, la santé et la médecine, les seringues jetables, les fauteuils roulants électriques pour handicapés, des questions de pratique médicale courante, les hormones dans l'élevage des volailles et leurs « effets sur l'homme », les nouveaux médicaments, le ministère de l'Intérieur et les écoutes téléphoniques, les hôpitaux, le cancer du cerveau, l'hôpital Clare Hall, la maternité de l'hôpital de Bletchley, l'hôpital St John de Chelmsford, le coût des services et le conseil aux entreprises, les normes de construction des logements, l'accession à la propriété en HLM, le logement des Londoniens, le personnel militaire britannique au Kenya, les moyens mis en œuvre pour la formation professionnelle des jeunes filles (intervention rapide auprès du ministre du Travail), le projet d'avion TSR2, la mise en valeur des sols, l'administration locale et la pollution de l'air, l'industrie briquetière, la Commission des Prix et des Revenus, la monnaie décimale, l'allocation des mères au foyer, la taxe sur le chiffre d'affaires, les aides à l'enseignement, les corrections aux comptes rendus officiels du « Hansard », les attachés

commerciaux britanniques à l'étranger, les retraites et le revenu national ainsi que les allocations familiales et les accidents du travail, la poste, notamment les retards de distribution dans le nord du comté de Buckingham, le programme d'énergie nucléaire du ministère de l'Énergie.
Maxwell posa des questions écrites sur la sidérurgie, la politique des revenus, les entretiens avec le Premier ministre israélien, ma visite au président de Gaulle à Paris quand j'étais Premier ministre, le problème des auditions de prévenus sous mandat de dépôt, le marché de la brique, le Prix de la Reine destiné à l'industrie que j'ai institué, les chemins de fer et le service des usagers, le bureau d'études central de la British Railways à Derby, des propositions de fermeture de voies ferrées – en avance sur son temps – et la retraite des cheminots.
Les comptes rendus du « Hansard », sous la rubrique « Technologie », montrent l'intérêt que Robert Maxwell portait à l'industrie informatique bien des années avant qu'elle ne devienne à la mode, le Centre consultatif de l'Informatique et la technologie médicale. Il posa aussi des questions sur le téléphone en se référant tout particulièrement au Central de Bedford, le secrétariat du département du Commerce et du Développement des Nations-Unies, le Vietnam... »

Le reste de son temps lui appartenait, ajoute Wilson, sauf qu'il trouva moyen de faire un discours le jour du Discours du Trône, de prononcer quatre allocutions différentes sur le budget, le projet de loi concernant la rémunération des magistrats, le projet de loi sur les Monopoles et Fusions, de déposer des motions de censure, de participer aux débats sur la peine de mort et du projet de loi sur la science et la technologie; plus huit brèves interventions et une longue sur divers sujets relatifs à la technologie. Wilson comptabilise plus de 200 contributions durant cette première session du parlement en 1964. Accessoirement, il ajoute qu'on entendit Maxwell s'exprimer 221 fois au cours des questions orales et dans les débats. Maxwell lui-même calcula qu'en un an il avait prononcé 92 discours (ou longues interventions) aux Communes, posé 65 questions écrites, rédigé 215 lettres à des ministres, dirigé 20 délégations, expédié une moyenne de 35 lettres par jour, tenu 115 réunions dans sa circonscription, interviewé plus de 780 électeurs, parcouru 25 000 kilomètres, donné plus de 6 000 coups de téléphone et expédié 2 500 lettres de remerciement à des supporters fidèles.

***

Comme d'habitude, Maxwell ne provoquait pas l'unanimité. Au Parlement, il lui arrivait de susciter l'hostilité au sein même de son parti et la sympathie chez ses adversaires politiques. L'économiste d'origine hongroise Tommy Balogh, qui allait devenir Lord Balogh, avait été, comme Maxwell, victime d'une hostilité irréductible du fait de son origine étrangère. Il décrit Maxwell :

> C'est vraiment un entrepreneur dans l'âme, une espèce qui aujourd'hui semble en voie d'extinction en Grande-Bretagne... Il a rentabilisé la buvette de la Chambre des Communes, exploit pratiquement jamais égalé. Il est facile de comprendre que son succès insolent attire parfois plus d'opposition que de concours.

Tony Benn, avec ce léger mépris que la haute société britannique voue aux continentaux, écrit dans son journal [15] : « Maxwell est vraiment par trop arriviste. Il se sert de la Chambre des Communes pour se mettre en valeur. »

En septembre 1965, au Congrès travailliste, Maxwell confia à Benn sa décision de provoquer un débat sur la modernisation de l'appareil du parti [16] :

> Franchement, écrit Tony Benn, je ne veux rien avoir à faire avec Maxwell, car cette initiative fait justement partie de son plan pour entrer au Comité exécutif. Il a d'ailleurs l'honnêteté de le dire. D'un autre côté, il en a les moyens, et bien que je ne veuille pas recevoir un sou de lui, s'il réussit à réunir des faits et des chiffres, ce sera sûrement utile.

Trois jours plus tard, Tony Benn confia à son magnétophone :

> Je sais que Bob Maxwell a l'intention de faire un sérieux travail de recherche. C'est un allié potentiel. Le gros problème avec Maxwell est de savoir si vous le laissez se servir de vous, ou si c'est vous qui vous servez de lui. J'ai la ferme intention de garder moi-même un certain contrôle de la situation. Mais quand on lutte avec un milliardaire, on part avec un certain handicap.

La lecture de ses carnets personnels révèle pourtant que la plus grande bataille de M. Benn était celle qu'il livrait à sa conscience. Il voulait profiter de l'argent de Maxwell sans pour autant être son obligé. Au fil des années, Maxwell devait rencontrer souvent une telle attitude.

Jack Dunnett, député centre gauche de Nottingham et futur président de la Fédération de football, explique fort bien les difficultés de Maxwell aux Communes :

> Dès le début, il était évident que Bob se ferait une place à la Chambre des Communes. C'était un orateur vigoureux qui avait quelque chose à dire. Il ne passait pas inaperçu. Pour ma part, j'assistais toujours à la séance quand il prenait la parole. Néanmoins, la Chambre des Communes n'apprécie pas beaucoup qu'on essaie de lui imposer un talent, même s'il est incontestable. L'usage exige un très long apprentissage avant d'accéder aux premiers rôles. Bob l'a vite compris, à ses dépens, mais il ne pouvait pas l'admettre. Comme il n'était pas homme à renoncer à sa vieille habitude de mettre les pieds dans le plat, il est facile de comprendre pourquoi il n'a pas fait son chemin vers les postes ministériels auxquels son talent et son énergie lui donnaient incontestablement droit. Mais, même s'il avait accepté les règles du jeu tout en montrant la réalité de son talent, je pense que son indépendance d'esprit lui aurait barré l'accès aux fonctions de premier plan.

Le parti travailliste comptait avec Richard Crossman un autre mémorialiste impénitent, quoique ses notes, souvent rédigées pendant le week-end, ne fussent pas prises au jour le jour. Crossman portait à Maxwell une admiration quelque peu réticente. Ses réserves s'expliquent. Maxwell l'avait tiré d'un mauvais pas lorsqu'il était administrateur de la Chambre des Communes, et donc responsable des services. Depuis des années, l'intendance de la Chambre des Communes connaissait un lourd déficit, qui ne cessait de se creuser. Cette situation n'avait rien d'étonnant. Le personnel était payé sur 52 semaines pour 32 ou 33 semaines de session parlementaire. Ainsi, durant une grande partie de l'année, les seules ressources de l'intendance provenaient des cantines, qui servaient un nombre très restreint de journalistes, secrétaires et autres employés du Parlement. En outre, les députés mangeaient et, surtout, buvaient quasi gratuitement. Ils étaient bien résolus à ne pas renoncer à cet avantage. Maxwell, non sans réserves, accepta la présidence de la sous-commission de l'Intendance. Il succédait pour raison de santé à Bessie Braddock (travailliste, Liverpool Exchange), plus connue pour sa passion de la boxe professionnelle que pour ses talents culinaires. On sait comment Maxwell résorba le déficit.

Il fut pourtant difficile d'arracher à Crossman un mot de remerciement, même de pure forme. Après la dévaluation de 1967, le gouvernement avait lancé la campagne « Achetez Britannique ». Il s'y accrochait désespérément pour maintenir le niveau de l'emploi et réduire le coût des importations qui, bien sûr, avait augmenté. Crossman écrivit en février 1968 [17] :

> Il fallait (...) que je voie Bob Maxwell... Quel type prodigieux! Même si beaucoup le détestent, se moquent de lui, le conspuent, le trouvent vulgaire, avec lui les choses avancent. Si nous n'avions pas eu Bob Maxwell, cette campagne n'aurait jamais abouti. Il n'a rencontré que refus et sarcasmes de la part du CBI (Confédération des Industries britanniques, équivalent du CNPF français). Pour le patronat, il s'agissait d'une campagne contre l'exportation! Alors, il a transformé le slogan « Achetez Britannique » en « Aidez la Grande-Bretagne » et réussi à convaincre le CBI de le soutenir.

Maxwell, écrivait-il un mois plus tard, est « un personnage fantasque, imprévisible ». Jamais, sans doute, Crossman ne fit un plus grand effort pour le comprendre.

Soit dit en passant, l'éditeur des carnets personnels de Crossman, Janet Morgan, mentionna dans le premier volume que Maxwell renonça à se présenter aux élections générales de 1970 à la suite d'une enquête judiciaire sur les « opérations financières » de sa société. Comme maintes assertions de Crossman lui-même, cette affirmation était inexacte. Maxwell se présenta, mais fut battu.

Sir Geoffroy Rippon, un adversaire conservateur de Maxwell devenu par la suite l'un de ses proches collaborateurs, évoque la période parlementaire de Maxwell : « Personne ne pouvait rester indifférent à sa chaleur, à son charme, à son sens de l'amitié et à l'étendue de sa curiosité intellectuelle. La cantine et la buvette de la Chambre des Communes n'ont plus jamais été les mêmes depuis qu'il en a secoué la poussière. »

Mais ses meilleurs amis et ses plus fervents admirateurs ont sans doute été les frères Silkin. John fut chef de file du parti travailliste pendant le premier gouvernement Wilson, et Sam procureur général pendant le second. Ils retrouvaient chez Maxwell « ce mélange de compétence, de courage et de volonté » qui avait propulsé leur père Lewis « de l'obscurité de son origine étrangère et de la pauvreté de l'East End londonien vers les plus hautes charges de l'État, à travers des obstacles rédhibitoires pour beaucoup, stimulants pour lui ». Lewis appartint après la guerre au gouvernement travailliste de Clement Attlee. Comme ministre de l'Urbanisme et de l'Aménagement du territoire, il œuvra plus que quiconque pour mettre un terme à l'urbanisme anarchique qui défigurait le paysage britannique. Il fut le « père » des villes nouvelles conçues et mises en chantier après la guerre. Dans leur contribution à la plaquette du soixantième anniversaire, les Silkin écrivent :

> Deux générations de Silkin ont bénéficié de l'amitié de Robert Maxwell. A nous tous, nous avons joué auprès de lui le rôle de notaire, d'avocat, de co-administrateurs, de vice-président, de chef de file de son parti, de chef de délégation, de conseiller personnel et de rédacteur. Nous sommes restés à ses côtés après sa chute apparemment irréversible, pendant les longues années au cours desquelles il s'est patiemment et méthodiquement redressé, et à l'heure de son triomphe final. Nous avons bénéficié de son hospitalité et de sa générosité, et nous pouvons témoigner de son intelligence et de sa détermination d'homme d'affaires. Nous l'avons combattu et avons combattu pour lui, et quelquefois, en le combattant, nous combattions pour lui. Nous avons travaillé pour lui jusqu'à l'épuisement; nous avons été désespérés par lui; nous avons ri avec lui et nous sommes moqués de lui nous avons été fiers de lui... Nous avons vu l'homme déjà grand au bas de la colline devenir un géant chevauchant la montagne... Dans tout le personnage complexe de Bob, il n'y a pas une once de malveillance ou de méchanceté. Cela explique sans doute que l'on accepte de lui – parfois avec un mélange de résignation et d'amusement – certaines choses qui, venant d'un autre, dépasseraient ce que l'on peut admettre d'un ami...

Rien de tout cela, bien sûr, n'impressionnait son vieil adversaire Crossbencher du *Sunday Express* qui, comme il fallait s'y attendre, traitait Maxwell de « baudruche » et ne cessait de lui répéter de « la boucler ». Si tous ceux à qui Crossbencher donnait ce conseil l'avait suivi, sa chronique dominicale aurait été rapidement dénuée de contenu..

A l'opposé, le correspondant parlementaire du *Daily Mail*, Eric Sewell, qui fut plus tard candidat conservateur au Parlement, plaçait Maxwell parmi les dix célébrités « susceptibles de provoquer à la fois ravissement et étonnement, capables d'être toujours au cœur des problèmes ». Il ajoutait [18] :

> M. Maxwell a fait son entrée à la Chambre des Communes avec brio le premier jour de la présente session parlementaire. Il a prononcé son discours d'investiture deux heures et demie plus tard et n'a pas cessé de parler depuis lors. Il discourt, questionne, interrompt, attaque et plaide avec une intransigeance passionnée sur des sujets allant du cancer à l'industrie de la brique. Armé d'une confiance en lui qui frise l'insolence, doté d'une voix profonde et puissante capable de dominer tous les hurlements d'indignation, aucun débat parlementaire ne lui fait peur; il n'en est pas un dans lequel il craigne d'intervenir.

***

Dans son hommage à Maxwell déjà cité, Wilson omet volontairement de mentionner une intervention du député de Buckingham qui l'avait rendu furieux à l'époque. Cette intervention avait d'ailleurs irrité la plupart des députés, car elle avait empêché le Premier ministre, qui devait succéder à Maxwell à la tribune et ouvrir un débat de quarante-huit heures sur la politique étrangère et la défense, de terminer son discours avant le bouclage des journaux du soir. Le seul créneau restant dans la presse avait ainsi été laissé au porte-parole conservateur, R.A. Butler.

Maxwell avait été nommé à la commission des Affaires budgétaires à la Chambre des Communes dès sa création en novembre 1964. Cette commission passe au crible les dépenses du gouvernement et porte une attention particulière aux prévisions de dépassement budgétaire. En théorie, la Chambre peut refuser ces dépassements. En pratique, elle ne le fait jamais. Au cours des années, la soumission des autorisations de dépassement à la Chambre est devenue une simple formalité et n'a donné lieu qu'à des débats fragmentaires. Mais les dépassements eux-mêmes et leurs motifs n'ont jamais été considérés par la Chambre dans leur ensemble. Le 16 décembre 1964, des dépassements totalisant 60 millions de livres furent présentés à la Chambre pour entérinement. Maxwell se leva pour protester.

> La Commission du Budget n'a eu que très peu de temps – et encore! – pour les examiner. Il s'agit bien de 60 millions de livres. Je regrette vraiment beaucoup qu'à cause d'un arrangement entre les deux Front Benches (les bancs du gouvernement et du cabinet fantôme, gouvernement virtuel de l'opposition), l'occasion nous soit refusée de débattre ces dépassements. Contrairement à l'opinion générale, les députés de base n'ont pas réellement les moyens de contrôler les dépenses du gouvernement.

Il signala notamment que le ministère des Affaires étrangères avait demandé une rallonge de 9,7 millions de livres alors qu'il ne consacrait pas assez d'efforts à la promotion des exportations. Le compte-rendu officiel des débats parlementaires (« Hansard ») ne retranscrit ni les cris d'animaux, ni les interpellations, ni les moqueries et autres grossièretés en usage aux Communes, pourtant devenus familiers aux auditeurs de radio; il leur substitue un simple mot, « interruption », en particulier lorsque les paroles d'un député sont noyées dans le vacarme ambiant. A la fin du deuxième paragraphe du discours de Maxwell, la Chambre commença à s'agiter; de même que les journalistes, placés en haut, dans la tribune de presse, où je me trouvais aussi. Nous étions tous là pour écouter le Premier ministre, non le député de Buckingham. Mais Maxwell continua de parler. Le *Hansard* relate la suite de la séance.

> On s'imagine à l'étranger que nos députés contrôlent les dépenses du gouvernement (interruption). Je savais déjà que c'était prendre des désirs pour des réalités, mais je ne m'étais pas rendu compte, avant mon élection (interruption), à quel point la Chambre des Communes était une chambre d'enregistrement.
> Le Président : Silence! J'espère que la Commission donnera l'occasion à la Présidence d'écouter notre honorable collègue.
> M. Maxwell : Le contrôle – ou plutôt l'absence de contrôle – de la Chambre des Communes, en ce qui concerne les dépenses de l'État, est illustré de façon scandaleuse par la procédure sur les dépassements. Messieurs les députés auront noté que dans le paragraphe 2 du rapport de la Commission des affaires budgétaires...
> M. Thomas Steele (travailliste, comté de Dunbarton, Écosse) : Du point de vue de la forme, Dr King, est-il normal que mon honorable collègue lise son discours?

En principe, non; mais, comme le Dr King le rappela aux députés, il est permis d'utiliser « des notes abondantes ». De son côté, Maxwell répliqua que lors de sa dernière intervention, M. Steele avait lui aussi lu ses notes. Il y eut une autre interruption, suivie de la protestation d'un député conservateur, Anthony Fell : « Il y a un tel bruit sur les bancs travaillistes que je n'entends pas notre honorable collègue. »

Le Dr King lui répondit que le bruit venait des deux côtés, ce que M. Fell savait parfaitement. Son seul désir était de mettre de l'huile sur le feu et d'accroître l'évidente contrariété du Premier ministre; c'est pourquoi il renouvela aussitôt sa plainte. Maxwell reprit le cours de son discours. Il avait à peine atteint sa troisième phrase qu'un autre conservateur, Sir Rolf Dudley Williams, souleva une question de forme totalement déconcertante, à laquelle le Dr King ne sut répondre. Maxwell poursuivit son propos. A la fin de sa phrase, nouvelle interruption. Le Dr King déclara : « Le désordre et le bruit ne font que prolonger le temps de parole du présent orateur et retarder la suite des débats. »

Un autre député travailliste, Eric Gorden, intervint et Nicholas Ridley – futur ministre de Mme Thatcher – essaya de l'imiter.

Finalement, John Biggs-Davidson (conservateur, Chigwell, Essex) se leva pour prononcer l'éloge de Maxwell, soulignant « le courage et la témérité » avec lesquels il avait parlé. Intermède typique, mais qui alimente souvent l'antiparlementarisme d'un public mal informé du fonctionnement des Communes.

Cependant, rien ne pouvait arrêter Maxwell. Ses questions – notamment sur les problèmes de sa circonscription –, ses commentaires, ses idées, les attaques qu'il continuait de lancer forçaient l'écoute et l'attention de ses partisans comme de ses adversaires. Il accusa l'ancien chancelier de l'Échiquier, le conservateur Reginald Maudling, d'inciter les milieux d'affaires à spéculer sur la livre. Maudling exigea des excuses, que Maxwell refusa de lui donner. Les amis de Maudling dans la City de Londres, dit-il [19], « ne nieront pas que sa politique a provoqué des achats à terme de livres sterling pour des montants susceptibles d'entraîner d'incalculables dommages ».

Et Maudling n'eut qu'à se taire. M. James Ramsden, ancien secrétaire d'État à la Défense, ne s'en tira pas mieux, le 10 mars 1965, quand Maxwell l'accusa d'avoir apporté dans le *Hansard,* six mois après l'avoir prononcé, des changements significatifs à un discours datant des derniers mois du gouvernement de Sir Alec Douglas Home. Ramsden, à juste titre, invoqua une erreur de transcription. Maxwell répondit qu'il n'avait pas accusé Ramsden de malhonnêteté, mais il le traita, lui et ses collègues du gouvernement précédent, de « fieffés incapables ». Il affirma même détenir les preuves qu'en matière de défense, « ils avaient trafiqué les comptes pour avantager leur parti, au lieu de faire en sorte que leur pays soit convenablement défendu ». Ces accusations donnèrent lieu à une nouvelle bagarre, typique de la Chambre des Communes, au cours de laquelle on vit Sir Alec et d'autres anciens ministres, indignés, se lever en signe de protestation. Mais le sommet de la perfidie fut atteint par Rolf Dudley Williams, l'un des députés les plus désagréables des Communes depuis la guerre. Se levant pour un rappel à l'ordre, il déclara : « Je voulais simplement dire que je suis d'accord pour que nous acceptions les remarques de notre honorable collègue, tout étrangères à la Chambre qu'elles soient... »

Les conservateurs ne voulurent pas clore le débat. Celui-ci reprit le lendemain. Anthony Kershaw (Stroud, Gloucester) répéta les mots de Maxwell sur le trafic de comptes. Pour sa peine, il reçut un cri d'approbation du député de Buckingham. Le trésorier-payeur général, M. George Wigg, un ancien colonel, prit le parti de Maxwell en revendiquant toutefois la paternité de la formule, qu'il aurait prononcée quelque sept ans auparavant. Le charivari dura encore quarante minutes avant que cessent les rappels à l'ordre. On finit par aboutir à l'introduction dans l'ordre du jour de deux motions : l'une de censure contre Maxwell, déposée par Kershaw et plusieurs conservateurs; l'autre, rejetant la première, et signée par Michael Foot et seize députés travaillistes. Le calme revint progressivement. Ni Ramsden, ni ses collègues de l'ancien gouvernement n'obtinrent d'excuses. Le correspondant parlementaire du *Times* n'eut aucun doute sur l'origine de l'incident : « M. Maxwell, détendu, souriait tranquillement. Il avait décidé de susciter la colère de l'opposition et réussi au-delà de toute espérance. »

Ce long tumulte fut suivi par d'autres, de moindre importance. Semaine après semaine; parfois jour après jour. Edward Heath et nombre de conservateurs furent mis en cause. Maxwell était littéralement irrésistible, en dépit des efforts d'Eric Lubbock (libéral, Orpington, Kent). Prenant la parole après trente-six minutes de discours de Maxwell sur la technologie, le parlementaire déclara [20] :

> Je suis infiniment soulagé de pouvoir enfin m'exprimer. Mon honorable collègue de Buckingham m'a fait signe avant de se lever que son intervention serait courte. Je n'ose imaginer ce que ça aurait été si elle avait été longue. J'espère que Crossbencher est assis avec son chronomètre dans la tribune de la presse... J'espère que, dans la prochaine législature, notre honorable collègue se verra offrir un siège à la Chambre des Lords, pour que d'autres le supportent à notre place.

L'histoire démentit ce trait d'esprit. Ce fut Lubbock qui passa à la Chambre des lords, héritant le titre de Lord Avebury. Maxwell, quant à lui, resta aux Communes.

Illustrated London News, une revue désormais publiée par son vieil associé de l'après-guerre John Kish, cita cette déclaration de Maxwell [21] : « Je suis venu aux Communes en tant que rénovateur pour mettre fin au déclin de ce pays qui dure depuis une cinquantaine d'années. »

Pour le magazine, il était de plus en plus évident que nombre de personnes, y compris parmi ses collègues travaillistes, ne voulaient pas entendre ce que Maxwell avait à dire. Ce à quoi il répondit :

> J'ai tout ce que je peux désirer. Personne ne peut acheter mon silence... On a peine à imaginer les obstacles que j'ai rencontrés depuis mon entrée au Parlement. Mais il y a une différence entre moi et beaucoup de députés : je suis prêt à crier. Et fort.

Pour crier, il cria. En particulier, il dénonça les trop lourdes responsabilités qui pesaient sur les épaules des simples soldats lorsqu'ils défendaient les intérêts, encore importants, de la Grande-Bretagne à l'étranger. Avec du recul, il aurait sans doute adouci son attaque et inscrit son discours dans un débat sur le budget de la défense [22] : « Le pauvre couillon de fantassin est la " Reine " des champs de bataille. » (*N.d.T.* : en anglais, le mot « queen » désigne aussi un homosexuel.)

Toujours convenable, le « Hansard » changea, dans son compte rendu officiel des débats, « Reine » en « Roi ».

Mais, dans une lettre personnelle à un chercheur du ministère des Sciences et de la Recherche industrielle, Maxwell avoua :

> En raison de notre courte majorité, je dois passer soixante à soixante-dix heures par semaine au palais de Westminster, et il m'arrive parfois de ne pas être heureux de mon succès.

Bien que cela soit un cliché éculé, la Chambre des Communes était alors (et, dans une large mesure, l'est restée) un club régi par des lois tacites plus qu'écrites. Maxwell les remit en cause. Il dénonça les séances de nuit, « une manière absurde de gérer le pays ». Il ne montrait pas la patience exigée d'un jeune homme qui entend réussir. Il n'observait pas les règles de courtoisie les plus élémentaires. On jugeait vulgaire sa façon de s'exprimer (« couillon de fantassin »). Les interruptions et les murmures de réprobation ne le troublaient pas. Il intervenait dans des débats où il n'était pas inscrit. Il acquit en une semaine plus de notoriété que certains députés chevronnés en plusieurs années, renforçant ainsi son image de parvenu. La Chambre des Communes est indulgente face aux échecs; sa sympathie va aux inactifs. Inversement, ceux qui ont du cœur à l'ouvrage lui inspirent de la méfiance. Un député ne devient vraiment populaire que lorsqu'il a notoirement renoncé à toute ambition. En juin 1965, un observateur politique écrivit de Maxwell [23] :

> Il est arrivé frais émoulu à la Chambre en octobre dernier et, d'emblée, s'est assis au premier rang de la travée des inclassables, des clowns et des charlatans – les Marcus Lipton (député travailliste de Brixton, étonnamment habile à sa propre promotion), les Emrys Hughes (gendre de Keir Hardie [24] et seul député titulaire d'un certificat de bonne santé mentale après un séjour en hôpital psychiatrique), les Michael Foot (chef du parti travailliste quinze ans plus tard). Le premier jour, aussitôt après le Premier ministre et le chef de l'opposition, Maxwell se leva et prononça son discours d'investiture. Voilà le genre d'homme

qu'il est. Il enfreint toutes les règles, sans aucun tact. Il a réussi à n'être catalogué ni à droite, ni à gauche. La gauche peut le rejeter car il est riche, la droite parce qu'il est grossier, les conservateurs parce qu'il n'est pas des leurs. Mais l'étonnant, c'est que de nombreux travaillistes ont fini par lui porter, presque malgré eux, une sorte de respect bougon. Pour une bonne raison : il attaque l'ennemi...

***

En dehors de la Chambre des Communes, Maxwell essaya de pousser le parti travailliste dans la voie de la modernisation. Il tenta cet effort après les élections partielles de 1965. Leurs résultats, catastrophiques, notamment dans le sud de l'Angleterre, semblaient condamner la majorité à l'échec lors des élections générales inévitables dans peu de temps. Sa thérapie était bonne, mais le patient refusa obstinément de s'y soumettre (ce que d'autres avant et après lui découvrirent). Dans un article publié à l'époque par *Tribune* [25], il dénonça l'absence de promotion en perspective pour le personnel du siège du parti (situé alors à Transport House), l'insuffisance du nombre de permanents, rétribués dans à peine 200 circonscriptions (aux élections de 1987, il n'y en avait plus que 70). Il signalait aussi que le Labour ne disposait ni d'enquêtes régionales sur les intentions de vote des électeurs (celles-ci ne devaient être entreprises qu'après les élections de 1987), ni de documentation pour ses députés (le parti n'y remédia que dix ans plus tard), ni de moyens pour collecter les cotisations des adhérents. Il concluait :

> Seul un parti travailliste mieux financé, modernisé et réorganisé de fond en comble, peut assurer le maintien d'un gouvernement travailliste au pouvoir, avec une majorité suffisante pendant un nombre d'années suffisant, pour permettre à notre gouvernement de mettre pleinement en œuvre le programme socialiste prôné par notre parti.

Il fallut encore vingt ans pour amorcer ce processus de modernisation. Maxwell aida à réunir 10 000 £ pour une nouvelle étude sur le fonctionnement du parti. Le travail fut confié à des mains sûres, suffisamment sûres pour ne pas secouer trop fort le bateau : William Simpson, délégué d'un syndicat de fondeurs et membre du comité exécutif. Simpson était d'accord avec Maxwell pour une participation des députés travaillistes aux frais de fonctionnement du groupe parlementaire, mais, en substance, son rapport contenait peu de recommandations et, somme toute, ne changeait pas grand-chose à quoi que ce soit. Ce n'était donc pas l'étude en profondeur espérée par Maxwell.

Au congrès du parti de 1967 – le dernier qui se soit tenu à Scarborough –, Maxwell demanda comment on pouvait faire confiance au comité exécutif pour mener à bien une réorganisation du parti, alors qu'il était précisément le responsable de son inefficacité. On n'avait invité aucune personnalité extérieure à participer au groupe de travail, pas plus qu'on n'avait demandé aux instances locales d'apporter leur témoignage ou de présenter des propositions. Maxwell fut cinglant sur les conclusions du rapport de Simpson [26] :

> On nous propose d'instaurer une cotisation personnalisée. Je me demande combien d'entre nous aimeraient aller faire du porte-à-porte pour recruter des adhérents et devoir leur répondre, s'ils demandent le montant de leur contribution : « Je ne peux pas vous le dire avant de connaître ce que vous gagnez. » C'est complètement idiot !

Maxwell insista pour que le parti envisage de monter sa propre imprimerie qui fonctionnerait sur une base commerciale, un département d'édition qui pourrait réaliser d'énormes profits, et une agence de voyages. Le parti pourrait fournir aux syndicats les nombreux services dont ils avaient besoin, comme par exemple un bureau de création artistique pour rajeunir les publications syndicales.

Mais Transport House était décidé à faire la sourde oreille. Trois semaines avant le congrès, Maxwell dans le journal *People* décrivait le siège du parti comme « un truc complètement délabré ». Il interrogeait [27] :

> Comment persuader les citoyens que nous sommes capables de moderniser la Grande-Bretagne, alors que nous ne savons même pas nous moderniser nous-mêmes? La vérité est que le parti travailliste est géré à peu près de la même manière depuis plus d'un demi-siècle et selon les mêmes méthodes périmées.

Les défauts qu'il dénonçait existent toujours vingt ans après. L'article du *People* poursuivait :

> Il n'y a pas de permanent pour l'éducation politique, pas de permanent pour l'élaboration de nouvelles techniques électorales, personne pour regrouper les achats des sections locales et obtenir des prix des fournisseurs. Il n'y a qu'un permanent en charge des relations avec l'audiovisuel, et un seul responsable de la coordination des sections locales. Le personnel du service de documentation est insuffisant et sous-payé, il se renouvelle

> complètement tous les cinq ans parce qu'il n'y a aucun plan de carrière. A tous les niveaux il y a pénurie de matériel : véhicules, photocopieurs, téléscripteurs, magnétophones, machines à adresser, matériel audiovisuel...
> La plaisanterie de Harold Wilson sur la « vieille bécane rouillée » (dans un rapport datant de douze ans) est un euphémisme. Comparé aux conservateurs, nous n'avons pas encore inventé la roue!

Transport House, que Maxwell rebaptisa *Heartbreak* (crève-cœur littéralement), se vengea. On lui avait promis les adresses des députés travaillistes, des sections locales et des syndicats. Il avait l'intention de leur diffuser une étude de Clive Bradlay, l'ancien haut responsable du parti, sur la méthode de collecte de fonds dans les partis socialistes scandinaves. Or on refusa de lui fournir cette liste. Les choses ne s'améliorèrent pas quand Maxwell rejeta le rapport de Simpson, sous prétexte qu'il était « dépassé et inepte ». Il poussa l'impertinence jusqu'à ajouter : « Je peux leur dire, moi, comment on réunit un million de livres sans tout ça », allusion à ses propositions d'imprimerie, de département d'édition et d'agence de voyages.

***

1966 allait certainement être une année électorale. La courte majorité du parti travailliste fondait à vue d'œil, la pression pour maintenir le gouvernement au pouvoir était insoutenable pour les députés travaillistes les moins robustes. La seule question concernait la date des élections générales au printemps, en été ou à l'automne. L'élection partielle de Hull Nord apporta un certain soulagement; le parti travailliste conserva son siège avec une majorité largement accrue, alors que la plupart des observateurs – dont beaucoup dans le camp travailliste – le voyaient perdu. Maxwell, lui, avait misé sur la victoire et multiplié les paris avec des députés conservateurs. Il fit don de ses gains au Cercle des Femmes socialistes que Betty avait créé dans la circonscription. (Moi aussi j'ai gagné quelques paris sur cette élection partielle, mais toujours avec des députés travaillistes démoralisés). Ce succès augmentait les probabilités d'élections anticipées, une défaite les aurait rendues plus inévitables encore en réduisant la majorité à un seul siège, d'autant plus précaire qu'un député travailliste vivait ses derniers jours. Le Premier ministre et le chef du parti connaissaient l'état de santé désespéré de Harold Hayman (Redruth et Camborne, Cornouailles).

A l'approche des élections, sans désemparer, Maxwell poursuivait ses activités parlementaires. Il posa des questions ou prononça des discours sur : l'emplacement d'une ville nouvelle au nord du Buckinghamshire (c'est finalement Milton Keynes qui fut retenu), les limitations de vitesse, les exportations vers l'Afrique, le contrôle du lait, la défense, les avortements thérapeutiques (il voulait une réforme de la loi sur l'interruption de grossesse), l'accident d'un Boeing 707 à Tokyo et les indemnisations aux fermiers expropriés.

Maxwell remportait un succès étonnant auprès des agriculteurs de sa région. C'était d'autant plus remarquable que l'hostilité du monde paysan envers les travaillistes est notoire, en dépit des avantages sans précédent que leur avait offerts le gouvernement Attlee au lendemain de la guerre. Maxwell s'adressa en ces termes à la section locale du syndicat national des agriculteurs :

> Messieurs, je suis du côté des agriculteurs non pas parce que j'aime vos beaux yeux bleus, mais parce que vous avez apporté à la Grande-Bretagne cette année 250 millions de livres en devises... Il n'y aurait aucun problème pour la Grande-Bretagne aujourd'hui si les autres professions avaient développé leur production comme vous l'avez fait... L'agriculture mérite une rémunération plus équitable de ses capitaux, de ses investissements et de son travail. Dans le passé, vous n'avez pas été suffisamment récompensés pour l'augmentation de votre productivité... Messieurs, l'objectif du gouvernement est d'augmenter le revenu des agriculteurs...

Le président du syndicat professionnel espérait que Maxwell deviendrait rapidement ministre de l'Agriculture. Il reçut une délégation des agriculteurs de Bletchley furieux de la politique des prix agricoles. A l'issue de l'entretien, le chef de cette délégation avoua :

> Je vais faire une remarque que je n'aurais jamais pensé faire en public. J'aimerais remercier M. Maxwell... Il a été le seul député à accepter de nous recevoir, tout en sachant pertinemment que peu d'entre nous font partie de ses électeurs.

Maxwell fut invité au dîner annuel du Syndicat national des Agriculteurs; il assista aussi au bal de la police ainsi qu'à l'inauguration d'une nouvelle succursale de son journal local. Il organisa la réception de nombreux ministres venus visiter ce fief si chaudement disputé, et il entendit le vice-président du parti travailliste, George Brown, numéro deux du gouvernement, déclarer à propos de Pergamon Press [28] : « Si toutes les entreprises exportaient un pourcentage aussi important de leur production, il n'y aurait aucun problème de balance des paiements dans ce pays. »

On apprit en février que la Reine viendrait le 4 avril visiter la circonscription de Maxwell, soit quatre jours après les élections générales dont la date, à l'époque, n'était pas encore confirmée. Maxwell devait être présenté à la souveraine, ce qui ne pouvait nuire à sa réélection le moment venu. Le 28 février, cinq cents jours exactement après l'élection précédente, la date du scrutin fut annoncée pour le 31 mars. A travers toute l'Angleterre, ce fut la ruée habituelle pour désigner les candidats et lancer les campagnes locales. Un slogan imaginé par Maxwell : *Soutenez Harold et Bob pour finir le boulot!* amena une riposte de Mme Kellett pour qui ce slogan était « assez typique de cette timide violette! » Elle ajouta qu'elle se battrait pour rétablir la vérité, l'honnêteté et la décence en politique. Maxwell fut reconduit à l'unanimité comme candidat du parti. Il fit une promesse publique : « En aucune circonstance je ne me laisserai aller aux attaques personnelles ou aux calomnies. »

Un journal local publia la nouvelle de sa candidature sous le gros titre suivant : « L'homme que les conservateurs se plaisent à détester désigné comme candidat travailliste. »

Maxwell dut mener la bataille électorale avec un nouveau directeur de campagne; Bryan Barnard avait renoncé au poste quelques mois auparavant, dans l'espoir de conquérir lui-même un siège au Parlement. Le nouveau responsable, Jim Lyons, qui avait une longue expérience au sein du parti, annonça qu'il espérait aider Maxwell à élargir sa majorité.

Le candidat libéral était John Cornwall, celui dont Maxwell avait promis de manger le chapeau si les libéraux ne perdaient pas leur caution aux élections précédentes. M. Cornwall commit l'erreur fatale d'annoncer qu'il espérait au moins faire un bon second. Il ne fut qu'un mauvais troisième et les libéraux perdirent de nouveau leur caution.

La promesse de campagne loyale fut tenue, ce qui conduisit un journaliste du comté à écrire :

> Les électeurs de la circonscription de Buckingham qui se souviennent de l'élection de 1959 – la première à laquelle M. Robert Maxwell prit part comme candidat travailliste – doivent se demander ce qui s'est passé cette fois-ci : TOUT LE MONDE EST VRAIMENT TROP GENTIL! On a rarement, et pour ainsi dire jamais, entendu traiter le candidat travailliste d'« étranger ». Aujourd'hui, les plus virulentes attaques sont du style « comment va votre Rolls-Royce? »... Avec les années... depuis 1959, M. Maxwell a mûri. Personne ne peut

nier que, durant son court mandat, il ait fait du bon travail comme député « local ».

Le nouveau chef des conservateurs, Edward Heath, n'avait pas réussi à s'imposer dans le public et les sondages d'opinion étaient favorables aux travaillistes. Pourtant, il paraissait inévitable que Buckingham fasse l'objet d'une bataille serrée. Selon les conservateurs locaux, Heath lui-même avait malencontreusement déclaré que s'il existait un endroit où un homme devrait être remplacé par une femme, c'était bien à Buckingham, pour l'élection générale.

Depuis 1959, la circonscription avait gagné 6 000 électeurs et les nouveaux arrivants n'étaient certainement pas tous travaillistes. Le sud de l'Angleterre amorçait un virage à droite, qui, en 1987, allait pratiquement éliminer toute représentation travailliste de la périphérie de Londres. Un des soucis majeurs des Anglais était la météo. Mars offrait, comme d'habitude, une alternance de soleil, de vent, de neige et de brouillard. Maxwell prononça peu de discours; il préférait, dans les réunions, répondre aux questions qui lui étaient posées par les uns et les autres sans se soucier d'être interrompu par des contestataires. « En découdre avec eux, expliqua-t-il, est une expérience de même nature que le mariage : elle ne peut être décrite, il faut la vivre. » Mme Kellett se mit en colère car Maxwell accusait les conservateurs de vouloir augmenter les dépenses de santé. Elle le traita de menteur. Il répliqua qu'il n'avait pas l'intention de répondre à « l'insulte par l'insulte ». Elle déclara être pour le rétablissement de la peine de mort, sachant très bien que Maxwell avait voté contre. Elle affirma aussi qu'elle ne se préoccupait pas des paris qui donnaient la victoire travailliste pour acquise. Son optimisme relevait plus de la foi aveugle que de l'analyse des pronostics, la cote des travaillistes ayant atteint 20 contre 1 chez Ladbroke's, l'un des plus importants bookmakers en paris électoraux. Maxwell lui-même était coté à 5 contre 1. La déclaration finale de Mme Kellett, lors de sa réunion de clôture, soutenant qu'elle gagnerait de 100 voix, équivalait pratiquement à admettre qu'elle ne pouvait gagner. Pour veiller au grain, le gouvernement dépêcha plusieurs de ses ministres dans la circonscription, avec George Brown; on était bien loin de l'élection de 1959, où Maxwell avait reçu le soutien minimum des dirigeants du parti. La veille du scrutin, lors de sa dernière réunion, un auditeur demanda à Maxwell comment, milliardaire, il pouvait être socialiste... Il répondit : « Le fait d'avoir gagné quelques sous, le fait de m'être débrouillé en affaires, ne m'ont jamais poussé (et ne me pousseront jamais) à renier la classe dont je suis issu. »

Le jour du scrutin, le temps était superbe; les électeurs affluèrent vers les urnes. Le taux de participation était légèrement en baisse par rapport à 1964 (85,7 % au lieu de 86,5 %) mais le nombre de voix en faveur des travaillistes et des conservateurs avait augmenté. Maxwell totalisa 1 769 voix supplémentaires et Mme Kellett 996. Voici les résultats :

Robert Maxwell (travaillistes)	24 854 voix
Elaine Kellett (conservateurs)	22 600 voix
John Cornwall (libéraux)	4 914 voix
Majorité travailliste =	2 254 voix

Le coût total de la campagne de Maxwell atteignit à peine 943 £. Mme Kellett dépensa 879 £ et Corwell 504 £, y compris les 150 £ de caution perdues. Le gain travailliste n'était cette fois que de 1 %, moins que la moyenne nationale, la majorité travailliste passant à 110 sièges. Mme Kellett décida de ne plus se représenter. Une fois encore, Maxwell avait parié gros avec des députés conservateurs. James Dance (Bromsgrove, comté de Worcester) lui envoya un chèque de 25 £, « ce qui correspond, je crois, à ce que je vous dois pour notre pari sur le résultat de l'élection »; Frank Taylor (Manchester) en envoya un de 20 £, et Sir Charles Taylor (Eastbourne) lui fit parvenir 10 £ par l'intermédiaire de sa secrétaire.

Lors d'une réunion électorale, George Brown avait déclaré que Maxwell jouerait un rôle important dans le prochain gouvernement travailliste. Douze jours après l'élection, Maxwell écrivit à un ami :

> J'ai fait savoir à qui de droit que je n'étais pas disponible pour un poste de secrétaire d'État, non parce que j'ai la grosse tête, mais parce que je suis terriblement pris par Pergamon et notre effort d'exportation; par ailleurs, je ne suis pas depuis assez longtemps au Parlement pour mériter un poste de ministre. Soyez donc assuré que cette victoire massive du parti travailliste me permettra, à nouveau, de consacrer la plus grande partie de mon temps à Pergamon... Le gouvernement doit maintenant s'appliquer à rétablir la situation économique du pays, je suis convaincu qu'avec un peu de chance nous y parviendrons.

Mais la chance ne fut pas au rendez-vous. Quelques semaines plus tard commençait la catastrophique grève des marins. Avant même qu'elle ne se terminât, l'économie, la confiance des étrangers dans la livre sterling, et les perspectives électorales du parti travailliste avaient subi d'irréparables dommages. Les exportations étaient bloquées, mais les importations continuaient. La grève rendit la dévaluation inévitable. Maxwell regretta probablement d'avoir prédit qu'il n'y aurait pas de dévaluation, même s'il avait formulé cette « prévision » quinze mois auparavant.

La grève eut une conséquence beaucoup plus immédiate qui allait mettre Maxwell en porte à faux. Le 21 avril, au cours du débat sur le Discours du Trône, à l'ouverture de la nouvelle session parlementaire, il félicita le gouvernement d'avoir réussi à préserver « les fondements vitaux » de la politique contractuelle des prix et des revenus. Il jugea utile d'exposer ses idées sur les relations salariés-employeurs. Leur mise en application au cours des années provoqua maintes confrontations orageuses avec les syndicats. Maxwell considérait comme nécessaire un changement d'attitude des syndicats :

> Nous ne pourrons réussir que si nous parvenons à faire admettre aux syndicats une notion nouvelle et très importante pour eux, à savoir qu'ils ont eux aussi leur responsabilité dans la productivité des entreprises. Jusqu'à présent, les responsables syndicaux ont toujours affirmé qu'ils étaient payés par leurs adhérents pour améliorer leurs salaires et leurs conditions de travail. Lorsque la direction parle aux syndicats de productivité, ceux-ci répondent que ce n'est pas leur problème. Dans le passé cette attitude des syndicats était tout à fait compréhensible, car ils vivaient dans la hantise du chômage.

Mais le gouvernement travailliste, dit-il, en maintenant le plein emploi malgré une sévère crise économique, a acquis le droit de demander aux syndicats d'accepter leur part de responsabilité dans l'amélioration de la productivité :

> Les négociations salariales devraient être menées à l'échelon national uniquement pour ce qui concerne les grilles de salaires de base; toute augmentation supplémentaire devrait se négocier au niveau de l'entreprise.

Maxwell rejeta une proposition de loi des conservateurs sur la répression des grèves sauvages. « Nos prisons ne sont pas assez grandes! », déclara-t-il.

Quand il prit le contrôle des journaux du groupe Mirror, près de vingt ans plus tard, il insista dès le début sur l'amélioration de la productivité. L'ironie voulut qu'il y parvienne sans trop de problèmes grâce à la législation mise en place par les conservateurs sur la réglementation du droit de grève.

Mais la politique contractuelle que Maxwell avait applaudie en mai fut abandonnée en juillet. A son retour d'un voyage officiel à

Moscou, Harold Wilson annonça une politique d'austérité draconienne. La grève des marins, il est vrai, avait mis l'économie à genoux. Il fallait la sauver, par tous les moyens. Parmi d'autres mesures, Harold Wilson décida un gel des prix et des salaires pour six mois... et cela dura jusqu'en 1969. Les relations avec les syndicats en furent profondément détériorées, au point que ceux-ci rejetèrent les modestes réformes proposées par Mme Barbara Castle dans son Livre Blanc (« Pour remplacer les luttes ») en faveur de nouvelles règles du jeu syndicales. Ce refus devait coûter cher aux syndicats sous les gouvernements conservateurs à venir. Les graines de la défaite électorale de 1970 étaient largement semées, quelques semaines seulement après la victoire de 1966. Mais peu de monde en était conscient cet été-là.

Maxwell avait repris plusieurs petites sociétés en 1966, et tout en se consacrant à ses affaires, il trouva le temps et l'énergie de participer à plusieurs voyages sur le continent en compagnie de parlementaires de l'OTAN, ainsi qu'aux travaux du groupe parlementaire du centre gauche, de réunir 10 000 £ pour financer une étude approfondie sur l'organisation du parti et de remplir les fonctions de trésorier de la Fondation Attlee. Le nombre de ses questions aux ministres diminua à peine, qu'il s'agisse de l'entrée de la Grande-Bretagne dans le Marché commun ou de la ville nouvelle du nord du comté de Buckingham.

Maxwell fit aussi marche arrière, de façon significative, dans son opposition à la peine de mort. Après le meurtre de trois policiers londoniens, il déclara qu'il était favorable, compte tenu des effets dissuasifs de la peine capitale, à la pendaison, quand il s'agissait de punir le meurtre de policiers ou de gardiens de prison dans l'exercice de leurs fonctions. Appliquer la pendaison à ces seuls crimes n'était pas très logique. Qu'en était-il de sa position si ces agents de l'ordre public n'étaient pas en service ou s'ils étaient en civil au moment du meurtre? La peine de mort n'aurait-elle un effet dissuasif que dans un cas de figure et pas dans les autres? En fait, des policiers ont été assassinés aussi bien quand la peine capitale était en vigueur qu'après son abolition. Mais Maxwell croit, de façon plus instinctive que rationnelle, au principe « œil pour œil ». Il a tendance aujourd'hui à préconiser l'exécution des terroristes, tout en reconnaissant le danger d'en faire des martyrs, ainsi que le risque de représailles sous forme de prise d'otages destinée à empêcher l'exécution de la sentence. En changeant de position au sujet de la peine de mort, Maxwell se coupa du soutien des travaillistes, mais son directeur de campagne, Jim Lyons, le suivit loyalement.

Loin de ces polémiques, Maxwell publia en 1966 un livre sur « Chequers », la résidence de campagne des Premiers ministres dans le comté de Buckingham; il envoya des jeux d'épreuves aux anciens Premiers ministres, même à Lord Attlee, leur demandant s'ils désiraient y apporter quelques commentaires personnels. Dans sa réponse, Lord Attlee fut aussi économe en papier qu'il l'était d'ordinaire en paroles. Il répondit sur papier à en-tête « comtesse Attlee »; le mot « comtesse » avait été rayé et remplacé par « comte ». Leur ancienne adresse, à Great Missenden (comté de Buckingham), avait été barrée d'un grand X, et la nouvelle (un appartement dans King's Bench Walk, à Londres) avait été griffonnée dans le coin droit. Lord Attlee s'était installé dans ce quartier après la mort de sa femme en 1964; manifestement, il estimait qu'à 83 ans il n'était plus utile de faire graver un nouveau papier à lettres. Voici sa réponse :

> Cher Monsieur Maxwell,
> Merci de m'avoir fait parvenir les épreuves de votre livre sur « Chequers ». Je pense que l'extrait de mon livre que vous reproduisez est une contribution suffisante de ma part. Plus serait présomptueux.
> Bien sincèrement à vous,
> Attlee.

***

En novembre 1966, Sir Cyril Black (député conservateur de Wimbledon), baptiste et fervent partisan d'une conception rigide de la morale chrétienne, engagea des poursuites judiciaires contre le livre d'un auteur américain jusqu'alors inconnu, Hubert Selby junior : *Last Exit to Brooklyn.* Sir Cyril appartenait à une race de députés déjà rare à l'époque, aujourd'hui complètement disparue. John Bradshaw, dans le magazine *Queen,* trace de lui ce portrait sans indulgence mais non sans justesse :

> Sir Cyril est le type même de chrétien de l'Ancien Testament, au sens le plus ancien, le plus dur, le plus biblique du terme. Du genre « œil pour œil, dent pour dent ». Il croit que, depuis 25 ans, le pays souffre d'un déclin lamentable de ses valeurs morales et spirituelles. Et tout en sachant qu'il représente un courant minoritaire, il est parti en guerre. Sir Cyril croit à la peine capitale et aux châtiments corporels; membre depuis toujours de la ligue anti-alcoolique, il ne fume pas, vitupère les jeux de hasard, les minijupes, les chocolats à la liqueur,

> l'homosexualité, le socialisme, la fornication, l'absentéisme aux offices religieux du dimanche, les cabarets de strip-tease, les mœurs modernes, l'immoralité de la télévision, le divorce, la psychiatrie et la littérature pornographique. Il appartient pense-t-il, à l'armée des anges.
> Sir Cyril est un parfait puritain, un dinosaure spirituel... Robuste, mais singulièrement pâle et chauve... Il se désole de la disparition de la foi et combat l'impiété avec vigueur. Il représente l'éthique ancienne barrant la route à la marée montante des nouvelles mœurs. Dépositaire des desseins du Seigneur qu'il est chargé de mettre en œuvre, ce patriarche à la longue figure, pieux et fier de l'être, est peut-être le dernier représentant de sa blême tribu...

Le procès intenté par Sir Cyril eut pour résultat de conférer à *Last Exit to Brooklyn* des mérites littéraires qu'il ne possédait pas. Il était moins mal écrit que les livres porno soft ou hard qui allaient inonder le marché à partir des années 60, mais il n'avait pas les qualités du livre de Henry Miller, *Tropique du Cancer*, par exemple. La diffusion de romans et de nouvelles bien plus osés est maintenant monnaie courante bien plus qu'à l'époque... Le livre fut publié par la petite maison d'édition d'avant-garde, Calder and Boyars, de Londres. Sir Cyril en fut horrifié et demanda au juge du tribunal d'instance de Marlborough Street, Leo Gradwell, de le faire saisir et détruire, selon les termes de la loi de 1959 sur les publications pornographiques. Robert Maxwell figurait parmi ceux à qui il demanda d'être témoins à charge. Maxwell partageait sans aucun doute les vues de Sir Cyril, sur la littérature pornographique du moins. Sans doute pensait-il également que la Grande-Bretagne connaissait un déclin moral. Les études rabbiniques de sa jeunesse et son éducation stricte avaient contribué à forger sa personnalité, son opinion sur de tels sujets. Il avait également élevé neuf enfants et les protégeait férocement. *Last Exit...* n'était pas le genre de livre qu'il aurait voulu – ou même permis – que l'un d'eux lût. Il accéda à la demande de Sir Cyril.

Devait-il le faire? Avait-il raison? Et si oui, cela en valait-il la peine?

Pour Sir Cyril, son témoignage représentait beaucoup. Non parce qu'il était père de famille nombreuse, député travailliste, encore que cela comptât, mais surtout parce qu'il était un grand éditeur. Maxwell ne songea pas que, pour un éditeur, assumer un rôle de censeur lui attirerait les foudres de ses confrères et des auteurs (notamment de Samuel Beckett et de Brigid Brophy). Il était au-dessus de ces considérations. Le livre lui paraissait suffisamment porno pour être interdit. Il déclara à la Cour qu'il était horrifié par cet ouvrage « bestial et répugnant » [29] :

> Je suis contre la censure, mais ce que je crois profondément, c'est qu'un éditeur est investi du privilège de diffuser l'information et la littérature... et aussi du devoir de s'autocensurer pour empêcher que ce genre de saleté soit commercialisée par une société qui porte le nom honorable de « maison d'édition » et qui se croit tout permis parce qu'elle appartient au syndicat des éditeurs... Il faut que cela cesse!

La défense, bien sûr, prétendit que le livre présentait des qualités littéraires, ce qui était un argument à décharge selon la loi sur les publications pornographiques, bien qu'en toute logique un livre pornographique écrit avec talent risque davantage de « corrompre et dépraver » qu'un ouvrage qui en est dépourvu. L'avocat de la défense eut avec Maxwell cet échange [30] :

> – Pensez-vous que le *Décaméron* doive être censuré?
> – Qu'est-ce que c'est que *le Décaméron*?...
> – D'après ce que vous connaissez de New York, *Last Exit to Brooklyn* en donne-t-il une image fidèle?
> – D'après ce que je connais, non.
> – Décrit-il une classe sociale que vous reconnaissez?
> – Pour moi, c'est seulement le livre cochon du mois.
> – Qu'arrive-t-il, selon vous, à quelqu'un qui lit ce livre?
> – Je ne peux répondre qu'en mon nom. En tant qu'éditeur je suis catastrophé d'appartenir à la même profession que votre client; et scandalisé qu'il utilise cet honorable métier pour répandre ce genre de cochonneries à des fins lucratives. Je suis horrifié à l'idée que l'un quelconque de mes huit enfants puisse être exposé à ce genre de saletés.

Le juge Gradwell donna raison à Sir Cyril. Il ordonna la saisie et la mise au pilon du livre. Les éditions Calder and Boyars décidèrent de ne pas faire appel, mais John Calder déclara qu'il continuerait à vendre le livre en Grande-Bretagne. Dix-huit éditeurs importants, tout en refusant de discuter des mérites du livre, adressèrent une lettre au *Times* pour protester contre la déclaration de Maxwell : « ... Nous voulons affirmer que nous sommes heureux d'avoir MM. Calder et Boyars comme collègues. »

Maxwell ne prêta aucune attention aux propos de ses confrères. Depuis le début de l'affaire Simpkin Marshall, il n'avait pas eu une minute à leur consacrer. Il déclara au journal londonien *Evening Star* :

> Je ne retire pas un mot de ce que j'ai dit. Je m'étonne que des éditeurs distingués refusent d'admettre que, si la communauté

> leur confère le privilège d'informer et de distraire, ils ont aussi la responsabilité de contrôler leurs publications, de s'interdire de diffuser de la pornographie sous couvert de littérature.

Il ne prêta pas davantage attention au *Spectator* qui le traitait de réactionnaire. En dénonçant *Last Exit to Brooklyn* comme un livre écrit uniquement « pour faire de l'argent », il amena Bernard Levin, parmi d'autres, à souligner que Maxwell était éditeur pour gagner de l'argent.

Aujourd'hui, *Last Exit to Brooklyn* serait à peine remarqué à la vitrine des libraires, et ses qualités littéraires passeraient inaperçues. Sans l'intervention de Sir Cyril Black, sans ce procès, le livre n'aurait jamais eu un tel succès. Maxwell avait engagé une bataille qui, bien que victorieuse au départ, ne pouvait être gagnée à terme. Finalement, la censure fait monter les tirages, on l'a vu en 1987, avec « les révélations » de l'ancien agent M15, Peter Wright, dans son livre *Chasseur d'Espions*. D'une manière générale, aux censeurs qui brandissent la menace : « Si vous publiez, vous irez en enfer », il est préférable de répondre : « Qu'ils publient, et n'en parlons plus. »

Maxwell ne regretta rien; il refusa le remboursement de ses frais que lui proposèrent les avocats de Sir Cyril. Il suggéra la constitution par les professionnels du livre d'une commission d'examen des manuscrits considérés comme pornographiques. Cette suggestion fut rejetée par une majorité écrasante d'éditeurs, d'auteurs et autres personnes concernées. En revanche, il reçut, bien sûr, de nombreuses lettres d'appui, entre autres de directeurs d'écoles. Mais beaucoup de ses amis eurent du mal à comprendre son attitude dans cet épisode.

VI

Succès et revers

« En dépit de toutes les tentations et de toutes les compromissions qui la menacent, la politique reste la plus noble des carrières qu'un homme puisse embrasser. »

F.S. Oliver.

En 1966, à Noël, Maxwell souligna, dans un bulletin adressé à ses électeurs, qu'il « avait été présent régulièrement à la Chambre des Communes et qu'(il) avait pleinement pris part aux débats ». Les volumes Hansard [1] de la session 1966-1967 l'attestent; néanmoins ses voyages à l'étranger lui valurent de très mauvais échos dans les couloirs du Parlement. Il ne participa qu'à 124 votes sur 435, réalisant ainsi le pire score parmi les 24 députés travaillistes des Comtés proches de Londres, d'où une critique cinglante dans l'un des journaux locaux, le *Wolverton Express*, au début de l'année 1967 :

> Plus d'un tiers de la circonscription parlementaire de Buckingham et plus de la moitié de son électorat sont concernés par la ville nouvelle de Milton Keynes... Pourtant, ceux qui ont des difficultés sont dans l'impossibilité de faire appel au député M. Robert Maxwell. Il est vraiment impossible de lui demander aide et conseil. L'honorable parlementaire se trouve en ce moment à mi-parcours d'un tour du monde entrepris pour vendre des encyclopédies. On nous a présenté ce voyage de six semaines comme essentiel à l'exportation des livres anglais. Si tel est le cas, il aura également pour effet d'accroître sa fortune personnelle tout en contribuant à améliorer le niveau de vie de ses fonctionnaires et de ses salariés. A l'époque où l'indemnité parlementaire était bien maigre, on a prétendu que les députés ne pouvaient vivre sans activité complémentaire. Maintenant qu'ils reçoivent un salaire décent, la décence voudrait qu'ils se consacrent à temps complet à leurs électeurs.

Prétendre interdire aux membres du Parlement toute activité extérieure rétribuée n'est pas une revendication récente. Elle est aussi ancienne qu'absurde. Elle empêcherait les hommes de loi, journalistes, écrivains et hommes d'affaires d'exercer les talents qui, précisément, sont à l'origine de leur élection. Cette prétention a toujours remporté un succès facile chez nombre d'électeurs. Reprise par un journal local contre un député de la circonscription, elle peut lui porter préjudice. L'attaque, d'une injustice flagrante, confirmait à quel point les faits et gestes de Maxwell hors des frontières étaient surveillés.

Le voyage dont se plaignait le journal avait mené Maxwell en Inde, en Thaïlande, au Japon, à Hong Kong, en Indonésie, en Malaisie, à Singapour, en Australie, en Nouvelle-Zélande, au Mexique, au Canada et aux États-Unis; il s'était déroulé principalement pendant l'intersession parlementaire de Noël. L'itinéraire avait été établi avant qu'il ait pu « faire match nul », c'est-à-dire passer une entente avec un député du bord opposé au sien pour que celui-ci s'abstienne de voter pendant son absence. L'argument avancé pour justifier cette mission (un marché de deux millions de livres en devises étrangères à une période où chaque denier comptait) n'était pas de nature à produire une bonne impression même auprès de son vieil ami John Silkin, le chef de file de la majorité gouvernementale à la Chambre. En revanche, il a sûrement fourni des armes à ses ennemis à Buckingham. Le candidat libéral à l'élection de l'année précédente, John Cornwall, reprocha à Maxwell de n'avoir fait que cinq discours à la Chambre des Communes dans les dix mois précédents (moins quatre au cours desquels la Chambre ne s'était pas réunie). A l'opposé, le parti libéral estimait les interventions de Maxwell bien trop fréquentes. Avec hypocrisie, le nouveau représentant conservateur à Buckingham, Joseph French, protesta contre la parution dans la presse locale de lettres, émanant en majorité de ses propres partisans et critiquant « l'absence d'un certain député ». Il les jugea « assez inconvenantes ». Mais il s'empressa d'ajouter que Maxwell aurait pu « bazarder » ses encyclopédies dans le monde par l'intermédiaire de « sous-fifres payés pour ça », ce qui souligne la sincérité de sa compassion. A son tour, le chef de file local de Maxwell, Will Howie, un député de Luton, déplora que le parlementaire-éditeur n'ait apporté sa voix que dans moins de la moitié des scrutins depuis le mois d'avril précédent. Il lui suffira de « faire match nul moins fréquemment » pour améliorer son rendement de vote. A son retour, Maxwell se défendit avec énergie face à ses électeurs de Bletchley : « Si seulement 50 personnes de plus en faisaient autant que moi pour le pays, il n'y aurait ni gel des salaires ni problème de balance des paiements. »

Bien qu'il ait critiqué ses absences, même John Cornwall avoua :

« Jusqu'à maintenant, je n'ai rien trouvé à redire au travail fourni par M. et Mme Maxwell en faveur des électeurs de leur circonscription. » Semaine après semaine, les journaux donnaient le détail des activités de Maxwell. Il avait hâté la création d'un nouveau collège d'enseignement supérieur à Bletchley, reçu des délégations d'enseignants qui réclamaient des augmentations de salaire, protesté contre la fermeture de l'hôpital de Buckingham, assisté à une réunion d'employés de chemins de fer, pris la tête d'une députation qui s'était rendue au ministère des Transports en raison de la fermeture de la gare de Castlehorpe. Il avait défendu les radios-amateurs contre une nouvelle législation de la radiotélégraphie, obligé une compagnie d'assurances à dédommager un électeur qui avait trébuché sur une plaque d'égout cassée, obtenu une petite voiture automatique pour un mutilé de guerre. Il s'était battu contre la disparition d'une fonderie locale, avait appuyé des pétitions contre la pollution de l'air et le bruit de sirènes d'incendie dans un village tranquille, et s'était insurgé contre l'augmentation du prix de l'eau et celle des loyers municipaux. Enfin, il avait forcé la Compagnie des chemins de fer anglais (British Rail) à entreprendre une recherche (qui aboutit) pour retrouver une jambe artificielle égarée par son utilisateur, un retraité âgé. Un jour l'un des conseils municipaux de sa circonscription se plaignit qu'une de ses lettres soit restée sans réponse. Maxwell protesta. Une enquête fut effectuée. Le conseil découvrit qu'un employé n'avait pas posté cette missive. Maxwell reçut des excuses.

Il fut particulièrement efficace en septembre 1987, lors d'un grave conflit aux usines automobiles Vauxhall de Luton. Il concernait et les salaires et la productivité de l'entreprise. Des milliers d'hommes et de femmes de Buckingham y travaillaient. Vingt-cinq d'entre eux, tous des électeurs de Maxwell, se présentèrent un soir à la permanence du parti travailliste à Bletchley. Ils lui demandèrent de régler le différend. Le lendemain, Maxwell négocia une trêve et réouvrit les négociations qui étaient dans une impasse. Certains des ouvriers rendirent même visite à leur journal local, le *North Bucks Times*, pour lui manifester leur gratitude. Le responsable du Syndicat national des ouvriers du bâtiment pour les Midlands de l'Est, Arthur Leary, écrivit à Maxwell :

> Je ne pouvais laisser passer cette occasion... de vous exprimer à quel point j'ai personnellement apprécié vos efforts pendant cette dernière semaine...
> Dans le contexte, il fallait une forte personnalité au caractère

> assez bien trempé pour aller de l'avant et obliger l'entreprise à affronter la réalité. De toute évidence, vous étiez l'homme de la situation, celui qui devait être là à ce moment précis.

Par une ironie du sort, Leary, en raison d'une querelle avec Maxwell, avait auparavant refusé à Betty Maxwell le soutien de militants ouvriers quand elle s'était présentée à Newport Pagnell lors des élections du conseil général dans le Comté de Buckingham. Aussitôt après, Leary fut démis de ses fonctions dans le syndicat. Maxwell protesta. Par la suite, avec Will Howie, il contribua beaucoup à sa réintégration.

Pendant cette période, alors qu'on l'accusait de négliger ses obligations publiques au profit de ses affaires personnelles, il se chargea de recueillir les fonds indispensables au Centre 42 dont il était devenu le trésorier. Cette dénomination du Centre faisait référence à la résolution 42 du Congrès syndicaliste de 1960 en faveur d'une action plus dynamique dans le domaine culturel. Sous l'égide d'Arnold Wesker, le Centre prit le pari de réunir plus de 600 000 £; il n'en trouva que 40 000, et encore, car cette estimation reposait en partie sur des promesses et non sur des versements déjà effectués. Une tentative encore plus ambitieuse pour trouver 750 000 £ fut rapidement abandonnée. On cessa de rêver et le Centre se donna pour objectif un capital de 27 000 £, afin de devenir propriétaire de son siège, à la Maison Ronde, Chalk Farm, à Londres. Maxwell demanda au Premier ministre et à Mme Wilson de donner au 10, Downing Street, une réception en l'honneur du Centre 42, tandis qu'il se chargerait avec un autre millionnaire socialiste, Harold Lever, de régler la note... Maxwell envoya les invitations. On évita soigneusement toute allusion à l'argent sur les cartes d'invitation envoyées à d'éventuels mécènes. Il était inutile de leur signifier le but de cette soirée. Dix jours après la réception, les 27 000 £ étaient déposées à la banque.

Voilà pourquoi le représentant travailliste affirma dans son rapport annuel de 1967 :

> Tout en restant remarquablement à la disposition de ses électeurs, comme à l'ordinaire, Bob Maxwell est arrivé très vite, au cours des douze derniers mois, sur le devant de la scène dans les affaires du pays. Trésorier de l'Earl Attlee Memorial Fund, tout en étudiant les possibilités de création d'un quotidien national du parti travailliste et en gérant de multiples autres activités, il est aujourd'hui le secrétaire et, sans aucun doute, l'élément moteur du mouvement : « J'aide l'Angleterre. » Je pense qu'aucun autre député sans portefeuille, de quelque parti

que ce soit, n'est passé aussi souvent à la télévision et n'est aussi célèbre que lui.

Dans un discours aux jeunes de sa circonscription, Maxwell insista, une fois encore, sur l'éthique, les valeurs morales et la prééminence des qualités personnelles sur la formation scolaire [2] :

> Tous doivent connaître cette leçon essentielle : aller jusqu'au bout de soi-même est un objectif constant ; le tempérament et la volonté comptent à long terme autant que le reste. Que nous le voulions ou non, la vie, c'est surtout un combat, une lutte perpétuelle (même pour les « fils de famille »). On doit apprendre aux enfants à toujours persévérer et à se défendre... Travailler dur et poursuivre ses efforts sans relâche est une qualité. Pourtant, même avec beaucoup d'application, tout le monde ne peut pas réussir brillamment ses études. Les familles dont les enfants font des efforts sans obtenir de grands résultats scolaires ne devraient pas ressentir de dépit. Malheureusement, les enfants doués sont devenus un symbole de réussite sociale pour leurs parents. Un fils qui termine brillamment ses études secondaires ou dont le coefficient intellectuel s'élève à 140 représente presque l'équivalent de la seconde voiture ou de la piscine. Cette attitude est plus que regrettable, elle est dangereuse et néfaste pour l'enfant qui étudie bien et pour celui qui échoue. Tous deux subissent la même pression. Ils arrivent à la conclusion que rien n'est vraiment aussi important que le succès universitaire. Ils en déduisent que le caractère, le courage, la ténacité, la volonté, la droiture, la loyauté et la maîtrise de soi-même ne sont pas aussi prisés que des diplômes obtenus avec mention... Il est beaucoup trop facile de fonder les critères d'une aristocratie de la matière grise sur des grades universitaires. Pour beaucoup, ces fausses valeurs contribuent énormément à perpétuer ce sentiment de classe, qui est tellement nuisible dans ce pays, qui aboutit à un gâchis épouvantable, à la perte de tant de talents.

Maxwell pensait assurément à lui-même, à ses propres origines et à son manque de formation scolaire.

Tandis que Maxwell travaillait et philosophait, les conservateurs de sa circonscription choisissaient un nouveau candidat, William Benyon, fermier et propriétaire terrien de trente-sept ans. Tout naturellement et fort justement car la suite lui donna raison, il soutenait : « Nous pouvons gagner ce siège ! »

***

En 1967, Maxwell s'efforça d'obtenir un des sièges laissés vacants au Comité directeur du parti travailliste à la suite de la décision de Jim Callaghan et de Richard Crossman de ne pas briguer un nouveau mandat. (Callaghan préféra viser le poste de trésorier et battit facilement Michael Foot.) Le parti, sous la pression de mesures gouvernementales impopulaires, s'orientait nettement vers la gauche; Maxwell n'avait donc guère d'espoir d'arriver à ses fins malgré le soutien de ses collègues du Parlement, dont Bob Mellish qui lui garantit 4 000 voix de Bernondsey. S'il lui restait une petite chance, il la perdit d'abord à cause de son plaidoyer en faveur du Marché commun, qui allait à contre-courant de l'opinion des militants du parti, ensuite en prenant la défense de l'enseignement privé devant le congrès du parti, le jour même du vote.

L'abolition des écoles payantes est le cheval de bataille du gros de la troupe du parti travailliste. Ils ne croient pas à cette suppression mais ils ne tolèrent pas qu'on reconnaisse quelque mérite aux « public schools ». Maxwell se déclara partisan de leur « intégration » dans le système d'État et non de leur disparition. Un vote en faveur de l'abolition, simplement parce que les travaillistes jalousent et détestent ces écoles, signifierait que des centaines de milliers d'électeurs iraient grossir les rangs du parti conservateur dès la prochaine élection générale. Il avertit : « Si vous lanciez le slogan : " A bas les écoles privées ", vous commettriez réellement une très grave erreur. »

Il fut sifflé, hué et interrompu par des cris de « honte », « scandale ». Cela ne l'empêcha pas de poursuivre. Il déclara qu'il avait huit enfants et qu'il était bien décidé à envoyer dans ces écoles privées « ceux qui en auraient besoin ». (En réalité, deux avaient fréquenté des établissements payants et cinq des écoles publiques. Quant à l'aîné, Michael, il ne se remit jamais de son accident de la route en 1961.)

Quand le résultat du vote fut annoncé le lendemain matin, Maxwell n'obtenait que 54 000 voix, soit 300 000 de moins que celles dont il avait besoin. (L'année suivante, son score s'améliora avec 92 000 voix, mais ce chiffre était encore bien trop bas pour lui assurer la victoire.) Sa déclaration sur les écoles privées a dû lui coûter au moins la moitié des voix de ses partisans potentiels.

Déjà, au début de l'année, ses positions sur le Marché commun l'avaient placé dans une situation délicate. Le chef du service de presse du parti travailliste, Percy Clark, avait refusé de diffuser dans tous les journaux, à la télévision ou à la radio, le texte de l'un de ses discours. Maxwell rendit néanmoins celui-ci public devant ses électeurs le 29 avril, à Bletchley :

> De 1954 à 1955, l'actuel Marché commun et les pays de l'Association européenne de Libre-Échange ont demandé à l'Angleterre de prendre le leadership européen. Nous avons toujours refusé avec dédain car nous pensions à tort que nous avions encore assez de pouvoir et de ressources pour faire bande à part face à cette alliance extrêmement puissante... Notre marge de discussion est aujourd'hui plus étroite qu'à l'époque des négociations Heath en 1963; la position du Marché commun s'est renforcée et la nôtre, malheureusement, s'est affaiblie. Il est infiniment dangereux que le Premier ministre et d'autres personnalités influentes laissent courir le bruit que, sans de Gaulle, notre demande aurait été acceptée la dernière fois. C'est tout simplement faux. La différence, c'est que de Gaulle a eu le cran de mener les négociations à leur terme. Plusieurs gouvernements de l'Europe et du Marché commun l'ont secrètement applaudi. Une grande partie de l'opinion européenne, dont nous ne tenons pas compte à nos risques et périls, est convaincue que nous sommes contre l'Europe et que nous voulons entrer dans le Marché commun uniquement pour maintenir notre niveau de vie et renforcer notre influence dans le monde... Peu de responsables travaillistes ont sérieusement réfléchi au cas de la France et beaucoup d'entre eux lui manifestent mépris, condescendance ou hostilité. A moins d'un effort réel pour la comprendre, notre seconde tentative d'adhésion au Marché commun échouera aussi piteusement que la première...
>
> J'espère que le gouvernement invitera le parti travailliste à s'exprimer au Parlement sur cette demande d'adhésion au Marché commun. Il faut que la nation et le monde entier soient conscients que la démarche du Gouvernement est massivement soutenue. Je doute que M. Shinwell puisse rassembler plus de trente voix parmi les députés travaillistes pour approuver son hostilité à l'Europe, qui est on ne peut plus nuisible et tout à fait démodée. (Emanuel Shinwell, l'ancien président octogénaire du Labour au Parlement, était le partisan le plus virulent d'une « Angleterre seule », sans lien institutionnel avec l'Europe.) Je souhaite que la vieille garde du gouvernement, qui refuse l'entrée de l'Angleterre dans le Marché commun, rende service au pays et au gouvernement en démissionnant s'ils ne sont pas d'accord avec notre demande... Un tel geste aiderait à mieux convaincre les Européens que notre requête constitue une décision politique grave, mûrement réfléchie et non une manœuvre tactique dictée par des considérations commerciales.

Maxwell était apparu comme l'un des plus francs partisans de l'adhésion de l'Angleterre à la Communauté Économique Européenne. Une minorité non négligeable du parti travailliste, notamment parmi les députés sans portefeuille, répugnait à lui donner leur vote. Son discours ne facilita pas la tâche du Premier ministre qui, de toute façon, en privé, se montrait « condescendant ou dédaigneusement hostile » à l'égard de la France. Quelques jours auparavant, Maxwell avait déjà irrité Harold Wilson. Le Premier ministre avait décidé trois réunions de son groupe parlementaire à ce sujet, afin que le gouvernement écoute les uns et les autres avant de prendre sa décision. Maxwell fit publiquement observer qu'il ne voyait pas l'intérêt de cette démarche puisque le gouvernement avait déjà pris la résolution d'adhérer à l'Europe. Wilson qualifia cette réflexion de « malveillante ». Politiquement, il avait peut-être raison. Néanmoins Maxwell disait la vérité. Un journal local approuva le mot de Wilson et jugea l'intervention « déplacée ». Dans son discours, Maxwell suggérait que, tout compte fait, le parti devrait voter, ce qui révélait une attitude constructive. Mais la démission suggérée à certains ministres fit sensation et entraîna le refus de diffuser le texte du discours.

Lorsque le débat parlementaire sur le Marché commun fut fixé le 10 mai 1967, Maxwell ne pouvait pas admettre l'absence de consigne de vote. Il le confia à une réunion restreinte du groupe parlementaire. C'est ce que rapporte un journal auquel je collaborais alors, *The Sun* (il s'agit de la revue satirique qui remplaça le *Daily Herald*, par le *Sun* de Murdoch). « Je suis las et fatigué de cette gauche du parti qui joue la sensibilité à fleur de peau, qui ne cesse de mettre en avant sa conscience et de réclamer la liberté de vote. »

A ce moment-là, je l'ai dépeint comme « extraordinairement insensible, rude et brutal ».

Finalement, le gouvernement obtint une majorité de 426 voix en faveur de l'adhésion à la Communauté Économique Européenne. Trente-six députés travaillistes votèrent contre. Mais une fois encore de Gaulle mit son veto. L'Angleterre ne devint membre du Marché Commun qu'en 1973, sous le gouvernement d'Edward Heath et après une terrible cassure au sein du parti travailliste. Maxwell avait alors cessé d'être député.

***

Le Parlement, comme l'armée, ne se bat bien que l'estomac plein. Il ne dressera jamais une statue en l'honneur du Président de la sous-commission de l'Intendance pour le remercier de satisfaire ses besoins gastronomiques mais il sera toujours prêt à envoyer aux galères celui qui ne remplira pas ce rôle. Maxwell accepta cette fonction. Ce fut l'un des épisodes les plus drôles de sa carrière politique. On le lui proposa parce que Richard Crossman, chef de la majorité ministérielle et responsable des services de la Chambre des Communes, n'eut pas le sang-froid de reconnaître en public les lourdes pertes de la « cantine ». Des mesures d'urgence s'imposaient. Quelles que soient les justifications avancées, le premier citoyen venu ne voyait qu'une explication à ce déficit : les députés se nourrissaient grassement aux frais de l'homme de la rue. Une qualité rachetait tous les défauts de Crossman, sa totale franchise, même lorsqu'il s'agissait de reconnaître ses propres erreurs. Il raconte ainsi qu'en mars 1967, il fut obligé d'aller à la Commission des comptes pour trouver la trace de 60 000 £ dans le budget de la cantine parlementaire [3] :

> Nous n'osons pas publier le bilan des comptables ou du trésorier tant qu'une politique réaliste n'a pas été mise au point. Nous avons finalement décidé de faire entrer Bob Maxwell dans la Commission et de lui en confier la présidence. Quand on m'en a parlé pour la première fois, cette idée m'a d'abord offusqué mais John Silkin a balayé mes objections et il a convaincu Bob Maxwell d'accepter; à ma stupéfaction, les Tories de la Commission ont donné leur accord, tout particulièrement Willie Whitelaw et Selwyn Lloyd (tous deux anciens chefs de la majorité à la Chambre des Communes). Je crois qu'il fallait un homme d'expérience, courageux. Bob était bien le seul homme d'affaires de la Chambre tout à fait prêt, par pure vanité ou ambition, à consacrer deux années à sauver les cuisines de la Chambre des communes de la corruption et de la faillite.

En d'autres termes, Crossman ne voulait ni affronter les critiques dues au déficit élevé de l'Intendance ni prendre les mesures draconiennes qui s'imposaient. C'est pourquoi on fit appel à Maxwell. Le découvert pour la seule année 1966 atteignait 34 000 £ et le cumul d'intérêts, 175 £ par semaine, se montait à 60 000 £. La Commission des comptes se révéla incapable de réagir devant cette mauvaise gestion du « buffet »; elle fut obligée d'appeler à l'aide un individu à poigne. Les Tories acceptèrent la nomination de Maxwell parce qu'ils n'avaient pas le choix. Aux yeux de l'opinion, ils étaient en partie responsables du découvert; ils ne pouvaient pas donner l'impression qu'ils refusaient de coopérer au redressement.

Bien que les superbes menus et cartes des vins proposés aux députés se prêtent mal à une interprétation idéologique, il valait mieux que les restrictions, toujours impopulaires, soient décidées par un homme d'affaires socialiste. On peut se demander si la Commission des comptes s'était pleinement rendu compte de ce qu'elle faisait. Peut-être avait-elle supposé, comme Crossman, que Maxwell se contenterait bien tranquillement de ses deux années de présidence pour distiller quelques notions de gestion et réduire le déficit à un niveau globalement acceptable, sans vraiment le résorber. Si la création du monde lui avait été confiée, Maxwell aurait tenté de réaliser cette tâche en moins de six jours! Vingt ans après, aux Communes, l'époque Maxwell est restée légendaire.

Celui qui affubla Maxwell du surnom de Président Mao (le ministre des Affaires étrangères, George Brown, semble avoir été le premier à le faire) dut avoir l'intuition de la révolution qui se préparait. Après un discours énergique à l'intention du personnel du restaurant réuni au grand complet, Maxwell s'adressa à Crossbencher[4] : « Au cours de ma première année, nous ne nous remettrons pas seulement à flot; nous ferons des bénéfices. » Prudemment, Crossbencher répondit : « A un Maxwell dynamique et sûr de lui, je souhaite la meilleure des chances possibles... »

L'enquête qui obligea Crossman à agir avait révélé de « graves insuffisances » dans la gestion du service de restauration. Le prix de revient était « très élevé » et représentait plus de 57 % du chiffre d'affaires; il n'existait pas de contrôle des achats ou du nombre de repas servis; la surabondance de nourriture par rapport à la demande entraînait un « gaspillage excessif »; la préparation des denrées et plats cuisinés n'obéissait pas aux règles de l'hygiène, n'était pas pratique et faisait perdre du temps. La première « mesure d'urgence » fut la création d'un règlement administratif et financier adéquat.

Fort de ces éléments, Maxwell, que l'on prenait pour un doux zéphyr, se transforma en tornade. Il mit tout de suite la presse de son côté en annonçant la réouverture du Bar d'Annie, une buvette historique où journalistes politiques et députés se rencontraient sur un pied d'égalité, même si l'addition alourdissait surtout les notes de frais de la presse. Pendant la guerre, un bombardement avait détruit le bar et gravement endommagé la Chambre des Communes.

La lune de miel ne dura pas longtemps. En juillet, les journalistes parlementaires menacèrent de boycotter pendant vingt-quatre heures le bar et la cantine. Le règlement était resté obscur sur les conditions d'accès et de consommation. La menace ne fut pas mise à exécution car Maxwell promit que des « décisions positives » seraient prises.

On demanda au personnel du restaurant de suggérer des moyens d'économiser et de mieux gérer l'approvisionnement. On promit une récompense de 10 £ pour la meilleure idée. En revanche, on repoussa la suggestion de réunir les salles à manger des membres de la Chambre des Lords et de la Chambre des Communes. Nombre de leurs Seigneuries étaient parties à la Haute Chambre pour échapper à leurs anciens collègues de la Chambre des Communes. Ils n'avaient absolument pas envie de partager leurs repas. La plus odieuse proposition ne fut pas non plus retenue. Elle prévoyait l'installation de distributeurs automatiques dans le plus vénérable monument historique d'Angleterre, le palais de justice de Westminster, là où des rois, des princes et des hommes d'État ont été étendus sur leur lit de mort, là où Charles Ier fut jugé et condamné par le tribunal de Cromwell. Même Bob Mellish, le ministre de la Construction et des Travaux publics, ancien employé d'un syndicat de dockers, se sentit obligé de protester. Dans une lettre à Maxwell manifestement rédigée par des fonctionnaires, il affirmait être « scandalisé par cette idée ». Mais grand admirateur de Maxwell, Mellish ajoutait dans une note personnelle manuscrite : « Vous devez être complètement cinglé pour avoir une idée pareille ! »

Maxwell procéda immédiatement à des changements dans la direction et l'administration. Il se montrait fidèle au schéma habituel de toutes ses réformes. La salle à manger fut repeinte en bleu, blanc et or, et le chef fut renvoyé. La nouvelle combinaison de teintes offusqua quelques députés qui préféraient l'ancienne décoration brun foncé. Ils n'apprécièrent pas davantage, aussi bien par souci épicurien que financier, les réformes mises en œuvre. Les prix augmentèrent. Là, les parlementaires poussèrent des cris de douleur. A la Chambre des Communes, Maxwell dut régulièrement répondre à des questions sur le travail de la sous-commission, les torts causés aux portefeuilles et aux palais de ces messieurs. Voici quelques extraits des débats :

> Bryant Godman Irvine (conservateur) [5] : Allez-vous maintenant instituer des menus à prix modérés afin que dans l'avenir les députés ne soient plus dans l'impossibilité d'inviter la majorité de leurs électeurs ?
> Maxwell : Les tarifs des réceptions ont récemment été revus, car il fallait fixer des prix comparables à ceux pratiqués ailleurs. Je ne peux pas croire qu'ils sont prohibitifs.
> Irvine : Dans ma circonscription, on considère que cent soixante-deux pence et demi, c'est très cher pour un déjeuner.
> P-ter Bessel (libéral) [6] : Avez-vous conscience de la baisse de qualité de la nourriture depuis ces trois derniers mois à

la cafeteria des députés et à celle des non-parlementaires?
Maxwell : Oui, et je regrette que la qualité des plats se soit récemment dégradée.
William van Straubenzee (conservateur) [7] : Quelle est la politique en matière de frais de réservation? Trouvez-vous équitable que le tarif de la réservation d'un dîner que j'ai annulé, et qui devait avoir lieu en mai prochain, me soit facturé par l'Intendance alors que l'annulation remonte à septembre?
Maxwell : La réponse est oui.
Van Straubenzee [8] : Pourquoi ne sert-on plus d'avocats dans la salle à manger des députés?
Maxwell : On peut déguster des avocats au buffet de cette salle depuis trois semaines.
Van Straubenzee [9] : Pourquoi n'y a-t-il pas d'œufs en gelée dans la salle à manger des députés?
Maxwell : La demande d'œufs en gelée est si rare que cela ne vaut pas la peine de les inscrire au menu.

Et ainsi de suite. L'infatigable gourmet van Straubenzee voulait aussi savoir pourquoi il ne pouvait pas manger de côtelettes d'agneau froides. Maxwell lui répondit que c'était possible à condition de prévenir vingt-quatre heures à l'avance. John Rankin (travailliste) réclama que tous les aliments proposés aux parlementaires proviennent d'animaux élevés en liberté. Arthur Lewis (travailliste), homme de belle corpulence et doté d'un solide appétit, désirait connaître le prix de tous les ingrédients d'un sandwich au jambon coûtant dix pence, les prix de gros et de détail du pâté de porc en croûte et le prix d'achat d'une saucisse. Maxwell répondit solennellement que jusqu'à juillet 1966, le coût de cette dernière s'élevait à cinq pence mais qu'il était maintenant passé à un shilling et deux pences (presque six pence). M. Lewis reçut des informations tout aussi détaillées sur les prix du thé, du café, d'une tranche de pain beurrée, d'un pain au lait, d'un cocktail de pamplemousse, de l'agneau rôti servi avec ses deux légumes, ainsi que les tarifs du poulet et de la langue froide ou encore du cornedbeef en salade. En mars 1969, un éternel insatisfait, James Dance, de Bromsgrove, poursuivait la litanie [10] : « La nourriture est moins chaude, moins bonne et il y a moins de choix qu'autrefois. On m'a même fait payer presque deux pence pour ajouter du gin à mon tonic. »

Dick Crossman n'était pas un homme facile, spécialement à table. On ne s'étonne donc pas, à la lecture de son journal [11], de trouver trace de son mécontentement :

J'ai instamment prié Bob Maxwell de passer me voir. En effet, ce matin au salon de thé j'ai découvert que le garçon qui gère

l'Intendance a donné pour instruction de servir du lait en poudre avec le thé.
On nous a déjà supprimé les fromages étrangers dans notre propre restaurant; imposer du lait en poudre, cela dépasse les bornes. J'ai demandé à Bob comment il avait pu permettre une chose pareille. Il m'a répondu : « J'ai donné à ce type une commission de 200 £ par an pour les économies qu'il réaliserait; il en a épargné cent en une semaine grâce au lait en poudre. »
– Mais, vous ne pouvez pas récupérer de l'argent sur ça!
– Je lève la consigne cet après-midi. »
A ma grande joie, il l'a fait.

On imagine les hurlements de fureur du personnel quand Maxwell leur annonça que l'acceptation d'un pourboire entraînerait le renvoi immédiat. Il estimait cette pratique « dégradante » et selon lui elle constituait en fait un impôt sur le service. Les députés aussi réagirent violemment quand il décida de solder la réserve de vins fins achetés à bas prix par l'Intendance au fil des ans mais vendus également peu cher; Maxwell voulait les remplacer par des vins moins somptueux et plus onéreux.

En vérité, l'interdiction des pourboires n'était pas nouvelle. En octobre 1945, l'inscription « service compris » avait été placée sur les menus. Cette défense fut réitérée en 1946 et en 1949, assortie de la menace de licenciement immédiat. En 1953, les notes de banquet furent majorées de 10 % en compensation, mais les gratifications ne disparurent pas. Il y avait une seule différence, mais essentielle, entre les règlements du passé et celui édicté par Maxwell : désormais l'interdiction du pourboire figurait dans les contrats de travail.

Le personnel était très mal payé, d'où son attachement aux pourboires. Maxwell lui-même qualifiait les salaires de « misérables ». En outre, les serveurs n'ignoraient pas que d'autres membres du personnel de la Chambre des Communes, y compris les policiers et les estafettes, recevaient de fort belles étrennes à Noël de la part des députés. On envoyait aussi des cadeaux aux journalistes. La politique des revenus du gouvernement empêchait d'antidater les hausses de salaires mais aussi d'accorder aux serveurs les salaires donnés pour un travail identique à l'extérieur.

Selon les normes de l'époque, les augmentations accordées aux membres du personnel étaient en réalité élevées pour pallier la perte des gains due à ces gratifications que, de toute manière, ils n'avaient pas le droit de toucher. Mais, en cette période de plein emploi, les responsables du service n'arrivaient pas à trouver de main-d'œuvre.

Ayant été un moment membre de la Commission de l'Intendance pour la tribune de la Presse au parlement, je savais, par mon expérience personnelle, que parfois des employés furent recrutés parmi les clochards des quais de Londres.

Pour payer de meilleurs salaires, il était obligatoire d'augmenter le prix des repas. Une note fut imprimée en bas de chaque menu : « Par décision de la Commission des comptes, il est interdit de donner des pourboires; une surtaxe de 7,5 % est appliquée au prix du menu pour le service et pour couvrir les augmentations de salaires. » C'était bien payé.

Sur le problème des vins, *Le Guardian* publia un article sous le titre « Château Pergamon [12] ».

> Le capitaine Maxwell, nouveau tsar des cuisines de la Chambre des communes, vide la vénérable et distinguée cave à vins de Westminster pour louer l'espace ainsi disponible à des marchands. Tout à fait sereinement, il écoule une excellente réserve de très grands bordeaux mis en bouteilles au château en les vendant au bar des députés à prix cassés. Scandaleusement, aucun député n'a remarqué la différence. Voilà qui nous remet en mémoire cette triste vérité : la plupart des consommateurs de vin à Westminster ne sont que des buveurs de bière ventrus obligés de se mettre au régime.

A une autre occasion, le journal reconnut que Maxwell avait rejeté l'initiative de Mme Braddock d'enlever les nappes des tables de la salle à manger des députés, ce qui prouvait bien que toute trace de civilisation n'avait pas disparu. A l'insu du grand public, Maxwell confia dans une lettre à Crossman toutes les difficultés de ses nouvelles fonctions :

> Il y a quatre mois, j'ai accepté à contrecœur de remplacer Bessie Braddock. Je pense que personne ne s'était rendu compte de la terrible pagaille, de l'absence totale de contrôle des finances et de la gestion qui régnaient à l'Intendance. Depuis que je suis président de la sous-commission de l'Intendance, j'ai passé quelque quatre cents heures à tenter de résoudre ces problèmes, donc davantage de temps que je n'ai pu en consacrer à Pergamon Press et à mes autres activités parlementaires. Dans les dix dernières années, les précédents présidents n'ont pas pu ou pas voulu passer autant d'heures à s'occuper des affaires de ce service. Voilà pourquoi il était dans une situation si catastrophique, amplement analysée aujourd'hui dans un rapport dressé pour moi par une équipe très compétente d'experts de chez Forte * qui sont restés trois semaines chez nous.

* Chaîne de restauration rapide comme Winpey ou Mac Donald.

Maxwell rappela la promesse faite l'année précédente par le Chancelier de l'Échiquier, James Callaghan : il devait accorder au service une subvention équivalant à un tiers du manque à gagner subi du fait des intersessions parlementaires depuis 1964, en plus d'un prêt sans intérêt, ce que Callaghan avait d'ailleurs réaffirmé dans une discussion privée avant que Maxwell n'accepte d'éponger les pertes. Maxwell énuméra ensuite toutes les initiatives qu'il avait prises à cette fin :

> Il avait mis un terme aux achats superflus et réduit le gaspillage.
> Il avait amélioré l'hygiène (et renvoyé quatre employés pour « infraction à la loi »).
> Pour la première fois, il avait embauché à l'Intendance un contrôleur financier comme adjoint au directeur général. Il avait remplacé le chef du personnel qui « ne convenait pas pour ce travail et était complètement inefficace ».
> Il allait prendre un gérant des réceptions pour éviter dans l'avenir la perte de milliers de livres « par pure incompétence » dans la réservation des salles de banquets.
> Il avait augmenté les prix.
> Il avait stoppé le « surinvestissement » représenté par les stocks de vins et d'alcools, et liquidé un « capital immobilisé ».
> Il avait arrêté l'embauche d'employés intérimaires le vendredi (le jour où la Chambre des communes ne siégeait que peu de temps) et restreint les heures supplémentaires.

Par conséquent, selon lui, le déficit, qui atteignait 3 000 £ par mois, avait été résorbé. Le service prévoyait un bénéfice de 10 000 £ pour l'année échue en décembre 1968, bien que Maxwell l'estimât plus élevé. Il l'évaluait pour 1969 à 20 000 £ au moins. Le prêt promis par le ministre des Finances serait donc remboursé facilement. Maxwell ajoutait :

> J'ai garanti, à votre demande, que les augmentations des salaires seraient accordées dès la fin du blocage décidé par le gouvernement. Cette promesse doit être tenue d'urgence. Pour recruter un personnel de qualité et compétent, il faudra que je propose des gains nettement plus élevés. Afin que vous appréciiez la gravité de la situation, je dois porter à votre connaissance que le service compte actuellement parmi ses effectifs vingt-cinq personnes ayant un casier judiciaire parce qu'il a été impossible d'embaucher personne d'autre à des salaires aussi bas. Je suis convaincu que garder cette catégorie d'employés est contraire aux intérêts du service de la Chambre des communes.

Maxwell voulait que le ministre des Finances tienne sa promesse de prêt sans intérêt en versant 50 000 £ remboursables en trois échéances. Dans ce cas, il resterait à la présidence de la Commission jusqu'à ce que le service retrouve des bases saines. Il envoya au ministre des Finances, avec une demande officielle de prêt, une copie de sa lettre à Crossman. Mais l'horizon économique s'était assombri depuis que, dans l'euphorie des beaux jours, l'année précédente, Callaghan avait promis cette subvention. Et le ministre répondit qu'un « prêt sans intérêt en ce moment serait gênant et créerait un précédent fâcheux ». En deux mots, il se rétractait. En échange, il proposait un prêt au taux gouvernemental ordinaire. Maxwell rejeta cette offre « tout à fait insuffisante » et prédit un mouvement de protestation au sein du personnel, à moins que les engagements pris par Callaghan ne soient tenus. Mais le ministre refusa de céder et Maxwell fut contraint d'accepter le prêt aux conditions qu'on lui fixait.

En décembre, Crossman enregistra ceci sur son magnétophone [13]. « La sous-commission de l'Intendance fait, sous la présidence de Maxwell, des bénéfices. » Mais Crossmann s'arrogea fièrement le mérite d'avoir réouvert le Bar d'Annie.

En décembre, la presse révéla que le déficit de 1 000 £ par semaine avait été transformé en gains de 400 à 500 £ hebdomadaires. C'était le premier bénéfice depuis le profit de 1 029 £ en 1961. Même Crossman ne pouvait pas en revendiquer l'honneur. Le journaliste Henri Fielding remarqua dans *The Sun* [14] :

> A quoi attribuer ce changement? A la rigueur efficace de Robert Maxwell. (Il) s'est débarrassé des employés intérimaires, il a introduit un système de pointage, il a élagué les heures supplémentaires mais augmenté les rémunérations de 10 à 15 %, exigé une méthode d'approvisionnement plus rationnelle et il a mis un terme aux détournements de fonds et autres vols.

Le journal *L'Observer* ironisa [15] :

> Il doit y avoir là-bas une jolie quantité de poches sans doublures depuis que Robert Maxwell s'est attaqué aux chapardeurs des cuisines de Westminster. D'après Maxwell, un ancien employé arrondissait si bien ses fins de mois qu'il risquait de supplanter le Premier ministre et d'atteindre le plus gros salaire de Westminster.

Quant aux journalistes parlementaires qui avaient menacé au cours de l'été de boycotter le restaurant, leur secrétaire remercia Maxwell par lettre à la fin novembre pour les « progrès considérables » réalisés : « En effet, les observateurs parlementaires sont de plus en plus nombreux maintenant à prendre leurs repas à la cafeteria plutôt qu'à l'extérieur. Naturellement, cela grève davantage notre budget très limité... »

Pourtant les coups d'épingle de députés rabat-joie continuèrent. Sir Knox Cunningham, député unioniste de l'Ulster (South Antrim) et ancien secrétaire parlementaire particulier d'Harold Macmillan, essaya d'écarter Maxwell de la présidence de la sous-commission. Il lui reprochait de se montrer « autoritaire et tyrannique », de ne pas consulter ses collègues. Une centaine de parlementaires, dont cinq collègues de Maxwell, des travaillistes membres de la sous-commission, déplorèrent dans une motion déposée à la Chambre des Communes « l'attaque personnelle » de Sir Knox.

Mme Margaret McKay, député travailliste de Clapham, exprima publiquement son indignation devant la nouvelle décoration de la salle à manger. Elle la jugeait horrible, hideuse, affreuse. La femme d'un député tory, Philip Holland, se plaignit que Maxwell l'ait empêchée d'organiser la réception du mariage de son fils un samedi à la Chambre des communes. Elle précisa qu'elle ne l'inviterait sûrement pas, même si la fête avait lieu juste en face du Parlement [16] : « C'est bien la dernière personne que nous inviterions, car, en plus, il n'appartient pas au même parti que nous. »

Une autre redoutable Tory, dame Irene Ward (Tynemouth), émit elle aussi une protestation. Depuis l'arrivée de Maxwell les véritables petits fours avaient disparu; on ne servait plus que des « gâteaux bon marché, sucrés et dégoûtants ». Pour sa part, M. van Straubenzee fit de nouveau une réclamation parce qu'on ne lui avait pas rendu sa caution après l'annulation d'un dîner. Maxwell se contenta de répliquer : « Si mes ennemis se déchaînent, c'est probablement parce que les choses vont mieux. »

Puis, la sous-commission coula des jours plus calmes. Le 25 mars 1969, Maxwell abandonna la présidence. Ses collègues de la sous-commission dirent « combien ils appréciaient les grands services rendus par M. Robert Maxwell ». La commission des services, avec à sa tête Fred Peart, le remplaçant de Crossman, prit chaleureusement l'initiative de remercier Maxwell pour « la tâche qu'il a accomplie en réorganisant l'intendance et en la rentabilisant ». Au nom de la commission des services, Peart lui-même adressa à Maxwell une lettre de remerciement : « Elle n'oublie pas l'immense somme de temps, d'expérience et de travail acharné qu'en dépit de toutes vos propres affaires vous avez consacrée à l'intendance qui est l'un des postes les plus ingrats à la Chambre des Communes, mais que vous avez su gérer avec un réel succès. »

Cette réussite fut pourtant remise en cause par le *Sunday Times* dans un article célèbre consacré à la carrière de Maxwell, le 12 octobre 1969. Les allusions à sa conduite de la présidence de la sous-commission poussèrent Maxwell à porter plainte auprès de la commission des Privilèges à la Chambre des communes. L'article, qui est analysé plus en détail par ailleurs, portait préjudice à Maxwell en le critiquant sur presque tous les aspects de ses activités publiques. En voici un extrait, rédigé dans une prose incendiaire. A cette époque, les enquêtes journalistiques adoptaient ce style comme gage de crédibilité : souvent il ne servait qu'à en masquer l'absence.

> Pour réussir Maxwell applique une seule recette, toujours la même, quelle que soit la situation. L'exemple type peut être observé comme dans un microcosme à la lumière d'un récent épisode : le ballet de Robert Maxwell, intendant extraordinaire à la Chambre des communes. Il met en scène tout le répertoire du jeu classique de Maxwell : la Stupéfiante Sortie des Coulisses, avec Promesses Retentissantes d'Efficacité Moderne; la Manipulation Magistrale des Comptes; et le Départ Précipité, juste avant que le public ne se mette à lancer des projectiles.

Le *Sunday Times* reconnut que si Maxwell avait réussi à rendre l'intendance rentable, cela aurait été « un véritable exploit »; il admit aussi que l'année précédant la mainmise de Maxwell sur ce qui est appelé à tort le « Comité du Buffet », le déficit s'élevait à 33 000 £. Le journal prétendit que la présidence de la commission était « une nomination gouvernementale » – ce qui est faux, comme l'attestent les carnets de Richard Crossman – et que « le parti travailliste avait donné ce poste à Maxwell parce qu'il cherchait fébrilement à trouver quelque emploi à sa réputation de brasseur d'affaires ». Cette médisance révélait plus d'ignorance que de méchanceté. Seuls des journalistes, peu familiarisés avec la politique, ignorent tout du fonctionnement de la commission des Services, ne font pas la distinction entre un gouvernement et son parti. Au fond, ce qui importe davantage, c'est ce que l'article voulait démontrer, à savoir qu'aucun bénéfice n'avait jamais été réalisé :

> Maxwell a parlé d'analyse des résultats et d'objectifs de profit. Des conseillers professionnels sont arrivés de chez Forte. Les vins du cellier ont été vendus à bas prix pour dégager un capital et la filiale d'un groupe de brasseurs a reçu un contrat d'exclusivité pour la fourniture des alcools. Jusque-là, les

réformes de Maxwell, bien que peu appréciées des vrais amateurs de vin, avaient relativement amélioré la situation financière, même si la qualité était médiocre.
Mais de si minces économies ne suffirent pas à amasser les bénéfices annoncés par Maxwell. Les rapports de la commission d'enquête démontrent que l'aide des deniers publics était indispensable. Le découvert de 61 000 £ coûtait 3 000 £ par an en frais bancaires. Maxwell persuada le Trésor public de prêter à l'Intendance 50 000 £ dont les intérêts seraient couverts par la subvention de l'État, qui provenait aussi du ministère des Finances.
Aux environs de décembre 1967, Maxwell pronostiquait un peu hâtivement que le montant des bénéfices pour 1968 serait de 20 000 £ (le mot « bénéfices » était employé dans un sens bien curieux car, même si la prévision avait été juste, elle aurait en fait coïncidé avec la hausse de la subvention accordée à l'Intendance, une aide négociée par Maxwell avec le Trésor et qui était passée précisément de 10 £ par an à 21 000 £). Pour justifier son estimation, Maxwell présenta un bénéfice de 400 à 500 £ par semaine comme tout à fait courant. Les chiffres étaient exacts, mais dans les semaines précédant Noël, les réceptions se succèdent les unes aux autres, ce qui entraîne une augmentation des consommations de vin et d'alcool. Pour le bilan de 1967, Maxwell avait gommé le découvert, grâce à l'aide du Trésor, en réduisant le stock, en pressant les députés pour qu'ils règlent leurs notes tout en retardant le paiement des factures des fournisseurs. La perte brute avait été diminuée de 5 000 £. Mais il n'y avait pas de bénéfice réel.

Ce texte, entre autres, était soumis à la commission des Privilèges. Mais la commission ne s'intéressait pas aux inexactitudes de l'article publié; elle devait établir seulement s'il y avait eu atteinte aux privilèges de la Chambre des communes du fait que le journal était en possession de documents commerciaux dont elle-même n'avait pas connaissance. Les accusations émises par le journal étaient purement absurdes. Maxwell n'avait pas « persuadé » le Trésor de prêter au service du Buffet 50 000 £ simplement pour se livrer à un petit exercice de comptabilité. C'était la somme que le chancelier de l'Échiquier avait promise à un ancien chef de la majorité ministérielle à la Chambre des communes, Bert Bowden, un an avant que soit évoquée l'éventualité de nommer Maxwell à la présidence de la sous-commission. Cette avance n'impliquait pas de remboursement d'intérêt, mais le chancelier ne put tenir cet engagement. Il avait aussi promis une subvention de l'État au cours d'une réunion avec la commission présidée alors par Mme Braddock. Il était à ce moment-là clairement établi que la subvention devait « en partie compenser le manque à gagner lors des intersessions parlementaires ». Elle n'aurait peut-être pas été nécessaire et, en tout cas, elle aurait été moins élevée, si le chancelier n'avait pas modifié sa position en faveur d'un prêt. Deux élections générales en dix-huit mois avaient aggravé fortement le déficit, le chancelier reconnut que l'Intendance n'en était pas responsable. Callaghan l'avait affirmé pendant l'été 1967 en réponse à une question « prévue » de Maxwell. De plus, cette procédure avait déjà été exposée par Maxwell lui-même face à la Chambre des Communes neuf mois avant que l'article ne paraisse dans le journal [17]. Il avait fait la liste des déficits enregistrés depuis 1962 (alors qu'un gouvernement conservateur était au pouvoir et que les conservateurs détenaient la majorité des sièges dans les commissions d'enquête); il avait signalé un découvert de 33 044 £ en 1966 et un de 28 181 en 1967 en ajoutant : « Le déficit cumulé du service du Buffet de la Chambre des communes atteignait 106 121 £ le 31 décembre 1968. Ce découvert a été comblé par la réduction des stocks, etc. une subvention de l'État et un prêt de 50 000 £ du Trésor. »

Depuis 1963, d'autres subventions avaient déjà été négociées entre le Trésor et différentes sous-commissions de l'Intendance, fit remarquer Maxwell lors de sa déposition devant la commission des Privilèges. Entre 1947 et 1959, la subvention était en moyenne supérieure à 12 000 £ par an. Maxwell invita la commission à reprendre point par point les allégations du *Sunday Times.* L'accusation selon laquelle il avait poussé le Trésor à « relever » l'avance à 23 000 £ était « montée de toutes pièces ». Le *Sunday Times* prétendit que le profit de 1 787 £ enregistré dans les écritures comptables de 1968 s'était transformé en une perte de 3 400 £, après la découverte par la chancellerie et les contrôleurs des comptes « d'erreurs de fond ». Maxwell dit à la commission que ce n'était « pas vrai, dans la mesure où cela implique qu'il n'y avait pas eu de discussion continue... pendant les mois précédant la soumission des comptes ». L'article se poursuivait ainsi :

> Une partie du « bénéfice » de l'Intendance provenait d'un versement supplémentaire que le Trésor aurait soi-disant promis à Maxwell. Comme ceci n'avait pas été officiellement accepté et que la somme n'était pas encore donnée, les comptables l'ont rayée de leurs livres. La seconde fraction du « profit » était la conséquence du changement intervenu dans la méthode de provision prévue pour le remplacement du matériel. Normalement, c'est une somme constante qui permet d'étaler des dépenses irrégulières sur plusieurs années; elle s'élevait récem-

ment à 6 000 £. Maxwell n'en avait gardé en réserve que 1 665, le montant exact des dépenses en 1968.

Maxwell expliqua devant la commission :

> Cette affirmation est fausse. En réalité la provision à garder en cas de dépréciation du matériel avait été approuvée par la sous-commission à l'initiative et sur la recommandation du directeur général et du contrôleur financier de l'Intendance, qui avaicnt signalé que le service avait déjà une réserve non dépensée de 13 000 £.

Le *Sunday Times* conclut :

> La seule issue possible était le départ. Au début de l'année, les autres membres du service du Buffet avaient découvert qu'une « mesure essentielle dans la gestion » avait été prise à leur insu. La commission, semble-t-il, ne goûta pas cette plaisanterie. En avril 1969, Maxwell donna sa démission.

A la lecture de cet article, le lecteur serait fatalement amené à la conclusion que Maxwell a falsifié les comptes pour sortir un bénéfice fictif et qu'il a quitté ses fonctions soit de son plein gré soit contraint et forcé avant que la vérité n'apparaisse, en raison de son autoritarisme et de son exercice solitaire du pouvoir. En réalité, cette « mesure essentielle dans la gestion » consistait en la consigne donnée par Maxwell en dehors des réunions de la sous-commission d'appliquer la décision de juillet 1967 sur le budget réservé à la main-d'œuvre.

En fait, tout le texte du *Sunday Times* sous-entendait que Maxwell gérait ainsi toutes ses affaires, seul, sans consulter quiconque, sans respecter les règles. Et, c'était le plus grave, si l'article ne parlait pas de « comportement louche », c'était uniquement par crainte des poursuites judiciaires. Mais de nombreux journalistes ont l'habitude de procéder par insinuations sous prétexte que la loi leur interdit plus de netteté. Les lecteurs comprennent ainsi entre les lignes. Dans certains cas, lorsqu'il y a effectivement dissimulation frauduleuse, de tels procédés sont on ne peut plus légitimes. Déterrer des scandales, c'est une démarche parfaitement honorable. Les inventer, non. John Silkin et Richard Crossman furent si indignés par le reportage du *Sunday Times* qu'ils protestèrent auprès du rédacteur en chef, Denis Hamilton, un homme très strict sur l'éthique du journalisme. Hamilton répondit à Crossman qu'il était « personnellement choqué ». Il ajouta que lorsqu'il était lui-même rédacteur en chef, jamais des journalistes ne se seraient servis du journal pour régler des « querelles privées ».

Une semaine après le rapport de la commission des Privilèges, l'éditorial du *Sunday Times* admit que la conduite de Maxwell en tant que président n'avait été en aucune manière « malhonnête ». Le texte poursuivait ainsi : « Par ailleurs, nous n'avons jamais employé ce terme à son propos. » Ce langage faisait preuve de jésuitisme. S'il ne s'agissait pas de faire planer le doute sur la probité de Maxwell, les articles précédents ne rimaient à rien.

Les journalistes de la rubrique « Enquêtes » – et ce fut leur faiblesse – ignoraient tout de la gestion interne de la Chambre des communes. Les comptes du service du Buffet devaient être établis par des spécialistes, pas par Maxwell, puis étudiés et approuvés par la sous-commission et la commission des Services, toutes deux composées de membres de diverses tendances politiques. Par conséquent il est impossible pour un homme ou une femme de diriger le tout avec cohérence sans consulter ses collègues. C'est peut-être possible dans certaines sociétés, mais pas au Parlement. Les députés ne se laissent pas manipuler pour favoriser la promotion d'un rival. Ils n'aident personne à gagner une partie qu'ils veulent tous remporter eux-mêmes.

La commission des Privilèges comprenait le procureur général, Sir Elwyn Jones, l'ancien ministre des Affaires étrangères, Patrick Gordon-Walker, le chef du parti conservateur, Edward Heath, le chef du parti libéral, Jeremy Thorpe, ainsi que plusieurs anciens ministres des deux plus grands partis. Elle rendit public son rapport en mars 1970, trois mois avant les élections législatives. Il établit qu'il n'avait pas été porté atteinte aux privilèges de la Chambre; la question d'outrage à cette même Chambre ne se posait pas. En revanche, il signalait que :

> L'article (du *Sunday Times*) contient une attaque contre le président d'une commission à la Chambre des communes dans des termes implicitement avilissants. La commission se doit de témoigner qu'elle n'a pas recueilli le moindre indice d'une conduite malhonnête de M. Maxwell, comme président de la sous-commission à l'Intendance, ou d'un non-respect de sa part des procédures normales dans l'établissement des comptes.

***

En novembre 1967, la vie publique de Maxwell fit l'objet d'un autre genre de malveillance. Ce fut une illustration parfaite de la perfidie et de la méchanceté que les tenants du parti conservateur manifestaient à son égard. Un ancien député conservateur, le colonel

Frederick Gough, médaillé de la Military Cross et membre d'une très vieille famille de militaires, adressa cette lettre au *London Illustrated News* :

> Dans votre édition du 4 novembre... vous publiez un article détaillé sur la vie et la carrière du député Robert Maxwell. Vous signalez, entre autres, au passage qu'il est titulaire de la Military Cross. Il serait dans l'intérêt de M. Maxwell lui-même que vous puissiez démentir formellement les rumeurs persistantes selon lesquelles il n'aurait pas reçu cet honneur. A cette fin, vous pourriez communiquer les références du numéro du *London Gazette* publiant l'annonce de cette décoration. Il y a relativement peu de membres ou ex-membres du Parlement qui peuvent se vanter d'avoir reçu cette distinction particulière et nous apprécierons tous de savoir si oui ou non M. Maxwell mérite de faire partie des nôtres.

Il était facile pour un colonel ayant accès à la bibliothèque de la Chambre des communes de trouver lui-même tous ces renseignements, mais peut-être ne s'en était-il pas donné la peine tant il estimait l'affirmation de Maxwell frauduleuse. C'était fort imprudent d'oser confier par écrit une telle allégation à un journal. Maxwell l'assigna en justice pour diffamation et il écrivit à son ancien collègue, John Kisch, le directeur du *London Illustrated News* :

> Je pense pouvoir espérer que la publication de la citation, avec la photographie et la date de l'annonce officielle, répondra à la « demande » du colonel Gough et qu'elle constituera pour lui et ses amis une preuve indéniable propre à les convaincre que la Military Cross ne m'a pas été remise officieusement par des amis étrangers pour avoir transporté des dizaines de milliers de tonnes de ciment dans notre glorieux corps des Pionniers.

Les anciens camarades de l'armée firent bloc pour le soutenir. Son ex-commandant de compagnie, le major Watson, lui écrivit : « Si vous avez besoin de preuves verbales ou écrites des circonstances précises dans lesquelles vous avez été décoré de la Military Cross, je suis à votre disposition. Après tout, c'est moi qui ai rédigé la citation. »

Le général de brigade Freeland, commandant le régiment de Maxwell, lui écrivit qu'il avait confirmé à un journaliste du *Daily Mirror* que Maxwell avait mérité cette décoration, en ajoutant : « Elle a bel et bien été gagnée par vos actes de courage et vos qualités de commandement à la tête de votre section dans cette bataille. »

J.W. Bogg, un ancien planton du régiment de la Reine, dit qu'il se souvenait très bien de cette citation qui leur avait remonté le moral. Quant au capitaine Henry Kerby, député tory d'Arundel et Shoreham, parlant, comme Maxwell, couramment le russe, il écrivit : « Je suis bien content de voir que vous avez réglé son compte à cet assommant représentant des milieux dirigeants qui a le culot de contester votre Military Cross. »

Dans une lettre du 28 novembre, le colonel Gough remercia son avocat de « travailler d'arrache-pied pour remettre les choses à leur juste place dans ce lamentable quiproquo »... Il avoua : « J'admets que tout cela aurait pu être évité, mais j'ai essayé de faire quelque chose pour quelqu'un qui était une victime, tout comme moi. Il y a quelques années, on m'a littéralement " crucifié " moi aussi. Si vous pouviez vous charger d'organiser une rencontre, j'aimerais voir Maxwell et lui serrer la main. »

Cette référence à une « mise en croix » faisait allusion à la crise de Suez et au rationnement d'essence mis alors en vigueur. On découvrit que le colonel avait chez lui un réservoir à essence personnel, ce qui, d'après lui, suscita des « rumeurs malveillantes et sans fondement ». On raconta qu'il s'approvisionnait en secret et il dut promettre de ne pas prendre une seule goutte du réservoir avant la fin des restrictions. Les journaux ne furent pas tendres avec lui.

Un mois après cette missive, le colonel Gough présenta en pleine audience ses excuses, en reconnaissant que ses questions adressées à l'*Illustrated London News* pouvaient signifier que Maxwell, même s'il n'était pas un imposteur, n'était pas en mesure d'apporter immédiatement la preuve de sa décoration. L'avocat du colonel dit que son client regrettait la peine qu'il avait causée et renouvela ses sincères excuses. Il dut aussi payer tous les frais de justice de Maxwell.

***

La dévaluation de novembre 1967 fut fatale au moral du parti travailliste. Le gouvernement atteignit un degré d'impopularité inconcevable dix-huit mois auparavant lors de sa victoire retentissante aux élections législatives. Maxwell défendit avec énergie la décision gouvernementale. Elle entraînait des mesures qu'il préconisait depuis des mois : le départ de l'Angleterre de l'est de Suez et l'annulation des achats d'avions F-111 aux États-Unis. Cette décision lui permit d'autre part d'augmenter le prix de ses livres à l'exportation afin de récupérer la valeur de la livre sterling après la dévaluation, ce qui fit dire qu'il avait littéralement « empoché un million » grâce à cette baisse de la monnaie.

Sa plus grande victoire à la Chambre des communes, il la remporta au début de 1968. La coutume veut que chaque année un tirage au sort désigne l'ordre dans lequel les députés soumettent leurs propres propositions de lois. La chance servit Maxwell et il présenta un projet sur la lutte contre la pollution de l'air. La proposition sur l'anti-pollution fut débattue le 2 février après un discours particulièrement conciliant de Maxwell. Tour à tour, il promit de prendre en considération toutes les objections des uns et des autres. Sa proposition avait un double objectif : d'une part augmenter le pouvoir des autorités locales et du gouvernement dans le contrôle du rejet d'impuretés, de poussières ou de fumées industrielles, d'autre part donner au ministre de tutelle le droit d'exiger des autorités locales qu'elles appliquent les programmes de cette lutte contre la pollution. On envisageait aussi d'interdire toute livraison ou tout achat de carburant pouvant polluer une zone sous contrôle. Après un ajournement de deux semaines, la proposition de loi passa sans opposition en seconde lecture, le 16 février.

Mais, à partir de ce moment-là, on fit de l'obstruction au Parlement. Les députés conservateurs criaient : « Objection! », chaque fois que la proposition était soumise à la Chambre le vendredi. Le choix de ce jour, veille de week-end, constitue un moyen d'éliminer les propositions des simples députés. La justification de cet usage est imparable : aucune loi ne peut être adoptée par la Chambre sans un véritable débat. En fait, cette procédure donne souvent le moyen de bloquer une mesure populaire dans l'opinion mais secrètement combattue. Maxwell perdit sa belle humeur conciliante. Quand le gouvernement prit des dispositions spéciales pour que la proposition soit discutée en dépit des obstructions diverses, Maxwell exprima toute son amertume : bien que le parti conservateur ait prétendu ne pas s'opposer à sa proposition de loi, il « se servait quand même des sous-fifres » comme le député de l'ouest de Bristol, Robert Cooke, pour crier : « Objection! » Maxwell traita ensuite Cooke de « collabo », expression peu convenable au Parlement, et qu'il dut retirer. En fin de compte, la proposition passa le 10 mai le stade de la Chambre des communes. Elle subit maints amendements. Tous, sauf un, venaient de Maxwell. Il empêcha les députés de droite d'en imposer beaucoup d'autres. La proposition fut facilement adoptée par la Chambre des lords et la loi fut promulguée au cours de l'été.

Aucune des actions de Maxwell à Westminster ne lui valut plus d'éloges.

Mais il dut à une bien plus grande publicité une autre opération plus passionnante, plus spectaculaire et vraiment plus sensationnelle que la loi sur l'anti-pollution, même si cette dernière, à long terme, fut plus utile. Comme cela arrive souvent, cette manne publicitaire fut fournie à Maxwell par des individus tout à fait inattendus : cinq secrétaires de Surbiton dans le Surrey. Tous les éléments d'un bon scénario étaient réunis : de jolies filles, du patriotisme, une idée nouvelle, une cause simple et un slogan efficace, celui de la campagne baptisée « Je soutiens l'Angleterre ».

***

La dévaluation et la démoralisation du pays déclenchèrent le mouvement. Dans la première semaine de janvier 1968, probablement en guise de bonne résolution pour le Premier de l'An, cinq dactylos de la société de chauffage et d'air conditionné Colt, à Surbiton, décidèrent de travailler bénévolement une demi-heure de plus chaque jour, afin d'aider l'Angleterre. Il s'agissait vraiment d'une initiative spontanée, sans calcul, de cinq jeunes filles. Elles n'étaient mues par aucun souci politique; elles voulaient agir pour tenter de sortir leur pays du pétrin. Leur démarche toute simple fut compliquée par la publicité qu'elle déclencha. Une des cinq employées le reconnut [18] : « On ne sait plus où donner de la tête; on nous a posé un tas de questions effroyables sur les syndicats. A cause des interviews et de tout ça, on n'a pas pu taper une seule ligne à la machine. »

Cela allait manifestement à l'encontre du but recherché mais l'initiative était courageuse et coïncidait avec l'air du temps. Elle fut aussi une bénédiction pour un gouvernement aux abois. C'est ce que résuma ainsi le défunt Nicholas Tomalin dans le *Sunday Times* :

> Le 7 janvier, alors que le Premier ministre avait pris acte du mouvement, que les journaux en avaient parlé, que les syndicats avaient commencé à le saboter et que la société Colt, submergée par l'enthousiasme, avait demandé au ministère de l'Économie de l'institutionnaliser, « Je soutiens l'Angleterre » fut obligé de s'accommoder des réalités de la vie nationale.

Une campagne fut lancée et deux organisations concurrentes mises sur pied pour la mener : celle de la Société industrielle et celle de Maxwell qui, d'après Tomalin, « estima qu'il réussirait mieux dans cette tâche » : « D'une certaine manière, Maxwell avait raison. La Société industrielle a l'habitude des actions à petite échelle, minutieuses, alors que Maxwell use de la méthode opposée... » La Société industrielle, de son propre aveu paraît-il, faisait le bien, mais dans l'ombre, et un porte-parole ajouta : « Il se peut que Maxwell veuille faire une bonne action, mais certainement pas à l'insu de tous. »

En réalité, pour que la campagne portât ses fruits, la discrétion n'était pas de rigueur. La publicité était l'atout majeur. Maxwell distribua de l'argent un peu partout sans jamais cacher son intention de remuer la planète entière s'il le fallait pour que la campagne obtienne un très grand retentissement. Selon Tomalin, il lança au directeur de la Société industrielle : « L'ennui avec vous, c'est que vous jouez toujours les vierges effarouchées, blanches comme neige. Moi, j'ai réussi à vous violer! »

Il avoua volontiers à un autre participant que son rôle dans cette campagne n'excéderait pas « les six mois ». A n'en pas douter, Maxwell avait eu l'idée d'une croisade sur le thème : « Achetez anglais », à peu près au moment où les dactylos avaient résolu de « soutenir l'Angleterre ». Contrairement aux apparences, il ne s'agissait pas pour lui d'une simple trouvaille publicitaire. Maxwell a toujours préféré acheter de la marchandise anglaise pour ses entreprises. Son immense parc automobile est entièrement anglais. Il a fait le maximum pour encourager les fabricants de matériel d'imprimerie du pays à sortir les nouvelles rotatives couleur dont il avait besoin pour le groupe Mirror; il n'alla les chercher en Allemagne que lorsque les industriels ne purent garantir l'exécution des contrats, bien qu'il ait proposé de les payer plus cher que la concurrence étrangère. Or le paradoxe voulut que pour cet achat en Allemagne, Maxwell fut blâmé par le comité exécutif du parti travailliste à l'instigation d'un partisan de l'extrême gauche, Mme Audrey Wise, qui ignorait tout des faits.

Le plus étonnant dans cette campagne de 1968 fut que Maxwell trouva un allié en son vieil adversaire, Frank Cousins, nouveau secrétaire général du TGWU (Transport and General Workers Union) le très puissant syndicat anglais qui n'exige de ses membres aucune qualification professionnelle ni spécialisation. Cousins avait démissionné du gouvernement au cours de l'été 1966 en raison de son désaccord profond avec la politique des prix et des revenus.

Mais il est sûr que si Maxwell avait tenté de lancer cette campagne sans l'aide des cinq dactylos de Surbiton, elle n'aurait jamais remporté un tel succès. L'essentiel, c'était que ces filles ne faisaient pas de politique; elles se mettaient au service de l'Angleterre. Sans cela, le plan de Maxwell et de Cousins aurait été perçu, à tort ou à raison, comme une aide apportée à un gouvernement assiégé de toutes parts. La Société industrielle annonça le 8 janvier qu'elle commençait sa campagne. Trois jours auparavant, par l'intermédiaire du journaliste Clive Irving, Maxwell avait pris contact avec David Frost, pour qu'il l'aide à lancer la sienne. Frost fit don de 1 000 £ et Maxwell participa à sa célèbre émission.

Sir William et Robert Butlin, de la société Butlin, Lord Byers, chef du parti libéral, Jim Conway, secrétaire général du Syndicat de la construction mécanique, Cousins, Michael Sieff, de la société Marks and Spencer, entre autres, apportèrent leur soutien au meeting inaugural de la campagne à la Chambre des Communes le 10 janvier. Jo Hyman, de Viyella international, arriva juste à la fin de la réunion. Par la suite, il déclencha une mauvaise querelle dans le *Times,* reprochant à Maxwell de le compter à tort parmi les partisans de la campagne. Tout cela finit néanmoins par des démonstrations d'admiration et de bonne volonté réciproques. Les objectifs de la campagne furent fixés peu après [19] :

> Il faut expliquer en termes précis à la population ce que chacun peut faire pour aider la Grande-Bretagne à améliorer sa situation économique. Il faut notamment encourager une très légère, mais très précieuse évolution des dépenses des consommateurs vers des produits anglais (de 3,5 à 4 % des dépenses totales des marchandises importées). Il faut bien expliquer au consommateur que son action personnelle contribuera à accentuer cette tendance et il faut lui apprendre à prendre une part active dans cette action. Il faut que chacun réfléchisse à son rôle de consommateur, tout en l'intégrant dans le contexte plus large de son activité professionnelle et de sa vie.

Maxwell avait tout d'abord axé sa campagne sur le thème : « Achetez anglais, vendez anglais », ce qui provoqua très vite des réactions hostiles. Certains exportateurs importants craignaient que les autres pays n'imitent cette politique, ce qui serait préjudiciable à leurs propres entreprises.

Lord McFadzean de « British insulated Callenders Cables »

exprima bien ce sentiment. Il félicita Maxwell de son initiative et de son énergie, mais ne pouvait lui apporter son soutien :

> Il y a plusieurs raisons à cela, la principale étant que... je n'approuve pas les campagnes incitant le public à « acheter anglais ». A plusieurs reprises, au cours de ma carrière, je me suis violemment dressé contre les pays isolationnistes et, à l'étranger, j'ai souvent réaffirmé publiquement ma conviction qu'il ne devait pas y avoir de barrières aux échanges commerciaux dans le monde.

La société Spillers proposa de distribuer à ses employés des autocollants pour les voitures, mais tout en lui souhaitant un vif succès, elle ne voulut pas prendre une part plus active à cette opération. La société coopérative de commerce en gros de Grande-Bretagne et celle d'Écosse, par contre, y prirent part avec enthousiasme mais la maison Fraser prit le même parti que Spillers. Bernard Delfont, l'impresario, envoya une lettre de soutien apparemment sincère mais il fut extrêmement contrarié quand Maxwell l'utilisa dans une publicité sans son accord préalable. Comme Delfont et quelques autres étaient supposés financer cette annonce, l'oubli de Maxwell était pour le moins fâcheux. Le nom du groupe de presse Beaverbrook figurait aussi sur la liste. Maxwell exaspéra son président, Sir Max Aitken, en affirmant que cette campagne aiderait la Grande-Bretagne à intégrer l'Europe. Or, les journaux du groupe Beaverbrook mettaient tout leur poids dans la balance, même s'il était limité, pour combattre l'adhésion de la Grande-Bretagne au Marché commun.

Mais la réaction populaire fut étonnante : un oui massif répondit à l'appel. La Compagnie des chemins de fer, British Rail, promit de ne plus proposer à sa clientèle que des allumettes anglaises, un électeur ayant protesté auprès de Maxwell contre la vente d'allumettes étrangères par cette compagnie. Un grand magasin de Nottingham, avec tout son personnel, se joignit au mouvement. Les filles se mirent à porter des vêtements ornés de petits pavillons britanniques brodés et les employés des magasins de Littlewood se virent offrir des insignes aux mêmes couleurs, fournis par la Société industrielle qui envisageait d'en distribuer deux millions d'exemplaires. Une société de construction immobilière écossaise gela les prix des maisons pendant six mois. Les dons affluèrent dans les caisses de sa Majesté. Un ouvrier de Leeds offrit son salaire d'une semaine, un vieux retraité donna 86 £, et un employé de bureau déclara qu'il sacrifierait régulièrement dix pour cent de ses revenus. Dans la société de chauffage et d'air conditionné Colt, des délégués désobéirent aux consignes du syndicat leur interdisant de faire des heures supplémentaires gratuites. Des hôteliers de Blackpool ne s'approvisionnèrent plus qu'en nourriture anglaise. Un fabricant de postiches suggéra aux jeunes aux cheveux longs de vendre leur chevelure pour réduire les importations de l'étranger. Enoch Powell jugea tout cela d'une « stupidité incroyable », mais, pour une fois, il n'était pas sur la même longueur d'ondes que la population.

Le maire de Bootle, une ville du nord-ouest de l'Angleterre, créa son propre mouvement : « Bootle soutient l'Angleterre. » Le gouvernement, pour ne pas être dépassé, ordonna aux services de Whitehall d'« acheter anglais » au maximum. Le député du sud du comté de Worcester, Gerald Nabarro, une vraie caricature de l'affreux squire anglais [20], dénonça la diffusion par la BBC d'un programme vantant les qualités d'une voiture allemande, la Mercedes. Les prix furent bloqués pendant deux mois dans 600 supermarchés de la chaîne Tesco. A l'université de Warwick, l'ensemble du personnel de la cantine choisit de travailler une heure de plus par semaine gratuitement. Ladybird, le plus grand fabricant de vêtements pour enfants du Commonwealth, gela ses prix pendant six mois. Sir William Butlin et neuf de ses directeurs prélevèrent 50 000 £ sur leur salaire annuel.

Le raz de marée de soutien populaire influença même le langage de Sir Derek Pritchard, président du British National Export Council, qui déclara, selon le *Daily Mirror* : « Il faut nous remuer les fesses, arrêter de geindre et vendre à l'extérieur. »

Dans l'intervalle, Maxwell prit la présidence d'une compagnie d'assurances en situation précaire, la Craven; il fit la promesse d'apporter 200 000 £ de capital. Cette intervention ne retarda l'effondrement que de trois mois. La compagnie avait fourni à un juge de la Haute Cour des chiffres attestant sa solvabilité. Mais, selon les propres termes de Maxwell, c'était « la faillite ». Des plaintes contre la compagnie portant sur des centaines de milliers de livres n'avaient pas été enregistrées. Maxwell ajouta : « Voilà pourquoi j'ai été abusé et tout le monde a été trompé en même temps. »

Connaître la vérité au départ lui aurait épargné les tracas de la liquidation. Les reportages sur sa prise de pouvoir à la tête de la compagnie et les commentaires sur sa campagne de soutien de l'Angleterre rappelèrent plus que jamais aux lecteurs que Maxwell était né en Tchécoslovaquie. Il leur fit cette simple réponse : « Je suis né à l'étranger, c'est pourquoi je suis encore plus attaché que d'autres à notre patrie. »

En février, la formule « Achetez anglais » était abandonnée et Maxwell en adopta une nouvelle : « Vendez anglais, aidez l'Angleterre, aidez-vous vous-mêmes. » Pendant ce temps, la Société industrielle déployait toujours ses efforts pratiquement à l'insu de tous.

Des hommes politiques célèbres, réputés aussi pour leur maladresse, comme Michael Foot, Quintin Hogg et Enoch Powell, condamnèrent toute la campagne. Hogg, qui reprit plus tard son titre de Lord Hailsham, conseilla aux partisans du mouvement de « se serrer la ceinture » tout en suggérant aux mères de famille de renoncer aux allocations familiales si elles ne leur étaient pas absolument nécessaires. Il suggéra aux écoliers qu'ils y regardent à deux fois avant de boire leur lait à la récréation! Cette ironie s'accompagna d'attaques contre « l'aplomb de quelques richards » qui proposaient des mesures de cet ordre. Pourtant, il servit longtemps, lui-même, un Premier ministre qui supprima sans ambages la distribution du lait dans les écoles et il participa au gouvernement qui abaissa le montant des nouvelles indemnités qui remplacèrent les allocations familiales. Maxwell traita Hogg et ses amis de « farfelus »; il multiplia les critiques contre eux à longueur de pages dans les journaux.

Le *Daily Mirror* apporta son appui à l'opération mais son éditorialiste, George Gale, à qui Maxwell donnait de temps à autre la parole depuis le rachat du *Daily Mirror*, exerça sa verve caustique [21] :

> Je déteste, je hais toutes ces manifestations pitoyables d'une campagne dite de « soutien à l'Angleterre ». Son aspect le plus sordide, c'est cet étalage de publicité dans presque tous les grands journaux du pays, (dont le *Daily Mirror* du jour, ce que Gale semblait ignorer). Un échantillonnage de riches bouffons... financent ces annonces... Je n'ai confiance en aucun d'entre eux et je me contenterai de les traiter par la dérision.

En revanche le député de droite, R. Gresham Cooke, apporta un soutien que l'on n'attendait pas de lui [22] :

> Bien que menée par un député travailliste, cette propagande massive pour « aider l'Angleterre » dénote beaucoup de bon sens. La situation est trop grave pour se laisser aller à « une attitude passive » ou pour dénigrer les actions constructives... Nous devons préserver nos devises en « achetant anglais ».

Un résumé de la situation établi pour les besoins de la campagne exposait à la fois son but et les premières réactions recueillies après son lancement :

> La campagne répondit à un réel désir chez des millions de Britanniques d'agir personnellement pour aider leur pays.

> Jusque-là, cette volonté était contrariée. Ils ne savaient pas comment faire; rien ne permettait de coordonner les initiatives. La campagne ne fut pas considérée comme une action gouvernementale... Robert Maxwell, en tant que directeur de la campagne, a mis le train sur les rails. Maxwell a réuni de nombreux donateurs, recueilli de grosses sommes d'argent mais il a également suscité une violente hostilité.

Cette étude énumérait la liste des « ennemis » et des « attentistes » qui risquaient de compromettre le succès de l'opération :

> Certains y voient un complot de Harold Wilson. L'union nationale sur le thème « aider l'Angleterre » serait d'un grand secours au Premier ministre à un moment où sa cote dans le pays est au plus bas.
>
> Certains la considèrent comme une entreprise personnelle de Maxwell et ils ne l'aiment pas. D'autres la prennent pour une action « en faveur des millionnaires » qui espèrent, grâce au slogan « Achetez anglais », une forte reprise de la consommation. Certains rédacteurs en chef ou éditorialistes ne sont pas d'accord avec les publicités, leur contenu ou leur style. Citons les « persifleurs professionnels » prompts à pondre des attaques contre ceux qu'ils n'aiment pas en trempant leur plume dans le vitriol. Des syndicalistes estiment qu'il s'agit d'un complot contre les accords sur la productivité obtenus par leurs organisations.
>
> Des économistes purs et durs décrètent que la crise est seulement du ressort du gouvernement, des industriels, des syndicats et du ministère des Finances. Certains industriels, hommes d'affaires ou dirigeants de syndicat attendent de voir comment les choses évoluent car ils sont influencés par la « contre-publicité ». Ils n'ont pas encore résolu de prendre position publiquement.

Pour venir à bout de ces résistances, les décisions suivantes furent prises : éliminer les vendettas individuelles en s'abstenant de toute querelle personnelle en public; apporter la preuve du vaste soutien populaire grâce à une campagne de presse; coordonner les différentes actions au fur et à mesure de leur déroulement; accorder une aussi grande publicité que possible tant aux initiatives des syndicats, de leurs délégués et de leurs simples adhérents qu'à celles des millionnaires; encourager la création de centres et de comités de soutien au mouvement, en obtenant des sympathisants qu'ils acceptent de distribuer des tracts; mettre à l'index les « persifleurs professionnels » de la presse en les cataloguant comme des citoyens « dépourvus de patriotisme »; enfin, tenter à nouveau, en dépit du refus de Hugh Cudlipp, de « circonvenir » le *Daily Mirror*.

En mars, Maxwell annonça la mise en place de centres d'action nationale tenus par des retraités volontaires. Ils joueraient en quelque sorte le rôle de « bureaux de contentieux », examineraient les réclamations contre les marchandises de pacotille, les mauvais services après-vente et les délais de livraison trop longs. Un numéro de téléphone, le 160, permettait à tous ceux qui l'appelaient d'entendre un message de soutien à la campagne avec la voix d'un humoriste très populaire affublé d'un pseudonyme fort peu britannique : Engelbert Humperdinck. Maxwell annonça qu'il abandonnerait la direction de la campagne au cours de l'été; n'avait-il pas promis dès le début de ne consacrer que six mois à cette tâche. Le mouvement remportait un tel succès que, selon lui, cet essor ne serait pas compromis par son départ après le mois d'août.

Maxwell n'éprouvait que du mépris pour son futur adversaire à Buckingham, Bill Benyon, qui avait condamné cette campagne. Pour sa part, il prédisait « une chute vertigineuse des importations » à la publication des prochains chiffres. Effectivement, dans le courant de l'année, les exportations augmentèrent tandis que les importations baissèrent bien qu'il soit impossible de dire dans quelle mesure ce progrès était dû à l'opération publicitaire. La Société industrielle battait en retraite. En mai, le nombre de vingt-cinq employés à plein temps embauchés en janvier avait chuté à quatre. Un conseiller de cette campagne confia, très découragé [23] : « Les gens s'imaginent toujours que nous sommes liés au parti travailliste. Sans cette coloration politique, la campagne aurait bien mieux marché. » D'après le *Financial Times*, Maxwell refusa de se réjouir de cette défaite. Il reconnut simplement [24] : « Leur tâche était bien plus difficile que la nôtre. Je regrette simplement qu'ils aient refusé ma proposition initiale d'unir nos forces. »

***

Benyon avait de plus en plus de chances d'être élu à Buckingham. La cote de popularité du gouvernement restait très basse en 1968, particulièrement dans le sud de l'Angleterre. Chaque élection partielle voyait une défaite travailliste. Après les élections municipales catastrophiques du printemps, Cecil King, le président du groupe de presse Mirror, réclama la démission de Harold Wilson. Ce fut l'origine du départ de King, et son remplacement au *Mirror* par Hugh Cudlipp, mais ce changement n'améliora en rien les scrutins du gouvernement; Wilson en fut cependant pleinement satisfait.

La position électorale de Maxwell fut encore affaiblie par la décision de la Compagnie des chemins de fer (British Rail) de supprimer la ligne Oxford-Cambridge qui traversait sa circonscription. Mais dans une liste des hommes politiques préférés d'Oxford, publiée par le magazine pour étudiants *Isis*, dont Maxwell était propriétaire, il était placé en trente-cinquième position (sur six cents), ce qui n'était pas un mauvais score. Sa célébrité était telle maintenant qu'un journal local en fit la Une d'un simple titre sur trois colonnes : « Le député Maxwell sera dans notre ville ce soir. » Ce titre était justifié par l'importance du meeting. Maxwell avait accepté, à la demande du journal, de tenir une réunion informelle avec ses électeurs, ce qui entraîna la parution d'un second « papier choc » la semaine suivante sur quatre colonnes avec pour manchette : « M. Robert Maxwell a fait salle comble. »

Malheureusement, le reportage débutait ainsi : « Avec quarante minutes de retard, au milieu des huées et de quelques maigres applaudissements du public mécontent d'avoir attendu, M. Robert Maxwell... » Le journal reconnut cependant que Maxwell resta imperturbable face à cet accueil. Son premier geste avait été de placer des affiches un peu partout dans l'Hôtel de Ville de Buckingham. Il présenta ensuite ses excuses et expliqua son retard par les difficultés de la circulation londonienne un vendredi soir. Maxwell fut assailli de questions hostiles mais il ne broncha pas. Quand certains alléguèrent que Buckingham ne se développait pas suffisamment, il répliqua : « Donnez-moi la garantie que vous voulez vraiment un changement et je vous y aiderai. »

Maxwell poursuivit inlassablement son travail dans sa circonscription qui allait de la mise en valeur d'un carré de terrain envahi par les mauvaises herbes à l'octroi d'une aide pécuniaire pour des ateliers de couture de Bletchley. Mais, au niveau national, le parti travailliste ne connaissait que des échecs retentissants. Le ministre des Affaires étrangères, George Brown, démissionna du gouvernement sur un mouvement d'humeur au lendemain d'une soirée bien arrosée, le 15 mars, la date fatidique des Ides de Mars [25]. Le budget présenté par le chancelier de l'Échiquier, Roy Jenkins, prévoyait une hausse des impôts et les résultats de trois élections partielles pour des sièges détenus par le gouvernement furent très mauvais. Les confortables majorités travaillistes se transformèrent au profit des conservateurs. Maxwell confia au journal local que les résultats ne « pouvaient pas être pires ». Mais il se voulait confiant [26] : « Nous avons encore le temps pour que les mesures économiques du gouvernement procurent davantage de stabilité et de richesses nationales, ce qui assurerait la victoire des travaillistes aux prochaines élections législatives. »

Dans un discours devant ses électeurs en avril, il évoqua quelques-unes des prises de position qui avaient coûté si cher au parti : « Nous avons été déçus par des opinions ambiguës sur le Vietnam, par des tergiversations sur la Rhodésie et une mauvaise politique des prix et des revenus qui s'est traduite par une hausse pour les premiers et une stagnation pour les seconds. »

Maxwell continua à défendre avec la dernière énergie la politique du gouvernement. Sa conviction était qu'il fallait du temps pour que les mesures sévères déjà prises démontrent leur efficacité. Mais le temps passait; il était conscient de la gravité de la situation comme les autres députés travaillistes élus dans des circonscriptions chaudement disputées. Aux élections municipales de Buckingham, le parti travailliste local ne mit en lice qu'un candidat pour cinq sièges à pourvoir. Benyon poursuivit ses attaques incessantes contre Maxwell. Il fut à égalité avec ce dernier au moins sur un point : lui aussi reçut une amende pour excès de vitesse.

***

1968 ne fut pas une année comme les autres pour Maxwell. Les troupes de l'Union soviétique et des pays satellites envahirent la Tchécoslovaquie afin de réduire le mouvement de libéralisation conduit par A. Dubcek. La Chambre des Communes fut rappelée pour un débat d'urgence. Naturellement, Maxwell prit la parole :

> Comme vous le savez, je suis né en Tchécoslovaquie, dans cette province que les Tchèques durent céder à la Russie après la dernière guerre qui s'appelle la Ruthénie. Je me souviens très bien, même si j'étais jeune à l'époque, du sentiment de trahison que, comme toute la nation tchèque, je ressentis quand la Grande-Bretagne et la France nous laissèrent tomber à Munich. Ce fut ensuite le démembrement de la Tchécoslovaquie et je me suis retrouvé moi-même poursuivi par les troupes hongroises... Il n'y eut pas que des officiers allemands pour envahir la Tchécoslovaquie; des Hongrois et des Polonais y participèrent aussi et je ne serais pas étonné de retrouver aujourd'hui à Prague les mêmes vétérans et les mêmes gradés qu'à l'époque.

Pourtant, il reprocha aux députés conservateurs de profiter de ce débat pour « rallumer les cendres de la guerre froide ». Il conjura le gouvernement de « ne pas céder à la panique dans une telle situation ».

> Alors que, comme presque tous les pays du monde, nous condamnons les Russes pour cet acte infamant qu'est la lâche invasion d'une nation sans défense, cette infamie n'a pourtant pas changé le statu quo... Ce serait une erreur grave d'abandonner la détente pour laquelle nous nous sommes tous battus, à laquelle nous avons travaillé, pour laquelle nous avons fait des sacrifices, à cause de cette épouvantable invasion russe. Nous ne rendrions pas service au peuple tchèque, ni à nous-mêmes, en agissant ainsi...

Il expliquait l'entrée des troupes russes à Prague par la crainte de l'Union soviétique que les Tchèques ne soient sur le point de se débarrasser de tous les vieux staliniens au pouvoir. Le Kremlin redoutait qu'un « parti communiste rénové, redynamisé, renouvelé » ne fasse son apparition à Prague. Il ne pouvait tolérer un parti opposé au concept russe de centralisme démocratique. Les Russes avaient peur qu'à moins d'étouffer ce mouvement dans l'œuf « ils ne soient à jamais incapables d'empêcher ce vent de liberté de souffler au sein de leur propre parti, de leur propre armée et de leurs propres satellites ». Maxwell poursuivit :

> Ils ont redouté qu'une lumière nouvelle ne s'infiltre dans leur parti. Après cinquante ans de communisme, ils ne peuvent pas ou ne veulent pas parler un autre langage que celui de la mitraillette et du char blindé. Ils viennent peut-être de gagner quelques années de répit pendant lesquelles ils pourront exercer leur dictature...

Que pouvait-on faire pour aider les Tchèques?

> D'après moi, l'aide ne doit pas, autant que possible, prendre la forme d'une action gouvernementale. Toute tentative pour se servir de l'héroïsme et de la souffrance des Tchèques comme arme dans la guerre froide, comme moyen de renforcer les positions de l'OTAN vis-à-vis du pacte de Varsovie, se retournerait contre ce peuple. En raison de cette invasion lâche et illégitime, les personnes qui ont projeté de passer des vacances en Union soviétique ou dans les pays de son obédience, devraient annuler ou reporter leur voyage. Chaque citoyen devrait saisir toutes les occasions possibles de protester avec la dernière vigueur contre cette invasion. Les hommes d'affaires britanniques en quête de marchés en Russie, les amateurs de musique ou de ballets russes, ou même simplement les touristes qui veulent passer des vacances en Russie ou en Pologne ne peuvent agir comme si cette violation des frontières tchèques n'avait jamais eu lieu.

Pour Maxwell, ce fut un retour dans le passé. Sa thèse selon laquelle les gouvernements de l'Ouest ne devaient pas augmenter, par réaction de panique, leurs dépenses militaires mais qu'il appartenait aux individus de crier tout haut et fort leur indignation, sembla bien faible aux députés de droite. Cependant, Maxwell avait raison d'attribuer la grande peur des Soviétiques à la crainte qu'un besoin de liberté ne déstabilise leur pays. Même le parti travailliste ne partageait pas ce point de vue. Pourtant l'avenir justifia l'analyse de Maxwell.

Au nom du British Youth Council, il ouvrit un centre d'hébergement pour les étudiants tchécoslovaques sans ressources. Sur les trois mille qui se trouvaient alors en Grande-Bretagne, environ cent ne devaient jamais retourner dans leur pays car ils s'étaient activement opposés à l'occupation soviétique. Maxwell prit aussi la tête d'une délégation qui se rendit à la Supplementary Benefits Commission pour fournir une aide financière aux Tchèques qui se réfugiaient à Londres.

***

Pour la première fois, en 1969, Maxwell vota contre le gouvernement à cause d'une prétendue « bavure » dans l'affaire Soames. En janvier, notre ambassadeur à Paris, Christopher Soames, avait eu une entrevue capitale avec le général de Gaulle. Il en communiqua la teneur au Premier ministre et au ministre des Affaires étrangères par un télégramme secret. De Gaulle lui avait rappelé qu'il n'était pour rien dans la création du Marché Commun. Il lui avait confié qu'il n'y croyait pas beaucoup et qu'il aurait préféré une forme d'association plus souple, avec un conseil restreint composé de la France, de la Grande-Bretagne, de l'Allemagne et de l'Italie. Le ministre des Affaires étrangères, alors en proie à une crise de francophobie aiguë, parce que de Gaulle s'opposait à l'entrée de la Grande-Bretagne dans la Communauté Économique Européenne, avait divulgué le contenu du télégramme de Soames à ses ambassades. Évidemment la nouvelle se répandit et fut déformée. Le ministère des Affaires étrangères avait l'intention de se servir d'un journal italien pour révéler la totalité de l'entretien. Ainsi on ne pourrait pas lui imputer la fuite sur la rencontre de Gaulle-Soames. Je mis moi-même le Premier ministre au courant de ce plan qu'il n'accepta pas. En revanche, passant outre ses instructions formelles, le ministère des

Affaires étrangères révéla tous les détails à la presse anglaise. Ce fut une monumentale bévue, l'œuvre de diplomates qui se croyaient très adroits. Le tollé général qui s'ensuivit fut un cadeau pour les conservateurs, une catastrophe pour le gouvernement qui avait déjà assez de mal à combattre ses ennemis sans être trahi par les siens. La droite se montra à juste titre très critique. Wilson, qui ne pouvait avouer la vérité sur les agissements du ministère des Affaires étrangères, dut défendre une position indéfendable. Lors d'un vote à la Chambre des Communes, Maxwell donna sa voix aux conservateurs car son engagement dans la cause européenne était total et les dégâts causés aux relations entre la France et la Grande-Bretagne par le ministère des Affaires étrangères ramenaient les négociations à bien des années en arrière.

A la fin du mois de mars, Edward Heath pria Maxwell de se joindre à d'autres personnes désireuses de « promouvoir l'idée de l'Europe » et de participer à un dîner organisé à l'Hôtel de Ville fin juillet pour collecter des fonds à ce dessein. Bien sûr, on ne fit aucune allusion à l'argent; on émit simplement le vœu que Maxwell « puisse s'occuper de cette cause et la soutenir ». En réalité, le but était de réunir 750 000 £. Le projet faillit échouer quand le Premier ministre découvrit que la société Arrow chargée d'organiser le dîner, escomptait toucher 10 % sur les sommes versées. Wilson menaça alors de tout annuler et de révéler publiquement les motifs de l'annulation; les entreprises Arrow se contentèrent d'une simple gratification, substantielle au demeurant.

En juin, dans l'émission de télévision d'Eamonn Andrews *Aujourd'hui*, Maxwell fit une intervention particulièrement provocante, mais très révélatrice; Sandra Harris lui posa cette question [28] :

> – M. Maxwell, vous qui vivez aujourd'hui dans l'opulence, pensez-vous toujours à la pauvreté?
> Maxwell répondit :
> – Rien ne pourra jamais me faire renier mes origines. Je suis né dans une famille d'ouvriers; je me sens encore des leurs, je continuerai à les aider.
> – Avez-vous déjà pensé à adhérer à un autre parti?
> – C'est une supposition sans fondement qui me choque beaucoup. Ce n'est pas parce que j'ai gagné quatre sous, que je vais retourner ma veste.
> – On vous a décrit comme quelqu'un de totalement inflexible, comme un homme que l'on ne peut faire changer d'idée. L'opinion des autres ne vous toucherait-elle absolument pas?
> – Pas du tout.

Mlle Harris reprit :
– Bien des gens s'étonnent que vous soyez socialiste alors que vous menez une vie d'un luxe époustouflant. Comment expliquez-vous cela?
– Pourquoi faudrait-il que je fournisse une explication?
– Si vous le faisiez, que diriez-vous?
– Je n'ai rien à dire parce que votre question en elle-même n'est pas pertinente. Elle est absurde. Elle signifie carrément que si l'on a gagné de l'argent, on ne peut pas être socialiste ou alors que ce n'est pas bien de rechercher le profit...
– Est-ce important pour vous d'être un homme riche?
– Absolument pas. Cela me sert simplement à réaliser des choses indispensables. Je ne suis pas du tout attaché à l'argent en tant que tel.

Margaret Laing, une journaliste, intervint souvent pour dresser le portrait de Maxwell; ses commentaires étaient franchement hostiles :

> Il est très primaire. Une fois qu'il a obtenu la suprématie, il délimite son territoire comme un vieux lion et il monte la garde. C'est un homme de la jungle.

Dans un débat qui eut lieu ensuite dans le studio, Clive Jenkins, le secrétaire général d'ASTMS, exprima sa désapprobation :

> Moi, je trouve ce portrait scandaleux, injuste, tendancieux et fait dans l'intention de nuire. J'aime beaucoup Maxwell, je pense qu'il a fait énormément pour la Grande-Bretagne. Il a sorti l'édition britannique du stade artisanal et archaïque.

Au Congrès travailliste de 1969, trois députés – deux de Leeds et un du sud de Kensington – envisagèrent de présenter Maxwell comme trésorier, mais il déclina l'offre, estimant que le responsable d'alors, Jim Callaghan, « faisait son travail à merveille ». Et puis, à l'approche des élections législatives, Maxwell s'occupait en priorité des affaires de sa circonscription. Il se rangea parmi les principaux opposants à la construction d'un nouvel aéroport à Londres. Les plus déterminés d'entre eux l'accusèrent, ce qui n'était pas courant, d'être trop pusillanime quand il leur conseilla de ne pas gaspiller toutes leurs munitions. On répandit le bruit qu'il ne participerait pas à la bataille des législatives s'il prenait, comme il le désirait, le contrôle du *News of the World*. La rumeur mourut d'elle-même quand ce projet échoua. Les conservateurs espéraient fermement arracher le siège de Buckingham. L'un des chefs de l'opposition, Iain Macleod, déclara dans la ville de Bletchley : « C'est couru d'avance! » Mais, à part quelques exceptions, la presse publiait de bons articles sur Maxwell; voici par exemple celui d'un journal local [28] :

> Pour le grand public, c'est un homme d'affaires impitoyable, un millionnaire qui a le don d'occuper la une des journaux, un homme ambitieux que peu de personnes aiment, mais que la plupart admirent malgré eux.
> Cet homme-là a su affronter les moqueries et le mépris, même au sein de son propre parti, pour prouver que l'alliance du courage, de la loyauté et du sens de l'organisation permet de remporter un siège aussi chaudement disputé que celui de North Bucks. Il n'a pas craint d'être mis sur la sellette, au sens propre et au sens figuré, de parler à ses électeurs, d'essuyer des échecs, de reconnaître ses torts sans sourciller; il a réussi aussi à prendre en charge les difficultés et les griefs de ses électeurs, toutes tendances confondues, avec une compétence égale à celle de son prédécesseur conservateur, lui aussi très efficace.

Le journal demanda à Maxwell si le fait d'être député de Buckingham l'avait changé. Il répondit :

> J'ai mûri, c'est certain... Il y a dix ans, j'étais impatient et je ne tenais pas assez compte du point de vue d'autrui, même quand il était valable...

Cette information selon laquelle il serait devenu patient a dû en étonner plus d'un!

***

Au début de l'année 1970, alors que l'on prévoyait des législatives, Maxwell afficha un bel optimisme. A Noël, il envisagea devant ses électeurs, pour 1970-1971, le remboursement par la Grande-Bretagne de sa dette extérieure, la réduction de la forte pression fiscale, l'égalité des salaires pour les femmes, l'augmentation des retraites, la construction accrue de logements et de routes, l'amélioration des salaires des enseignants et des autres professions qui « n'étaient pas assez payées ». Mais toute la publicité faite autour de Pergamon, de Leasco et des articles du *Sunday Times* risquait d'avoir des conséquences électorales fâcheuses, bien que le directeur de sa campagne ait déclaré qu'il ne pensait pas que cela soit « préjudiciable à Maxwell ». A l'insu des membres du gouvernement, le Premier ministre avait déjà décidé qu'il serait désastreux de fixer l'élection tout de suite après l'entrée en vigueur du système décimal, en février 1971. Il hésitait entre juin ou octobre 1970, et il penchait pour le mois de juin. Maxwell confia à ses partisans qu'il préférerait octobre.

Il avait approuvé le recul du gouvernement face au projet de réforme du syndicalisme, en juin de l'année précédente. Il se montrait confiant en la victoire électorale. Il continua néanmoins à défendre toujours aussi vigoureusement les intérêts de sa circonscription. Il se battit pour obtenir des panneaux indicateurs près d'une école et une subvention pour un jardin d'enfants. Il fut enthousiasmé par deux victoires aux élections municipales de Bletchley en avril, et prédit des législatures plutôt en juin ou en juillet.

L'annonce officielle eut lieu le 18 mai. La section travailliste redoubla d'efficacité. Betty Maxwell se chargea d'assurer le maximum de votes par correspondance et leur fils Philip, l'aîné depuis la mort de Michael, devint le responsable de la propagande électorale. En public, Maxwell était confiant. Mais, à l'intérieur du parti, l'atmosphère était tendue. Maxwell n'avait pas avec Jim Lyons le même type de rapports qu'autrefois avec Bryan Barnard. Au sein de la section locale, la tendance d'extrême gauche s'opposait à la conception que Maxwell avait du parti travailliste. Il déclara à ses partisans :

> Comme à la dernière élection, j'ai l'intention de ne pas rater la cible... Les Tories sont à bout de souffle. L'opinion publique s'aperçoit enfin que les mesures strictes imposées par le gouvernement sont très payantes. Les sondages sont unanimes sur ce point.

Hélas, les sondages se trompaient du tout au tout.

Maxwell défendit énergiquement la politique des travaillistes; il insista cette fois sur les sujets qui intéressaient directement les électeurs : le coût de la vie, le logement et d'autres domaines de la vie quotidienne. Benyon, le candidat conservateur, l'imita, mais avec hargne. Le discours inaugural de sa campagne trahissait toute la haine qui animait les candidats de la droite dans cette lutte. Sur la question du patriotisme, personne ne pouvait remettre en cause Maxwell, en particulier quand on avait été, comme Benyon, âgé de quinze ans à la fin de la guerre. Après les attaques de routine contre la « mauvaise foi » des travaillistes, Benyon poursuivit :

> Tout ceci me conduit à m'interroger sur le patriotisme et l'intégrité de certaines sections du parti travailliste. Croyez-vous sincèrement que Will Owen soit un cas unique? Sans aucun doute, à l'intérieur comme à l'extérieur de la Chambre des Communes, certains travaillistes, de manière passive ou active, soutiennent le communisme international, au point de perdre tout jugement et tout patriotisme... Si un gouvernement

> travailliste est réélu, vous pouvez être sûrs d'une chose : ces éléments-là vont acquérir encore plus de pouvoir.

Will Owen, député travailliste de Morpeth, avait été accusé d'espionnage militaire pour le compte de la Tchécoslovaquie, qui était censée lui avoir versé 2 500 £. Les preuves étaient minces; il fut acquitté trois semaines avant le discours de Benyon, qui omit de le signaler. Benyon ne cita pas nommément Maxwell, ne suggéra pas qu'il était parmi les suspects et ne fit aucune allusion à la Tchécoslovaquie. Mais tout le monde savait que Maxwell était un travailliste d'origine tchèque, et les sous-entendus furent soigneusement distillés pour amener le public à de fausses conclusions.

La conclusion de Benyon sur le déroulement de la campagne était donc particulièrement odieuse : « Elle risque de voler bas; cela dépendra de nos adversaires. »

En 1970, les adversaires de Maxwell s'étaient mieux préparés qu'aux élections précédentes; ils déployèrent leur artillerie lourde. Maxwell leur fit face. George Brown vint prononcer un discours en sa faveur, et de même le ministre de l'Intérieur, Jim Callaghan, et le ministre de la Justice, Lord Shackleton. Courageusement, Maxwell repartit faire la tournée de tous les villages et hameaux de sa circonscription. Il en visitait parfois dix-huit en une seule journée, aidé en cela par un été exceptionnellement ensoleillé. Les électeurs furent inondés de « Maxwellgrammes », mieux rédigés pour la circonstance. Maxwell se servit très efficacement d'un éditorial du *Sunday Times*, le dernier journal que l'on aurait imaginé volant à son secours. Le *Sunday Times*, tout en apportant son appui au parti conservateur d'Edward Heath, avait écrit, quatre jours avant le scrutin[29] : « Il y a au moins deux candidats de la droite qui déshonoreraient le Parlement par leur présence. Brian Rathbone pour Smethwick, et William Benyon pour Buckingham, ont fait des déclarations tellement excessives sur la chasse, qu'il faudrait catégoriquement voter contre eux. »

L'article ressemblait à de la propagande pro-Maxwell : il dut beaucoup déranger les journalistes de la rubrique « Enquêtes » du *Sunday Times*. Mais les électeurs ne suivirent pas. Comme dans l'ensemble du pays, certes à une plus petite échelle, l'opinion bascula de façon tout à fait inattendue, et à la dernière minute, en faveur des conservateurs. Pourtant, les sondages réalisés six jours avant le vote donnaient une avance de 12 % aux travaillistes. Maxwell améliora son score de sept cents voix par rapport à 1966, mais Benyon remporta le siège. Voici les résultats :

Benyon (conservateur)	28 088 voix
Maxwell (travailliste)	25 567 voix
Cornwall (libéral)	5 475 voix
Majorité conservateurs	2 521 voix

M. Cornwall perdit à nouveau sa caution. La participation avait été bien plus faible que lors des scrutins précédents : 81,5 %.

Maxwell en retira une amère déception. Plus tard, il imputa cette défaite aux difficultés internes de la section travailliste de Buckingham. Un collaborateur du *Guardian* semblait pourtant avoir eu raison quand il avait écrit, peu de temps avant le vote [30] : « En théorie, il paraît ridicule que les travaillistes aient pu gagner dans une région qui, d'un bout à l'autre, constitue une réserve abondante pour la chasse à tir et la chasse à courre. »

Maxwell reçut de nombreuses marques de sympathie chaleureuse, notamment de la part de Dick Crossman et de Jim Callaghan qui, tous les deux, avaient refusé onze ans plus tôt sa désignation comme candidat à Buckingham. John Silkin lui écrivit que la Chambre des Communes ne serait « plus jamais la même sans lui ». Ce qui était la stricte vérité.

Après la défaite, lors d'une enquête du comité exécutif, des travaillistes s'exprimèrent avec une rare violence. Le président, Arthur Leary, raconta qu'il avait à plusieurs reprises, dès février, demandé au directeur de la campagne, Jim Lyons, de réunir d'urgence les responsables et les députés du parti pour discuter en détail toute la préparation de l'élection, mais que ce dernier n'en avait rien fait. La liste des accusations formulées contre Lyons était longue :

> Même après l'annonce des élections législatives, le directeur de la campagne n'a pas fourni de plan précis; Buckingham ne disposait pas du minimum d'organisation nécessaire au succès d'une campagne; il aurait dû prévoir des meetings pour galvaniser les partisans des travaillistes et donner des instructions aux sections locales pour qu'elles fassent de même; pendant les quatre années d'intervalle entre les deux élections, il n'a pas une seule fois contacté les volontaires; il n'a pas pu fournir de listes électorales à jour et certains responsables de la propagande pour l'élection ont travaillé avec des registres vieux de trois ans; une section locale a été autorisée à « laisser tomber » juste avant le scrutin; une autre a été si exaspérée par

le directeur de campagne qu'elle est devenue totalement inefficace; en outre, plusieurs membres du parti se sont plaints de l'« inadmissible grossièreté » du directeur envers les bénévoles et le personnel; une étude évaluée à 4 000 £ était prévue, mais n'a jamais été réalisée.

Le directeur de campagne expliqua qu'il avait préféré installer des permanences uniquement dans les zones urbaines où, selon lui, le parti avait des chances de remporter des sièges. Il avait donc « purement et simplement rayé de la liste les villages qui ne valaient pas la peine que l'on s'en occupe ». Les carences de l'organisation s'expliqueraient par l'attitude de Maxwell, qui voulait être le responsable de la campagne. Il nia avoir été désobligeant envers qui que ce soit. Le comité « prit note de son refus d'être à nouveau directeur d'une autre campagne pour Maxwell ».

Leary conseilla à Lyons de chercher un autre emploi. Six sections locales votèrent à son encontre une motion de défiance. Lyons refusa de partir; l'antenne du parti à Buckingham demanda au comité exécutif de mener une enquête sur l'échec électoral. Mais le Comité s'intéressa aussi à l'ensemble du fonctionnement de la section locale. La majorité des témoins apportèrent leur appui à Leary plutôt qu'à Lyons. Mais le comité exécutif trancha en sa faveur. Cette décision n'est pas très surprenante : Lyons bénéficiait du soutien de son syndicat, le « National Union of Labour Organizers ». Les conclusions du comité furent les suivantes :

– Le parti était « généralement bien administré ».
– Les demandes d'enquête de M. et Mme Maxwell et de M. Leary concernaient des fautes commises par le directeur de campagne, M. Lyons; celui-ci avait pu « fournir des explications sensées » aux critiques formulées contre lui. Bien des plaintes étaient très exagérées.
– Tous les membres des organisations qui avaient voté la défiance n'avaient pas été invités à participer au vote, mais le directeur de campagne non plus.
– « Le candidat a exercé une influence illégitime et a interféré dans l'administration du parti »; ce qui s'explique sans doute par les hautes responsabilités exercées par son épouse dans le parti. Le comité juge que le directeur n'était responsable ni de l'abandon de toute organisation au niveau des villages, ni de la non-réalisation de l'étude envisagée.

Les décisions du comité furent brutales. Tout en blâmant Lyons de ne pas avoir remis par écrit un plan satisfaisant avant les élections législatives et de ne pas avoir organisé les préparatifs préliminaires indispensables, il « condamna sévèrement Maxwell » pour son

« interférence dans la gestion » de la circonscription. Il lui ordonna de changer d'attitude à l'avenir. Il « condamna sévèrement » aussi Betty Maxwell, Arthur Leary, Ray Bellchambers et D. Holt, les principaux responsables du parti qui n'avaient pas été à la hauteur de la situation. Mme Maxwell rétorqua que, vu la défaillance de M. Lyons, quelqu'un d'autre avait dû se charger de son travail. Bob renchérit [31] : « C'est à la fois absurde et injuste de reprocher à des bénévoles le travail qu'ils avaient dû faire parce que M. Lyons a manqué à son devoir. »

Arthur Leary trouva ces conclusions « partiales et déloyales ». A l'Assemblée générale annuelle du parti, en septembre 1971, Mme Maxwell et Leary furent réélus respectivement vice-présidente et président. Cependant, les querelles au sein du parti s'intensifiaient de semaine en semaine. Au cours des dernières années du gouvernement Wilson, l'extrême gauche développa son influence dans toutes les sections du parti travailliste. Des militants critiquaient violemment l'attitude du gouvernement qui semblait accepter, et en tout cas ne condamnait pas, la guerre du Viêt-nam. Ils ne supportaient pas les timides tentatives gouvernementales pour réglementer le droit de grève. Ils luttaient âprement contre la limitation de l'immigration, notamment des Ougandais d'origine indienne [32]. Enfin, ils ne voulaient pas que la Grande-Bretagne adhère à la Communauté Économique Européenne. Dans les années qui suivirent, bien des députés perdirent leur siège à cause de cette opposition d'extrême gauche. Maxwell, né à l'étranger, patron et millionnaire, considéré de ce fait comme homme de droite, fut évidemment leur première cible. Une nouvelle technocratie prenait le pouvoir au sein du parti travailliste. Le principal adversaire de Maxwell devint Geoff Edge, un enseignant à l'Open University [33], nouveau venu au parti. Vivant dans un squatt, prêt à distribuer tout son argent autour de lui, il allait bientôt devenir chercheur à plein temps dans un organisme d'État. Maxwell n'avait aucune chance d'amadouer ce militant de gauche. Il fut plus tard prouvé que Geoff Edge recevait l'appui de la grande majorité des responsables et des délégués du comité de direction du parti. Mais, avant que ceci ne soit établi, des dégâts irréparables furent commis.

En octobre de cette année, la section locale du parti, à Wolverton, ne vota pas la confiance à Maxwell. Ce fut le premier désaveu public qu'il subit en douze ans de candidature. Barnard donna son opinion sur la raison de ce rejet : « Ils ne l'ont pas compris. C'est un homme qui va de l'avant et qui ne tolère pas d'obstacles sur son chemin. » Betty Maxwell ajouta pour sa part :

> Bob a une façon très personnelle de voir les choses... Il a une vision à long terme, plus rapide que la nôtre. C'est sa force. Mais elle peut aussi éveiller des craintes. Des gens se sont sûrement sentis menacés à l'intérieur de la section locale du parti. Ils voulaient qu'il parte, à tout prix, même si cela signifiait la fin du parti lui-même.

Maxwell fit remarquer que le secrétaire de la section de Wolverton, qui avait convoqué une assemblée extraordinaire pour le condamner, avait été battu à l'élection du comité exécutif de Buckingham, alors que lui-même avait été élu avec une majorité écrasante. Maxwell perdit ensuite ce siège. La section de Bletchley, conseillée par Lyons qui entretenait de bons rapports avec les nouveaux venus, « changea la structure »; Maxwell et quatre autres responsables perdirent leur poste. Maxwell réclama la démission de Lyons. Le fossé se creusa entre les partisans et les adversaires de Maxwell; la presse locale exploita ces querelles. Le comité régional condamna la section de Wolverton par 34 voix contre 21. En décembre, Lyons annonça qu'il se retirait de la politique et qu'il partirait le mois suivant.

La lutte pour le pouvoir dura de 1971 à 1973. Pendant ce temps, Maxwell continua d'agir au nom de ses électeurs et de s'exprimer comme s'il était déjà le candidat choisi pour l'élection suivante. Il agissait comme un député connaissant une traversée du désert. Il occupa la présidence d'un comité contre les loyers exorbitants à North Bucks; il harcela le ministre de la Sécurité sociale à propos des frais d'enterrement; il prédit un gel des salaires; il se battit pour l'entrée de la Grande-Bretagne dans le Marché Commun; il dénonça la surtaxe aux importations imposée par Richard Nixon, car elle défavorisait les industries locales. Quand Buckingham se prépara, à la fin de l'été 1973, à désigner un candidat pour les élections, et alors que Bryan Barnard redevenait directeur de campagne, Geoff Edge commit une erreur. Il déclara qu'au cas où Maxwell serait de nouveau choisi un candidat indépendant du parti travailliste pourrait se présenter. Il n'y a pas de faute plus grave, sinon bien sûr le fait de changer de parti. Cette erreur se retourna contre lui, sous forme de demandes d'expulsion ou de suspension.

Barnard décrivit Edge sous les traits d'un « individu très déplaisant » : « Il n'a jamais eu le courage de soutenir une discussion face à face. Il prenait chacun en aparté, à tour de rôle, pour parler de

Maxwell dans son dos, pour éveiller des rancunes par-ci et cracher son venin par-là... Il n'est devenu membre du parti travailliste que l'année précédant son installation dans cette circonscription. »

Mme Maxwell se souvient encore amèrement des agissements d'Edge :

> En politique, c'était un esprit tordu, mais intelligent. Il a cherché à abattre Bob, sans y parvenir; du même coup, il a démoli le parti. Je me rappelle avoir interpellé Edge pour lui demander la raison de cette haine à notre encontre. Il s'est contenté de répondre : « Je ne peux pas vous le dire maintenant, mais vous le comprendrez plus tard. » Oh oui, maintenant je sais. Certaines personnes sont simplement animées par le désir de nuire, et c'était son cas. On n'aurait jamais dû laisser des individus comme lui infiltrer le parti pour le déstabiliser.

La conférence de désignation pour Buckingham eut lieu en septembre. Maxwell fut choisi avec une majorité écrasante de 82 voix, contre 29 pour le candidat de l'extrême gauche, Stuart Holland, aujourd'hui député de Vauxhall. Le troisième candidat n'obtint que quatre voix. Maxwell reçut trente désignations émanant des sections locales et des syndicats; Holland reçut les voix de la permanence du parti à Wolverton et de cinq sections syndicales, dont le conseil syndical de Bletchley, dominé par les communistes. Maxwell centra son discours de réélection sur la nationalisation de vingt-cinq grandes sociétés anglaises, qu'il qualifia de « bêtise sans nom ». Holland fut d'accord avec cette orientation.

Un comité exécutif extrêmement restreint (le quorum nécessaire avait à peine été atteint) approuva ces désignations. Harold Wilson exprima son désaccord. Le conseil syndical de Bletchley vota contre le choix de Maxwell par six voix contre quatre et deux abstentions, et il adressa une réclamation au comité exécutif. On découvrit par la suite que ces six votes étaient communistes. Maxwell affirma que ses adversaires se réduisaient à une « toute petite minorité non représentative ». Le chef du parti, Jim Cassidy, qui s'était opposé à la nomination de Maxwell en 1959, mais qui se proclamait aujourd'hui « en faveur de Maxwell à cent pour cent », avertit les dissidents : ils devaient « soutenir Maxwell » ou quitter le parti.

Maxwell se rendit au congrès du parti. Il prit la parole pour défendre l'égalité entre les hommes et les femmes. Le président, Bill Simpson, le blâma quand il préconisa la suspension, par le parti, des sommes allouées aux Jardins d'Hiver de Liverpool, où l'on sous-payait le travail des femmes. En décembre, en pleine grève des mineurs, Maxwell fut officiellement choisi par le comité. Le pays s'acheminait vers des pannes d'électricité, la semaine de trois jours et les législatives. La tension monta très vite en janvier 1974, lorsque les conservateurs et leurs partisans dans la presse se mirent à exploiter le slogan : « Qui gouverne la Grande-Bretagne? » Ce thème était particulièrement mal choisi, car le gouvernement Heath disposait d'une majorité de 30 % aux Communes; si cela ne suffisait pas pour gouverner, le double ou le triple de ce chiffre ne lui permettrait pas davantage d'asseoir son autorité. Le slogan eut un retentissement très fort, surtout dans les riches comtés voisins de Londres... où il n'y avait pas de mineurs.

Heath s'opposa à la majorité du cabinet qui réclamait une élection anticipée. Son attitude ne résultait pas de la grève des mineurs, mais des prévisions des Finances sur l'augmentation du coût de la vie à partir d'avril : elles étaient catastrophiques! Heath finit par céder; le 7 février, il annonça des élections législatives pour le 28 du mois. Maxwell, comme d'autres candidats travaillistes, choisit avec sagesse de prendre pour cheval de bataille le coût de la vie. Pour la première fois depuis plus d'une génération, les libéraux avaient des chances de conserver plus de cautions qu'ils n'en perdraient.

Les limites de la circonscription de Buckingham avaient évolué; sept mille électeurs de plus qu'en 1970; la plupart d'entre eux venaient de Londres. On attribuait leurs voix au parti travailliste, même si beaucoup, en changeant de domicile, votent différemment. En tout cas, aucun de ces nouveaux électeurs ne travaillait dans les mines. La grève fut un handicap pour les travaillistes dans les premiers temps de la campagne. Maxwell, qui avait grossi depuis les campagnes précédentes, reprit le rude périple des villages de la circonscription, en dépit des coupures de courant et des pannes qu'elles provoquaient. Il avait foi en la victoire; il se montrait même trop confiant, affirmant que Buckingham était « un siège assuré pour les travaillistes ».

Heath accordait assez d'importance à Bletchley pour venir prononcer un discours dans cette ville devant les conservateurs. Au même moment, Maxwell, installé dans une Land Rover, haranguait lui aussi le public amassé à l'extérieur. A la sortie du Premier ministre, Maxwell tenta de lui frayer un chemin en écartant la foule bruyante. Peine perdue. Les électeurs conservateurs n'apprécièrent pas du tout cette initiative, et l'un d'eux hurla : « Ce sont des extrémistes! Les voilà, regardez-les. On devrait tous les tuer, sans faire de quartier. »

Un autre ardent défenseur des conservateurs confia au *Guardian* [34]. « Cet homme-là, Maxwell, est effrayant. Ça ne se fait pas de perturber le meeting d'un autre candidat. Ça vous donne bien une idée de ce que seraient cinq années supplémentaires de gouvernement Wilson. »

C'était déloyal. En fait, Maxwell était arrivé le premier.

Le jour du scrutin, les sondages estimaient que Heath reprendrait le pouvoir. Le *Daily Mail* titra : « Belle victoire pour Heath [35]. » « Demain, 10 novembre, M. Heath sera de nouveau au pouvoir avec une majorité largement augmentée de 50 à 60 sièges. Il en détiendra 70 à 80 de plus que nécessaire. »

Le *Daily Express* affirma simplement : « C'est Heath qui va gagner avec une majorité de cinq pour cent. »

Finalement, Heath perdit. Les négociations menées avec le chef du parti libéral, Jeremy Thorpe, en vue de conserver au pouvoir un gouvernement conservateur, échouèrent. Harold Wilson, chef du plus grand parti, démissionna de ses fonctions de Premier ministre. Mais Maxwell n'était plus à la Chambre des Communes pour le soutenir. Voici les résultats du scrutin pour Buckingham :

Benyon (conservateur)	27 179 voix
Maxwell (travailliste)	24 056 voix
Crooks (libéral)	15 519 voix
Majorité conservateurs	3 123 voix

Le taux de participation fut élevé, avec 85,1 %, et les libéraux gardèrent la caution déposée.

Dans tout le pays, le vote en faveur des libéraux avait baissé. A Buckingham, cette chute profita plus à Benyon qu'à Maxwell. Benyon obtint 909 voix de moins qu'en 1970, et Maxwell perdit lui aussi 1 511 voix. Les libéraux remportèrent 10 044 voix de plus. Personne ne pouvait certifier que les querelles internes à la section travailliste de Buckingham avaient irrémédiablement gâché les chances de Maxwell dans cette élection exceptionnelle, mais ces divisions furent sûrement un handicap. Ironie du sort, l'homme que Maxwell tenait pour responsable de la dégradation du moral au sein du parti, Geoff Edge, fut élu député de Aldridge-Brownhills lors de la seconde élection de l'année. Il fut battu en 1979. Son passage au Parlement ne laissa guère de traces.

Bryan Barnard, dans son rapport sur l'élection, stigmatisa une défaite des travaillistes plutôt qu'une victoire de la droite :

> Nous ne devons pas nous dissimuler que pour gagner dans des circonscriptions aussi convoitées, une bonne organisation est d'une importance capitale... Nous avons été vaincus parce que les camps adverses s'étaient mieux préparés. Cette sanction navrante nous est infligée après les événements mémorables des années 70. Et puis, durant les quatre années suivantes, on nous a empêchés de nous organiser. Tout ce temps a été perdu dans des conflits au sein même du parti.

Maxwell ruminait son échec; mais il pensait qu'une autre élection aurait lieu très bientôt. Le *Times* réfuta l'allégation tory. Pour les conservateurs, Maxwell s'était attiré l'hostilité d'une grande partie de l'électorat travailliste [36] : « L'extraordinaire feuilleton de la vie personnelle de cet ancien soldat tchèque a fortement impressionné un grand nombre d'électeurs. »

Le *Milton Keynes Express* se montra compatissant [37] : « M. Maxwell a fait face à une campagne de dénigrement qui aurait ébranlé la confiance d'un candidat moins aguerri et moins maître de lui. Perdre seulement 1 500 voix dans un tel contexte, c'est véritablement un exploit... »

Une autre élection étant imminente, les sections locales furent autorisées à désigner leur candidat. En avril, Buckingham choisit à nouveau Maxwell. Cette désignation survint la même semaine où il reprit la tête de Pergamon Press, après une absence de quatre ans et demi.

Le 10 octobre 1974, pour la sixième fois, Maxwell se présenta devant les électeurs. Un troisième directeur de campagne, Peter Allison, avait remplacé Bryan Barnard. Le parti travailliste mit fin à la grève des mineurs et rétablit le travail à plein temps, mais le coût de la vie grimpait toujours. Le gouvernement escomptait gagner avec une large majorité. Pourtant, même si les conservateurs n'avaient pas réussi à s'imposer pendant ces sept mois d'opposition, le parti travailliste ne soulevait pas non plus l'enthousiasme indispensable pour une victoire.

La campagne de Buckingham fut la réplique exacte de celle de février avec les trois mêmes candidats. Le chancelier de l'Échiquier, Denis Healey, autre homme politique solide, vint à Buckingham plaider pour Maxwell; un sondage d'opinion lui concéda une légère avance mais le pourcentage de « sans opinion », très élevé, remettait en cause la validité de ce test. Et Maxwell perdit encore les élections :

Benyon (conservateur)	26 597 voix
Maxwell (travailliste)	23 679 voix
Crooks (libéral)	12 707 voix
Majorité des conservateurs	2 918 voix

Le pourcentage de participation était décevant pour Buckingham, 79,7 %. Tous les candidats réunirent moins de voix qu'en février. Ce fut une piètre consolation pour Maxwell d'avoir perdu moins d'électeurs que les autres.

Dans le cas de Maxwell, le plus extraordinaire ne fut ni la perte de son siège à Buckingham ni les deux échecs successifs de 1974 mais plutôt les victoires de 1964 et 1966. La vague de mécontentement contre le parti travailliste, née dans le sud de l'Angleterre, avait été masquée par le raz de marée de la victoire de 1966. Après 1974, le mouvement s'amplifia. Lors des élections législatives suivantes, le 3 mai 1979, le nombre d'électeurs s'était accru de presque 25 000; le score de Benyon s'améliora de 13 500 voix alors que le travailliste n'en gagna que 4 000. En 1978, Benyon se présenta dans la ville nouvelle de Milton Keynes; il gagna avec une majorité de 13 701 voix sur le candidat de l'Alliance alors que le travailliste se situait encore loin derrière, avec 5 500 voix de moins. A Buckingham, le conservateur l'emporta sur le candidat de l'Alliance avec 18 526 voix supplémentaires. Le travailliste arriva troisième avec 9 053 voix, soit 23 000 de moins que le vainqueur.

Après la deuxième déception de 1974, Maxwell décida de ne plus disputer ce siège, à la grande joie de la minorité d'extrême gauche implacable jusqu'au bout et au grand désarroi de nombre de simples adhérents du parti qui lui écrivirent leur tristesse. Le nouveau secrétaire du parti, Bryan Barnard, donna son avis sur Maxwell dans son rapport annuel :

> C'est vrai qu'il recherchait avidement la publicité, qu'il se faisait aussi vite des amis que des ennemis, et qu'il se fourvoyait souvent dans des polémiques. Que l'on aime Bob ou pas, que l'on soit d'accord avec lui ou non... il faut bien admettre qu'il s'est mis au service de ses électeurs. Il a souvent dû surmonter les barrières de la bureaucratie et de la paperasserie. C'est un tour de force que peu d'hommes peuvent accomplir. Nous l'en remercions avec toutes nos amitiés.

Maxwell resta inscrit sur la liste des futurs candidats possibles; il s'intéressa à plusieurs autres sièges, dont Brixton Londres, et plus particulièrement, à Kettering dans le comté de Northampton. Il visa ce siège quand Geoffrey de Freitas annonça en 1977 qu'il ne se représenterait pas. Mais les membres de gauche du Comité exécutif local écartaient systématiquement tout candidat accusé de dérive droitière. Bien que Maxwell et Tom McNally, le conseiller politique de Jim Callaghan qui passa ensuite au parti social-démocrate, aient reçu une dizaine de mandats, leurs noms ne figuraient pas sur la liste des candidats. Cette mise à l'écart de Maxwell provoqua la colère du secrétaire local du parti, Henry Nairn, qui démissionna en disant que les « éléments de valeur » du parti étaient méprisés. Rien ne changea pour autant. Kettering à l'époque était considéré comme un siège gagné d'avance pour les travaillistes. Aujourd'hui, les conservateurs occupent la place. Le parti travailliste arriva troisième dans cette circonscription en 1987. Déçu de n'être pas désigné comme candidat au Parlement européen (où il se serait battu pour le maintien de la Grande-Bretagne au sein du Marché Commun), Maxwell abandonna la carrière politique. Même en obtenant sa désignation pour briguer un siège, il n'était pas assuré de la victoire. Après les législatives de 1974, pratiquement aucun travailliste n'a gagné une élection partielle. Par conséquent la majorité du gouvernement Callaghan s'effrita rapidement; il lui fallut composer avec les libéraux pour conserver le pouvoir. La politique des revenus ne résista pas à l'opposition des syndicats. Puis, à la suite du rejet d'une motion de confiance aux Communes, le gouvernement Callaghan dut appeler à une élection en mai 1979. Il n'était pas possible d'imaginer des conditions pires, au terme d'un hiver de grèves très dures dans les services publics. Les militants du parti travailliste de l'époque n'avaient guère de points communs avec les membres du Cabinet, et surtout pas avec le Premier ministre.

L'opposition du parti au Marché Commun se durcit avec l'élection de Michael Foot. La pression des partisans du désarmement unilatéral se renforça. Aux élections législatives de 1983, les travaillistes prirent l'engagement de revenir sur leurs choix à propos du désarmement et du retrait de l'Europe. Ils décidèrent aussi de renoncer à la politique des revenus. Si Maxwell avait été encore membre du Parlement à ce moment-là, il se serait sans cesse trouvé dans des situations délicates. Il n'aurait pas pu revenir sur ses propres positions concernant la défense du Marché Commun, il aurait certainement « privatisé » d'une autre manière et s'il était vrai qu'il souhaitait modifier les droits des syndicats, il n'aurait pu approuver l'une ou l'autre de ces mesures pour des raisons de principe. Il était partisan de la vente des HLM, anticipant d'ailleurs la législation de vingt ans, mais, là encore, son point de vue aurait été source de conflits. La nouvelle règle adoptée par le parti pour choisir ses candidats était taillée sur mesure pour des députés comme Maxwell. S'il avait pu reconquérir un siège au Parlement, il se serait opposé à cette sorte d'épuration politique au sein du parti travailliste.

En octobre 1983, William Davis écrivit dans le journal *Punch* :

> Robert Maxwell est peut-être le cas typique de l'homme d'affaires qui a tenté sa chance dans la politique et qui a décidé que ce n'était que perte de temps. Il a été élu député, mais il a failli cent fois être promu ministre : on le jugeait « trop fonceur ». Sa compétence n'était pas en cause, mais son absence de diplomatie dans le jeu politique inquiétait. Il gère aujourd'hui une grande société; il est beaucoup plus heureux ainsi.

Davis avait tort sur un point précis. Peu d'hommes, et certainement pas Maxwell, consacrent vingt ans de leur vie à une tâche pour décréter tout à coup qu'ils perdent leur temps. La politique a toujours fait partie intégrante de la vie de Maxwell; c'est encore vrai aujourd'hui et ce le sera demain. Une part de son succès dans les affaires vient de ce qu'il réfléchit toujours en homme politique. Ce n'est pas un homme d'affaires qui s'est lancé dans la politique. C'est plutôt l'inverse.

Bien que Maxwell ait cessé de jouer un rôle actif dans la politique en 1979, son appartenance au Labour agace toujours ceux pour qui les patrons millionnaires n'ont pas leur place dans le mouvement travailliste. Maxwell a eu avec les syndicats de l'imprimerie toute une série de désaccords qui furent largement exploités par la presse. Son exclusion du parti a été réclamée chaque fois qu'un conflit du travail éclatait dans l'une de ses entreprises. Le raisonnement était simple : si Maxwell refusait de céder aux exigences, justifiées ou non, des syndicats, il fallait le priver de son mandat. « Sogat 82 » et le Syndicat national des dessinateurs demandèrent sa radiation de la section du parti pour l'est d'Oxford, parce qu'il avait poursuivi les syndicats devant les tribunaux. Une section, cette fois de l'ouest, réclama son exclusion à la suite d'une controverse dans une usine proche de Bristol, alors que la plupart des syndicalistes n'étaient pas mêlés à ce litige. Par son soutien farfelu au colonel Kadhafi, le député de Leith, Ron Brown, plaçait le parti travailliste dans une situation embarrassante. Or ce même Ron Brown exigeait l'éviction de Maxwell sous prétexte d'un conflit au quotidien *Scottish Daily*

Record, alors qu'il ne connaissait strictement rien à ce problème!

Un homme moins aguerri que Maxwell aurait pris les devants face à ces tentatives pour l'éliminer; il aurait démissionné sur un coup de colère. Mais lui se contenta de hausser les épaules, ignora les menaces de la section locale d'Oxford, remit à leur place Mme Audrey Wise et le Comité exécutif du parti travailliste, tout en continuant à apporter son aide financière au parti et en publiant ses opinions dans la presse. Quand il racheta le groupe de presse du Mirror, il engagea fermement l'équipe à persévérer dans le soutien de la cause travailliste. Les employés du groupe créèrent les affiches publicitaires pour l'élection partielle de Fulham qui se solda par une belle victoire travailliste. Plus d'une fois, Maxwell déclina la proposition officieuse d'entrer à la Chambre des Lords. Pour leurs Seigneuries ce fut peut-être dommage. Cette vénérable assemblée n'aurait plus jamais été la même si Maxwell avait cédé à la tentation. Au cours d'une interview télévisée en juillet 1986, Maxwell eut l'occasion de se pencher sur son passé politique. On lui demanda : « Quelle est selon vous votre plus grande réalisation? » « Je crois que la plus importante, c'est l'adoption de la loi antipollution... Elle a servi de modèle et a été copiée dans le monde entier. J'en suis très fier. »

Son regret, dit-il encore, c'est de n'avoir pas réussi à faire suffisamment pénétrer dans l'industrie les découvertes de la science. C'est le rôle des gouvernements. Ils ont les moyens de mener à bien cette tâche, mais il leur manque une réelle volonté politique. A propos de son expérience à la Chambre des communes, il déclara ceci :

> En pénétrant pour la première fois dans la Chambre des communes, je me prenais pour l'être le plus intelligent de la planète. Six mois après, je m'étais rendu compte que si j'avais quelques notions sur un sujet, dix autres personnes autour de moi en savaient dix fois plus. C'est une expérience qui vous enseigne l'humilité.

VII

Pergamon, perdu et retrouvé

> « Saül, Saül, pourquoi me persécutes-tu ? »
>
> Actes des Apôtres.

Loin d'abattre Maxwell, la déception causée par son échec de la prise de contrôle de *Butterworths* et du *News of the World*, augmenta sa volonté de développement, son désir d'expansion dans des domaines nouveaux, comme celui des banques de données. Elle accrut aussi sa fougue, et cette fougue le rendit imprudent. En janvier 1969, à un appel téléphonique du Saül Steinberg, P-DG de Leasco Data Processing, jeune entreprise américaine à la croissance éclair, lui proposant un accord, il acquiesça avec enthousiasme.

A première vue, Steinberg et Maxwell avaient bien des points communs. Tous deux de la race des « self-made men », ils étaient devenus milliardaires avant trente ans. Tous deux étaient juifs, audacieux. Chacun avait fondé son entreprise sur une vision personnelle, sans précédent. Tous deux étaient ambitieux et suscitaient la méfiance des établissements financiers conservateurs dans leurs pays respectifs. Tous deux cherchaient à étendre leurs activités. Tous deux avaient subi un revers majeur. Mais les similitudes s'arrêtaient là.

Issu de la classe moyenne américaine, Steinberg avait été élevé à Brooklyn où son père dirigeait une petite entreprise d'appareils ménagers. Saül devait dire à propos de son père, Julius Steinberg [1] : « C'était une personnalité rare en ce qu'il était toujours satisfait de ce qu'il avait et n'aspirait jamais à plus. »

L'adage « Tel père, tel fils » ne s'appliquait pas davantage à la famille Maxwell.

Avant même d'avoir terminé ses études commerciales, Steinberg conçut le projet de couper l'herbe sous les pieds d'IBM dans la location de son propre matériel, en achetant chez IBM ses appareils pour ensuite les louer à des tarifs défiant toute concurrence. Faute des fonds nécessaires à la réalisation de son idée, il commença par travailler dans l'entreprise familiale. Il réussit finalement à persuader son père d'investir 25 000 $ dans son projet. Il fonda sa société, qu'il appela Ideal Leasing, et signa son premier contrat en mai 1961 au beau milieu d'une lune de miel interrompue pour l'occasion. En deux ans, le chiffre d'affaires de la société atteignait les deux millions de dollars. En août 1965, au moment où Ideal Leasing rebaptisée Leasco, était cotée en Bourse, le chiffre d'affaires avait quadruplé et les bénéfices de Steinberg s'élevaient à 225 000 $. Tout comme pour Pergamon en 1964, lorsque Maxwell avait introduit son capital en Bourse, les souscripteurs se bousculaient, même à 90 $ l'action. A vingt-six ans, Steinberg se retrouvait milliardaire, même s'il ne l'était que sur le papier. Ses bureaux n'étaient plus à Brooklyn mais à Park Avenue, il s'était installé avec sa femme et ses trois enfants à Long Island, la collection d'œuvres d'art qu'il avait commencée comportait déjà un Matisse, un Picasso et un Renoir.

Mais les ordinateurs se perfectionnaient avec une rapidité qui ne tarda pas à poser problème. En effet, les machines que louait Leasco devenaient obsolètes longtemps avant la fin des contrats de location et Steinberg se trouvait avec un stock d'ordinateurs sans valeur sur les bras. En outre, son idée de départ avait été copiée; d'autres entreprises étaient entrées en compétition. Et ce n'était pas tout... Philip Jacobson, à l'époque correspondant financier du *Times* aux États-Unis, exposait les difficultés de Leasco [2] :

> Comme d'autres sociétés de leasing, Leasco fait l'objet de critiques pour ses techniques de comptabilité. En particulier, vers la fin de l'année 1968, l'hebdomadaire financier *Barron's* a publié quelques commentaires sans équivoque sur le groupe. A l'origine, Leasco avait adopté, avec un certain enthousiasme, une règle comptable qui permet d'amortir rapidement le matériel sur la durée du premier contrat (non dénonçable) de location et de réaliser en plus des bénéfices. Si, en outre, M. Steinberg a affirmé qu'une assurance garantissait 85 % des échéances prévues dans tous les contrats, les choses avaient par la suite changé radicalement.
> Les documents de Leasco révélaient en effet de manière fort discrète un changement de méthode qui, elle, ne permettait pas à l'entreprise de récupérer la totalité de son investissement sur les premiers contrats. *Barron's* releva également que Leasco ne souscrivait plus de police d'assurances pour garantir la solvabilité de ses clients et que la société avait modifié les méthodes d'amortissement de son matériel. L'hebdomadaire considérait que ces règles comptables nouvelles auraient dû être signalées plus nettement par Leasco dans les rapports de gestion destinés aux actionnaires.

Par une ironie du sort, quelques années plus tard, les récriminations de Steinberg sur les méthodes comptables de Maxwell furent au cœur de la rupture entre les deux hommes, ainsi que du rapport des deux inspecteurs nommés par le ministère du Commerce pour enquêter sur le dossier Pergamon-Leasco.

En mai 1968, Steinberg élargit ses activités à un tout autre domaine, avec le rachat de Reliance, une compagnie d'assurances américaine ancienne et réputée, qui dormait sur des actifs et des investissements sous-évalués. Reliance augmenta considérablement le pouvoir financier de Steinberg. Il tenta ensuite d'acheter la Chemical Bank, mais les puissances de Wall Street qui, dit-on, ne voulaient pas de lui dans le domaine bancaire, orchestrèrent sa défaite.

Pour s'assurer les liquidités nécessaires à ce projet, Steinberg vendit un nombre important d'actions Leasco, ce qui fit baisser leur prix de trente-quatre points en quinze jours. Les principaux conseillers de Steinberg, le cabinet Whik, Weld, le quittèrent alors, ainsi que la société Lehman Brothers. Selon Jacobson, l'un au moins des principaux clients de Leasco menaça de rompre avec lui s'il ne renonçait pas à son OPA. Puis l'État de New York ainsi que le Congrès votèrent en toute hâte des lois visant à bloquer la prise de contrôle des banques. Steinberg baissa les bras. Il décida que l'Europe serait le terrain de sa prochaine tentative d'expansion.

Steinberg proposa donc à Maxwell de le nommer président des affaires européennes de Leasco, une fois qu'il aurait acquis Pergamon Press. Au cours de nombreux entretiens, Steinberg et son avocat, Bob Hodes, brossèrent à Maxwell un tableau optimiste du développement de Leasco. A les entendre, les actions de la société étaient condamnées à une hausse continue. Steinberg révéla à Maxwell qu'il avait l'œil sur Pergamon depuis plusieurs mois. Il souhaitait tout particulièrement se lier à une importante maison d'édition scientifique. Pergamon, affirma-t-il, était « idéal ». Il voulait réaliser une synergie entre les données scientifiques de Pergamon et les possibilités de stockage de données de Leasco : un mariage du logiciel et du matériel.

Dans un premier temps, Maxwell ne voulut pas s'engager, mais tout au long des mois d'avril et de mai 1969 il n'en poursuivit pas moins les discussions avec Steinberg et ses conseillers. Enfin, le 17 juin, après quatre jours de négociations à New York, un accord fut conclu et signé. Par cet accord, Maxwell s'engageait à accepter l'offre de Steinberg pour ses parts de Pergamon et à obtenir que les membres de sa famille cèdent, dans les mêmes conditions, leurs propres parts. Leasco réalisait, par ce moyen, une OPA de vingt-cinq millions de livres sur Pergamon, à un prix de 37 shillings (185 p) par action, soit 11 shillings de plus que la cote officielle à la Bourse de Londres. Leasco devait acheter à Maxwell 34 % des parts détenues par lui-même et sa famille; Maxwell promettait aussi de conseiller aux trois mille autres actionnaires de vendre leurs actions à Leasco. Pour les actionnaires extérieurs à la famille Maxwell le paiement s'effectuerait, à leur choix, au comptant ou moyennant des actions Leasco. On affirma à Maxwell que la valeur de l'action Leasco (à l'époque cotée 37 $) monterait à 50 $, que la société avait soixante millions d'Eurodollars de dépôt, et qu'elle obtiendrait cent millions de dollars de son opération avec Reliance. Par la suite, lors d'une plainte en justice contre le *Sunday Times* qui, en définitive, fut réglée à l'amiable, Maxwell déclara :

> Les représentants de Leasco ne fournirent aucun compte récent, affirmant que les chiffres n'étaient pas disponibles. Je suis passé outre les inquiétudes de mes conseillers; ils me disaient de ne pas signer l'accord avant d'obtenir de plus amples informations. J'aurais mieux fait en l'occurrence de suivre leurs conseils.

En dépit de la signature de l'accord, les premières graines de la discorde avaient été semées. Sans aucun doute, Steinberg entendait prendre le contrôle de Pergamon. Mais bien qu'il fût devenu l'actionnaire majoritaire de cette société, à cette même époque sans doute il commença à soupçonner Maxwell de vouloir s'emparer de Leasco en Europe. Le *Times* raconte qu'en appelant Steinberg à son bureau de Londres, le 18 juin, « une voix étonnamment anglaise » répondit [3]. « C'était Robert Maxwell... brûlant de connaître les réactions de la presse à la nouvelle de ses grands projets de vente de Pergamon. »

Le *Times* fut également surpris par la conférence de presse tenue le même jour : « Normalement, c'est l'acheteur qui prend la parole... à une conférence de presse convoquée pour l'annonce d'une OPA... La séance dura cinquante minutes et pendant quarante-cinq minutes seul Robert Maxwell parla. »

Avant la signature de l'accord, le directeur de Leasco, Bernard Schwarts, et le directeur du département planification, Michael Gibbs, vinrent en Angleterre voir Maxwell et étudier les comptes de Pergamon. Gibbs annonça à Maxwell qu'il avait été à l'origine de la démarche de Steinberg. Il y eut un nouvel examen de la comptabilité de Pergamon par les représentants de Leasco à Oxford, les 3 et 4 juillet. A son issue, ils se déclarèrent en tout point satisfaits. Dans la déposition de Maxwell, on note :

> A peu près à cette époque, Leasco avait déjà commencé à acquérir, à mon insu, des actions Pergamon par paquets entiers sur le marché libre. C'était une violation des propos tenus. On m'avait laissé entendre que Leasco n'achèterait pas plus de 10 % des actions avant de faire une offre officielle. J'ai exprimé une certaine inquiétude devant ce procédé; je ne me rappelle plus cependant si c'était à Steinberg lui-même ou bien à Rodney Leach de la banque Rothschild, banque d'affaires de Leasco. Quoi qu'il en soit, on me répondit de ne pas m'inquiéter. Ces acquisitions étaient uniquement dictées par un souci d'économie, les actions ainsi achetées ayant pu l'être à un prix plus intéressant que celui fixé par l'offre officielle (37 shillings).

Le 10 juillet, la Banque d'Angleterre donna le feu vert à l'OPA de Leasco; le 18, le ministère du Commerce annonça que l'opération ne serait pas soumise à la commission des monopoles (Monopolies Commission). Leasco continua d'acquérir des parts de Pergamon jusqu'à en détenir 38 % – achetées pour un prix total de 9,5 millions de livres – en sus des actions que Maxwell s'était engagé à lui vendre.

Entre le 16 et le 24 juillet, Touche Ross, le cabinet d'audit de Leasco poursuivit ses investigations à Oxford et à Londres. Il eut accès à la totalité des documents de la société Pergamon et demanda des renseignements complémentaires sur les diverses SARL appartenant à la famille Maxwell. Robert Maxwell assista ensuite à une réunion à New York le 7 août avec deux associés – l'un anglais et l'autre américain – de Touche Ross, et des représentants de Maxwell Scientific International. De nouveau, Maxwell accorda au cabinet d'audit la communication de tous les documents que celui-ci souhaitait.

Le 13 août, Steinberg invitait cordialement son « cher Bob » à une réunion à l'hôtel Pierre de New York, « afin d'étudier dans le détail où nous en sommes et où nous souhaitons aller ». Steinberg commençait à mettre en doute les prévisions de bénéfices de Pergamon. Il déclara qu'il souhaitait prévoir un compte bloqué où serait versée la moitié du prix à payer pour les parts de la famille Maxwell en attendant que les bénéfices prévus fussent réalisés.

Malgré ses réticences initiales, Maxwell ne s'opposa pas catégoriquement à ce vœu. Mais il exigea qu'« il ne soit pas divulgué et que les documents de l'offre ne portent aucune mention de nature à nuire à la crédibilité de Pergamon ou à la mienne propre ».

Quelques jours plus tard cependant, le 18 août, après avoir discuté avec son avocat, Paul Di Biase, Maxwell décida de poser certaines conditions à l'accord; il exigeait, en particulier, de conserver la direction effective de Pergamon de manière à s'assurer que Leasco n'éviterait pas délibérément de réaliser les bénéfices prévisionnels, ce qui lui permettrait de ne pas s'acquitter du paiement qui restait dû, la moitié du prix des actions.

Steinberg résidait à l'hôtel Claridge à Londres. Dans une longue lettre, le 19 août, Maxwell lui déclara avoir accepté sa proposition de bloquer dix millions de dollars en contrepartie d'un bénéfice net de trois millions de dollars pour les années 1970 et 1971 parce qu'il estimait ces gains facilement réalisables. Il était prêt, écrivait-il, à renoncer à la totalité de la somme bloquée s'ils n'étaient pas atteints, à condition que l'autre partie de l'accord soit respectée – à savoir la non-publication de cet arrangement tacite.

Mais à l'unanimité les conseillers de la banque Rothschild et de Pergamon avaient jugé qu'à partir du moment où il entrait effectivement en vigueur, l'accord devait être rendu public. Maxwell s'insurgea : une telle publicité ne pouvait manquer de porter atteinte à sa crédibilité et à celle de Pergamon, « quelle que soit la manière d'envelopper la question ».

Rodney Leach, écrivit Maxwell, lui avait dit que la proposition de bloquer les fonds n'était pas « défendable, n'aurait pas dû être faite par vous ni acceptée par moi, et que s'il avait été présent à ce moment de la réunion... il nous en aurait dissuadés... » Maxwell ajouta qu'il était préoccupé par les « rumeurs préjudiciables » auxquelles donnait lieu le retard dans la publication de l'OPA. En outre, il déplorait que les comptables de Steinberg ne comprennent pas la nature de Pergamon, ni son fonctionnement.

> Les chiffres ont été présentés de manière à faire ressortir les résultats les plus pessimistes, sans tenir compte de certains éléments qui, conformément aux règles comptables britanniques ou américaines, auraient dû normalement figurer à l'actif de la société... Des cessions parfaitement licites à Maxwell et à MSI, qui, pour une grande part, ont déjà fait l'objet de ventes à des tiers, ont en outre été indûment supprimées.

Maxwell se plaignit également de déductions erronées dans le chiffre d'affaires de la société pour l'exercice 1968. Il énuméra ensuite les raisons qu'il avait de s'opposer au blocage des fonds :

– Le préjudice porté à sa crédibilité, à celle de ses conseillers et de la société Pergamon par un aveu implicite ou tacite que les bénéfices de l'exercice 1968 ne reflétaient pas l'image fidèle de la réalité.
– La disparition d'un des avantages essentiels pour Leasco de la fusion, qui se trouvait aussi être le principal mobile de Maxwell dans cette opération, à savoir la prise en charge par lui des activités internationales de Leasco.
– La nécessité pour lui de conserver un pouvoir total sur la direction et les investissements de Pergamon et, partant, d'adopter une politique étriquée et à court terme dans l'intérêt de la société.
– L'impossibilité où il s'était trouvé de consulter les divers fideicommissaires afin d'obtenir leur accord sur la création d'un compte bloqué.
– Les provisions constituées pour faire face à d'éventuelles variations des taux d'imposition ou dévaluations de la livre ou du dollar ou de toute autre monnaie.
– Les problèmes soulevés par la rédaction du document officiel de l'accord, y compris la difficulté d'y définir la notion de « bénéfices ».

Maxwell affirmait que les bénéfices de Pergamon pour 1970 et 1971 devaient non seulement atteindre trois millions de dollars mais dépasseraient, il en était persuadé, les trois millions de livres. Il ne voyait aucune raison de traiter la famille Maxwell avec moins d'égards que les autres actionnaires de la société.

Ce changement « à la fois tardif et important » dans le prix de l'offre aurait également pour conséquence de rendre les engagements de Leasco auprès du ministère du Commerce, du Trésor et du ministère de la Technologie difficiles voire impossibles à tenir. Une nouvelle demande devrait donc être déposée afin d'obtenir l'accord du gouvernement sur la fusion. Maxwell se disait, de plus, préoccupé par une autre proposition « autoritaire et unilatérale » de la part de Steinberg – celle de réduire à une durée de 15 mois son « contrat de travail » avec Leasco au lieu de 5 ans initialement prévus. Et il ajoutait :

> Ceci ne peut que nuire à mon autorité au sein du groupe Pergamon et auprès de tous les organismes, maisons d'édition et auteurs avec lesquels nous travaillons, et m'enlève notamment les moyens de réaliser... les bénéfices exigés par Leasco.

Il proposait une réunion de la dernière chance avec Steinberg et la banque Rothschild pour arriver à une « solution susceptible de satisfaire les deux parties », tout en déclarant :

> Si cela se révélait impossible, je ne vois d'autre alternative que de mettre un terme à nos négociations... J'espère de tout cœur que vous pourrez accomplir in extremis un miracle pour nous permettre de réaliser notre rêve commun de créer, dans les cinq années à venir, une société multinationale dont le chiffre d'affaires égalerait celui de Leasco pour toutes ses activités en Amérique du Nord.

Une nouvelle difficulté surgit le 20 août [4]. Maxwell apprit que les fidéicommissaires représentant ses enfants avaient vendu 600 000 actions de Pergamon sur le marché libre. Il autorisa ses conseillers, Robert Fliming and C°, à rendre publique cette nouvelle. Le lendemain, comparaissant devant la commission des OPA de la City, il expliqua la situation. Le responsable de l'opération était un certain M. De Pfyffer, l'avocat américain des parents de Maxwell aux États-Unis, qui agissait pour le compte de ses neveux et nièces, ainsi que de ses propres enfants, mais non pour celui de Maxwell lui-même. Il n'avait rencontré De Pfyffer qu'une fois et n'avait pas été informé de la vente avant qu'elle n'ait lieu.

Dans la soirée même, la banque Rothschild annonça que Steinberg annulait ses projets de fusion. Pour justifier cette décision, il invoquait la situation financière de la société ILSC (International Learning System Corporation), propriété de Pergamon et de la BPC, qui avaient pâti d'une direction malhonnête (direction déjà en place à l'époque où Maxwell avait acheté la société); les relations d'affaires entre Pergamon et MSI; et la nature des bénéfices prévisionnels annoncés par Pergamon pour l'exercice 1969.

La réplique de Maxwell fut immédiate : le désistement de Leasco provenait de la faiblesse de ses moyens financiers : « Entre deux maux, l'aveu qu'ils ne disposent pas de liquidités suffisantes, et l'attaque de Pergamon, ils (Leasco) ont choisi le deuxième. »

Steinberg riposta qu'il s'agissait de « balivernes ». Son entreprise disposait de cent millions de dollars en liquide. Nouvelle protestation de Maxwell : cette somme était bloquée dans la compagnie d'assurances Reliance, elle appartenait en réalité aux assurés. Cette déclaration amena la démission immédiate des conseillers de Maxwell appartenant à la banque d'affaires Flemings. Ils expliquèrent qu'ils n'avaient pas été consultés; Panmure Gordon, ses agents de change, cessèrent également toute relation avec lui. A cette occasion, le *Times* écrivit [5] :

> Le retrait de ses agents de change, davantage encore peut-être que celui de la banque Flemings, donnera à M. Maxwell

l'impression que ses amis de la City l'abandonnent au moment où il a le plus besoin d'eux.

A une audience de la commission des OPA du 25 au 27 août, Maxwell retira sa dernière allégation, mais il ajouta que si Leasco disposait bien de la somme convenue, son seul motif pour revenir sur son offre résidait dans son intention d'obtenir Pergamon au plus bas prix. De son côté, la banque Rothschild déclara à la commission que la vente d'actions Pergamon par De Pfyffer l'avait profondément troublée. Dans la nuit du 18 au 19 août, la banque avait à cinq reprises demandé s'il pouvait garantir que les fidéicommissaires de sa famille céderaient les parts qu'ils détenaient à Steinberg. Chaque fois, Maxwell avait répondu par l'affirmative; la nouvelle de la vente avait donc été pour Leasco la goutte qui fait déborder le vase. Au cours de la séance, il apparut évident qu'un abîme d'incompréhension et de méfiance séparait chaque minute davantage les deux parties. Il apparut tout aussi nettement que Maxwell ne faisait pas bonne impression à la commission. Il avait eu la malchance d'être la dernière victime de la pusillanime commission précédente (lors de sa tentative d'achat de *News of the World*); il devint la première victime de cette nouvelle commission bien décidée à manifester sa force.

Maxwell refusa, comme on le lui suggérait, de demander au ministère du Commerce une enquête sur les circonstances de l'OPA. Il déclara que de telles procédures avaient une connotation de fraude ce qui ne manquerait pas de porter atteinte à la crédibilité de Pergamon. Le président de la commission, Lord Shawcross, n'était pas de cet avis; il tiendrait compte de l'objection mais l'intérêt public était son souci primordial.

Dans la nuit du 26 au 27 août, Steinberg fit une nouvelle offre d'acquisition de Pergamon, à un prix qui, de l'aveu de Hodes à la commission, serait sans doute sensiblement moins élevé que les 37 shillings initialement proposés. Le procureur de la commission, Ian Fraser, décréta qu'il lui fallait la garantie que le prix de l'action ne serait pas inférieur à cette somme, garantie que ni Maxwell ni Leasco n'étaient prêts à fournir. Depuis New York, Steinberg s'obstina et refusa de faire une autre offre.

La commission des OPA, dans une déclaration du 27 août, affirma [6] :

> (Il) est manifeste que la décision de Leasco de retirer son offre ne résulte pas d'un seul facteur, mais d'une série de difficultés et de doutes qui, à la longue, ont entamé sa confiance. L'accord

> entre Leasco et M. Maxwell prévoyait que celui-ci assumerait les fonctions de directeur général responsable des intérêts de la société à l'étranger – y compris Pergamon – et serait nommé vice-président du conseil d'administration constitué aux États-Unis. La coopération envisagée supposait donc une confiance personnelle totale pour que l'entreprise puisse être menée à bien... or elle a fait peu à peu place à une méfiance réciproque...

La commission examinait ensuite si le conseil d'administration de Pergamon avait bien fourni toutes les informations appropriées :

> En raison de ce qui suit, la commission tient à déclarer ici que rien dans les éléments examinés ne permet de douter de la santé financière actuelle ou future de Pergamon, société qui, sous la direction dynamique de M. Maxwell, a connu une expansion notable. Rien n'indique non plus la moindre incorrection de la part de M. Maxwell.
> La commission a cependant de bonnes raisons de se demander si les actionnaires de Pergamon ont bien disposé de toutes les informations qu'ils étaient en droit d'avoir, étant donné les circonstances. La commission, dans le contexte actuel, se préoccupe davantage de l'information donnée aux actionnaires de Pergamon que de celle fournie à Leasco.

La commission réitérait que « rien ne portait à croire qu'il y ait eu comportement incorrect » et qu'une enquête en profondeur pourrait démontrer combien toutes les opérations en question avaient été menées de manière parfaitement licite.

> Eu égard cependant aux circonstances en présence... La commission estime que l'intérêt public exige effectivement qu'une enquête indépendante détermine la vérité des faits... La commission a donc décidé d'attirer l'attention du ministère du Commerce sur ces questions afin que cette institution puisse exercer son autorité dans le but de découvrir si oui ou non les actionnaires de Pergamon ont reçu toute l'information qu'ils étaient en droit de se faire communiquer sur les affaires de la société Pergamon.

Fin août, Steinberg arriva à Londres afin de reprendre les négociations avec Maxwell. Le 29 août, d'un commun accord, ils remanièrent le conseil d'administration de Pergamon, qui devait désormais se composer de Steinberg, Maxwell, de quatre membres nommés par celui-ci et de quatre par Leasco, ainsi que de deux autres membres désignés par la banque Rothschild avec l'accord de Maxwell. Dans une interview à la BBC, Steinberg déclara : « J'estime que Pergamon est une entreprise tout à fait saine. »

Mais les pourparlers devaient rapidement échouer. Dès le 5

septembre, Steinberg demandait que l'on accorde à Peter Stevens, l'un des administrateurs nommés par lui, tous pouvoirs de direction sur la société fusionnée. Maxwell refusa.

Le 13 septembre, de nouveau, Leasco annonça qu'elle mettait fin aux négociations. Elle avait l'intention de demander aux actionnaires de renvoyer l'ensemble des sept directeurs de Pergamon et de les remplacer par sept autres nommés par Leasco. Steinberg précisait qu'il envisageait de réintégrer certains d'entre eux, mais ceux-ci refusèrent à l'unanimité de travailler sous la direction de Leasco tant que sa prise de contrôle n'avait pas l'agrément des actionnaires.

Selon le *Wall Street Journal*[7], Steinberg aurait alors déclaré que Leasco avait « atteint son objectif d'acquérir l'entreprise britannique sans avoir à débourser les 60 millions de dollars qu'elle s'attendait à devoir payer ».

« On croira peut-être à présent », dit Maxwell[8], « ce que je ne cesse de répéter depuis le début : à savoir que je m'efforce d'empêcher Leasco d'acheter Pergamon à vil prix. »

La banque Rothschild opposa un démenti au *Wall Street Journal* accusé d'avoir mal compris et interprété les propos de Steinberg. Mais l'auteur de l'article, fidèle à la tradition journalistique américaine, déclara : « Je maintiens ma version. »

Une assemblée générale des actionnaires de Pergamon fut convoquée pour le 10 octobre, à midi. A cette date, Steinberg, qui s'était engagé auprès de la commission des OPA à ne plus acheter aucune part de la société avant douze mois, possédait 38 % du capital, et Maxwell 28 %. Les 15 % que détenaient les établissements de la City, dont la Pearl Assurance, la ICI et sa caisse de retraite, revêtaient donc une importance cruciale.

La banque Rothschild fit connaître les souhaits de Leasco : un nouveau conseil d'administration pour Pergamon, composé d'un président-directeur général indépendant détenant les pleins pouvoirs, un directeur général supplémentaire également indépendant, et de six administrateurs à plein temps, désignés pour moitié par Leasco, pour moitié par Pergamon. Maxwell ne pourrait figurer parmi ces derniers et n'aurait qu'un rôle de simple consultant. Les banquiers agissant pour le compte des établissements de la City acceptèrent ces propositions. Ils désignèrent comme président-directeur général sir Henry d'Avigdor-Goldsmid, banquier et agent de change spécialisé dans les transactions sur le marché de l'or, député conservateur du Walsall South. Sir Henry accepta le poste pour « une durée déterminée ».

Les nouveaux banquiers de Maxwell, l'établissement William Brandt, déclarèrent [9] : « Que M. Maxwell soit d'une importance essentielle à la société Pergamon est admis de tous. » La veille de l'assemblée, la banque Rothschild obtint un arrêt de la Haute Cour de Justice interdisant à Maxwell d'ajourner la séance. Celui-ci qualifia cette mesure d'« arrogante et imbécile », étant donné que lord Aldington – personnalité respectée, ex-député conservateur et ancien ministre du Commerce – qui représentait la banque Brandt, s'était engagé à ce que la réunion se tienne « selon les règles du marquis de Queensbury » [10]! Des années plus tard, Lord Aldington devait expliquer pourquoi la banque Brandt avait accepté de servir de conseil à Maxwell : « J'avais beaucoup d'admiration pour lui. Son patriotisme et son dynamisme à toute épreuve étaient impressionnants. Ce sont des qualités dont les milieux d'affaires britanniques avaient besoin. C'était un homme parfois difficile, mais qui allait toujours de l'avant. »

Il y eut foule à l'assemblée générale, et le climat qui y régnait n'était pas sans rappeler étrangement celui de l'assemblée convoquée en vue d'empêcher Maxwell d'acquérir le *News of the World*. Les actionnaires présents, en très grande majorité du côté de Maxwell, chahutèrent les représentants de Leasco durant leurs interventions. Mais Steinberg et son représentant Stevens furent élus par vote à main levée. Maxwell déclara alors : « Je suis à même d'offrir 25 shillings (1£25) pour toute action n'appartenant pas à Leasco et détenue par les établissements de la City ou le public. »

La Pearl et ICI dédaignèrent cette offre, ce qui par la suite leur coûta cher en argent et en regrets.

La résolution, proposée par Maxwell, de laisser en place la direction de la société fut votée à main levée par 228 voix contre 67. Lors du scrutin définitif toutefois, les voix de la City ajoutées à celles de Leasco apportèrent à Steinberg une victoire décisive : 61 % contre 33 % pour Maxwell, avec 6 % d'abstention. Neuf directeurs de Pergamon, dont Maxwell lui-même, furent évincés du conseil d'administration et sept administrateurs proposés par Leasco, dont Steinberg, furent élus à leur place.

L'entreprise que Maxwell avait construite à partir de rien, et qui depuis vingt ans connaissait une expansion irrésistible, avait rejeté son fondateur. Il reçut une avalanche de messages compatissants. Woodrow Wyatt, notamment, lui écrivit : « Je suis certain que votre énergie alliée à votre intelligence finiront par transformer cette défaite en victoire... Bien que la campagne montée contre vous ait souvent été plus que désagréable... en définitive, grâce au traditionnel fair play britannique, elle produira le contraire des effets escomptés.

De son côté, le professeur Ronald Belcher de l'université de Birmingham, constatait : « Il y a manifestement eu trop de sales manigances dans les coulisses pour que vous maîtrisiez la situation sans avoir recours vous-même à des tactiques du même genre. »

Le professeur Boris Ford, de l'université du Sussex, déclara pour sa part : « Il est tout bonnement impossible d'imaginer Pergamon sans vous. »

Tandis que George Scott Blair, courroucé, protestait : « Vos nombreux amis de par le monde seront choqués et écœurés... Je crains fort que ce qui vous arrive ne montre à l'évidence la nature pourrie de tout le système. »

Et Sir Nevill Mott, professeur à Cambridge, assura : « La Pergamon de Robert Maxwell fait maintenant partie de notre vie scientifique; nous n'aurons plus la même estime pour la maison si ce n'est plus le cas. »

Malgré toutes ces marques de sympathie, tous ces appuis, Maxwell paraissait alors avoir touché le fond. Il allait pourtant arriver pis encore. A un moment où le milieu des affaires et la presse financière, à leur quasi-unanimité, le donnaient pour battu, il garda la tête froide. Il resta locataire de Headington Hill Hall, dont une partie était réservée aux bureaux de Pergamon. Son impressionnante présence physique se faisait à chaque instant sentir dans les lieux. Il conserva également le contrôle de la filiale américaine, Pergamon Press Incorporated, bien que Leasco, en contrôlant Pergamon à Oxford, en détînt désormais 70 % du capital.

L'enquête du ministère du Commerce sur les intérêts Pergamon dans les sociétés ILSC et Maxwell Scientific International fut menée par Owen Stable, Q.C. [11], et Sir Ronald Leach, principal associé du cabinet d'experts-comptables Peat, Marwick et Mitchell. Ils furent désignés début septembre 1969, et entendaient terminer l'enquête le plus tôt possible. Cette intention louable devait les amener à bien des erreurs, qui furent encore renforcées par une procédure datant de 1890, et dont l'iniquité, les insuffisances, l'inefficacité n'étaient plus à démontrer.

Néanmoins, lorsque les inspecteurs déclarèrent leur intention de ne pas laisser traîner l'affaire, Maxwell approuva. Il s'engagea à coopérer pleinement. A ce moment-là, cependant, Leasco intenta une action en justice contre lui aux États-Unis, lui réclamant 22 millions de dollars de dommages-intérêts pour les actions Pergamon achetées par la société américaine sur le marché libre. Cette action vouée à l'échec dès le départ provoqua de rocambolesques et hilarantes tentatives de la part de différents magistrats à travers les États-Unis pour assigner Maxwell en justice. Il n'était guère facile à Maxwell de collaborer utilement avec les enquêteurs. Ayant perdu Pergamon, il n'avait plus accès aux documents de la société. De plus, il était inquiet que le rapport des inspecteurs, publié ou non, puisse être communiqué à Pergamon, c'est-à-dire à Leasco.

Ses avocats lui conseillèrent donc, compte tenu de tous ces facteurs, de ne pas se présenter devant les inspecteurs avant de connaître la procédure qu'ils suivraient et de s'être assuré que toute allégation contre sa personne lui serait notifiée. Les inspecteurs ne voulurent pas lui donner ces garanties. Par conséquent, Maxwell ainsi que plusieurs autres ex-administrateurs refusèrent de se présenter devant eux à moins d'y être contraints par la justice.

Ce qui fut fait. En avril 1970, le juge Plowman décréta que bien que les enquêteurs fussent soumis aux règles de la « justice naturelle » [12], (contrairement à la thèse de leur avocat), les exigences de Maxwell étaient exagérées. Devant la cour d'appel, au moment d'ordonner à Maxwell et aux autres de répondre à l'enquête, Lord Denning, à l'époque conservateur des Archives judiciaires, déclara : « (les inspecteurs) doivent être maîtres de leur propre procédure. Ils ne doivent être soumis à aucune règle sauf celle de l'équité ».

Cette déclaration fut appelée à prendre tout son sens dans le déroulement ultérieur de cette épopée, lorsqu'il devint de toute évidence clair que les enquêteurs ne se montraient pas « équitables ». Il en fut de même d'un engagement pris par Owen Stable vis-à-vis de deux administrateurs de Pergamon. Il fit forte impression à la cour d'appel :

> Si, après avoir écouté les témoignages et étudié tous les documents qui nous seront fournis, nous arrivions à la conclusion que sur certains points certaines personnes sont critiquables, il serait juste que nous les convoquions de nouveau, afin de leur exposer ces critiques dans leurs grandes lignes et de leur demander leur explication, s'ils en ont une. Je pense que la justice naturelle exige que nous procédions ainsi.

Pour le juge Sachs, qui siégeait à la cour avec Lord Denning, ces propos apportaient la preuve que les enquêteurs entendaient procéder exactement de la manière requise, à savoir : Donner par la suite, au moment opportun, à quiconque risquerait d'encourir une accusation, une idée de ces éventuelles accusations, en termes généraux mais suffisants pour lui permettre de connaître les reproches formulés à son encontre...

Maxwell témoigna devant les enquêteurs à une douzaine de reprises entre août 1970 et juin 1971. Dans sa déposition écrite déjà citée, Maxwell se réfère à la déclaration de Sachs :

> J'avais tout particulièrement ce passage en tête lorsque je déposais devant les inspecteurs... une rumeur me préoccupait. Le bruit courait que les enquêteurs avaient rédigé un rapport très hostile à mon égard; je leur fis part de mes inquiétudes... Un premier rapport avait effectivement été signé par eux le 2 juin 1971, donc... je n'eus pas la possibilité de présenter mes objections sur les conclusions de ce document, bien que les inspecteurs n'aient pas attiré mon attention sur ce point.

Le premier rapport fut publié le 13 juillet 1971 malgré les efforts de Maxwell et de sir Charles Hardis, le directeur général de BPC, pour le faire différer ou amender. Long de 100 000 mots, ce document était considérablement faussé par les témoignages d'une mauvaise foi incontestable des employés licenciés par Maxwell. Il portait essentiellement sur l'acquisition de la maison d'édition Caxton – en particulier sur ses activités en Afrique du Sud – et accusait Michael Pickard, ancien directeur de BPC, d'avoir conseillé à Hedley Le Bas d'accepter l'offre de Pergamon-BPC sans tenir compte des intérêts de BPC. Le rapport accusait en outre Maxwell, et dans un seul cas précis ses banquiers, Ansbacher, de déclarations inexactes, fausses ou trompeuses. Par la suite, toutes ces accusations furent anéanties par Maxwell; il n'en reste pas moins que sur le moment elles alimentèrent la fameuse attaque des enquêteurs contre les agissements professionnels de Maxwell :

> ... dans les informations communiquées aux actionnaires et investisseurs, il a fait montre d'un optimisme imprudent et béat, ce qui lui a permis dans certains cas de passer sous silence les difficultés, et, dans d'autres, de se livrer à certaines affirmations dont il ne pouvait ignorer qu'elles fussent inexactes... Nous regrettons d'avoir à conclure qu'en dépit de son dynamisme et de ces capacités certaines, M. Maxwell n'est pas fiable pour gérer convenablement une société cotée en Bourse.

Comme on pouvait s'y attendre, Maxwell réagit avec fureur. En premier lieu, BPC et lui assignèrent en justice le ministère du Commerce. Leur but était de faire déclarer nul et non avenu « le prétendu rapport » des inspecteurs, dont ils soutenaient qu'il avait été écrit en violation de la tâche confiée à ses auteurs. Lewis, Silkin et Associés, les avocats de Maxwell, déclarèrent : « Des abus de procédure ont eu lieu; ces abus ont empêché M. Maxwell et consorts de jouir du droit qui était le leur d'exposer leur version de certains faits ayant conduit les enquêteurs à des conclusions erronées. » Selon BPC, les inspecteurs [13] « ont, dans leur manière de conduire l'enquête, agi à l'encontre des principes de la justice naturelle, et le rapport dans sa forme actuelle ne peut être maintenu ». Maxwell convoqua une conférence de presse et déclara : « Je ne m'attendais pas à être blanchi, mais je n'accepte pas d'être calomnié. Les conclusions des inspecteurs reviennent à m'empêcher de gagner ma vie. Ils m'accusent d'optimisme : je plaide coupable; d'imprudence : je plaide non coupable; de mensonges : non coupable encore. »

Selon lui, les enquêteurs avaient procédé de manière arbitraire et expéditive. L'engagement pris de reconvoquer les personnes accusées afin d'entendre leur son de cloche n'avait pas été respecté. De tels procédés lui avaient causé un tort considérable. Même si la justice lui donnerait en fin de compte raison, l'atteinte portée à sa réputation par ce « document » ne serait sans doute jamais effacée.

Il s'agissait, déclara-t-il, « d'une grande injustice, d'une énorme faute ». Dans sa déposition, écrite sur un ton plus modéré, il affirma :

> Les inspecteurs ont conclu à ma culpabilité dans la quasi-totalité des opérations examinées. Ils ont formulé un certain nombre de critiques totalement irréalistes. Je leur reproche surtout d'avoir retenu les dépositions d'autres témoins (en particulier d'employés que j'avais licenciés) au détriment des miennes, sans m'informer le moins du monde de leur intention. Je n'ai pas pu, par conséquent, leur fournir certains documents qui non seulement sont de nature à réfuter leurs conclusions mais qui, de plus, prouvent l'invalidité des témoignages auxquels ils ont accordé crédit. Ceux-ci sont, au mieux, le produit de mémoires défaillantes et, au pire, l'œuvre de fieffés menteurs. J'ai été abasourdi par ce premier rapport. Après un examen approfondi, j'ai demandé à mes conseillers de réfléchir à une éventuelle action judiciaire.

Sur le moment on ne s'étonna guère du crédit accordé par les enquêteurs aux propos tenus par Hedley Le Bas. Ils s'étaient fiés à lui pour analyser l'affaire de la maison d'édition Caxton. Or Le Bas, ainsi que l'avait découvert Maxwell, était un ivrogne et un escroc, et Maxwell l'avait licencié. Le Bas et son comparse Jenman qui, lui, n'était pas éthylique, avaient fourni un témoignage hostile à Maxwell. Si l'engagement pris par Stable de respecter les règles de la « justice naturelle » avait été tenu, Maxwell aurait eu la possibilité de les réfuter; ce ne fut cependant pas le cas. Samuel (devenu depuis Lord) Silkin, QC, qui fut ultérieurement nommé ministre de la Justice, représenta Maxwell dans le procès qu'il intenta contre les enquêteurs. Silkin devait nous confier :

> M. Le Bas avait, de toute évidence, conçu une vive amertume à l'égard de M. Maxwell; il formula des accusations dans l'intention de le discréditer... M. Maxwell nia ces accusations mais elles furent en substance admises par les inspecteurs. Il est clair que M. Le Bas était considéré par eux comme un témoin de confiance, alors que M. Maxwell ne l'était point... Au cours de l'audience devant le juge Forbes, certains documents qu'avait reçus M. Maxwell de M. Le Bas furent présentés. Aucune mention n'avait été faite de ces pièces dans le rapport des inspecteurs, et l'on ignore s'ils les avaient étudiées ou en avaient même eu connaissance.
>
> M. Le Bas avait déclaré aux enquêteurs que ILSC était « pingre » et qu'« il n'y avait aucune raison d'imaginer que nous aurions 200 000 £ de dividendes à distribuer. Il n'y avait aucune comptabilité ». Dans les lettres qu'il adressa à l'époque à M. Maxwell, ainsi que dans ses rapports au conseil d'administration, M. Le Bas avait tracé un tout autre tableau. A l'en croire alors, les bénéfices prévus de 200 000 £ auraient été réalisés, écrivait-il, si les commissaires aux comptes n'avaient pas comptabilisé les amortissements « de manière anormalement rigoureuse... » Suivait son appréciation générale : « Lorsque je suis devenu directeur général des sociétés fusionnées, le chiffre d'affaires était d'environ trois millions de livres par an. Il tourne actuellement autour de six à sept millions de livres annuellement. »

Lord Silkin commenta ainsi le témoignage de Le Bas :

> Même en cherchant à être aussi équitable que possible envers M. Le Bas, il n'en reste pas moins difficile de comprendre pourquoi son témoignage a été retenu de préférence à celui de M. Maxwell.

L'audience devant le juge Forbes à laquelle faisait référence Lord Silkin eut lieu en septembre 1970, à la suite de la requête déposée par Maxwell d'un arrêt suspensif empêchant les inspecteurs de poursuivre leur enquête. Le juge était le seul magistrat à avoir lu dans leur intégralité l'ensemble des témoignages recueillis pour les besoins de l'enquête. Il refusa de donner satisfaction à Maxwell, mais se montra extrêmement critique envers les inspecteurs, qui avaient eu tendance, d'après lui, à se transformer en accusateurs :

> Après avoir pris le parti de ne plus seulement mener une investigation mais également de formuler une accusation, n'auraient-ils pas dû en informer M. Maxwell? Les derniers paragraphes de leur rapport me gênent tout particulièrement – ceux où il est écrit : « Notre opinion est donc que M. Maxwell prenait toutes les décisions et n'écoutait aucun conseil », phrase qui conduit à leur conclusion définitive : « M. Maxwell n'est pas apte à diriger une société cotée en Bourse. »

Cette dernière assertion, de l'avis du magistrat, était « totalement gratuite ». Raymond Kidwell, QC, avocat des inspecteurs, répondit : « C'était une conclusion générale, telle était leur opinion. »

Le juge Forbes ne s'en laissa pas conter : cette « opinion à laquelle ils sont parvenus » est hautement préjudiciable à M. Maxwell; elle constitue pratiquement un assassinat professionnel. Les inspecteurs, décréta le juge, auraient dû interroger Maxwell sur certains licenciements de cadres supérieurs effectués en un court laps de temps, puisqu'ils le critiquaient sur ce point : « Les faits en question ne sont peut-être pas discutables, mais lorsqu'ils en tirent argument pour critiquer M. Maxwell et mettent en cause ses capacités de gestionnaire, ils auraient dû évoquer ces questions avec lui. Il aurait peut-être pu alors fournir une explication valable à ce qui lui était reproché. »

Le juge devait de nouveau le lendemain faire allusion à ce problème et estimer que les « violentes » critiques faites à Maxwell étaient de nature à ternir à tout jamais sa réputation. Le magistrat interrogeait : « Les inspecteurs n'auraient-ils pas dû lui donner la possibilité de se défendre? »

Le neuvième jour de l'audience, le juge Forbes rendit son jugement :

> Nous verrons que les inspecteurs, s'ils en ont pleinement le droit, n'ont aucunement le devoir de critiquer quiconque. Il se peut qu'au cours de leur enquête ou au terme de celle-ci, ils estiment de leur devoir de formuler des critiques à l'égard du comportement de certaines personnes, mais il nous apparaît qu'ils renoncent par là à leur rôle d'enquêteurs pour en assumer un autre – celui d'accusateurs...
>
> Le rapport des inspecteurs, lorsqu'il aura été transmis au ministère, constituera le document de base qui permettra de décider s'il y a matière à poursuite judiciaire contre telle ou telle autre personne ayant un rapport avec la société faisant l'objet de l'enquête. Si une telle action en justice est effectivement intentée, l'accusé aura la possibilité non seulement de prendre connaissance du chef d'accusation précis porté contre lui, mais également d'entendre tous les témoignages qui lui sont

> opposés, et de les faire soumettre à un contre-interrogatoire. Il aura en outre la possibilité d'apporter au tribunal toute preuve et tout argument dans le but de détruire la thèse de l'accusation...
> Une accusation formulée par des enquêteurs dans un rapport largement diffusé peut avoir le même retentissement, à peu de chose près, qu'une condamnation prononcée par un tribunal, à cette différence toutefois qu'une telle accusation n'est sujette à aucune récusation, aucun appel...
> A aucun moment de l'enquête, les inspecteurs n'ont indiqué à M. Maxwell qu'il était de leur intention de formuler eux-mêmes des accusations; a fortiori, M. Maxwell n'a jamais eu d'indication sur leur nature. J'ai lu le procès-verbal de la déposition de M. Maxwell, et ses remarques paraissent bien résumer la manière dont les inspecteurs se sont acquittés de leur tâche.

Quant au dernier paragraphe du rapport des inspecteurs, le juge Forbes le commente en ces termes :

> Cette conclusion porte atteinte au nom de M. Maxwell; elle revient à le bannir définitivement du monde des affaires; quels actionnaires s'aviseraient de désigner comme directeur général un homme qui a fait l'objet de telles accusations? Il est une règle fondamentale qui décrète qu'avant d'être condamné pour un délit quelconque un homme doit avoir connaissance de la teneur des accusations portées contre lui. Je ne vois pas, quant à moi, comment cette règle pourrait être appliquée sans que la personne mise en cause soit informée ni du fait qu'elle est accusée ni de quoi on l'accuse.
> Afin de respecter cette règle, l'accusation doit être formulée avec une certaine précision. Il est nécessaire également d'informer l'accusé des détails des preuves retenues contre lui avant de lui demander de se défendre... Il me paraît insuffisant de déclarer simplement à la personne qu'elle pourrait être accusée. Les accusateurs doivent préciser clairement le motif d'une accusation, son contenu et ses raisons. Il me semble que ce principe était clair pour les inspecteurs dès le début de leur enquête.

Les dernières remarques du juge se rapportaient à l'engagement d'Owen Stable déjà cité :

> Il est impossible d'interpréter ce passage sans comprendre que la procédure doit s'effectuer en trois étapes : d'abord l'audition des témoins, y compris M. Maxwell, puis l'étude du dossier; ensuite la formulation par les enquêteurs d'une conclusion forcément provisoire compte tenu des circonstances; enfin la communication à M. Maxwell du contenu de cette conclusion.
> Il s'ensuit, à mon avis, que le juge d'un éventuel procès conclurait sans doute que les inspecteurs n'ont pas su mener

> l'affaire selon les règles de la justice naturelle qui auraient dû guider leur enquête. Ma décision ne signifie absolument pas que les inspecteurs ont été injustes au sens où l'on emploie souvent ce terme. Elle implique tout simplement que, selon moi, une cour jugerait vraisemblablement qu'ils ont pris une décision malencontreuse dans un domaine juridique où les repères sont peu nombreux et le terrain confus.

Le juge expliqua qu'il rejetait la requête de Maxwell pour ne pas réduire à néant le travail de deux années effectué par les enquêteurs. Et ces derniers s'engagèrent à ne pas fournir un autre rapport avant que la cour d'appel ait jugé, à condition que Maxwell fasse rapidement appel. Si la cour devait donner raison au juge Forbes, il y avait donc de bonnes chances pour que Maxwell gagne le procès. Cela reviendrait à dire, poursuivit le juge, que les inspecteurs avaient mal conduit leur enquête. Dans ce cas, les enquêteurs n'auraient pas le choix : ils devraient abandonner l'enquête.

Maxwell déclara que le juge lui avait tout à fait donné raison quant au non-respect des principes de la justice naturelle. Il souhaitait néanmoins toujours faire appel. Silkin le lui déconseilla; à son avis, les déclarations du juge Forbes apportaient la garantie que la justice naturelle prévaudrait.

Tout paraissait, à ce moment-là, tourner à l'avantage de Maxwell. Anthony Bainbridge écrivait dans *The Observer* [14] :

> Je parie qu'il va gagner. Je vois déjà les titres des journaux : Pergamon retrouve sa cote. Maxwell fait une offre au comptant pour les actions de la société. Maxwell gagne. Maxwell reprend son fauteuil de président. Acclamations de ses loyaux employés. « C'est l'homme de mes rêves », déclare la femme de ménage.

A part la femme de ménage, dont les réactions ne furent pas consignées, la suite des événements devait donner raison à Bainbridge sur toute la ligne. Mais seulement après un délai interminable. Le long intervalle qui s'écoula entre la prédiction et sa réalité devait porter un préjudice considérable à la réputation de Maxwell et aux affaires de Pergamon Press. Le *New Statesman* [15] déclara :

> Par sa contre-attaque vigoureuse contre le ministère du Commerce et de l'Industrie, M. Maxwell a peut-être déjà réussi à obtenir que se termine avec lui ce type de « fouille » administrative qui se prétend une procédure juridique et légale.

La décision de Maxwell de ne pas faire appel contre le rejet de l'arrêt laissa le champ libre aux enquêteurs qui publièrent leur deuxième rapport le 11 avril 1972. Celui-ci portait surtout sur le département de vente de livres par correspondance de Pergamon Press. Les activités de ce département faisaient apparaître, selon ce texte, « un gonflement systématique de son chiffre d'affaires réel et des déclarations de ventes exagérées... Ces deux pratiques ont certainement influé matériellement sur la valeur des actions Pergamon en Bourse ».

Maxwell se trouvait à l'étranger lors de la parution du second rapport. Il s'étonna que le ministère du Commerce ait récidivé par une nouvelle publication sans l'en prévenir et à nouveau sans lui donner la possibilité de réfuter des accusations fondées sur de simples rumeurs. Ses avocats annoncèrent une nouvelle action en justice contre le ministère et les inspecteurs afin « d'écarter cet... infect document ».

La première plainte déposée par Maxwell contre les enquêteurs fut jugée devant le juge Wien de la Haute Cour de Justice, fin novembre 1972. Malheureusement pour Maxwell, ce magistrat adopta un point de vue diamétralement opposé à celui du juge Forbes sur les méthodes passées, présentes et futures des inspecteurs. A son avis, la justice naturelle était respectée si Maxwell était informé qu'il pourrait, dans certains domaines, faire l'objet d'accusations. Il revenait à Maxwell lui-même de donner suite à ces accusations en fournissant de nouvelles preuves susceptibles de le disculper. Il ne pouvait, à défaut, se plaindre d'injustice. Le juge Forbes, lui, avait pris en considération le problème de l'urgence de l'enquête pour l'intérêt public, et avait déclaré : « On ne saurait cautionner l'injustice sous prétexte que la recherche de la justice serait trop longue et trop fastidieuse. »

Mais le juge Wien n'était pas de cet avis. Il estima qu'une enquête de ce type révélait une telle complexité que la procédure souhaitée par Maxwell risquait de la prolonger indéfiniment. Il fallait donc la proscrire.

Maxwell avait demandé à Lord Silkin de le défendre; à la fin du quatrième jour du procès, il décida de renoncer à ses services et d'assumer sa défense. Lord Silkin expliqua au juge qu'il se retirait en raison d'une « amicale divergence d'opinions entre nous à propos d'une question à laquelle M. Maxwell attache une importance particulière ». Il s'agissait en l'occurrence des témoins à appeler à la barre. Selon Maxwell :

> Le juge Wien avait sur mon cas (à mon avis) des vues extraordinairement étroites. Grosso modo, pour lui, le seul point pertinent de l'affaire était de déterminer si les inspecteurs

> m'avaient interrogé de manière à me faire comprendre que je risquais d'être accusé. Les trois premiers jours du procès furent assez orageux car Sam Silkin ne cessait d'essayer d'attirer l'attention du juge sur des faits démontrant les fautes des inspecteurs. Le juge cependant refusait cette tactique. Il finit par dire sans ambages qu'il n'écouterait plus ce genre de propos et ne les tolérerait plus... M. Silkin m'expliqua donc qu'il ne pouvait persister dans cette voie...
> Dans ces conditions, après une conversation amicale, nous sommes convenus que le seul moyen d'appeler certains témoins et d'avoir la possibilité de démontrer les erreurs des inspecteurs était que j'assume ma propre défense. Dans ce cas, en effet, le juge serait obligé de m'accorder, en tant que plaideur, un peu plus de latitude...
> En réalité, le juge resta fidèle à sa ligne de conduite : il ignora même tous les points soulevés (visant à démontrer que les inspecteurs avaient tort) et fut rien moins que compréhensif; néanmoins, ainsi que je l'avais prévu, il ne me refusa pas la possibilité d'apporter les preuves que je souhaitais fournir.

Au terme de treize jours de procès, le juge Wien décréta que Maxwell n'avait pas réussi à étayer ses allégations d'injustice :

> Je ne peux pas admettre que les règles de la justice naturelle, dans une enquête de ce genre, exigeaient des inspecteurs qu'ils informent de la teneur de leurs conclusions un témoin dont les paroles et les actes étaient susceptibles d'être critiqués.

Maxwell, il l'admit cependant, n'avait pas d'autre recours que de tenter de prouver que les conclusions des inspecteurs étaient erronées :

> Il n'a pas le droit de faire appel et si les enquêteurs ont effectivement agi en accord avec les principes de la justice naturelle, il ne peut poursuivre plus loin son action en justice. Rien n'est prévu par le Parlement qui lui permettrait de poursuivre. Je ne me prononce pas sur le problème de savoir si oui ou non le Parlement devrait prévoir une telle suite.

Maxwell fit appel, mais la Cour d'Appel confirma le jugement du juge Wien et non celui du juge Forbes. Les inspecteurs demandèrent alors à Maxwell de témoigner de nouveau; il comparut devant eux à plusieurs reprises en mai et juin 1973. Il les trouva « totalement hostiles » à son égard et refusa de les revoir. On lui accorda alors quatorze jours supplémentaires pour présenter toute déclaration écrite qu'il souhaiterait. Maxwell trouva le délai court, mais il rédigea avec ses avocats des notes sur toutes les questions qu'il put traiter dans le temps qui lui était imparti.

A la publication du troisième et dernier rapport des inspecteurs, en novembre 1973, il fut indigné. Une erreur fondamentale et grossière, paraissant invraisemblable venant de la part d'un « Queen's Counselor » et de l'un des meilleurs comptables du pays, avait été commise dans l'examen des comptes de Pergamon et d'une autre société de Maxwell, la Robert Maxwell and C° Ltd. Un élément d'actif avait tout bonnement été pris pour un passif, et les inspecteurs durent ajouter une note à leur rapport, déclarant :

> Nous regrettons d'avoir par erreur affirmé dans l'alinéa 714 que le 31 octobre 1968, R.M. and C° devait 50 809 £ à Pergamon. Cette somme était en réalité due par Pergamon à R.M. and C°. Toutes références faites dans le présent rapport à cette dette et à l'état des comptes entre Pergamon/MSI et R.M. and C° le 31 octobre 1968 sont inexactes et le lecteur est prié de ne pas tenir compte de l'opinion exprimée à l'alinéa 823.

En tout, l'erreur reconnue représentait quelque 240 000 £ et une somme qui aurait donc dû compter en faveur de Maxwell avait joué contre lui. Malgré la note rectificative, l'erreur était significative de l'attitude des inspecteurs vis-à-vis de Maxwell : leur opinion était faite et les auditions de Maxwell paraissaient avoir pour seul but de l'étayer.

Une défense inattendue, que Maxwell n'avait pas sollicitée, vint de Richard Briston [16], professeur de comptabilité et de finance à l'université de Strathclyde. Dans *Accountancy*, la revue des experts-comptables, il critiquait violemment la nomination, comme inspecteur, de Ronald Leach qui, à l'époque, était président de l'Institut des experts-comptables :

> L'Institut étant partie prenante dans cette affaire, il est à déplorer que Leach ait été nommé comme inspecteur... quel que soit le sérieux avec lequel il puisse s'acquitter de sa tâche, il ne lui sera pas facile de ne pas être inconsciemment influencé par les critiques que l'Institut a formulées dans la presse financière sur des méthodes qui ont atteint leur point culminant avec l'affaire Pergamon.

Le professeur Briston examina l'accusation des inspecteurs selon laquelle Maxwell avait tenté de « majorer le prix de l'action Pergamon à la Bourse » :

> Ces dernières années, la majoration du prix à court terme des actions a été un objectif nécessaire pour toute société, à l'exception de celles que leur taille met à l'abri de la crainte d'une OPA... Une société en pleine expansion comme Pergamon se trouverait face à un grave dilemme si elle investissait des sommes importantes dans un projet, dont on attendrait à

> terme seulement d'excellents bénéfices. Si des techniques de comptabilité conservatrices étaient adoptées, une telle démarche entraînerait une diminution des bénéfices déclarés, et donc, très certainement aussi, une baisse de l'action. Un « *raider* » pourrait à ce moment-là surgir...
> Les démonstrations de force un peu tardives de la part de la Commission des OPA ont été massivement... dirigées contre Pergamon. C'est le procès de la City et de l'Institut des experts-comptables qui aurait dû être fait, car ils ont témoigné d'une tolérance coupable envers des méthodes de comptabilité peu rigoureuses. Loin de les mettre en accusation, on les a habilités à accuser Pergamon en leurs lieu et place. Ce faisant, la Commission a de toute évidence outrepassé ses pouvoirs au-delà de ce qui, à l'origine, était prévu.

Quant à l'affirmation que Maxwell n'était pas apte à diriger convenablement une société cotée en Bourse, le professeur Briston déclara qu'une telle critique pourrait très bien s'appliquer à de nombreux chefs d'entreprise :

> Quoi qu'il en soit, la conclusion (des inspecteurs) est loin d'être évidente... Au pire, Maxwell fut excessivement optimiste sur les perspectives futures de la ILSC. Pendant longtemps son optimisme sur les perspectives actuelles fut justifié. Quoi que l'on puisse dire de Maxwell, une conclusion s'impose à la lecture du premier rapport : il n'a pas eu de chance.

Le professeur Briston étudia aussi les critiques du deuxième rapport sur les bénéfices déclarés par Pergamon :

> Ces comptes ont été examinés et approuvés... Nombre de procédés adoptés par Pergamon se sont révélés justifiés, et les inspecteurs ont en outre étudié les chiffres avec l'avantage que confère le recul... Il (Maxwell) avait adopté des pratiques commerciales bien plus courantes que la City ou l'Institut ne voulaient bien le reconnaître. Une analyse objective fait ressortir en outre qu'il y avait été contraint par les méthodes obsolètes de comptabilité en vigueur à la City. Lorsque celle-ci, pour éviter la menace d'une action par la Commission des opérations en Bourse se trouva obligée d'accuser quelqu'un pour l'exemple, il se trouva que, par toute une série de circonstances malencontreuses, le bouc émissaire fut Pergamon et Robert Maxwell.

Dans le troisième et dernier rapport, les inspecteurs réitérèrent l'accusation, réfutée par le professeur Briston, que Maxwell était responsable de la hausse injustifiée de l'action Pergamon :

> Nous n'hésitons aucunement à attribuer la responsabilité principale de l'ascension et de la décadence de Pergamon à M. Maxwell.

Le document corrigeait également l'erreur d'interprétation comptable du deuxième rapport, qui les avait amenés à conclure que des fonds Pergamon avaient été utilisés afin de financer l'achat de ses propres actions. Sur ce point, ils retirèrent leurs allégations.

Maxwell de nouveau assigna en justice les inspecteurs et le ministère du Commerce, réclamant cette fois-ci des dommages-intérêts pour diffamation et incompétence, et demandant par référé le retrait du rapport. Le même jour il adressa par huissier une réponse aux inspecteurs; longue de 141 pages, elle avait été rédigée par lui-même et son avocat, Michael Ogden, QC, l'une des personnalités les plus éminentes du barreau anglais. Ce document réfutait par le menu pratiquement chaque argument des inspecteurs. Il dressait la liste impressionnante de leurs erreurs, les accusait de ne pas avoir tenu leur promesse de respecter la justice naturelle, de sorte que Maxwell n'avait eu connaissance ni des chefs d'accusation portés contre lui, ni de l'identité de ses détracteurs. Il reprochait, enfin, aux enquêteurs d'avoir retenu des dépositions de témoins peu fiables, comme cela avait été amplement démontré. Ce document-réponse de Maxwell empruntait son titre à la déclaration de Lord Denning lors de la toute première action en justice au mois de juillet 1970 : « Ils doivent se montrer justes. »

Comme exemples des inexactitudes des inspecteurs, Maxwell écrivait :

> A l'alinéa 1180, les inspecteurs citent le témoignage de Sir Henry d'Avigdor-Goldsmid relatant des faits appris par ouï-dire. Cette déposition est présentée en ma défaveur. Or, je n'ai pas été interrogé sur les propos de Sir Henry, et les inspecteurs ont ignoré un autre témoignage, donné sous serment, qui le contredisait. Ayant reçu le rapport, j'ai attiré l'attention de Sir Henry sur les inexactitudes de son témoignage; dans une lettre adressée à mes avocats, il est revenu explicitement sur ses déclarations.

Pour commenter les critiques des inspecteurs sur ses aptitudes de gestionnaire, Maxwell cita Brian Spalding, président du Institutional Shareholders' Committee, qui avait déclaré :

> Nous n'accordons aucune importance à l'affirmation que « M. Maxwell n'est pas apte, etc. » principalement parce qu'il s'agit là d'un jugement de valeur au nom de principes qui ne nous sont pas communiqués, et non de l'exposé des faits. Les

savants ont coutume de demander à propos d'un énoncé s'il est susceptible, dans son principe même, d'être confirmé ou infirmé. En l'occurrence, la déclaration des inspecteurs ne présente pas cette caractéristique. Personne ne peut la confirmer puisque les critères d'aptitude ne sont pas donnés; pour les mêmes raisons, personne ne peut non plus se défendre contre une telle accusation. Tout cela ne signifie nullement que nous sommes insensibles aux questions d'ordre moral. Nous trouvons ainsi hautement condamnable sur le plan moral d'avancer des arguments indémontrables mais qui portent préjudice à autrui, de même que nous n'admettons pas que l'on s'écarte, ne serait-ce que d'un cheveu, du principe qu'un homme doit être présumé innocent tant qu'il n'a pas été jugé coupable.

Dans sa condamnation générale des trois rapports, Maxwell déclara :

> Ces documents ont pour conséquence inéluctable de porter très sérieusement atteinte à ma réputation personnelle et professionnelle. En termes plus précis, les deux premiers textes ont empêché ma réélection au conseil de Pergamon. Ils furent pour moi-même et ma famille source de grandes souffrances morales ainsi que de pertes matérielles considérables. En résumé ces rapports n'auraient pu avoir de répercussions plus grandes, entraîner un châtiment plus pénible, une souffrance plus grande, si j'avais été reconnu coupable d'agissements délictueux dans l'affaire Pergamon, et condamné.
>
> Pourtant les inspecteurs responsables de l'enquête et le ministère du Commerce qui a publié leurs rapports ne m'ont aucunement donné la possibilité de me défendre. On ne m'a pas permis d'entendre les témoignages en ma défaveur, pas plus que je n'ai été autorisé à contester les assertions tendant à démontrer des agissements malhonnêtes de ma part. Surtout, à aucun moment les inspecteurs ne m'ont informé de leurs allégations précises, ou de leurs éventuelles accusations à mon égard, ce qui m'aurait permis de les réfuter... Si cette possibilité m'avait été donnée, ainsi que les inspecteurs s'étaient engagés à le faire, j'aurais pu faire la preuve du contraire...
>
> Au lieu d'écrire un rapport équitable, donnant de manière objective les versions des deux parties, ainsi que les conclusions logiques apportées par les faits, ils ont produit un document qui dénature totalement la vérité. Ils n'auraient pas pu rédiger un tel texte s'ils avaient adopté la procédure qu'ils s'étaient engagés à respecter, en me permettant de répondre à leurs allégations éventuelles ou de leur faire remarquer que leurs premières conclusions hostiles étaient démenties par des dépositions et preuves en leur possession. Les inspecteurs m'accusent d'avoir dissimulé des faits aux actionnaires, et ce dans les comptes publiés. Pourtant ils ne citent, et ne peuvent citer, aucun règlement, aucune norme, établis par la législation sur les

sociétés, par le Stock Exchange Council ou la Commission des OPA et fusions, que j'aurais enfreints. Pas plus qu'ils ne citent un seul conseiller professionnel de Pergamon qui aurait déclaré que j'avais refusé de suivre ses conseils au sujet de l'information des actionnaires ou des opérations comptables.

Je suis, de manière tout à fait étonnante, tenu pour seul responsable de pratiquement tout, et cela en dépit du fait admis et reconnu par les inspecteurs eux-mêmes, que les règles comptables étaient, à l'époque, « dans une certaine mesure non définies », de même que les principes de communication aux actionnaires...

J'ai le sentiment après tout cela que si, d'aventure, quelqu'un avait affirmé que j'avais pillé le tronc d'une église, ces inspecteurs auraient solennellement consigné le propos dans leur rapport en tant que déclaration émanant d'« un témoin fiable et convaincant ».

ɜrs la fin de sa longue réponse, Maxwell écrivait :

> L'un des buts principaux du rapport et des conclusions des inspecteurs est de toute évidence d'empêcher ma réélection au conseil de Pergamon... Je récuse totalement et apporte le démenti le plus formel aux allégations des inspecteurs. Les motifs qu'ils me prêtent pour de supposés agissements coupables sont aussi puérils que dénués de fondement... Je n'ai aucunement l'intention de me laisser faire. Je continuerai à me battre contre ces accusations injustes et sans fondement qui entachent mon nom.

Il continue à se battre encore aujourd'hui.

***

Alors que les enquêteurs, des années durant, s'acharnaient à démêler l'histoire de Pergamon en 1969 et auparavant, des bouleversements se produisaient au sein de la société. L'affaire commença à péricliter dès le moment où Maxwell la quitta. Leasco ne pouvait compter ni sur le dévouement du personnel, ni sur celui des rédacteurs en chef des journaux. C'était, par-dessus tout, l'esprit d'entreprise du fondateur qui lui faisait défaut et personne ne semblait capable de saisir l'opportunité de créer un nouveau journal et de le réaliser. Après son arrivée à Headington Hill Hall le 10 octobre 1969, Sir Henry d'Avigdor-Goldsmid, le président indépendant, n'endossa jamais avec bonheur son nouveau rôle. Sa première question à Brian Moss, directeur général des transports, des expéditions, des achats et de la gestion de l'entreprise, concerna l'emplacement des bureaux réservés à sa fonction. On lui répondit qu'ils se trouvaient dans la maison de Maxwell. Il dut se contenter d'une petite pièce utilisée par un des directeurs, dans le bâtiment qui se trouvait sur une colline, à cent mètres du bâtiment principal. La deuxième question posée par Sir Henry à Moss avait trait à la Rolls Royce du président. Moss lui expliqua que la Rolls-Royce appartenait à Maxwell et non à la société. En désespoir de cause, Sir Henry demanda alors qu'on lui indique où se trouvait le bar. « Il n'y a pas de bar », répondit Moss. Les seules boissons disponibles se trouvaient à Headington Hill Hall même; il s'agissait de la réserve personnelle des Maxwell dans leur propre maison. Alors Sir Henry pria Moss d'envoyer chercher une bouteille de gin et de l'eau gazeuse; ces achats furent payés sur la caisse prévue pour les menues dépenses.

Les tentatives de Steinberg pour mettre la main sur Pergamon Press, Inc., la filiale américaine, se soldèrent par un échec. Après que Maxwell eut été évincé du conseil d'administration de Pergamon, sa femme Betty et lui partirent en vacances en Afrique orientale, vacances suggérées et organisées par Lord Aldington. Jean Baddeley, l'assistante personnelle de Maxwell, qui alla se reposer à Malte au même moment, se souvient :

> A peine arrivés au Kenya, les Maxwell apprirent que le président nouvellement nommé de Pergamon Press, Inc., Jim Ross, avait été « piégé » par Leasco. Il cherchait à convoquer une assemblée générale des actionnaires afin que Leasco, non content de posséder Pergamon Press Ltd, la société britannique, puisse également s'emparer de la filiale américaine. M. Maxwell sauta dans le premier avion pour New York et prit en main la situation. L'affaire alla en justice et nous perdîmes. Contre l'avis de ses avocats, M. Maxwell insista pour interjeter appel. Pour cela il fallait obtenir le soir même d'un juge qu'il interdise la communication de la liste des actionnaires à Leasco-PPL. Le cabinet juridique américain qui le conseillait affirma que c'était hors de question; il va sans dire que ce fut néanmoins fait. On trouva un juge, on le tira hors de son lit (où il se remettait d'une soirée bien arrosée à son club) et on le persuada de signer.

En appel, le tribunal décréta que Ross n'avait pas autorité pour convoquer une assemblée parce qu'il avait préalablement démissionné. Il stipula également qu'une clause du contrat de travail de Ross, en tant que cadre de Pergamon contrôlé par Steinberg lui faisait obligation de « s'efforcer de revenir sur sa démission », afin d'éliminer Maxwell.

Dans cette nouvelle bataille surgit un nouveau personnage clé : Sigmund Wahrsager, de Bear, Stearns & C°, homme d'affaires, banquier américain qui représentait les actionnaires publics de PPI. Il reçut un télégramme de Leasco lui enjoignant de démissionner. Il refusa en disant que si la société Leasco pensait qu'il allait abandonner ses fonctions, elle se trompait! Après avoir perdu la bataille pour l'assemblée des actionnaires, Leasco essaya d'assigner Maxwell en justice, lui réclamant une somme de 22 millions de dollars. L'huissier se rendit à l'appartement de l'hôtel Pierre où séjournait Maxwell. Avec obligeance, Jean Baddeley lui indiqua où il pourrait trouver Maxwell plus tard dans la journée (en fait, il se cachait dans l'appartement), et l'huissier s'en alla, heureux, attendre sa proie à l'endroit indiqué. Maxwell et son entourage firent alors en hâte leurs bagages et s'enfuirent à Washington, et de là à Londres. Ils connurent un moment de suspense à l'aéroport quand un homme s'approcha de Maxwell et lui dit : « Vous êtes Robert Maxwell. » Celui-ci ne répondit pas. « Eh bien, continua l'homme, je suis avocat. » Leur angoisse se transforma en frayeur, mais l'inconnu les rassura : « J'ai suivi les événements; je veux vous souhaiter bonne chance, j'espère que vous gagnerez. »

Sir Henry d'Avigdor-Goldsmid était partie prenante dans cette tentative d'assigner Maxwell en justice. Un huissier se présenta aux bureaux de Maxwell à Fitzroy Square à Londres, exigeant de le voir. Miss Baddeley lui répondit que son patron était absent; le visiteur décida d'attendre. Il était encore là le lendemain matin, mais Maxwell était parti la nuit précédente par une porte de service. Il revint deux jours plus tard par la même porte, tandis que les huissiers surveillaient l'entrée principale. Ils comprirent bientôt qu'ils avaient été joués, et se mirent à surveiller également la porte de service. Miss Baddeley complète l'histoire :

> Ce lundi après-midi-là il y avait un scrutin, sans consigne de vote, très important à la Chambre des communes sur la peine de mort. Maxwell était décidé à voter... Puisqu'il ne pouvait plus désormais quitter l'immeuble sans être abordé, il téléphona à Sir Henry, qui était aussi député, le mit au courant de la conduite indigne des avocats de Pergamon qui, pensait-il, ne faisaient que suivre ses instructions. Il l'informa que si les huissiers n'étaient pas écartés dans la demi-heure, il convoquerait une conférence de presse à Fitzroy Square pour expliquer comment on l'empêchait de participer à un vote important. Le siège de Fitzroy fut rapidement abandonné.
> Des mois plus tard, Robert Maxwell et Sir Henry se rencontrèrent dans les couloirs de la Chambre des communes.

Maxwell lui dit : « Bonjour Henry, puis-je faire quelque chose pour vous? » La voix de Sir Henry résonna avec désespoir le long du couloir dans son sillage : « Démissionner, démissionner, démissionner. »

Mais plus tard Sir Henry devait comprendre que Pergamon sans Maxwell c'était un cheval de course privé de ses jambes. Dès la mi-août 1970, son poste non rétribué de P-DG intérimaire le déprimait au point de lui faire dire [17] : « Je n'ai rien connu de tel depuis la retraite de Belgique en 1940. » Pour ses états de service brillants, Sir Henry avait reçu des décorations militaires prestigieuses : la DSO (Distinguished Service Order) et la MC (Military Cross). « Je n'aurais pu, un seul instant, imaginer qu'une société sur le point de changer de direction pour 25 millions de dollars puisse manquer à ce point de moyens. »

Dès septembre, Maxwell parla d'organiser une OPA sur Pergamon mais il n'envisageait plus d'offrir 25 s (125 p) l'action comme l'année précédente. Il évaluait maintenant la société à 12 s 6 d (87,5 p) l'action, en disant [18] : « L'entreprise manque de dynamisme commercial depuis plus d'un an : ce qui est arrivé à cette grande affaire m'attriste, mais je reste très optimiste pour ses perspectives d'avenir. »

De son côté, Steinberg déplora en novembre sa naïveté. Pour lui l'expérience Pergamon était une erreur de 24 millions de dollars. En janvier 1971, John Silkin, avocat ami de Maxwell et son collègue au Parlement, fut nommé au Conseil d'administration de Pergamon, chargé de représenter les 28 % appartenant à la famille Maxwell. Maxwell fut nommé administrateur suppléant. Comme Silkin était obligeamment absent de la plupart des réunions du conseil, Maxwell pouvait y assister. En avril, Sir Henry offrit à Maxwell une place au conseil en échange d'un accord selon lequel Maxwell concéderait le contrôle de PPI et achèterait le stock de vieilles publications de Pergamon. Un communiqué de presse commun annonça la nouvelle :

> Pergamon Press Ltd a maintenant conclu un accord à la fois avec Pergamon Press, Inc. et Maxwell Scientific International, Inc. Pergamon Press, Inc. a accepté de rétablir la relation avec PPL qui existait antérieurement au départ de Maxwell de la présidence en octobre 1969, et de recommander la nomination du Dr Felix A. Kalinski, directeur général de PPL, comme président. Le Conseil d'administration de PPI sera remanié, M. Maxwell demeurant son président, et PPL sera représentée majoritairement au conseil.

La société de Maxwell, la MSI, accepta de payer un million de dollars immédiatement et 500 000 $ supplémentaires au cours des sept années suivantes pour acquérir le stock de vieux numéros de Pergamon. On se mit également d'accord sur des achats ultérieurs de l'ancien stock à un prix minimum de 250 000 $ l'an pendant cinq ans, et de 200 000 $ l'an pour les quinze années suivantes. Ces vieux numéros ne cessaient de prendre de la valeur avec le temps, mais si Pergamon réduisait ainsi son stock, c'était peut-être pour faire face à des besoins d'argent; Sir Henry aux abois avouait le 27 avril que les résultats de la société pour 1970 seraient « effroyables ». Maxwell fut coopté au conseil de Pergamon comme éditeur consultant, avec des honoraires annuels bien modestes de 16 200 £. Mais il était de retour et affirma à l'époque :

> Tous les différends entre Pergamon et les sociétés de la famille Maxwell ont été réglés à l'amiable. J'attends avec impatience de pouvoir coopérer avec le conseil d'administration pour contribuer à ramener la société à sa prospérité antérieure et à sa position dominante dans le domaine des publications éducatives et scientifiques.

Mais pour tous ceux qui le connaissaient, il était évident que tôt ou tard il reprendrait le contrôle total de la société. En aucun cas, il ne supporterait que son enfant reste à jamais entre les mains de parents adoptifs. La volte-face de Pergamon s'expliquait : son conseil avait compris que sans Maxwell l'effondrement de la société était inévitable. Selon le *Daily Telegraph* du 15 mai 1971, Steinberg avait déjà réduit dans sa comptabilité ses investissements dans Pergamon à un dollar. En dépit de cela, il s'opposait encore avec véhémence au retour de Maxwell; mais sans le soutien des établissements financiers il ne pouvait obtenir une majorité. Or, les gros investisseurs de la City qui avaient assuré la défaite de Maxwell en 1969 assistaient à la débâcle de leurs investissements. Son retour dans la société les satisfaisait donc même s'ils n'étaient pas prêts encore à lui restituer la pleine responsabilité des affaires.

En février 1972, Sir Walter Coutts, le dernier gouverneur général de l'Ouganda, remplaça Sir Henry d'Avigdor-Goldsmid comme président de Pergamon. En juin de l'année suivante, il convoqua une assemblée extraordinaire des actionnaires pour élire Maxwell au conseil, louant ses « talents et son enthousiasme »[19], « ses contacts personnels uniques avec un grand nombre de rédacteurs en chef et d'auteurs dont les efforts continus assurent la vie même de la société ».

Mais l'assemblée ne parvint à aucune conclusion. Les petits actionnaires soutinrent Maxwell, comme il le soulignera par la suite, mais Leasco, fort de ses 38 % de voix, lui demeura farouchement opposé et les établissements de la City voulaient le maintien du statu quo jusqu'à la publication du dernier rapport du ministère du Commerce. Maxwell refusa de reconnaître qu'il avait rencontré une défaite [20] : « Si les choses se présentaient aussi mal que certains persistent à le croire, il y a longtemps que je me serais retiré avec une bouteille de scotch et un pistolet. »

En novembre 1973, Coutts écrivit aux actionnaires de Pergamon. Sa lettre allait dans le sens de Maxwell. Il constatait la vanité des efforts menés pendant quelques années troublées pour sortir la société de l'ornière. Tous ceux qui ont œuvré si durement dans ce but se retrouvent toujours « enlisés dans de perpétuelles querelles intestines entre factions rivales ». Coutts avait lu les rapports des inspecteurs du ministère du Commerce mais il croyait que Pergamon avait besoin des « talents de chef d'entreprise » de Maxwell. Il ajouta qu'au cours des derniers mois, quarante à cinquante rédacteurs en chef de journaux sur qui reposait l'avenir de Pergamon avaient réclamé avec une insistance accrue le retour de Maxwell.

Les rédacteurs en chef, en fait, étaient les cartes maîtresses de Maxwell. Ils croyaient en lui et en personne d'autre, car son départ avait progressivement tué leur œuvre commune, en rendant impossible la publication rapide des travaux scientifiques. Une assemblée de rédacteurs en chef fut convoquée dans la salle des professeurs de l'Imperial College à Londres, le 31 octobre 1973 dans le but de s'assurer que Maxwell réintègre sa place au conseil d'administration. Steinberg était à New York; il s'envola pour Londres afin d'assister à cette assemblée mais son avion fut retardé plusieurs heures par le brouillard à Heathrow.

Le professeur Brian Spalding, expert en génie mécanique et rédacteur en chef de l'*International Journal of Heat and Mass Transfer*, présidait la réunion et déclara :

> J'ai reçu un coup de téléphone de Maxwell quelques semaines avant l'assemblée. Il n'a pas dit qu'il avait des problèmes – ce n'est pas son style – mais il a demandé mon aide... Il voulait que moi-même ainsi que d'autres rédacteurs en chef importants informions Sir Walter Coutts que nous désirions rester avec Maxwell et non avec Steinberg.
> Notre principale pierre d'achoppement était Norman Freeman de la ICI qui représentait les actionnaires des établissements

financiers. Il nous convoqua à une réunion le 26 octobre, cinq jours avant l'arrivée prévue de Steinberg. Le ton du gentleman de la City était fort déplaisant. Selon lui, il y avait toute probabilité que Maxwell finisse en prison, c'était un homme peu recommandable, et il ne pouvait pas comprendre pourquoi nous nous obstinions à vouloir entretenir la moindre relation avec lui. Mais nous n'avions rien à reprocher à Maxwell; c'est lui qui nous avait permis d'exister et nous voulions que cela dure. Maxwell était à l'origine de nos revues, mais c'était les nôtres, nous nous considérions libres de changer d'éditeur si nous le désirions. Pergamon, à notre avis, tirait son prestige des rédacteurs en chef. Maxwell le savait; il soutenait, il flattait cette thèse. Il fit venir des rédacteurs en chef de l'étranger et nous fit croire que nous avions les cartes maîtresses en main.

Le premier orateur, le professeur Sir Harold Thompson, éminent physicien, prononça un plaidoyer en faveur de la réélection de Maxwell au conseil d'administration. Depuis la dernière réunion, la position de Freeman s'était légèrement adoucie. Son veto catégorique fit place à une demande d'ajournement. Il souhaitait seulement que la nomination de Maxwell soit retardée jusqu'à la publication du troisième et dernier rapport du ministère du Commerce. Sam Eilon, professeur de gestion à l'Imperial College, raconte le déroulement de la séance.

Steinberg arriva enfin. Il commença par affirmer que Leasco abandonnerait son « rôle passif » antérieur au sein de la société. Il souligna qu'il n'accepterait en aucun cas le retour de Maxwell. Je rappelai le point de vue des rédacteurs en chef, à savoir le rôle essentiel qu'avait joué Maxwell dans le grand succès obtenu par les revues de Pergamon. La réponse de Steinberg ne fut que mépris. Il n'avait pas besoin des rédacteurs en chef actuels, dit-il. Les rédacteurs en chef, on en ramassait à la pelle, il n'aurait aucun mal à les remplacer. Si Steinberg avait jamais eu la moindre chance de gagner la confiance des rédacteurs en chef, il la perdit totalement à cette assemblée.

Le professeur ajouta :

Traitez-nous de têtes de cochon ou d'idéalistes, mais nous restons sur notre position. Steinberg était beau parleur, plutôt petit physiquement et assez rond. Il était très sûr de lui et doté d'une séduction certaine, mais cela ne marcha pas avec nous. Nous savions en sortant de la réunion que Maxwell avait gagné... Notre loyauté envers Maxwell était sincère : nul besoin de nous harceler, de nous bousculer, ou de nous acheter pour le soutenir...
Maxwell n'est pas un intellectuel. De nombreux universitaires

> n'apprécient peut-être guère son image publique, mais il nous comprend, ce qui, conjugué à sa largeur de vues, compense ses défauts mineurs... Évidemment, c'est un homme d'affaires, il est là pour faire des bénéfices... Cet aspect matériel ne transparaît pas trop. Avec lui, les projets deviennent des aventures et les aventures sont amusantes.

Le professeur Harold Liebowitz, maintenant doyen des Sciences appliquées et des techniques d'ingénierie à l'université George Washington, se souvient d'avoir rencontré Maxwell à New York en 1969 :

> Il me parla de ses projets de fusion avec Steinberg et je les lui déconseillai. Ils étaient tous deux de fortes personnalités et je dis à Bob qu'il ne pouvait être un numéro deux. Il persista et faillit tout perdre. Mais je le soutins parce que Pergamon Press n'était qu'un seul homme, Maxwell... Sans lui, rien. Je peux dire sans mentir que de toute ma vie je n'ai jamais rencontré quelqu'un qui travaille autant que lui. C'est un bourreau de travail, vingt-quatre heures par jour. Il vit même au-dessus de ses bureaux à Headington Hill Hall, endroit que nous, rédacteurs en chef américains, appelons le Ranch Triple H. Il a consacré sa vie à son travail. Bien sûr, il mène une existence agréable, mais elle a toujours été liée à sa vision d'un réseau mondial de communications. D'autres hommes d'affaires gagnent de l'argent de manière purement égoïste... Chez Bob Maxwell il y a bien autre chose. Cela peut paraître exagéré, mais je crois qu'il souhaite sincèrement améliorer la qualité de vie de tous.
>
> Même quand il traversait les pires difficultés, son optimisme ne l'a jamais quitté. En le regardant, c'est tout le peuple juif que l'on voit, obligé depuis toujours d'aller de l'avant quoi qu'il advienne. Il a pour héritage la force, le courage et la faculté de ne jamais se laisser abattre. Après chaque chute, il se relève. C'est tout Maxwell. Peu de personnes ont exercé une telle influence sur mon existence.

Harry Wasserman, professeur de chimie à Yale, qui participait également à l'assemblée de l'Imperial College, déclara :

> Il se peut que Bob ait tiré les ficelles de la révolte des rédacteurs en chef, mais il n'y a aucun doute que notre adhésion fut tout à fait spontanée. Ce fut un succès complet.

Maxwell se trouvait, en fait, trois étages au-dessous de la salle où se tenait l'assemblée. Il dictait une déclaration à la presse. Pour l'occasion, Colleen, l'assistante du professeur Spalding qui devait devenir Mme Spalding, lui servait de secrétaire; Maxwell l'exaspérait parce qu'il mettait les pieds sur le bureau de Spalding.

Le professeur James Harnett, actuellement directeur du département de génie mécanique à l'université de l'Illinois, se trouvait parmi les rédacteurs en chef américains venus à Londres pour cette réunion :

> Je n'ai pas hésité à venir, car je devais beaucoup à Maxwell, dans bien des domaines... Dieu merci, nous avons gagné... tout avait été organisé, bien entendu, par Maxwell lui-même. C'est un génie, il n'y a pas de doute à ce sujet. Il sait voir les possibilités qui se présentent là où d'autres sont incapables de les déceler. Mais il a bien failli tout perdre dans l'affaire Leasco.

Le professeur Alan Sartorelli, professeur de pharmacologie à Yale et l'un des chercheurs américains les plus éminents en cancérologie, se souvient :

> Mes sentiments étaient les mêmes que ceux de la plupart des autres rédacteurs en chef de Pergamon. Nous savions que Maxwell s'intéressait vraiment à la science et aux savants, alors que nous soupçonnions la société Leasco de n'être motivée que par l'argent. J'étais actionnaire de Leasco, ce qui me donnait voix au chapitre dans le fonctionnement de la société... Je dis à Steinberg que je retirerais ma revue de l'écurie Pergamon à moins que Maxwell n'y revienne. Bob, voyez-vous, avait été très astucieux. Il n'avait jamais réclamé d'exclusivité aux auteurs et conseillers des revues; selon la loi, celles-ci nous appartenaient et, par conséquent, nous pouvions en disposer. Mais il savait qu'aussi longtemps que dureraient nos liens avec lui nous n'accepterions aucun autre éditeur.

Un mois avant la réunion des scientifiques, Maxwell avait entamé des pourparlers pour la reprise de Tinlings, une imprimerie de Liverpool en difficulté. Cette acquisition lui aurait fourni, en cas de besoin, une nouvelle base pour ses affaires d'édition. Le conseil d'administration de Pergamon avait certainement compris que s'il donnait suite à ce projet, il pourrait reprendre la publication de la plupart des revues scientifiques, voire de toutes celles détenues par Pergamon. Le conseil, cependant, se trouvait face à un dilemme, car Steinberg ne voulait pour rien au monde entendre parler du retour de Maxwell, et les établissements financiers de la City attendaient toujours la publication du dernier rapport d'administration.

Mais les administrateurs subissaient les pressions, entre autres, de Robert Perrin, conseiller en gestion d'entreprise et rédacteur en chef de la revue Pergamon *Long Range Planning* qui déclara :

> J'ai eu des entretiens avec les actionnaires de la City auxquels je ne cessais de répéter que la question essentielle était : sans

> Maxwell, pas de Pergamon. J'ai affirmé aux hommes d'affaires de la City : « Si vous éliminez Maxwell, Pergamon s'effondrera comme un château de cartes. » Lui seul savait diriger l'entreprise. Quand il était à sa tête, il ne savait absolument pas se faire seconder et il était affligé d'un personnel de deuxième ordre. Bref, c'était un géant aux mille idées avec un réseau de relations démesuré, entouré de collaborateurs sans envergure. Je ne pouvais juger en bien ou en mal le fameux rapport des inspecteurs du ministère, mais j'ai bien dit aux actionnaires qu'il n'y aurait plus de société si Bob s'en allait, et vous pouvez imaginer leur réaction à une telle perspective. Dans ces conditions, forts de la révolte des principaux rédacteurs en chef de haut niveau intellectuel, et aidés par de puissants arguments financiers en faveur de Maxwell, nous fûmes en mesure de contre-attaquer de manière efficace.
>
> L'affaire Leasco tout entière était une absurdité. Imaginez un peu : ils étaient là à essayer de débarrasser Pergamon de Maxwell, alors qu'il était installé au beau milieu de la société à Headington Hill Hall.

L'admiration de Perrin pour Maxwell ne le privait pas de sens critique. Aucun des cadres supérieurs, dit-il, ne pouvait voyager à l'étranger sans avoir fait signer ses chèques par Maxwell. Et même « personne, semblait-il, ne pouvait respirer » sans lui. « Bien entendu, c'est une gêne pour la bonne marche de la société. Pergamon avait un style de gestion épouvantable : c'était alors une société incroyablement autocrate dans son fonctionnement, mal gérée, mais présidée par un sacré génie. »

En décembre 1973, Leasco (devenu « Reliance ») proposa de nommer treize nouveaux directeurs au conseil d'administration de Pergamon, des hommes que John Gillum de la banque Samuel Montagu décrivit comme ayant « le genre de noms dont aurait été fier Damon Runyon [21] ». Coutts protesta que Reliance lui avait tout caché de ce projet. Il se plaignit en ces termes [22] : « Nous avons été traités à peu près comme des écoliers n'ayant peut-être même pas mérité une sucette. »

***

L'histoire touchait maintenant à sa fin. Le 9 janvier 1974, Maxwell annonça qu'il faisait une offre pour les actions Pergamon au prix de 11 p l'une; globalement, il proposait d'acheter pour 1,5 million de livres une entreprise que Steinberg avait été prêt à payer 25 millions de livres en 1969.

Très peu de gens s'en rendaient compte, mais Maxwell était

pratiquement sans le sou. Les différents procès qu'il avait dû mener de part et d'autre de l'Atlantique pour défendre son honorabilité lui avaient coûté près de 2 millions de livres; comme toujours, les avocats s'étaient rempli les poches! Depuis 1969, Maxwell connaissait une véritable traversée du désert, tant sur le plan professionnel que politique. Il avait perdu son siège chéri au Parlement; il avait été accusé par deux inspecteurs du gouvernement d'être inapte à diriger une société cotée en Bourse. En son absence, la situation de l'entreprise qu'il avait édifiée à partir de rien était quasiment revenue à son point de départ. Les actions de la société, dont 28 % appartenaient encore à la famille Maxwell, n'avaient pratiquement plus de valeur. Le seul espoir pour Pergamon comme pour Maxwell, alors âgé de cinquante et un ans, c'était qu'il reprenne l'affaire en main et lui donne un nouvel essor. Cette entreprise, Maxwell lui avait consacré l'essentiel de son temps, jour après jour, durant plus de vingt ans, pendant toute sa carrière; en moins de cinq ans, elle avait été pratiquement détruite, mise sur le flanc.

Le million et demi de livres dont il avait besoin pour racheter Pergamon fut entièrement emprunté à Microforms International Marketing Corporation. Cette société, nouvellement créée et sise aux États-Unis, était la propriété d'un juriste français, conseiller de la famille de Betty Maxwell. Elle avait été fondée avec l'accord de Leasco. Une ironie cruelle (pour Steinberg) voulut que l'essentiel de l'argent provînt de la Chemical Bank, dont la tentative d'acquisition par Steinberg en 1968 avait été déjouée par Wall Street. La Chemical était trop heureuse d'avancer la somme nécessaire à Maxwell. Un autre prêteur bien disposé se trouva être Fleming's, la banque commerciale qui avait démissionné de son poste de conseiller auprès de Maxwell à la fin de l'été 1969.

Quelques jours après sa première offre, Maxwell augmenta légèrement son prix, mais à 12 p l'action seulement. Coutts informa les actionnaires des conditions offertes et reconnut qu'elles étaient « décevantes ». Mais, dit-il, ils devaient les juger en fonction de la valeur actuelle des actions Pergamon, à savoir 2,68 p ou 4,22 p selon les méthodes de calcul utilisées. Il ajouta :

> Pergamon pourrait fournir une arène commode pour l'affrontement de factions d'actionnaires; mais même si le conseil estimait que ces querelles – pour intéressantes qu'elles puissent être aux yeux du spectateur – n'allaient pas à l'encontre des intérêts de la société, la situation financière de Pergamon ne lui permet pas de s'offrir ce luxe. Telle est la triste vérité.

Le conseil de Pergamon se prononça en faveur de l'offre de Maxwell. Plus de 90 % des actionnaires, y compris Steinberg et les établissements financiers de la City, acceptèrent ainsi un prix qui ne représentait qu'un dixième de ce qu'ils auraient pu obtenir par le passé. Maxwell, de nouveau propriétaire de Pergamon, lui rendit son ancien statut de société à responsabilité limitée. John Gillum, dont la banque conseillait l'entreprise, a raconté la dernière assemblée des actionnaires à Connaught Rooms, à Londres. Un petit actionnaire lui demanda : « Comment diable pouvez-vous dire que 12 p est une offre honnête et raisonnable? Savez-vous que j'ai payé 35 p (1,75 s) pour mes actions? » Gillum répliqua : « Ce n'est pas l'offre qui vous fait perdre de l'argent. C'est ce qui est arrivé à la société dans l'intervalle. Si vous n'étiez pas actionnaire de Pergamon aujourd'hui, achèteriez-vous des actions à 12 p? » Et l'actionnaire, furieux, de répondre : « Rien au monde ne pourrait m'inciter à avoir quoi que ce soit à faire avec cette société une deuxième fois. » Gillum lui dit : « Vous venez de répondre à votre propre question. »

Gillum affirme aujourd'hui que 12 p était un prix honnête à l'époque. Il paraissait peu vraisemblable que la Bourse accepte de coter les actions Pergamon dans un avenir proche. Pour sa part Maxwell se demande pourquoi les établissements de la City ont accepté les 12 p alors qu'ils pouvaient encore tenir un an ou deux, délai nécessaire à la société pour redevenir bénéficiaire et pour que les actions grimpent à 2 £. Ce raisonnement n'ébranle pas Gillum. Il est toujours facile de prédire l'avenir après coup.

Après avoir reconquis Pergamon, Maxwell, accompagné de Coutts, rendit visite à la National Westminster Bank, son alliée la plus solide tout au long de sa carrière dans la City. Pergamon s'était endetté auprès d'elle de plusieurs millions de livres sterling. Coutts demanda au président de la Westminster, Alex Dibbs, s'il avait une quelconque objection au retour de Maxwell à la tête de Pergamon. Dibbs répondit : « Une objection? Je suis ravi. Maintenant que Bob est de retour, la banque pourra récupérer son argent. »

Dès la première année, après le retour de Maxwell, Pergamon Press réalisa des bénéfices de 2 millions de livres. Conséquence étrange de la reconquête par Maxwell de son entreprise : les détenteurs de près de 130 000 actions Pergamon n'ont jamais cherché à toucher leur argent. Il est encore en dépôt au compte de la MIMC à la National Westminster Bank, sans que nul ne le réclame.

Le mot de la fin, dans l'enquête gouvernementale sur Pergamon, vint de la bouche de l'adjoint du Procureur général, Peter Archer, à la Chambre des Communes, en réponse à une question sur le sujet. Il dit que la commission avait étudié avec le plus grand soin les conclusions de longues et minutieuses enquêtes policières, et qu'elle avait préparé une série d'attendus pour le Procureur général :

> La commission parvint à la conclusion qu'aucune mesure à l'encontre de quiconque n'était justifiée. Le Procureur général fut d'accord avec cette conclusion. Ayant étudié les jugements avec la commission et le Procureur général, je suis du même avis.

Maxwell était à Pékin le 13 mai 1977, en pleines négociations avec la Chinese Book Import Corporation, et les responsables des Académies des sciences et des sciences médicales. A l'annonce des propos tenus aux Communes, il dit simplement : « Je suis ravi. »

Dix ans plus tard, Robert Hodes, l'avocat de Steinberg, écrivait dans le Livre d'Or du 60e anniversaire de Robert Maxwell :

> Nous étions entraînés dans une querelle retentissante qui mit au jour, chez chacun de nous, les aspects les moins plaisants de sa personnalité. Néanmoins, tout au long de l'histoire, j'ai été sensible à certains traits de caractère de Maxwell que j'admirais et que j'admire encore aujourd'hui. Le cran : aux moments les plus sombres, il manifestait une détermination et un optimisme à toute épreuve, avec en plus une fierté qui, étant donné les circonstances, était souvent exaspérante, mais jamais, finalement, génératrice de haine. En outre, sa famille, envers qui il manifeste une attention et des égards constants, sincères, occupe une place importante dans sa vie. Quelles que soient les perturbations de la journée professionnelle, il n'oublie jamais sa famille, ni en pensées, ni en paroles.

C'était là un hommage généreux de la part d'un ancien adversaire.

***

Non seulement aucune action en justice ne fut intentée – il n'en fut même pas question – mais aucun actionnaire ne déclencha de poursuite administrative. Toutefois, la réputation de Maxwell avait été salie. Pour cette raison même, et pour bien d'autres encore, l'enquête menée par le ministère du Commerce sur les affaires de Pergamon constituait bel et bien un abus de droit, en dehors de toute autre considération quant à la valeur des conclusions des inspecteurs. Ce fut la seule fois où la commission des OPA demanda une telle enquête. En la circonstance, elle avait obéi au désir d'affirmer sa propre force au lieu de se contenter de rechercher s'il existait d'éventuelles irrégularités. Il est vrai que cette commission, sortie des cendres d'une commission précédente critiquée pour sa faiblesse, venait tout juste d'être constituée au moment du projet de fusion Pergamon-Leasco.

Il reste que les conséquences de toute cette histoire furent désastreuses pour Pergamon, pour Maxwell, et pour la crédibilité de ce genre d'enquêtes administratives. Maxwell et Pergamon se sont rétablis depuis, et même de façon spectaculaire; mais non le système d'enquêtes. Les inspecteurs, s'abritant derrière la législation en vigueur, avaient délivré des conclusions quasi judiciaires, sans observer le devoir de réserve. Tous les témoins avaient été entendus en secret. L'« accusé », Maxwell, n'avait eu le droit de connaître ni les accusations formulées à son égard ni le nom de leurs auteurs, ni les prétendues « preuves » – on-dit, spéculations et autres genres de propos fantaisistes – sur lesquelles se fondait l'accusation. Il n'avait eu aucune possibilité de se faire communiquer le nom des témoins et leurs dépositions; il n'avait pas eu davantage la faculté de vérifier si les dépositions apportaient des preuves écrites, si ces preuves, à supposer qu'elles eussent existé, étaient véridiques, contrefaites ou erronées. Il n'avait pas pu, par conséquent, réclamer le contre-interrogatoire des témoins. L'injonction de Lord Denning : « Ils doivent se montrer justes » n'avait pas été respectée dans son esprit. Il est donc légitime de reprocher aux inspecteurs leurs nombreuses erreurs qui, ajoutées les unes aux autres, ont constitué une énumération d'iniquités et disqualifié leurs conclusions. Néanmoins, ils avaient préparé leurs rapports en observant les formes imposées par le Parlement et, en fin de compte, c'est au Parlement qu'il appartient de légiférer de sorte que justice puisse être rendue. Assurément le cadre défini pour ce genre d'enquête est inadapté à notre temps, sa conception même relève d'une ère commerciale périmée qui n'a rien de commun avec la nôtre. La constitution soviétique elle-même prétend assurer des procédures plus équitables. Les inspecteurs avaient pu se comporter à la fois comme s'ils avaient été la police, l'accusation, les juges et les jurés. Ainsi, telle Humpty-Dumpty dans *Alice au pays des Merveilles,* la notion de justice naturelle avait été vidée de sa signification. Malgré la promesse formelle de se conformer à ce principe, il était apparu clairement dans les attendus du juge Wien et de la cour d'appel que ni l'un ni l'autre n'avait eu les moyens de contraindre les inspecteurs à s'y conformer, puisqu'il n'y avait pas eu d'appel possible contre leurs conclusions.

Maxwell avait pu faire citer ses propres témoins pour déposer en sa faveur, mais il n'avait pas disposé de la faculté d'obtenir le contre-interrogatoire des témoins à charge, la communication des documents le mettant en cause. Qui plus est, les inspecteurs avaient ignoré les écrits et les déclarations démontrant qu'ils avaient admis comme recevables des dépositions inexactes. Autre exemple de leurs méthodes : ils avaient conclu que les rapports financiers annuels de Pergamon certifiés par les experts-comptables étaient « tendancieux », mais au lieu d'émettre des critiques à l'égard des comptables qui les avaient préparés et certifiés, ils avaient accusé Maxwell de les avoir induits en erreur. Si un magistrat de la Haute Cour s'était conduit de cette manière, la cour d'appel en eût été sidérée. Par-dessus tout, le droit de faire appel n'existait pas et n'existe toujours pas.

Maxwell n'a pas été la seule victime de ce système, mais il est sans doute celui qui en a le plus souffert. En 1976, une enquête du ministère du Commerce et de l'Industrie sur la société Lonrho, contrôlée par Roland (« Tiny ») Rowland, s'acharna contre Angus Ogilvy, le mari de la princesse Alexandra, qui fait partie du conseil d'administration de Lonrho. Ogilvy et Lord Duncan-Sandys, gendre de Winston Churchill et ancien ministre, furent attaqués férocement dans le rapport d'enquête. Comme pour Maxwell, les inspecteurs s'attachèrent à critiquer le caractère des deux hommes. Ils affirmèrent qu'Ogilvy était « faible », « négligent » dans l'accomplissement de ses devoirs d'administrateur au point de mériter de sévères critiques. Or, on apprit par la suite que ce jugement porté contre lui s'étayait sur une lettre qui ne lui avait pas été communiquée et qui faisait état de faits dont la fausseté fut prouvée. Ogilvy eut beau crier son innocence, son lien de parenté avec la famille royale ainsi que son sens de l'honneur le conduisirent à démissionner de tous les conseils d'administration dont il faisait partie. Selon un de ses amis [23] : « Il se serait battu avec acharnement pour rester dans la City s'il n'avait pas été l'époux de la princesse Alexandra. »

Ogilvy lui-même déclara à l'époque [24] : « Je crois que les affirmations des inspecteurs sont fondées sur un certain nombre d'erreurs de jugement et d'hypothèses fausses... Parce que je n'ai aucun recours légal, je n'ai aucune possibilité de laver vraiment mon nom de tout soupçon. »

La loi n'a toujours pas changé. Maxwell et Ogilvy doivent tous deux supporter l'affront de jugements qu'ils considèrent comme étant fondamentalement injustes et inexacts. Il n'est pas d'article important sur eux dans la presse qui ne fasse état des accusations dont ils ont été l'objet. Les réfutations des intéressés sont rappelées beaucoup plus rarement. Lorsque Maxwell poursuivit le magazine *Private Eye,* celui-ci chercha à invoquer devant la cour les rapports des inspecteurs afin de démontrer que Maxwell était perdu de réputation. Le juge rejeta cette requête; s'il l'avait autorisée, qui peut prévoir l'influence que ces documents auraient pu avoir sur le jury? A tout le moins, cela aurait prolongé une action en justice déjà longue et onéreuse.

En 1986, à la Chambre des lords, Lord Silkin essaya en vain de faire amender la loi afin de permettre à toute personne lésée d'introduire un recours en appel, chaque fois que l'enquête administrative transgresserait le principe de la justice naturelle. Après la reprise du contrôle de Pergamon par Maxwell, le ministère du Commerce et de l'Industrie dota ses commissions d'enquêtes en entreprises d'une réglementation nouvelle interdisant aux inspecteurs de faire référence aux personnes privées, et leur faisant obligation de donner à tout individu susceptible d'être critiqué ou accusé la possibilité de se défendre. Pour Ogilvy, comme pour Maxwell, ces dispositions tardives ne peuvent rien changer. Néanmoins, il est important que désormais les inspecteurs disposent d'instructions qui restreignent leurs pouvoirs et les empêchent de franchir certaines limites. Sur le fond, rien n'est encore fait cependant pour modifier ce genre de procédure injuste, inéquitable, secrète et – de surcroît – sans recours.

VIII

La naissance d'un empire de presse

« J'ai fini par me hisser au sommet du mât de cocagne. »

Disraeli.

Le jeudi 12 juillet 1984, une minute avant minuit, le téléphone sonna dans un bureau, au neuvième étage du bâtiment de Holborn Circus, chez le patron du Groupe du Mirror, Douglas Long. Accompagné de Tony Miles, adjoint au président du groupe, de Roger Bowes, numéro trois dans la hiérarchie, et de Mike Molloy, alors rédacteur en chef du *Daily Mirror*, il avait dîné dans le Salon bleu, à quelques mètres de là; tous les directeurs de la société s'étaient donc trouvés réunis avec le Dr Alcon Copisarow, chercheur et ancien membre du Conseil de la Presse, et Victor Paige, directeur et adjoint au président du National Freight Consortium. Le dîner devait être présidé par Clive Thornton, président du Mirror Group Newspapers (MGN) et ancien directeur général d'Abbey National Building Society, mais, prétextant une migraine, il s'était décommandé et était rentré chez lui. L'introduction du groupe en Bourse, prévue pour le courant de l'année, aurait dû valoir à Copisarow et à Paige des responsabilités plus importantes. D'où leur présence à ce dîner. Mais cette perspective s'étant évanouie, ils se trouvaient dans une position identique à celle des New-Yorkais qui comptaient s'embarquer sur le *Titanic* pour son voyage de retour en Grande-Bretagne; jamais ils ne sauraient comment était la vie à bord du paquebot! Copisarow et Paige partirent ensemble vers 22 heures, ce qui est tôt pour des journalistes. Miles et les autres convives restèrent à boire et à bavarder autour de la table. Ils savaient que tôt ou tard il y aurait un appel. Le téléphone sonna. Miles quitta la pièce pour répondre. On l'entendit s'exclamer « Ah, les vaches! » – à moins qu'il n'eût utilisé des termes plus vigoureux – puis, il raccrocha. Immédiatement le téléphone sonna de nouveau. Cette fois, Long répondit. Les deux appels provenaient de sir Alex Jarratt, président de Reed

International, le propriétaire de MGN, et de Les Carpenter, son directeur principal. Dès son retour dans le Salon bleu avec Long, Miles résuma l'essentiel des conversations téléphoniques : « Eh bien, ça y est ! Maxwell a acheté le *Mirror*. » La nouvelle ne surprit guère. Depuis le début de la soirée, tous s'y attendaient.

Miles ajouta qu'on ferait bien de convoquer les autres membres du conseil d'administration de MGN. A nouveau, le téléphone sonna. Pour la troisième fois... Molloy décrocha. C'était Robert Maxwell qui avait passé la journée à discuter de la reprise avec Carpenter, dans un appartement du Ritz, juste en face du siège de la société de Reed. Il demanda à parler rapidement à Miles. Molloy tendit l'appareil à ce dernier : « C'est Robert Maxwell. Il veut vous parler. » Mais Miles était entêté et orgueilleux, il s'était déjà vu imposer Thornton qui ne connaissait rien à la presse. Il n'hésita pas : « Je ne veux pas parler à Maxwell. Dites-lui que je suis déjà parti. » Molloy reprit le téléphone. Maxwell avait déjà raccroché. « Je m'en vais », dit Miles. Il passa d'abord dans son bureau, un peu plus loin dans le couloir, puis il rentra chez lui. De là, il me téléphona la nouvelle : loin de respecter sa promesse – et Dieu sait s'il l'avait souvent formulée – de ne pas vendre le journal à quiconque, Reed avait traité avec Maxwell ! Je lui exprimai tout mon mépris à l'égard des dirigeants plus soucieux du portefeuille de leurs actionnaires que des garanties données à leurs employés et j'usai sans doute de termes plus vifs ! – puis j'essayai de me rendormir. Miles téléphona à plusieurs autres personnes, et il retourna au *Mirror*.

Les heures avaient passé. Comme tout le monde au journal ne cessait de le répéter, nous étions le vendredi 13. A minuit vingt, le téléphone sonna de nouveau dans le bureau de Long. Cette fois l'appel venait du service de nuit du *Daily Mirror*, au troisième étage de ce vilain bâtiment sans caractère, siège des journaux du groupe ; on prévenait de l'arrivée de Maxwell. Le nouveau propriétaire se trouvait à l'étage de la direction ; il se dirigeait vers le bureau de Long... Long et Molloy allèrent accueillir le nouveau venu aux portes de l'ascenseur avec l'enthousiasme d'un cheval qui recule devant l'obstacle.

La nuit était chaude, il faisait lourd. D'ailleurs, d'un point de vue strictement météorologique, le temps tournait à l'orage ; Maxwell était en bras de chemise. Tout le monde dit « Hello » et lui-même prononça quelques mots : « Comment ça va, eh bien, voilà une sacrée surprise, non ? » Pour quelqu'un qui n'est pas particulièrement tourné vers la litote, c'était une sorte de classique en son genre. Les trois hommes se rendirent dans le bureau de Long, accompagnés de Richard Baker, directeur général adjoint de BPCC. En fait, cette venue de Maxwell dans les bureaux du journal était improvisée. Lui et Baker devaient gagner Maxwell House dans la City, pour assister au conseil d'administration convoqué toutes affaires cessantes. Parmi les cadres du groupe du Mirror, Bob Edwards, le meilleur ami de Maxwell, rédacteur en chef du *Sunday Mirror*, les attendait déjà. Mais le chemin obligatoire du Ritz à Maxwell House passait devant l'immeuble du *Mirror* et le nouveau propriétaire – ou rédacteur en chef comme il voulut être appelé dès le début – ne put résister à la tentation de visiter son nouveau domaine. Et lorsque le groupe arriva dans le bureau de Long, Maxwell se dirigea tout droit au bar : « Je vais prendre un verre. Qui veut quelque chose? »

L'offre était bien plus qu'une simple politesse. Maxwell n'avait sans doute pas particulièrement soif. Mais Long et tous les autres virent la valeur symbolique du geste. Maxwell parlait de *son* verre, de *son* bar, dans *son* immeuble, dans *son* journal. Avec cette invite en apparence innocente, Maxwell rappelait qu'il était désormais le maître de maison. Et si les journalistes acceptaient sa proposition, eh bien, ils acceptaient aussi son pouvoir.

Depuis des jours les journalistes du *Mirror* étaient en ébullition. Quelques-uns d'entre eux, une très petite minorité dont j'étais, avaient été tout près d'arrêter la publication pour empêcher Reed de revenir sur sa parole, en disposant du groupe à son gré. Pour obliger Reed à introduire la société en Bourse après avoir minutieusement préparé l'opération, le Syndicat national des journalistes avait offert de garantir à Reed que ce lancement serait une réussite. Il s'était engagé à suspendre toute action syndicale susceptible de troubler la bonne marche, à l'exclusion des procédures légales. Cette offre publique faite à Thornton constituait un événement sans précédent. Elle avait été formulée à la dernière minute ou presque. De leur côté, les typos de la Sogat [1] 82 avaient formulé une promesse analogue, valable pour une durée de douze mois. Dans une lettre adressée à Thornton, ils ajoutaient une annexe visant à l'aider dans sa lutte contre Reed. Ils écrivaient : « Si vous cessez d'exercer les fonctions de président, cette entreprise cesse d'être viable. » On se doute que Reed se mordait les doigts jusqu'au sang d'avoir nommé Thornton à son poste!

Mais, si l'on voit les choses après coup, il faut constater que, pour toute concession, deux des plus puissantes sections syndicales de la société offraient à la direction en tout et pour tout de se conformer aux accords qu'elles avaient elles-mêmes librement signés. Voilà qui prouve à quel point Fleet Street s'était égaré dans la jungle de l'anarchie, le surréel était devenu la norme. D'ailleurs, sur le moment, le geste avait semblé généreux et peut-être l'était-il, étant donné le climat dans lequel, de mémoire d'homme, la presse évoluait.

La plupart des employés de MGN trouvaient agréable de travailler pour le groupe. Les salaires n'étaient pas les plus élevés de Fleet Street mais les notes de frais n'étaient pas réservées aux seuls journalistes, et elles majoraient considérablement les traitements. Dans la plupart des services, la semaine de quatre jours ou la quinzaine de neuf jours se pratiquait couramment. Les vacances supplémentaires et les congés de maladie étaient aussi libéralement offerts qu'ils étaient mis à profit, souvent de manière excessive. Si la direction manifestait la moindre velléité de rébellion (de l'avis de l'un ou l'autre des éléments musclés de la main-d'œuvre) une bonne petite grève la remettait rapidement au pas. En fait, on ne peut comprendre les méthodes de travail anarchiques de Fleet Street à cette époque si l'on ne sait pas à quel point la gestion était effroyable. L'un des dirigeants du *Mirror* se vantait de ce que la direction de son journal était la meilleure de Fleet Street. S'il disait vrai, l'incompétence des autres était telle qu'ils auraient été incapables de tenir un éventaire de bigorneaux, pour reprendre une expression chère à Hugh Cudlipp.

Les orientations politiques du navire amiral du groupe, le *Daily Mirror*, restaient fidèles à la tradition instaurée pendant et après la guerre. Les opinions au jour le jour se décidaient plus ou moins démocratiquement entre Miles, Molloy, Terry Lancaster, le chef du service politique, Geoffrey Goodman, le chef de la rubrique industrielle et moi-même en qualité de secrétaire de rédaction : pourtant Molloy, en qualité de rédacteur en chef, avait toujours latitude d'opposer son veto, mais c'était un droit auquel il recourait rarement. Le journal était radical de gauche, indépendant de l'*Establishment*, et cependant il ne se trouvait pas sous la coupe des chefs du parti travailliste, avec lequel, en fait, il n'avait que peu de contacts, même à l'époque des élections générales. Le journal se conduisait correctement par sa manière ouverte d'aborder les questions d'intérêt national.

Le *Mirror* était un quotidien de journalistes et pourtant un membre au moins de la haute direction était connu pour sa haine des journalistes. A leur tour, ces derniers n'éprouvaient que mépris à l'égard des directeurs qui n'avaient jamais pratiqué leur métier. Le personnel des journaux était parfaitement capable de sortir un tabloïd aussi bon que tout autre ailleurs dans le monde. Si pendant quelques années le *Mirror* n'avait sorti qu'une seule édition, ce n'était pas imputable à ses rédacteurs mais bien à une combinaison de la pingrerie du syndicat des typos et du désir forcené de conciliation de la direction. Le mélange des deux rendait impossible la sortie d'un nombre convenable d'éditions, sauf à entraîner des coûts prohibitifs. De même, il avait fallu renoncer à la publication régulière d'un 40 pages, car les primes négociées pour la réaliser dépassaient largement les bénéfices que l'on aurait retirés de la publicité supplémentaire.

Grâce à son expérience personnelle, chacun au *Mirror* avait son propre stock d'histoires abominables. Je me rappelle qu'un jour, dans le cadre de son émission « Panorama », la BBC avait voulu m'interviewer dans mon bureau. Pour autoriser ce film, le syndicat des électriciens avait exigé un préavis de dix jours, ce qui était absurde, s'agissant d'un programme d'actualités. Une demande d'une société d'ITV, pour un programme éducatif, avait donné matière à des marchandages insensés : l'enregistrement ne fut autorisé que contre la promesse de la direction de payer à deux électriciens deux heures supplémentaires tant que les caméras resteraient dans mon bureau. Que l'on n'ait pas eu besoin d'électriciens, qu'il n'ait fallu aucun éclairage supplémentaire et que personne n'ait travaillé en sus du temps normal était hors de propos – en réalité, les deux hommes restèrent assis sur le parquet devant la porte et ne firent strictement rien. Un sommet de l'absurde fut atteint le jour où, devant me rendre dans un autre bâtiment de bonne heure un matin, afin d'écrire une série spéciale, on me fit savoir que seul un réparateur de machines à écrire était qualifié pour transporter la mienne : aucun n'était disponible avant l'après-midi. A mes risques et périls, je décidai de transporter moi-même ma machine de l'autre côté de la rue. Mais de telles aberrations étaient courantes. Personne à la direction ne s'y opposait.

Étant donné les méthodes de travail, il était exclu d'espérer le moindre bénéfice d'une affaire de presse; les bénéfices déclarés par MGN l'année de l'arrivée de Maxwell étaient inférieurs au total des heures supplémentaires payées au petit nombre des électriciens – en surnombre de toute façon – employés par le groupe. D'ailleurs, dans toute la profession les salaires étaient ridicules. Certains typographes du *Sun* touchaient près de 50 000 £ par an; au *Mirror*, d'autres gagnaient plus que les rédacteurs en chef adjoints. Dans bien des cas, la semaine de quatre jours se composait de journées de quatre heures. Deux sections syndicales au moins avaient institué un roulement pour les congés de maladie. Les journalistes aussi bien que les membres des syndicats (la National Graphical Society et la Sogat) exigeaient sans cesse plus d'argent, et tous les tours étaient permis. On a vu des journalistes qui ne travaillaient pas les jours fériés – d'ailleurs la plupart étaient à ce régime – recevoir des primes sous prétexte qu'il était injuste que les non-travailleurs ne soient pas payés autant que les travailleurs. Dans ces conditions, tout magnat ou millionnaire ne pouvait acheter une entreprise de presse que s'il était assez riche pour satisfaire sa soif de pouvoir, ou s'il était décidé à tout bouleverser, à mettre à la porte le tiers (au moins) du personnel, quitte à provoquer la fermeture du journal, comme ce fut le cas pour le *Times* et le *Sunday Times*. Durant un an, après leur achat par Kenneth Thomson, ces titres n'avaient pas paru. Et pour rien! Il semblait impossible de s'attaquer aux problèmes de Fleet Street sans en créer de plus graves encore. Même l'impitoyable Murdoch était connu pour avoir mis fin à un conflit avec les électriciens du *Times* en leur accordant un salaire supérieur à celui qu'ils avaient demandé. En dépit de sa puissance, les usages voulaient qu'il cède le premier.

Les journalistes du *Mirror* avaient contribué à la situation financière précaire du groupe par une grève désastreuse qui, en 1977, avait fait chuter le tirage du journal : de plus de quatre millions d'exemplaires il était passé à juste au-dessus de trois millions. D'ailleurs il ne s'en est pas encore remis. Cette grève, à courte vue, était née de leur colère; les salaires des typographes étaient supérieurs à ceux des journalistes; en somme, les encadreurs étaient mieux payés que les artistes qui peignaient le tableau. Pour les journalistes, un changement de propriétaire – le passage des mains d'une entité accommodante et indifférente comme Reed à celles d'un propriétaire mal disposé à leur égard – mènerait tout droit à un conflit avec les syndicats d'imprimeurs. Or, jusqu'à présent, ces derniers *n'avaient jamais perdu une bataille* dans Fleet Street. On savait qu'ils cherchaient encore à prendre leur revanche de la défaite cinglante que leur avait infligée Maxwell au début de l'année, avec la fermeture des imprimeries de Park Royal. Tout le monde craignait un affrontement qui tournerait à la guerre de tranchées. Quelle que soit son issue pour le propriétaire ou les syndicats, la défaite des journaux – et des journalistes – semblait inéluctable.

En dehors de cette considération, les journalistes n'admettaient pas l'idée que l'on puisse vendre ou acheter des journaux sans tenir compte des journalistes. Pour eux, à cause de leur rôle, un journal ne peut être traité comme une quincaillerie, même si l'opinion publique n'y voit rien à redire. L'avantage de travailler dans un groupe comme le *Mirror* tenait à son absence de propriétaire. Pas de Beaverbrook, pas de Murdoch, pas même de Rothermere exilé dans un paradis fiscal, dont la volonté ou le caprice pouvait leur fondre dessus. Si l'ordre ancien devait changer et si Reed ne prenait pas au sérieux l'offre du syndicat des journalistes qui voulait tenter de trouver des fonds pour acheter le journal, alors il valait infiniment mieux le vendre par actions. Pour qu'il n'y ait à redouter aucun propriétaire unique, Thornton avait proposé que personne ne puisse disposer de plus de 15 % des parts de la société. L'arrivée de Maxwell allait certainement mettre un point final à tout cela. J'étais d'avis, et je le disais aussi souvent que librement, qu'il allait agir vite, brutalement, et mettre deux mille personnes à la porte en quelques semaines. Jamais il ne me vint à l'esprit qu'il aurait la patience d'attendre que les syndicats des typographes passent les bornes jusqu'à s'autodétruire. Que deux mille personnes – entre le quart et le tiers du personnel – soient condamnées, personne n'en doutait. Mais Thornton avait promis que cela prendrait cinq ans avec le processus naturel de « dégraissage ». C'était là pure imagination, comme il est facile de s'en rendre compte maintenant. Si Maxwell n'avait pas agi le premier en opérant des coupes dans le personnel à la fin de 1985, Murdoch aurait quand même transféré ses journaux à Wapping, dans la zone des docks de Londres. Il avait trop souvent battu en retraite; encore un pas en arrière et il aurait retrouvé sa New International Company dans la Tamise. Et sitôt qu'il aurait décidé de lutter, le *Mirror* aurait été obligé de suivre; c'eût été plus digne peut-être et moins brutal, mais inévitable.

Les journalistes du *Mirror* n'avaient guère de sympathie pour les typographes qu'ils considéraient comme des gangsters avides d'argent, ces derniers n'étaient pas mieux disposés envers les journalistes, ces ivrognes trop gâtés à les en croire. Néanmoins, une solidarité conforme à la logique régnait entre eux, qui s'opposait à tout licenciement. Tous les services, toutes les rubriques étaient en sur-effectif. Dès le grand nettoyage commencé, tous seraient affectés; tous les employés n'avaient pas la qualification ou la faculté de se recaser comme les journalistes et les typographes. Les mobiles n'étaient pas tous purement égoïstes.

Si Reed International souhaitait se défaire des intérêts qu'elle détenait dans la presse, ce n'était pas uniquement à cause des maigres bénéfices – parfois proches de zéro – qu'elle retirait de ses investissements. La firme ne se mêlait pas de la manière dont étaient dirigés les journaux, mais son conseil d'administration, presque entièrement conservateur, en était embarrassé. Dans sa seule tentative pour influencer les rédacteurs politiques, Jarratt leur avait dit en 1978 que, pour lui, l'idéal était un gouvernement conservateur dirigé par James Callaghan. Mais s'il avait voulu imposer un changement de politique, personne n'y aurait prêté attention! De toute façon, les membres du conseil d'administration répétaient inlassablement à leurs amis qu'ils n'avaient rien à voir avec ce que racontait le *Mirror*. Ils avaient la responsabilité mais ils étaient sans pouvoir, ce qui a toujours été le lot du bouc émissaire à travers les âges; on ne m'ôtera cependant pas de l'idée que si le journal avait dégagé des bénéfices confortables, ce conseil d'administration là aurait avalé sans broncher ses couleuvres politiques. Les volte-face de Reed, méprisables même quand on les mesurait à l'aune de Fleet Street, prouvaient que sa parole n'avait pas plus de valeur qu'un seul des rouleaux de papier peint que la société produisait d'autre part.

Mais en juillet 1984, ses hésitations avaient cessé. Il fut décidé d'abandonner le lancement en Bourse si une meilleure offre se présentait, ce qui était de plus en plus vraisemblable. Une nouvelle fois, Reed avait refusé de prendre en considération les idées de Thornton qui voulait empêcher une seule personne de mettre la main sur l'entreprise. Certes, le « plan » Thornton bénéficiait de l'appui de l'ensemble du personnel, mais il aboutissait à réduire l'introduction en Bourse de la société à un simple mode d'investissement différent. Qui donc, jouissant de son bon sens, aurait placé son argent durement gagné dans un journal en 1984? Il n'y avait pas dans Fleet Street un seul journal où l'on permettait aux gestionnaires de gérer, même s'ils en avaient été capables, ce qui était le cas d'un bien petit nombre d'entre eux. En conséquence, la valeur d'estimation de MGN chutait presque tous les jours. A ce point de la crise, les agents de change conseils de la société estimaient que la valeur du groupe était de 48 millions de livres environ, ce qui couvrait ses nombreux biens immobiliers, ainsi que son mobilier et son matériel. Quant à la valeur des journaux eux-mêmes, elle était proche de zéro. Ces chiffres étaient ridicules. A Glasgow, le *Daily Record*, très moderne et qui avait un bon chiffre de ventes, ainsi que le *Sunday Mail*, son supplément dominical, valaient à eux seuls autant que les estimations avancées par les agents de change pour le tout. Les choses empirèrent après la décision prise par Thomson de fermer, à Manchester, les installations de Withy Grove qui imprimaient les éditions du Nord des journaux de MGN. Pour les remplacer, Thornton parlait de dépenses comprises entre 20 millions et 50 millions de livres. L'idée d'encourir de tels frais, ainsi que la sombre humeur des courtiers, poussèrent Reed à la panique : il fallait se débarrasser et de ce monstre démoniaque et de Clive Thornton.

Parmi les adversaires de la vente, nul ne doutait qu'une fois Clive Thornton renvoyé, la situation serait désespérée; le seul espoir était donc de gagner du temps. Les journalistes étaient les plus forts, croyait-on, mais comme d'habitude, ils hésitaient. Les cadres supérieurs, qui tous, à l'exception de deux d'entre eux – Bob Edwards et Terry Lancaster –, s'opposaient à l'achat par Maxwell (ou par n'importe qui d'autre, en fait), étaient partagés entre deux souhaits contradictoires : se débarrasser de Clive Thornton qu'ils jugeaient complètement à côté de la plaque et couper l'herbe sous le pied à Maxwell.

Au sein de la direction, Thornton était presque complètement isolé. Les plaisanteries qui couraient sur son compte devenaient cruelles. On avait surnommé Buttons and Bowes [2] le tandem qu'il formait avec Roger Bowes, son proche collaborateur. Même son infirmité – adolescent, il avait perdu une jambe dans un accident de voiture – excitait les railleries : on lui avait donné le sobriquet de Hopalong et un pigiste anonyme avait remporté un beau succès en affirmant qu' « au royaume des culs-de-jatte, les unijambistes sont rois ».

Très vite, le roi avait perdu son trône. Dans le fond, l'homme avait des qualités. Par tempérament, il était social-démocrate; s'il était resté au *Mirror*, je suis sûr qu'il aurait voulu que les journaux montrent un peu plus de sympathie pour le parti de la Bande des Quatre [3]. Mais le nommer président du *Mirror* équivalait à peu près à mettre le Petit Chaperon rouge à la tête d'une horde de loups. Par exemple, il était incapable de comprendre pourquoi des salariés à 500 £ par semaine se mettaient en grève. Il était inutile de lui répondre que l'affaire était simple. Ils voulaient 100 £ de plus par semaine. Sa carrière dans le bâtiment ne l'avait pas préparé à de telles expériences. Et il ne pouvait pas l'admettre. La direction ayant offert une augmentation dérisoire (comprise entre rien du tout et 85 pence par semaine) au personnel administratif et aux secrétaires, Thornton alla parler au piquet de grève et promit de faire quelque chose. Sur le plan des principes, il avait peut-être raison; dans la pratique, c'était une erreur. Les grévistes en conclurent qu'il était une chiffe molle, et quant à la haute direction, sa colère fut grande. L'incident prouva, une fois de plus, que le nouveau venu n'était pas plus capable que ses prédécesseurs de gérer l'éventaire de bigorneaux.

Après coup, il apparaît que le *Mirror* était un accident qui n'attendait que Maxwell pour se produire. Le moment venu, ce dernier fut trop rapide, il eut trop d'esprit de décision et se montra trop secret pour que quiconque pût l'arrêter. Le moment, si tant est qu'il y en eût jamais un – on peut en douter aujourd'hui – était passé. Le choix que chacun devait faire était de travailler avec lui ou de partir. En l'occurrence, seul Miles, ancien rédacteur en chef et président du *Daily Mirror* avant l'arrivée de Thornton, choisit la seconde option. Lorsque, dix-huit mois plus tard, le journaliste John Pilger fit partie d'une fournée licenciée par Richard Scott, le nouveau rédacteur en chef du *Mirror,* il prétendit que, de toute façon, il était à la veille de démissionner de lui-même du journal; il en avait assez. Mais ses grands principes ne l'empêchèrent pas de réclamer à Maxwell – et d'obtenir – une indemnité beaucoup plus importante (63 000 £) que celle à laquelle il avait droit aux termes des accords de compression de personnel signés avec son syndicat. Un reporter moins imaginatif que Pilger aurait dit qu'il pouvait ainsi avoir le beurre et l'argent du beurre.

***

Après le choc soudain qu'avait été l'arrivée de Maxwell, la rédaction du *Daily Mirror*, professionnelle jusqu'au bout des ongles, avait envoyé au neuvième étage un journaliste et un photographe qui devaient filmer sa prise de contact avec ses nouveaux employés; pour certains d'entre eux les relations furent de courte durée. Il demanda à Mike Molloy ce qu'il savait de lui, à quoi Molloy rétorqua « très peu de chose », mais cita une réflexion que Sir Tom McCaffrey, attaché de presse du Premier ministre James Callaghan, puis conseiller en publicité de Maxwell, lui avait confiée : « C'est un salaud, mais il est juste. »

Maxwell convoqua immédiatement une réunion du conseil d'administration de MGN qui se tint sur-le-champ, dans le bureau de Long, à trois heures du matin. Tony Miles arriva de chez lui dans le West End et Bob Edwards quitta aussitôt Maxwell House. La réunion fut très officielle, elle visait avant toute chose à asseoir immédiatement l'autorité du nouveau propriétaire; il déclara qu'il y en aurait une autre un peu plus tard dans la journée. Pour cette dernière, l'assistance fut plus fournie. Maxwell demanda à chacun ce qu'il faisait et Douglas Long répondit : « Directeur général »; « Directeur général », répliqua Roger Bowes; à son tour, Vic Horwood qui dirigeait le *Record* et le *Mail* à Anderston Quay, à Glasgow, dit lui aussi : « Directeur général. » Ce n'était pas un bon début, si l'on considère que le vrai directeur général posait les questions. Horwood, homme d'allures et de manières distantes, s'adressa à Maxwell en ces termes :

> – Il faut que je vous le dise, tout le personnel du *Daily Record* et du *Sunday Mail* a loué une salle à Glasgow pour y tenir une assemblée générale et décider s'il va ou non travailler pour vous.
> Réplique de Maxwell :
> – Vous feriez bien de prendre le premier avion, cher monsieur, et d'aller leur dire que s'ils ne reprennent pas le travail, je fermerai leurs journaux qui ne rouvriront pas.
> Il y eut un silence tendu. Long prit la parole :
> – On ne peut pas leur donner une journée?
> Réponse brève de Maxwell :
> – Non. C'est tout de suite.
> Horwood sortit.

Maxwell emmena ses trois rédacteurs en chef, Edwards, Molloy et Richard Stott du *People*, ainsi que Miles, déjeuner au Claridge. Edwards y alla dans la Rolls de Maxwell, tandis que les autres prenaient une voiture du journal. Connaissant l'habitude de Maxwell qui se rendait de A à B en moins de temps qu'il n'en fallait, Edwards un peu inquiet ordonna au chauffeur de MGN de ne pas aller trop vite. Les rédacteurs en chef et Miles furent avisés des plans que formait Maxwell pour les journaux; il leur servit une phrase à la Cudlipp qui ne contribua pas peu à les dégeler à son égard. Dans l'avenir, déclara-t-il, au *Mirror*, les journalistes seraient les premiers (*on top*) et l'administration devrait être à leur disposition (*on tap*). Il y avait des années que les journalistes désiraient entendre une déclaration de ce genre (encore maintenant, d'ailleurs, l'administration n'a pas fini de remâcher sa rancœur). Le lendemain matin, le *Record* parut dans des conditions normales, malgré la tenue de son assemblée générale, et le *Mirror* également, qui lui n'avait pas organisé de réunion. Plusieurs d'entre nous qui s'étaient opposés au changement s'attendaient à être mis à la porte – il était évident depuis le début que Maxwell disposait d'excellentes sources de renseignement au cœur du journal puisqu'il avait même en sa possession les comptes rendus des réunions syndicales. Il savait donc tout ce qui s'était passé – mais personne ne fut prié ni requis de vider ses tiroirs. Les journalistes s'activèrent à sortir l'édition suivante avec sa nouvelle devise *Forward with Britain*, qui faisait aussi la manchette de la une où l'on pouvait lire de surcroît un article signé par Maxwell et rédigé par Lancaster dans les phrases brèves comme des coups de poignard, caractéristiques du style du *Mirror*. Maxwell expliquait la signification du changement et disait entre autres ceci [4] :

> Les journaux du groupe du Mirror ont changé de mains. Leur politique ne changera pas.
> Je suis fier d'être le propriétaire de ce groupe de presse qui tient une place si importante dans la vie de la nation.
> Je compte en faire un outil efficace et par conséquent dégager des bénéfices.
> Mon objectif est de gagner suffisamment de ressources pour que nos journaux reconquièrent leur place à la tête de tous les marchés.
> Le *Daily Mirror* et moi-même avons un point commun. Nous soutenons le parti travailliste depuis 1945.
> Nous continuerons de lui apporter notre appui. Mais le *Mirror* n'est inféodé à aucun parti.
> Ce n'est pas maintenant qu'il va devenir l'organe du parti travailliste. Nous sommes trop attachés à notre indépendance pour cela...
> Nous voulons une Grande-Bretagne moderne – notre pays a un urgent besoin de se moderniser; les entreprises et les syndicats doivent se préparer à affronter la dure loi de la survie dans les années 1980...
> Je me suis trouvé en position d'acheter le *Daily Mirror*. Mais ce que je ne puis acheter, c'est la fidélité de ses lecteurs.
> Il nous faudra continuer de la mériter.
> Pour moi, le *Mirror* a toujours tenu une place spéciale.
> Je crois qu'il signifie beaucoup pour ceux qui y travaillent et pour vous qui l'achetez. Vous, le peuple britannique.
> C'est pour cela que le *Mirror* arbore aujourd'hui une nouvelle devise : *Forward with Britain* (En avant avec la Grande-Bretagne).
> Cette devise est toute ma politique.

***

Il y avait plus de vingt ans que Maxwell nourrissait l'ambition de posséder un quotidien national. En 1964, il avait élaboré des plans pour sauver le *Daily Herald*. Sa sinistre mise en page interdisait à ce journal de tendance travailliste la nouvelle audience jeune qui lui était commercialement indispensable. Maxwell ne parvint pas à le détacher de son groupe. Mais, dès l'automne de la même année, *The Sun*, journal de grand format, lui succéda et échoua dans sa tentative.

En 1965, au moment où *The Sun* se débattait déjà dans ses difficultés, Maxwell envisagea de relancer le *Herald*, mais son idée ne provoqua guère d'enthousiasme. Il chercha alors un journal auquel le parti travailliste pouvait se fier, car il ne faisait pas confiance au *Daily Mirror* pour cela. En juin 1967, le *Sunday Citizen* (l'ancien *Reynold's News*), le journal du mouvement coopératif, ferma définitivement ses portes. Maxwell en parla comme d'un désastre; à ses yeux, c'était le dernier journal qui fût pleinement engagé selon les principes travaillistes et qui les soutînt à fond [5] :

> Nous ne pouvons oublier ce qui est arrivé au *Daily Mirror* après l'élection de 1959 [6]. L'encadré en tête de la une, EN AVANT AVEC LE PEUPLE, disparut du jour au lendemain; le chef de la rubrique politique, Dick Crossman, fut mis à la porte et, pendant les trois années suivantes, le *Mirror* se mit à envisager l'idée d'une alliance Lib/Lab [entre libéraux et travaillistes] du genre de celle favorisée par Woodrow Wyatt ou Desmond Donnelly. Peut-on douter que le *Mirror* aurait définitivement rompu avec les travaillistes si le Labour avait perdu en 1964?

Mais Maxwell avait mis le doigt sur le problème qui avait conduit le *Herald* et le *Citizen* à leur perte – malgré tous les efforts qu'il avait tentés pour les sauver – et que seul le *Mirror* a su résoudre, en dépit de toutes les critiques qu'il avait formulées à son égard :

> ... il ne suffit pas de faire un quotidien favorable à la cause travailliste. Il faut encore que ce soit un journal remarquable.

Voici, d'après Maxwell, le portrait du genre de rédacteur en chef qu'il faut à un tel journal :

> Si le rédacteur en chef d'un journal travailliste pense qu'il doit soutenir servilement, dans tous ses méandres, une politique gouvernementale souvent fort éloignée des principes généraux

> du parti et trop centrée sur les exigences du moment, il sortira un journal insipide que personne n'aura envie de lire. C'est la leçon qu'il faut tirer de la mort du *Daily Herald*. Il faut forcer le respect par son audace et son courage, et avoir la capacité de se faire des ennemis; cette qualité est indispensable à tous les bons rédacteurs en chef.

L'année suivante, le 10 mai 1968, les craintes de Maxwell quant au sort du *Mirror* et de *The Sun* se concrétisèrent : Cecil King, président de International Publishing Corporation, propriétaire de ces journaux, écrivit un article signé de lui, qui parut à la une des deux journaux et du *Daily Record* de Glasgow. Il avait pour titre « Cela suffit », et il y était exigé la démission de Harold Wilson, le Premier ministre. Le courant de folie, héréditaire à divers degrés dans sa famille, sa conviction qu'il était plus qu'un roi (King), qu'il était un faiseur de rois, se révèle à la lecture de ses carnets [7] et dans le portrait plein de sympathie, tracé par Hugh Cudlipp, de l'homme qu'il supplanta trois semaines après cette démarche insensée [8]; mais c'est là une autre histoire qui n'a pas sa place ici. Toujours est-il que Maxwell se sentit plus convaincu que jamais qu'il fallait au parti travailliste un journal sur lequel s'appuyer. Dans une lettre adressée à sir William Richardson, ancien rédacteur en chef du *Sunday Citizen*, il écrivait, en date du 16 mai :

> Depuis que M. King a déclaré une guerre ouverte à M. Wilson et au gouvernement travailliste, j'ai décidé d'accélérer nos plans en vue de lancer un quotidien travailliste. Je vous serais reconnaissant de demander à vos collègues de me céder les titres *Reynold's News* et *Sunday Citizen* et que cette cession soit assortie d'une clause précisant qu'ils seront utilisés exclusivement pour lancer un quotidien travailliste sans but lucratif.

En gage du sérieux de sa proposition, Maxwell acheta pour 2 100 £, à l'usage du personnel du nouveau quotidien, la documentation et la photothèque du *Sunday Citizen*, ainsi que ses presses. Le projet avorta, bien que les tentatives pour relancer le journal aient duré plusieurs mois.

Cet essai n'était qu'un prélude à la première véritable offre publique d'achat que Maxwell devait lancer quelques mois plus tard pour entrer dans le cercle des propriétaires de grands quotidiens nationaux en achetant le *News of the World*. Après une violente querelle avec la Commission d'arbitrage, elle allait se solder par un échec, signe avant-coureur de ce qui devait finir par un désastre pour

Maxwell, l'affaire Leasco. William Davis a relaté avec vivacité [9] les origines de cette bataille.

Un certain Derek Jackson, professeur de spectroscopie à Oxford, possédait le quart des actions du *News of the World*; à soixante-trois ans, il venait de se marier pour la sixième fois et voulait prendre des dispositions financières au cas où sa femme, devenue prématurément veuve, devrait acquitter des droits de succession, soit en Grande-Bretagne 80 % de l'héritage. Il décida donc de vendre ses actions et d'investir les sommes ainsi dégagées en titres placés à l'étranger afin d'échapper aux droits de succession. Il demanda à la banque de Jacob Rothschild de traiter l'affaire. Sir William Carr, le cousin de Jackson, se montra choqué, il fit une offre « juste et généreuse » de rachat des parts – autrement dit, il était disposé à les payer au prix auquel elles étaient estimées sur le marché à moyen terme, soit 28 shillings (1,40 £). Jackson ne répondit pas, car Jacob Rothschild était déjà entré en rapport avec Maxwell qu'il considérait comme un acheteur potentiel, susceptible de payer un prix plus intéressant. Voici ce qu'écrivait Davis [10] :

> Maxwell était la terreur des entreprises de presse... Il avait entendu dire que les parts du *News of the World* détenues par Jackson étaient à vendre, aussi se lança-t-il immédiatement dans l'action. Il entra en contact avec Rothschild et lui offrit 35 shillings (1,85 £) par action s'il pouvait prendre le contrôle du journal. Rothschild accepta puisque son unique préoccupation en l'occurrence était d'obtenir le meilleur prix possible pour ses clients. Maxwell triomphait. Un enjeu représentant 25 % des actions lui semblait être un bon tremplin, ce en quoi il ne se trompait pas... La valeur totale de l'offre était proche de 27 millions de livres – coquette somme, de quelque point de vue que l'on se place.

Carr, qui détenait à peu près 30 % des actions de la société, avait la grippe et gardait la chambre quand l'offre fut rendue publique. Comme il devait le dire, c'était « du culot »; il pria la banque Hambros d'agir en son nom. Cette dernière commença aussitôt à racheter des actions du *News of the World* tandis que son client pressait les autres actionnaires de la famille de s'unir, comme le raconte Davis, « contre l'ennemi commun ». Maxwell était à peu près certain que son offre serait acceptée et qu'il n'y aurait pas d'autres offres concurrentes – d'ailleurs Hugh Cudlipp, au nom de IPC, et Associated Newspapers firent rapidement savoir qu'ils n'étaient pas intéressés. Maxwell annonça qu'il ne se représenterait pas lors des prochaines élections générales. Il considérait en effet que les rôles de député et de directeur de journal étaient « incompatibles ». Il promit également que le journal garderait son indépendance politique, même si l'on pouvait supposer qu'au lieu d'être de centre droit, comme sous la houlette de Carr et de son rédacteur en chef, Stafford Somerfield, il pencherait dorénavant vers le centre gauche. L'entreprise, affirma-t-il dans une interview qu'il accorda à *Campaign*[11] :

> ... est assaillie d'une foule d'autres problèmes qu'elle doit d'abord résoudre. Je voudrais être sûr que l'imprimerie rapporte plus qu'à présent et recherche des clients à l'extérieur afin de travailler à pleine capacité. L'usine de papier de l'entreprise a besoin de nouvelles commandes. Il y a de sérieux problèmes techniques là aussi... il y a quelques années, cette société rapportait un bénéfice de 35 % par rapport à son capital, alors que maintenant elle est endettée et que ses profits sont consternants. Le *News of the World* lui-même est tout à fait rentable et sa formule satisfait seize millions de lecteurs. Pourquoi y toucherais-je?

Néanmoins, on pressentait un peu partout que le journal subirait un bon coup de balai, une fois Maxwell installé dans son fauteuil de président. L'homme qui, des années avant le procès de *Last Exit to Brooklyn*, avait déclaré que les éditeurs devraient pratiquer l'autocensure et ne pas publier de « saletés » aurait difficilement pu supporter le *News of the World* de Carr et de Somerfield. (Michael Gabbert, dont le bref passage aux commandes de *The Star*, en 1987, avait éloigné une publicité et une audience écœurées par le régime quotidien de pornographie douce auquel il les soumettait, était alors rédacteur en chef adjoint du *News of the World.*) Un article à la une, paru le dimanche avant que Maxwell eût lancé son offre, était intitulé « Scandale à la Cour : Le biographe de la famille royale change de sexe ». On « découvrait » que l'auteur d'un livre sur la princesse Margaret avait subi une opération à la suite de laquelle, changé en « femme », il se préparait à épouser son maître d'hôtel, un Noir. Il y avait là tous les ingrédients classiques des articles dont le *News of the World* était friand : famille royale, race, sexe et serviteurs. Il ne manquait à la sauce que l'ecclésiastique et son giton.

Mais le *NoW* représentait beaucoup plus que ce journal aux pages débordant d'échos rabâchés sur la vie à la Cour et de malodorantes histoires d'alcôves; la formule avait fait de lui le journal le plus populaire de toute l'histoire de la presse. Le *NoW* était aussi propriétaire d'un terrain de golf, Walton Heath dans le Surrey, et d'une chaîne de journaux régionaux; de plus, il possédait de puissants intérêts dans l'imprimerie, ce qui avait beaucoup plus de valeur pour Pergamon Press que le journal lui-même. L'offre de Maxwell provoqua la publication de toute une série de portraits de lui. Margaret Laing, qui n'était pas de ses amies, rappela qu'il avait dit un jour être un « homme de la jungle ». Quatre fois dans le même article elle précisa qu'il n'était pas Anglais de naissance [12].

Dans le *Financial Times*, Anthony Harris a ainsi décrit un après-midi de Robert Maxwell. Entre des réunions avec son conseil d'administration et ses conseillers pour la reprise de *NoW*, il a vu plus brièvement le directeur de la collection des livres religieux de Pergamon, un pasteur, afin de discuter d'un nouveau projet d'édition d'une Bible œcuménique; il s'est mis au courant des chiffres des ventes d'une série de manuels pour le cours élémentaire, il a arrangé un déjeuner en l'honneur du départ en retraite d'un fidèle employé qui avait passé sa vie au service d'une société qu'il venait tout juste d'acheter, et réglé diverses autres questions [13] :

> Voilà donc en somme ce Maxwell qui étonne ses rivaux et les fait enrager – des projets grandioses (le budget prévu pour la nouvelle Bible va aligner plus de six zéros avant que l'ouvrage sorte des presses), la manière de forcer quasiment la main aux personnalités de haut niveau dans tous les domaines où il fait son entrée, les attentions personnelles d'un homme politique très au fait des problèmes de sa circonscription. Tout cela est un peu voyant, si on le prend au premier degré, et n'évoque en rien les habitudes du monde de l'édition. Mais – et c'est bien cela qui fait enrager ses rivaux – ça marche.

Pour *The Economist*, l'offre était [14] :

> ... l'espèce de défi lancé aux gens installés, dont le monde de la presse a bien besoin et pour lequel M. Maxwell est particulièrement bien doué, car il possède le mélange nécessaire de confiance en soi et d'audace – et un passé d'homme qui sait faire des bénéfices.

La première offre de Maxwell fut considérée comme une ouverture. Le prix des actions du *NoW* grimpa à 45 shillings (225 p) et, à ce chiffre, Maxwell était acheteur.

Une fois de plus, on lui reprocha sa naissance étrangère. Il avait dit que, si son offre était acceptée, il ne changerait pas le rédacteur en chef du journal (pourtant, bien des gens dans Fleet Street auraient pu lui dire que ce serait une erreur de ne pas le faire), ce qui n'empêcha pas le déplaisant Somerfield d'écrire [15] :

> Nous avons une petite difficulté au sein du *News of the World*. Il s'agit de la propriété du journal; M. Robert Maxwell, député socialiste, est en train d'essayer de l'acheter. Personnellement, je ne pense pas qu'il y arrivera et moi-même, en ma qualité de rédacteur en chef de votre journal depuis plus de huit ans, et de membre de la rédaction depuis près d'un quart de siècle, j'espère de toutes mes forces que son offre échouera.
> Je ne me propose pas de commenter les aspects financiers de l'affaire; d'autres mieux qualifiés que moi s'en chargeront. J'écris seulement en tant que responsable du contenu d'un journal qui, depuis plus de cinquante ans, a le plus fort tirage du monde.
> Quelles sont les raisons qui me font penser que ce ne serait pas une bonne chose si M. Maxwell, né Jean Ludvik Hoch, prenait possession de ce journal qui, je le sais, a su gagner votre respect, votre fidélité et votre affection – ce journal aussi britannique que le rôti de bœuf et le Yorkshire pudding?

Somerfield se mettait alors en devoir d'énumérer ses raisons qui empestaient l'hypocrisie, sauf quand il affirmait ne pas vouloir voir le journal tomber dans les mains d'un socialiste. (A ce moment-là, il ignorait certainement que celui qui devait être son prochain patron avait fait partie du Labour Club de l'université d'Oxford avec Gerald Kaufman, et qu'il avait été membre de l'équipe d'Harold Wilson avant d'être élu député d'Ardwick [16].) Les promesses de Maxwell affirmant qu'il n'interviendrait pas dans la politique éditoriale du quotidien, qu'il laisserait le rédacteur en chef libre de dire et de faire ce qu'il voudrait, rien n'adoucit Somerfield. Il était sans doute le seul rédacteur en chef hors d'Europe de l'Est à affirmer que ce genre de liberté ne le tentait pas. Il écrivait :

> Ce n'est pas comme cela que nous faisons marcher le *News of the World*... Le rédacteur en chef est en contact quotidien avec le président. Nous discutons de nos idées. Nous mettons au point notre politique...
> Dans la mesure où j'entre en jeu dans l'affaire, je ne travaillerai pas avec M. Maxwell. Je ne comprends pas ses idées, ni sa politique. Je ne crois pas qu'il soit l'homme qu'il faut pour diriger le plus grand journal du monde.

Il se lançait ensuite dans un éloge d'une grande platitude à la gloire de sir William Carr, et ses coups d'encensoir l'entraînaient à des pronostics que les faits devaient rapidement démentir. S'adressant à ses lecteurs, il continuait ainsi :

> Je vais vous dire quelque chose sur la famille Carr qui, en ce moment, préside aux destinées du *News of the World* et qui, je le crois, continuera dans cette voie...

Y a-t-il dans un seul journal londonien un président qui, comme lui, se lève lors du dîner annuel pour aller rire et plaisanter avec le personnel...?
Notre journal est un journal britannique, ce sont des Britanniques qui le font marcher. Gardons-le tel qu'il est.

Responsable de la rubrique financière du *Guardian,* William Davis déclara que cette « grossière explosion de xénophobie était un parfait exemple dc l'étroitesse d'esprit qui régnait au *News of the World* »; elle choquait beaucoup de gens qui, même s'ils détestaient Maxwell, « n'appréciaient guère ce genre de procédé ». Quant à l'intéressé à qui l'on avait demandé ce qu'il pensait de l'attaque de Somerfield, il répondit en deux mots qu'il s'agissait de « basse calomnie, au-dessous du mépris ».

C'était la banque Hambros qui utilisait la tactique la plus troublante. Défiant le code de la commission d'arbitrage, elle était en train d'acheter toutes les actions sur le marché dans l'espoir de barrer la route à Maxwell. Ce dernier déposa une plainte, qui reçut le soutien de la plupart des éditorialistes financiers sérieux mais fut rejetée par Hambros. La banque fit remarquer que le code n'interdisait ce genre d'achat qu'au conseil d'administration d'une société; bien que le *News of the World* fût client d'Hambros, la banque prétendait n'acheter que pour son compte, prétexte transparent dont la fausseté devait être reconnue et qui fit ressortir les faiblesses de la Commission d'arbitrage. Malheureusement, ce furent ces faiblesses mêmes qui déterminèrent l'issue du combat.

Ce fut la défaite pour Maxwell, une perte financière pour les actionnaires qui avaient méprisé son OPA; Carr, qui avait fait l'erreur de se fier à Rupert Murdoch, fut rapidement déposé (il pensait sans doute que, puisque Murdoch était – à l'époque – citoyen du Commonwealth, il était plus digne de confiance qu'un homme né en Tchécoslovaquie), la Commission croula sous le mépris et Stafford Somerfield fut mis à la porte. Ce fut peut-être le seul résultat appréciable de cette sombre histoire. Le rédacteur en chef, qui s'était imaginé que son journal resterait entre des mains britanniques, n'en avait pas moins demandé à lord Goodman, avocat des puissants, de lui dresser un contrat tel que le journal n'aurait même pas pu envisager de lui régler ses indemnités. Là encore, ses calculs se révélèrent erronés.

Au début, le professeur Jackson s'était beaucoup amusé de tout ce mouvement. Il n'avait rien à perdre; la seule question qui se posait à lui était de savoir combien il gagnerait. Se trouvant à Paris, loin de la scène du combat, il fit ce commentaire sardonique [17] : « Je trouve très curieux que Hambros et sir William, qui avaient offert 28 shillings (140 p), recommandent maintenant aux actionnaires de refuser une offre à 37 s 6 d (187,5 p). »

Dans la même édition du *News of the World* où figurait l'attaque de Somerfield contre Maxwell, on pouvait lire en bonne place ce que le *Financial Times* qualifia de « paragraphe sans précédent » conseillant aux actionnaires du *News of the World* d'entrer en contact avec Hambros. Le *Financial Times* révélait aussi que Pergamon et ses conseillers étudiaient la question de savoir si ledit paragraphe était contraire aux réglementations du ministère du Commerce qui interdisait toute publicité pour l'achat d'actions. Entre-temps, selon le journal, Hambros avançait 750 000 £ destinées à financer l'acquisition d'actions afin d'appuyer l'équipe de Carr. Ce même 21 octobre, Maxwell augmenta son offre pour les actions du *News of the World*; il proposait 50 shillings (250 p) pour les actions assorties d'un droit de vote – ce que Davis estimait être « généreux mais réaliste » – et 42 s 9 d (213 p) pour les autres. Le professeur Jackson voyait d'heure en heure s'arrondir son magot.

Le 23 octobre, le responsable de la chronique financière du *Times* jugea utile d'alerter la City :

> L'affaire du *News of the World* risque de faire courir de graves dangers à la Commission d'arbitrage, ainsi d'ailleurs qu'à la City tout entière. Si... le conseil d'administration du journal, aidé par la banque Hambros et par les agents de change de la charge Myers, empêche l'ensemble de ses actionnaires d'accepter l'OPA de Pergamon, ou toutes offres équivalentes ou plus élevées, il faut s'attendre à voir adopter une législation contraignante qui entravera le fonctionnement de la City.
> Il est apparu hier soir qu'Hambros avait acheté de gros paquets d'actions, dont la plupart étaient des actions de vote, non pas au nom de la famille de sir William Carr, le président, mais pour son propre compte. Naturellement, Hambros est l'un des associés du *News of the World* et si les achats effectués par la banque pour son compte ou pour le compte de qui que ce soit d'autre avaient pour résultat de faire échec à l'offre de Pergamon et de faire chuter la valeur du *News of the World* fortement au-dessous du chiffre fixé dans l'OPA, cela constituerait une violation flagrante du Code.

Ce même jour, le *Guardian* annonça que la Commission d'arbitrage « surveillait étroitement » la situation. A son avis, le code réglementant les offres publiques d'achat avait été « sinon violé, du moins faussé ». Mais très vite, la Commission écrivit à Hambros, lavant la banque de tout soupçon, de la manière la plus incroyable. Entre-temps, les premières rumeurs faisant état d'une intervention supposée de la part de Murdoch envahissaient les journaux du lendemain. La famille Carr avait trouvé son sauveur, arrivé au grand galop, en la personne du jeune magnat de la presse australienne qui, à en croire le *Financial Times*, avait la réputation de ne pas aimer les Britanniques. Le rôti de bœuf servi par Somerfield le dimanche précédent allait prendre un goût prononcé de viande de kangourou. Mais les Carr se montrèrent tout joyeux – pendant quelque temps. Jamais dans l'histoire de la chevalerie une damoiselle en détresse ne s'était aussi lourdement trompée au point de prendre le comte Dracula pour le preux Galahad.

Par l'intermédiaire de Morgan Grenfell and Co., Murdoch's News Ltd. avait acheté 9 % des actions du *News of the World.*

La firme prétendait que, avec les 42 % qu'elle contrôlait ou qui lui avaient été promis, cet achat la sauvait. Le *Times* (qui ne souffrait pas encore d'avoir été acheté par Murdoch) fit connaître ses craintes dans sa section Affaires du 25 octobre :

> Ce qui s'est passé ces trois derniers jours a profondément sapé la confiance que l'on plaçait dans la Commission. Morgan Grenfell lui a fait connaître par écrit sa proposition d'acheter sur le marché financier des actions de vote de *NoW*, au nom du groupe de Murdoch, et lui a demandé une réponse dans les vingt-quatre heures pour savoir s'il était en contravention avec le Code. Il n'y eut aucune réponse, sur quoi Morgan s'est mis à acheter. Hier matin, la Commission a empêché tout achat d'action, de la part des personnes associées dans cette offre... La Commission ne peut se montrer aussi indécise si elle veut se faire respecter. Et si son rôle n'apparaît pas plus clair que cela à la fin de cette affaire, elle sera bonne à enterrer.

L'opération montée par Carr et Murdoch devait assurer à l'Australien une participation de 40 % dans le *News of the World*, en échange de quoi le quotidien acquérait « certains intérêts journalistiques importants » en Australie. Usant d'un stratagème qu'il répéterait dans l'avenir avec la Commission des monopoles lorsqu'il chercherait à se porter acquéreur d'autres entreprises de presse britanniques, Murdoch annonça qu'il devait « reconsidérer sa position », si la Commission d'arbitrage mettait fin à la proposition. Maxwell intervint : « Cette affaire est scandaleuse et il appartient à la Commission d'arbitrage de faire son office. »

Murdoch laissa clairement entendre qu'il n'avait pas l'intention d'égaler l'offre de 50 s par action qu'avait faite Maxwell pour les actionnaires minoritaires et ajouta avec franchise [18] : « Je n'ai pas assez d'argent pour cela. »

Mais, si l'on en croit le *Financial Times*, la Commission d'arbitrage avait déjà décidé que le prix des titres du *NoW* « ne devrait pas baisser au-dessous de la valeur fixée par l'offre de Pergamon », une fois que les détails du nouveau marché seraient connus. Cette quasi-unanimité de la presse financière et des rédacteurs financiers semble n'avoir exercé aucune influence sur la Commission. Pour le *Daily Telegraph*, si la Commission ne faisait rien ou ce qui revenait à rien, alors la coalition Carr-Murdoch battrait Maxwell. Mais pour le journal il était « peu vraisemblable » que les accords passés entre News Ltd. et *NoW* puissent compter plus aux yeux des actionnaires du *News of the World* que l'offre de Pergamon. Le *London Evening News* jugeait que la Commission avait agi d'une façon tellement « maladroite que cela relevait du fantastique ». *The Economist* déclara quant à lui que bien des gens pensaient que « c'en était fini » de la Commission, à moins qu'elle ne se ressaisisse à la toute dernière minute. Pour le *Daily Mail*, toute l'affaire offrait un « exemple flagrant » de mépris des droits des actionnaires. Le *Wall Street Journal*, qui voyait les choses de plus loin, les voyait aussi sous un jour différent [19] :

> M. Maxwell, homme d'affaires né en Tchécoslovaquie, est entré dans l'édition en 1951 avec un apport personnel de 36 400 dollars. Dans un pays où les sentiments de classe sont encore très puissants, il ne se reconnaît aucun supérieur et s'exprime aussi brutalement que dans les dénonciations sans fard publiées par les journaux dont il est propriétaire.

Dans *The Spectator*, Bill Grundy abordait le même thème. Maxwell, pensait-il, était suspect aux yeux des « gentlemen anglais » de la City, dont beaucoup étaient issus de familles présentes en Grande-Bretagne depuis plus de deux générations.

Le *Times* repartit à l'attaque le 26 octobre dans les termes les plus sévères qu'il ait utilisés jusqu'alors :

> On ne peut encore affirmer avec certitude que, dans l'affaire du *News of the World*, les règles du Code des OPA aient été violées. Mais, à première vue, tout semble prouver qu'il en a bien été ainsi.

Le journal ajoutait que, dans ce cas comme dans l'affaire American Tobacco/Gallagher quelque temps auparavant, la Commission s'était montrée aussi « indécise » qu'une « chiffe molle ». Tout le monde voyait bien qu'elle n'avait « aucun courage ». Bien que plusieurs journaux aient indiqué que « sans aucun doute », l'action entreprise par le *News of the World* et ses conseillers « exigeait » un ferme rappel à l'ordre de la part de la Commission d'arbitrage, rien n'avait été fait avant qu'il ne soit trop tard puisque « il semblait bien que les chevaux s'étaient déjà échappés ». Pour le *Times*, il restait encore à la City une quinzaine de jours pendant lesquels elle pourrait « arranger les choses », sinon il fallait s'attendre à ce que le gouvernement instaure une Commission des opérations de Bourse. Il était « indispensable et urgent » que soit créée une nouvelle instance réglementaire dirigée par un homme « aussi intègre que capable ».

Le chef de la rubrique boursière du *Daily Mail*, Patrick Sergeant, affirmait [20] :

> On nous fait croire que M. Murdoch a la bonne réponse à l'offre de M. Maxwell. Dans le meilleur des cas, il nous promet que demain on rasera gratis, dans le pire qu'il possède les plus beaux châteaux en Espagne.

Le chroniqueur financier du *Sunday Times*, Charles Raw, déclara que l'affaire du *NoW* devait être « la dernière OPA qui soit traitée par la Commission d'arbitrage de la City sous sa forme actuelle », les événements ayant montré son « incapacité à assurer un comportement ordonné »; dans le même journal, Stephen Aris pensait que Murdoch n'avait eu besoin de « forcer la main à personne », car Hambros et Morgan Grenfell, les deux banques commerciales qui avaient voulu combattre Maxwell, s'étaient chargés de la « sale besogne ». Dans l'*Observer*, Mammon pensait que Carr avait dû choisir entre Charybde et Scylla. *The New Statesman*, dans un éditorial de Paul Johnson, n'avait aucun doute que l'affaire était devenue « un scandale retentissant » pour la City [21] :

> Il y a une contradiction aussi évidente que fondamentale entre le préambule du Code, qui exige que ses articles soient observés selon l'esprit et non pas seulement selon la lettre, et l'idée maîtresse de la City – exprimée ouvertement il y a quelques jours par le président de la Bourse –, à savoir que les règles existent pour être contournées par des experts astucieux, exactement comme s'il s'agissait de réglementations fiscales.

L'*Investor's Chronicle* lui-même qui cherchait à prouver que le traitement réservé par ses confrères à la Commission était injuste, dut admettre que cette « consciencieuse » institution était « mal armée ».

Presque tous les éditorialistes en revenaient au même point. S'il fallait vérifier que tout était fait dans les règles, alors il fallait prouver que le marché Carr-Murdoch était aussi bon, sinon meilleur, que l'offre de Maxwell. Pour Hambros, la première offre de Carr au professeur Jackson représentait, à 28 s l'action, un prix « équitable, et même fort généreux ». Comment donc, demandait Anthony Bambridge dans *The Observer*, cette même banque pouvait-elle maintenant affirmer que les titres vaudraient 50 s une fois que le soutien apporté par l'OPA de Maxwell serait retiré?

Les critiques ne visaient guère la famille Carr; on savait généralement que Hambros, Morgan Grenfell et Murdoch agissaient en fonction de leurs propres intérêts, même si ces derniers ne coïncidaient pas nécessairement à court terme avec les intérêts des actionnaires minoritaires, ni ceux à long terme de la City de Londres.

La Commission d'arbitrage pour les offres publiques d'achat siégea presque sans interruption durant la journée du 29 octobre. En sortant d'un entretien avec le président de la Commission, sir Humphrey Mynors, Murdoch déclara qu'il était désormais sûr de sa victoire sur Maxwell. La Commission ne souffla mot, mais le *Times* révéla que son remaniement de fond en comble avait été décidé, ainsi que la nomination d'un président à plein temps. Aucun doute n'était possible : la Commission était préoccupée par son propre avenir, elle ne se souciait guère du sort des actionnaires minoritaires du *News of the World*; elle ne semblait guère intéressée par le devenir du marché passé entre News Ltd. et Carr ne se posait pas la question de savoir s'il fallait l'ajourner, l'interdire ou en démêler les méandres. Le ministre du Commerce, Anthony Crosland, convoqua le gouverneur de la Banque d'Angleterre, sir Leslie O'Brien, afin de discuter des problèmes des prises de contrôle, mais le gouvernement avait bien assez de difficultés par ailleurs; il ne souhaitait pas courir le risque d'une bataille rangée avec la City qui s'accrochait avec une énergie farouche au totem de son autoréglementation; pourtant, à de nombreuses reprises, elle ne s'était guère montrée à la hauteur au moment de l'épreuve et, en 1987 encore, elle se révéla défaillante.

Le 1er novembre, la Commission d'arbitrage prit finalement une sorte de décision; elle annonça que, lors de l'assemblée générale extraordinaire convoquée par la société du *News of the World* afin de faire appuyer le marché avec Murdoch, elle avait obtenu l'accord de Hambros, Hill Samuel (qui agissait au nom de Maxwell) et Morgan Grenfell pour qu'il ne soit pas accordé de droit de vote aux titres acquis sur le marché depuis la première offre de Pergamon. A première vue, il semblait que cette décision devait démolir la majorité que Carr, Murdoch et Hambros avaient mise au point. La famille Carr se retrouvait avec un paquet d'actions un peu plus important que celui de Maxwell – les estimations varient entre 32 et 37 % pour les Carr et à peu près 27 % pour Maxwell – tandis que les actions libres représentaient entre 20 et 25 %. Mais cela ne satisfaisait pas Maxwell : même s'il réussissait à rallier à sa cause un nombre suffisant d'actionnaires pour lui assurer la majorité, il n'en resterait pas moins une minorité de blocage entre les mains de ses adversaires. Et cela empêcherait les actionnaires de choisir librement. Maxwell et ses conseillers pensaient que si le marché avec Murdoch ne recevait pas l'aval nécessaire, le groupe financier Hambros serait tenu d'accepter l'offre de Pergamon.

Le *Financial Times* rapporta que, malgré l'accord passé avec la Commission d'arbitrage, le *News of the World* continuait de recevoir, de la part d'actionnaires, des engagements écrits, de soutien, acquittés selon toute apparence sous forme de contrats entre les signataires. Ils auraient pour effet de tourner l'interdiction faite par la Commission aux deux parties d'acheter de nouvelles actions. Le 7 novembre, on pouvait lire dans le journal :

> Il faut... que la Commission agisse. Ce contrat est douteux pour deux raisons. D'une part on peut estimer discutable que les premières clauses de refus puissent constituer un accord pour traiter, et la règle du Stock Exchange sur la suspension des cotations condamne expressément cette manière d'agir. Dans la mesure où c'est la Commission d'arbitrage qui a demandé cette suspension, cette règle de la Bourse devrait jouer aussi pour Hambros. D'autre part, il est certain que l'engagement décisif sur les votes contrevient au principe sacro-saint de la City selon lequel tous les détails d'un projet doivent être connus avant que l'on puisse passer au vote. Il est évident que tout signataire de ce contrat accepte de voter par avance sur une transaction avec News Ltd., dont on ne lui a pas révélé tous les éléments. La Commission peut donc supposer que le conseil d'administration du *NoW* essaie de gagner des voix dont il n'est pas sûr qu'elles n'iraient pas contre lui...

Aux termes du contrat qu'envoyait le conseil d'administration du *News of the World*, le droit de premier refus sur toute intention de vente serait accordé à Hambros et ferait obligation à quiconque le signerait de voter pour le conseil d'administration ou en son nom. En retour, chaque actionnaire se voyait offrir la somme nominale de 10 s (50 p). Hambros affirma que ce type de contrat était envoyé uniquement à ceux des actionnaires qui offraient spontanément leur appui.

Le 8 novembre, Maxwell adressa une lettre à tous les actionnaires de l'organisation du *NoW*. Il écrivait que, malgré toutes les promesses, leur conseil d'administration ne leur avait pas fait part des événements. Il exposait ensuite en détail son offre, mélange d'actions de Pergamon et de titres de prêt convertibles, avec la possibilité pour les actionnaires de vendre les actions de Pergamon s'ils le souhaitaient. Les titres ordinaires dans le *NoW* étaient estimés à 49 s 7 d (248 p) et les actions sans droit de vote à 42 s 4 d (221,5 p). Il leur demandait instamment de ne signer aucune option, aucune promesse ni aucune autre forme de contrat et, s'ils l'avaient fait, de tenter de revenir sur leur engagement.

La City, déjà inquiète des suites de la faillite de la Commission d'arbitrage, vit son anxiété croître avec l'intervention du Premier ministre Harold Wilson, lors du banquet annuel au lord Maire, le 11 novembre au Guildhall. Harold Wilson parla net : si la City même ne prenait pas les mesures nécessaires pour préserver sa réputation, le gouvernement serait contraint de se substituer à elle [22] :

> Des événements récents ont jeté un doute sur le fonctionnement de certaines de nos institutions. On nous demande d'agir – on demande au gouvernement d'agir. Si cela se révèle nécessaire, nous n'hésiterons pas, mais nous préférons de beaucoup que la City prenne les mesures de discipline nécessaires – d'autodiscipline, si besoin est.

Mais la menace n'était assortie d'aucune sanction. Et bien qu'elle fît la une des journaux du lendemain, elle n'est même pas mentionnée dans les Mémoires de Wilson. Peut-être a-t-il invité la City à réviser son Code des OPA, mais cela ne fut guère d'utilité pour Maxwell qui tentait de lutter contre les désavantages d'un Code aussi tordu qu'un escalier en colimaçon.

Enfin, le 21 novembre, le conseil d'administration du *NoW* écrivit à ses actionnaires, les pressant de ne pas accepter l'offre de Pergamon et promettant de leur expliquer ses raisons une fois connu le document officiel de l'offre. Il leur expliquerait aussi pourquoi ils devaient entériner le marché avec News Ltd. Au cours de la deuxième semaine de décembre, il signa avec News Ltd. une promesse d'accord dont il annonça qu'elle serait présentée à l'assemblée générale extraordinaire prévue pour le 2 janvier 1969. Entre-temps, Maxwell portait plainte devant la Haute-Cour de la Nouvelle-Galles du Sud et demandait que le *Sydney Daily Mirror*, l'un des quotidiens de Murdoch, lui verse un million de dollars australiens de dommages et intérêts pour diffamation. Le journal – si calomnieux qu'il aurait fait rougir le *News of the World* – avait publié une série d'articles sur Maxwell et la société International Learning Systems, dont les titres étaient du genre : « Racket sur les ventes de livres », ou encore « Les femmes doivent prendre garde aux démarcheurs à domicile ».

Le 16 décembre, Carr publia les clauses de l'accord qu'il avait dû passer avec le rapace Murdoch pour échapper à l'avide Maxwell. Murdoch obtenait 39,7 % des actions assorties de droit de vote et devenait directeur général avec tous les pouvoirs, pour un traitement de 20 000 £ par an. Carr restait président. Pour continuer d'édifier son empire, Murdoch entreprit d'acheter à la banque Hambros 403 000 actions à un prix allant de 48 s (240 p) à 48,6 d (242,5 p). Maxwell déclara que l'accord n'avait « aucun sens au point de vue financier ». En même temps, la Commission d'arbitrage annonçait que les transactions reprendraient sur les actions du *NoW*, même si News Ltd. et Pergamon ne devaient pas participer. La différence entre les deux rivaux, cependant, tenait à ce que si News Ltd. avait passé un accord avec Hambros, Maxwell n'avait pu en faire autant. Dès le premier jour de la reprise des transactions, les actions ordinaires du *NoW* étaient cotées à 46 s 6 d (232,5 p) et les actions sans droit de vote à 35 s 6 d (177,5 p).

Le 19 décembre, les représentants du professeur Jackson et de son frère David portèrent plainte contre le conseil d'administration du *News of the World*, ainsi que contre News Ltd. et la banque Hambros, afin d'obtenir l'annulation de l'accord passé entre News Ltd. et la société du *NoW*, et des dommages et intérêts de ses directeurs pour violation de leurs obligations fiduciaires et pour déclaration mensongère. Une plainte similaire pour les mêmes motifs était portée contre Hambros ainsi qu'une demande de dommages et intérêts pour association délictueuse à l'encontre de tous les défendeurs, à l'exception de News Ltd. et de la société du *NoW*. Les conseillers de la banque commerciale de Maxwell, Hill Samuel et Robert Fleming, publièrent une attaque violente contre l'accord passé entre le *NoW* et News Ltd., affirmant que le conseil d'administration du premier demandait à ses actionnaires de consentir un sacrifice qui n'avait probablement pas de précédent dans l'histoire des grandes sociétés anonymes de Grande-Bretagne.

Le 22 décembre, sous le titre « Pas de nouvelles, bonnes nouvelles » [No news is good news], Anthony Bambridge faisait remarquer que les actions à droit de vote du *NoW* avaient baissé jusqu'à 44 s (220 p) et il ajoutait : « Maxwell devrait l'emporter; mais ses chances sont minces. »

Les risques d'un échec de Maxwell se reflétaient dans le prix de l'action qui chuta encore le lendemain à 41 s 9 d (209 p), triste cadeau de Noël pour les actionnaires partisans de son action. Il écrivit à Crosland et lui demanda d'intervenir auprès de la Commission d'arbitrage afin d'obtenir l'abrogation des promesses consenties au conseil d'administration du *NoW* après la suspension des transactions. Dans le message de fin d'année qu'il adressait à ses actionnaires, l'*Investor's Chronicle* disait : « Il demeure toujours difficile de déceler un motif logique derrière le refus des actionnaires ordinaires de considérer l'offre de Pergamon... »

Ce l'était en effet, ainsi que Hill Samuel et Robert Fleming devaient l'écrire le 24 décembre aux actionnaires du *NoW*; ils leur faisaient remarquer que l'offre de Pergamon se montait dorénavant à 51 s par action ordinaire (255 p) et à 42 s (210 p) pour les actions sans droit de vote; d'après leurs calculs, les actionnaires qui soutenaient leur conseil d'administration étaient certains de perdre au moins 10 s (50 p) par action ordinaire et, plus probablement, 17 s 6 d (87,5 p).

Dans les derniers jours qui précédèrent la tenue de l'assemblée générale extraordinaire, l'atmosphère s'alourdit des insultes échangées. Murdoch, en particulier, prétendait que Maxwell et ses conseillers avaient acheté des titres de Pergamon dans le but de faire monter le prix et de rendre l'offre de Pergamon plus attrayante aux yeux des actionnaires du *NoW*. En même temps, les administrateurs du fonds de retraite du *NoW* saisissaient la Haute Cour en référé afin d'empêcher que les actions du fonds servent à voter en faveur de l'accord avec News Ltd.

L'assemblée générale extraordinaire se tint dans les salles Connaught de Great Queen Street, à 11 h 30, le 2 janvier, sous la présidence de sir William Carr. Après diverses réclamations, « plus fort », des ajustements de micro, d'autres « plus fort », et les assurances données par le président qu'il ferait de son mieux, la séance commença. Il fut demandé aux cinq cents actionnaires présents – un record absolu, si l'on en croit Carr – d'approuver la création de 5 100 000 actions ordinaires entièrement payées, qui seraient portées au crédit de News Ltd., « en contrepartie de l'acquisition de certains intérêts et actifs en Australie », et d'autoriser que le nombre maximum des directeurs de la société passe de dix à seize.

Le discours de Carr était si émouvant qu'il aurait pu le prononcer au chevet d'une pauvre orpheline mourante

> Au centre de nos préoccupations, il y a un grand journal du dimanche, qui, malgré tous les assauts qu'il subit de la part de ses concurrents, demeure le meilleur et conserve le plus fort tirage de tous les journaux dominicaux. Pour gérer une telle entreprise, il faut non seulement de bons rédacteurs et de bons administrateurs, il faut aussi des spécialistes qui réunissent une somme considérable de connaissances et d'expérience. Or Pergamon est novice en la matière. Je dois encore vous parler de la situation de nos 8 000 employés. Eux aussi sont d'une importance capitale. Nos rapports avec les divers syndicats actifs dans les corps de métier spécialisés de notre grand journal sont à la fois cordiaux et harmonieux. La direction et les hommes ont toujours travaillé en étroite coopération. Il y a de bonnes raisons de croire – et je pèse mes mots – que certains des syndicats sont consternés à l'idée de voir Pergamon reprendre leur journal.

Dans ses plus affreux cauchemars, Carr, qui était beaucoup plus patriarche que propriétaire, n'aurait jamais pu imaginer qu'un jour l'homme à qui il céderait le contrôle de sa maison allait renvoyer tous ses employés, refuser tout droit de négociation aux syndicats et transporter le *News of the World* dans la forteresse qu'il avait édifiée à Wapping. Pour être juste, il faut ajouter que les syndicats eux non plus n'auraient jamais pu soupçonner que de tels événements pussent se produire.

Carr ajouta encore que l'on travestissait la vérité si l'on pensait que l'organisation du *NoW* s'était jetée dans les bras de News Ltd. pour échapper à Maxwell. Depuis des années, sa société examinait les possibilités d'expansion à l'étranger. L'affaire était une « occasion unique », qui permettrait au *NoW* de s'implanter dans ce pays dont le développement et la croissance étaient si rapides [l'Australie] et qui avait tant à offrir au monde d'aujourd'hui. Il était sincère, mais sa description de ce qu'il demandait à ses actionnaires masquait la vérité.

Après avoir fait l'éloge de Murdoch, « cet homme jeune, plein d'énergie, débordant d'idées et d'enthousiasme », Carr demanda la permission de prononcer quelques mots plus personnels : « Si l'accord avec News Ltd. vous agrée, j'aurai l'honneur de rester votre président, comme le furent, avant moi, mon père et mon grand-père. » Il se garda bien de révéler à ses actionnaires son petit déjeuner secret avec Maxwell chez sir Isaac Wolffson, à Portland Place. Il lui avait demandé : « Si vous achetez la société, me garderez-vous en qualité de président? » « Non. »

Carr apprit à Maxwell la promesse que Murdoch lui avait faite de lui laisser la présidence. « Il vous l'a promis! Et après... Je vous la retirerai dans moins de six mois » répliqua Maxwell. Et comme Carr l'interrogeait sur les motifs de ses réserves à son encontre, Maxwell s'expliqua :

> Chaque fois que je me fais couper les cheveux au Savoy, à la fin de l'après-midi, vers 4 heures, je vous vois avec vos vieux copains du *News of the World* en train de boire des Martinis. Je ne trouve pas que cela soit convenable pour le président d'une de mes sociétés.

Simon Regan, grand reporter et correspondant à l'étranger du *News of the World* pendant huit ans, relate dans sa biographie de Murdoch la suite de l'affaire. On voit comment la prophétie de Maxwell s'est révélée juste [23] :

> Sir William Carr était très malade. Durant les six mois qui suivirent l'arrivée de Murdoch, il ne se rendit pas une seule fois à son bureau. Aussi Murdoch décida-t-il tout simplement qu'ils devaient se séparer. « Je savais que la situation devenait impossible. Carr téléphonait tous les jours au bureau, il y avait une seule personne qu'il n'appelait jamais, moi. Après tout, c'était peut-être naturel. Il avait dirigé la société pendant des années et ce lui était difficile de renoncer. Mais on ne pouvait continuer ainsi. »
> Il alla prendre le thé dans la maison de campagne de Carr et lui dit, aussi poliment qu'il le pouvait, quelle était sa décision. Il n'y avait plus place pour eux deux dans la société; par conséquent, lui, Carr, devait s'en aller. Il lui fit remarquer que, grâce à l'achat des actions de Jackson, il disposait au conseil d'administration d'une confortable majorité. Carr s'exclama : « Mais vous m'aviez écrit quand vous avez acheté ces actions que cela n'influerait en rien sur nos relations! » A quoi je lui répondis : « C'est exact. Mais j'ai changé d'avis. »

Mais tout cela devait se passer plus tard. Accueilli par des applaudissements prolongés, Murdoch affirma aux actionnaires qu'ils achetaient des « actifs de première classe en Australie ». Se tournant vers Carr, il ajouta :

> Enfin, Monsieur le Président, je souhaite dire en toute sincérité à quel point je me réjouis de travailler de toutes mes forces pour la société et ses actionnaires et ceci, naturellement, sous votre présidence...

L'un des actionnaires s'enquit de la solidité des engagements donnés à Hambros. Au nom de la banque, Harry Sporborg affirma qu'ils étaient valables. Il ajouta cependant que, à son avis, si la banque avait libéré les actionnaires de leurs engagements, « une simple formalité », ils auraient voté dans le même sens. Un autre actionnaire, qui ne savait pas le nombre exact de ses parts, se vanta de ne pouvoir prononcer le nom de Pergamon – peut-être croyait-il qu'il s'agissait d'un vocable d'Europe de l'Est? Il déclara qu'il voterait le rapport – il avait toute confiance en sir William Carr – et y aurait-il un buffet comme d'habitude?

> Question : Pourquoi a-t-on prolongé le contrat du rédacteur en chef du *News of the World* jusqu'en 1976 avec une augmentation de son traitement?
> Réponse : On allait le faire de toute façon.

Le colonel Harry Llewellyn, ancienne médaille d'or olympique et propriétaire de 1 000 actions à droit de vote, posa lui aussi une question :

> Comment se fait-il que les Carr et les Hambros n'aient offert au professeur Jackson et à sa famille que la somme de 28 s par action? N'était-ce pas donner des verges pour se faire fouetter?

Un temps de réflexion fut nécessaire à Carr pour justifier sa décision. Il avait, dit-il, laissé Hambros libre de faire une offre pour les actions du professeur; de l'avis des banquiers, 28 s étaient à ce moment-là « un prix juste et raisonnable ». Un autre actionnaire s'étonna : « Pourquoi, si Hambros vendait à News Ltd. 403 000 actions estimées à 48 s, d'autres actionnaires ne pouvaient-ils profiter d'une semblable occasion? » Sporborg répondit que les actions appartenaient à News Ltd., il s'agissait de « fonds propres ». Il ignorait quel serait leur prix, mais Hambros ne ferait pas de bénéfice. Maxwell se leva, on entendit des cris : « Votre nom, votre nom », et il y eut quelques tentatives pour l'empêcher de parler. Il demanda d'abord si Carr tiendrait son « aimable promesse » de laisser les deux parties s'exprimer et de lui accorder le temps d'une courte déclaration. Sir William répliqua qu'il aurait le même temps de parole que Murdoch, soit trois minutes et dix secondes, décision totalement arbitraire qui provoqua les rires et les applaudissements attendus de son public. Presque chacune des phrases prononcées par Maxwell était interrompue par des exclamations : « C'est une honte! »; « Et les retraités? »

Maxwell révéla que la direction avait encouragé maints salariés à abandonner leur travail pour assister à l'assemblée générale. « Cette pratique est peut-être normale en URSS ou en Allemagne de l'Est. Elle ne l'est pas en Grande-Bretagne. » Cette affirmation suscita, selon la transcription officielle des débats, un « tumulte ». Quand l'assistance se fut un peu calmée, Maxwell reprit la parole :

> Pourquoi le professeur Jackson a-t-il décidé d'accepter l'offre de Pergamon? La réponse est... vous avez demandé à M. Sporborg, en votre nom et au nom de votre famille, de lui offrir 28 s l'unité pour 750 000 actions et, pour le reste, un shilling (5 p) de moins que le prix du marché au moment où vous avez conclu l'accord. Vous n'avez pas dit que la lettre d'Harry Sporborg contient un paragraphe affirmant que le conseil d'administration considère cette offre au professeur Jackson comme équitable et généreuse...

C'en était trop pour Carr. Il avait entendu, s'écria-t-il, « un grand nombre de demi-vérités sortir de la bouche de M. Maxwell », ce qui était surprenant puisque l'intéressé avait seulement pu terminer trois phrases sans interruption. Un actionnaire voulut que Maxwell soit rappelé à l'ordre; un autre qu'il puisse « vider son sac » contre Murdoch. L'assemblée devait connaître les arguments des adversaires. Maxwell attaqua Sporborg à propos de l'offre « équitable et généreuse » à 28 s; ce dernier plaida qu'il s'agissait « du prix du marché » à ce moment-là. Alors, demanda Maxwell, « pourquoi l'offre de Pergamon lancée quelques jours plus tard a-t-elle été immédiatement rejetée comme si elle était ridicule et insuffisante? » Le chahut incessant était pire que lors d'une campagne électorale. Mais Maxwell continuait lui aussi et il s'adressa aux actionnaires qui n'avaient pas pris parti :

> Si vous votez pour l'offre de Pergamon, vous aurez une augmentation de revenu immédiate, ou des parts dans une société dont les dividendes ont plus que doublé au cours des quatre dernières années. Si vous votez pour le conseil d'administration du *News of the World*, vous soutiendrez un conseil dont les dividendes étaient pratiquement statiques jusqu'à ce que l'offre de Pergamon soit connue. Si vous investissez dans Pergamon, vous serez actionnaires d'une société internationale en expansion, au taux de croissance remarquable et aux dividendes garantis; avec le *News of the World*, les profits sont consternants et les dividendes douteux (cris d'indignation).
> Carr coupa net : « Mesdames et Messieurs, j'ai laissé M. Maxwell dépasser la limite du temps qui lui était imparti. Souhaitez-vous continuer de l'entendre, ou voudriez-vous »... (Cris : « Non. »)

Maxwell mena à bien ses observations. Après avoir expliqué à un autre actionnaire qu'il était pratiquement impossible d'imaginer un quotidien dans les installations de Bouverie Street, où se trouvait le *News of the World*, il tenta de faire accepter la décision de son choix :

> Pour lancer un quotidien, il faut beaucoup de courage. Ils ne sont guère nombreux... ceux qui parviennent à dégager des bénéfices. Je suis sûr que la société du *News of the World* ne souhaiterait pas voir son conseil d'administration se mettre à jeter des millions par les fenêtres pour lancer un nouveau journal.

En fait, un peu plus tard cette année-là, Murdoch allait acheter à IPC le titre du *Sun* et inaugurer son nouveau quotidien dans les lieux mêmes où Carr avait déclaré qu'il serait « risqué » de tenter une aventure pareille.

> Maxwell retourna à l'attaque et demanda à Carr : « Si je décide de garder mes actions du *News of the World*, combien de temps me faudra-t-il attendre pour les voir atteindre la valeur que leur confère dès maintenant l'offre de Pergamon? Auriez-vous l'obligeance de me donner une idée du temps qu'il me faudra, en ma qualité de détenteur de parts dans le *News of the World*, à condition que je décide de les garder – puisque vous avez si bien réussi à bloquer et à empêcher cette offre – donc, si je garde mes titres, combien d'années devrai-je attendre d'après vous pour qu'ils atteignent le montant que les actionnaires peuvent recevoir pour leurs actions aujourd'hui même? »
> Carr répliqua : « Je n'ai pas l'intention de vous donner de telles assurances; a) je n'ai pas assez d'argent pour m'engager ainsi et b) pourquoi me hasarderais-je à faire des pronostics sur un an, deux ans, ou cinq ans? De nombreux actionnaires possèdent leurs titres depuis 1891, ou du moins depuis le début de ce siècle, ils ne se plaignent pas et ils ne se sont jamais plaints... Après tout, qu'est-ce que l'argent quand vous avez eu tant d'autres choses dans votre vie... Si vous avez 8 000 employés, vous en voudrez sans doute 20 000 ou plus. Pour l'essentiel je ne crois pas que nos actionnaires aient jamais émis de critiques sérieuses à l'égard du conseil d'administration et se soient plaints de ne pas recevoir de dividendes. D'ailleurs, avant votre arrivée, je n'ai entendu aucune récrimination. »

Affirmer avec candeur, devant ses actionnaires, l'importance relative de l'argent constitue un bien étrange argument! Dans ce cas, *NoW* se révélait la seule société à responsabilité limitée où l'investissement avait un contenu philanthropique. Le raisonnement de Carr tenait seulement s'il persuadait les actionnaires que le *NoW* était une affaire de famille et que tous appartenaient à la famille. En outre la « démonstration » reposait sur un appel au patriotisme de chacun. Ce ne serait pas exposer la famille à l'avidité d'un étranger. Même s'il était citoyen australien à l'époque, Murdoch descendait de soldats qui s'étaient battus à Gallipoli au cours de la Première Guerre mondiale; ses compatriotes, dont il était le contemporain, avaient défendu Tobrouk durant la Seconde Guerre. Il était donc ce que l'on faisait de mieux après un Britannique. Comme l'avait dit Somerfield, « le *News of the World* était aussi anglais que le rôti de bœuf et le Yorkshire pudding ». On entendait bien le garder intact. La résolution en faveur du conseil d'administration fut votée par 4 526 822 voix contre 3 246 937. Jamais la vieille expression sur ces dindons qui ont voté pour avancer la date de Noël ne fut aussi adéquate.

La dernière chance de Maxwell de renverser le vote en sa faveur avait bel et bien été perdue la veille de l'Assemblée générale, avec le refus de la Haute Cour. Cette juridiction suprême avait rejeté la requête de trois retraités du *News of the World* tendant à obliger les administrateurs du fonds de retraite – Carr et deux de ses codirecteurs – à utiliser contre le conseil d'administration les 578 000 voix appartenant au fonds.

Murdoch et le conseil avaient essayé d'éloigner tout danger de défaite. Selon Regan, Murdoch redoutait que Maxwell tente d'obtenir un ajournement de l'assemblée par un vote à main levée et non par le décompte des actions. Regan cite Murdoch [24] : « Maxwell nous a accusés d'avoir composé l'assistance; c'est à moitié vrai... Elle était constituée, en quasi-totalité, par nos partisans. J'y avais veillé. Et plusieurs d'entre eux disposaient chacun d'une bonne centaine de votes qui avaient été mis à leur nom quelques jours auparavant. »

Regan affirmait aussi que certaines des secrétaires du *News of the World* avaient reçu des actions pour quelques jours. Elles avaient été obligées de s'engager par écrit à les rendre après l'assemblée générale. Le camp Murdoch affirmait que « c'était la règle du jeu » et qu'il n'avait rien d'illégal à se reprocher. Une fois le décompte des votes terminé, Murdoch et Carr se serrèrent la main avant de célébrer leur victoire. Carr était loin de se douter qu'il était lui-même le grand perdant.

Maxwell lui aussi serra la main de Murdoch, mais il ajouta que « la loi de la jungle » avait prévalu. Il affirma son intention de demander à la Commission d'arbitrage comment elle avait pu permettre à Hambros et à Morgan Grenfell d'empêcher une offre publique d'achat tout à fait sérieuse. Une déclaration de Hill Samuel et de Robert Fleming révéla que 34 % des actions à droit de vote et 54 % des actions normales s'étaient portées sur l'offre de Pergamon.

Le prix des premières tomba immédiatement à 38 s (190 p), soit 13 s (65 p) de moins que l'offre de Maxwell. En vingt-quatre heures, un million de livres disparurent d'un seul coup, comme effacées. Les actionnaires ne pouvaient dire qu'ils n'avaient pas été avertis. Au cours de l'Assemblée générale extraordinaire, Maxwell avait été clair : « Si vous soutenez votre conseil d'administration, vous votez pour une perte considérable de la valeur de votre investissement sur le marché. »

Inquiet, un lecteur du *Financial Times* écrivit à son journal – et envoya un double de sa lettre à Maxwell : « Je ne suis actionnaire ni du *News of the World* ni de Pergamon. Il ne fait pas de doute que personne ne devrait s'étonner de retrouver, sous une forme plus accentuée encore, dans son conseil d'administration, les caractéristiques du journalisme pratiqué par ce quotidien. Je suis cependant très inquiet des règles en vigueur dans la City en général et les banques d'affaires en particulier. Pour quantité de raisons, il est bien peu recommandable de remplir une salle de ses partisans qui répètent un texte appris par cœur. Mais cette pratique n'est rien en regard de la déclaration publique de Hambros et de ses assurances à la Commission d'arbitrage, à savoir que tous les achats d'actions du *NoW* effectués par elle l'ont été pour son compte alors qu'elle admet maintenant le contraire. Autrement dit, pour plus du tiers, ces achats ont été effectués au nom de l'allié du conseil d'administration, M. Murdoch. » Dans le *Financial Times*, Gwinner écrivait [25] :

> Quant à la question de la Commission d'arbitrage de la City, il ne fait pas le moindre doute que l'affaire du *News of the World* lui a porté le coup de grâce... Que cela se soit produit dans la foulée de la triste débâcle American Tobacco/Gallagher achève de ruiner définitivement sa réputation.

Une manchette du *The Economist* résuma succinctement la situation :

> Maxwell perd le vote, la Commission d'arbitrage perd la face.

Une semaine après la tenue de l'Assemblée générale, le conseiller du *News of the World* chez Hambros affirma qu'il était devenu nécessaire de nommer un président à temps complet à la tête de la Commission d'arbitrage; on aurait aussi bien attendu d'un cambrioleur qu'il demande à la police d'organiser des rondes plus nombreuses. Il proposa encore qu'un banquier d'une banque d'affaires joue ce rôle; cette fois, le cambrioleur demandait à être nommé agent de police. Le professeur Jackson put vendre à Rupert Murdoch 1,6 million de parts, ce qui représentait une bonne partie de ses biens et équivalait à une perte de 800 000 £ par rapport à ce qu'il aurait pu obtenir; Murdoch possédait dorénavant 51 % des actions du *NoW*. Carr était en mauvaise santé; à la fin de janvier 1969, Maxwell lui écrivit une lettre « confidentielle et personnelle » :

> Naturellement, je déplore l'issue de la dernière bataille, mais je tiens à vous adresser mes meilleurs vœux de prompte guérison. N'écoutez pas trop les sombres propos des médecins; j'ai appris d'expérience que si les conseils judicieux, la médecine et les techniques chirurgicales sont aussi nécessaires que précieux, la volonté et la détermination du malade à guérir ont beaucoup plus de valeur et d'importance.

En juillet, au cours d'une assemblée générale extraordinaire, Carr annonça qu'il renonçait à la présidence en faveur de Murdoch, sans révéler qu'il agissait ainsi contre ses désirs. Les actions du *NoW* baissèrent encore, jusqu'à 25s 9d (129p), à peine la moitié de l'offre de Pergamon. Les actionnaires restés fidèles à leur président avaient entraîné sa chute et ils avaient perdu de surcroît la moitié de leur capital. En février, Stafford Somerfield fut mis à la porte en trois minutes, sans qu'aucune raison lui fût donnée, du moins selon ses dires. Peu avant sa mort, le 14 novembre 1977, Carr adressa à Maxwell une lettre manuscrite; il lui exprimait ses regrets de ne pas lui avoir vendu sa société.

Paradoxe ultime de la vie d'homme d'affaires de Maxwell, la Commission d'arbitrage, consolidée et réorganisée, nommée en remplacement de celle qui s'était montrée si lamentable dans l'affaire du *News of the World*, prit Maxwell et Pergamon Press pour première cible de sa nouvelle puissance

***

En mai 1969, Maxwell proposa officiellement à IPC (International Publishing Corporation) d'acheter *The Sun*, ce journal des années 60 qui manifestement ne pouvait survivre aux années 70. IPC répliqua qu'une telle demande serait examinée si elle émanait d'« une commission ou d'un conseil d'administrateurs composé de membres importants du parti travailliste ». « Ce qui est en jeu, en termes simples, déclarait-on [26], c'est la volonté d'IPC de restituer à des représentants du parti travailliste le journal qui, à l'origine, était l'organe du parti et le quotidien officiel des syndicats. Il s'appelait alors le *Daily Herald*. Il serait plus approprié de consentir un tel transfert entre les mains d'un groupe plutôt qu'entre celles d'un seul individu. »

Maxwell pensait lui aussi qu'il ne serait guère « approprié » pour une seule personne de prendre le contrôle du *Sun*, mais les riches partisans du Labour ne mirent guère d'empressement à se joindre à un consortium. Néanmoins, toujours désireux de publier un journal sans but lucratif, afin de soutenir l'action du parti travailliste, Maxwell ne relâcha pas ses efforts. Et pourtant IPC imposait des conditions draconiennes, dont un engagement à publier le journal pendant dix-huit mois. Maxwell consentit sans hésiter. Dans une lettre à Hugh Cudlipp, il promit que le journal serait « complet, vivant et passionnant », qu'il le ferait passer du grand format au tabloïd. Il avait l'intention de faire déménager les journalistes dans les locaux londoniens de l'*Evening Standard*, près de Fleet Street; c'est là aussi qu'il prévoyait d'imprimer le journal. Le prix au numéro augmenterait; il envisageait, pour commencer, un tirage de 600 000, alors que jusque-là il avait oscillé autour du million.

Mais personne n'arrivait à croire que Maxwell réussirait là où les gens d'IPC, experts en journalisme depuis des décennies, avaient si évidemment échoué. Pour lord Thornton de Fleet Street, le propriétaire canadien qui avait sauvé le *Times* et le *Sunday Times*, Maxwell allait perdre 1 500 000 £ dans sa tentative. Les chances de survie du journal sous une nouvelle apparence subirent un coup sévère : IPC annonça que, dans six mois, le *Sun* fermerait. Une telle annonce était contraire à toute tradition. Comme pour une dévaluation, on nie la mort d'un titre jusqu'au moment même où cela se produit. Évidemment, lecteurs et publicitaires se jetèrent aussitôt sur tous les autres journaux de Fleet Street. Il semble maintenant évident qu'IPC n'a jamais cru aux chances de succès de Maxwell. Quelques années plus tard, Hugh Cudlipp évoquait cet épisode d'un ton désabusé [27] :

> J'étais tout à fait en mesure de lui garantir que l'aspect non lucratif de son plan connaîtrait son plein accomplissement. Les journalistes se montraient sceptiques. Maxwell offrit le poste de rédacteur en chef successivement à Robert Edwards, qui travaillait pour *The People*, à Geoffrey Pinnington du *Daily Mirror*, à Michael Randall du *Sunday Times*, enfin à William

Davis de *Punch*. Ils avaient tous trop à faire ce mois-là. Les syndicats de typographes étaient hostiles, la Sogat en particulier. Le 2 septembre, Robert Maxwell retira son offre.

Mais avant cela, IPC avait entamé des négociations officieuses avec Rupert Murdoch, l'homme qui avait barré la route à Maxwell lors de l'OPA sur le *News of the World*. Sa grande différence avec Maxwell était la possession des presses du *News of the World* qu'il faisait travailler un seul jour par semaine. En dépit des objections de sir William Carr, Murdoch savait, lui, qu'il pouvait publier un quotidien. Il n'avait aucunement l'intention de garder le cap du journal qui avait toujours soutenu les travaillistes.

Murdoch affirma qu'il ne lancerait pas une « contre-OPA », mais, si les négociations entre IPC et Maxwell échouaient, il serait intéressé. Maxwell quant à lui était engagé à fond dans des pourparlers avec la Commission d'arbitrage de la City à propos de la fusion avec Leasco, aussi ne put-il agir assez rapidement et consacrer aux interminables discussions avec IPC le temps nécessaire : il avait cependant donné son accord pour un prix de 50 000 £. Mais il ne s'attendait pas à susciter l'hostilité du plus important syndicat de typographes. Il n'imaginait pas que cette organisation puisse se déclarer en faveur de Murdoch. Ses membres s'en mordent certainement les doigts aujourd'hui. Pendant ce temps, le *Sun* agonisait doucement. Le personnel cherchait du travail et la situation devenait critique. La section du syndicat national des journalistes exigea qu'une date limite – le 31 août – soit fixée aux pourparlers entre IPC et Maxwell. Cet obstacle aurait pu être surmonté, mais il s'en dressa un autre, beaucoup plus redoutable : la Sogat annonça qu'elle rompait les négociations avec Maxwell. Maxwell se retira. Dans une déclaration, il expliqua les raisons de son retrait [28] :

> Des millions de partisans du Labour et tout le peuple de gauche vont amèrement regretter que seule la Sogat ait pris une mesure aussi hostile; elle devra assumer l'entière responsabilité de l'interruption de ces négociations prometteuses qui avaient atteint une étape importante...

Dick Briginshaw, le secrétaire général de la Sogat, avait pris cette décision. En privé, les patrons de Fleet Street l'avaient surnommé « Brigandshaw », mais nul n'aurait osé le lui dire en face! Il est tout à fait inhabituel que les dirigeants syndicaux des journaux anglais menacent officiellement les propriétaires de ces mêmes journaux. On utilise plutôt les avertissements voilés et progressifs. Les dirigeants d'IPC apprirent ainsi que, faute de mettre fin aux négociations avec

Maxwell, le *Daily Mirror*, dont les tirages atteignaient des sommets inconnus, pourrait avoir des ennuis, que son impression n'était plus assurée. Le navire amiral d'IPC aurait été torpillé et IPC pensait qu'aucun principe ne valait de courir un tel risque.

Ainsi le *Sun* tomba-t-il dans l'escarcelle de Murdoch, grâce à l'intervention de la Sogat. Pendant plus de dix ans, ses membres se la coulèrent douce, mais peu à peu, l'un après l'autre, Murdoch les mit tous à la porte. Aujourd'hui, la Sogat n'a plus de représentants dans ses journaux.

Pour Hugh Cudlipp l'affaire du *Sun* signifiait de toute évidence « la fin du rêve nourri par M. Maxwell de devenir propriétaire d'un quotidien national »; comment aurait-il pu soupçonner qu'un jour Maxwell prendrait le contrôle du groupe dont il était alors président et que lui-même deviendrait son conseiller pour la rédaction en chef?

Le rédacteur en chef du *Sunday Times*, adversaire juré de Maxwell et, plus tard, rédacteur en chef du *Times* (il fut sacqué par Murdoch peu de temps après avoir été nommé meilleur rédacteur en chef de l'année – ce qui tend à prouver que mieux vaut jouir de la faveur du moment), devait dévoiler un jour les tactiques utilisées par Murdoch pour obtenir le *Sun*. Harold Evans, dans son livre *Good Times, Bad Times*, relate ainsi les événements [29] :

> Ma première entrevue avec Murdoch fut clandestine. En avril 1969, quatre mois après sa prise de contrôle du *News of the World*, son rival déconfit, le capitaine Robert Maxwell, citoyen britannique naturalisé, éditeur scientifique, propagandiste et ancien député socialiste, offrit de reprendre des mains de Hugh Cudlipp le *Sun* qui se trouvait en mauvaise posture... Très affable, M. Murdoch me téléphona pour me dire qu'il possédait des renseignements sur Maxwell. Tout cela était très secret, mais il me les communiquerait à condition que je ne révèle pas mes sources. Je ne connaissais pas Murdoch et je lui demandai : « Pourquoi ne pas les publier vous-même? – Personne chez moi n'est capable de les lire aussi bien que les lecteurs de votre rubrique Indiscrétions. » Il ne m'avait pas dit toute la vérité. En fait il était beaucoup plus astucieux pour Murdoch qu'un tiers discrédite Maxwell, puisque lui-même gardait un œil sur le *Sun* mais attendait le bon moment.

Néanmoins Evans alla chercher les documents en question; il ajoute que, au bout du compte, il ne s'agissait que de « broutilles ».

***

A nouveau Maxwell tenta de pénétrer dans le monde du journalisme. Cette fois, ce fut en Écosse. Tout commença sous les meilleurs auspices pour finir dans des chamailleries dont, encore aujourd'hui, l'écho n'est pas éteint.

En dépit de ses origines « étrangères », Lord Beaverbrook, canadien et tory militant, possédait depuis la guerre le *Scottish Daily Express*, filiale d'un quotidien londonien. C'était le journal le plus lu de toute l'Écosse et, tout comme le *London Express*, il était intelligent, bien fait et superbement présenté; aucun de ses confrères à grand format n'approchait les chiffres de son tirage. Au sommet de sa prospérité, il vendait 660 000 exemplaires par jour, ce qui est remarquable pour un pays de cinq millions d'habitants. (Notons qu'aujourd'hui le *Daily Record* atteint le chiffre de 760 000 exemplaires vendus.) Au début des années 70, les ventes commencèrent à baisser. A l'instar de son parent londonien, le *Scottish Daily Express* coûtait cher et, lorsque son tirage tomba à 570 000, le mot d'ordre de Londres tomba : économies.

L'augmentation des coûts constituait certes le problème essentiel, mais elle était liée et aggravée par les difficultés de la profession. En Écosse, les syndicats étaient aussi puissants qu'à Londres, aussi la tentative était de réduire le personnel de 20 % selon un programme modulé de départs volontaires – volontaires car les syndicats ne voulaient pas entendre parler de licenciements d'office. L'offre concernait tous les journalistes; aussi les meilleurs d'entre eux empochèrent-ils leur indemnité car ils savaient qu'ils seraient embauchés ailleurs à des salaires plus élevés. Le *Scottish Daily Express* se retrouva avec les plus âgés ou les médiocres, ceux qui ne pouvaient espérer se recaser ailleurs. Si l'on en croit *The Story of the Scottish Daily News* [30], dix-sept rédacteurs en chef adjoints qui avaient accepté un licenciement amiable durent être remplacés! On dut embaucher leurs dix-sept successeurs. On supprima en tout quarante et un postes de journalistes pour en créer quarante-trois!

La situation pouvait se prolonger; Jocelyn Stevens, directeur général de l'Express Group, commençait à envisager la fermeture du journal. Un jour les journalistes du *Scottish Daily Express* empêchèrent le journal de paraître; ils ne voulaient pas d'une caricature sur la guerre froide due au crayon de Cummings, le féroce dessinateur de droite. Le 18 mars 1974, quinze jours après la formation d'un gouvernement travailliste minoritaire, alors que la Grande-Bretagne se remettait à peine d'une grève de mineurs qui avait duré trois mois, on annonça la fermeture des imprimeries de Glasgow, dans Albion Street, assortie de la suppression de mille huit cents emplois. Le *Scottish Daily Express* continuerait d'être imprimé et de sortir, mais à Manchester où l'on publiait déjà les éditions du Nord pour les journaux du groupe. A en croire Stevens, depuis qu'il avait lancé, l'année précédente, son plan de redressement du *Daily Express*, il y avait eu à Glasgow cinquante-six interruptions de travail; quarante d'entre elles avaient entraîné des pertes pour le journal. Il ajoutait [31] :

> Nous ne cessons d'encourager la coopération avec nos syndicats de Glasgow et nous les tenons en permanence au courant de notre situation financière. Nous avons reçu vraiment bien peu d'encouragements...

Les dirigeants des syndicats écossais marchèrent sur Downing Street, où je me trouvais alors puisque j'étais attaché de presse du Premier ministre. Ils demandaient l'intervention du gouvernement. Mais seule une subvention sans limitation de durée aurait pu persuader sir Max Aiken, le fils de Lord Beaverbrook, de continuer à publier le *Scottish Daily Express*. A la question de savoir s'il accepterait des subventions ou un prêt, il répondit [32] :

> Nous examinerons toutes les propositions. Mais si c'est un prêt, il faudra qu'il soit sans intérêt. Nous sommes dans l'incapacité de payer des intérêts.

En dehors des objections de principe, ni l'un ni l'autre n'étaient convenables financièrement. Le journal ne faisait plus de bénéfices. Si l'État accordait son appui à un quotidien national, tous les autres exigeraient une aide similaire avant même la parution de leur prochaine édition. De toute façon, un gouvernement et un Premier ministre qui avaient été si violemment vilipendés par la presse conservatrice n'allaient pas voler au secours de son organe le plus virulent.

Restaient deux possibilités; les journaux du groupe pouvaient vendre le *Scottish Daily Express* à un autre propriétaire, mais ce n'était guère sérieux compte tenu de l'effet désastreux qu'aurait cette vente sur le tirage du *Daily Express* comme sur l'emploi à Manchester. En revanche, il semblait possible de se défaire de l'imprimerie d'Albion Street entre les mains d'une société qui pourrait offrir des emplois sinon à tous les typos licenciés, tout au moins à certains. Cette idée faisait déjà son chemin dans l'esprit de quelques journalistes de Glasgow. Ainsi naquit la coopérative ouvrière qui devait devenir le *Scottish Daily News*.

Le groupe accepta rapidement de vendre l'imprimerie d'Albion Street à ses anciens employés – il ne s'agissait pas là de philanthropie; il était quasiment certain qu'aucun autre acheteur ne se présenterait. Le prix fixé était de 1 700 000 £. Prudent, le gouvernement promit d'examiner « avec le plus grand soin » le sort de la coopérative. Mais Eric Deakin, perspicace sous-secrétaire au département du Commerce, trouvait « l'opération pleine de risques »; son avertissement ne fut cependant pas écouté du secrétaire d'État à l'Industrie, Tony Benn, dont l'enthousiasme pour les coopératives ouvrières, condamnées à brève échéance parce qu'elles n'avaient pas l'ombre d'une chance, devait faire reculer le mouvement d'une génération.

D'anciens employés du *Scottish Daily Express* créèrent un comité d'action afin de préparer le lancement d'un nouveau journal. Allister Mackie, ancien typographe et conseiller municipal travailliste, devait en assurer la présidence; l'université de Strathclyde fut chargée de l'étude préliminaire. A ce moment-là, Maxwell fit son apparition. Le 15 mai 1974, il se rendit à Glasgow pour informer la coopérative qu'il souhaitait investir dans le projet. Mais il mit tout le monde en garde [33] : « Je ne veux pas soulever de fausses espérances et vous faire croire que tout est arrangé. Rien n'est encore fait. Il y a encore beaucoup, beaucoup d'obstacles sur le chemin. »

Parmi les difficultés, il mentionna entre autres la nécessité d'envisager des effectifs raisonnables et de revoir les procédures de litiges. Mais il montra aussi que son appui était réel, avec la nomination à ses côtés, pour l'aider dans la mise au point du projet, d'un ancien rédacteur du *Times*, Michael Cudlipp, neveu de Hugh Cudlipp.

Mackie affirmait que le soutien de Maxwell tenait à des raisons politiques et sociales. Il avait posé deux conditions à son intervention : d'abord que les employés contribuent pour une certaine somme à l'aventure, et ensuite qu'ils possèdent et dirigent effectivement la nouvelle entreprise. D'abord Maxwell avait promis un apport de 50p pour chaque livre apportée par les employés, puis il donna son accord pour l'achat de 100 000 actions d'une livre dans la Scottish News Enterprises, Ltd., la nouvelle société créée au printemps suivant.

L'appel à la souscription publié le 7 mars 1975 promettait un quotidien populaire passionnant, complètement renouvelé, dans lequel toute la nation pourrait se reconnaître. Cette vantardise ne se traduisit jamais dans les faits. Le journal était sinistre et plat, il n'avait rien de populaire; la grande majorité de la nation écossaise refusa avec entêtement de s'y reconnaître. Mais jusqu'à la sortie des premiers exemplaires, l'espoir demeura grand. Il est évident maintenant que certaines des attitudes qui avaient contribué – ou dont la direction affirmait qu'elles avaient contribué –, à la fermeture de l'imprimerie de Glasgow pour le *Scottish Daily Express* étaient loin d'avoir disparu.

L'appel à la souscription avait stipulé que la somme de 475 000 £ devait être couverte par souscription publique à 10 heures du matin le 28 mars (un Vendredi saint *), à condition que le gouvernement tienne sa promesse de prêt de 1 200 000 £. Les travailleurs avaient apporté 200 000 £, provenant de leurs indemnités de licenciement et Maxwell contribuait pour 100 000 £; il fallait donc que le public fournisse 175 000 £, ce qui n'était pas énorme pour un journal dans lequel « toute la nation devait se reconnaître ». Mais au matin du Vendredi saint, les banques étaient fermées; malgré un apport de dernière minute de 9 000 £, il manquait encore au Comité d'action 25 000 £.

Un récit, *The Story of the Scottish Daily News,* est particulièrement révélateur si l'on veut comprendre ce qui suivit. Les membres du Comité d'action se réunirent une heure avant l'expiration du délai « afin de discuter des tactiques appropriées pour traiter avec l'homme dont ils étaient sûrs qu'il allait fournir le capital manquant », autrement dit, naturellement, Robert Maxwell. Ils connaissaient ses conditions : un journal aux éditions multiples (de façon à concurrencer les quotidiens du matin et le seul journal du soir de Glasgow, l'*Evening Times*), réalisé avec une équipe de 500 personnes seulement, soit la moitié des effectifs d'un quotidien classique [34].

> Au moment où la réunion toucha à sa fin, le Comité d'action avait tacitement décidé qu'il accepterait les conditions de Maxwell, si ce dernier consentait à fournir l'argent frais qui manquait encore; une fois les fonds en sécurité à la banque, il serait toujours temps de découvrir des obstacles insurmontables qui l'empêcheraient de mettre ses exigences en pratique.

En arrivant à la réunion, Maxwell exposa les conditions de son apport financier : un journal avec des éditions matin et soir, pas de limite aux heures supplémentaires (payées), sa nomination comme

* Jour férié en Grande-Bretagne *[N.d.T.]*.

rédacteur en chef et coprésident de la coopérative. L'un des membres du Comité d'action, Charlie Armstrong, un ancien clicheur, se souvient d'avoir quitté la séance, avec cet avertissement aux responsables de la section syndicale : « Répondez oui à tout ce qu'il racontera jusqu'à ce que nous ayons l'argent. » Quant à Mackie, il aurait conseillé à un autre : « Ce type-là est fou. Tu n'auras qu'à hocher la tête sans rien dire et on aura le journal. »

Tout à fait inconscient de cet état d'esprit, Maxwell prit la parole devant les secrétaires régionaux des syndicats représentant les journaux écossais. *The Story of the Scottish Daily News* relate ainsi cet épisode [35] :

> « Je me suis entretenu avec le Comité d'action, commença Maxwell, et ses membres sont d'accord avec certaines des propositions que je leur ai faites. » Il marqua une pause, laissant ses paroles faire leur effet. « J'en ai également parlé aux responsables des sections syndicales; eux aussi les acceptent. » Son regard passa sur l'assistance. « Maintenant, Messieurs, je vais vous demander d'écouter très attentivement ce que je vais dire. » Il prit une feuille de papier sur le bureau devant lui. « Voici un chèque – un chèque de 125 000 £. » Il y eut un tonnerre d'applaudissements, mais Allister Mackie... cligna de l'œil.

Maxwell quitta la réunion après s'être écrié : « Messieurs, nous avons un journal. » Certains responsables du syndicat s'en allèrent, sachant parfaitement que jamais il n'aurait le journal de son choix; mais ils se gardèrent bien de le dire. En dix jours, la conception d'un journal du matin et du soir fut démolie par les syndicats. Déjà, dans une interview télévisée du Vendredi saint au soir, Mackie avait prévenu : « Au cas où Bob s'imaginerait devenir le patron du journal, il va être déçu. Il fait partie d'une équipe. »

Le premier coup porté à la coopérative devait venir du Chesters Management Centre (de l'université de Strathclyde) qui avait été chargé de l'étude préliminaire. Son rapport concluait que le nouveau journal était condamné à l'échec, faute de support publicitaire suffisant ou de ventes assez élevées. Les services du ministre de l'Industrie avaient la même analyse. L'été précédent, ils en avaient prévenu le secrétaire d'État Tony Benn, mais ce dernier ne pouvait compter sur personne, au sein du Cabinet, pour l'aider à sauver la coopérative. Il y a réussi cependant, en raison du contexte politique. Un gouvernement travailliste, à peine élu, était revenu aux affaires de manière tout à fait inattendue. De nouvelles élections étaient imminentes. Dans cette perspective, le ministère ne devait pas donner le sentiment de sa passivité pour sauver des emplois dans une ville où le taux de chômage montait avec une inquiétante rapidité.

Maxwell s'opposa à la publication du rapport Chesters, mais des journalistes rivaux en avaient déjà eu vent et sa suppression n'aurait fait qu'envenimer les choses. En revanche, le Comité d'action fit publier une autre étude rédigée par une firme d'experts comptables. Selon elle, avec un tirage de 240 000 exemplaires et un contenu publicitaire de 40 %, le nouveau journal pourrait être bénéficiaire. Mais, dire comment faire éventuellement des bénéfices, et les faire vraiment, sont deux choses bien différentes. La coopérative devait rapidement s'en apercevoir.

Le premier numéro du *Scottish Daily Express*, sorti le 5 mai 1976, proclamait sa joie : sur une manchette barrant toute sa Une : c'était « merveilleux d'être en vie ». Pour fêter l'événement, on trouvait Tony Benn, Robert Maxwell et divers hommes politiques de tous les partis. En dépit du destin du quotidien, sa publication représenta un effort incroyable. La coopérative avait repris seulement trois semaines auparavant les anciennes imprimeries de Beaverbrook. Et pendant ces vingt et un jours, les membres du Comité d'action avaient déjà agi contre l'intrus venu du Sud, leur sauveur de la dernière minute. On voulut diminuer son mérite. On prétendit entre autres que sur les 25 000 £ supplémentaires qui avaient comblé le déficit, 10 000 provenaient de deux journalistes; autrement dit, Maxwell ne leur avait pas tout seul sauvé la mise. En fait, il s'agissait d'une argutie d'une rare mesquinerie : Maxwell seul avait donné sa caution. Les journalistes eux-mêmes révélèrent, dans une lettre adressée à *Private Eye*, que ce Vendredi saint, ils avaient voulu investir temporairement dans le journal et que la somme versée leur avait été rendue. (En décembre 1976, dans une déclaration lue devant le tribunal, *Private Eye* reconnut qu'il n'y avait pas un mot de vrai dans ces allégations. Maxwell n'avait pas emprunté 10 000 £ aux journalistes, ni ajourné le remboursement pendant trois mois, il ne s'était pas débrouillé pour que sa dette personnelle lui soit remboursée par Scottish News Enterprises Ltd. *Private Eye* présenta également ses excuses pour avoir laissé entendre que Maxwell mentait quant au chiffre du tirage du *Scottish Daily News* et reconnut qu'il ne l'avait jamais dissimulé. Enfin *Private Eye* se confondait en regrets et acceptait de payer une « somme convenable » en guise de dommages et intérêts, en compensation pour les frais qu'avait encourus Maxwell. A la requête de ce dernier, la somme en question fut versée au profit des œuvres sociales du *Scottish Daily News*. Mais, lorsque le jugement intervint, le mal était fait; c'était beaucoup trop tard pour le réparer.

Réuni en assemblée générale, le personnel avait décidé de dépouiller Maxwell de tous ses pouvoirs de direction. Le comité d'entreprise avait même tenté de supprimer tous les liens. Il n'avait pu y parvenir. *The Story of the Scottish Daily News* relate cet épisode [36] :

> Les travailleurs étaient furieux contre Maxwell, à cause de ses conditions imposées à la dernière minute. Elles consolidaient son pouvoir, imposaient sa marque. En même temps, ils éprouvaient encore, presque contre leur gré, une sorte d'admiration pour l'homme, pour sa réussite et son acharnement. Surtout, sans se l'avouer, ils lui étaient reconnaissants d'avoir apporté des capitaux à un moment où tous leur avaient tourné le dos.

Comme il est de règle pour une première édition, celle du *Scottish Daily News*, 300 000 exemplaires, se vendit comme des petits pains. Mais, en l'occurrence, la seule question importante était de savoir si les acheteurs du premier jour seraient fidèles le lendemain et les jours suivants. Les ventes de la première semaine furent bonnes. Cependant, à la fin du mois, elles avaient baissé jusqu'à 120 000 exemplaires, soit la moitié des ventes nécessaires pour dégager un bénéfice. En avril, le comité d'entreprise s'était dressé contre Maxwell et l'avait privé de ses pouvoirs de direction; pourtant, lors de la première réunion des actionnaires qui se tint le 4 juin, il fut réélu au Conseil en qualité de représentant des ouvriers. Il reconnut l'existence de certains « désaccords » entre lui et les autres membres du Conseil sur le problème des ventes et celui de la publicité. A la consternation de la main-d'œuvre que l'on avait maintenue dans l'ignorance des mésaventures du journal, ces difficultés étaient venues à la surface dans un long télex de Maxwell, en date du 20 mai. Il rappelait que, pendant une longue période, il avait consacré « sans compter » une part considérable de son temps au projet et il relatait sa « surprise » lorsqu'on avait voulu le chasser de la coprésidence de la coopérative, presque aussitôt après qu'il eût tant contribué à lever les fonds nécessaires. Le texte continuait ainsi [37] :

> Cependant, j'ai pensé qu'il s'agissait avant tout de votre projet et que l'on devait vous laisser libres de mener les choses comme

> vous l'entendiez. A plusieurs reprises, j'ai fait remarquer que sans moi, ou sans quelqu'un comme moi, vous auriez des difficultés à transformer en réussite le lancement du journal, à maintenir le chiffre de son tirage et à obtenir rapidement la publicité nécessaire. Vous avez insisté, vous avez affirmé que vous pouviez y arriver seuls et que, « de toute façon, chacun avait le droit à l'erreur ». Comme cela semblait être un vœu unanime, j'ai accepté de me taire et de ne pas faire de vagues; je m'en suis tenu à cette détermination.
> Pourtant, étant donné l'extrême gravité de la situation économique du *Scottish Daily News*, avec une baisse rapide des ventes de 325 000 à quelque 200 000 (soit 50 000 de moins que nos prévisions), avec des rentrées publicitaires de 25 % seulement au lieu des 47 % escomptés, il ne serait pas honnête de ma part de continuer à garder le silence et de rester sur la touche. Une telle attitude ne serait pas convenable alors que notre coopérative ouvrière fait cap tout droit sur les écueils; je ne puis envisager les pertes d'emploi que tout cela signifierait pour le personnel, les pertes de capital que cela entraînerait pour eux et pour tous les actionnaires, sans oublier l'embarras dans lequel une telle aventure plongerait le gouvernement, et M. Wedgwood Benn en particulier, si on laissait les choses se dégrader plus avant.

Maxwell brossait froidement la situation du quotidien; en bref, dépenses hebdomadaires 90 000 £, rentrées hebdomadaires 57 000. Le déficit était bien supérieur à celui qui, d'après M. Micawber, devait entraîner la ruine. De l'avis de Maxwell, seules une reprise en main du journal et une remontée des ventes à 250 000 exemplaires par jour entre le 15 septembre et le 31 octobre, pourraient empêcher l'écroulement définitif de la coopérative. Pour lui, la situation était de la plus « extrême gravité », à l'avance il rejetait l'accusation de semer la panique. Les chiffres qu'il avait cités étaient à la disposition du directeur général, Eric Tough, et n'importe qui, s'il s'armait d'un crayon et d'une feuille de papier, pouvait arriver au même résultat. Il continuait ainsi : « J'ai quelques propositions concrètes qui pourraient sauver la situation; il faut pour cela que le rédacteur en chef et son équipe puissent sortir un journal amélioré et beaucoup plus attrayant. »

Parmi ses suggestions, figurait l'embauche de rédacteurs et de typographes afin de sortir des éditions plus soignées et d'améliorer la promotion des ventes. Il reprocha au comité d'entreprise d'avoir fait, dans le programme « World in action » de Granada TV, une apparition superflue. « Loin d'être nécessaire », elle avait mis au grand jour les « interférences » du comité dans la rédaction : il lui reprocha également d'avoir proposé des tarifs publicitaires tels qu'il devenait impossible d'entrer en concurrence avec les autres journaux et de demander des prix exorbitants pour la Une du journal; enfin il fit valoir qu'on l'avait empêché, lui qui souhaitait aider le responsable de l'espace publicitaire, d'organiser une réunion avec les principales agences de Londres. Voici sa conclusion :

> Étant donné les graves dangers que court notre entreprise, j'espère que vous renoncerez à votre refus obstiné de vous conformer à la lettre et à l'esprit des décisions prises lors de la réunion des travailleurs, et que vous donnerez votre accord pour que nous travaillions tous ensemble au sauvetage du journal et des cinq cents emplois qu'il représente. Il nous reste à peine quatre semaines pour redresser la situation : après la fin juin, nous entrerons dans la période qui, traditionnellement, voit baisser le tirage des journaux et se tarir plus encore les offres des annonceurs.

Comme s'y attendait Maxwell, le comité d'entreprise dédaigna ses avertissements, décréta que ses chiffres étaient faux et que le quotidien s'en sortait. Aucune des décisions nécessaires ne put être appliquée, puisque l'on niait les difficultés.

Mais au mois de juillet, on admit enfin l'existence de ladite crise. Maxwell fut nommé administrateur de Scottish News Enterprises, Ltd. et, le 18 août, le *Scottish Daily News* reparut sous format tabloïd. Fred Sillitto, le secrétaire de rédaction, prétexta de son manque d'expérience dans la production des journaux de ce type pour donner sa démission; il proposa cependant la candidature d'un successeur possible, un Australien nommé Ralph Saunders. Ce dernier obtint le poste, avec un traitement de 125 £ par semaine; peu après la signature de son contrat, la direction donna pour instruction à Tough et à Sillitto de l'avertir que cette somme serait amputée de 30 £. Naturellement, dès le lendemain, Saunders claquait la porte.

Avec la collaboration du conseil de direction, Maxwell avait décidé de baisser le prix du journal. Il coûterait dorénavant cinq pence au lieu de six, ce qui troubla les dépositaires, dont le concours était indispensable au lancement ou au redémarrage d'un journal. Leur marge bénéficiaire était diminuée. Pourtant, le premier jour, les choses se passèrent bien; le tirage entier fut vendu. Comme d'habitude, Maxwell se montra optimiste. On avait imprimé 240 000 exemplaires et il avait vendu à vingt-cinq organismes d'État des emplacements publicitaires dans son quotidien. Il dormait à Albion Street et travaillait toujours dix-huit heures par jour. Il était définitivement brouillé avec Mackie qu'il accusait de « jouer au politicien » avec les problèmes du chômage.

Après une première semaine qui fut bonne, les ventes baissèrent de nouveau fortement. Lors d'une réunion avec le personnel, le 15 septembre, Maxwell exigea un vote de défiance contre la personne de Mackie. Dans une note adressée à ses « compagnons coopérateurs », il révéla que le tirage du tabloïd, entre 170 000 et 180 000, était le double de celui du grand format qui avait chuté à 80 000. Les pertes de 30 000 £ par semaine n'étaient plus que de 17 000 £, aussi pensait-il que, dès le premier trimestre de 1976, le quotidien aurait retrouvé son équilibre. Il promit d'apporter de nouveaux capitaux à l'entreprise; il réaffirma son optimisme sur une nouvelle subvention gouvernementale.

Mais à Whitehall, l'optique était tout autre. Certes, Tony Benn demanda encore au Cabinet de faire un effort pour le *Scottish Daily News*. Mais on ne l'entendait plus de cette oreille; il lui fut rappelé que l'avance versée au journal avait été prélevée sur les recettes des impôts. Il s'agissait d'une subvention consentie une fois pour toutes. M. Benn avait accordé son appui à un trop grand nombre de coopératives qui étaient visiblement en train de s'effondrer. Le gouvernement, le Premier ministre en particulier, n'avaient pas l'intention de jeter l'argent par les fenêtres.

Il y eut une faille dans la défense de Mackie lors du débat sur le vote de défiance : il reconnut le bien-fondé du principal chef d'accusation de Maxwell contre lui et aussi contre un autre membre du premier comité d'entreprise, Jim Russell. Maxwell leur reprochait d'avoir mentionné parmi les options présentées au ministère du Commerce et de l'Industrie la liquidation de la société quand bien même elle ne venait qu'en troisième position. Les deux hommes, ainsi que William Wolfe, le président du Scottish National Party, perdirent leur siège au conseil de direction; les voix se décomptèrent ainsi : 298 votes favorables et 12 contre.

Maxwell déclara alors qu'il était prêt à injecter 25 000 £ prélevées sur sa fortune personnelle à condition que, de leur côté, les employés dégagent 50 000 £ sur leurs salaires. Les représentants du Syndicat national des journalistes virent là une baisse des traitements. Leur hostilité s'accrut encore après la parution d'un éditorial signé Maxwell. Ils interdirent au rédacteur en chef d'imprimer la moindre ligne signée de l'homme qui était en fait le propriétaire mais qui n'était pas journaliste.

Les choses empirèrent. La presse Beaverbrook assigna la coopérative en justice, lui réclamant le paiement de 59 000 £ dont elle se prétendait créancière, à la suite de la vente des installations d'Albion Street. Le 21 septembre, le *Sunday Times*, éternel ennemi de Maxwell, publia dans sa rubrique « Insights » un écho intitulé « Comment Maxwell a saboté le rêve des travailleurs ». Le texte était bourré d'approximations et de sous-entendus et, comme les précédents, il ne pouvait faire que du mal. Il rappelait aux lecteurs l'aventure de Simpkin Marshall, faisait un amalgame avec d'autres incidents de la carrière de Maxwell. Il évoquait le rapport des inspecteurs du ministère du Commerce et de l'Industrie (mais il se gardait bien de dire que lui, le *Sunday Times*, furieux de la plainte déposée par Maxwell à son encontre, avait fourni au ministère les renseignements sur lesquels s'était fondée l'enquête). Il l'accusait de « mensonges caractérisés ». Tony Benn lui aussi en prenait pour son grade. On lui reprochait de n'avoir pas prélevé sur l'argent des contribuables une nouvelle subvention de 114 000 £ – somme à laquelle le *Sunday Times* estimait l'apport de Maxwell au *Scottish Daily News* – ce qui aurait empêché ce dernier de jouer un rôle dans l'entreprise. (Les rédacteurs de l'article auraient pu aussi proposer que la famille Thomson, propriétaire du *Sunday Times* et dont les attaches écossaises étaient connues, qui s'était enrichie avec des journaux écossais, trouve l'argent nécessaire. Ils s'en gardèrent bien.)

Maxwell réagit vigoureusement; il porta plainte contre les trois journalistes dont la signature figurait au bas de l'article et contre Bruce Page, le responsable de la rubrique; à son avis, ce dernier était l'instigateur de la vendetta que le journal menait contre lui depuis plusieurs années. Les avocats de Maxwell, Lewis Silkin and Partners, dénoncèrent « les nombreuses attaques pleines de vindicte et dénuées de fondement, pour la plupart montées ou écrites par M. Bruce Page ». Dans une lettre à Maxwell, Harold Evans, le rédacteur en chef du *Sunday Times*, tenta d'innocenter Page. Il assumait la pleine responsabilité de l'article incriminé : « Je ne voudrais pas que vous puissiez penser que je ne suis pas pleinement maître de mon journal. »

Avec l'aide d'autres journalistes, le rédacteur en chef du *Scottish Daily News* répondit par une lettre de huit pages réfutant l'article point par point – dix-huit en tout; selon ses informations, Maxwell avait averti la direction que, étant donné ses autres engagements, il ne pouvait lui consacrer plus de trois mois de son temps à compter du 1er août; il niait que Maxwell eût jamais acquis des actifs d'une valeur de deux millions pour une somme de 100 000 £; enfin, il rappelait que le comité d'action avait fait les premières manœuvres d'approche auprès de Maxwell, et que le personnel l'avait rappelé en juillet pour lui demander de devenir le directeur général de la publication.

Allister Blyth, le président du comité directeur, convoqua une conférence de presse devant laquelle il déclara [38] : « Sans M. Maxwell, le *Daily News* n'aurait jamais pu démarrer... Son concours, ses conseils et son appui financier ont été d'un secours inestimable. »

Comme à sa coutume, Maxwell réagit violemment de se voir traiter de fasciste, insulte qui lui aurait été adressée par Mackie, et que le *Sunday Times* avait rapportée. Il déclara aux journalistes [39] : « Presque toute ma famille a été exterminée par les nazis, aussi l'épithète de fasciste est-elle bien la dernière au monde que vous puissiez me jeter au visage. »

Mais il fit cette déclaration en quittant Glasgow le 3 octobre après avoir démissionné de son poste. Une assemblée générale des employés le pressa, par 248 voix contre 18, de rester mais il expliqua ainsi son refus [40] :

> J'aurais voulu vous satisfaire, mais étant donné les attaques malveillantes portées contre moi par le *Sunday Times* et dont certaines au moins sont inspirées par des personnes de notre journal comme M. Mackie, M. Russell et d'autres encore, je préfère m'éloigner du champ de bataille. Je préfère laisser au journal une chance d'atteindre des eaux plus calmes et de se consacrer à sa tâche, comme il le fait d'ailleurs.

Les eaux se calmèrent peut-être un peu, mais elles ne s'en refermèrent pas moins sur le *Scottish Daily News* qui se débattait de plus en plus faiblement. Le 8 novembre, après d'autres vains appels à l'aide lancés à l'État, il sortit sa dernière édition; pourtant, un journal « d'urgence » continua bien de paraître pendant un certain temps tandis qu'une partie du personnel occupait les bâtiments afin de s'opposer au « démantèlement » du matériel. Pendant près d'un an, Maxwell tenta de lancer un nouveau quotidien du soir pour la région de Strathclyde. Il offrait 800 000 £ pour les installations d'Albion Street, le liquidateur refusait de traiter à moins d'un million. Finalement, l'immeuble et le matériel furent rachetés par George Outram and Co. Ltd., une filiale du groupe Fraser, propriétaire du *Glasgow Herald* et du seul quotidien du soir de la ville, l'*Evening Times*.

Devant l'Industrial Society en mai 1976, Maxwell commenta

l'échec de la coopérative. Chaque fois que la direction perd la maîtrise de la situation, expliqua-t-il, la seule manière de redresser la barre consiste à la confier aux travailleurs. Les coopératives ouvrières améliorent immédiatement la productivité; avec elles, toute question de sureffectifs disparaît instantanément. Il fallait une meilleure organisation du travail dans les usines britanniques; les ouvriers y parvenaient tout seuls, mieux que quiconque ne pouvait le faire à leur place. De plus, tout conflit du travail disparaissait automatiquement. Mais en plus de ces avantages, il fallait à ces coopératives la sympathie de l'opinion, une direction ferme et un contrôle financier sévère; or toutes ces données ne sont pas nécessairement à la portée de l'ouvrier moyen :

> Le jour où la coopérative s'est débarrassée de moi [en avril 1975], elle n'a pas nommé quelqu'un d'autre pour me remplacer. En trois mois, un million de livres se sont évaporées et, dans un effort pour sauver la situation, il a fallu voter pour me rétablir dans mes fonctions. Chez les journalistes comme au sein du conseil de direction, de puissants éléments de gauche rendaient la vie impossible au rédacteur en chef et voulaient publier le journal en collégialité. Les choses se sont tellement politisées..., que le journal a perdu son audience en Écosse et que la baisse du chiffre du tirage a été très rapide... Le conseil de direction n'a pas su assumer la tâche primordiale d'une coopérative ouvrière – à savoir prendre la responsabilité de la seule orientation du journal et laisser les pouvoirs de gestion entre les mains d'un directeur général et d'un contrôleur financier. Ils ont voulu tout régenter au sein de comités... ils ont nommé leurs copains aux postes de direction et si mal organisé les affaires de la section syndicale, que les délégués et le principal responsable en ont fait l'équivalent d'un syndicat soviétique, sans l'aval duquel le conseil ne pouvait pratiquement prendre aucune décision. C'était, ajouta-t-il, « le mode d'emploi idéal pour une véritable catastrophe ».

A l'époque, on avait sollicité mon avis en qualité d'expert pour le gouvernement et je dois dire que, pour moi, le journal n'avait jamais eu l'ombre d'une chance. Il avait été lancé au moment où la crise économique était de plus en plus sensible, en particulier en Écosse. L'équipe rédactionnelle était insuffisante. Mal préparée, trop vite lancée dans la bataille, elle n'avait ni but, ni politique précis. Et, sauf dans l'esprit de quelques militants et dans celui de Tony Benn, ce n'a jamais été une véritable coopérative ouvrière. Bon nombre d'anciens employés de Beaverbrook y avaient investi de l'argent, non par idéal politique ou industriel, mais simplement pour conserver leur emploi, n'importe quel emploi. Ceux qui, lors de la chute du *Scottish Daily*

News, versèrent les larmes les plus amères étaient ceux-là mêmes qui avaient fait la sourde oreille à ses appels au secours aux moments les plus dramatiques. Les responsables nationaux des syndicats de la presse et de l'imprimerie n'avaient jamais cru en son avenir et n'avaient jamais levé le petit doigt en sa faveur. Robert Maxwell avait insufflé son enthousiasme et apporté de l'argent, mais il n'était pas fait pour être simplement membre d'une équipe de coopérateurs. Je pense qu'il n'avait pas non plus perçu les particularités des travailleurs écossais qui ne ressemblent à personne dans toutes les îles Britanniques. Certes, on retrouvait encore çà et là – surtout dans certains corps de métier enclins au romanesque, et les journalistes en faisaient partie – comme un écho de ce qu'avaient été les Rouges des rives de la Clyde, qui ont marqué l'histoire des années 20. Mais Maxwell ne comprit pas ce qui lui semblait être de l'incompétence et des méthodes incompatibles avec la rigueur d'une bonne gestion. Son impatience déborda. A supposer qu'il ait eu la patience d'un saint, on peut douter que le journal ait jamais réussi. Tout ce dont le *Scottish Daily News* rêvait, c'était d'une sorte de papa gâteau prêt à mettre à ses pieds une fortune inépuisable pour lui offrir une équipe de journalistes de premier ordre et un matériel dernier cri; même ainsi, il est probable qu'il aurait échoué. Il est indubitable que, pour certains membres du comité d'entreprise, Maxwell était tout juste bon à être pressé comme un citron. « Répondez oui à tout ce qu'il racontera jusqu'à ce que nous ayons l'argent. »

Le moins qu'on puisse dire c'est qu'il s'agissait d'une erreur de jugement. A une écrasante majorité l'Écosse vote travailliste, mais ni les hommes d'affaires ni les annonceurs ne le sont. La situation tourna si mal au cours de l'été 1975 que le directeur de la publicité n'aurait même pas pu donner gratuitement des emplacements. Personne n'en aurait voulu. D'autres quotidiens écossais qui se prétendaient en sympathie avec le combat du *Scottish Daily News* avaient en réalité tout intérêt à le voir disparaître. En cela, ils ne différaient guère de leurs grands frères de Londres. Récemment encore, en Grande-Bretagne, la presse ne pouvait survivre qu'en jetant aux lions les plus estropiés de ses membres. Cela n'est plus nécessaire de nos jours, mais encore maintenant, si un nouveau venu fait son apparition, un cri unanime traduit la vraie réaction des autres : « Comment allons-nous le tuer? »

En décembre 1975, les créanciers du *Scottish Daily News* se réunirent. On apprit que le désastre financier était total. Le gouvernement perdait 1,2 million de livres; la presse Beaverbrook, créancier presque entièrement nanti, réclamait un remboursement de 225 000 £ et la dette envers les créanciers ordinaires se montait à 1 291 635 £. Il ne restait rien pour compenser leurs pertes. Les 114 000 £ que Robert Maxwell avait injectées dans l'affaire s'étaient évanouies. Plus effroyable encore, les travailleurs qui avaient mis dans le journal la prime de licenciement versée par Beaverbrook Newspapers se retrouvaient sans rien. Le sort avait donné raison aux sceptiques qui étaient partis convaincus de l'échec de la coopérative. Leur argent, sagement déposé à la banque, prouvait le bien-fondé de leurs dires.

La plainte de Maxwell contre le *Sunday Times* pour l'article du 21 septembre trouva son épilogue judiciaire en 1979, avec un accord : les deux parties payaient chacune de son côté les frais encourus; le *Sunday Times* se déclarait « heureux de répéter ce qu'il avait déjà dit, à savoir qu'il n'avait jamais été dans ses intentions de poursuivre une vendetta quelconque contre M. Maxwell ». Au mois de mars 1986, au cours d'un conflit au *Daily Record*, le plus grand quotidien écossais dont Maxwell est président (et dont je suis directeur), Allister Mackie attaqua Maxwell lors d'un programme télévisé et ce dans des termes tels que plainte fut immédiatement déposée pour diffamation. Jugement fut rendu par le tribunal d'Edimbourg en décembre 1986, et Mackie dut formuler des excuses fort plates pour des remarques « fausses, sans fondement et gratuitement insultantes ». Les séquelles de l'aventure du *Scottish Daily News* mettent longtemps à disparaître.

***

En octobre 1980, ayant par-dessus la tête des arrêts de travail et des conflits qui transformaient en loterie la parution de ses journaux, lord Thomson of Fleet, le fils cadet de l'homme qui était venu en Grande-Bretagne acheter le *Times* et le *Sunday Times*, décida de s'en aller. Gordon Brunton, directeur-gérant de Times Newspapers Ltd., fit la déclaration suivante [41] :

> La principale raison de cette décision, c'est l'atmosphère empoisonnée qui, depuis bon nombre d'années, règne dans les relations entre les partenaires sociaux. La suspension de la publication, qui a duré onze mois en 1978-1979, en est une conséquence directe; elle a suivi une tentative de mise en place de procédure de règlement des conflits, des garanties de continuité dans la production, une nouvelle échelle des salaires,

une meilleure répartition des effectifs et une initiation aux techniques nouvelles.

L'échec de Thomson dans tous ces domaines, en dépit d'une interruption de la publication de près d'un an, prouvait à l'évidence la puissance colossale acquise par les syndicats de l'imprimerie. Pour chacun des grands quotidiens nationaux, la réforme syndicale était une condition indispensable de survie. L'échec de Thomson constituait un avertissement pour un propriétaire de Fleet Street sur deux, et un encouragement pour toutes les sections syndicales. Thomson et son père avaient investi dans les deux journaux des sommes se montant à 70 millions de livres et, malgré cela, leurs pertes pour 1980-1981 étaient de 15 millions avant impôt. Le *Times* et le *Sunday Times* étaient à vendre. Si aucun acheteur ne s'était présenté en mars de l'année suivante, les propriétaires mettraient la clé sous la porte. La date de clôture pour le dépôt des offres d'achat avait été fixée au 31 décembre.

Certes, au fil des années, le *Times* avait perdu de son prestige et de son influence (ce mouvement s'est encore accéléré). A l'époque il représentait cependant, pour ceux qui pouvaient s'offrir ce luxe, une proie idéale; c'était le journal le plus coté de toute la presse occidentale. Une fois sa vente annoncée, William Rees-Mogg, son rédacteur en chef, se déclara en faveur de la reprise du journal par un consortium. Il ne voyait pas, ajoutait-il, comment les problèmes du quotidien pourraient trouver une solution « simplement parce que son nouveau propriétaire aurait un carnet de chèques bien garni ». Le rédacteur en chef de tous les titres du groupe, sir Denis Hamilton, ne voyait aucun avenir pour le *Times*, à moins de moderniser totalement sa fabrication avec de nouvelles techniques d'impression.

L'affaire intéressait Maxwell. Il ne perdit pas une seconde pour l'annoncer [42] :

> Je pense être le seul qui entend faire une offre pour l'ensemble du groupe, le *Times*, le *Sunday Times* et les suppléments, sans les vendre par la suite séparément; c'est, si j'ai bien compris, ce que la société Thomson s'apprête à faire.

Le bruit courut que sir James Goldsmith figurait lui aussi parmi les acheteurs éventuels. Sans s'avancer outre mesure, lord Weinstock déclara que, s'il ne risquait pas « une perte ruineuse », il était prêt à se joindre à un consortium. Mais le groupe Lonrho, dont le président était « Tiny » Rowland, s'exprima par l'intermédiaire d'un porte-parole [43] : « Nous ne nourrissons aucune intention à l'égard du *Times* ou du *Sunday Times*. Ils ne nous intéressent pas, ce sont des gouffres financiers. »

En réalité, bien qu'il ait jonglé de façon peu raisonnable avec son budget, le *Sunday Times* n'était déficitaire que depuis peu. Ce fait était capital dans l'optique d'une vente des journaux à Rupert Murdoch. Le gouvernement, dont Murdoch était et est toujours l'un des fidèles soutiens, pouvait ainsi éviter de soumettre le changement de propriétaire à l'avis de la commission des monopoles.

Le syndicat national de l'imprimerie se déclara, mais trop tard, prêt à accepter des concessions si Times Newspapers décidait de ne plus vendre. L'autre syndicat de typos, la Natsopa (qui devait plus tard fusionner avec la Sogat), promit de se tenir tranquille tant que la société assurerait la sortie des titres. Mais, selon l'analyse de Brunton, « le non-respect par certains syndicats des accords passés entre les propriétaires et eux » était l'un des véritables motifs de la mise en vente des journaux.

Afin d'entamer les négociations, Maxwell accomplit confidentiellement une démarche en bonne et due forme auprès de la société Thomson. Dans une interview donnée à Hong-Kong en novembre, il déclara que le « principal problème » du *Times* venait de ses typographes. La décision de vendre contribuerait peut-être à convaincre les syndicats de se montrer un peu plus réalistes, étant donné les dures réalités économiques. Il ajouta que le *Times* ne figurerait pas dans son offre avant le 31 décembre. En effet, il voulait laisser au rédacteur en chef, W. Rees-Mogg, une chance de trouver les fonds nécessaires par l'intermédiaire d'un consortium, ce qui était la solution de son choix. Cependant, Maxwell continuerait ses pourparlers pour l'achat du *Sunday Times* et des suppléments du *Times*. Le bruit courut qu'il avait l'intention de transférer les imprimeries du *Times* à Oxford. Cette rumeur provoqua l'indignation de certains syndicalistes. Bill Booroff, secrétaire de la NGA (National Graphical Association) pour la région de Londres, annonça brutalement que son syndicat se battrait « bec et ongles » pour ne pas quitter Fleet Street (en réalité Grays Inn Road est à 800 mètres de Fleet Street). « On préférerait voir le journal fermer » conclut-il à demi prophétique. Il ignorait alors que, à la fin de 1985, son syndicat serait définitivement chassé du *Times*.

Maxwell demanda l'accord sur l'OPA de Pergamon Press pour toutes les actions du Times Newspapers Ltd., le 23 décembre 1980. Il y proposait :

Un bail de cent vingt-cinq ans sera consenti à Pergamon Press pour les immeubles de Grays Inn Road, contre un loyer annuel correspondant à 6 % de la valeur vénale (soit 12,2 millions de livres), avec révision septennale. Thomson devra éliminer de la comptabilité de Times Newspapers Holdings Ltd. la moitié de l'endettement interne du groupe dont le montant global ne dépassera pas quarante millions de livres. L'autre moitié de la dette qui ne sera pas à la charge de Thomson sera réglée ainsi :
a) cinq millions en espèces;
b) le remboursement des quinze autres millions commencera en 1986, au taux de un million par an ou 25 % des bénéfices après impôt de Times Newspapers Holdings Ltd. selon que l'une ou l'autre somme sera plus importante, jusqu'à extinction. Pour toute la durée de l'emprunt, le taux de l'intérêt versé à la société Thomson n'excédera pas 5 % par an. On peut même prévoir des périodes de moratoire selon les bénéfices dégagés par Times Newspapers Holdings Ltd.

Mais l'offre dépendait de la conclusion d'accords satisfaisants entre Times Newspapers Holdings Ltd. et les syndicats. Elle était subordonnée aussi à l'octroi des autorisations de l'État, de la Commission d'arbitrage et des autorités boursières. Si le *Times* ou l'un quelconque de ses suppléments étaient vendus séparément, Pergamon était prêt à lancer une offre pour le *Sunday Times* et son magazine seulement. Maxwell concluait sa lettre d'intention à la société Thomson : « Si l'offre de Pergamon était acceptée, nous confirmons que ses titres conserveront la pleine indépendance rédactionnelle que mérite une presse de qualité et dont ils ont joui jusqu'à présent sous l'égide de la société Thomson. »

Bien que l'OPA eût été confidentielle, Neil Collins, responsable de la rubrique locale de l'*Evening Standard*, en obtint assez rapidement, semble-t-il, les grandes lignes. L'offre de Maxwell était « culottée », digne du personnage et tout à fait susceptible de séduire sans réserve les dirigeants de Thomson.

Pendant ce temps, le personnel du *Times*, rassemblé sous le sigle JOTT (Journalists of *The Times*), s'employait, avec l'appui de W. Rees-Mogg, de lord Swann, de lord Weinstock et d'autres encore, à lever des fonds pour racheter le journal. Il semble que Maxwell eût été le seul à avoir fait une offre ferme, ce qui n'empêcha pas le *Times* d'écrire, en date du 2 janvier, « que si d'autres acheteurs potentiels sérieux se manifestaient, leurs offres ne seraient pas repoussées sous prétexte que la date de clôture était passée », ce qui en rendait l'instauration sans objet et constituait un handicap supplémentaire pour la seule personne qui l'avait respectée. Mais le 4 janvier, *The Observer* affirmait que, outre Maxwell, plusieurs autres prétendants, dont Lonrho, Goldsmith, Murdoch et JOTT, souhaitaient se rendre acquéreurs des seuls suppléments. Les chances de Maxwell, ajoutait-il, étaient « minces ».

Cependant, les syndicats avaient déjà réclamé que le *Times* conserve les mêmes effectifs, ce qui provoquait des réserves chez tout repreneur éventuel. En effet, l'impossibilité de débaucher avait fortement contribué à institutionnaliser les pertes du *Times*. Le 12 janvier, le quotidien révélait que Murdoch était en train « d'étudier sérieusement » l'achat des deux journaux et des trois suppléments. A ce stade, semble-t-il, il n'avait pas encore soumis d'offre. Le 18, ce fut au tour de *The Observer* de rapporter que Murdoch était en tête dans la course à la reprise des journaux, « qu'une bagarre en règle sur la liberté de la presse et la propriété des sociétés de presse » paraissait inévitable. Avec un peu d'embarras, le journal rappelait la réponse faite par Murdoch un an auparavant lorsqu'on lui avait demandé s'il achèterait le *Times* : « Non, jamais. A mon avis le *Times* est fichu depuis le début du siècle. Ce serait faire une sale blague à vos actionnaires que d'acheter un canard pareil. »

Une commission fut instituée pour « passer au crible » les acheteurs éventuels. Sir Denis Hamilton en fut nommé président. Il s'employa à rassurer parlementaires et journalistes qui craignaient pour l'indépendance rédactionnelle des journaux. Il déclara notamment [44] : « Personnellement, je ne pourrais envisager un seul instant de laisser le *Sunday Times* ni, bien sûr, le *Times* et son supplément littéraire, tomber entre les mains de quiconque ne fournirait pas les garanties les plus sérieuses pour l'indépendance des journaux, le respect de leurs particularités et leur qualité. »

En fait, les garanties d'indépendance données aux journaux se révélèrent aussi contraignantes que celles obtenues par la Tchécoslovaquie en 1938, après les accords de Munich. C'était le temps des rumeurs et des bobards. Il n'était question que de l'identité du futur propriétaire. Chaque jour l'inquiétude montait, en particulier chez les journalistes. Ils parlaient davantage de « bloquer » Murdoch et d'« exiger » des sauvegardes. Le 20 janvier 1981, Michael Foot, alors chef du Parti travailliste, essaya en vain d'obtenir du Premier ministre Mme Thatcher la promesse que toute offre émanant de Murdoch serait soumise à la Commission des monopoles. Le Premier ministre refusa. « Manè, Thécel, Pharès » : l'avertissement était de plus en plus lisible. Le 22 janvier, la réussite de l'OPA de Murdoch fut annoncée après qu'il eut « amplement » garanti la qualité rédactionnelle et l'intégrité des journaux et de leurs suppléments. Ces promesses concernaient en particulier la situation des rédacteurs en chef : leur licenciement devait être approuvé par un vote favorable des « directeurs nationaux indépendants », lesquels seraient nommés par le conseil d'administration. Mais ces promesses étaient valables tant que Murdoch le jugerait bon et pas une minute de plus; Harold Evans en a témoigné de façon éclatante. En réalité, une seule exigence avait été signifiée à Murdoch : conclure dans les trois semaines des accords avec les syndicats comme avec le personnel. Il ne fut pas question de la Commission des monopoles. Pour se justifier, le gouvernement prétexta que les journaux travaillant à perte risquaient une fermeture imminente. Cela transformait Murdoch, déjà propriétaire du *Sun* et du *News of the World*, en homme providentiel.

Les responsables des syndicats de typographes (NGA, Sogat et Natsopa) présentèrent une requête auprès de Michael Foot : qu'il cesse de réclamer que l'offre de Murdoch soit soumise à la Commission des monopoles. Une fois de plus les syndicats avaient favorisé Murdoch et ce fut décisif. On estime que Murdoch avait versé en tout cinq millions de livres de plus que Maxwell n'en avait offert, mais son acquisition englobait les installations de Grays Inn Road que Maxwell avait proposé de louer. L'éditorialiste du *Times* s'inclina devant son nouveau maître, loua sa décision d' « assumer nos problèmes » et salua cet « acte de courage extraordinaire ». Une fois de plus, Maxwell se retrouvait sans quotidien national. En 1982, il acquit la revue spécialisée *Financial Weekly* (qu'il revendit en 1985, avec bénéfice, à un groupe dirigé par Clive Thornton); en avril 1984, il pensa acheter l'*Observer* à Tiny Rowland, mais l'affaire n'aboutit pas. Cependant, une proie beaucoup plus belle n'attendait que lui; il finit par s'en emparer avec énergie et panache.

***

Le Mirror Group Newspapers tomba finalement entre les mains de Maxwell à la suite d'un concours de circonstances qui rassemblèrent bon nombre de situations et de comportements que nous connaissons déjà. Pour diverses raisons, Reed voulait se débarrasser de ses journaux mais une vente au plus offrant lui faisait horreur. Il n'est pas exclu que la direction de la firme ait douté du sérieux d'une telle solution. Qui aurait été assez fou pour racheter une société à peine bénéficiaire – quand elle l'était! – avec un chiffre d'affaires de plus de 200 millions de livres par an? Le conseil d'administration décida donc d'introduire le Mirror Group Newspapers en Bourse. Les syndicats avaient bâti une véritable forteresse au sein même de la direction. Ils avaient le monopole de l'embauche. Ce n'était pas la société qui recrutait les travailleurs mais les responsables syndicaux. Les journalistes tenaient la rédaction. Si la sélection de nouveaux confrères ne dépendait pas d'eux, ils pouvaient s'opposer à tout licenciement sauf en cas de faute professionnelle indiscutable. La totale incapacité de Reed à affronter les problèmes de Fleet Street explique, sans nul doute, ses décisions. Son ancien directeur général, Les Carpenter, le reconnaît avec franchise [45] :

> Si nous avons décidé d'introduire le *Mirror* en Bourse, c'est d'abord parce qu'il n'était pas rentable. Il était on ne peut plus frustrant de posséder un bien infructueux, désespérement infructueux. On savait parfaitement pourquoi il ne rapportait pas, mais on pensait qu'il ne rapporterait pas plus si on s'attaquait au problème. A chaque assemblée générale, nous étions interrogés sur le nombre de salariés dont la rémunération dépassait 20 000 £ par an. 60 % d'entre eux étaient des employés du *Mirror*... Nous pensions que nous n'arriverions pas à résoudre les problèmes propres à Fleet Street – les sureffectifs entre autres. Nous avons contacté Tiny Rowland pour savoir si Lonrho se montrerait disposé à acheter, mais il refusa. Aussi vers le milieu de 1983, avons-nous décidé d'introduire le *Mirror* en Bourse; nous avons demandé à Tony Miles et à Douglas Long de nous aider à trouver un président pour la nouvelle société.

En fait, Miles et Long consultèrent Robert Head, chef de la rubrique financière du *Mirror*, et lui demandèrent de dresser une liste de candidats possibles, à l'exclusion de Robert Maxwell. Head eut l'idée d'y porter le nom de Thornton. Cela plut à Reed, et Carpenter pressentit donc Thornton qui accepta sans réticence.

Il était difficile d'imaginer un individu moins apte que lui à devenir un patron de Fleet Street. Il n'en avait ni l'air ni les manières. Sa première mesure de président fut de couper en deux par un mur l'immense bureau du 9e étage, si amoureusement décoré par Cecil King. Il lui fallut trois mois pour obtenir des services adéquats qu'ils lui bâtissent sa cloison, et vingt-quatre heures à Maxwell pour la faire abattre. Thornton ne prenait jamais une goutte d'alcool et il n'approuvait pas que les cadres de la société en boivent. Allergique aux déjeuners d'affaires, il décida de prendre ses repas à la cantine pour voir à quoi elle ressemblait. On raconte encore qu'aucun des cadres ne savait où elle se trouvait; une secrétaire dut l'y conduire. Une fois arrivé, il s'assit à une table où tout un groupe s'était installé, se présenta et précisa qu'il était le nouveau président. Sur quoi, les convives se levèrent, lui présentèrent leurs excuses et quittèrent rapidement la place. Ce n'étaient même pas des employés du *Mirror*.

Thornton se heurta aux responsables de la société Reed, dès qu'il commença à développer sérieusement son projet : vendre le groupe à ses employés et à ses lecteurs avec un système d'actions privilégiées, afin d'empêcher quiconque de mettre la main sur l'ensemble. Cette décision entraîna la chute de la société sur le marché financier. Carpenter explique :

> Très vite, Thornton se trouva en désaccord avec Miles et Long. Il n'avait pas confiance en eux. Il était persuadé que quelqu'un organisait des fuites sur son projet d'introduction en Bourse. Chaque fois qu'il ouvrait la bouche et parlait de son intention de vendre par actions un journal de gauche, ou de donner de gros paquets de titres au personnel du *Mirror*, la Bourse s'alarmait!

Le désaccord entre Thornton et Reed s'intensifia. En dépit de sa méfiance, la plupart des responsables avaient joué loyalement avec lui et avaient accepté sa nomination, même s'ils pensaient qu'il se trompait. Mais certains étaient bien décidés à provoquer son départ ou plus simplement à laisser le temps faire son œuvre, convaincus que rapidement il finirait par partir de lui-même.

Pourtant, personne ne pensait que l'introduction en Bourse ne se ferait pas. Jusqu'à la dernière minute ou presque, les journalistes du *Mirror* n'ont pas cru à la vente des journaux de leur groupe. Quelques mois auparavant, Roy Hattersley, le numéro deux du parti travailliste, m'avait confié que Maxwell se porterait acquéreur. Je n'en crus pas un mot puisque Reed s'était engagé à empêcher toute personne non qualifiée de s'emparer du journal. Je croyais dur comme fer à cette parole. Pourtant Maxwell eut raison; il avait jugé que, entre la fidélité à ses promesses et l'éventualité d'un bénéfice, Reed avait déjà fait son choix.

Les premières nouvelles sérieuses sur les démarches de Maxwell concernèrent son achat à Robert Holmes à Court, l'autre millionnaire australien bien connu en Grande-Bretagne, d'une bonne partie de Fleet Holdings, propriétaire des journaux du groupe *Express*. Lord Matthews, président de Fleet, accueillit favorablement Maxwell parmi les actionnaires; il s'agissait là, déclara Maxwell « d'un investissement à long terme ». L'avenir le prouva. Plus tard, il tira un bénéfice de la vente de ses parts à United Newspapers, ce qui permit à cette société d'acquérir l'*Express*. Il aurait été impossible que les journaux du groupe modifient leur allégeance envers le parti conservateur et Maxwell ne voulait pas posséder un journal dont il ne partagerait pas la ligne politique. William Phillips écrivit dans le *Daily Mail* [46]. « Si le nom de Maxwell est bien lisible sur la liste des actionnaires de Fleet, ses ambitions ultimes dans Fleet Street sont moins claires. »

Dans le *Sunday Times* daté du 24 juin, Ivan Fallon, croyant que Maxwell s'intéressait à *The Observer* concluait : « Trois options s'offrent donc à Maxwell; celle du *Mirror* est sans doute la plus vraisemblable, étant donné ses idées de gauche. »

Les hypothèses sur la future cible de Maxwell prirent fin le 4 juillet; ce jour-là, il annonça qu'il avait offert pas moins de 80 millions de livres comptant pour le Mirror Group Newspapers. Si nécessaire, Pergamon augmenterait son offre jusqu'à un maximum de 100 millions de livres. Maxwell promit de ne rien changer à l'orientation politique du groupe, ajoutant :

> Certains me traitent de prédateur, mais pourtant c'est bien l'introduction en Bourse du groupe qui le livrerait à la loi de la jungle. Je considère que j'en suis le sauveur et que je le défends contre la suprématie commerciale de ses rivaux. Récemment, M. Molloy, rédacteur en chef du *Daily Mirror*, a écrit dans un article du *Guardian*, qu'« il manque au groupe Mirror l'espèce de joueur autocrate capable de tenir son rang dans le grand poker de Fleet Street ». Si Pergamon réussit, alors comme le souhaitent sans doute M. Molloy et tous ses confrères, le pouvoir siégera à nouveau au 9 ᵉ étage d'Holborn Circus.

Carpenter expliqua comment le conseil d'administration de Reed voyait la situation :

> Plus nous approchions du moment de l'introduction en Bourse, plus il devenait évident que Reed n'en obtiendrait pas plus de 48 millions de livres.
> Alors un dimanche matin, Maxwell me téléphona. Il voulait soumettre une proposition à moi ou à Alex Jarratt. Je lui répondis qu'il ne serait pas bien accueilli. Reed voulait vendre le *Mirror* par actions et avait promis que l'opération aurait bien lieu. Mais je consulterais mes collègues... Dès le mardi, j'avertis Bob Maxwell que nous ne voulions pas le voir. Dans l'heure il fit sa première offre d'achat et la rendit publique. Il nous adressa une lettre par porteur. Avant même que nous ayons pu répondre, il l'avait communiquée à la presse.

En d'autres termes, Maxwell avait déjà enlevé l'initiative à Reed. A partir de cet instant, il n'était plus question de si, mais de quand et de combien. Pour les habitués de la Bourse, le groupe était devenu l'achat à éviter à tout prix et sa cotation ressemblait de plus en plus à un naufrage. Pourtant, les journaux, même les mieux informés, n'avaient pas encore compris ce qui se tramait. Pour le *Financial Times*, il était « peu probable » que Reed conclue avec Maxwell; son offre de payer comptant avait des chances de ne pas se révéler « irrésistible ». D'ailleurs la société affirma, dans une déclaration, sa certitude [47] : « Les intérêts du Mirror Group Newspapers et de ses employés seront mieux servis si le groupe devient une société indépendante aux mains d'une multiplicité d'actionnaires. »

A l'en croire, l'introduction en Bourse était en bonne voie. Mais dans le *Guardian*, sous un gros titre proclamant « Maxwell est capable d'offrir plus que n'importe qui pour le *Mirror* – qui peut refuser? », Hamish Macrae écrivait : « La société Reed a envers ses actionnaires un devoir auquel elle ne saurait se soustraire. »

Andrew Alexander, chef de la rubrique financière du *Daily Mail*, ne nourrissait guère de doute sur la victoire de Maxwell. Il adressa aux journalistes du *Mirror* une lettre ouverte [48] :

> Robert Maxwell finira par vous avoir; il vous aura très bientôt, je suis prêt à le parier...
> A quoi ressemblera-t-il quand il sera devenu le patron du *Mirror*? Il n'est certainement pas facile de travailler pour lui, avec lui, ou sous ses ordres, ni même de l'avoir pour subordonné. On voit mal comment Clive Thornton et lui pourront rester attelés au même joug ne serait-ce que pendant un instant [dans la réalité, cela dura moins d'un dixième de seconde]. Certes... Maxwell pourrait échouer lamentablement mais, à la réflexion, je pense qu'il sera capable de rendre le Mirror Group beaucoup plus rentable qu'il ne l'est avec sa gestion actuelle.

Macrae et Alexander avaient raison. Maxwell avait fait à Reed une offre que l'on ne pouvait pas refuser, ses principaux actionnaires institutionnels commençaient à harceler la société pour qu'elle traite avec lui. Mais la fidélité à ses engagements incita Reed à engager une bataille perdue d'avance contre l'argent de Maxwell, beaucoup plus pour le principe que par conviction, me sembla-t-il. Tony Miles téléphona à Mike Molloy pour le prier de demander son aide à Neil Kinnock, chef du parti travailliste. Par l'intermédiaire de Miles, Reed voulait obtenir de Kinnock une déclaration du Labour contre l'offre de Maxwell. Molloy fit remarquer à Miles que si jamais Maxwell apprenait cette intervention, il le mettrait à la porte.

Aussitôt, Miles appela Carpenter : « Vous demandez à Molloy d'approcher Kinnock, mais il n'a toujours pas de contrat avec nous »; son interlocuteur lui répliqua que Reed « veillerait au sort de Molloy ». Carpenter se souvient de cet incident : « Il est probable que nous lui avons dit cela, mais je n'en suis pas sûr... C'est l'habitude, chez Reed, de tirer d'affaire les cadres supérieurs qui tombent sur un bec dans ce genre d'histoire. »

Le vendredi 6 juillet, soit six jours après que l'offre de Maxwell eut été acceptée, Molloy et Miles avaient rendez-vous au Brown's Hotel de Londres, avec Kinnock. Ce dernier était accompagné de deux de ses assistants, Dick Clements, ancien rédacteur en chef de *Tribune*, un hebdomadaire de gauche, et Patricia Hewitt, son attachée de presse. Il ne souscrivit à aucun engagement, mais fit une déclaration neutre. Il exprimait son attachement à la liberté de la presse et au pluralisme des propriétaires de journaux; on pouvait y lire tout ce qu'on souhaitait, mais on ne pouvait y déceler s'il était ou non favorable à l'offre de Maxwell. Par d'autres sources, on savait déjà que l'ancien chef du parti travailliste, Michael Foot, lui-même ancien rédacteur en chef de Fleet Street, pour qui Kinnock éprouvait un grand respect, et Roy Hattersley souhaitaient la réussite de Maxwell.

Une autre personnalité politique s'en mêla aussi, l'ancien Premier ministre, James Callaghan. Il téléphona à Molloy pour lui demander son avis sur les événements, se gardant bien de lui révéler sa propre opinion. Certains membres du parti travailliste craignaient sans aucun doute un affrontement direct entre Maxwell et les syndicats, en cas d'achat du groupe. D'autres le souhaitaient de tout leur cœur. Le National Union of Journalists et la Sogat 82 déclarèrent leur « totale opposition » à la prise de contrôle du Mirror Group Newspapers par Maxwell ou par qui que ce fût d'autre. La Sogat affirmait que cette vente porterait un coup à la « liberté de la presse ». Venant de quelqu'un d'autre, cet argument aurait pu être pris au sérieux. Voici la conclusion de cette affaire relatée par Carpenter :

> Nous avons convoqué le conseil d'administration. Il fut décidé que l'offre était insuffisante... Bob a déclaré qu'il voulait venir me voir... Je n'y tenais pas tant que nous n'aurions pas reçu de lui une offre écrite qui ne laisse rien dans l'ombre et qui exclue les « coups tordus ».
>
> Je me souvenais que lorsque je lui avais vendu Odhams, Watford, nous avions conclu l'affaire en deux heures à notre mutuelle satisfaction – mais par la suite nous avons passé cinq semaines à discuter sur la plus petite virgule de ce fichu contrat.

> Je voulais un paiement immédiat avant de donner les titres... Alex ne voulait pas voir Maxwell... Il était mal à l'aise et plein de remords. Nous avions tant promis de ne pas vendre le *Mirror.* Mais il était conscient de ses devoirs envers les actionnaires et le reste du conseil d'administration... Une cinquantaine d'investisseurs institutionnels possèdent entre 75 et 80 % des actions de Reed... Le conseil était d'accord pour que nous acceptions l'offre [de 113 millions de livres]. Il n'y eut pas de vote, mais je suis sûr qu'Alex aurait voulu qu'il y en eût un. Le reste du conseil d'administration n'allait pas dédaigner un bonus de 40 millions de livres, soit la différence entre l'offre de Bob et ce que nous pensions pouvoir obtenir d'une introduction en Bourse...
> Mes derniers mots à l'adresse de Maxwell ont été : « Quoi que vous fassiez, n'allez pas au *Mirror* ce soir. » Je voulais que Tony Miles et ses confrères effondrés aient le temps de se ressaisir et d'admettre les événements. Maxwell m'assura qu'il suivrait mon conseil mais la nuit même il se rendit au *Mirror.*

Le 12 juillet à 23 h 45, au Ritz, l'affaire fut enfin conclue entre Carpenter et Maxwell; il y eut cependant un dernier soubresaut de Reed. Le prix fixé pour le Mirror Group Newspapers était de 113 millions de livres que Maxwell proposait de payer par traite bancaire sur la National Westminster Bank. Carpenter ne voulut pas accepter ce mode de paiement. Il craignait – à juste titre – que Maxwell n'aille tout droit au *Mirror* et croyait – à tort – qu'une grève éclaterait aussitôt, entraînant la rupture de l'accord. Finalement, Hill Samuel, les banquiers de Maxwell réglèrent la question en donnant un chèque d'un montant équivalant au prix d'achat à Warburg, la banque de Reed. Sir Robert Clark, le président de Hill Samuel avait été tiré de son lit pour donner son aval au chèque.

Après quinze années de tentatives malheureuses, l'éditeur millionnaire se retrouvait enfin propriétaire d'une entreprise de presse nationale. Il possédait dorénavant le *Daily Mirror*, le *Sunday Mirror*, *The People*, le *Daily Record*, le *Sunday Mail* et *Sporting Life*, petit journal de courses à faible tirage, dont le plus célèbre lecteur était Sa Majesté la Reine. Personne n'aurait pu imaginer alors que cette feuille spécialisée allait fournir le brandon qui rallumerait la guerre intermittente avec les syndicats sur le problème des sureffectifs, sur leur droit de gérer un journal et leur éventuelle défaite.

IX

La fête est finie

> « Bob Maxwell savait persuader les oiseaux de descendre des arbres, mais une fois à terre, il leur tirait dessus. »
>
> Bill Keys, ancien secrétaire général de la Sogat.

En prenant possession du bureau du président à Holborn Circus, Maxwell resta entièrement fidèle à son personnage. Sa déclaration d'intentions remplissait la une. Il avait étouffé dans l'œuf les premiers murmures de rébellion, à Glasgow comme à Londres, avec cet avertissement : si un seul de ses journaux se mettait en grève, aucun ne reparaîtrait jamais. La véracité de cette affirmation ne fut pas un instant mise en doute. Durant des mois, les journalistes ne tinrent pas une seule réunion syndicale sérieuse et les typos firent montre d'un esprit de coopération étonnant chez eux. Un de leurs dirigeants aurait même été jusqu'à dire [1] : « Il n'y a aucune raison de s'énerver. C'est lui le patron maintenant. Nous n'avons pas l'intention de nous faire piétiner. Tout ce qu'on va faire, c'est attendre la suite des événements. »

Mais l'action spectaculaire, l'explosion même – que chacun attendait ou craignait – ne se produisait pas. Le climat n'était pas sans rappeler celui qui avait précédé les bombardements de Londres pendant la dernière guerre. On les savait inévitables, mais ils ne commencèrent pas tout de suite. Tous les rédacteurs en chef restèrent à leur poste du moins pendant un certain temps et, à l'exception de Clive Thornton, il en fut de même des directeurs. En fait, après plusieurs années d'économie, les rédacteurs en chef constatèrent qu'il était possible d'améliorer la qualité des articles et de développer les reportages. L'argent était disponible à ces fins. Plusieurs journalistes, qui s'attendaient plus ou moins à être licenciés – entre autres Paul Foot, John Pilger et moi-même –, furent tranquillisés.

Le 13 juillet, par une annonce dans le *Daily Record*, les typos de Glasgow faisaient part de leur opposition à la reprise du journal par

Maxwell; mais le communiqué eut les honneurs de la une dans la dernière édition. Les journalistes de Glasgow étaient fiers de leur indépendance, des bénéfices de leur journal et de son tirage, atteint avec des effectifs qu'ils jugeaient convenables mais qui en réalité étaient pléthoriques. (En 1988, avec un personnel fortement réduit, les bénéfices quadruplaient et les tirages atteignaient des records absolus : une hausse de 10 % au *Sunday Mail*, de 5 % au *Daily Record*. Leur indépendance, loin de diminuer par rapport au temps de Reed, avait sans doute augmenté, car leurs bénéfices ne servaient plus à soutenir les autres journaux du groupe.)

Lorsque je rencontrai Maxwell le dimanche, le surlendemain du jour où il avait racheté le journal, il me parut évident qu'il était particulièrement bien informé des affaires internes du groupe; il savait tout de ses adversaires. On sentait que Bob Edwards était passé par là. Les jugements qu'il portait sur les principaux personnages du journal montraient bien qu'il avait étudié de près, pendant des années, les comportements des uns et des autres.

Il était accompagné de Miles et de Molloy. Il commença par me demander si j'allais rester. Je répondis que oui à condition que je ne sois jamais l'objet de la moindre pression. Que l'on n'essaie jamais de m'obliger à exprimer une opinion qui n'était pas la mienne et que je ne serais pas disposé à défendre publiquement en dehors des colonnes du journal. Il accepta immédiatement. Plus tard dans l'après-midi, sur une suggestion de Molloy, il m'offrit le titre de rédacteur en chef adjoint. Molloy me précisa qu'il pensait à cette promotion pour moi depuis des mois. J'acceptai, car il était absurde de rester si c'était pour grogner ou pour travailler à contrecœur.

Dans *The Spectator*, Paul Johnson avait accueilli favorablement l'arrivée de Maxwell au *Mirror* [2] : « Il est douteux que des extrémistes comme Paul Foot ou John Pilger soient autorisés à utiliser le journal comme tremplin pour leurs idées personnelles. »

Même en supposant que ce fût le cas, il se trompait. En leur offrant une coupe de champagne quelques jours plus tard, Maxwell donna à Foot et à Pilger toutes garanties pour leur indépendance. Certes, dix-huit mois plus tard, le *Mirror* renvoya Pilger : on ne lui reprochait pas ce qu'il faisait au journal, mais plutôt ce qu'il n'y faisait pas! Maxwell n'a jamais licencié personne du journal pour ses opinions politiques – d'extrême droite ou d'extrême gauche – et jamais aucun journaliste n'a été censuré par lui. Il y eut pourtant un incident, rapidement résolu, avec Geoffrey Goodman, le responsable de la chronique industrielle : Maxwell avait modifié partiellement son texte pour « le rendre plus lisible ». Maxwell embaucha même le grincheux George Gale, un homme de droite, mais ce ne fut pas un choix heureux : ses opinions ne « collaient » pas avec le journal; de mémoire de journaliste, il suscita un nombre plus élevé de lettres de lecteurs mécontents que tout autre. Le rédacteur en chef devait finir par se défaire de lui au bout d'un an.

Parfois, en particulier au début, j'ai eu l'impression que Maxwell essayait avec moi de tirer la corde jusqu'à l'extrême, de voir jusqu'où il pourrait aller trop loin. Mais jamais il ne dépassa les bornes convenues d'un commun accord. Nous avons été en désaccord sur certaines questions sociales et politiques, mais du moment que l'on a un argument sérieux à lui opposer, il ne tente jamais d'imposer son opinion, même quand il n'est pas complètement convaincu. Un exemple : en ce qui concerne le retrait britannique de l'administration de l'Irlande du Nord, nous étions d'accord l'un et l'autre sur son principe, mais nous divergions sur la tactique que devait adopter le *Daily Mirror* à ce sujet : devait-il ou non faire campagne pour un départ précipité? Nos opinions variaient aussi sur l'éventuelle exécution des terroristes. Jamais Maxwell n'usa de l'argument d'autorité.

Pendant son règne au *Mirror*, il n'y a jamais rien eu d'analogue à la circulaire que reçut, un beau jour des années 60, le service politique du *Daily Mail* où j'étais journaliste stagiaire : la note nous enjoignait « à l'avenir, de soutenir le parti conservateur à cent pour cent, quoi qu'il arrive ». Les journaux du MGN appuient certes le parti travailliste, mais ni aveuglément ni servilement, et certainement pas à cent pour cent. Cette indépendance ne plaît pas toujours. Certains esprits critiques, appartenant surtout à l'extrême gauche, accusent le *Mirror* de ne plus être « un vrai journal ». Pour eux le réalisme en politique consiste à retourner sa veste sans jamais rougir. Mais le *Mirror* n'a jamais appartenu à cette espèce. Avant même que Maxwell l'eût racheté, il s'opposait aux nouvelles orientations travaillistes sur le Marché commun et sur la défense. Il avait adopté une position totalement différente de celle du gouvernement sur les questions de l'Irlande du Nord et sur la vente des appartements HLM. Il s'en tient toujours à ses propres thèses, même si les travaillistes sur tous ces points, sauf l'Irlande du Nord, ont modéré leur position à cause de leurs revers électoraux de sorte que la ligne du parti épouse de plus près celle du *Mirror*.

Mais une déclaration de Maxwell contribua surtout à rassurer les journalistes. Rien ne pouvait mieux dissiper les soupçons que cette phrase affirmant que l'équipe rédactionnelle serait *on top* et le reste du personnel *on tap*. Il y eut aussi dans l'immédiat d'autres changements significatifs. Depuis des années, les portes donnant sur Holborn Circus étaient fermées à 19 heures. Il était ridicule que le public ne puisse avoir accès à un quotidien national, décida Maxwell. Il ordonna de laisser les portes ouvertes. Dans le hall d'entrée trônait une vieille linotype encore en usage il n'y avait pas si longtemps. Maxwell la fit enlever. Les gardiens disposaient d'un petit poste de télévision qui les aidait à tuer le temps. On le leur enleva : leur métier voulait qu'ils aient l'œil sur tout ce qui se passait dans la maison; ce n'était guère possible en regardant la télévision. Les corps de métier envahirent l'immeuble; l'installation téléphonique et l'ensemble du matériel furent modernisés. On vit apparaître des machines à traitement de texte (au début, la Sogat voulait que seules les secrétaires des directeurs fussent autorisées à s'en servir). Du haut en bas du bâtiment, les heures supplémentaires furent interdites – car elles ne signifiaient pas forcément un travail supplémentaire –, sauf quand Maxwell lui-même les autorisait. Ce fut là une des mesures importantes qui remirent la société sur le chemin des bénéfices.

Mais il restait toujours à franchir la principale étape. Paul Johnson s'était peut-être trompé à propos de Foot et de Pilger, mais sur une question fondamentale, en dépit de l'outrance de ses paroles, il avait raison :

> Partout, dans Fleet Street, on se heurte au problème des sur-effectifs, mais dans les journaux du MGN on s'adonne tout particulièrement à ce vice, surtout parmi les journalistes. Maxwell est un homme dur, qui sait dénicher le gaspillage, la prodigalité et les poursuivre en tout lieu. Avant longtemps, il y aura des pleurs et des grincements de dents parmi les citoyens grassement payés, trop gâtés et protégés, sous-employés d'Holborn Circus. Leur ancien patron, Clive Thornton, les avait bien menacés de réduire les dépenses, et d'autres coutumes espagnoles. Mais, croyez-moi sur parole, ils n'ont encore rien vu.

L'expression « coutumes espagnoles » devait rester plantée dans la chair des syndicats de typos. Elle n'était guère gentille pour les Espagnols; en fait, « coutumes siciliennes » aurait d'ailleurs été un terme mieux adapté. Johnson continuait ainsi :

> Maxwell a de nombreux et graves défauts, mais personne ne peut contester son courage, sa volonté et, par-dessus tout, son esprit de décision et son sens du commandement. Peu m'importe son passé dans les affaires, peu me chaut ce que le

> ministère du Commerce a pu dire de lui il y a des éternités. Tout cela, c'est de l'histoire ancienne. Ce qui compte, c'est la manière dont il a transformé la British Printing Corporation, alors au bord de la faillite, tel un géant à demi paralysé, agonisant, en une société efficace, agressive, à l'abri des coups durs et qui dégage d'énormes bénéfices.

Les changements au sommet de la pyramide du MGN commencèrent rapidement. Tony Miles démissionna; il n'admettait pas que Maxwell, selon son habitude, communique directement avec les rédacteurs en chef sans passer par son intermédiaire. Tel fut, paraît-il, le prétexte donné à son départ... Mais il serait parti de toute façon. Douglas Long s'en alla lui aussi. Roger Bowes fut promu à sa place, mais n'y resta pas; il s'en alla pour occuper brièvement un poste dans le groupe de l'Express. A la demande de Maxwell, Lord Hugh Cudlipp, la légende vivante du passé du *Mirror,* revint en qualité de conseiller personnel du nouveau directeur. Cela dura deux années environ. Puis, dans l'optique des élections générales, Maxwell s'inquiéta de l'adhésion de Cudlipp au parti social démocrate.

Maxwell ajouta encore une signature nouvelle aux pages du *Mirror :* la sienne. Il admettait de ne pas intervenir trop nettement dans la page des éditoriaux; c'est pourquoi il emprunta un pseudonyme dont Cudlipp s'était déjà servi du temps de sa présidence : celui de Charles Wilberforce. Tout le monde savait qui était Wilberforce; au bout de quelque temps, il finit par disparaître complètement des colonnes du journal.

Il y eut encore d'autres changements. A son arrivée, Maxwell détestait par-dessus tout deux choses : les concours de loto et les photos de nus qui ornaient (ou déshonoraient) la page cinq. Il avait peine à croire que les uns ou les autres fussent nécessaires au succès d'un quotidien populaire. Les rédacteurs en chef et tous ceux qui connaissaient les hausses de tirage dues à la diffusion nationale du loto par *The Sun* le persuadèrent du contraire. Quand il adopta l'idée d'un jeu auquel tout un chacun pouvait jouer, il s'y rallia avec l'enthousiasme qui le caractérise. Il approuva l'idée de lancer un nouveau jeu : « Qui ose, gagne », destiné à battre le loto dans la faveur du public. Il voulut donner aux lecteurs de ses journaux l'occasion de gagner le plus énorme des gros lots dans toute l'histoire des concours organisés par la presse : un million de livres. Le lancement du jeu fut préparé dans le plus grand secret. Seules quatre ou cinq personnes étaient au courant, entre autres moi-même et le rédacteur en chef adjoint du *Daily Mirror*, Peter Thompson. Il fit preuve de tant d'inventions et d'initiatives dans cette tâche qu'il fut nommé l'année suivante rédacteur en chef du *Sunday Mirror* (il n'y connut malheureusement pas la même réussite).

« Qui ose gagne » ne fut pas une locomotive. D'ailleurs l'annonce de son lancement fut ratée. Tout Fleet Street avait été invité pour le lendemain à une conférence de presse au cours de laquelle le montant du prix devait être révélé. Ce délai de vingt-quatre heures permit aux tabloïds rivaux de se lancer dans la course avant nous. (Apprenant que les invitations étaient déjà parties, je dis à Bob Edwards que je trouvais cette décision désastreuse. « Vraiment? C'est Bob Maxwell, Bob Head et moi qui l'avons prise. – Eh bien, répliquai-je, c'est une énorme bêtise. – Qu'est-ce que nous devrions faire, à votre avis? – Vous devriez lui dire qu'il a fait une erreur, répliquai-je. – Oh, jamais je ne pourrais, c'est impossible », répondit-il, montrant comme d'habitude sa crainte d'encourir la désapprobation de Maxwell. Son front se creusait d'inquiétude et, se grattant le menton, il se mit à marcher de long en large, méditatif. Soudain, son visage s'illumina : « Je sais! s'écria-t-il. Je vais lui dire que c'est VOUS qui croyez qu'il a fait une sottise! ») *The Sun*, le geai de Fleet Street, toujours prêt à se parer de plumes empruntées, piqua l'idée du *Mirror* et se débrouilla pour que l'un de ses lecteurs soit le premier à gagner un million. Maxwell riposta au toupet par le culot : il adressa au gagnant du *Sun* un télégramme de félicitations : « Nous sommes sincèrement heureux pour vous. Et nous le sommes d'autant plus que, sans nous, jamais vous ne seriez devenu millionnaire. »

Une dame d'un certain âge qui habitait Harwich dans l'Essex, une certaine Maudie Barrett, gagna le million du *Mirror* et, en compagnie de son chien Trumper, elle reçut du journal toute la publicité désirée. Ces gros lots contribuèrent pendant un certain temps à gonfler les chiffres du tirage du *Mirror*. A eux tous, les journaux du groupe totalisaient une audience de 500 000. Mais les lecteurs ainsi gagnés ne se gardent pas. Une chose est sûre, le loto ne souffre pas de la concurrence des autres jeux. Divers quotidiens ont tenté de lui substituer une distraction plus intéressante (les plus snobs se sont mis de la partie en offrant des jeux fondés sur la cote des actions en Bourse) mais, tout bien pesé, le loto reste toujours le plus populaire.

En dehors des jeux, Maxwell ne reculait pas devant les dépenses pour relancer le tirage faiblissant de ses journaux. Les articles de fond se firent plus sérieux, il embaucha de nouveaux journalistes et Julia Langdon fut la première femme rédacteur en chef de la rubrique politique dans un quotidien national. Il échoua dans sa tentative de recruter le grand échotier du *Daily Mail*, Nigel Dempster, car la somme que ce dernier réclamait pour son traitement alignait un tel nombre de chiffres qu'on l'aurait prise pour un numéro de téléphone international.

Toutes les idées n'aboutissaient pas. Les revendeurs s'insurgèrent contre une diminution du prix du *Daily Mirror*, qui entraînait une baisse proportionnelle de leur marge bénéficiaire sur chaque numéro, bien qu'elle ait augmenté leurs ventes au numéro. Un gala dans une station balnéaire au bénéfice des enfants de mineurs en grève déplut aux lecteurs d'origine sociale différente.

L'homme politique que restait Maxwell voulut tenter de régler la grève des mineurs. Il rencontra donc en secret, à Sheffield, Arthur Scargill, le président du syndicat des mineurs, et Peter Heathfield, le secrétaire général. Il voulait les aider à mieux faire comprendre leurs revendications et, éventuellement, à parvenir à un accord. Avec Pilger, Goodman et Edwards, j'accompagnai Maxwell; nous passâmes plusieurs heures en discussions avec les mineurs. Les idées de Scargill avaient leur valeur, mais l'homme n'était pas convaincant; le résultat des conversations fut nul. Au cours de la Conférence des Trade Unions en 1984, Maxwell essaya de concilier les deux parties – l'office du Charbon et le syndicat – sur une formule d'apaisement; à un moment même, il crut avoir réussi. Mais Maxwell, par certains côtés, est trop confiant et optimiste. Contrairement à certains, il ne pouvait pas croire que Scargill ne cherchait pas vraiment à obtenir la fin du conflit. Les faits finirent par le prouver, mais il fallut longtemps à Maxwell pour l'admettre.

L'arrivée de Maxwell à Fleet Street alimenta les rubriques de potins qui battaient de l'aile dans les colonnes de l'*Observer*, du *Guardian* et du *Times;* à partir de ce moment, pas un jour ne passa sans qu'elles publient un nouveau commérage. Le *Guardian* en particulier insinuait que, parce qu'il était devenu la propriété d'un capitaliste, le *Daily Mirror* allait voler au secours de Mme Thatcher. En fait, au cours de l'élection de 1987, le *Daily Mirror* se montra un partisan décidé du Labour, tandis que le *Guardian* soutenait le parti social démocrate du bout des lèvres. Comme Maxwell devait le remarquer à maintes reprises, si les lecteurs du *Mirror* et eux seuls votaient pour les travaillistes, il y aurait un gouvernement travailliste en Grande-Bretagne; mais si tous les lecteurs du *Guardian* et eux seuls votaient pour les travaillistes, le parti perdrait son cautionnement électoral dans toutes les circonscriptions du pays.

Mais la moindre action de Maxwell lui attirait à tout coup les sarcasmes des journaux rivaux et de leurs caricaturistes. On put encore le constater à l'occasion de l'appel lancé par le journal en faveur de l'Éthiopie menacée de famine. On recueillit plus d'un million de livres et l'on put envoyer des vivres dans les zones les plus touchées. On décrivit le voyage de Maxwell en Éthiopie comme une manifestation d'égoïsme et non de compassion. Un journal [3] alla même jusqu'à ironiser sur « la distribution de pains et de petits poissons aux affamés ». Mais les journaux sont ainsi. En réalité, Maxwell persuada le gouvernement marxiste éthiopien d'autoriser l'atterrissage d'un Hercule de la RAF transportant des aliments destinés aux populations. D'ailleurs, la contribution du Mirror Group fut plus importante que celle de la totalité de la presse. Dans une lettre à Maxwell, Mme Thatcher la jugea « significative » et Neil Kinnock la qualifia de « superbe ».

D'autres campagnes de presse suivirent, contre la drogue notamment. Les journaux du Groupe s'évertuèrent page après page – et le *Daily Mirror* en un numéro presque entier – à avertir les parents et les enfants du danger croissant de l'héroïne et de la cocaïne. Durant deux semaines, sous la conduite de Maxwell, des équipes de journalistes se rendirent par le train dans diverses villes anglaises. Là des rencontres avec les lecteurs étaient organisées et les envoyés de Londres répondaient à toutes les questions sur le journal. Comme on pouvait le prévoir, les illuminés de toutes sortes se précipitèrent! Comme on pouvait aussi le prévoir, les échotiers du *Guardian* se montrèrent plus ineptes encore que d'habitude dans leur interprétation de l'événement. Mais, après tout, ils sont comme cela au *Guardian.* Le train du *Mirror* connut un succès mêlé. Sur le front du tirage, la remontée se faisait attendre. Maxwell avait repris le *Mirror* juste au moment où ses chiffres de vente étaient artificiellement gonflés par le jeu de loto que l'on venait de lancer. Ils avaient ensuite été maintenus au même niveau grâce à « Qui ose, gagne » et à son gros lot d'un million. Une fois ces attractions passées, le journal négligea, au printemps suivant, de relancer un nouveau loto; son audience baissa encore.

Au début de 1985, Maxwell convoqua au siège du Groupe une réunion de ses quelques centaines de directeurs pour leur dire que l'avenir des journaux était brillant, mais que – chacun pouvait s'en rendre compte – le dégraissage des effectifs du personnel prédit depuis longtemps était indispensable avant la fin de l'année. Il leur annonça en fait que le personnel serait réduit de

25 %. L'une des causes du sureffectif parmi les cadres venait de ce que, sous le régime précédent, on avait contourné la politique nationale des revenus en accordant des « promotions » qui permettaient d'augmenter les salaires au-delà des limites fixées. Nombre de « directeurs » avaient été ainsi promus pour cette seule raison. Pour une bonne part, la « gestion » dont ces « directeurs » étaient en principe responsables revenait aux sections syndicales. L'insistance de Maxwell qui voulait instaurer « le droit pour les directeurs de diriger » devait se trouver au cœur des troubles ultérieurs dans le Groupe du *Mirror*. Malheureusement, une fois obtenu, ce droit de diriger ne s'accompagnait pas toujours des capacités correspondantes.

Il était clair également qu'il fallait agir au plus tôt dans le cas de *The Sporting Life*. Ce quotidien était fabriqué à Holborn Circus dans le gaspillage le plus éhonté; un rival, *The Racing Post,* surgit, désireux de briser son monopole de fait chez les turfistes et les parieurs. (L'avenir prouva que le champion n'était pas de taille, mais au début sa menace semblait réelle.) *Sporting Life* perdait des sommes énormes. Son tirage de 70 000 exemplaires par jour se soldait par une perte intolérable de 3 millions de livres chaque année, soit presque le montant des bénéfices dégagés par la section du Groupe qui réussissait le mieux, le *Daily Record* et le *Sunday Mail* de Glasgow. Son bénéfice était de 3 à 4 millions pour un chiffre d'affaires de 55 millions, sans comparaison avec le journal de Londres dont les bénéfices étaient bien inférieurs à 1 million de livres pour un chiffre d'affaires de 260 millions. Maxwell annonça qu'il allait introduire les journaux écossais en Bourse indépendamment des autres et que leur personnel pourrait acheter jusqu'à 10 % des actions. Mais la Commission d'Investigation de la Bourse jugea l'opération prématurée. Elle voulait d'abord avoir la preuve que le ménage avait été fait dans la maison MGN, y compris dans ses annexes écossaises.

Maxwell eut une entrevue avec la Sogat, puis avec les représentants des syndicats de techniciens et d'électriciens; il leur expliqua que l'augmentation de 5 % décidée après une négociation nationale leur serait versée à la condition qu'ils « s'engagent formellement à jouer un rôle positif dans la réduction des coûts dans tous les domaines de l'entreprise ». Il ajouta [4] : « Nous sommes le seul groupe de presse qui soit vraiment menacé de fermer l'année prochaine. Le personnel doit absolument le comprendre. Je ne puis trop insister sur la gravité de la situation. »

Les électriciens acceptèrent les 5 % tout de suite, tandis que la Sogat répondit qu'elle allait organiser un scrutin; elle recommanderait à ses adhérents de voter oui. Puis elle annula le vote sous prétexte que le journal du personnel de MGN avait publié un long article sur la question, ce qui à ses yeux constituait une intervention de l'employeur. Qu'un employeur soit accusé d' « ingérence » parce qu'il explique une augmentation de salaire à ses employés montre bien la mainmise dcs syndicats sur Fleet Street. Les préludes à la confrontation avaient donc commencé. Les désaccords, qui devaient déboucher sur une lutte à mort, faisaient partie du rituel. Les deux parties savaient que la guerre était inévitable; toutes deux s'affairaient à préparer le terrain.

A la fin du mois d'avril, Maxwell donna un autre avertissement. Il était plus urgent encore qu'il ne l'avait prévu de prendre à bras-le-corps les problèmes de MGN. Les journaux Murdoch jouissaient d'un « énorme » avantage de coût sur les siens, tandis qu'Eddy Shah envisageait la sortie d'un quotidien en couleur à un prix de fabrication qui était le cinquième de celui du *Mirror*. On ne pourrait affronter une telle concurrence que par des réductions de dépenses « massives » [5] :

> Nous n'avons plus maintenant le choix qu'entre réduire nos frais et fermer... Il faut absolument un changement d'attitude complet et une réduction des coûts importante... Mon objectif... est de parvenir à ces changements par des moyens auxquels vous consentirez afin d'éviter les licenciements obligatoires. Cependant j'ai prévenu les syndicats que, pour la sécurité de l'emploi et la survie même de nos journaux à Londres et à Manchester, ils doivent coopérer en contribuant à réduire les sureffectifs. Ils doivent aussi cesser d'appliquer des méthodes de travail restrictives complètement dépassées, qui ralentissent la production et élèvent considérablement le coût de fabrication des journaux. Autrement, afin de survivre, le conseil d'administration n'hésitera pas à prendre toutes les mesures nécessaires... Je ne suis pas devenu le patron du groupe pour assister paisiblement au suicide de MGN...

M. Bill Miles, représentant national de la Sogat pour Fleet Street, réagit sur le même ton. Les syndicats seraient obligés de se servir de leur force, à moins que Maxwell ne cesse de négocier « par mégaphone ». On était encore à plusieurs mois de Sarajevo, mais les lignes de bataille étaient déjà tracées.

***

Comme d'habitude, Maxwell se montra où on ne l'attendait pas. Il accepta d'intervenir pour sauver la société d'informatique créée par l'inventeur Clive Sinclair, puis recula lorsqu'il prit conscience de l'ensemble de la situation – qui était consternante. Il se rendit en Pologne où il rencontra le général Jaruzelski; il aurait dit que le mouvement syndical indépendant polonais, Solidarnosc, était bien mort. Pour fêter le premier anniversaire de son acquisition des lieux, il donna une réception au *Mirror*, le même soir que le *Times* qui, lui, célébrait son 200e anniversaire. Étant donné les circonstances, le nombre des invités présents fut impressionnant. On remarqua entre autres la présence de Neil Kinnock et de sa femme Glenys. Ils n'échappèrent pas à l'œil fureteur du magazine satirique *Private Eye*, lequel affirma faussement que Maxwell avait assorti son invitation de menaces contre le chef du parti travailliste s'il ne venait pas avec sa femme. L'année suivante, Maxwell devait porter plainte en diffamation contre la revue. Dans aucun autre journal, il n'y eut de commentaire favorable sur sa première année au *Mirror*.

Peu de temps après, Maxwell tenta encore de diminuer les dépenses en offrant à un certain nombre de journalistes l'occasion de « travailler » chez eux avec un salaire entier; les rédacteurs étant trop nombreux, ils pouvaient aussi bien ne pas venir au bureau, ce qui libérerait de l'espace et permettrait de réduire d'autant le travail de secrétariat. La section de la National Union of Journalists était hostile à cette proposition, mais tous ceux qui la reçurent ne faisaient rien – ou presque – au journal. Ils étaient tout contents de faire ce rien chez eux plutôt que de perdre leur temps en allées et venues. Naturellement, leurs notes de frais sautèrent, ce qui représenta une économie supplémentaire pour le budget du quotidien. Le système reçut aussitôt le surnom de « semaine des quatre jeudis ».

Un autre « coup » journalistique que Maxwell tenta ne passa pas inaperçu et lui attira des ennemis. Le *Mirror* avait décidé d'acheter le témoignage de Sara Keays, ancienne secrétaire du ministre Cecil Parkinson dont elle s'était trouvée enceinte. Il avait promis de divorcer pour l'épouser. Mais il revint sur sa promesse. Et, au début de 1984, quand Miss Keays donna naissance à la fille de Parkinson, celui-ci était toujours marié. Le scandale éclata. Parkinson dut démissionner du gouvernement de Margaret Thatcher dont il était le favori. La manière dont elle avait été traitée, par le parti conservateur en particulier, avait provoqué chez Miss Keays une colère folle. Elle publia sa version de l'affaire. Presque tout le monde vit dans ce livre la réaction de dépit d'une femme trahie; je pense cependant qu'il lui a surtout nui à elle. L'un des attraits de ce récit pour le *Mirror* et son éditeur tenait à la date de sa parution : elle coïncidait avec le congrès du parti conservateur de 1985, à Blackpool, le même congrès et la même ville qui avaient vu, deux ans auparavant, la disgrâce de Parkinson. Cela tombait donc parfaitement pour le *Mirror* et, de surcroît, on allait bien s'amuser.

Mais voilà que le journal se trouva sur les rangs avec le *News of the World*, la feuille dominicale à sensation de Rupert Murdoch, qui offrit quelque 40 000 £ de plus que le *Mirror*. Maxwell, décidé à ne pas faire de surenchères, ordonna à son négociateur de se retirer. En fait, on avertit Miss Keays que, si elle tenait à ce que son récit paraisse dans ce genre de journal, elle était libre d'agir à son gré. Puis Maxwell attendit en prophétisant : « Elle va rappeler d'ici une demi-heure. » Vingt-sept minutes plus tard, Miss Keays acceptait l'offre moins importante du *Mirror*. Quelques heures après, à minuit, je me trouvais chez elle, quelque part entre Bath et Bristol, avec le rédacteur en chef du *Mirror*, Richard Stott, et le principal avocat du journal, Hugh Corrie. Maxwell téléphona. La conversation fut brève. Alors Miss Keays raccrocha brutalement en hurlant presque : « Ce type, il est impossible. » Elle avait eu une dure journée et elle avait rencontré plus fin manœuvrier qu'elle, un homme qui utilise le téléphone au moins autant comme une arme que comme un instrument de communication. Maxwell est un terroriste du téléphone. Il sait ce qu'il va dire quand il appelle quelqu'un, ce qui met toujours son interlocuteur en position d'infériorité. En général, il met fin à la conversation – qu'il appelle ou qu'il ait été appelé – avec un brusque « Au revoir », laissant la personne à l'autre bout du fil troublée, frustrée et souvent en rage.

***

Au fil des années, chez Pergamon, il était arrivé à Maxwell de se heurter aux syndicats – en particulier à la branche locale de la National Union of Journalists dominée par les travailleurs socialistes. Dans la presse ou dans l'édition, aucun patron ne pouvait s'attendre à autre chose. La publicité donnée par les médias aux conflits dans lesquels Maxwell était impliqué tenait à une seule raison : il était socialiste. Il existait parmi les syndicalistes, et il existe toujours, une croyance bien ancrée, à savoir que l'efficacité est l'ennemie du plein emploi, car l'efficacité signifie une augmentation de la productivité et par conséquent des coupes dans le personnel. Quelle qu'en soit la raison, toute suppression d'emploi est considérée comme non socialiste. Les grèves succédèrent aux menaces de grève après que Maxwell eut licencié deux journalistes pour mauvais travail et absentéisme, puis un troisième pour tentative d'escroquerie et, enfin, neuf autres pour absence injustifiée. Les syndicats tentèrent à plusieurs reprises de faire expulser Maxwell des rangs du Labour, toujours en vain.

Maxwell soutient que, si une société marche bien, l'emploi peut être d'abord sauvegardé, puis connaître une expansion, mais à cette condition seulement. Les syndicats de typos ne comprenaient pas ce raisonnement. On l'a vu dès 1985, avec des suppressions d'emploi draconiennes dans tous les journaux. Les typos les refusaient en bloc. Ce fut le conflit le plus violent qu'un homme de presse ou un éditeur ait jamais eu avec les syndicats avant 1985; on l'a baptisé « la bataille de Park Royal ».

En juillet 1980, au cours d'une opération « sauvage », Maxwell avait acheté 11,5 millions de titres – soit 29,5 % du total – de British Printing Corporation, la plus grosse société du genre dans le Royaume-Uni. Depuis longtemps, il la guettait, mais BPC ne goûtait guère cet intérêt. Au début de 1981, la société allait tout droit à la faillite : désorganisation générale, personnel en sureffectif dans ses 42 sociétés commerciales et ses nombreuses usines, accumulation de pertes. Le 22 janvier, son président, Peter Robinson, demanda à Maxwell :

> de travailler en collaboration avec notre direction, en pleine confiance, afin de mettre au point un plan de restructuration de la société, avec un train de mesures opérationnelles et financières. Il est certain que cela pourrait amener Pergamon Press Ltd. à devenir majoritaire dans la société.

La puissance qui se trouvait derrière cette invitée était la banque de BPC, la National Westminster, qui avait sur son client une créance de quelque 25 millions de livres. Elle demanda également à Lord Kearton, chef d'entreprise plein d'allant, déjà membre du conseil d'administration de BPC, de travailler avec Maxwell à ce plan de survie. Le 6 février, la firme renommée d'experts-comptables Cooper et Leyland remit à la banque son rapport :

> Si nous laissons les événements suivre leur cours, BPC n'aura pas suffisamment de ressources pour financer jusqu'à la fin de

> l'année toutes ses activités existantes... Une réorganisation fondamentale et une rationalisation du Groupe sont indispensables...

Sur-le-champ, Maxwell s'attela à la tâche. Il fallait opérer radicalement, et il se servit carrément d'une hache. Si on voulait sauvegarder des milliers d'emplois, il fallait en supprimer des milliers d'autres. Dans de nombreuses usines, les travailleurs comprenaient bien qu'ils n'avaient plus d'avenir; aussi acceptèrent-ils la prime et les pensions de retraite qui leur étaient offertes. Elles étaient prévues dans le plan pour la survie de l'entreprise. Mais, à Park Royal, certains n'étaient pas du tout disposés à l'accepter : ils avaient élaboré un projet qui reflétait leur opposition totale à tout changement et à toute suppression d'emploi. C'est ainsi que commencèrent les ennuis.

L'imprimerie de Park Royal avait été construite « sur mesure » dans l'Ouest londonien; elle appartenait à Waterlow and Sons, eux-mêmes propriété de la BPC. On y fabriquait surtout le magazine britannique de télévision et de radio au plus fort tirage, *Radio Times,* et un autre hebdomadaire également consacré à l'audiovisuel mais beaucoup plus intellectuel, *The Listener.* Les ouvriers de Park Royal étaient employés par Waterlow, mais la BBC payait tous les coûts de fabrication et de diffusion; elle assurait aussi l'entretien de l'usine et de l'outillage. *Radio Times* gagnant en popularité, il fallut bientôt en imprimer des exemplaires dans la ville nouvelle d'East Kilbride, en Écosse.

A Park Royal, deux éléments rendaient ridiculement onéreuse la fabrication de n'importe quelle revue : d'abord, l'impression se faisait encore avec des linotypes, alors que les concurrents européens s'étaient dotés de l'équipement le plus moderne; ensuite, les membres de la Sogat dans cette usine se trouvaient sous l'égide de la branche centrale londonienne du syndicat, inflexible, activiste, fortement influencée par les communistes et toute-puissante dans Fleet Street. Elle en tenait la gestion. En conséquence, tout un ramassis disparate de conditions de travail, de taux horaires et de procédures restrictives avaient cours à Park Royal et rendaient son fonctionnement anti-économique. Certains emplois étaient bien payés, d'autres grassement payés, d'autres enfin beaucoup trop. De plus, certains emplois très bien rémunérés ne correspondaient à rien, et des travailleurs âgés de plus de quatre-vingts ans figuraient toujours sur les livres de paye; ces deux particularités constituaient de vieilles « coutumes espagnoles » empruntées au monde du journalisme.

Les méthodes employées par les syndicats de typos dans le centre de Londres paraissaient totalement incroyables à quiconque, même à leurs homologues d'autres syndicats. Prenons un exemple : selon le plan de sauvetage de Maxwell, en juin 1981, à Park Royal, un accord fut passé avec les typographes afin de réduire de 23 % leurs frais généraux. On y parvint en embauchant plutôt qu'en licenciant. La raison était simple; il avait été prévu un effectif de 60 personnes, mais 40 typographes étaient employés, ce qui entraînait pour chacun des heures supplémentaires et les salaires prévus pour 60 étaient partagés entre les 40 existants. Les mieux payés d'entre eux gagnaient presque 25 000 £ par an (environ 300 000 F). Compte tenu des difficultés économiques, leur syndicat, la National Graphical Association, accepta une réduction du nombre de postes, qui passa sur le papier de 60 à 46. En réalité, cela signifiait une création de 6 emplois. Et cependant la réduction de 23 % des coûts put être obtenue.

Un système similaire – le ghosting (travail fantôme) – avait cours chez les correcteurs où 25 hommes étaient payés pour un travail incombant en principe à 30 personnes. Les effectifs furent ramenés à 26 postes, on embaucha un nouveau correcteur, et l'on fit tout de même des économies. Les hauts salaires ne se pratiquaient pas seulement à Park Royal : un employé de Fleet Street, surtout s'il faisait partie de la Sogat, trouvait toujours un travail supplémentaire pour le week-end, qui lui était payé des sommes astronomiques.

Ainsi que je l'ai exposé dans le chapitre précédent, la direction avait sa part de responsabilité dans cette anarchie. Si les responsables de l'imprimerie s'étaient élevés contre les caprices excessifs au lieu d'y céder – ou même de les flatter –, jamais la profession ne serait tombée aussi bas. Une révolution dans la gestion était fatale.

Ses germes étaient réunis à Park Royal.

Le responsable national de la NGA, Gordon Colling, qui devait négocier au nom des membres de son syndicat sur le problème des procédures restrictives, des licenciements économiques et des nouvelles conditions de travail, explique :

> Maxwell a frappé fort dès le début. Le conflit était inévitable. Il voulait des changements considérables et, selon la coopération des uns et des autres, il était prêt à investir pour moderniser et améliorer les installations. Mais il voulait que les changements commencent avant d'investir... Et là, il est rentré en plein dans le mur de brique de la Sogat... qui pouvait se payer le luxe d'un

> conflit... Ses adhérents vivaient sur le matelas confortable des sommes reçues de Fleet Street pour des travaux occasionnels. Mes gars ont obtenu un nouvel accord pour la composition et les rotatives offset. Ce n'était pas si mal dans l'ensemble, mais notre nombre a diminué. C'était le prix à payer.

Même alors, il eût été impossible de payer un tel prix, si la BPC n'avait pas été dans le rouge. La solution concoctée par Maxwell – le plan de sauvetage – signifiait inévitablement de nombreux licenciements et la fermeture de plusieurs usines de BPC, mais il expliqua nettement que, sans ces mesures draconiennes, la société tout entière devrait disparaître et avec elle ses 8 000 emplois. Si son offre était acceptée, Pergamon injecterait immédiatement 10 millions de livres dans l'affaire et la National Westminster Bank consentirait un découvert supplémentaire de 26 millions. Après consultation des diverses sections syndicales, les dirigeants nationaux donnèrent leur accord. Mais, au moment où une réunion extraordinaire des actionnaires de BPC allait se tenir, on apprit que la Sogat avait décidé un arrêt de travail total à Park Royal. Ainsi le plan de sauvetage fut-il bien approuvé mais l'argent frais qui lui était indispensable ne fut pas versé.

Le lendemain, un vendredi, Maxwell adressa une lettre aux secrétaires généraux de tous les syndicats – Sogat, NGA, Natsopa et Slade – qui comptaient des adhérents à Park Royal :

> L'arrêt de travail décidé unilatéralement par la Sogat... a naturellement eu pour résultat de décourager nos derniers clients, tous ceux qui, au cours de ces derniers mois, ont continué, en dépit de leurs réticences, à passer des commandes aux sociétés BPC et qui attendaient que s'ouvre dans la société une période et de paix et de calme relatifs.

Il avertit clairement que, sans le nouvel apport financier auquel lui-même et la National Westminster Bank avaient consenti, BPC ne pourrait honorer les chèques qu'elle venait d'adresser, en guise d'indemnité de licenciement ou de départ à la retraite, aux employés concernés dans ses multiples sociétés, à travers toute la Grande-Bretagne. Le total de ces chèques se montait à 1 million de livres. Le plan de sauvetage avait reçu au dernier moment un coup mortel, ajoutait Maxwell, et ce coup lui avait été porté par l'action « brutale » des membres de la Sogat. Il concluait : « Il est possible que nos installations doivent fermer mardi soir, parce que BPC est dans l'incapacité de faire face à ses engagements financiers. »

A partir de ce moment, les événements suivirent le cours habituel des crises de Fleet Street. Une réunion, décidée à la hâte avec Maxwell et les quatre secrétaires généraux des syndicats intéressés, se tint le lundi suivant.

A cette occasion, il y eut une entorse à des usages bien établis; Maxwell n'avait absolument pas l'intention de céder. Avant la réunion, il écrivit à Lord Kearton que les secrétaires généraux de NGA, de Slade et de Natsopa s'étaient mis d'accord pour exercer un « maximum de pression » sur Bill Keys, le dirigeant de la Sogat, afin que ce dernier à son tour agisse sur la section du centre de Londres en faveur du plan de sauvetage. Il rappelait à Kearton que, quelques mois auparavant, le secrétaire de ladite section, George Willoughby, avait provoqué dans des conditions semblables la rupture d'un accord intersyndical avec les journaux du groupe Express. Seule une menace de fermeture de tous les journaux du groupe l'avait obligé à céder. Maxwell ajoutait encore :

> C'est cela qui avait emporté le morceau. Espérons qu'il en sera de même pour nous... S'ils devaient s'en tirer sans mal, non seulement cela nous coûterait très cher, à Park Royal, mais cela signifierait que nos accords actuels dans le groupe tout entier seraient nuls et que tout serait à recommencer.

La Sogat recula, l'argent dont BPC avait besoin fut avancé. Mais il s'agissait seulement d'une escarmouche, la guerre n'était pas finie. En juillet 1981, les hostilités éclatèrent de nouveau; cette fois le prétexte en fut le plan de modernisation de Park Royal qui entraînait une suppression de 175 emplois sur un total de 682, ainsi que le transfert temporaire d'une partie du travail à East Kilbride. Les autres syndicats donnèrent leur accord à ces propositions mais, de nouveau, la section du centre de Londres de la Sogat refusa et Willoughby rejeta avec mépris les exhortations des instances nationales de son syndicat. (Dans l'imprimerie, les sections du centre de Londres jouissaient d'une autonomie quasi complète, à l'instar des associations de typographes. Et c'est une des plaies durables du monde de la presse. Par exemple, les journalistes du *Daily Mirror* n'imaginaient pas qu'ils pourraient accorder plus d'attention aux dirigeants nationaux de leurs syndicats qu'à quelque lointain Papou.)

Maxwell réagit. Le 14 juillet, il ferma l'imprimerie. Neuf jours après, les syndicats à l'unanimité décidèrent d'accepter l'introduction de la nouvelle technologie à Park Royal; pour sa part, Maxwell renonçait au projet d'impression à East Kilbride. Il y eut tout de suite 100 suppressions d'emplois et un accord sur 70 autres licenciements pour l'année suivante. Le numéro spécial de *Radio Times* sur le mariage du prince de Galles avec lady Diana Spencer, le 29 juillet, sortit des presses juste à temps. Le deuxième accrochage était terminé, Maxwell avait gagné deux points. Mais les ennuis n'étaient pas finis, même s'ils étaient remis à plus tard. La raréfaction de la clientèle les rendait inévitables. Après une période marquée seulement par quelques escarmouches, Park Royal connut l'explosion à la mi-mars 1983.

Déjà, avant Noël 1982, Maxwell avait accordé une prime de 400 £ en moyenne par tête, en échange d'une promesse écrite des syndicats de revenir à des pratiques de travail normales et d'examiner avec la direction un nouvel accord établissant les bases de leurs conditions d'emploi et de travail – un « accord maison », comme on dit. Mais il n'était pas disposé à verser les 400 £ tant qu'il n'aurait pas la preuve incontestable de leur loyauté. Il fallait qu'ils tiennent leurs engagements. Or, comme de coutume, les syndicats ne se montrèrent guère pressés d'entériner l'accord. Il leur fallait convoquer une réunion. Ils laissèrent s'écouler près d'un trimestre...

L'assemblée se tint finalement le 12 mars, à un moment où la section syndicale des presses de la Sogat avait de nouveau cessé le travail. Pour Maxwell, le « manque de coopération de la Sogat et sa mauvaise volonté absolue » étaient quasiment sans exemple dans le monde du travail, même par rapport à Fleet Street. Les grévistes, ajouta-t-il, avaient signé leur renvoi, mais ceux qui avaient respecté l'accord, n'avaient pas participé à cet arrêt de travail illégal, avaient continué de venir, ceux-là toucheraient leur salaire. Le 20 mars, une fois de plus, il ferma Park Royal et mit à la porte 400 employés sur 600. Quatre jours après, il licenciait 114 ouvriers d'East Kilbride qui avaient refusé d'utiliser les films composés à Park Royal.

Willoughby annonça que la section centrale de Londres allait mettre à l'index toutes les publications de BPCC (car tel était le nouveau sigle de BPC), y compris *TV Times* qui imprimait les programmes de la télévision commerciale, les principaux hebdomadaires féminins et quatre suppléments en couleur des journaux du dimanche. Voici ce qu'écrivit le *Financial Times*[6] : « En un sens, M. Maxwell est en plein dans une bataille du type Fleet Street et, le week-end dernier, il a adopté une tactique à la Fleet Street en mettant à la porte des membres de la Sogat. »

Le 29 mars, apprenant que Maxwell avait averti que le conflit mettait en jeu 4 000 emplois, la Sogat leva sa mise à l'index. Deux jours après, les négociations entre Maxwell et Keys furent rompues.

Maxwell publia encore un avertissement : sauf renversement d'attitude complet, Park Royal et East Kilbride seraient définitivement fermés et 750 emplois supprimés. Il exigeait la fin des grèves sauvages et la baisse des coûts de production. Entre-temps, la BBC décidait de retirer à BPCC le contrat de *Radio Times*, ce qui entraîna une amère réaction de la part de Maxwell [7] : « La branche du centre de Londres de la Sogat a réussi l'impossible. Non seulement ils ont perdu leur travail, mais ils ont aussi perdu le contrat. »

Utilisant le vocabulaire de rigueur dans ce genre de circonstances, Keys déclara que les pratiques industrielles « réduisaient ses adhérents à l'esclavage ». Il préféra courir le risque de les condamner au chômage car, le 1er avril, Maxwell fit fermer Park Royal et East Kilbride. Il déclara à cette occasion : « Je suis soulagé à l'idée de ne plus avoir à imprimer le *Radio Times* en perdant 2 millions de livres par an. »

Mais, à nouveau, puisqu'il fallait bien se conformer au rite, une date fut fixée pour de nouvelles négociations; elles s'ouvrirent le lundi de Pâques. On y décida le retour à la normale, le transfert temporaire d'une partie du travail aux installations d'East Kilbride, la modernisation de Park Royal et d'East Kilbride et un examen des méthodes de travail. Il fut clairement stipulé et accepté que, si ces objectifs n'étaient pas réalisés dans les soixante jours, Park Royal fermerait définitivement. Conscients des menaces qui pesaient sur l'avenir des imprimeries, les délégués recommandèrent aux diverses sections syndicales un vote favorable. Toutes entérinèrent l'accord, à l'exception des 123 adhérents de la section typos et des 17 membres de la section employés de bureau affiliés à la Sogat. Maxwell les licencia. Keys déclara [8] :

> Si une section quelconque a le droit d'opposer son veto à une décision prise à la majorité des membres dans les deux imprimeries (à East Kilbride, la motion avait été votée à l'unanimité), alors elle met en danger l'emploi d'autres adhérents ailleurs... Laisser se manifester une telle attitude, ou l'encourager, risque d'ébranler la structure démocratique du syndicat tout entier.

De nouveau, cependant, on mit au point une formule de reprise du travail. Comme les élections étaient fixées au 9 juin, on se donna jusqu'au 12 août 1983 pour trouver une solution définitive. A la lecture d'un rapport sur ces pourparlers, le bureau national de la Sogat résolut de se battre; il s'opposa à la fermeture de Park Royal, voulut faire accepter le maintien des activités traditionnelles de la

Sogat dans un nouveau centre réservé à la composition et, faute de négociations « significatives », décida de déclarer la guerre à BPCC sur le plan national. Pour sa part, celle-ci annonça la fermeture. Le 7 novembre, Maxwell publia ce qu'il appela la « lettre de la dernière chance ». Il y exigeait la participation de tout le personnel à la fabrication du numéro de Noël de *Radio Times*. Au bout de cinq jours, cependant, il annonça la fermeture immédiate de Park Royal et la suppression de 400 emplois. Il s'était produit « d'innombrables abominations », affirmait-il, et 16 millions d'exemplaires de *Radio Times* avaient été perdus à la suite de grèves sauvages. Une telle perte était « intolérable », tant pour la BBC que pour BPCC.

Cette fois, c'était vraiment la fin.

Le 13 novembre, des techniciens, qui avaient pour principal outil de travail des masses de près de dix kilos, pénétrèrent dans les installations de Park Royal afin de démanteler les presses. Pour Maxwell, ce matériel était de toute façon dépassé et il avait l'intention de le remplacer par des rotatives offset, à condition que les adhérents de la Sogat consentent à travailler cinq jours au lieu de quatre. Le secrétaire de la branche londonienne, John Mitchell, revendiqua hautement [9] : « C'est bien la première fois que je participe à des négociations où entrent en jeu des masses de dix kilos. »

Cette remarque fit son chemin et finit par atterrir dans la rubrique de l'*Observer*, « les phrases de la semaine ». Dès huit heures du matin, Maxwell téléphonait à Mitchell pour le féliciter d'être « arrivé ».

Le 14 novembre, un certain nombre d'employés de Park Royal occupèrent la petite sous-station de la compagnie d'électricité qui, rattachée à l'usine, lui fournissait son énergie. L'occupation dura des semaines, y compris la période de Noël; tard dans la nuit, les grévistes étaient ravitaillés en casse-croûte et autres produits de première nécessité. Le mouvement prit fin une fois que les électriciens eurent compris que Park Royal ne rouvrirait pas; ils se contentèrent de négocier leurs primes de licenciement. Sean Geraghty, alors secrétaire de la section des électriciens de la presse à Londres et qui, aujourd'hui, en 1988, est employé par Maxwell au *Daily Mirror*, raconte que l'accord fut enfin conclu un beau matin sur le coup de deux heures. Mais à sept heures, alors qu'il était encore dans son lit, Maxwell lui téléphona. Voici ce que raconte Geraghty :

> Il m'expliqua que, pour les employés qui allaient être licenciés, il n'existait aucune limite à la durée de leur emploi et qu'il devrait y en avoir une dans leur contrat. Je répondis : « Nous

> avons signé un accord, Bob. – J'en appelle à vos bons sentiments, répondit-il. – Je n'en ai pas », ai-je répliqué. L'accord fut respecté.

Mais la Sogat se battit farouchement. Après le « démantèlement » des presses, son premier geste fut de boycotter la distribution de toutes les publications de BPCC, action qui devait être interdite par un jugement du tribunal de première instance, à la demande des messageries de presse de Londres. Le 25 novembre, la Sogat « officialisa » le conflit de Park Royal et ordonna à ses membres qui travaillaient à East Kilbride, Leeds et Paulton, près de Bristol, de cesser le travail sur le *Radio Times*. Au bout d'une semaine, BPCC obtenait du tribunal de première instance une ordonnance enjoignant au syndicat d'annuler son ordre. Les négociations entre le syndicat et Maxwell se poursuivirent tout au long du mois de décembre et jusqu'au début du mois de janvier. Le 11 janvier, le tribunal ordonnait de nouveau au syndicat de mettre un terme aux nouvelles entraves qu'il opposait à la sortie de *Radio Times*.

La dernière série des négociations commença le 13 janvier. Plus tard, Keys devait se plaindre. A l'en croire, il aurait dit à Maxwell qu'il ne pouvait plus supporter « ses perpétuels changements à vue ». Mais, de son côté, il devait subir les pressions d'autres membres de la Sogat qui eux étaient employés par la société Hunterprint, à Corby et à Peterlee, et qui avaient accepté de sortir le *Radio Times* après que la BBC eut une fois de plus rompu son contrat à Londres. Une fois de plus, la Sogat ordonna à ses adhérents chargés de la distribution de boycotter le magazine. Une fois encore, elle s'attira les foudres du tribunal, qui rendit contre elle une ordonnance au bénéfice de la BBC.

Après trois années d'escarmouches ininterrompues, la lutte était pratiquement terminée. Les responsables de la Sogat reçurent l'ordre de négocier les meilleures conditions de licenciement possibles pour leurs camarades de Park Royal. Dans l'ensemble, même s'il a duré plus longtemps qu'il n'est courant, cet épisode ressemblait à bien des conflits du travail. Mais à un titre il mérite d'être relaté par le menu : pour la première fois les sections londoniennes des principaux syndicats de presse avaient subi une défaite écrasante. C'est la conclusion que Gordon Colling de la NGA tira de l'aventure. Sean Geraghty de son côté ajouta :

> C'était la première fois, autant que je puisse m'en souvenir, que les syndicats de Londres avaient perdu. Les employeurs en ont été tout ragaillardis... l'horizon leur paraissait plus dégagé.

Personne, désormais, ne croyait plus à l'invincibilité des syndicats.

Denys Boyd, principal arbitre de la commission de conciliation et d'arbitrage (ACAS – l'équivalent du Conseil de Prud'hommes) estimait que : « Pour la première fois, les employeurs avaient pris l'avantage dans leur lutte pour la reconquête du pouvoir à Fleet Street. »

Persuadé que Maxwell avait toujours voulu la fermeture de Park Royal, Keys ne minimisait pas la responsabilité des syndicats :

> En dernière analyse, ce sont nos gars qui lui ont fourni le prétexte indispensable pour mener à bien l'action qu'il projetait dès le départ.

De cette affaire, Keys a conservé une amertume aisément compréhensible. Pour lui, négocier avec Maxwell, c'était s'aventurer sur des « sables mouvants » : « Il suffisait qu'on trouve un terrain d'entente pour qu'il change aussitôt d'avis. »

Mais Colling avait une analyse diamétralement opposée :

> Maxwell attend la toute dernière minute pour souscrire à un accord afin d'en extraire les avantages jusqu'à la dernière miette. Mais une fois qu'il a donné sa parole... il crache par terre et le marché est conclu. Avec moi, il a toujours tenu parole.

Enfin, Geraghty conclut :

> Bob a une mémoire d'éléphant. Mais si difficile que soit le conflit, si ardues que soient les négociations, il ne garde de dent contre personne. Avec moi, jamais il n'est revenu sur sa signature et Dieu sait si nous en avons signé, des accords! Les négociations peuvent durer jusqu'à l'aube mais on dirait que ça ne lui fait rien. Il est entouré de personnages qui sont tous de véritables Dracula, toujours bien réveillés en plein milieu de la nuit.

La victoire remportée à Park Royal était complète. L'été venu, Maxwell put annoncer que les bénéfices de BPCC avant impôt avaient augmenté de 78 % et que la société allait de nouveau payer des dividendes. Une des clauses du plan de rationalisation prévoyait une augmentation des cotisations de retraite des employés et une réduction de leurs diverses indemnités, jusqu'au moment où la société pourrait de nouveau distribuer des bénéfices, ce qui venait juste de se produire. Mais le véritable bastion du pouvoir syndical des imprimeurs, Fleet Street même, était encore intact. Les événements de Londres-Ouest rendaient inévitable une tentative de revanche. Il fallait, après que Maxwell eut acheté le groupe Mirror, lui infliger une défaite retentissante. Il était inconcevable que les diverses sections syndicales passent à l'attaque sur un terrain choisi par lui et dans un domaine où elles n'auraient aucune chance de l'emporter.

***

Pendant plusieurs mois après l'arrivée de Maxwell, le climat social au sein du groupe fut plus détendu qu'il ne l'avait été depuis une génération. Les journaux étaient publiés à l'heure, les éditions étaient plus nombreuses et, bien que le tirage continuât de faiblir, le moral était meilleur. Mais cette drôle de paix ne pouvait durer. Et la Sogat, prétextant une « ingérence » de Maxwell, avait annulé un vote sur une proposition d'augmentation de 5 %. C'était un signe avant-coureur. D'autres surgirent rapidement à l'horizon : à Manchester et à Londres. La guerre finit par éclater en août 1985. Pour diminuer les pertes de *Sporting Life*, Maxwell résolut de le faire composer en dehors de Londres. La NGA fit immédiatement savoir que ses autres sections avaient reçu pour instruction de ne pas négocier. Cet avertissement fut suivi de divers mouvements qui perturbèrent les premières éditions du *Daily Mirror*, ce qui fit perdre 750 000 exemplaires du journal. Maxwell ne put obtenir du syndicat la promesse de ne pas récidiver, aussi annonça-t-il que 300 membres de la NGA « avaient procédé à leur propre licenciement ». De plus, il suspendit la publication des journaux du groupe. Le secrétaire régional de la NGA à Londres, Bill Booroff, prétendit que Maxwell avait violé les procédures normales. Il passait totalement sous silence l'illégalité bien plus grave qu'avaient commise les membres de son syndicat en interrompant la publication du *Mirror* sous prétexte d'un différend concernant un autre journal.

Le nouvel atelier de composition de *Sporting Life* – Oyez Press, une filiale de Maxwell – offrait une rémunération de 475 £ par semaine aux adhérents de la NGA, mais ce n'est pas une question d'argent. Le syndicat restait ferme sur ses positions – les mêmes que celles de la Sogat – à savoir que l'impression de tous les titres de la presse nationale devait obligatoirement être exécutée au centre de Londres. Aucun transfert ne pouvait être envisagé. Le rituel lassant des revendications et des réfutations s'était enclenché; la NGA jouait comme d'habitude un rôle qui ne trompait personne, celui de l'innocence injustement accusée. Son secrétaire général, Tony Dubbins, reprocha à Maxwell d'avoir licencié les adhérents du syndicat qui ne demandaient qu'à travailler. Or il crevait les yeux qu'ils avaient, au contraire, fait preuve d'une absence totale de bonne volonté. Pour sa part, Maxwell déclara que les journaux ne paraîtraient pas tant que les « directeurs n'auraient pas le droit de diriger ».

Pour Dubbins, c'était là un mode de « direction par ultimatum ». Quant au *Financial Times*, il décelait dans Fleet Street une « admiration inavouée » pour l'attitude de Maxwell : « Ils sont nombreux dans les quotidiens nationaux à souhaiter en secret sa victoire, non pas pour lui, mais pour eux-mêmes [10]. »

Maxwell exposa son point de vue dans son journal écossais, le *Sunday Mail*, que le conflit de Londres avait épargné. *Sporting Life*, expliquait-il, perdait chaque semaine une livre sterling par lecteur :

> Il est impossible que les travailleurs syndiqués ne voient pas qu'une telle situation ne peut se prolonger... Les troubles que nous subissons au *Mirror* représentent un luxe qui appartient au passé... Cette fois, il n'y aura pas de rafistolages comme on les aime dans Fleet Street.

Il fit aussi remarquer que le déménagement de *Sporting Life* n'entraînerait aucun licenciement chez les typographes de la NGA, qui gagnaient un salaire minimum garanti de 461,94 £ par semaine de trente-deux heures réparties sur quatre jours. De plus, ils bénéficiaient de huit semaines de congés payés par an. Dubbins accusa Maxwell de lancer des « actions sauvages »; Maxwell riposta en obtenant du tribunal des injonctions qui ordonnaient au secrétaire général de la NGA de ne plus inciter ses adhérents de Manchester à boycotter la fabrication du *Mirror*. Il annonça ensuite son intention, si les syndicats donnaient leur accord, d'acheter les imprimeries de Thomson Withy Grove à Manchester, qui publiaient déjà ses éditions du Nord ainsi que le supplément dominical correspondant. Mais le projet échoua à la suite de désaccords sur le chiffre du tirage.

Les quatre rédacteurs en chef des journaux londoniens de Maxwell – Molloy (*Daily Mirror*), Stott (*The People*), Thompson (*Sunday Mirror*) et Graham Taylor (*Sporting Life*) – publièrent dans le *Times* un communiqué dans lequel ils assuraient Maxwell de leur soutien :

> A Fleet Street, c'est un truisme, mais le premier devoir d'un rédacteur en chef est de s'assurer qu'il ne sera pas le dernier à diriger son journal. De même, il est du devoir de la direction de

> faire fonctionner la machine afin d'assurer l'avenir. Tel est le problème qui est actuellement au cœur du conflit...
> Les journalistes détestent les interruptions de travail. Ils veulent avant tout sortir leur journal... Mais dans ce conflit, nous soutenons sans équivoque M. Robert Maxwell et ses directeurs... Aucun journal ne peut survivre indéfiniment si les dates limites ne sont pas respectées, si les éditions ne sortent pas dans les délais et si la qualité du travail typographique est inférieure aux normes requises.

La NGA annonça qu'elle avait un plan : Maxwell avertit les journalistes que faute d'une reprise rapide du travail, l'impression des journaux à Holborn Circus risquerait d'être à jamais compromise. Entre-temps, il fit paraître une édition exceptionnelle de *Sporting Life* à un prix de revient tellement faible qu'il put en distribuer gratuitement les exemplaires à ses principaux clients, les bookmakers. Le 31 août, Paul Johnson écrivait dans le *Spectator* :

> Le conflit qui se déroule en ce moment dans le groupe Mirror est le roulement de tambour annonciateur d'une saison où nous assisterons à des crises et à des innovations sensationnelles qui balaieront Fleet Street... Il est du plus haut intérêt pour le journalisme... qu'il (Maxwell) gagne cette bataille.

Le *Sunday Times*, un des journaux de Murdoch, devait démentir par avance les affirmations de ses courtisans qui plus tard allaient se faire une gloire d'attribuer à leur « patron », M. Murdoch, le coup d'envoi de la révolution de Fleet Street. Le journal écrivait en effet que Maxwell avait « mis la voile dans une direction qui pourrait bien mener à une révolution des journaux britanniques [11] ».

Et c'était la réalité, mais les syndicats ne l'avaient pas encore admis. Grâce à un accord avec la NGA, la publication du *Daily Mirror* put reprendre après une interruption de onze jours en tout. *Sporting Life* n'avait guère souffert; en fait, sa non-parution temporaire avait permis de réaliser des économies et n'avait pas entamé son monopole de fait. Mais les dégâts étaient considérables pour les quotidiens et les suppléments du dimanche. L'irrégularité dans la parution des journaux entraîna une baisse catastrophique des ventes. Les lecteurs et abonnés s'étaient aperçus que commander un journal du groupe Mirror était facile, le recevoir était beaucoup plus hasardeux. Le talent des journalistes ne pouvait pas leur faire oublier cette triste vérité. Privés pendant quinze jours de leurs journaux habituels, les centaines de milliers de lecteurs du groupe Mirror s'étaient tournés vers d'autres quotidiens ou d'autres journaux du dimanche.

Les termes de l'accord avec la NGA dépendaient beaucoup de l'intention déclarée de Maxwell de vendre son journal de courses. La NGA put donc prétendre qu'elle ne renonçait pas à sa revendication fondamentale : aucun titre national ne quitterait le centre de Londres, bien que la fabrication ait recommencé dans l'Est de la capitale. Les adhérents de la Sogat avaient à peine repris le travail, que leur syndicat exprima son « inquiétude » sur l'accord signé. Maxwell, pour sa part, se félicitait d'être parvenu à faire disparaître un certain nombre de « coutumes espagnoles ». Dans l'espoir de réduire encore ses frais généraux, il offrit aux hommes de plus de soixante ans et aux femmes de plus de cinquante-cinq ans la possibilité de prendre une retraite anticipée avec la totalité de leur pension. Il affirma à Brenda Dean, qui avait remplacé Bill Keys au poste de secrétaire général de la Sogat, qu'il n'y aurait pas de licenciements économiques à Holborn. Mais ceux-ci deviendraient inévitables faute d'une coopération réelle des syndicats, laquelle semblait fort improbable. Maxwell n'avait pas encore remporté sur eux la victoire décisive lui permettant de mener à bien sa révolution. Inéluctablement, les préparatifs de la dernière manche allaient bon train. Citons à nouveau Paul Johnson [12] : « Pour moi, il s'agit d'un armistice, d'une trêve temporaire et non d'un traité de paix. »

Et les ennuis recommencèrent rapidement. En fait, l'impression du *Mirror* reprit le jour même où, la paix ayant été conclue, se commémorait l'anniversaire de l'entrée en guerre. Mais cinq jours plus tard, des adhérents de la Sogat qui travaillaient pour *The People* suspendirent sa publication. Maxwell les renvoya tous.

Les journaux du dimanche sont plus vulnérables que toutes les autres publications car, pendant la semaine, leur personnel travaille ailleurs pour des salaires élevés. Jusqu'en 1985, ces « occasionnels » avaient obtenu gain de cause pour toutes leurs revendications. Le principal délégué syndical de *The People* était employé au *Sun* de Murdoch. Avec deux jours de travail effectif par semaine, consacrés pour l'essentiel aux affaires syndicales, il gagnait près de 400 £ chaque semaine. Il lui suffisait d'un signe de tête ou d'un clin d'œil pour lancer une grève, et alors il disparaissait – tout au moins aux yeux de la direction. Un jour, plusieurs responsables syndiqués de *The People* commencèrent par se trouver du travail dans d'autres journaux dominicaux avant de donner l'ordre de grève...

Des consultations s'engagèrent immédiatement entre les responsables nationaux de la Sogat – Brenda Dean était le premier dirigeant syndical influent à admettre que la presse nationale ne pouvait survivre sans des mutations radicales. Mais il lui fallait en convaincre ses camarades et en particulier les responsables de leur section du centre londonien – et c'était bien là le plus difficile. On parvint assez rapidement à un accord qui offrait plusieurs garanties : « une production et une diffusion ininterrompues », une enquête sur les arrêts de travail de *The People*, l'absence de licenciements, l'arrêt de l'impression de *Sporting Life* à Holborn, et enfin l'ouverture immédiate de négociations sur la suppression amiable de toutes les « coutumes espagnoles ». Six jours plus tard, les adhérents de la Sogat employés par le *Mirror* refusaient l'augmentation de 5 % proposée par Maxwell. Ils avaient, dans l'hypothèse d'un désaccord, donné tout pouvoir à leur Commission exécutive nationale pour lancer une action. Brenda Dean affirma que la Sogat ne cherchait pas à provoquer une grève mais que, « si nécessaire, cette éventualité serait considérée ». La NGA et la Sogat – accoutumées à nier toute collusion mais faisant preuve de dons télépathiques qui forçaient l'admiration de Fleet Street – exigèrent en chœur que l'augmentation de 5 % ait lieu sans conditions. Dans un message adressé à tout le personnel du groupe, Maxwell rétorqua : « Je n'ai qu'une seule chose à dire : c'est impossible. »

Il promit cependant de distribuer immédiatement cette augmentation, à la seule condition que les sections syndicales fournissent des garanties sérieuses pour l'ouverture et le déroulement des négociations sur les nouveaux accords exigés par la situation financière et la concurrence. Il fallait absolument fixer une date limite, décida-t-il.

Une fois de plus, les événements décidèrent. Un conflit éclata à Manchester, qui coûta au *Mirror* près de 500 000 exemplaires, et les typographes londoniens refusèrent de se substituer à leurs collègues de Manchester. Dans un message adressé au personnel, Maxwell rappela qu'avant cette crise la société devait déjà assumer des pertes sévères :

> Et pourtant, à tous les échelons, certains responsables persistent à croire qu'ils peuvent faire ce qu'ils veulent, rompre les accords à leur guise, et provoquer des pertes en toute impunité... Si le groupe Mirror, dont la situation financière n'est pas brillante, continue à subir des entraves à la production, cela ne peut avoir qu'une seule conséquence. Je vais vous l'expliquer en détail.

Et Maxwell exposa par le menu ce qui lui semblait inévitable, si de nouveaux accords n'étaient pas conclus : le renvoi de tout le personnel et la suspension de la publication des titres du groupe, à partir du 31 décembre jusqu'au printemps, date à laquelle il prévoyait la mise en service des nouvelles presses couleur. De plus, le licenciement de 2 000 employés et la perte pour tous les grévistes de leurs droits aux indemnités. Après le 31 décembre, une nouvelle société, la British Newspaper Printing Corporation, imprimerait les journaux et embaucherait le personnel nécessaire. Maxwell continuait :

> Ce sont là des mesures draconiennes... Au cours de ma première année, il n'y a eu que peu ou pas d'ennuis... Puis vint l'arrêt de travail désastreux du mois d'août qui a provoqué la perte de 6 millions de livres et, plus grave encore, la chute d'audience de trois de nos principaux titres. Lors de l'accord sur la reprise du travail, j'ai reçu des promesses formelles. Je croyais qu'il n'y aurait plus d'incident... Ces promesses ont été foulées aux pieds... J'ai consenti une augmentation de salaire de 5 % pour l'année 1985 comme avance de prime pour une amélioration de la productivité mais, en dépit de tous mes efforts, diverses sections du personnel n'ont pas voulu coopérer.
> Je crains que certains dirigeants syndicaux et certains membres du personnel d'Holborn Circus ne considèrent mes avertissements... comme du bluff, dans la pure tradition de Fleet Street... Je suis prêt à négocier sur certains points de détail de nos futures opérations, mais pas sur le principe de la date limite.

Au mois de novembre, *Media Week* écrivait :

> Maintenant Maxwell se prépare à la mise à mort; d'ailleurs, étant donné la situation précaire de la plupart de ses titres, il ne bluffe sans doute pas quand il parle de fermeture... A l'heure d'aujourd'hui, les syndicats ont sans doute compris que ce capitaine-là n'est pas prêt à couler avec son navire.

L'atmosphère était pesante; il n'était question que de crise. Maxwell s'y trouvait comme un poisson dans l'eau. De part et d'autre les avertissements fusaient à l'allure de feux croisés, avant l'assaut final. Jusqu'à un certain point, Maxwell bluffait, c'est certain. Mais s'il n'avait pas perçu les premiers signes avant-coureurs d'une possible victoire, il aurait sacrifié les journaux. Les 113 millions de livres qu'il avait versées l'année précédente pour le groupe Mirror étaient déjà amorties : les journaux écossais, ainsi que le matériel et l'équipement de MGN lui auraient rapporté dans les 200 millions de livres, ce que certains responsables syndicaux n'ignoraient pas.

Et pourtant, il fallait que les troupes montent une fois de plus à l'assaut. Il fallait consentir un sacrifice pour « l'honneur » avant d'entamer sérieusement les pourparlers de paix. La Sogat annonça que ses membres cesseraient le travail si Maxwell ne retirait pas les lettres de licenciement qu'il leur avait envoyées. A son tour, Maxwell donna des ordres pour préparer la fermeture. Le dimanche 24 novembre, la Sogat se mit en grève, menaçant la parution du *Daily Mirror* du lendemain. Maxwell, Mike Molloy, responsable de la rédaction pour le groupe, et moi-même nous rendîmes au Sud-Est de Londres pour rencontrer dans un bureau de la Sogat les dirigeants du syndicat. Un accord était possible, mais au dernier moment Maxwell durcit sa position. Molloy et moi étions consternés. En fait, il voulait démontrer à ses interlocuteurs qu'il était prêt à aller jusqu'au bout. Il donnait l'impression que la perte financière entraînée par l'absence des journaux du lendemain dans les kiosques ne l'ennuyait pas le moins du monde. Il retourna au siège du *Mirror* et fit l'impossible pour assurer la sortie du journal. Il descendit à l'imprimerie usant tour à tour de la menace et de la flatterie à l'égard des employés adhérents de la NGA (seule la Sogat était en grève). Rien n'y fit. Alors, il ordonna à ses directeurs de se mettre au travail. Pour le président d'une entreprise de presse à fort tirage, le résultat fut lamentable, car seuls 30 000 exemplaires purent être imprimés. Mais pour le président d'une entreprise de presse décidé à briser la puissance des syndicats de Fleet Street, le succès fut retentissant. C'était la première fois dans l'histoire des temps modernes qu'un journal avait été tiré en dépit d'un avis de grève officielle émanant d'un des principaux syndicats. La page 2 du *Daily Mirror* était remplie par un éditorial que j'avais écrit et que Maxwell avait signé; sous le titre : FLEET STREET, LA FÊTE EST FINIE, on lisait entre autres :

> Depuis des années, les journaux de Fleet Street prétendent dicter à la Grande-Bretagne comment mener ses affaires. Comment être efficace. Compétitif. Moderne. Et pendant tout ce temps, Fleet Street s'est montré le plus inefficace, le plus fermé à la concurrence, le plus retardataire de tous les secteurs d'activité de notre pays. Fleet Street n'a cessé de donner des leçons à tout le monde sur la manière de réduire les frais. Tout en se permettant les gaspillages les plus éhontés.
>
> On pouvait croire que la bonne vie ne finirait jamais. Et pourtant voici que la fin s'annonce. LA MARMITE EST VIDE...
>
> Le temps est venu pour la presse britannique d'affronter les réalités que le reste de la Grande-Bretagne vit au quotidien depuis si longtemps.
>
> LA FÊTE SCANDALEUSE, LA FÊTE DU GASPILLAGE EST BIEN FINIE.

Brenda Dean riposta : les membres de son syndicat avaient été traités, clama-t-elle, aussi mal que « des ouvriers d'usine du XVIIIe siècle, exploités sans merci ». Mais le lendemain, il n'y avait plus de mot d'ordre de grève. Maxwell retira les lettres de licenciement – geste qui ne signifiait pas grand-chose puisqu'on pouvait en envoyer d'autres à tout moment; en échange, la Sogat donna son accord à un calendrier de négociations sur les suppressions d'emplois. Elle n'acceptait pas les licenciements eux-mêmes, mais elle savait qu'ils étaient inévitables. A la demande de Brenda Dean, une clause fut ajoutée à l'accord de reprise du travail : ni d'un côté, ni de l'autre, il n'y aurait de brimades. Ce qui n'empêcha pas les employés administratifs du syndicat d'imposer des amendes très fortes à certaines secrétaires parce qu'elles avaient travaillé un jour de grève, en les menaçant d'une radiation syndicale si elles ne payaient pas. Dans un secteur professionnel où les syndicats détiennent traditionnellement le monopole de l'embauche, cela revenait à les condamner à ne jamais retrouver d'emploi si jamais elles quittaient le groupe Mirror.

Les conséquences de la grève semblaient claires et nettes. Les négociations avec certaines sections syndicales n'en traînèrent pas moins en longueur durant plusieurs mois après la date limite imposée par Maxwell. Peu importait que les accords rédigés selon le nouveau modèle ne fussent pas signés puisque les travailleurs les respectaient. Il n'y eut aucune augmentation pour ceux qui refusèrent de signer. Autrement dit, pendant plus d'un an, tandis que les délégués s'acharnaient à rejeter toute solution, les salariés durent attendre. Mais avec une cinquantaine de sections syndicales, les pourparlers étaient incessants. A un moment même, on comptait, au neuvième étage du bâtiment, neuf séries de négociations différentes entre des représentants du personnel et des directeurs de MGN. Maxwell allait d'une salle à une autre. Il intervenait à chaque menace de rupture. Il se chargeait personnellement des discussions les plus délicates.

Les journalistes parvinrent rapidement à un accord : ils renonçaient à l'année sabbatique qu'ils avaient le droit de prendre tous les quatre ans, ainsi qu'à leur semaine de quatre jours. Les représentants des électriciens, des techniciens et des employés de bureau signèrent rapidement eux aussi. Il y eut des difficultés avec la Sogat, en particulier pour *The People,* personne ne voulant céder sur les emplois. On était dans une impasse lorsque Maxwell s'en mêla. Il expliqua calmement aux syndicalistes qu'il regrettait cette situation, qu'il comprenait leur position. Eux-mêmes devaient comprendre la sienne : le journal perdait de l'argent et, si un terrain d'entente n'était pas possible, il devrait le fermer sans délai. L'accord sur les suppressions d'emplois fut conclu presque dans la foulée.

Une des « coutumes espagnoles » en vigueur était significative : il existait dans plusieurs départements des postes de « secrétaire financier » rémunérés par la société mais dont la principale fonction en réalité consistait à collecter les cotisations syndicales. Pendant les négociations Maxwell insista pour que le syndicat lui concédât la suppression de cinq postes supplémentaires de chauffeur de camionnette, mais les négociateurs se montrèrent inflexibles. Alors Maxwell annonça qu'il se contenterait de supprimer cinq postes occupés par des syndicalistes employés à plein temps dans des activités syndicales. La consternation se lisait sur les visages de l'auditoire et la question fut laissée momentanément en suspens. A la fin de la journée, il n'y avait plus que ce seul problème à régler. La solution s'imposa assez vite : les représentants du syndicat acceptèrent bel et bien de sacrifier cinq postes de travail : ceux des chauffeurs, pas les leurs.

Deux jours avant Noël, Maxwell put annoncer qu'un accord avait été conclu sur le plan de sauvetage proposé pour le groupe Mirror. Les journaux continueraient de sortir, 1 600 emplois avaient été supprimés. Les primes de licenciement allaient d'un minimum de 2 000 £ pour les salariés récemment embauchés dans la société à plus de 70 000 £ pour un journaliste dont l'ancienneté était importante. Les droits à la retraite avaient été révisés à la hausse pour chaque catégorie d'employés, les licenciés et les autres. Certains journalistes trouvèrent facilement du travail ailleurs : à ceux-là l'aventure fut donc d'un grand profit. Pour d'autres, l'avenir se présentait sous des couleurs plus sombres, car les sections londoniennes des syndicats de presse qui jouissaient toujours du monopole de l'embauche s'opposèrent à tout engagement dans un journal d'un salarié qui avait perçu sa prime de licenciement. Le plan de sauvetage eut sur le destin du *Mirror* des effets spectaculaires : après avoir perdu plusieurs millions de livres en 1985, les journaux du groupe devaient dégager des bénéfices annuels de plus de 35 millions en 1987-1988.

Pendant leurs négociations avec le *Mirror,* la Sogat, la NGA, le syndicat national des journalistes (NUJ) et les autres syndicats, menaient de front d'autres discussions parallèles avec Murdoch sur son projet de quotidien du soir, le *London Post.* Du moins le croyaient-ils. La Sogat en particulier craignait que Murdoch ne tente de transférer ses principaux titres : le *Sunday Times,* le *Times,* le

News of the World et le *Sun,* de Fleet Street à Wapping. Aussi demanda-t-elle une garantie d'« emploi à vie » pour ses membres. Après les menaces d'arrêts de travail, la grève fut déclenchée. La réaction de Murdoch fut si brutale que Maxwell la qualifia d'anti-anglaise. Du jour au lendemain, il fit tout transférer à Wapping, licencia tous les grévistes, dénonça la représentativité des syndicats et fit imprimer ses journaux par des membres du syndicat des électriciens que l'on conduisait tous les jours au camp retranché de Wapping, dans des autobus protégés par la police. Si Maxwell, qui était en train de parachever sa victoire, avait donné le coup d'envoi de la révolution de Fleet Street, Murdoch l'étendait plus encore. Il rallia à sa cause les autres propriétaires d'entreprises de presse. Jusqu'alors, ceux-ci s'étaient cantonnés dans une prudente réserve, attendant de voir la tournure que prendraient les événements. Ils finirent par entrer dans la bataille avec enthousiasme.

Ce fut effectivement la fin de Fleet Street, comme siège inamovible de la presse. En 1986, il y eut d'autres tentatives visant à gêner la parution des journaux du groupe Mirror, mais les combattants n'avaient plus le cœur à la lutte. Les adhérents de la Sogat s'opposèrent à une tentative de sortir le *Daily Mirror* le vendredi saint. Au même moment, par suite d'une grève surprise des conducteurs de machines, *The People* ne put être imprimé à Londres. Maxwell, pendant deux semaines, le fit imprimer à Manchester. En septembre, à la veille d'un départ de Maxwell pour la Bulgarie, Jean Baddeley et moi dûmes renoncer à l'accompagner et revenir au *Mirror* afin de régler un conflit avec la NGA qui empêchait l'impression du journal. Nous discutâmes avec Maxwell de la tactique à suivre tandis que son avion survolait l'Europe. Les typographes finirent par reprendre le travail. Auparavant, le tribunal de première instance avait enjoint à la section de la NGA de surseoir à toute grève. Les avocats de Maxwell portèrent plainte contre la NGA pour outrage à la Cour puis, sur les instructions de leur client, ils voulurent faire machine arrière après avoir conclu un accord avec Dubbins. Cette démarche fut vaine, car le juge Mars-Jones fit froidement remarquer que l'outrage s'adressait à son tribunal et que, en l'occurrence, la décision n'appartenait pas à Maxwell. Il infligea des amendes : 10 000 £ au représentant de la section, Tom Harrison, et 25 000 £ à son adjoint, Billy Wells. Il n'y eut plus d'arrêt de travail : l'année 1987 fut parfaitement paisible dans la presse et les bénéfices réapparurent dans les comptes de presque tous les journaux.

Les vieux conflits engendraient encore çà et là quelques difficultés. Le plan de sauvetage de BPCC pour 1981 avait entraîné un peu partout en Grande-Bretagne des licenciements, notamment dans le petit village de Paulton, près de Bristol, site de l'imprimerie Purnell and Sons. Depuis 1981, chaque année ou presque, la direction voulait opérer des réductions de personnel auxquelles ce dernier s'opposait toujours. En 1986, la querelle s'envenima et elle coûta cher à tout le monde, aux travailleurs comme à Maxwell. Là encore, la NGA monta en première ligne; elle continua à manifester ses réticences longtemps après que les autres syndicats eurent accepté la dernière série de licenciements. Pendant des mois, l'imprimerie vacilla au bord de la fermeture. L'accord définitif fut enfin acquis après le congrès du parti travailliste de Blackpool en octobre : Maxwell et Dubbins qui y assistaient avaient trouvé une solution.

Il y eut encore des conflits tout aussi durs aux bureaux de Glasgow du *Daily Record* et du *Sunday Mail.* L'exaspération des sentiments nationalistes compliqua les choses, les Écossais supportant mal que des « étrangers » (c'est-à-dire des Anglais, de naissance ou naturalisés) contrôlent leurs institutions. N'oublions pas qu'il fut un temps où les journalistes de Glasgow dominaient la presse londonienne. Un rédacteur en chef sur deux était écossais, ainsi que bon nombre – tous, prétendaient les Écossais – des meilleurs rédacteurs, mais cela paraissait parfaitement normal.

Le *Record* et le *Mail,* tous deux tirés en couleur, s'étaient équipés du matériel le plus sophistiqué dès le début des années 70. Lorsque Maxwell les avait achetés, en 1984, ils rapportaient 5 millions de livres par an, bénéfice considérable pour la presse, mais insuffisant au regard des gains possibles. Il n'empêche, nous l'avons expliqué, que ces résultats étaient infiniment meilleurs que ceux de la société mère de Londres.

En février 1986, Maxwell se rendit à Glasgow pour négocier avec les syndicats l'amélioration de la productivité. Il aurait voulu utiliser les presses du *Record* et peut-être son titre pour sortir un nouveau quotidien régional à l'intention du nord de l'Angleterre. Des difficultés de fabrication l'amenèrent à renoncer à ce projet. Ensuite il proposa l'impression en couleur à Glasgow d'une édition irlandaise du *Daily Mirror.* Cependant, les journalistes du *Record* refusèrent d'y travailler parce que Maxwell aurait voulu sortir le journal sans embaucher de personnel supplémentaire. Pour Maxwell, l'amélioration de la productivité était le seul moyen d'éviter des suppressions d'emplois; il donna au personnel une garantie précise sur ce point.

Mais là encore, les journalistes rejetèrent sa proposition. Sans le moindre commencement de preuve, ils lui attribuaient la volonté d'« angliciser » le *Record* et le *Mail,* de chercher à fabriquer à Londres la quasi-totalité des journaux en les privant de leur « identité écossaise ». C'était là le genre de phantasmes que chérissent les fils de la Calédonie [13]. Que cette analyse n'ait pas contenu une once de vérité n'empêcha personne de la prendre pour argent comptant. Rien n'est plus crédible ni efficace qu'un bobard qui tombe au bon moment.

Les journalistes étaient bien décidés à s'opposer par tous les moyens aux compressions de personnel. Contrairement à ce qui se passait à Londres, ils étaient en Écosse solidaires des typographes. Mettre fin aux grèves, si elles se produisaient, était donc une tâche particulièrement ardue. Maxwell envoya à tout le personnel de Glasgow une lettre ouverte qui fut publiée aussi dans le *Sunday Mail* du 23 février. Il disait aux journalistes et aux typographes – mais il s'adressait surtout aux lecteurs – quels choix s'offraient à eux : « En réalité, j'ai proposé une augmentation de 10 % des salaires et traitements, ainsi que la sécurité de l'emploi en échange d'une hausse de la productivité et d'une baisse des coûts de fabrication. »

Une telle politique impliquait, entre autres changements, la fin de la semaine de quatre jours, l'obligation de travailler cinq jours sans pour autant augmenter la durée totale de travail. Cette offre aurait dû être acceptée, compte tenu de la menace que représentait la concurrence des journaux de Murdoch. Mais le Syndicat national des journalistes (NUJ) et la Sogat rejetèrent en bloc ces propositions. A Glasgow, la NGA avait relativement peu d'adhérents, tandis que la Sogat et la NUJ occupaient une position prédominante. Leur refus entraîna la conséquence annoncée par Maxwell : « Tout ce qu'il nous reste à faire, c'est de notifier au ministère du Travail notre obligation de supprimer entre 300 à 400 postes sur un total de 1 050, c'est-à-dire de licencier près du tiers du personnel. »

Les travailleurs licenciés allaient recevoir deux semaines de salaire par année de présence, avec une indemnité maximum de vingt années à 155 £. Mais c'est en terminant sa lettre que Maxwell décocha la flèche du Parthe :

> Les journalistes et les typographes de Londres ont fini par admettre que, désormais, la marmite de Fleet Street est vide. Le personnel d'Anderston Quay où les journaux étaient jusqu'à présent composés et imprimés doit aussi admettre que leur

« Écossais volant » (Flying Scotsman : train rapide reliant Londres à Edimbourg) n'a plus les mêmes réserves de valeur !

Le reste de la presse écossaise se mit à verser de l'huile sur le feu, à exacerber la fibre nationaliste en se servant de tous les arguments qu'elle pouvait trouver. Cette attitude est d'autant plus paradoxale que le *Sun,* principal rival du *Record,* appartient à Rupert Murdoch, qui fut Australien et Américain, mais jamais Anglais ou Écossais, et que le *Glasgow Herald* est la propriété de « Tiny » Rowland, Allemand de naissance... En fait, ce désir de secouer le joug étranger, comme le disait le personnel du *Record* et du *Mail,* était une sombre plaisanterie. Il permettait de camoufler sous de grands principes un conflit du travail des plus classiques. Le procédé fut efficace; il rendit le conflit irrévocable et quasiment insoluble. Le soir où Maxwell publia sa lettre ouverte, les journalistes et les typographes refusèrent de sortir la nouvelle édition irlandaise du *Daily Mirror.* Ils furent renvoyés, de sorte que le *Record* ne put pas paraître. Maxwell déclara : « Je ne permettrai pas que le scandale des effectifs pléthoriques se prolonge plus longtemps. »

Le lendemain, aux heures normales d'ouverture des bureaux, les journalistes et typographes se présentèrent, affirmant leur volonté de travailler régulièrement. Mais régulièrement, pour eux, voulait dire sans aucun changement. Et ce jour-là encore, le *Record* ne sortit pas. Un porte-parole de la NUJ souligna la prétendue crainte de l'« anglicisation »[14] : « M. Maxwell a tendu un rideau de fumée sur ce désaccord. Il prétend qu'il s'agit de changements dans les méthodes de travail. En fait nous nous soucions de préserver l'identité écossaise de nos journaux. »

Fort d'une expérience de vingt ans dans des journaux écossais et en ma qualité de directeur du *Record,* j'essayai, au cours d'entretiens privés, de convaincre les « rebelles » que leur attitude était ridicule : pourquoi un journal qui tirait à 760 000 exemplaires en Écosse serait-il remodelé selon les normes d'un quotidien anglais qui ne vendait que 15 000 dans la région? Mais personne ne voulut m'écouter. Toute la presse écossaise continua à rendre compte du conflit, en présentant comme vérités d'évangile les rumeurs les moins fondées. On lisait par exemple le 25 février dans *The Scotsman* : « L'équipe de production, mille personnes... a tenu bon la nuit dernière. Elle est résolue à apporter la preuve, quoi qu'il lui en coûte, de sa volonté de travailler et de préserver l'identité spécifique du journal. »

Donald Dewar, le porte-parole écossais du parti travailliste, déclara que si le particularisme des journaux était sacrifié par « opportunisme financier », ce serait une tragédie. En réalité, la véritable menace venait plutôt de l'opportunisme politique du parti national écossais, qui tentait de démontrer l'existence d'une machination. Mais après deux jours, le conflit se termina. Maxwell réembaucha les travailleurs renvoyés. Ils reprirent leurs postes « avec la ferme intention et l'engagement » de sortir l'édition irlandaise en couleur du *Mirror* dans les six jours. Il n'y eut jamais d'édition irlandaise. Au moment crucial, leur ferme intention se révéla aussi solide et consistante qu'une brume de montagne. Les journalistes prétendirent que, dans leur esprit, il n'avait jamais été question de conditions préalables aux discussions précédant le lancement de la nouvelle édition; ironie du sort, leur porte-parole occupait des fonctions importantes au quartier général londonien du syndicat. Maxwell a répété, dans une autre lettre ouverte, que jamais il n'avait eu l'intention de faire insérer des pages du *Mirror* dans le *Record*; il ajoutait [15] : « Il n'existe aucune sorte de menace contre l'indépendance du *Record* ou contre son contenu, et il n'y en a jamais eu. »

Dans son éditorial du même jour, le *Sunday Mail* affirmait non sans amertume :

> La pomme de discorde dans le plan de sauvetage vient tout simplement de l'attitude de certains salariés les mieux payés d'Écosse (en moyenne, le traitement des journalistes dépassait largement 20 000 £ par an). Ils ne veulent pas renoncer à la semaine de quatre jours pour travailler le même nombre d'heures sur cinq jours.

Cet échec, en dépit de la « ferme intention » qui s'était manifestée pour sortir une édition irlandaise, devait conduire Maxwell à demander 330 licenciements – c'était en somme ce qu'il avait annoncé dans l'hypothèse où l'accord ne se ferait pas sur l'amélioration de la productivité. Les journalistes s'opposaient à toute suppression de poste. Brenda Dean proclama [16] : « Nous avions un pistolet pointé sur notre tête. »

Le 9 mars, le conflit se durcit. Ce jour-là, certains membres de la Sogat, le syndicat de Brenda Dean, refusèrent de composer un éditorial hostile à leur thèse, s'ils n'obtenaient pas un droit de réponse. C'était, de leur part, faire acte de censure, et ils le savaient. Ils voulaient mettre Maxwell à l'épreuve. S'il leur avait accordé le droit de réponse demandé, ils l'auraient eu à leur merci. C'était mal le connaître. Maxwell renvoya toute l'équipe, soit plus de 1 000 personnes, y compris les journalistes – ceux-ci s'étaient mis en grève sous prétexte qu'il avait « refusé de négocier ». La principale conséquence de cette grève des journalistes contre un journal dont la sortie était déjà interrompue par les typographes fut qu'ils renoncèrent à leurs traitements. Ils se consacrèrent à la fabrication d'un nouveau journal, *Your Record*; ils installèrent un piquet de grève devant les bureaux du *Daily Record.* Je pris part à la négociation pour la reprise du travail avec la Sogat, mais après avoir donné leur accord sur la reprise dans des conditions normales, les représentants du syndicat refusèrent d'ordonner à leurs adhérents de franchir le piquet de grève des journalistes.

Ils avaient trouvé un excellent moyen de nuire sans se mettre en grève.

La situation traîna en longueur jusqu'au début d'avril. Il y eut encore un épisode grotesque à propos de quelques mètres de fil de fer barbelé placés en haut d'un mur à l'arrière du bâtiment durant vingt-quatre heures. Cette dérisoire « mesure de protection » avait été décidée après la découverte d'une échelle cachée dans les buissons au pied du mur. L'hystérie s'était emparée de l'ensemble des médias écossais et cette barrière fut comparée aux centaines de mètres de chevaux de frise qui entouraient le centre de la presse Murdoch à Wapping.

La grève ne servit à rien. Maxwell écrivit à chacun des journalistes, pour leur dire qu'ils étaient libres de chercher du travail et leur expliquer dans le détail quels étaient leurs droits à la retraite conformément au contrat de travail qui les liait à lui. Ils finirent par comprendre qu'il avait vraiment l'intention de fermer les journaux et qu'eux-mêmes se retrouvaient sans emploi. Après avoir très vite accepté de reprendre leurs fonctions et donné leur accord sur la semaine de cinq jours, ils entamèrent avec la direction les négociations sur les licenciements, au sein de chaque département. On n'entendit plus parler de l'« identité écossaise » des journaux. Un député écossais de la Chambre des communes, Ron Brown, de Leith, avait demandé l'expulsion de Maxwell des rangs du parti travailliste. On n'en entendit plus parler non plus.

***

L'ambition journalistique que Maxwell n'a encore jamais réalisée est la plus difficile de toutes : créer de toutes pièces un journal populaire qui gagne de l'argent. La conquête d'un public fidèle suppose que l'on parvient d'abord à le faire changer d'habitude en le détachant de son journal favori; certes, les lecteurs peuvent par curiosité lire un ou deux numéros d'une nouvelle publication, mais presque automatiquement ils reviennent à leur journal habituel. Pour chaque réussite d'un nouveau titre, on compte plusieurs échecs. Maxwell lança en septembre 1986 un hebdomadaire sportif *Sportweek*, qui méritait de réussir, mais qui coula assez rapidement. Il mettait en doute une idée préconçue, à savoir que les amateurs de sports auraient entre les oreilles un ballon de football! *Sportweek* était un magazine de bonne qualité, bien écrit, sérieux, imprimé sur papier couché. Il visait un public masculin, jeune et plutôt aisé. Le premier numéro fut tiré à près de 250 000 exemplaires, mais en fait il équilibrait avec un tirage de 75 000. Les espoirs étaient grands. Le directeur des médias chez J. Walter Thompton, l'agence de publicité chargée du lancement, disait [17] :

> Les photos sont formidables; et il y a vraiment quelque chose à lire dans les articles... Je pense que le plus gros problème de *Sportweek* ne tiendra pas à la qualité du produit mais au fait que les hommes achètent rarement des magazines.

Hélas, trois fois hélas, il avait raison. Le magazine cessa de paraître en février 1987. Jamais il n'atteignit l'audience projetée; il avait englouti deux millions de livres sterling.

La principale tentative de Maxwell pour améliorer la presse quotidienne fut la création du *London Daily News*, lancé au moment de la disparition de *Sportweek*. Le LDN était aussi bon que n'importe quel autre journal du soir britannique; peut-être contenait-il dans tous les domaines trop d'informations pour le goût des lecteurs. Mais, comme devait le constater le *New Society* en janvier 1987 :

> Pendant cinq mois, il a existé à Londres un journal qui se préoccupait des questions sociales jugées importantes par les lecteurs de *New Society*. Leur présentation avait recours aux techniques journalistiques classiques. Il s'était acquis un noyau de fidèles qui déplorent aujourd'hui sa disparition; mais même à l'âge des nouvelles technologies qui sont censées favoriser un plus large éventail de titres, il n'a pu attirer suffisamment de lecteurs.

Le *LDN* n'a pas échoué en raison de son contenu, mais à cause de sa direction rédactionnelle et administrative. Pratiquement dès sa création, les coûts échappèrent à tout contrôle. Tout nouveau journal se heurte à cette difficulté presque inévitable. D'où le nombre élevé de publications mort-nées. Pour réunir le personnel nécessaire à la sortie d'un journal de qualité, il faut pratiquer une surenchère dans les salaires. Il faut aussi donner aux journalistes débauchés à prix d'or une assurance contre le risque qu'ils prennent en changeant d'emploi. D'où, en corollaire, l'obligation de fabriquer le journal avec un personnel aussi réduit que possible. Le *LDN* embaucha du personnel comme si son budget était extensible à l'infini. Les premières prévisions budgétaires que je vis, soumises à Maxwell à Headington Hill Hall à l'automne 1986, frisaient le surréalisme. On tentait d'y démontrer qu'une perte de quelque six millions de livres au cours de la première année d'existence du journal serait réduite à moins de deux millions au cours de la troisième année. Cette espérance se fondait sur une augmentation des revenus de la publicité et des ventes, mais on faisait l'impasse sur toute augmentation de la masse salariale, du coût du papier et de tous les autres frais d'équipement. Maxwell regarda quelques secondes ces chiffres, puis il lança le dossier à la tête de l'équipe de *LDN*, en le qualifiant de non-sens. Néanmoins, le non-sens persista. On recruta 209 journalistes alors que la sagesse recommandait d'imposer un plafond de 80 rédacteurs. Le navire était tellement surchargé que, lors de sa mise à l'eau, il quitta sa cale de lancement pour aller se briser tout droit sur les récifs et sombrer corps et biens.

Maxwell était certes à blâmer – mais il n'était pas le seul. En novembre 1986, à un moment crucial de la préparation du *LDN*, il se laissa distraire de l'attention scrupuleuse qu'il aurait normalement dû consacrer aux coûts du futur produit, par sa plainte en diffamation contre *Private Eye*. Entre autres insinuations, ce périodique soutenait que Maxwell avait versé des sommes importantes au bureau du chef du parti travailliste dans l'espoir d'être élevé à la pairie. *Private Eye* proposa une transaction amiable, mais il n'était pas l'offensé. Cette offre était inacceptable pour Maxwell qui était décidé à laisser à un jury le soin de juger. Il en fut ainsi; Maxwell se vit accorder 55 000 £ de dommages et intérêts, plus de 250 000 £ de dépens. Ce verdict était juste, mais pendant les trois semaines que dura le procès sa présence devant la cour était souvent requise, ce qui l'amenait à négliger ou à reléguer au second plan ses autres affaires. Autrement dit, au moment même où il aurait dû vérifier le budget prévisionnel du *LDN*, il était la plupart du temps absent. On l'accuse souvent, avec de bonnes raisons, d'agir en solitaire et de ne pas laisser suffisamment d'initiatives à ses assistants. Une conviction habite assurément Maxwell. S'il veut quelque chose, il vaut mieux qu'il s'en occupe lui-même. Cette politique a ses dangers, mais à sa décharge il faut bien convenir que le seul projet, le *London Daily News*, où il n'a pas suivi cette règle, où il a laissé d'autres décider à sa place, a mal tourné.

Si les dommages et intérêts, obtenus de *Private Eye* et qu'il distribua à des œuvres de bienfaisance, représentaient, certes, une somme considérable, celle-ci est sans commune mesure avec ce que lui coûta l'échec du *LDN*.

L'équipe chargée de concevoir et de sortir le *LDN* se composait de Charles Wintour, ancien rédacteur en chef du *London Evening Standard*, conseiller spécial de Maxwell, et de Magnus Linklater, journaliste de l'*Observer*, à qui il souhaitait confier la rédaction en chef. Ils affirmaient non sans raison qu'un personnel nombreux était indispensable pour créer un journal du matin et du soir, aux éditions multiples, le journal sur vingt-quatre heures que Maxwell voulait depuis longtemps introduire en Grande-Bretagne. En l'occurrence, il aurait fallu s'opposer à l'idée même d'un journal sur vingt-quatre heures tant que le titre lui-même ne s'était pas imposé. Mais personne ne le fit.

Ensuite, avec une régularité impeccable, tout tourna mal. Le journal fut diffusé dans quelques rues de Londres et dans le Sud-Ouest de l'Angleterre le 24 février 1987 mais, partout ailleurs, il était absent. La distribution était lamentable; plus de 1 000 points de vente de la capitale ne le recevaient pas régulièrement. Imprimé dans plusieurs endroits stratégiques extérieurs au centre de Londres, il ne parvenait pas à se frayer un chemin jusqu'au cœur de la ville; les éditions étaient, ou bien carrément supprimées, ou bien arrivaient trop tard, si bien que les autres journaux du soir – le *Standard* et l'*Evening News* que les propriétaires du *Standard*, Associated Newspaper, avaient ressuscités d'un long coma pour couler le nouveau venu – le supplantaient sans difficulté. Afin de mieux lutter contre l'action de sabotage de l'*Evening News*, Maxwell réduisit de moitié le prix de vente du *LDN*, mais on ne sut jamais s'il avait tort ou raison. Il importe peu en effet qu'un produit introuvable soit bon marché ou cher.

Il était tout aussi évident que les responsables du quotidien n'avaient aucune idée de ce que doit être un journal de vingt-quatre heures. Les éditions du matin étaient distribuées dans la banlieue de Londres; là, il se heurtait à la très forte concurrence des journaux bien implantés comme le *Daily Mail* et le *Daily Express*. Les banlieusards, qui venaient quotidiennement en train à Londres, n'avaient que faire d'un quotidien plein de nouvelles de la capitale. En vérité, les lecteurs de Maidenhead, de Reading, Tunbridge Wells ou Southend s'intéressaient fort peu aux derniers démêlés de la commission de l'Éducation pour le centre de Londres, dont on s'obstinait à les régaler. Quant aux Londoniens plus précisément concernés par les éditions du soir, ils n'étaient pas assurés de trouver régulièrement leur journal en vente. Comme le *Daily Mirror* l'avait appris à ses dépens, la plus grande faiblesse d'un journal tient à l'irrégularité de sa distribution.

Dans une note présentée à Maxwell, juste avant la décision définitive de sacrifier le journal, Magnus Linklater reconnaissait franchement les erreurs commises. Après avoir proposé une nouvelle orientation, il écrivait :

> La médiocrité de l'audience montre que notre premier objectif : offrir un autre choix que l'*Evening Standard*, n'a pas été atteint. Cet échec repose sur trois principales raisons :
> 1. Nous avons concentré toutes nos énergies – rédaction, publicité, distribution – sur l'édition du matin aux dépens des éditions du soir. Cela n'a pas eu seulement pour résultat l'éparpillement de notre travail, mais aussi l'incertitude quant au public que nous cherchions à atteindre : devons-nous être un quotidien national du matin ou un journal du soir pour les lecteurs de la capitale?
> 2. Dès les premières semaines du lancement, nous sommes devenus « invisibles » – nous n'étions pas en vente dans les rues de Londres et les lecteurs potentiels n'ont pas eu conscience de notre existence. Encore maintenant, je dois tous les jours régler d'« abominables histoires » sur notre absence dans certains quartiers.
> 3. Nous avons voulu viser le public « intellectuel » de Londres... nous avons eu tendance à négliger le vivier qui nous attendait... les banlieusards qui effectuent des trajets journaliers, les jeunes cadres ou secrétaires aux instincts plutôt conservateurs... en quête d'un journal du soir qui les distraie sans requérir une attention trop soutenue ou les intimider. Il nous faut aussi conquérir un public féminin.

Ce dernier point traduisait une décision prise au plus haut niveau avant la sortie de la première édition. Elle n'était toujours pas appliquée. Au bout de cinq mois, il était trop tard pour remédier à cette lacune. Dès le début, il n'y avait pas eu de rubrique consacrée aux femmes, car l'élément féminin du journal avait décrété que la recherche d'un tel créneau trahissait une attitude « machiste ». Linklater s'inclina devant cette pression, contre l'avis de Wintour et de Maxwell. Les pages sportives étaient une abondance ahurissante.

Elles revenaient trop cher. Quel autre journal – et certainement pas le *Daily Mirror* – aurait jugé utile d'envoyer un reporter à une course de cross en Pologne ou de couvrir le championnat de golf open de Rabat? Et pourtant, on avait le sentiment que les lecteurs du *LDN* ne s'intéressaient pas au sport. Certains journalistes affichaient un mépris non déguisé à l'égard du *Daily Mirror*, dont l'équipe, forte de son expérience, aurait pourtant su guérir en quelques semaines le *LDN* de ses faiblesses. Ils méprisaient aussi le président du *Daily Mirror* qui leur versait pourtant leurs traitements.

Quand vint la fin, elle fut rapide. Les pertes, maîtrisables au départ s'il y avait eu surveillance des dépenses, échappaient désormais à tout contrôle. Les tirages avaient fait un plongeon si vertigineux – aggravé par la nullité permanente de la distribution – qu'il aurait été moins onéreux d'offrir une livre par semaine à ses ultimes lecteurs pour qu'ils n'achètent plus le journal. Les responsables n'avaient pas su comprendre la règle cardinale à observer quand on traite avec Maxwell : se rappeler qu'il ne paiera jamais quoi que ce soit au-dessus de sa valeur. Il aurait supporté une perte de vingt millions de livres ou plus encore sur une période de trois ou quatre ans, si le journal avait montré des possibilités de succès futur, mais jamais il ne paierait une telle somme, encore moins en cinq mois, alors que le journal prouvait tous les jours son échec, ce qui n'empêchait pas les journalistes de réclamer des salaires qui auraient augmenté les coûts de fabrication de 20 %.

Le 24 juillet, cinq mois après son lancement, Maxwell annonça « avec regret et à contrecœur » que c'en était fini du *London Daily News*. C'était, devait-il dire, « un bon journal, intelligent, produit par des professionnels, bien écrit », mais il avait été incapable de vendre le nombre de numéros indispensable à sa survie. Son audience était tombée au-dessous de 100 000 exemplaires; son seuil d'équilibre était à 200 000. Sa disparition, ajouta-t-il, était une perte pour le journalisme. Maxwell demeurait convaincu que Londres avait besoin d'un journal du soir autre que l'*Evening Standard*. Il rejeta la responsabilité de l'échec sur les carences de la fabrication et de la distribution. Le jour où Maxwell sortira un nouveau quotidien londonien – un journal gratuit, qui s'appellera *The Londoner*, est en gestation – il aura garde de ne pas retomber dans les mêmes travers. Son autre ambition, lancer en 1989 un quotidien européen, ne souffrira pas des handicaps qui ont été fatals au *LDN*. En dernière analyse, Maxwell tire profit de ses erreurs parce qu'il n'a pas peur d'en dégager les leçons.

X

De « sans famille » à « en famille »

> « Les familles heureuses se ressemblent toutes. »
>
> Léon Tolstoï.

Au-delà de la fortune, de la puissance, de la renommée, Robert Maxwell possède un bien précieux entre tous : sa famille; sans elle il n'existerait pas; pour elle il renoncerait sans doute à toutes ses possessions.

Betty et lui forment un couple, un vrai couple, mais aussi une association étonnante.

Au départ tout sépare le jeune soldat tchèque à la nationalité bientôt contestable (puisque sa terre natale est rattachée à l'Union soviétique) de la jeune Française à la famille enracinée depuis des siècles dans une des villes les moins ouvertes à l'étranger : Lyon. Ses aïeux, qu'il ne connaît pas – c'est elle qui, plus tard, arrivera à tracer l'arbre généalogique de son mari –, sont de pauvres, très pauvres paysans. La famille de Betty, en revanche, appartient à la haute bourgeoisie teintée d'aristocratie. Il n'y a cependant chez elle aucune trace de snobisme ou de ce que les Britanniques appellent « morgue ». Sa grand-mère maternelle portait le nom de famille des ducs de Northumberland, de Percy. Par son arrière-grand-mère, elle descend en ligne directe de saint Louis, par Jean le Bon. De ce fait, elle se trouve être au vingtième degré cousine de la reine Élizabeth. Néanmoins, ses ancêtres ont un point commun avec ceux de son mari : ils ont connu les persécutions et lutté pour la liberté. Du côté de son père, en effet, ils faisaient partie de ces huguenots, de ces protestants que les catholiques persécutèrent pendant trois cents ans jusqu'à ce que la Révolution française leur accordât la liberté de célébrer leur culte. Son arrière-arrière-grand-père était député du Vaucluse et orléaniste, très lié d'amitié à Louis-Philippe. Certains cherchèrent refuge à Genève pour échapper aux persécutions. Par un de leurs descendants, elle est apparentée à des familles protestantes qui se sont illustrées dans la banque et la diplomatie, dont l'épouse de l'ex-Premier ministre français, Couve de Murville. La famille de sa mère était d'origine plus roturière et quelques-uns de ses ancêtres combattirent dans les rangs des révolutionnaires en 1789.

Sans doute, lorsqu'il eut le coup de foudre pour la jeune fille, Bob Maxwell, à l'époque Ivan du Maurier, avait deviné que sous son apparence fragile se dissimulait une personnalité exceptionnelle, aussi complexe que la sienne.

Betty Maxwell, comment la définir? C'est un mélange d'abnégation et de volonté, de lucidité et d'enthousiasme, un courage comparable à celui de son mari. Une maîtresse femme qui ignore les vains regrets et qui sait tirer le meilleur de chaque situation. Il n'y a pas de femme plus à l'opposé de Madame Bovary! Son caractère réaliste ne l'empêche pas de se passionner pour les grandes causes désintéressées. La richesse, pour elle, est source de plaisirs et de satisfaction; en aucun cas, elle n'est une fin en soi.

A partir du moment où elle accepta la demande en mariage de ce soldat tchèque sans le sou, jamais aucun doute ne semble avoir traversé son esprit. Si, en vérité, Maxwell lui faisait un peu peur au début, elle surmonta vite cette appréhension. Personnalité remarquable en elle-même, elle a décidé de vivre dans l'ombre de son mari. Lui est docteur honoris causa des universités de Moscou et de New York; elle, elle est titulaire d'un vrai doctorat, et... d'Oxford! Malgré une incontestable intelligence, elle subordonne en dernier ressort son jugement à celui de Robert. Cela ne signifie pas qu'elle a renoncé à s'affirmer en tant que femme. Loin de là. Elle n'est ni humble ni résignée. Simplement, elle reconnaît que son jugement à lui est plus sûr.

> J'ai le sentiment que ma vie est beaucoup plus riche avec Bob qu'elle ne l'aurait été auprès de n'importe quel autre homme. Avant de se marier, il convient de réfléchir à deux fois : « Quel est son but? Qu'est-ce qui va se passer? » Une jeune fille ne devrait jamais, absolument jamais, épouser un ambitieux si elle n'est pas prête à travailler avec lui, à accepter les épines avec les roses, à recevoir trente personnes à dîner au pied levé... Je suis très heureuse de mon sort, bien que, je l'admets, ce soit parfois l'enfer...

Elle est toujours à la disposition de son mari, assumant sa part dans ses activités, mais elle choisit de rester en coulisses alors que lui recherche les feux de l'actualité. Elle est la discrétion et l'efficacité même. Elle a ainsi déployé une activité débordante, mais dans l'ombre, lors de ses campagnes électorales. Elle a créé des crèches, un centre pour le troisième âge. De même, elle a toujours activement participé aux affaires de Pergamon Press. Lorsque son mari en fut chassé, elle n'a jamais douté qu'il y reviendrait et prendrait une revanche éclatante. Jamais, même en son for intérieur, elle n'acquiesça à la moindre critique sur ses méthodes de gestion. Aujourd'hui, elle dirige le service des relations publiques de Maxwell Pergamon Publishing Corporation, ce qui n'est pas une sinécure. Elle a aussi la charge de préparer un ouvrage sur l'histoire de Pergamon Press. Elle travaille autant que n'importe qui d'autre, excepté son mari.

Elle est toujours prête, s'il le désire, à le suivre dans ses périples autour du monde, à le représenter à la dernière minute s'il a décidé de ne pas honorer un de ses engagements. Parfois, elle ne cache pas son mécontentement d'être mise devant le fait accompli. Elle en veut encore à Bob de lui avoir fait faux-bond pour le banquet du Lord Maire de la Cité de Londres, en 1987. Bob avait pris l'avion pour Paris afin d'y rencontrer le Premier ministre français, Jacques Chirac; leur fils, Ian, dut venir de Paris pour remplacer son père à ses côtés. Mais ces sujets d'agacement sont peu nombreux et ne laissent pas de traces durables. Elle en a pris l'habitude :

> Il existe un secret au bonheur de notre union, après quarante ans : je suis accommodante et sais me rendre disponible pour l'aider dans ses affaires. Il m'arrive de planifier méticuleusement ma journée, de prendre des rendez-vous chez le dentiste ou le coiffeur, de promettre ma présence à un banquet de bienfaisance, ou tout simplement d'avoir envie de faire les magasins, ou encore de prévoir une soirée au théâtre avec mes petits-enfants. Il peut arriver que je me réjouisse d'aller voir *Les Chats*, après avoir attendu quatre ans les billets, et de devoir soudain tout laisser tomber, faire ma valise et prendre l'avion pour Washington, Francfort ou Istanbul précisément ce soir-là.
>
> Il y a quelques années, avisée avec à peine deux heures d'avance, il m'a fallu m'envoler pour Tokyo, où j'étais censée représenter Bob à un congrès de pharmacologie, en compagnie de mon fils Ian qui, heureusement, parle un peu le japonais. Ian se trouvait alors en mission pour Pergamon à New York, et moi j'étais à Londres. Nous nous sommes retrouvés à l'aéroport d'Anchorage, en Alaska, sous le regard d'un ours polaire empaillé, haut de quatre mètres, et nous avons poursuivi le voyage ensemble. Je suis rentrée six jours plus tard, souffrant du décalage horaire, écœurée de poisson cru, aileron de requin et autres « spécialités ».

Partager sa vie avec Bob, écrit-elle, n'est pas facile :

> Il dévide des idées à la vitesse d'un tourniquet de feu d'artifice. En un clin d'œil, sans omettre un détail et avec précision, il fait le tour de n'importe quelle situation. Il saisit n'importe quelle occasion au vol. Moi, je suis toujours à courir derrière lui, à tenter de le rattraper.

En parlant ainsi, elle est trop modeste. L'esprit clair et organisé, elle possède une grande faculté de concentration et d'analyse, qui la rend complémentaire et indispensable à l'homme dont les idées fusent comme des éclairs dans des directions toujours imprévues.

Personne ne met plus d'ardeur que Betty à entonner les louanges de Bob Maxwell. Et ce n'est pas par pure loyauté – qualité qu'elle place au-dessus de tout – mais parce qu'elle lui fait entièrement confiance. Ce n'est pas non plus pour elle une manière de tenir son rôle d'épouse ou d'accomplir son devoir conjugal; elle voue réellement à son mari une affection pour la vie, une inébranlable admiration pour son intelligence. A ses yeux, les défauts de Maxwell, et elle admet qu'il en a, trouvent des circonstances atténuantes; ses vertus compensent largement ses faiblesses. Il leur arrive de se quereller, mais après quarante-trois ans de vie commune, ils sont aussi proches l'un de l'autre qu'aux premiers jours de leur mariage. Sur les grands problèmes, la politique, les affaires, elle accepte qu'il ait presque toujours raison. Elle a certes des opinions personnelles mais, si un différend vient à surgir entre eux, elle s'incline devant son mari.

Cette soumission vécue allégrement n'interdit pas à Betty Maxwell d'avoir son domaine réservé, ses initiatives personnelles.

En premier lieu, la constitution, entreprise dès leurs fiançailles, d'un fonds documentaire sans précédent sur Bob Maxwell. Pas une ligne dans la presse, pas une photographie le concernant qu'elle n'ait gardées. Sa collection de coupures de presse est plus volumineuse aujourd'hui que celle de la princesse de Galles, mais celle-ci a tout le loisir de rattraper le temps perdu! Betty a conservé tout ce qui a trait à la carrière militaire de son époux et à ses activités civiles; elle a monté une photothèque dont l'index est en soi un petit volume. Par rapport à elle, Boswell [1] a accompli un travail d'écolier!

Ensuite, vient la lutte de Betty contre l'antisémitisme. En raison du destin qui frappa la famille de Maxwell, les problèmes juifs lui tiennent à cœur. En 1988, elle reçut le *Sir Sigmund Sternberg Award* décerné par les cinq présidents de la « Réunion permanente des chrétiens et des juifs », en reconnaissance d'une « participation exceptionnelle à la cause œcuménique ». Elle fut désignée comme présidente du comité pour le rassemblement international de 1988, « Souvenirs pour l'Avenir », dont le thème est l'impact de l'Holocauste et du génocide sur les relations entre juifs et chrétiens.

En troisième lieu viennent ses études universitaires. A quarante ans passé, elle décida de s'inscrire en faculté et choisit le collège St Hughs, à l'université d'Oxford, où elle fut admise par concours. Elle passa une licence (de français), puis soutint une thèse sur l'art épistolaire en France entre 1789 et 1830. C'est ainsi que Maxwell se trouve être le seul membre de sa famille à ne détenir aucun titre universitaire sauf honoraire. Au cours de la cérémonie où on lui décerna son titre de docteur, trois de ses fils, Philip, Ian et Kevin, reçurent chacun leur diplôme. A l'époque, elle déclara : « Tous mes enfants allant à l'université, il m'est venu à l'idée que, moi aussi, j'en étais capable. »

Comme tous ses enfants, elle a la double nationalité, britannique et française; elle a gardé un accent français facilement décelable; en fait, son mari et elle s'entretiennent souvent des affaires familiales en français. Elle a d'ailleurs accepté la présidence du Festival commémorant trois siècles de culture française, en 1988, au *Barbican Centre*, de Londres.

A ces activités intellectuelles s'ajoutent des talents certains de maîtresse de maison. Donner un foyer à un homme souvent absent n'est pas une mince affaire, surtout lorsqu'une grande partie de la maison est transformée en bureaux. Cependant, grâce à Betty, Headington Hill Hall garde le caractère d'une grande maison de famille. De l'avis général, Betty est un remarquable cordon bleu. On imagine la dose d'abnégation que requiert un tel art pour une femme dont le mari arrive toujours en retard aux repas!

En fait, Betty Maxwell règne sur la vie de son mari et sur celle de ses enfants.

***

Certes, elle a mis au monde leurs neuf enfants, veillé sur eux. Elle les a surtout élevés et dirigés tandis que, lui, parcourait fiévreusement le monde dans sa quête incessante. Absent les trois quarts du temps, elle le remplaçait et entretenait dans l'esprit de ses enfants le sentiment de la présence paternelle. Dans un des rares articles qu'elle publia, en 1987, elle raconte [2] :

> Pendant un voyage de Bob aux États-Unis, un de mes fils, au cours du déjeuner, se montra insolent et grossier. C'était un grand gaillard de quinze ans. Je lui demandai de quitter la pièce, ce qu'il refusa de faire. Je me levai, le pris par la peau du cou, le fis basculer de sa chaise et le flanquai dehors avec la consigne de venir me voir à mon bureau dans cinq minutes, ce qu'il fit. Il convint qu'il avait été irrespectueux, sur quoi je lui donnai le choix entre recevoir sur-le-champ « trois coups de baguette sur les fesses » ou attendre le verdict de son père quand il rentrerait. Je ne fus en rien étonnée qu'il choisisse la première punition, que j'infligeai pour la première fois de ma vie, quelle que fût ma répugnance.

Élever de si nombreux enfants, avec un mari si exigeant, eût été impossible sans une nurse. Les Maxwell ont su découvrir la perle, Marion Sloane, jeune Irlandaise protestante du comté de Cavan, elle-même issue d'une famille de dix frères et sœurs. Betty Maxwell raconte :

> Lorsque je l'ai reçue et interrogée sur les motifs qui lui avaient fait abandonner sa place précédente, elle m'a répondu qu'elle avait été insolente avec sa patronne. Je me rappellerai toujours l'avoir embauchée à cause de sa franchise; elle aurait pu me raconter n'importe quelle autre histoire, et je l'aurais crue.

Marion fut engagée quand Betty attendait Philip. Elle avait, selon Betty Maxwell, « une passion pour les tout petits enfants » :

> Elle avait une immense et précieuse expérience. Elle m'a appris tout ce que je sais sur les bébés... Chaque fois que l'un de nos enfants atteignait deux ans, elle nous disait : « Nous n'avons plus de bébé; il nous en faut un autre. » Je me suis parfois demandé si je ne mettais pas constamment des enfants au monde pour pouvoir garder la nurse. Nous élevions les enfants ensemble... et je n'ai souvenir d'aucune parole aigre échangée entre nous en seize ans.

Marion, dit Betty, « avait une force fantastique et une santé de fer », bien qu'elle fumât énormément en dehors de ses heures de service. Mais frappée d'un cancer du côlon, elle mourut dans les bras de Betty en 1964.

Deux tragédies ont assombri la vie de Bob et de Betty Maxwell. Comme les parents de Maxwell, Betty et lui ont perdu un fils et une fille sur leurs neuf enfants. La mort de leur premier-né les avait anéantis. Michael était étudiant à Marlborough, parlait couramment le français, apprenait l'allemand et le russe. On fondait sur lui les plus grandes espérances. A la Noël 1961, trois jours après que Betty eut donné naissance à sa plus jeune fille, Ghislaine, Michael fut victime d'un accident de la route alors qu'il rentrait d'une soirée dansante. La voiture où se trouvait le jeune homme heurta l'arrière d'un camion sur la route de Bicester, près d'Oxford. Grièvement blessé, Michael fut conduit à la clinique de Radcliffe, à Oxford, d'où il fut transféré au Churchill Hospital.

L'ultime observation du neuro-chirurgien consultant à Radcliffe ne laissait absolument aucun espoir :

> Cela fait six mois que j'ai rédigé ma dernière observation sur l'état de ce jeune homme. J'y indiquais ne pouvoir envisager aucune éventualité de rétablissement. Il est infirme à cent pour cent et il y a maintenant onze mois qu'il a été accidenté... Je l'ai examiné une fois encore le 29 novembre... J'ai immédiatement vu qu'il ne montrait aucun indice d'amélioration notable... Cela signifie que son état reste stationnaire depuis environ huit mois maintenant. Il ne répond à aucune sollicitation, il ne manifeste aucun signe permettant de penser qu'il est conscient de ce qui se passe autour de lui... Il n'a pas essayé de parler... Il ne cille pas quand on fait un grand bruit auprès de lui... Mes prévisions se confirment et je n'entrevois aucune possibilité d'amélioration ici, quelle qu'elle soit. Comme je l'ai dit dans ma dernière observation, en raison de ses blessures, son espérance de vie est extrêmement limitée, mais je ne suis pas en mesure de préciser combien de temps il peut encore survivre dans ces conditions; plusieurs mois peut-être.

En réalité, Michael survécut plus de cinq ans encore. Il mourut le 27 janvier 1968, six semaines avant son vingt-deuxième anniversaire. Jamais il ne reprit connaissance.

Par un curieux hasard, un savant russe réputé et ami de Maxwell, le Professeur Lev Landau, fut gravement blessé à la tête au cours d'un accident, quelques jours après Michael. Alors que Maxwell allait rendre visite à son fils, il reçut un SOS des Russes : on lui demandait d'essayer de se procurer des antibiotiques rares, nécessaires pour soigner Landau. Maxwell obtint les médicaments; il se précipita à l'aéroport de Heathrow. Un avion en partance pour Moscou fut retardé jusqu'à son arrivée. Il remit les remèdes au pilote. Et Landau se rétablit, bien que son cas ait été jugé désespéré. Huit mois plus tard, il eut la force d'aller recevoir le Prix Nobel de Physique à Stockholm, mais il ne put jamais reprendre ses travaux scientifiques. Le hasard fit mourir Landau la même année que Michael en 1968.

Au cours de la première année, Betty Maxwell se rendit à l'hôpital tous les jours, et Maxwell y allait dès qu'il le pouvait et quelle que fût l'heure. Voici ce qu'écrit Bryan Barnard :

> Maxwell faisait pitié à l'époque, tant il était affecté par cet accident. Je me souviens d'un jour où nous rentrions ensemble à Oxford après un congrès à Londres. Il était une heure moins le quart du matin. Nous venions d'arriver à Headington Hill Hall; il me fit m'arrêter et me demanda de le déposer à l'hôpital pour qu'il puisse voir Michael... Ce drame faillit l'anéantir. Il avait fondé d'énormes espoirs sur cet enfant.

En fait, depuis longtemps, Maxwell voyait en Michael son successeur. Une clause de son testament rédigé trois ans avant l'accident le stipulait.

Jusqu'à la fin, Betty, inlassablement, se rendit au chevet de Michael, accompagnée parfois, de l'un de ses aînés. Bien qu'en de rares occasions il clignât des yeux et qu'un léger frémissement parcourût son corps, aucun signe ne permit jamais de penser que Michael était conscient d'une présence auprès de lui.

En 1963, la Haute Cour accorda à Michael pour ses blessures 15 900 £ de dommages et intérêts. Maxwell fit savoir que, si Michael mourait, la somme serait employée à la création, à Oxford, d'un centre d'études des maladies cérébrales. Telle était leur volonté à Betty et à lui. En 1965, il créa la Michael Maxwell Memorial Fund for Brain Research (Fondation Michael Maxwell pour la recherche sur le Cerveau). Il décida aussi de lui verser 2 000 £ par an, tant que le docteur W. Ritchie Russell, qui avait soigné Michael, occuperait la chaire de maître de conférences en neurologie à l'université. Finalement, Michael mourut d'une méningite; l'enquête judiciaire menée par un jury, comme le veut la loi anglaise, conclut à la « mort par accident ». Le coroner fit remarquer que la route où l'accident avait eu lieu était « très dangereuse ».

L'autre tragédie fut tout aussi soudaine, tout aussi triste et inattendue, mais, à l'inverse, connut un dénouement fulgurant. Le lecteur la connaît déjà (cf. supra chapitre IV). En janvier 1957, les Maxwell avaient décidé de passer quelques jours de détente à la Barbade, après un assez long voyage d'affaires. On les rappela d'urgence. Leur fille de trois ans, Karine, était malade : une leucémie foudroyante, un cas désespéré, en dépit des appels au secours que Maxwell lança dans le monde entier, sans perdre un instant. L'issue en était fatale à brève échéance. Voici, parmi les nombreux appels à l'aide de Maxwell, celui qu'il adressa à un médecin suédois :

> Tout récemment, ma petite fille a été atteinte de leucémie. Je vous envoie copie du diagnostic établi par le praticien qui la soigne, ainsi que quelques préparations sur lamelle. Je vous demande de me faire savoir si vous-même ou l'un de vos confrères avez « en chantier » des expériences que l'on pourrait utiliser pour la sauver ou du moins prolonger sa vie. Dans l'espoir que vous-même et votre équipe pourrez peut-être bientôt être en mesure de trouver un remède à ce terrible fléau, je vous remercie par avance, moi son père, en son nom et au mien, de tout ce qu'il sera en votre pouvoir de faire.

Mais rien ne pouvait être fait. Neuf jours plus tard, le 8 février, Karine mourait.

***

Dans une interview donnée en 1969, Maxwell définit en des termes qu'aujourd'hui on trouverait sexistes les qualités qu'il attend de ses enfants [3]! « Chez un garçon, l'intelligence, la curiosité, la capacité de se concentrer sur le problème à résoudre. Chez une fille, la bonté, le respect des autres, la concision. »

Mais en fait rien n'indique qu'il traita les filles autrement que les garçons. A l'unanimité, ils voient en lui un père sensationnel. Ils s'inclinent devant sa décision de ne pas leur léguer sa fortune, et même l'approuvent. Six d'entre eux ont travaillé sous ses ordres à un moment ou un autre, mais chacun a cherché à se frayer une voie tout seul. Et ceux qui collaborent avec lui maintenant le font par choix et non par obligation.

Dans leur jeunesse, Maxwell n'interdisait jamais à ses enfants de venir le voir lorsqu'il travaillait à Headington Hill Hall et il n'était pas rare que des conseils d'administration ou des négociations syndicales soient interrompus par l'arrivée inopinée d'un enfant en quête d'un mot de consolation, d'une caresse, ou tout simplement de la réponse à une question. Dans une interview de 1971, on demanda à Maxwell si les enfants avaient le droit de le déranger lorsqu'il travaillait chez lui : « Toute irruption de leur part est bienvenue, si quelque chose les préoccupe; ils y sont même encouragés », répondit-il.

Il les comble de cadeaux. Anne garde le souvenir d'un énorme ours en peluche qui portait une cravate rouge; quand son père le lui offrit, un grondement « fit trembler les murs de la pièce »; elle se demanda s'il venait de l'ours ou de son père. Maxwell est expert en tours de cartes. Son habileté fascinait et ravissait les enfants. Aujourd'hui, ils éprouvent en sa présence un étonnement émerveillé mais aucune crainte. Si un danger menace ses enfants, Maxwell remue ciel et terre. Ses deux filles jumelles, Christine (l'aînée d'une heure) et Isabel, lui doivent deux fois la vie.

Elles sont nées six semaines avant terme, le 16 août 1950. L'accouchement fut particulièrement difficile. Betty faillit mourir. A la nouvelle que les douleurs avaient commencé, Maxwell loua un avion particulier pour l'emmener d'urgence à Paris. Les jumelles étaient déjà nées quand il débarqua. Jusqu'alors il avait toujours été présent pour la naissance de ses enfants. Les deux bébés étaient particulièrement petits et, à l'époque, les couveuses étaient rares : Isabel pesait à peine deux kilos et Christine un petit peu moins. Au début, bien que minuscules, elles se développèrent normalement. De Berlin, où il était en voyage d'affaires, Maxwell appelait quotidiennement la clinique. Au bout de trois semaines, Betty lui apprit que les jumelles étaient atteintes, selon la terminologie courante à l'époque, de choléra infantile, affection connue de nos jours sous le nom de toxémie. A la clinique, plusieurs nourrissons avaient été contaminés; l'un d'entre eux était déjà mort. Les jumelles se déshydrataient, perdaient rapidement du poids. Dès qu'il en fut informé, Maxwell se jeta dans sa voiture. Berlin-Paris en vingt-quatre heures! A l'aube, il arriva à la clinique, jeta un coup d'œil sur les bébés et interrogea Yvonne, sœur de Betty, qui s'occupait d'elle et les avait mises au monde, sur le traitement de la maladie.

Yvonne lui répondit qu'elle essayait d'appeler en consultation un spécialiste, mais que le meilleur pédiatre, le professeur Lamy, n'était pas à Paris mais dans sa maison de campagne aux environs de Paris. Aussitôt Maxwell sauta dans sa voiture, fit quelque 100 à 120 kilomètres, jusqu'à la propriété du professeur; il le supplia de rentrer avec lui à Paris. Le professeur accepta et Maxwell le ramena à la clinique à tombeau ouvert. Lamy jugea les enfants dans un état presque désespéré. Il avait, pensait-il, « peut-être » une chance de sauver Isabel, mais Christine était condamnée. En dernier recours, il proposa de les transporter immédiatement dans son service, aux Enfants Malades. Sans leur donner le temps de respirer, Maxwell embarqua les bébés, leur mère, leur tante, et le professeur, dans la voiture et les conduisit à l'hôpital « comme un fou », dira Betty. Elle était assise à l'arrière, Isabel dans les bras, tandis que sa sœur s'occupait de Christine. Lamy était devant, avec Maxwell. Ce qui devait arriver arriva : un motard les arrêta sur les Champs-Elysées pour excès de vitesse. Le professeur Lamy intervint : « Ces enfants sont en train de mourir; nous les conduisons d'urgence à l'hôpital ». Obligeamment, les policiers prirent la tête du convoi pour frayer le chemin. Mme Maxwell n'a rien oublié : « A notre arrivée à l'hôpital, Bob bondit hors de la voiture, négligeant de remplir les formulaires et autres formalités administratives qui auraient encore fait perdre une autre demi-heure. On plaça les jumelles sous une tente à oxygène et sous perfusion d'auréomycine, un antibiotique nouveau. »

Pendant plusieurs jours, la vie des enfants fut menacée. Au bout de huit jours, le professeur Lamy avait un peu d'espoir; cet espoir se confirmait quinze jours après; au bout de trois semaines, elles étaient sauvées.

Dans le Livre d'Or du 60e anniversaire, Christine écrit d'une façon touchante : « Si tu n'avais pas réagi aussi vite quand j'avais quelques semaines, tu n'aurais jamais eu ma contribution pour ton anniversaire. »

Cet hommage donne une idée de la discipline tempérée de gaieté que tous les enfants ont connue auprès de leur père. Christine raconte encore ceci :

> Je revois les jours de mon enfance, y compris ceux où :
> – Tu m'as permis d'acheter et de manger trois barres de chocolat Mars.
> – Tu as essayé de me faire faire des additions, des soustractions, des divisions et autres multiplications auxquelles je ne comprenais rien, alors que j'étais couchée avec 39 de fièvre.
> – Tu étais près du fou rire : nous étions tous deux sur une balançoire à la foire et j'avais, par maladresse, laissé tomber mon esquimau au chocolat sur un électeur de la circonscription de Bletchley qui avait piqué une violente colère.

Elle évoque encore des souvenirs qui ont marqué son adolescence et rappelle à son père :

> – Tu m'as fait revenir plus tôt que prévu de chez tante Paulette parce que je t'avais dit dans une lettre que j'avais vu « une rangée de fesses nues au clair de lune à Bayonne ».
> – Tu m'as privée d'équitation parce que mes notes étaient mauvaises.
> – D'un coup de sifflet (et à notre grande frustration à tous) tu mettais fin à nos boums dans le garage où nous flirtions sur les slows langoureux des Beatles.

Maxwell est fier de ses enfants, il est heureux que trois de ses fils, Philip, Ian et Kevin, soient diplômés de Balliol College [4], palmarès qui les met à égalité des trois fils de Hubert Asquith [5] étudiants à Balliol au début du siècle. Plus tard, la famille établit un nouveau record lorsque Balliol devint mixte et que Ghislaine y fut admise.

Mais, loin d'être en admiration devant sa progéniture, il fait montre à son endroit d'un grand esprit critique. Anne, la seconde de ses enfants et l'aînée de ses filles, en sait quelque chose. Elle voulait être actrice et suivait les cours du Centre d'études dramatiques et de diction. Or, un jour, Maxwell fit irruption dans le bureau du directeur : « Parlez-moi franchement : fait-elle des progrès, ou est-elle en train de perdre son temps et mon argent par la même occasion? ». Le directeur lui répondit : « Tout ce que je peux vous dire, c'est que dans cette institution on n'a pas entendu de voix anglaise plus parfaite au cours des dix dernières années. » Maxwell, à ce que l'on dit, n'en revenait pas : « Son père est tchèque et sa mère française. Comment se fait-il qu'elle ait une voix anglaise si parfaite? »

Par la suite, ayant renoncé à la profession d'actrice qu'elle avait exercée douze ans durant, elle décida, après trois ans passés à Pergamon Press, d'apprendre au Centre Montessori le métier d'institutrice. Elle n'a pas oublié le commentaire de son père : « Si cela ne marche pas, il ne te restera plus qu'à te faire bonne sœur. »

Maxwell est indéniablement un père exigeant. Ian, conçu en 1955 alors que Maxwell, se croyant condamné, voulait un autre fils pour la pérennité du nom, est le plus décontracté de ses rejetons. Il possède un sens de l'humour très particulier. Dans le Livre d'Or du 60e anniversaire, il rappelle à son père le choc de sa vie :

> N'étant pas venu te chercher à Orly un week-end, je t'ai appelé à l'appartement de Paris d'une cabine au bord de la route, à la sortie de Mâcon, à 11 heures du soir. Je voulais te présenter mes excuses. Et tout ça pour m'entendre dire que je n'avais aucun sens des responsabilités, que je plaçais l'amour avant le devoir et qu'en conséquence j'étais relevé de mes fonctions de directeur général de tes deux bureaux, en France et en Allemagne. Je me demande si tu as une idée de l'effet que me fit ce soir-là cette bombe qui me tombait dessus. J'étais là, cloué dans ma cabine, avec l'argent qui filait, à quelque 400 bornes de Paris. J'ai cru que le monde s'effondrait. Pour achever le tableau, je venais, le même jour, de me faire honteusement larguer par ma dulcinée de l'époque.
> Quelques mois plus tard, à l'hôtel Mark Hopkins à San Francisco, nous avons enterré la hache de guerre. Voilà qui est encore bien de toi : donner une seconde chance... Tu avais vraiment beaucoup de patience à cette époque, et même

aujourd'hui... Patiemment, tu t'es assis en face de moi pour m'expliquer le catéchisme de l'homme d'affaires.

Ian dit carrément à son père ce que les autres redoutent de lui dire :

> Tu n'es pas homme à nourrir des rancunes ou à retourner le couteau dans la plaie. Je pense que souvent sans nécessité tu utilises un obus pour tuer un poulet, mais quand la fumée s'est dissipée, le poulet, ce n'est pas rare, s'aperçoit que tu tirais à blanc... Bien sûr, tu le sais, il est impossible de te suivre dans tes actions mais, de maintes façons, tu es un merveilleux exemple pour susciter l'émulation... J'apprécierais pourtant que tu appliques davantage le principe auquel tu te réfères souvent : « une caresse sur la joue vaut cinquante coups de pied au c... » Je ne dis pas ça uniquement pour moi mais aussi pour le reste de la famille et pour tes nombreux collaborateurs...

Avec ses enfants, Maxwell n'est pas avare de conseils.

Isabel, une des jumelles, qui a fait carrière à la télévision, porte plus que tous ses frères et sœurs un profond intérêt à la politique et à la vie syndicale. Pendant deux ans, elle présida la section syndicale du principal syndicat de télévision (ACTT) à la chaîne de télévision Southern. Lors d'un conflit du travail avec la direction, le *Daily Express* la décrivit comme « militante de charme, style Vanessa Redgrave ». A son appel, les 240 membres de l'ACTT débrayèrent. Quand elle l'annonça à son père, il s'écria : « Te rends-tu compte de ce que tu as fait? C'est comme si tu te présentais toute nue devant cinq cents personnes. Néanmoins, je vais tâcher de te lancer une couverture. » Maxwell et sa fille s'assirent à un bureau où ils rédigèrent une déclaration « décisive » pour les syndiqués, et un plan de conduite de la grève. Rendant hommage à Maxwell dans le Livre d'Or, Isabel écrit :

> Je me rappelle t'avoir dit un jour : « Je me réjouis de ne pas avoir affaire à toi en tant que direction, car je suis sûre que nous perdrions. » Mais nous n'avons pas perdu... puisque après soixante heures de négociations nous avons obtenu la conclusion d'accords importants.

Elle ajoute :

> Jamais tu ne m'as mis de bâtons dans les roues. Cela ne signifie pas que, dans certains cas, tu n'as pas vigoureusement mis en doute la valeur de mon engagement; mais c'est que tu voulais t'assurer que je savais vraiment où j'allais, de la force de mon engagement et des conséquences éventuelles pour moi. Tu m'as

donné du fil à retordre, lorsque tu m'as forcée à mettre mes idées noir sur blanc... Mais cela m'a obligée à me concentrer sur le but que je voulais vraiment atteindre.

Kevin, le plus jeune fils, bras droit de Bob en Angleterre, quitta Pergamon Press à la suite d'un désaccord personnel avec son père. Quelques mois après son retour dans la firme familiale, où il avait été nommé directeur des « projets spéciaux » en 1983, il adressa à son père un compte rendu d'activités. Il reçut en retour félicitations et conseils :

> Si tu veux réussir comme éditeur... il faut apprendre à te limiter au nombre de projets et d'entreprises que tu peux véritablement mener à bien... Sinon, tu cours le risque d'être celui qui a trop d'idées en tête mais qui ne les réalise pas. Je te l'ai déjà dit, tu as le talent du créateur et tu as du temps : économise-les, l'un et l'autre.
> Tu as bien travaillé sur ton rapport, mais très souvent tu mets sur la même feuille des faits et des renseignements qui s'appliquent à deux ou trois projets. Tu ne dois jamais faire cela. Il devient impossible de classer les informations, ce qui crée du désordre, exige un surcroît de travail et indique que tu ne te demandes pas comment d'autres vont pouvoir mettre de l'ordre dans ton projet et y donner suite.

Ces mises en garde, ajoutait Maxwell affectueusement, ne portaient atteinte « ni à la qualité ni à la quantité du travail » de Kevin.

Le *Sunday Telegraph* a étiqueté Kevin comme « le Maxwell promis au plus grand succès ». A cela Kevin répond : « Je serai jugé sur mes résultats. »

Dans sa contribution au Livre d'Or du 60e anniversaire, Kevin s'adresse à son père :

> Tu as une vocation de professeur et, ta vie durant, tu as essayé de mettre en évidence les principes fondamentaux qui sous-tendent toute action ou refus d'action, même lorsqu'il s'agissait seulement de jouer à la roulette ou au Monopoly ou de m'expédier dans la mer du haut du bateau « Retiens ton souffle et n'écarte pas les pieds », ou de rédiger un essai sur Bismarck ou Balzac... Par-dessus tout, tu m'as fait sentir la passion de celui qui lance en l'air des douzaines de ballons d'essai et qui attend, dans l'angoisse, de voir si certains vont retomber à l'endroit escompté.

L'enseignement de Robert Maxwell est pour l'essentiel contenu dans un étonnant document, si anachronique aujourd'hui qu'il convient de le reproduire. C'est, en plus de cinq pages d'une dactylographie serrée, la lettre qu'il adressa à son fils Philip, alors âgé de 16 ans. Dans son esprit, cette lettre devait être son vade mecum pour sa découverte de l'Amérique et pour toute sa vie. A la grande joie de ses parents, Philip obtint une bourse en histoire naturelle à Balliol alors qu'il n'avait pas seize ans. C'était un exploit assez remarquable pour que plusieurs journaux s'en fissent l'écho. En récompense, Maxwell lui offrit un voyage à travers le continent américain. Les conseils que Bob Maxwell adressa à Philip dans une lettre solennelle sont cités, dans les annales familiales, comme « la Bible ».

> Peut-être trouveras-tu utile que je te fixe le but et l'objectif du voyage... (Si), comme j'en ai l'espoir, tu es fidèle à ta promesse de tenir un journal, il sera intéressant, et (qui sait?) amusant, de comparer ce que tu auras écrit avec le contenu de cette lettre. Je prends toutes dispositions matérielles pour que tu puisses :
> 1. Voir le nouveau monde et acquérir, de première main, l'expérience nécessaire à l'organisation de ta vie en dehors de la discipline universitaire ou familiale. Tu passeras ainsi des vacances longues et agréables.
> 2. Te trouver en prise directe avec les États-Unis, l'un des plus grands, des plus riches et des plus puissants pays du monde, et profiter de l'expérience. Comme il en est de tout un chacun, ta vie et ta carrière dépendront en grande partie de ce qui se passe aux États-Unis.
> 3. T'y faire des amis, parmi les jeunes, mais aussi parmi les moins jeunes.
> 4. Y œuvrer dans l'intérêt de Pergamon Press.
> 5. Régler les questions d'argent et autres problèmes administratifs. Ci-inclus quelques indications qui te paraîtront peut-être utiles pour le succès de ton voyage.

Envoyer un garçon de seize ans accomplir seul son tour des États-Unis était lui témoigner une grande confiance, mais Maxwell tenait à demeurer le mentor de son fils. Ses conseils, de toute évidence, concernaient le voyage à venir; dans l'esprit de Maxwell, leur effet devait en être plus général et plus durable. Ils soulignaient de façon étonnante la foi de Maxwell dans le travail, foi qui est la règle de la famille. Rien n'était gratuit dans ce voyage. Les vacances offertes à Philip pour le récompenser de ses succès devaient aussi servir les intérêts de Pergamon Press, source de tous les avantages matériels.

La partie principale de la lettre commence par des « suggestions », sous la rubrique *Joindre l'utile à l'agréable.*

Maxwell, dont les pensées allaient visiblement à Michael, toujours dans le coma (on était en avril 1966), écrivait à Philip :

> *a*) Tu te priveras de la possibilité d'accroître ton expérience ou même de vivre si tu ne prends pas grand soin de ta santé, si tu n'évites pas de la compromettre, en quoi que ce soit. Demande-toi toujours si les risques que tu prends sont justifiés, ou si tu ne pourrais pas les diminuer. Pourquoi, par exemple, ne pas t'asseoir à l'arrière d'une voiture si le siège avant n'est pas pourvu de ceinture de sécurité?
> *b*) Il te faut méticuleusement planifier tes journées et l'ensemble de ton emploi du temps. Prévoir méthodiquement ce que l'on va faire n'est pas seulement une bonne discipline; c'est aussi le moyen de tirer le meilleur parti possible du temps disponible... Un autre principe essentiel te sera utile pour le reste de ton existence, pas juste pendant ce voyage : celui, déterminant, de bien vivre en évitant les excès.
> *c*) Intéresse-toi aux personnes que tu rencontreras. Souviens-toi que tout homme, fût-il prince ou mendiant, a connu une expérience unique. Encourage-les à te parler d'eux-mêmes et de leur famille. En toute circonstance, écoute au lieu de parler, si tu le peux. Lorsque la conversation traîne, il est toujours temps de la relancer par une question qui montre ton intérêt, ou de réveiller l'auditoire par une déclaration. Nous pouvons nous enrichir beaucoup en observant de près le comportement, les actions, les réactions des autres, en comparant leur conduite à la nôtre afin d'établir les principes selon lesquels nous souhaitons vivre et veiller à nous conformer.
> *d*) La meilleure façon de prendre du bon temps, dans un groupe en particulier, c'est de t'assurer que les autres en prennent également. Il est important de ne pas être égoïste et de se préoccuper de ce que ressentent les autres, avant de penser à soi.
> Si ceux qui t'entourent ont de mauvaises habitudes, s'ils boivent, si leur vie sexuelle est déréglée, et que sais-je encore du même ordre, rien ne te force à les imiter... et si certains se moquent de toi, tu peux toujours leur rétorquer que tu as fait une promesse à tes parents et que tu entends la respecter.
> *Pour bien observer la vie américaine :*
> *a*) Tu habiteras dans des familles américaines, tu liras leurs journaux et tu regarderas leur télévision. Tu t'apercevras qu'ils ont une méconnaissance extrême de la politique européenne. Vraisemblablement leur attitude envers le Labour Party va te choquer : pour eux, les travaillistes sont des communistes. Rien de ce que tu pourras leur dire ne les fera changer d'avis. Par conséquent, évite les discussions passionnées.
> *b*) Arrange-toi pour rencontrer des personnes de ton âge et de toutes classes sociales. A mon sens, la meilleure manière d'y parvenir est de t'intégrer à des clubs de jeunes ou de fréquenter le campus des universités.

> *c*) Tu devrais essayer d'acquérir quelques rudiments d'histoire américaine. Je crois que c'est absolument nécessaire si l'on veut comprendre les États-Unis, leur politique et leurs objectifs, dans leur propre pays comme à l'étranger.
> *d*) Enfin, et tu pourrais t'en ouvrir auprès de tes hôtes américains, explique-leur que tu t'intéresses à l'Amérique, à son histoire, au mode de vie de ses habitants, à ce qu'ils espèrent de l'avenir et pose-leur la question : que te conseillent-ils de faire dans leur ville ou leur région pour développer tes connaissances sur ces points?
> *Comment te faire des amis parmi les jeunes et les moins jeunes :*
> *a*) En t'intéressant sincèrement aux gens, à leurs problèmes et à leur expérience de la vie; en évitant de les choquer, sans égard pour eux, par ton comportement; en te montrant prévenant, serviable, en témoignant de l'intérêt pour ce qu'ils ont à dire; en ayant une apparence propre et soignée.
> *b*) Souviens-t'en, on apprécie toujours plus celui qui écoute que celui qui parle; ne te laisse pas entraîner aux vantardises. Par ailleurs, il ne faut pas tomber dans l'autre excès, être trop effacé ou trop timide pour prendre la parole. Comme je sais que ce n'est pas là ton défaut, il ne me paraît pas nécessaire d'insister.
> *Comment servir les intérêts de Pergamon Press :*
> *a*) Aie toujours avec toi les catalogues complets des ouvrages et publications. L'index des noms d'auteurs du catalogue et la liste des rédacteurs et des conseillers pour chaque publication te seront d'une grande utilité pour connaître la contribution de chacun à Pergamon Press... Je vais te donner des exemplaires de « Publiez avec Pergamon et vous serez garanti de... », que tu peux faire passer à toute personne susceptible de vouloir s'informer des contrats de Pergamon avec ses auteurs.
> *b*) Salue bien de ma part tous les rédacteurs en chef, conseillers de rédaction et auteurs de Pergamon Press que tu verras au cours de ton voyage...
> *c*) Tu pourras dire à ceux qui déjà travaillent avec nous ou à ceux qui ne sont pas encore nos associés que Pergamon est en pleine expansion et que nous sommes en mesure d'assurer la publication de tous les ouvrages en anglais, en français, en allemand et même, lorsque la qualité en est exceptionnelle, en russe.

Suivait un questionnaire circonstancié sur les activités de Pergamon que Philip devait faire remplir. En cas de réclamation, toute suggestion était la bienvenue. Il s'agissait de donner à tous pleine et entière satisfaction. Maxwell continuait :

> *d*) Chaque fois que tu te trouveras dans un centre important prends bien soin de téléphoner au bibliothécaire de l'université, au libraire et aux principaux vendeurs d'ouvrages techniques sur le campus; fais en sorte de les voir; rappelle-moi au bon

> souvenir de chacun et demande si l'on est content de Pergamon. Si ton interlocuteur ne l'est pas, demande-lui ce qu'il ou elle nous reproche, et ce qu'il ou elle nous conseille de faire pour améliorer la qualité de nos services...

Maxwell remit à son fils 350 £ en chèques de voyage; cet argent devrait, précisait-il, largement suffire, Philip n'ayant à payer que de rares frais de transport et notes d'hôtel. Mais s'il tombait à court d'argent, qu'il téléphone aussitôt. A cet effet « une carte avec tous les numéros utiles te sera remise avant ton départ d'Angleterre, et veille bien à l'avoir toujours en poche ».

Maxwell redoutait un accident :

> Je veux que tu prennes tes dispositions pour porter autour du cou une plaque d'identité avec ton nom... et ton groupe sanguin. En cas d'accident on peut te faire ainsi une transfusion d'urgence sans perdre de temps à identifier ton groupe.

Parmi d'autres conseils, on relève celui-ci :

> Alors que les transports aériens sont de premier ordre, ton grand problème aux États-Unis sera d'aller du point A au point B à l'intérieur des agglomérations urbaines. La raison en est le manque déplorable de transports en commun. Les taxis sont chers, rares et éloignés des campus. Tiens compte de tout cela pour l'horaire de tes visites. Avant de prendre congé, achète des fleurs que tu offriras à la maîtresse de maison, le jour de ton départ si tu le peux, ou fais-les livrer en passant commande à des fleuristes agréés comme Interflora. N'oublie pas, dans ce cas, de joindre un mot aimable de remerciement pour l'hospitalité que tu as appréciée. Les fleurs coûtent entre cinq et dix dollars. Si tu ne parviens pas à trouver de jolies fleurs, consacre la même somme à l'achat de chocolats. Là aussi, tu y joindras une courte lettre de remerciement dans laquelle tu n'oublieras pas de mentionner gentiment tous les membres de la famille qui se sont occupés de toi. Fais en sorte de ne jamais avoir de grosses quantités d'argent sur toi; pas de dépenses ostentatoires.
>
> A tout prix, abstiens-toi de fréquenter la nuit les jardins publics ou les quartiers des grandes villes quand ils sont minables et mal éclairés. Les hooligans sont légion aux États-Unis et la sécurité est loin d'égaler celle dont nous jouissons. Pas de bagarres car certains jeunes Américains sont particulièrement hargneux.
>
> Enfin, rappelle-toi bien que les Américains (si riches soient-ils) n'ont pas de domestiques, à l'exception de la femme de ménage qui vient chaque jour. Cela signifie que là où, à la maison, tu te fais servir, en Amérique, tu devras te servir toi-même, entends par là faire ton lit, faire la vaisselle, etc. Attention à ne jamais ajouter au travail de la maisonnée.

***

A regarder les sept enfants vivants de Maxwell, il semble que les méthodes pédagogiques de Bob et de Betty aient obtenu les résultats recherchés. Hasard ou choix, les enfants Maxwell ont une vie normale.

L'aîné des fils, Philip, le destinataire de « la Bible », le plus doué pour les études universitaires, passa sa licence (BA) en Sciences physiques en 1969, sa maîtrise (MA) en 1981, et un doctorat (D. Phil.) à l'université du Sussex en 1982. Sa thèse portait sur la pédagogie de la technologie dans l'industrie de l'acier en Argentine. En 1968-1969, il était administrateur, puis co-rédacteur en chef de la revue estudiantine d'Oxford, *Isis,* que son père avait sauvée de la faillite. En 1969, avec deux autres étudiants, il mit sur pied « Priorité au Tiers Monde », une campagne destinée à recueillir chez les étudiants des fonds pour un mouvement contre la faim dans le monde. Quelque 20 000 étudiants, de tous les coins de la Grande-Bretagne, se joignirent à eux. Après quoi, il travailla pour Oxfam [6] aux États-Unis avant de devenir membre de l'équipe de la Science Policy Researchy Unit à l'université du Sussex. Philip a vécu plusieurs années en Argentine où il occupait aux Nations unies un poste d'expert en économie. A son retour en Grande-Bretagne, avec sa femme, Nilda, qui est argentine, et sa belle-fille Marcela, il est devenu rédacteur en chef de l'*Encyclopaedia of Materials Science and Engineering,* qui a paru en 1986. Il est le directeur en titre du département de la recherche et du développement à Pergamon.

Ian passa sa licence à Balliol, en français et en histoire. Il entra tout de suite à Pergamon. En 1980, à l'âge de vingt-quatre ans, il fut nommé directeur général de Pergamon Press, France, et de Pergamon Press, Allemagne (précisément les deux postes dont il fut si brusquement renvoyé), et, en 1981, il opéra sa remontée en qualité de vice-président pour le marketing, à Pergamon Press, Inc., New York. En 1983-84, il fut détaché à plein temps à la Fondation de Charité du prince de Galles, qui a pour objet l'initiation des jeunes chômeurs britanniques aux affaires. Pendant trois ans il fut président de l'équipe de football de Derby County et la fit passer de la troisième à la première division de la Ligue anglaise de football. Mais il dut interrompre cette activité et céder la place à son père, quand en 1987 il acheta, à Paris, l'Agence Centrale de Presse, dont il est aussi président-directeur général. Il est un des administrateurs de

TF1, principale chaîne de télévision française. Il conserve toutefois une activité commerciale en Angleterre et vient d'être nommé directeur général adjoint de Maxwell Communication Corporation. Il parle couramment le français, l'allemand et « passablement » le japonais.

Dans ses différentes fonctions, la courtoisie et l'humour de Ian ont fait merveille, au point qu'un journaliste sportif écrivit dans le *Daily Express*[7] :

> Ian Maxwell, malgré son éducation de privilégié, est un vrai de vrais; je m'en suis rendu compte lorsqu'il s'est agenouillé pour m'aider à changer un pneu crevé... Ce ne serait peut-être pas mauvais pour le jeu que Maxwell mette ses sept enfants au football.

Cette amabilité naturelle n'empêcha pas la Fédération de Football de convoquer une assemblée extraordinaire en janvier 1988 pour limiter l'influence de la famille Maxwell.

Kevin, de deux ans et demi plus jeune que Ian, est aujourd'hui le principal collaborateur de Maxwell en Grande-Bretagne. Après sa licence de français et d'histoire, obtenue à Balliol en 1980, il entra immédiatement dans l'entreprise familiale. Il travailla chez Pergamon jusqu'en janvier 1984. Il est très réfléchi et a un grand pouvoir de concentration.

A la suite d'un conflit personnel avec son père, il partit la même année chez un concurrent : Holt Saunders, firme spécialisée en ouvrages et matériel audiovisuels. Il n'accepta de revenir dans l'affaire familiale que moyennant une augmentation de salaire importante. Aujourd'hui Kevin est le directeur général de Maxwell Pergamon Publishing Corporation. Il est administrateur de Maxwell Communication Corporation, dont il vient d'être nommé directeur général adjoint avec son frère Ian, et président-directeur général adjoint de Hollis, la fabrique de meubles tombée en décrépitude que Maxwell a reprise pour en faire une géante de l'ingénierie.

Anne, la seconde des enfants de Maxwell et l'aînée de ses filles, dut, comme tous les autres, faire ses preuves à l'université avant de choisir une carrière. Après une licence en langues modernes (italien et français) à Oxford, elle fut pendant plus de douze ans actrice professionnelle. Elle apparut dans plusieurs films, dont l'un, *Ransom,* avec Sean Connery : elle y jouait le rôle d'une terroriste portant la plupart du temps, dit-elle, un bas de nylon sur le visage. Elle joua aussi au théâtre et dans un bon nombre de feuilletons télévisés, comme : *Yes, Minister, Pride and Prejudice, General Hospital* et

Hunters'Walk. Cette carrière ne répondant pas à ses aspirations, elle travailla pendant trois ans chez Pergamon, puis bifurqua vers l'enseignement.

Isabel ne travailla jamais avec son père. En 1972, elle passa à Oxford sa licence en histoire et langues modernes. Plus que tous les autres enfants Maxwell, elle portait un profond intérêt à la politique. Lors des deux élections générales de 1974, elle fut directrice adjointe de la campagne de son père à Buckingham. L'année suivante, elle fit ses débuts, à plein temps, dans la télévision commerciale, d'abord à la télévision du Yorkshire, puis à la Southern, en qualité d'enquêteur, de producteur associé et enfin de producteur. En 1980, Isabel rencontra Dale Djerassi, un jeune Américain, producteur de films et fils d'un autre rédacteur en chef d'un journal Pergamon. Depuis 1981, elle vit en Californie et travaille à plein temps chez Djerassi Films Inc.; elle y est responsable d'émissions télévisées sur l'éducation, l'actualité, de documentaires, de débats télévisés et aussi de pièces de théâtre. Cette firme vient juste de terminer le premier long métrage, réalisé sans aucune collaboration extérieure, *68* : c'est l'histoire d'une famille d'émigrés hongrois à San Francisco. Isabel et Dale se sont mariés en 1984. Ils ont un fils, Alexander.

Christine, sa jumelle, a passé chez Pergamon la presque totalité de sa vie professionnelle.

En 1971, à vingt et un ans, Christine fit un discours sur la libération de la femme à un meeting de la section de la Fabian Society, dans le Nord Buckinghamshire. Ses options ne laissent aucun doute :

> La suprême injustice c'est que la société tolère, sans vraiment le sanctionner, que l'homme papillonne d'une femme à l'autre. La réciproque ne s'applique pas à la femme. Il y a donc là deux poids deux mesures... On considère que la nature a fait le don à la femme d'élever des enfants. Dans ces conditions, elle doit consacrer plusieurs années de sa vie à leur éducation et à son foyer. On ne lui accorde pas le droit d'être mécontente de son sort. Mais de quel droit les hommes culpabilisent-ils les femmes qui veulent s'épanouir dans une profession? Les femmes... peuvent aussi légitimement qu'eux n'éprouver aucun plaisir à faire la cuisine, tenir la maison ou veiller continuellement sur les enfants... Les femmes exigent qu'on les reconnaisse comme des êtres humains à part entière; elles veulent qu'on cesse de les considérer comme d'éternels objets de consommation.

Christine mit ses discours en pratique. Elle passa sa licence (BA) en études latino-américaines et en sociologie au Pitzer College, à

Claremont en Californie, et, par la suite, suivit des cours pour un diplôme d'enseignement au Lady Spencer Churchill College of Education, à Oxford. Elle enseigna pendant deux ans dans les classes primaires à Oxford avant d'entrer à Pergamon comme rédactrice en chef des ouvrages scolaires. En 1977, encouragée par son père, elle publia un manuel des difficultés de l'orthographe. Mais elle l'appela *Pergamon Oxford Dictionary of Perfect Spelling,* et s'attira les foudres d'Oxford University Press qui fit opposition, et obtint à l'issue du procès que le nom d'Oxford disparaisse du titre. En 1980, Christine mit sur pied le Service des publications scientifiques et techniques, un bureau de consultants dont elle est présidente. En 1982, elle est directeur de *Nuevas Fronteras* (Nouvelles Frontières), pour l'enseignement bilingue espagnol-anglais aux débutants et l'année suivante elle devient directrice puis présidente de « Information on Demand », firme californienne fournissant sur demande les copies de documents publics et d'études de marché. Elle habite aux États-Unis, avec son mari Roger Malina, fils du rédacteur en chef fondateur de l'une des revues scientifiques de Pergamon. Ils ont un fils, Xavier, né en janvier 1988.

Ghislaine est l'orgueil de la famille. Comme la plupart des « petits-derniers », elle a été gâtée, mais de manière si habile qu'elle est persuadée de ne pas l'avoir été. Le statut d'enfant gâté chez les Maxwell représente un avantage tout relatif : elle ne fut pas pour autant dispensée de sérieuses études universitaires, de l'obligation d'apprendre, comme ses frères et sœurs, d'autres langues (elle parle couramment le français, l'espagnol et l'italien). Elle aussi fut chargée de corvées au bureau tant qu'elle était encore à Balliol et pendant quelque temps encore après qu'elle eut quitté l'université.

Elle n'est pas restée longtemps à Pergamon. Mais, en 1988, elle fut nommée directeur général de Maxwell's Corporate Gifts, division de l'une des filiales de Maxwell. Elle doit y faire ses preuves. C'est elle qui avait conçu ce projet de vente de cadeaux d'entreprise. On fonde sur elle les plus grandes espérances. Elle sera peut-être la première à marcher avec succès sur les traces de son père et à devenir milliardaire avant d'avoir trente ans. Mais si elle n'y parvient pas, si elle fait un faux pas, son père sera là pour lui tendre la main et la remettre en selle. Une des qualités qu'elle admire le plus en lui, dit-elle, c'est sa générosité.

Elle se rappelle qu'un jour elle a voulu le payer de retour et lui offrir un jeune berger allemand. Maxwell en fut ravi. Il déclara qu'il allait lui faire faire un tour dans le parc de Headington Hill Hall.

Ghislaine fit remarquer que le chien était trop jeune pour cela. « Fariboles », grommela Maxwell, et il sortit, le chiot en laisse. Une fois dehors, la petite bête ne voulut pas, ou ne put pas avancer. Maxwell jeta autour de lui un coup d'œil furtif pour voir si on l'observait. C'était le cas mais il ne s'en aperçut pas. Il prit le chiot dans ses bras, s'éloigna à grands pas. Il rentra vingt minutes plus tard. « Le petit chien est-il content de sa promenade? », demanda Ghislaine. « Évidemment », grogna Maxwell, comme si cela allait de soi.

***

Tous les enfants de Maxwell, Ghislaine en tête, sont aussi fiers de leur père qu'il l'est d'eux. Comme leur mère, ils lui témoignent ouvertement leur affection, usage peu courant en Angleterre. Du benjamin à l'aîné, tous font bloc autour de lui. Qu'il soit un entrepreneur, un magnat de la presse, de l'édition, le grand Mogol de la télévision en Europe et en Asie, un fou de travail, qu'il soit, dans le monde des affaires, dans son empire, un objet de respect ou de crainte, cela est bien possible. Mais le monument bien vivant qui, pour lui, domine son œuvre, c'est sa famille. Tout ce que publient les journaux et les revues de par le monde ne peut égaler ces quelques lignes de son épouse. Lectrice de Henry de Montherlant, elle le cite en conclusion dans son hommage à son mari [8] : « Vous m'avez rendu fades tous les hommes pour la vie entière et médiocres tous les destins. »

XI

L'incroyable Monsieur Maxwell

« La dette de l'ambition est payée. »
Julius Caesar, Shakespeare

Milliardaire, homme d'affaires et financier, Robert Maxwell emploie des milliers de personnes et dépense des milliards. Aujourd'hui il est à Tokyo, hier il se trouvait à Paris ou dans le Minnesota. Dès qu'il est question du rachat d'une entreprise, les financiers de la City et les journalistes de la presse économique pensent à lui.

Dans son quartier général de Holborn Circus, il siège derrière un vaste bureau ou à une grande table ronde; sur l'un comme sur l'autre s'étale un standard téléphonique plat, des plus perfectionnés, comme il en existe dans chaque pièce, chez lui ou à son bureau. Un ordinateur lui indique les variations des cours de la Bourse dans le monde entier; il lui suffit pour cela d'effleurer une touche. L'immeuble voisin, Strand House, où se trouve son autre bureau, possède un héliport sur le toit. Il y a installé des services en avance sur le XXIe siècle; ils fonctionnent vingt-quatre heures sur vingt-quatre et lui permettent de tenir des conférences, sur des circuits de télévision, avec ses collaborateurs en Asie, en Amérique, en Australie et en Europe. Les décalages horaires exigent que certains de ses correspondants participent à ces conférences au milieu de la nuit, mais Maxwell travaille tout le temps quand il ne dort pas et attend de ses adjoints qu'ils fassent de même. Tout cela engendre une atmosphère de puissance déjà intimidante en soi. Mais ses collaborateurs qui se laissent trop visiblement impressionner par lui s'entendent dire que « la confiance est comme la virginité, on ne la perd qu'une fois ». La timidité n'a pas sa place parmi les valeurs qu'il respecte.

Il y a en lui un besoin d'agitation qui ne laisse pas d'être troublant, indépendamment de son besoin insatiable de répondre au téléphone. Son mépris du protocole, son habitude de travailler en bras de chemise ne font pas oublier ses explosions d'impatience quand il découvre que ses décisions subites ne sont pas immédiatement exécutées. Il faut moins de temps pour déclarer une guerre que pour la faire, c'est là une vérité qu'il semble hésiter à admettre. La tension provoquée par cette attitude entraîne donc sans aucun doute un avantage dans les affaires.

Si l'envergure d'un homme se mesure aux anecdotes qu'il suscite, Maxwell est véritablement un très grand homme. Ses dons étonnants pour les langues étrangères ne s'étendent pas forcément aux aphorismes et métaphores de la langue anglaise. La liste des maxwellismes est sans cesse en expansion; parmi les plus précieuses de ses perles on note :

> Comme on fait sa tarte aux pommes on se couche.
> Jérusalem n'a pas été construite en un jour.
> Ne courez pas toujours comme un poulet sans cou.

Il y a aussi d'autres dictons que certains de ses collaborateurs ont consciencieusement notés :

> – Vous avez rendu les choses aussi compliquées que la traversée de l'Atlantique par un Chinois unijambiste qui voudrait faire du ski nautique sur son oreille gauche.
> – Il me faudrait un canari gaucher et un chien de berger allemand pour m'y retrouver.
> – C'est à peu près aussi utile que de la neige de l'an dernier.
> – Vous confier un travail, c'est comme faire l'amour à un éléphant. On peut espérer lui donner un orgasme avec un peu de chance, mais il faudra encore treize mois pour qu'il en sorte quelque chose.
> – Ne vous prenez jamais de querelle avec un homme qui achète de l'encre par tonneaux.
> – Je ne vous confierais pas une boîte d'allumettes, même brûlées.
> – Qu'est-ce que vous avez entre les oreilles, à part de l'air frais?
> – Qui m'a laissé signer ce chèque?

Rien de tout cela n'est propre à instiller la confiance qu'il recherche chez ses collaborateurs.

Quand fut signé l'accord aux termes duquel Maxwell allait imprimer le *China Daily* à Londres, son attachée de presse du moment, Janet Hewlett-Davies, eut à cœur de prêter aux deux partenaires un luxueux stylo en or que lui avait donné un ancien Premier ministre, Harold Wilson, lorsqu'elle travaillait au 10, Downing Street. Le rédacteur en chef du *China Daily*, Feng Xiliang, exprima son admiration. « Il est à vous » dit généreusement Maxwell.

Un autre membre de l'équipe fit remarquer discrètement au Chinois que Maxwell ne pouvait pas lui faire ce splendide présent. Mais Feng ne voulut rien entendre : l'objet figurerait en bonne place dans un musée de Pékin. Mrs Hewlett-Davies s'inclina. Il n'y avait pas moyen de récupérer le stylo sans susciter un incident déplaisant. Quand Maxwell fut informé de l'affaire, il fut horrifié. Au cours de la même semaine, il convoqua Mrs Hewlett-Davies dans son salon, à Holborn Circus; elle l'y trouva en compagnie de Lord Wilson qui tenait un stylo en tout point identique à celui dont il lui avait fait présent dix ans plus tôt; il le lui remit en bonne et due forme. Maxwell aimait tellement ce stylo qu'il s'en acheta également un pour lui-même.

Une autre histoire souvent racontée concerne sa secrétaire particulière, Debbie Dines, une solide Junon néo-zélandaise. Ce n'est pas une femme qui a la larme facile. Pourtant un jour elle se mit à pleurer devant l'énormité du travail que lui avait donné Maxwell et la brusquerie – pour ne pas dire plus – dont il avait fait montre. Maxwell sortit de son bureau et la trouva en sanglots. Il la contempla avec stupéfaction : « Dites-moi qui vous a fait pleurer, demanda-t-il, et je le jette dehors! »

Depuis que Maxwell a fait l'acquisition du groupe du Mirror, ses activités se sont étendues dans toutes les directions. Maintenant il traite des affaires à l'échelle planétaire; il publie des livres, des magazines et des journaux, fabrique des disques compacts, possède une flotte d'hélicoptères qui dessert les exploitations de pétrole en mer du Nord et une compagnie d'engineering qui se développe rapidement. Les journaux du groupe Mirror perdaient de l'argent, leurs bénéfices se montent désormais à 30 millions de livres par an. L'un des rivaux de Maxwell, Lord Stevens, maître des United Newspapers, propriétaire de l'Express Group, a dit : « Murdoch s'attribue le mérite d'avoir résolu le problème de Fleet Street mais Maxwell l'avait fait avant lui. »

Un empire à l'échelle mondiale

Même après l'effondrement des cours dans toutes les Bourses du monde, en octobre 1987, la valeur de marché que représentait, en capital, la Maxwell Communication Corporation était supérieure à 2 milliards de dollars. On estime que l'empire de Maxwell fera un chiffre d'affaires de 3 à 5 milliards de dollars en 1990.

L'un des plus grands plaisirs de la vie est de n'avoir absolument rien à faire. Mais ce n'est pas un plaisir que Maxwell serait capable de goûter ou de comprendre. Outre ses activités d'homme d'affaires, il trouve le temps d'être président de la Fondation Sasakawa (destinée à améliorer les relations entre la Grande-Bretagne et le Japon) et même de présider le club de football du comté de Derby. Il est à l'origine de la fondation qui lutte contre le Sida, et lui a fait don de 500 000 £. Il ne supporte pas les bureaucrates. Dans la mesure du possible, quand il veut racheter des chaînes de radio ou de télévision à l'étranger, ses interlocuteurs sont les ministres, les chefs du gouvernement et les chefs d'État. Le démon qui l'inspire semble grandir avec les années. En quelques mois, il s'est rendu en URSS, en Bulgarie, au Japon (deux fois), en Mongolie, en Chine, à Macao, à Hong Kong, aux États-Unis (plusieurs fois), au Canada (fréquemment – il a pris une participation dans la firme qui publie un nouveau journal anglophone, le *Montreal Daily News*), à Paris (constamment), en Espagne, au Portugal, au Kenya, en Allemagne et en Israël. Il a rencontré Den Xiaoping, Chou En-Lai, le président Reagan, Mikhaïl Gorbatchev, le président Mitterrand, le Premier ministre Jacques Chirac, Margaret Thatcher, le roi d'Espagne, le président Mario Soares et bien d'autres dirigeants nationaux ou mondiaux. En 1987, il a accepté l'offre du gouvernement américain de faire partie du nouvel International Council of Advisers, chargé d'améliorer l'image des États-Unis à l'étranger.

Ses incessants voyages à l'étranger lui procurent de petits plaisirs. Après avoir acquis une participation dans la télévision et la presse portugaises, il eut par exemple la joie de lire dans un journal local le titre suivant : « *Maxwell gagne. Murdoch perd.* »

Ses sociétés possèdent des bureaux dans vingt-six pays. Il emploie quelque 27 000 personnes dont 20 000 en Grande-Bretagne, 5 000 aux États-Unis et au Canada. Il publie le journal qui occupe le deuxième rang, par ordre d'importance, en Grande-Bretagne et le plus important, de très loin, en Écosse. Il possède trois journaux du dimanche; celui qui paraît en Écosse a battu, là encore, tous les records de diffusion. Le principal journal sportif, le plus vieux de Grande-Bretagne, *Sporting Life*, lui appartient – c'est une institution au même titre que la famille royale. Il est le premier éditeur et imprimeur de toute l'Europe, le second des États-Unis. Il est président de « Première », la principale chaîne de télévision de films par câble en Grande-Bretagne, président de Rediffusion Cable, la plus grosse affaire de télévision par câble, dans son pays, et il étend son réseau de câble en Europe. Il est président de MTV, une chaîne européenne de musique « pop »; en 1989, sauf imprévu, il publiera le premier journal européen, dont le siège sera à Paris.

Dans sa stratégie de développement mondial, Maxwell juge que son implantation en France marque une étape importante. Une partie de ces activités s'explique par son amour pour la France. La profondeur de ce sentiment est apparue à tous lorsque, en septembre 1986, à la suite de la vague d'attentats terroristes à Paris, il publia dans le *Sunday Mirror* (cf. p. 514) un éditorial en français : « C'est la France qui a appris au monde ces mots glorieux : LIBERTÉ, ÉGALITÉ, FRATERNITÉ. »

La femme de Maxwell et tous leurs enfants possèdent la double nationalité, britannique et française. Son fils Ian dirige ses affaires en France – elles sont en pleine expansion. Dès 1987, il en jette les bases. Son premier investissement consiste en l'achat de l'Agence Centrale de Presse. Ainsi Maxwell Media, la société Holding en France, est l'actionnaire majoritaire de la seconde agence de presse française. Toujours en ce même printemps, grâce à la privatisation de TF1 et à son accord avec le groupe Bouygues, sa maison d'édition Pergamon est le deuxième actionnaire du groupe devenu propriétaire de la principale chaîne de télévision française; il possède 12,50 % de ses actions. En l'occurrence, le choix du consortium Bouygues associé à Pergamon provoqua une vive surprise. On s'attendait généralement à ce que le contrat soit attribué à Hachette, le premier éditeur et distributeur français de livres et de journaux. Quand Maxwell comparut devant la commission chargée de la privatisation, il fit impression par sa connaissance du français. Il avait commencé sa prestation en ces termes : « Je m'appelle Robert Maxwell. Je suis mariée avec une Française. Nous avons sept enfants qui sont tous nés à Maisons-Laffitte. »

Bien que son expérience dans le domaine de la télévision ait sans doute pesé davantage que cette déclaration, celle-ci ne fut pas inutile.

Et ses investissements ne s'arrêtent pas là : il achète entre autres, en partie ou totalement, les agences de photographies (spécialement Sygma SA, la plus grande agence de photos en couleurs du monde), différentes agences de presse.

Janvier 1988 voit l'introduction à la Bourse de Paris des titres de Maxwell Communication Corporation. L'opération obtient un franc succès.

Et de nouveaux projets sont à l'étude : outre la publication à Paris, du quotidien européen en langue anglaise, le lancement d'un nouveau quotidien national français, la création du premier service de liaison transeuropéen par satellite. Il va de soi que le Groupe Maxwell entend jouer un rôle primordial dans le satellite TV européen.

Mais pour Maxwell, le développement de ses affaires ne prend toute sa valeur que s'il s'inscrit dans une ambition plus vaste. Depuis son enfance, la Révolution française lui est apparue comme le symbole de la lutte indispensable pour la liberté et les droits de l'homme.

Aussi, à l'occasion du bicentenaire de la Révolution française, sa compagnie, Pergamon Press, publiera également en 1989 « Les Archives de la Révolution française ». C'est une collection immense de documents originaux qui comprend plus d'un million de pages reproduites sous forme de microfiches. Ils sont classés selon les thèmes essentiels de la Révolution et sont accompagnés d'un vidéodisque regroupant 35 000 images sur le même sujet. Ce projet, le plus ambitieux qui ait jamais été mis sur pied dans le genre, a été d'abord conçu par Maxwell en 1983. Une telle parution représente un travail scientifique considérable. Elle est effectuée avec la collaboration de la Bibliothèque Nationale. Elle signifie aussi un effort financier hors du commun que Maxwell assume en grande partie. Il n'en tirera aucun bénéfice matériel puisque les produits des ventes seront tous affectés aux célébrations du Bicentenaire. Mais bien que toute fin lucrative en soit exclue, la collection coûtera la somme de 33 000 livres aux souscripteurs et 42 000 livres après la date de parution. Le président Mitterrand a assisté au lancement du projet – c'était sa première participation aux cérémonies du Bicentenaire.

En outre, le président Edgar Faure, peu avant sa mort survenue en avril 1988, avait nommé Maxwell vice-président de la Fondation des Droits de l'Homme et des Sciences de l'Humain qu'il présidait lui-même. (Maxwell est le seul étranger qui ait été élevé à une telle distinction.) Il s'agit de mettre en évidence le message de 1789, de réfléchir à son actualité et au devenir de l'homme, compte tenu de l'évolution des sociétés et des sciences.

Toujours dans le même esprit, Maxwell est devenu l'actionnaire majoritaire de la société qui édifie la Grande Arche de la Défense. Il a décidé de consacrer ces espaces prestigieux aux célébrations populaires du Bicentenaire de la Révolution et, après 1989, à d'autres manifestations autour des Droits de l'Homme.

Pour mener à bien ces tâches, Robert Maxwell entretient d'étroites relations avec tous ceux qui comptent en France, savants, écrivains, philosophes, dirigeants syndicaux et politiques, quelle que soit leur appartenance.

Au Japon, une filiale de Maxwell commercialise un appareil révolutionnaire fabriqué par Toshiba. Destiné à l'enseignement des langues étrangères, il n'est pas plus gros qu'un Walkman Sony. En Chine, une autre filiale travaille à la préparation d'une série télévisée sur les derniers rebondissements de la science et de la technologie. La Maxwell Communication Corporation se développe en Espagne, au Portugal et à Macao; Pergamon a des bureaux à Francfort, Sydney, Tokyo et Pékin, aussi bien qu'à Oxford, Londres, Paris, et New York. Dans la seconde moitié des années 80, il s'est rarement passé un mois sans que Maxwell procède à de nouvelles acquisitions ou à la mise en chantier d'un nouveau projet à l'étranger. Au Canada, la MCC possède 56 % des parts dans la société Donohue du Québec, rachetées au gouvernement québécois, en association avec l'un des plus grands éditeurs canadiens, Quebecor. Mais, comme on pouvait s'y attendre, c'est aux États-Unis qu'a été enregistrée la plus forte progression du groupe.

En 1988, la MCC espère obtenir un chiffre d'affaires voisin de un milliard de dollars aux États-Unis. Au début de l'année, Maxwell y avait acheté cinq imprimeries – Webb Co. au Minnesota, Providence Gravure dans le Rhode Island, The Diversified Printing Corporation en Pennsylvanie, et Alco Gravure ainsi que Pub/Data Inc. en Illinois. Il publie chez Pergamon et ses filiales des livres scientifiques et d'autres ouvrages universitaires, depuis l'électronique jusqu'à la politique internationale ou la défense. Une autre filiale a été créée pour envoyer à la presse des annonces par satellites; elle doit toucher plus de cent quotidiens américains dont la diffusion totale combinée atteint 27 millions d'exemplaires. Maxwell cherche sans cesse de nouvelles affaires.

Il n'a cependant pas réussi à racheter Harcourt Brace Jovanovich, une maison d'édition qui a résisté farouchement – et de façon suicidaire – à ses avances. HBJ est l'un des éditeurs les plus importants du monde; les possessions diversifiées de la firme comprennent également la propriété et la gestion de parcs ou de compagnies d'assurances. Maxwell convoitait tout particulièrement son secteur éditorial, pour ses manuels scolaires, ses publications scientifiques, notamment médicales, ses journaux, ses livres littéraires – romanesques ou non –, ses albums pour enfants, etc. Il était disposé à payer 44 dollars par action, soit au total 1 940 millions de dollars et espérait faire l'opération à l'amiable. Or une lettre courtoise et amicale au président de HBJ, William Jovanovich, lui valut une réponse hostile et discourtoise.

L'offre de Maxwell était qualifiée d' « absurde, tant par son propos que par son évaluation ». Cette formule n'est pas forcément considérée comme une fin de non-recevoir dans le monde des prises de participation. Dans l'esprit de Jovanovich, c'en était une. Il alla jusqu'à recourir aux jets de boue contre l'envahisseur anglais. Bien qu'il fût lui-même le fils d'un immigrant serbe, il n'hésita pas à couvrir de boue l'envahisseur anglais ni à dire [1] :

> Les affaires que Mr Maxwell a traitées depuis qu'il a émergé des brouillards de la Ruthénie, après la Seconde Guerre mondiale, n'ont pas toujours profité aux actionnaires.

Et, pour faire bonne mesure, il ajoutait [2] :

> Mr Maxwell a de l'argent mais pas assez. Il a de l'ambition et pas de classe. Il mérite d'être réexpédié au Liechtenstein.

Dans les attaques personnelles contre Maxwell, tout était bon à Jovanovich, vrai ou faux, armes réelles ou imaginaires, y compris le « fait » que son adversaire nourrissait des sympathies pour Moscou. N'avait-il pas accepté un doctorat honoris causa de l'université de Moscou? Après les calomnies et les insinuations, Jovanovich utilisa la méthode dite de la « pilule de poison ». En deux mots, Jovanovich se lança dans une augmentation du capital social qui supposait une prime de 40 dollars par action. D'où un emprunt de 3 milliards de dollas qui tripla les dettes de la société! Si Maxwell avait poursuivi sa tentative, il lui aurait fallu rembourser la dette immédiatement, aussi annonça-t-il qu'il renonçait à l'opération. Il tenta d'obtenir l'interdiction du plan de restructuration devant les tribunaux américains. Ce fut en vain. Bien que cette opération eût été pour lui coûteuse et décevante, elle lui rapporta en fin de compte un bénéfice net de 5 millions de livres sur les actions de HBJ qu'il avait achetées et revendues. En effet, au début de 1988, ces actions étaient tombées de plus de 53 dollars à 6 dollars seulement : au cours du krach boursier de l'automne 1987, le poison avait produit son effet.

Jovanovich n'avait pas vu venir la chute des cours. Mais heureusement Maxwell l'avait prévue. Le 4 septembre, six semaines avant l'effondrement, il avait ordonné aux quatre principales caisses de retraite du groupe du Mirror et de Maxwell Communication

Corporation de vendre 25 % des actions qu'elles détenaient et de placer l'argent en bons du Trésor britannique. Le gestionnaire de ces fonds, Trevor Cook, transmit les instructions de Maxwell, le soir même, aux huit instituts d'investissement de la City qui s'en occupaient. Sept les suivirent; le huitième n'en tint pas compte. Après le krach, Maxwell le déchargea de ses fonctions.

Après la tourmente boursière, il n'est pas sûr que, sans Maxwell, le projet de tunnel sous la Manche eût pu être mis en chantier. Alastair Morton, co-président de cette entreprise, a déclaré :

> La confiance dans les résultats de l'offre de participation était rudement ébranlée. Mais Maxwell se montra extrêmement positif. Il déclara qu'il participerait à l'affaire pour 37 millions de livres, soit un dixième du total de la souscription britannique. Cela décida du succès. Nos banquiers purent ainsi adopter une attitude de confiance face aux désistements.

Le *Daily Mirror* n'en avait pas fait autant. Le chef de sa rubrique économique, Bob Head, avait déconseillé à ses lecteurs d'acheter les actions du Tunnel. Maxwell n'avait en rien tenté d'infléchir la ligne du journal sur ce point. Head était fier de l'attitude de son patron. A qui veut l'entendre, Maxwell déclare que s'il n'avait pas fait preuve de neutralité en l'occurrence, il se serait sans doute retrouvé en prison.

Un physique impressionnant

A la vue de Maxwell, la première impression est évidemment physique. Sa taille, à elle seule, produit un effet d'intimidation; aux yeux de tout visiteur un peu nerveux qui le contemple pour la première fois, il semble remplir toute la pièce où il se trouve quelles qu'en soient les proportions. Il mesure plus de 1,80 mètre et pèse quelque 110 kilos – son poids exact varie selon qu'il suit un régime ou non. Il a des gestes vifs et se déplace non sans grâce pour un sexagénaire de sa corpulence à qui il manque un poumon. En outre, il a le don, apparemment réservé aux hommes politiques et aux magnats ennemis de l'exercice physique, de déployer une vigueur inépuisable pour achever la besogne en cours, quelles qu'en soient les exigences. Leur équivalent, chez les sportifs, serait le coureur de marathon qui s'obligerait à refaire le parcours une seconde fois, ou le boxeur poids lourd qui pourrait tenir quinze rounds devant un adversaire épuisé dès le douzième. Il prétend avoir abandonné tout exercice physique quand sa femme lui a fait présent d'une montre à pile.

Sa taille et sa force vitale contribuent mais ne suffisent pas à expliquer l'impression de puissance que produit Maxwell sur un inconnu; par sa seule apparence, il dégage un sentiment de certitude; il semble savoir où il va, même quand ce n'est pas le cas; il paraît sûr de l'issue, même quand l'avenir est obscur, ce qui lui confère un avantage sur les interlocuteurs avec lesquels il négocie – hommes d'affaires ou dirigeants syndicaux. Ceux qui traitent avec lui croient trop souvent que son gabarit le prédispose à user de la force brutale; ils oublient que c'est un fin joueur d'échecs voire un joueur de poker assez habile pour avoir pu soulager Rupert Murdoch de sommes considérables, en maintes occasions. Michael Richardson raconte comment Maxwell et lui avaient négocié le rachat de plusieurs magazines de Murdoch en Australie.

> Je n'oublierai jamais ce voyage. Nous avons travaillé et négocié pendant trois jours, de 7 heures du matin à 2 heures du matin le lendemain, généralement sans interruptions. Finalement Bob conclut l'affaire après minuit. Rupert dit alors : « Que penseriez-vous maintenant d'une partie de poker? » Murdoch et quelques-uns de ses amis australiens firent leur apparition à 1 heure du matin. Bob reçut cinq cartes et s'écria : « Bon! Je n'ai jamais eu ça! Quelle main! » Quand on lui demanda combien de cartes il voulait, il répondit « Aucune. Celles que j'ai me suffisent. » Les Australiens pensèrent qu'il bluffait. L'ouverture était à 100 dollars; elle passa vite à 1 000. Bob la fit monter à 5 000. Un Australien suivit « pour voir » et Bob ramassa les mises avec une quinte... Il empocha un tas d'argent cette nuit-là.
>
> Le lendemain, dans une réception à Sydney, je rencontrai une jolie blonde. Elle m'exposa ses récriminations : « Je ne suis pas contente de vous autres, Anglais. » Et elle m'expliqua. La nuit dernière, alors qu'elle était paisiblement au lit avec son mari, le téléphone sonna. C'était Murdoch qui appelait son époux. Il devait venir sur-le-champ pour une partie de poker : « Nous avons une paire de loulous de Poméranie tout prêts à se laisser tondre... » Elle était un peu inquiète mais son mari l'apaisa avec la promesse de lui donner la moitié de ses gains. Et le matin, au petit déjeuner, à la question : « Combien as-tu gagné? », il avait répondu : « Tu me dois trente mille dollars. »

Les techniques de négociation chères à Maxwell sont inspirées par ses passe-temps favoris. Il sait quand il faut offrir le match nul ou concéder la victoire à l'adversaire. Cela explique qu'il ait si souvent fait une offre pour l'abandonner aussitôt en voyant le prix par trop grimper. Il n'a aucune envie de payer trop cher, pour quoi que ce soit. Il n'en bluffe pas moins pour faire monter les enchères en donnant les signes d'une pingrerie éhontée. Mais il a pour principe que si l'on veut gagner il faut être prêt à perdre. Il sait quelle est sa dernière ligne de repli et n'ira jamais au-delà. Pour ses adversaires, toute l'astuce consiste à savoir où il en est par rapport à cette ligne.

Ceux qui s'y trompent finissent généralement par perdre, au sens le plus littéral du terme. Un jeune Américain, sur le point de vendre son entreprise à Maxwell pour un million de dollars, n'obtint pas un sou en fin de compte, à l'issue d'une journée de négociations. Son avocat et son comptable n'avaient pas cru devoir prendre Maxwell au sérieux quand celui-ci avait fixé à 18 heures le dernier délai pour conclure l'affaire. Ils avaient eu tort. Selon Ellis J. Freedman (le conseiller juridique de Maxwell qui représentait celui-ci en l'occurrence) le jeune Américain, pris entre ses deux collaborateurs, n'avait pas été capable de trancher; et Maxwell lui-même n'avait plus aucune envie de racheter une entreprise dont le patron n'était pas à même d'imposer sa volonté à ses subordonnés.

A l'automne de 1987, j'ai accompagné Maxwell en Union soviétique pour négocier l'impression d'une édition anglaise de la *Pravda*, voire d'un condensé – hebdomadaire ou quotidien – de la presse soviétique, sinon de n'importe quelle sorte de publication qui permettrait à l'URSS de faire entendre sa voix en Occident. Maxwell promit de fournir la technologie (tout en insistant pour que la *Pravda* se débarrasse de ses vieux procédés d'impression typographique) mais il demanda à ses partenaires d'assurer la traduction. « Non répondirent les Russes; ce n'est pas à nous de traduire, c'est à vous. » « Pas du tout, répliqua Maxwell, ce sera à vous. Et vous devrez régler ce point avant que nous allions plus loin. » Les Russes cédèrent aussitôt.

Maxwell a toujours eu de la présence avant même d'avoir la puissance. Il y a plus de quarante ans, Eileen Straton-Ferrier, dans ses lettres à son fils John, parlait déjà d'un « jeune Tchèque ravageur » qu'elle avait rencontré. Il possède, disait-elle, « une aura de furie contenue, en quelque sorte ». Ceux qui l'ont connu par la suite le reconnaîtraient aussitôt à cette description. Un autre fils de Mr Straton-Ferrier, Brian, se souvient de sa première rencontre avec Maxwell, qui s'appelait alors Ivan du Maurier (il avait emprunté son pseudonyme à une marque de cigarettes connue pendant la guerre –

les seules cigarettes qu'il fumait). A l'occasion du soixantième anniversaire de Maxwell, Mr Straton-Ferrier écrivait :

> Personne ne pouvait oublier Ivan du Maurier après l'avoir rencontré. Ce n'était qu'un simple soldat en treillis militaire, l'un de ces milliers d'Européens déplacés et anonymes qui couraient dans Londres; il n'était sorti de l'adolescence que depuis un mois ou deux à peine. Encore un peu farouche et immature, c'était une personnalité percutante, inoubliable, dès le premier contact.
> Il était extrêmement séduisant, avec ses mèches brunes et épaisses, ses sourcils fortement arqués, sa bouche expressive et sensuelle, son menton volontaire, ses yeux vifs et observateurs. Il avait l'air d'un costaud alors qu'il était en réalité très mince.

Pour Benita Moxon, qui l'a connu au temps de son adolescence, en 1940, le secret dont s'entourait le jeune Ludvik Hoch lui donnait un halo de mystère. Elle décrit « ce jeune étranger extraordinaire » qui « enchantait, fascinait, irritait tout le monde, et surtout désorientait la plupart d'entre nous », à l'hôpital où elle était infirmière.

> Il ne laissait personne indifférent. Il était impossible à tous ceux qui l'avaient approché de jamais l'oublier. Il suscitait l'amour ou la haine; il ne provoquait jamais de sentiment en demi-teinte.
> L'un de ses aspects les plus stupéfiants était la façon dont il allait et venait à sa guise. Les déplacements des plus hauts gradés eux-mêmes, dans l'armée, étaient soumis aux réglementations très strictes du temps de guerre, et les permissions étaient très rares. Ludvik n'était apparemment qu'un humble soldat de deuxième classe, mais il semblait échapper à toute règle, apparaissait et disparaissait... Il y avait bien des choses inexplicables à son sujet. Rien ne semblait impossible en ce qui le concernait. Un fait pourtant était sûr : il se moquait éperdument et littéralement de ce que l'on pensait de lui; cela lui faisait des ennemis.
> A bien d'autres égards, il était vraiment hors du commun. Il se sentait capable de tenter n'importe quoi, avec ou sans préparation ou expérience préalable. Un jour, catastrophe!... impossible de trouver le caporal de service qui devait aller accueillir une nouvelle infirmière à la gare. Ludvik se porta volontaire; je l'accompagnai en guise de comité d'accueil. Ce fut une expérience à faire dresser les cheveux sur la tête. Il avait dix-sept ans et je ne crois pas qu'il eût jamais conduit une voiture de sa vie. Après qu'il eut un peu tripoté les vitesses, nous avons été brusquement projetés hors du garage à reculons, sur la grand-route, et nous voilà partis vers la gare à grand

> renfort d'embardées et de secousses. Nous devons notre salut à la rareté des véhicules rencontrés sur notre trajet et à la sagesse de leurs conducteurs qui, après nous avoir jeté des regards inquiets, s'effaçaient et nous laissaient une large place où nous engouffrer.

Aujourd'hui encore, ceux qui montent dans une voiture avec Maxwell (que ce soit lui qui conduise, ou pis encore, qu'il donne des instructions au conducteur) comprennent ce à quoi Mrs Moxon faisait allusion.

Si ces anecdotes nous éclairent sur la jeunesse de Maxwell, elles nous montrent aussi qu'il a bien peu changé au cours des quarante ou cinquante dernières années. Cette confiance en soi, que les Anglais respectent comme une marque de supériorité naturelle chez les élèves de leurs écoles privées, mais tiennent pour de l'arrogance chez les étrangers, n'a pas diminué avec l'âge. En fait, elle s'est renforcée au point qu'elle semble indéracinable. La plupart des histoires qui courent sur lui le prouvent; n'a-t-il pas vendu pour cent livres de coûteux traités de médecine au docteur qui l'examinait – après une « discussion sur des points de technique médicale »!

La voix « retentissante » qui avait tant impressionné Mrs Straton-Ferrier se fait toujours entendre, mais elle s'abaisse aujourd'hui jusqu'au grognement – qui s'accorde avec le physique de Maxwell. Elle renforce le sentiment d'inquiétude qu'inspire sa personne. Le cheveu est toujours noir et épais, comme le sourcil. Maxwell ne regarde pas vraiment mais dévisage ceux à qui il s'adresse ou que – moins fréquemment – il écoute. Il feint la surprise quand il entend dire qu'il peut terrifier les gens, tout particulièrement ceux qui ne le connaissent que de réputation. Même son rire, pourtant fréquent, et sa politesse parfois très raffinée, ne parviennent pas à mettre à leur aise ses visiteurs un peu effarouchés. Il existe une anecdote bien connue au sujet d'un homme d'affaires timide que Maxwell voulait à toute force tranquilliser. « Café? » demande-t-il aimablement à son hôte. « N-non merci » balbutie l'autre. « Avec ou sans lait? » interroge Maxwell.

Mais sa réputation de personnage redoutable est bien fondée. Robert Worcester, président de l'institut de sondage MORI [4] tremblait littéralement le jour où Maxwell le morigéna pour avoir fourni au *Daily Mirror* les résultats manifestement erronés d'une enquête réalisée lors de l'élection partielle de Brecon, en 1985. Maxwell lui fit savoir qu'il réduirait ses honoraires des deux tiers, ce qui était encore bien généreux. Et Maxwell ajouta que si MORI n'était pas disposé à traiter sur cette base, il pouvait tout aussi bien chercher à obtenir la somme intégrale devant les juges. Worcester accepta et s'éclipsa. En même temps, Maxwell n'est pas aussi dépourvu de scrupules que le croient ou le prétendent ses victimes. Bien souvent celles-ci ont été consentantes au départ. L'hermine ne serait pas l'hermine s'il n'y avait pas de lapin.

Au cours de ses voyages à l'étranger, Maxwell travaille et téléphone sans se préoccuper de l'heure qu'il est pour ses correspondants, de jour comme de nuit. Ses collaborateurs, à l'échelon le plus élevé, sont habitués à s'entendre appeler à tout moment et je l'ai entendu rabrouer un cadre supérieur qui ne lui avait pas téléphoné à 2 heures du matin de peur de le réveiller, alors qu'il lui fallait résoudre un important problème d'imprimerie. Il ne se déplace jamais sans un télécopieur, des secrétaires pour s'en occuper ou répondre au téléphone, ainsi qu'un maître d'hôtel pour veiller à ce que tout son monde soit convenablement nourri. Quand il se trouve à son bureau de Londres ou à son domicile d'Oxford, le rythme ne se ralentit jamais. Il a du mal à tenir compte des week-ends ou autres jours fériés qui provoquent invariablement son irritation. La première fois qu'il a pris des vacances après avoir racheté le groupe du Mirror, il a annoncé qu'il partait pour trois semaines. Il est rentré au bout de trois jours. Il organise des petits déjeuners de travail (le meilleur moment pour lui est 7 h 30 du matin, lorsque la résistance de l'interlocuteur est habituellement la moins vive), des déjeuners de travail et des dîners de travail. Il y a aussi des « thés de travail » et des « cafés de travail » entre les repas.

En réalité, le Mirror Group Newspapers n'absorbe qu'une faible partie de ses activités professionnelles, mais il apprécie la compagnie des journalistes. Il se détend quand il est parmi eux, tout en se déclarant choqué par leur cynisme et leurs propos scandaleux. Il continue pourtant de travailler même quand il se détend. Il adore les potins mais seulement quand ils peuvent servir à quelque chose; ils ont leur utilité, comme le reste; c'est une source d'information. A première vue, on pourrait croire le procédé lassant mais il ne l'est pas car il n'y a pas de pause embarrassante dans une conversatoin avec Maxwell. Nul ne s'attarde longtemps sur le même sujet.

Il se flatte de chercher à bien connaître tout ce dont il s'occupe, qu'il s'agisse de journaux, d'imprimerie ou de la City de Londres; cela suppose qu'il est capable de donner des instructions techniques à son directeur publicitaire comme à un imprimeur. Michael Richardson se rappelle sa première rencontre avec Maxwell en 1964; il s'agissait de convertir Pergamon en société anonyme et de l'introduire en Bourse :

« Je découvris soudain que cet homme étonnant en savait plus sur une émission d'actions que bien des banquiers d'affaires. Il connaissait mieux la comptabilité que son comptable. Il était plus versé dans le droit des sociétés qu'un solicitor [conseil juridique qui remplit également des fonctions de notaire et d'avoué dans le système britannique. *N.d.T.*]. Mais il n'entendait pas grand-chose à la Bourse en ce temps-là. Au bout de trois semaines il en savait plus que moi, c'est dire sa faculté d'assimilation. »

Comme la plupart des hommes très occupés il préfère que ses collaborateurs lui soumettent des solutions plutôt que des problèmes. Mais il approuve rarement une solution sans y avoir mis sa marque. Il aime également améliorer la prose d'un journaliste car il ne peut s'empêcher de se conduire en « rédacteur en chef adjoint ». Mais d'aucuns trouveront peut-être pénible de lui expliquer que les adjectifs affaiblissent une phrase au lieu de la renforcer.

Il se nourrit peu mais souvent – encore qu'il mange parcimonieusement entre les repas d'ailleurs consacrés au travail. Il n'est pas rare qu'il ait deux rendez-vous à déjeuner, le même jour, soit dans des restaurants situés à l'étage, à Holborn Circus, soit dans deux salles à manger adjacentes de Headington Hill Hall. On a même dit qu'il est capable d'avoir trois dîners à la fois au *Mirror,* un jour de semaine : il absorbe les hors-d'œuvre dans une pièce, le plat principal dans une autre, et le café dans une troisième. Il a toujours le temps d'écouter une anecdote mais pas un rapport compliqué. Il y a aussi un téléphone à côté de la table et il refuse rarement de répondre à un appel. Cela ne rend pas les conversations moins décousues, aux repas, que n'importe où ailleurs, et comme il parle français, allemand ou russe à son correspondant, il est difficile pour ses invités de comprendre de quoi il s'agit. Il y a peu de situations aussi désagréables que de surprendre malgré soi une conversation dont on ne peut saisir la signification!

Un soir, avec la fierté de l'homme qui a découvert le mouvement perpétuel, il m'expliqua ce qu'il était en train de faire à cet instant précis : la Chase Manhattan Bank se trouvait dans une pièce située le long du couloir qui mène à son bureau; Brenda Dean et ses collègues du syndicats des imprimeurs, Sogat'82, dans une autre; un groupe de *solicitors* financiers dans une troisième; les dirigeants de l'une de ses sociétés sise hors de Londres, dans une quatrième; enfin la National Graphic Society dans une cinquième. Il était en train de négocier avec tous ces gens à la fois et venait m'entretenir de l'éditorial du *Daily Mirror* pour le lendemain, ce qui ne prit pas longtemps, étant donné les circonstances.

Il ne peut résister à son propre besoin d'être affairé. Il est nerveux quand il a un monceau de choses à faire. Il est pire encore quand il n'en a pas. Il accumule les pouvoirs qu'il se réserve, et ne cherche pas à s'en servir là où le pouvoir compte le plus, c'est-à-dire dans la politique. Il travaille à satisfaire son ambition de devenir le chef de l'un des dix plus grands empires médiatiques de la planète, ce qui mettra à sa disposition des milliards de livres, mais posséder de l'argent ne signifie pas grand-chose pour lui. Demandez-lui le pourquoi de son activité et il vous répondra qu'il aime se rendre utile.

Britannique avant tout

Jamais Maxwell n'a oublié qu'il était né Ludvik Hoch. Et contrairement aux dires de ses détracteurs, il n'a jamais cherché à dissimuler ses origines juives. Comme il l'a confié au *Jewish Chronicle* en 1986 :

> Les membres de ma famille étaient des juifs pratiquants et j'ai reçu une éducation juive traditionnelle. J'ai cessé d'observer les rites juifs juste avant la guerre, quand j'ai quitté la maison. J'ai toujours foi en Dieu et j'adhère à la morale du judaïsme qui enseigne la différence entre le bien et le mal... Je ne crois en aucune Église, mais je crois en Dieu. Je me considère moi-même comme un juif. Je suis né juif et je mourrai juif.

Quand il a quitté la Tchécoslovaquie en 1939 c'était un départ sans retour; mais, à l'époque, il ne s'en rendait pas bien compte. Il a abandonné Solotvino sans regret ni envie d'y retourner un jour. Il y est revenu une seule fois et il a été profondément déçu. La petite ville était en train de changer, aucun de ses parents ne s'y trouvait plus; tous étaient morts ou avaient émigré.

Ce qui lui importe avant tout c'est d'être Britannique. Parce que le Royaume-Uni n'a jamais renoncé à la lutte contre le nazisme, parce que l'armée britannique lui a donné la possibilité de combattre le IIIe Reich, parce que l'Angleterre offrait la citoyenneté anglaise à tous ceux qui avaient servi sous son drapeau, il n'a jamais envisagé de se fixer ailleurs qu'en Angleterre.

Par son mariage, il entrait dans une vieille famille française. Pas un instant, il n'imagina de solliciter la nationalité française. Et pourtant il aime la France. Mais il a une dette envers la Grande-Bretagne. Il ne cesse de répéter qu'il est Britannique parce qu'il a choisi de l'être, et se compare à ces convertis qui deviennent plus catholiques que le pape. Les lois américaines qui interdisent aux étrangers de posséder des stations de télévision aux États-Unis contrecarrent son dessein de diriger un des plus énormes empires de « médias » qui soit au monde; pourtant le prix qu'il attache à sa nationalité est tel qu'il ne renoncerait à celle-ci pour rien au monde. Il apprécie surtout chez les Britanniques leur sollicitude envers les perdants[7] : « Il se peut que l'homme de la rue ne comprenne pas la signification de la démocratie, mais il apprécie passionnément la loyauté (dans les rapports sociaux). »

Cet attachement à la Grande-Bretagne n'implique pas une admiration sans réserves pour tous les aspects du caractère britannique. Maxwell hait : « Le type qui porte toute sa vie la cravate de son collège, qui tire vanité de sa situation, qui prétend : « Vous n'avez pas besoin d'apprendre une langue étrangère », qui n'admet pas que nous puissions prendre modèle sur les Allemands, les Japonais ou les Italiens. »

Maxwell, en demandant Betty en mariage, lui avait promis : « Je gagnerai la Military Cross. Je me rebâtirai un foyer. Je ferai fortune. Je deviendrai Premier ministre d'Angleterre. Et je te rendrai heureuse jusqu'à la fin de mes jours. »

Une seule de ces promesses n'a pas été remplie : il n'est pas devenu Premier ministre d'Angleterre. Mais, Lord Kearton, ancien président du conseil d'administration de l'Industrial Reorganisation Corporation et président du conseil d'administration de la British Printing Corporation, sauvée de la banqueroute par Maxwell, m'a déclaré : « Si nous avions eu une dizaine d'homme comme Robert Maxwell, la Grande-Bretagne n'aurait pas connu les problèmes économiques qui l'ont empoisonnée depuis la guerre. »

Maxwell est, bien sûr, maître de sa propre destinée, dans la même mesure que chacun de nous. Ses succès et ses échecs, ses heureuses inspirations et ses erreurs sont largement dus à sa propre personne. Mais ce que lady Falkender a appelé sa « volonté d'acier » était présent en lui depuis sa naissance ou presque. Une telle détermination n'est pas sans quelque danger : ses collaborateurs répugnent à le mettre en garde contre un geste imprudent. C'est l'un des graves inconvénients de la puissance.

Detlev Raymond, ancien membre des Jeunesses hitlériennes, fut désigné au printemps de 1946 pour un stage de rédacteur au journal *Der Berliner*, organe du gouvernement militaire britannique dans le secteur d'occupation correspondant, à Berlin. Il se trouva ainsi sous les ordres de Maxwell. Selon lui, Maxwell est plus terrible quand il aboie que quand il mord. Et Detlev sait de quoi il parle : souvent il fut menacé d'être fusillé par un Maxwell qui lui « confiait » brutalement avoir obtenu sa Military Cross en massacrant un certain nombre d'Allemands comme lui.

Dès le premier jour, Raymond fut agoni d'injures pour avoir pris « illégalement » un bain chaud – un tel luxe étant réservé aux officiers britanniques. La suite, il la raconte en ces termes :

> Le deuxième jour de cette expérience – c'est ainsi que je l'appelais à l'époque – il hurla de nouveau après moi : « Stülpnagel [5], vous allez vendre 20 000 cigarettes au marché noir; vendez-les aux Russes : ils paient mieux. Filez à Leipzig, dans la zone d'occupation soviétique. » A ce moment-là j'étais encore assez naïf pour l'interrompre et lui dire : « Monsieur, je suis D.J. Raymond et j'ai été engagé pour apprendre la meilleure façon de produire un journal démocratique; rien ne dit dans mon contrat que je dois vendre aux Russes des cigarettes au marché noir ou aller à Leipzig. – Maintenant vous la bouclez et vous écoutez bien ce que je vais vous dire, répliqua-t-il. Premièrement, ceci est une institution démocratique où je fais entièrement la loi; deuxièmement, Leipzig possède la seule usine encore intacte capable de nous procurer le genre d'émulsion photographique qu'il nous faut pour publier ce sacré journal. Maintenant, allez-y. »

Telle fut, dit Raymond, son initiation à la pratique de la démocratie, mais, d'une certaine façon, cela avait un sens pour Maxwell qui sauva ainsi le journal. Loin de se retrouver devant un peloton d'exécution commandé par Maxwell, Raymond travailla plus tard pour ce dernier en Grande-Bretagne et aux États-Unis. Puis, il créa sa propre entreprise sur les conseils de son patron.

Mais avant d'en venir là, il fut complice d'un méfait incroyablement puéril, à New York, vers le milieu des années 1950. Les meilleurs hôtels de Manhattan n'appréciaient guère la clientèle de Maxwell : leur standard était bloqué par les appels téléphoniques internationaux qu'il recevait; il renvoyait invariablement, sous prétexte que c'était du carton, les sandwiches qu'il avait commandés; il se débarrassait de son courrier professionnel en le jetant par la fenêtre et il encombrait les couloirs avec ses journaux. Aussi un jour, un de ses hôtels habituels lui refusa un appartement. Il chargea

Raymond de réserver à l'hôtel Winslow, au coin de la 55e Rue et de l'avenue Madison. Raymond a raconté la suite :

> Je lui dis : « Bob, le Winslow n'est vraiment pas un hôtel pour vous; les chambres n'ont pas été refaites depuis des années, la plomberie fuit, et – pire encore – le standard ne fonctionne pas après minuit »... à quoi il répondit : « Ne vous inquiétez pas; quand apprendrez-vous à faire ce que l'on vous dit sans commencer à discuter comme une grand-mère juive? »

Le lendemain matin, Raymond fut pris à partie par Maxwell et menacé de renvoi pour l'avoir logé dans un nid à puces (il ne fut pas renvoyé). Maxwell lui dit :

> Je n'aurais souhaité à personne, pas même à Hitler, de loger ici. Réfléchissons tous les deux à la façon de donner une bonne leçon à ces gens.

La bonne leçon fut infligée après que Maxwell eut visité l'Institut national de la Santé où l'on élevait une certaine race de grosses puces. Il en acheta une petite boîte – elle contenait des milliers de bestioles – fit ses préparatifs de départ et, avant de quitter l'hôtel, lâcha les puces dans la cage de l'ascenseur. On dit que, dès les premières heures de la matinée suivante, tous les clients du Winslow durent être évacués.

Un milliardaire de gauche

Les contradictions apparentes et les semblants de paradoxes abondent chez lui. Il est riche mais ne tient à rien de ce qu'il possède. Ce n'est pas un collectionneur de papillons; il ne collectionne pas non plus les timbres mais ne serait pas opposé à l'idée d'acheter l'entreprise qui les imprime. Il est démocrate par conviction et dictatorial par tempérament, autoritaire sur certains points et libéral sur d'autres. Il est favorable aux piliers de la société établie – la monarchie, le parlement, la City de Londres et les institutions – mais il est profondément hostile à la société établie, au point de porter un jour un toast « Au Diable des diplomates! » à un dîner où se trouvait l'épouse d'un ancien ambassadeur du Royaume-Uni en Union soviétique. Socialiste, Maxwell se trouve compter aussi parmi les capitalistes. Il professe que les locataires des logements construits par l'État devraient pouvoir se rendre acquéreurs de leur foyer, mais il n'est pas propriétaire de Headington Hill Hall où il réside – il a loué le domaine à la municipalité d'Oxford avec un bail de 99 ans –, se vante d'avoir la plus belle demeure de toute l'Angleterre et emploie un marquis comme chef-jardinier. Il est entièrement dévoué à tous les membres de sa nombreuse famille et chacun d'eux le lui rend bien; mais il est opposé au principe de l'héritage et a déclaré à ses enfants depuis leur naissance qu'il ne leur laissera rien à sa mort. « La transmission d'une trop grande fortune, dit-il, peut paralyser l'esprit d'initiative de la génération suivante. » Il est contre les privilèges, mais tous ses enfants sauf un seul travaillent ou ont travaillé pour lui. En somme il est favorable au népotisme à condition que les bénéficiaires soient qualifiés pour remplir leurs fonctions. Comme tous ses enfants ont fait des études universitaires, tous remplissent cette condition. C'est un père généreux mais sévère. Il a fait cadeau de voitures à tous ses enfants, mais les a reprises à ceux qu'il a surpris en train de fumer. Il a renvoyé, on le sait, son fils Ian pour avoir préféré une compagnie féminine à la sienne.

Il est à l'aise à l'intérieur du monde communiste et il a accepté la plus haute distinction bulgare, l'Ordre de la Stara Platina de première classe; il a également reçu l'Ordre du mérite polonais, avec étoile, et un doctorat de l'université de Moscou. Il a d'ailleurs publié les discours et écrits divers de la plupart des dirigeants des pays communistes; mais il abhorre le communisme. On se souvient que chargé de veiller sur la légalité du scrutin en zone soviétique d'occupation, il s'acquitta de cette tâche de telle façon que les socialistes l'emportèrent sur les communistes dans le seul secteur où le contrôle lui incombait.

Les manifestations honorifiques dont Maxwell fut l'objet ne sont pas l'apanage des seuls pays de l'Est. Il est docteur ès sciences, honoris causa, de l'Institut polytechnique de New York, membre de l'ordre suédois de l'Étoile polaire et il possède une médaille de la Fondation Nobel ainsi que nombre d'autres distinctions. L'université d'Aberdeen lui conférera un doctorat honoris causa à la sortie de cet ouvrage. L'homosexualité lui fait horreur; il a pourtant dépensé des sommes considérables pour contribuer à la recherche d'un remède contre le Sida. Il n'a pas beaucoup de temps à consacrer aux assemblées et aux réunions des conseils d'administration, mais il croit aux coopératives ouvrières. Il est presque certainement le plus riche partisan que le parti travailliste anglais ait jamais eu, mais il déclare [6] : « Je ne vois pas pourquoi j'abandonnerais mes idéaux et renierais mes origines sous prétexte que j'ai gagné quelques shillings. »

Lors des élections de 1987, il s'est jeté personnellement dans la bataille contre le parti conservateur avec un zèle qui a stupéfié les membres de l'aile gauche du parti travailliste. On le croyait un admirateur secret de Margaret Thatcher; on s'attendait à ce qu'il retourne sa veste. Pourtant ses affaires en général et ses journaux en particulier ne se sont jamais mieux portés que depuis les lois introduites par Mme Thatcher pour diminuer le pouvoir des syndicats dans l'entreprise.

Il insiste pour dire que ses journaux doivent se suffire à eux-mêmes, mais quelques semaines avant les dernières élections générales, il a refusé 300 000 £ de publicité du parti conservateur, quand les conseillers de celui-ci paniquaient en voyant le fossé se rétrécir entre les travaillistes et les conservateurs dans les sondages d'opinion. Les Tories voulaient remplir les journaux du groupe du Mirror avec trois pleines pages de publicité par jour pendant les cinq derniers jours de la campagne. Maxwell déclara qu'il ne leur en donnerait qu'une seule, pas davantage : les opinions politiques défendues par ses journaux, dit-il, ne devaient pas être englouties sous la puissance financière des conservateurs.

Il est non moins paradoxal de constater que maints représentants de l'aile gauche des syndicats figurent parmi ses amis ou sont bien disposés à son égard – y compris Ray Buckton qui était, jusqu'à sa mise à la retraite en 1987, le très virulent secrétaire général du syndicat des conducteurs de train ASLEF; Clive Jenkins, président du Congrès des syndicats pour 1987-88 et secrétaire général du syndicat des personnels techniques, administratifs et scientifiques ASTMS (celui de Maxwell lui-même); et Mark Young, secrétaire général de l'association des pilotes de la compagnie aérienne British Airline. Il n'est pas surprenant, étant donné ces contradictions, qu'un homme de droite comme Lord King, président du conseil d'administration de la British Airways, soit également son ami. D'ailleurs cette amitié est partagée par d'innombrables autres magnats du commerce ou de la finance qui opèrent dans la City de Londres. Les étrangers n'en trouvent pas moins surprenante l'amitié qui le lie à Buckton, bien que tous deux aient figuré naguère parmi les hommes les plus vilipendés du Royaume-Uni. Leurs relations remontent à une époque reculée. Ils se sont rencontrés pour la première fois lors de la campagne électorale de Buckingham en 1959, alors que Buckton faisait campagne jour et nuit pour Maxwell. Il dit aujourd'hui : « Ma femme Barbara et moi étions traités comme des membres de la famille par Bob et Betty. C'est un ami sincère; vous pouvez toujours compter sur lui en cas de pépin. »

Maxwell est aussi riche que l'on puisse rêver de l'être, mais il déclare que le principal avantage qu'il en tire c'est de n'avoir pas à se préoccuper de l'endroit où il gare sa voiture. Il sacrifie des millions de livres en une seconde s'il le juge nécessaire mais hésitera pendant plusieurs minutes avant d'en payer quelques centaines; il lui faut s'assurer que la dépense est justifiée ou inévitable. Si ce n'est pas le cas, la brutalité ne répugne pas à Maxwell. Il y a quelques années, dix de ses principaux directeurs voulaient obtenir le remplacement de leurs voitures de fonction, les anciennes n'étant plus rentables. Au lieu d'autoriser l'achat de nouveaux véhicules, Maxwell se demanda si tous ces directeurs étaient bien utiles, conclut qu'il n'en était rien, et en renvoya six. A l'en croire, les demandes de nouvelles voitures, de la part des directeurs, diminuèrent de 90 % l'année suivante.

Cette dureté n'empêche pas Maxwell de se montrer étonnamment généreux avec des employés en détresse. Ann Robertson, l'une de ses secrétaires durant huit ans, au cours des années 1950, apprit par son médecin qu'un séjour de six mois en altitude lui était indispensable. Maxwell lui offrit la cure – en Inde. Christina Foyle, l'une des plus célèbres libraires anglaises, voulait embaucher un Afrikaner, Cornelius Pama, pour diriger la boutique du Cap. Mais Pama travaillait pour Robert Maxwell qui lui avait consenti un prêt pour acheter sa maison. Il prévint son employeur de l'offre qu'il venait de recevoir. Miss Foyle raconte :

> Robert Maxwell se contenta de répliquer : « Où est cette hypothèque dont vous parlez? » Pama l'avait dans sa poche et la lui tendit. Sans autre forme de procès, Maxwell déchira le papier, il jeta les morceaux dans la corbeille en disant : « Voilà, monsieur Pama, la fin de vos soucis. Je vous souhaite bonne chance. »

Il lui arrive aussi d'allouer des salaires généreux, s'il le faut, pour embaucher des collaborateurs de talent, mais il hésitera à verser quelques livres pour des heures supplémentaires. Il ne s'y résout que contraint et forcé par une urgence. Il tient le temps pour de l'argent, alors que, bien souvent, il ne sait littéralement pas quel jour on est. Son emploi du temps est méticuleusement tenu à jour, invariablement très rempli et rarement respecté. Il admire la ponctualité chez les autres, mais n'en a aucune. Il arrive tard, mais sans remords, à la plupart de ses rendez-vous. Son horaire est bouleversé par sa politique de la porte ouverte qui favorise les réunions imprévues, et par son besoin incoercible de répondre à chaque appel téléphonique, ce qui rend à peu près impossible toute conversation cohérente avec lui. S'il a acheté un avion privé ce n'est pas par goût du luxe mais pour se soustraire à la tyrannie des horaires établis par les compagnies aériennes.

S'il vit dans le luxe, propriétaire d'un yacht, d'un avion privé, d'un hélicoptère, de deux Rolls Royce et d'une Bentley gagnée à une tombola de bienfaisance (il avait également remporté le deuxième prix, soit 500 £ en espèces, qu'il rendit au quadruple à l'œuvre de charité), il n'a jamais oublié que pendant les années 1930, il dut franchir à pied, faute d'argent, avec son cousin Michael Tabak, une distance de près de 600 kilomètres jusqu'à Bratislava, pour affronter la grande ville et, peut-être, y trouver la voie qui mène de la pauvreté à la richesse.

Candide ou Rambo

La qualité que chacun lui reconnaît c'est le courage. Mais ne s'agit-il pas aussi de témérité, voire d'inconscience? Le banquier Jacob Rothschild a dit de lui : « Je l'ai abattu dix-sept fois et il est toujours debout. »

Après l'une des nombreuses attaques du *Sunday Times* qui reviennent régulièrement, au fil des ans, à la manière des crises de malaria, l'un de ses anciens camarades du temps de guerre lui a adressé la lettre suivante [7] :

> Je me sens le devoir de vous écrire... pour vous assurer que des hommes se rappellent avec gratitude et admiration la façon dont vous avez risqué votre vie, le courage et le dévouement dont vous avez fait preuve au service de votre patrie d'adoption.

En vérité, la fibre du courage est assortie chez lui d'une audace qui frise l'insubordination, bien qu'il ne soit plus sous les ordres de personne aujourd'hui.

Lors d'un vol entre Mexico et Acapulco, lui et son compagnon de route furent sommés, par un fonctionnaire mexicain, de céder leur place à d'autres voyageurs. Une erreur de réservation avait dû être commise et des passagers pressés avaient sans doute, selon Maxwell, soudoyé l'employé mexicain. Le compagnon de Maxwell était Michael Richardson, alors associé à une firme d'agents de change – Panmure Gordon – et qui occupe aujourd'hui des fonctions directoriales chez Rothschild; il raconte l'incident en ces termes :

> Bob passa devant les préposés malgré leurs protestations, traversa la piste et escalada l'échelle; au sommet des marches,

> un lieutenant de police mexicain sortit son revolver et le pointa sur l'estomac de Bob en disant : « Un pas de plus et je tire. » Bob répondit : « Je ne bougerai pas d'ici. » Le Mexicain répliqua : « Alors je vous tirerai dessus. » Bob dit : « Essayez donc de faire partir cet avion sans moi. » Il tint bon pendant une demi-heure face au revolver braqué sur lui. Finalement le policier expulsa de l'avion deux autres passagers et nous voilà partis. Bob avait eu là une belle occasion de montrer la trempe de son caractère.

Comme pour la plupart des puissants, toute attaque mensongère contre Bob contient un grain de vérité. On trouve également en lui, dans des proportions variables, un peu de toutes les qualités qu'on lui prête et des défauts dont on l'accuse. La seule chose sûre chez lui, c'est qu'il est imprévisible. Il se plaît à semer le vent pour calmer ensuite la tempête. Il aime à alimenter sa légende à force d'anecdotes.

C'est là une affaire de style et de tempérament, mais aussi de technique en matière de négociation. En cas de crise, il mise sur la politique du pire pour hâter la solution; il applique ainsi une théorie selon laquelle les palliatifs ne font que perpétuer les problèmes et doivent être écartés. D'où le désarroi de ses adversaires! Ils ne savent pas sur quel point ils auraient dû faire des concessions; ses propres collaborateurs ignorent tout autant s'il est parvenu à ses fins... Une certitude commune habite aussi bien ses adversaires que ses proches : Maxwell ne se comporte pas comme ils s'y attendaient. On peut le persuader, mais pas le bousculer. Certains négociateurs du syndicat des imprimeurs n'ont pas compris la nuance et leurs membres en ont subi les conséquences. L'un des délégués syndicaux, au *Daily Mirror,* était sur le point de faire triompher ses arguments quand son éloquence l'entraîna un peu trop loin : il accusa Maxwell de pousser ses imprimeurs dans un « train pour Auschwitz ». Il n'aurait pu trouver pire comparaison; avant même qu'il eût fermé la bouche, il avait perdu toutes ses chances. Mais, après la victoire, Maxwell sait se montrer généreux et accorder gracieusement aux négociateurs adverses de quoi sauver la face. C'est une preuve de sa diplomatie. De la même façon, il ne tient aucun échec pour définitif. S'il désire vraiment quelque chose, il n'aura de cesse qu'il ne l'obtienne. Il ne supporte pas de perdre.

En réalité, tant de choses ont été écrites à propos de Maxwell que nul ne peut faire son portrait sans risque de colporter des clichés. Il est, dit-on, flamboyant, louche, vulgaire, insupportable, sans scrupules, effronté, coléreux, dépourvu d'humour, impatient, intolérant, grossier, violent et même « Rambo ». Son ego et son ambition sont à l'égal de l'Everest et du Kilimandjaro. On lui reproche de vouloir tenir en son pouvoir la presse, la télévision et le football anglais. A l'opposé, d'autres le croient décontracté, calme et mesuré, travailleur, généreux, amusant, jovial, aimable, consciencieux, courageux, plein d'attentions, charmant et charmeur; d'aucuns le tiennent pour un éditeur et un imprimeur hors pair, qui ne s'intéresse pas au pouvoir lui-même, mais pour l'usage qu'il peut en faire dans l'intérêt général; un gagneur qui serait le champion des perdants. On l'appelle « le Bouncing Czech ». Loin d'en être fâché, il en tire une grande satisfaction.

On se pose d'innombrables questions à son sujet; on ne dispose pas de toutes les réponses. Et les interrogations viennent de toutes parts. Lors d'une réception de bienfaisance à laquelle assistaient des membres de la famille royale, Maxwell s'entretenait avec le prince de Galles quand il s'interrompit soudain pour saluer une autre altesse. Le prince saisit par le bras un journaliste du groupe du Mirror et murmura : « Dites-moi, comment cela se passe dans le travail? »

D'aucuns prétendent qu'il n'a pas le cuir bien épais. D'autres affirment au contraire qu'il a une vraie peau de rhinocéros car rien ne semble pouvoir le mettre dans l'embarras. La vérité se trouve peut-être contenue dans une lettre qu'il a envoyée à Betty pendant l'hiver de 1944 : « Je me suis fabriqué, durant mes années d'exil, une carapace chatoyante en guise de protection. »

Le professeur Guy Ourisson, de l'université de Strasbourg le dépeint comme « une personnalité... redoutée, admirée, enviée, détestée et adulée... un magnat avisé et perspicace... dont les agissements sont transparents, les motivations naïves et les mystères limpides... c'est un être amical qui frise l'immodération tout en restant humain ».

Le professeur Ourisson n'a pas tort de parler de naïveté. Pour un homme soupçonneux, Maxwell n'est pas toujours assez prudent. Il accorde sa confiance à ses subordonnés, ses pairs et ses associés; il a parfois tort. Jack Straton-Ferrier, président du conseil d'administration de la première société de Maxwell, lui avait écrit en 1952 : « Je ne crois pas que vous sachiez terriblement bien choisir vos collaborateurs. »

Maxwell a avoué lui-même à Lynda Lee-Potter du *Daily Mail* [8] :

> On m'a probablement fait passer pour un bouffon, mais je ne suis pas un homme affligé de phobies ou de complexes. Je ne suis pas de ceux qui ont besoin de pilules pour dormir. Peu m'importe ce que l'on pense de moi. Peu m'importe que vous

> vous trompiez sur mon compte, mais j'aime que l'on ait besoin de moi. Demandez-moi mon aide et je dirai toujours oui. Je ne rougis pas de ce que j'ai pu faire mais je regrette certaines choses. La vie m'a appris que je ne suis pas bon juge des qualités humaines. Mon point faible, je crois, c'est que je commence par faire confiance aux gens. J'ai une certaine dose de naïveté.

Il a également déclaré à Mme Lee-Potter :

> Ce que j'ai appris à bien dissimuler, c'est mon émotion, ma douleur même et mes préoccupations. Je suis devenu très habile à dominer mes réactions. Mon épiderme s'est beaucoup épaissi. Je ne capitule jamais, je ne fuis jamais. Je crois à ce que je fais. Mais si vous me prouvez que j'ai tort, je vous présenterai aussitôt des excuses et je changerai ma façon d'agir.

Benita Moxon a décrit le jeune Hoch qu'elle a connu comme « un garçon vif, plutôt exubérant, mais parfois profondément mélancolique ». C'est un homme capable de changements d'humeur; en une seconde le rire succède à la rage. Il peut se montrer tout aussi brutal qu'attendri, prend rapidement ses décisions mais change d'avis plus vite encore s'il estime qu'il a fait une erreur. L'orgueil ne le conduit pas à redouter de perdre la face. Il est aussi exaspérant qu'apaisant, aussi terrifiant que rassurant. Parfois, il a mis des salariés à la porte et leur a accordé un sursis même quand ils avaient mérité leur renvoi; parfois il a saqué des collaborateurs en public mais leur a accordé de telles compensations en coulisses qu'ils se sont félicités d'avoir été jetés dehors. Il déteste la médiocrité, qu'il s'agisse des hommes ou des choses. Sur un vol de la compagnie Qantas, il avait commandé un cigare et un cognac et s'apercevant de leur mauvaise qualité, il appela l'hôtesse, plongea le cigare dans le verre d'alcool en déclarant qu'ils étaient dignes l'un de l'autre. Excédée, la jeune femme éclata en sanglots.

Fou de notoriété

La notoriété est l'un des instruments nécessaires, sinon indispensables, à Maxwell dans l'exercice de sa profession. Il l'utilise sans vergogne, ce qui ne l'empêche pas de cultiver le goût du secret. Savoir, c'est pouvoir; aussi garde-t-il pour lui-même ce qu'il sait; mais il parlera de ses affaires les plus confidentielles, sans la moindre discrétion, s'il se trouve en compagnie d'un interlocuteur en qui il a confiance. Il engage des attachés de presse à qui il confie des missions impossibles, il les licencie puisqu'ils ne parviennent pas à remplir des tâches qu'aucun mortel ne pourrait assumer. La neige dure plus longtemps en été que la plupart de ses attachés de presse. Comme il garde pour lui le moindre détail de ses affaires, souvent il traite directement avec les journalistes. Ses attachés de presse médusés courent derrière lui, et demandent aux reporters : « Qu'est-ce qu'il a dit? »

Deux de ses anciens employés ont résumé succinctement les sentiments contradictoires qu'il inspire : « Tu sais, il me paraît de plus en plus difficile de détester Bob Maxwell » m'a confié Geoffrey Goodman, un socialiste de gauche marié à une Tchécoslovaque, longtemps responsable de la rubrique économique du *Daily Mirror* et que Maxwell contraignit à prendre une retraite anticipée; « C'est un monstre séduisant avec un brin de génie » déclare Mme Janet Hewlett-Davis, ancienne collaboratrice de trois premiers ministres et de nombreux ministres qui n'a pas tenu le coup plus d'un an auprès de Maxwell lorsqu'elle était son attachée de presse.

Les journalistes – et des millions de leurs lecteurs – sont largement convaincus que Maxwell est fou de notoriété et de puissance, qu'il veut mettre la main sur tout ce qui passe à sa portée – des chaînes de télévision aux clubs de football, de la communication aux Jeux du Commonweath. La vérité est autre : si on lui demande un coup de main, tout particulièrement lorsque l'intérêt général est en cause, il trouve impossible de se dérober. Comme le savent tous ses collaborateurs du *Mirror,* il n'avait pas plus envie des Jeux du Commonwealt, en 1986, que de se pendre. Mais il fallait sauver de la faillite cette entreprise sportive, ce dont le comité d'organisation d'Edimbourg se révélait incapable, malgré les notables et autres responsables qui en faisaient partie. Il y avait un déficit de plusieurs millions de livres sterling à combler et le comité se trouvait au bord de l'illégalité. Le secrétaire d'État aux affaires écossaises, Malcolm Rifkind, lança donc un SOS à Maxwell quelques jours avant l'annulation des Jeux. Le 19 juin, le Comité annonça dans un communiqué que Maxwell était intervenu [9] :

> Sa réponse, donnée en un si bref délai, est magnifique. Elle a évité au pays une situation embarrassante dans le cas où des difficultés financières auraient entraîné l'échec ou l'annulation des Jeux.

Mais un gros titre du journal *The Scotsman* proclamait sans ambages : « Maxwell s'empare des Jeux. »

Pourtant le *New Statesman* admettait en maugréant [10] :

> Il faut bien le dire, rien ne prouve que Maxwell ait cherché à exercer ses qualité de dirigeant sur les Jeux du Commonwealth. Il s'est trouvé mêlé à l'affaire parce que les responsables de la Commonwealth Games Scotland 1986 Ltd étaient pris de panique en voyant se rapprocher d'heure en heure la cérémonie d'ouverture.

S'il avait refusé d'intervenir et si cela s'était su – ce dont on pouvait être certain – il aurait été vilipendé pour pingrerie et traité de millionnaire trop affairé pour donner un coup de main. De toute manière, la publicité faite autour de son intervention n'aurait pu être pire. La presse écossaise demanda combien il investissait à titre personnel. A juste titre, il refusa de répondre : s'il avait révélé qu'il cautionnait les Jeux, plus personne n'aurait pris la peine de lever d'autres fonds. La presse semblait incapable de le comprendre. Les journaux écossais ne cessèrent pratiquement pas de s'interroger sur « l'intervention » de Maxwell. Le véritable désastre pour les Jeux survint avec l'annonce du boycott des Jeux par les pays africains du Commonwealth. Ils entendaient protester ainsi contre l'indulgence du gouvernement britannique envers la politique de l'apartheid pratiquée par l'Afrique du Sud. En une série de communiqués soigneusement échelonnés, le Nigeria, le Ghana, le Kenya, l'Ouganda, l'Inde, la Malaisie, la Zambie, le Zimbabwé, et vingt autres pays annoncèrent leur retrait. Les Jeux n'en eurent pas moins lieu, car les participants – parmi lesquels figuraient tous les pays blancs auxquels appartenaient des athlètes importants – étaient plus nombreux que les États défaillants. Mais ils en souffrirent indubitablement. Le résultat fut que cette manifestation sportive dépourvue de caractère politique subit les conséquences d'une action politique. De façon fort illogique, la Conférence du Commonwealth qui suivit immédiatement ne fit pas l'objet d'un boycott. Ni l'événement sportif ni les discussions politiques n'eurent d'ailleurs le plus léger effet sur l'attitude de Margaret Thatcher en la matière.

Les supputations relatives au financement des Jeux se poursuivirent longtemps après la clôture de ceux-ci. Les comptes définitifs firent ressortir un déficit de 4,3 millions de livres sur un total brut de 35 millions. Pendant plus de 18 mois, il y eut des propos acrimonieux et des menaces d'actions en justice de la part des créanciers, mais en fin de compte toutes les dettes furent réglées. Maxwell et l'un de ses amis japonais, le riche philanthrope Ryoichi Sasakawa, dont il avait sollicité le concours financier, y contribuèrent pour 2 millions de livres. Si Maxwell avait refusé de se mêler de l'affaire, depuis le début, il aurait économisé son argent mais l'Écosse se serait trouvée dans l'obligation d'annuler les Jeux.

Dans le domaine sportif, Maxwell est plus connu pour ses liens avec les clubs de football engagés dans la compétition. Quand Elton John lui demanda de racheter un club de première division, le Watford FC, dont il était propriétaire et qui lui coûtait trop cher, il fut convenu que la compagnie de Maxwell – la BPCC (British Printing and Communication Corporation), principal employeur de Watford – acquérait les parts de John pour 2 millions de livres; il fut également précisé que l'accord devait être sanctionné par le comité organisateur du championnat de football. Il s'ensuivit un tollé général car Maxwell possédait déjà l'équipe du comté de Derby et son fils Kevin était président de l'Oxford United – deux clubs de première division. La fureur s'exprima surtout dans les pages sportives des journaux rivaux mais trouva un écho dans le Comité d'organisation – que Maxwell surnomma bientôt le Comité de désorganisation. Selon les règlements assez vagues du championnat, nul ne pouvait posséder plus d'un seul club.

Que Maxwell prenne en main un nouveau club, voilà qui fournissait aux journalistes sportifs la « preuve » de sa boulimie de pouvoir. On évoqua le jour où il serait maître de dicter sa volonté au football professionnel en Grande-Bretagne. Derrière tout ce tohu-bohu se dessinait une insinuation que personne n'osa formuler publiquement, à savoir que les matches entre les équipes de Maxwell pourraient être « arrangés » à l'avance. La vérité était pourtant simple mais aucun commentateur ne se trouvait disposé à l'admettre : une fois de plus, on avait appelé Maxwell au secours d'une association sportive. Il avait répondu présent. Mais s'il avait vraiment voulu régner sur les terrains de football, pourquoi aller perdre son temps et son argent avec une équipe en difficulté? Le rachat des plus grands clubs était dans ses moyens.

L'affaire de Watford fut une réédition de l'histoire de Derby qui elle-même était une nouvelle version des incidents d'Oxford. En 1982, l'Oxford United, dont le terrain est situé à un kilomètre à peine de la résidence de Maxwell, se trouvait sur le point d'être mis en liquidation. Les administrateurs, qui avaient hypothéqué leurs maisons pour assurer la solvabilité du club, étaient menacés de perdre leurs foyers. Maxwell reprit le club, remboursa les dettes et, du coup, les revers se transformèrent en succès. Oxford gagna le championnat de troisième division, puis celui de deuxième division, et même la « seconde coupe », la Milk Cup. Quand l'équipe monta en deuxième division, Maxwell prit de nombreux paris sur son succès en fin de saison : Oxford remporterait son championnat ou passerait au moins en première division; il y gagna quelque 223 000 £ et en fit don au club.

En 1984, le comté de Derby, qui avait compté parmi les plus grands noms du football britannique – au contraire d'Oxford –, languissait en troisième division; il se trouvait menacé de faillite et de liquidation. Une fois de plus, Maxwell se vit prié d'intervenir par Jack Dunnett, alors président du comité de direction. Il accepta encore et nomma son fils Ian président. Là aussi, le sort du club changea du tout au tout. Comme Oxford, il monta en deuxième puis en première division. Quand Ian se vit contraint par son travail de passer en France le plus clair de son temps, Maxwell prit la présidence de Derby et confia celle d'Oxford à un autre de ses fils, Kevin.

En acceptant de sauver un nouveau club en perdition, Maxwell déchaîna un concert de protestations qui se prolongea pendant plusieurs semaines. En définitive, l'accord conclu entre Maxwell et Philip Carter, le dernier président du Comité d'organisation, aux termes duquel la BPCC pouvait acheter Watford à condition que Maxwell revende Derby ou Oxford, fut désavoué par une partie des membres. L'un de ceux qui avaient voté contre Maxwell alla jusqu'à lui conseiller, en tête à tête, d'ignorer purement et simplement les décisions du comité. Maxwell pour sa part menaça de laisser tomber le football.

En vérité, toutes les énergies de Maxwell sont consacrées à l'édification de son empire médiatique planétaire. Comparé à cela, le football n'a aucune importance : Maxwell n'a ni l'ambition ni le temps de « s'en emparer ». Mais les affaires de Derby, d'Oxford et de Watford illustrent bien le fait qu'il ne peut refuser son aide quand on la lui demande. S'il s'était dérobé aux sollicitations dont il faisait l'objet, le sport aurait perdu deux de ses clubs, les supporters de Derby et d'Oxford auraient été privés de leurs équipes favorites.

Éditeur avant tout

Il est inévitable que l'attention du public se concentre sur les aspects tapageurs, voire violents, de sa personnalité, car Maxwell se sert de l'opinion publique pour parvenir à ses fins. Il fait sans cesse parler de lui soit comme homme d'affaires, soit comme président d'un club de football de première division ou encore comme sauveur des Jeux du Commonwealth en 1986, voire comme acquéreur d'une chaîne de journaux.

La communication est son métier et sa passion; mais son écriture est si épouvantable qu'il est souvent incapable de se relire lui-même. L'une de ses amies du temps de guerre, Mme Eileen Straton-Ferrier, la femme de Jack, se rappelle avoir reçu une lettre de lui : « Un morceau de papier un peu froissé »; on aurait dit « qu'une araignée ivre s'était promenée dessus ». Heureusement elle parvint à déchiffrer une phrase : « Je vous envoie ma femme. »

S'il écrit aussi mal c'est parce qu'il est gaucher et qu'un maître d'école l'a contraint à écrire de la main droite en lui attachant tout simplement la gauche derrière le dos. Il gribouille aujourd'hui ses notes avec l'une ou l'autre main, indifféremment – celle qui est la plus proche du stylo ou du papier; cela ne change rien au résultat final qui est sans exception illisible. Une ordonnance rédigée par un médecin de famille, après un séjour dans un tonneau livré au Niagara, serait à peine plus difficile à déchiffrer. Tel est le résultat d'une superstition médiévale selon laquelle les gauchers étaient fils du démon.

Il vit de la communication sous toutes ses formes et s'y épanouit, bien qu'il soit habile à ne pas en dire plus qu'il ne veut, surtout face aux reporters envoyés par ses concurrents. Mais le prix à payer est lourd. Sa réputation en fait les frais. Tous les journalistes vivent dans un sentiment d'insécurité que Maxwell a encore aggravé, pas seulement par la façon dont il a mis à la porte certains d'entre eux. Si la presse s'opposa au rachat de Maxwell du Watford Football Club à Elton John, c'est que les journalistes sportifs étaient excédés de voir les journaux du groupe Maxwell (quotidiens et suppléments dominicaux) bénéficier d'articles exclusifs sur l'équipe de Watford, celle du comté de Derby (dont il est président) et l'Oxford United (dont son fils Kevin est président). Les journalistes qui ratent une information passent habituellement une fort mauvaise nuit. Et ils façonnent les réputations qu'ils contribuent à créer, en fonction de leurs préjugés comme de leurs jugements. Seul un homme comme Keith Waterhouse peut se permettre de surnommer Maxwell, non sans affection, Cap'tain Bob, et de le considérer comme le commandant du navire sur lequel il est embarqué et non comme l'arbitre de sa destinée.

L'exploit le plus important de Maxwell pour le bien public n'est pourtant pas du ressort des journaux populaires, ni de la politique, ni du football ni des grosses affaires, mais relève sans le moindre doute de l'activité que le public lui connaît le moins : celle de créateur, d'instigateur ou d'éditeur de publications scientifiques – journaux, livres et manuels. Dans cette branche il n'a pas son pareil. Il a contribué au progrès de la science en cette fin du XXe siècle, plus que tout autre profane. Grâce à sa maison, Pergamon Press, il a accru la diffusion des informations scientifiques dans des proportions que les savants eux-mêmes croyaient impossibles et, le plus souvent, malgré l'opposition des sociétés savantes dont ils faisaient partie. Au moment le plus noir de sa vie professionnelle, la communauté scientifique, aux États-Unis, comme en Grande-Bretagne et dans le reste de l'Europe, vint à la rescousse. C'est elle qui lui rendit la direction de Pergamon Press soustraite à son autorité par la société Leasco et ses amis de la City, après qu'il eut subi la honte (alors tenue pour ineffaçable) d'être condamné par un rapport de deux inspecteurs du ministère du Commerce.

Le mystère Maxwell

Sa réputation d'homme mystérieux lui va droit au cœur. Les journalistes ne sont pas les seuls à l'entretenir. Lui-même se plaît à la cultiver. Elle lui confère une auréole romantique. Et puis, il est plein de malice, ce qui n'améliore guère sa réputation. Il a notamment laissé se développer le sentiment qu'il a « quelque chose à cacher » dans le Liechtenstein, petite principauté des Alpes que d'aucuns utilisent comme « paradis fiscal ». Kleinwort Benson s'en est servi avec persévérance pour « défendre » Waddington contre l'OPA lancée par Maxwell (Waddington est la firme qui imprime le Monopoly, l'un des jeux de société les plus répandus dans le monde). En 1984, le conseil d'administration de Waddington combattit farouchement une offre de rachat de ses actions à 5 £, alors que les journalistes financiers conseillaient aux actionnaires d'accepter cette proposition.

Waddington et ses conseillers financiers, la banque d'affaires Kleinwort Benson, décidèrent de jouer la « carte du Liechtenstein » – un jeu où la xénophobie, les insinuations et les quiproquos furent abondamment utilisés pour semer les embrouilles et la confusion. Par la suite Kleinwort allait reprendre la même tactique en une autre occasion, tout en sachant que Maxwell n'avait rien à cacher. Victor

Watson, président du conseil d'administration de Waddington, informa ses actionnaires qu'il était « d'une importance fondamentale de découvrir qui contrôle en dernier ressort la BPCC d'où émanait l'OPA ». Il n'expliqua pas pourquoi la chose était si importante; Kleinwort ne l'expliqua pas davantage. La simple trace d'un semblant de soupçon qu'il pourrait y avoir une ombre au tableau produisit l'effet désiré. John Junor, dans le *Sunday Express,* posa la question dans son style habituel [11] :

> Pourquoi le Liechtenstein?
> Un gars aussi intègre, qui nous donne à tous des leçons de morale sur nos devoirs civiques, ne peut pas frauder le fisc, n'est-ce pas?

Tous ceux qui avaient la moindre connaissance des lois du Liechtenstein savaient qu'il n'en faisait rien. Mais Waddington et Kleinwort avaient réussi leur manœuvre. Certes, ils n'avaient pas insinué que Maxwell commettait quelque fraude fiscale, mais leurs insinuations avaient conduit à poser la question, et si d'autres levaient le lièvre, ils n'allaient pas pleurer pour autant. Le *Mail on Sunday* expédia un reporter à Vaduz, la capitale du Liechtenstein, où il ne découvrit rien de suspect, ce qui ne l'empêcha pas de publier le commentaire suivant [12] :

> Sur les recommandations de Kleinwort Benson, le conseil d'administration de Waddington a réussi à fonder sa défense sur le point de savoir qui est le propriétaire des affaires de Maxwell.

Il citait une déclaration de Watson :

> Il nous faudra peut-être traîner devant les tribunaux la Pergamon Holding Foundation [le véritable propriétaire des « sociétés Maxwell »] pour découvrir qui se cache réellement derrière elle.

Selon le *Financial Times,* la City avait été étonnée par cette tactique; Watson se préoccupait d'affirmer que la moindre vengeance personnelle contre Maxwell était exclue. Un journaliste de cette publication, Duncan Campbell-Smith, déclarait [13] :

> Peut-être, quand la lutte engagée par la BPCC pour s'emparer des actions de Waddington sera terminée et oubliée depuis longtemps, ce qui subsistera dans les mémoires ce sera la tactique inhabituelle adoptée par Kleinwort.

The Times ajoutait le commentaire suivant [14] :

> Pergamon a été soumise aux enquêtes habituelles de la National Westminster Bank, quand celle-ci s'occupait du sauvetage

> de BPC par Mr Maxwell en 1981. La National Westminster est également la banque de Waddington et elle n'a pas pu ou elle n'a pas voulu appuyer les insinuations de Mr Watson, malgré les demandes de celui-ci. Il s'agit d'une campagne fort mal inspirée de la part de Waddington; ses propres résultats sont en effet plus éloquents que n'importe quelle insulte.

Maxwell avait fourni à Watson et au conseil d'administration de Waddington plus de renseignements que n'en exigeait la loi, sur l'identité du propriétaire de la BPCC. En outre, le Dr Walter Keicher, directeur de la fondation, avait autorisé les banquiers de Maxwell, Henry Ansbacher and Co. Ltd., à affirmer catégoriquement que les bénéficiaires de la fondation comprenaient, comme on le savait largement déjà, « des œuvres de charité et des membres de la famille des grands-parents de Mr et Mrs Maxwell domiciliés en dehors du Royaume-Uni. » Maxwell a déclaré à ce propos [15] :

> Toutes les déclarations publiques que j'ai pu faire ont établi clairement que ni moi, ni ma femme, ni mes enfants, nous n'hériterons un seul penny de toute la fortune que j'aurais pu constituer.

Il faut remarquer que des histoires de ce genre avaient été publiées dans plusieurs journaux afin que Waddington puisse refuser de payer le moindre dividende au profit de Maxwell tant que « le mystère » n'aurait pas été éclairci.

Maxwell affirme qu'il s'agissait d'un « rideau de fumée totalement injustifié », mais il aurait dû savoir que, pour la plupart de nos contemporains, « il n'y a pas de fumée sans feu ». L'affaire continua de couver, même après que Maxwell eut retiré son offre. (Son désistement intervint après que la Norwich Union, qui avait soutenu tout d'abord l'offre de la BPCC, eut cédé sa part de 5 % aux agents de change de Waddington pour rendre inévitable la défaite de Maxwell.) Le *Mail on Sunday* revint à la charge deux jours avant la Noël 1984, pour annoncer que Lord Matthews, président du conseil d'administration de Fleet Holding (dont Pergamon était l'un des principaux actionnaires), allait poursuivre Maxwell en justice pour savoir qui était le « véritable propriétaire » de ses entreprises. Lord Matthews publia un démenti le jour même.

Le 2 janvier 1985, Maxwell écrivit à Watson une lettre dans laquelle il citait des articles publiés par la presse pour insinuer qu'il avait renoncé à la société [Waddington] à cause de l'affaire du Liechtenstein et que Watson lui-même « avait abandonné de mauvaise grâce ses efforts acharnés en vue de découvrir la vérité au sujet de la PHF(Pergamon Holding Foundation), après que Maxwell eut vendu ses parts dans la compagnie ». Après cet historique, Maxwell concluait :

> Comme vous devez le savoir, Waddington a reçu toutes les informations exigées par la loi et plus encore; ce n'est même pas moi qui les ai fournies mais les avocats les plus réputés du Liechtenstein, après qu'elles eurent été soumises aux conseils juridiques et aux banquiers d'affaires les plus autorisés... Nous avons été avisés que, même après la vente des actions que nous détenions dans votre société... celle-ci conserve la faculté de nous poursuivre en justice pour défendre ses droits et obtenir réparation. Je ne comprends donc pas pourquoi vous prétendez avoir été privé d'une telle possibilité par cette vente... ni pourquoi vous cherchez à impliquer que nous avons battu en retraite pour éviter une action en justice. Ce n'est manifestement pas vrai. Votre décision de ne pas pousser les choses plus loin devant les juges prouve que Waddington possédait déjà toutes les informations auxquelles elle avait droit de par la loi.

A la réponse de Watson, Maxwell répliqua :

> Vous saviez, à mon avis, que les réponses étaient parfaitement satisfaisantes et c'est pourquoi vous avez renoncé à aller plus loin...

***

La carte du Liechtenstein fut jouée une fois encore au printemps de 1987, quand Maxwell fit savoir au président d'Extel qu'il allait lancer une OPA sur son groupe. De nouveau, Kleinwort fournit ses avis à la compagnie convoitée et l'un de ses administrateurs, Philip Boothman, avocat lui-même, prit part à une conférence avec un consultant qualifié, des plus éminents, Miss Mary Arden, à la demande de William Underhill, membre du cabinet de *solicitors* Slaughter & May. Le secrétaire général d'Extel, Philip Arkless, était également présent. Les instructions communiquées à Miss Arden par Slaughter & May portaient entre autres les indications suivantes :

> La compagnie est décidée à résister à une éventuelle prise de possession par Mr Maxwell et ses associés. L'une des façons d'y parvenir est d'établir ou de menacer d'établir quel est le véritable propriétaire des compagnies Maxwell.

Miss Arden demanda une preuve du fait que Maxwell serait embarrassé par une éventuelle révélation de l'identité du véritable propriétaire de la Pergamon Holding Foundation.

Cela serait « utile », dit-elle. Elle voulut savoir également si la fondation était un fidéicommis (tel n'est pas le cas, c'est une fondation authentique) et demanda de plus amples renseignements sur la nature philanthropique du Maxwell Charitable Trust. La note poursuit :

> Le Conseil indique que pour introduire une action en justice il serait nécessaire d'établir que l'absence d'informations sur l'identité du véritable propriétaire de la PHF donnerait à Maxwell un avantage quant à son OPA sur Extel... Le Conseil demande si Kleinwort Benson a formellement avisé Extel qu'il lui faudrait connaître l'identité de l'auteur de l'offre. Philip Boothman répondit que cet avis n'avait pas été communiqué en bonne et due forme mais qu'il était implicite et pouvait être rendu explicite en cas de besoin.

Les instructions de Slaughter & May contiennent encore une question :

> Les renseignements communiqués de la part de Maxwell permettent-ils d'accuser la Pergamon Holding Foundation de ne pas avoir fourni les informations appropriées!

La réponse de Miss Arden à cette question fut négative. Elle ajoutait à ce propos :

> La nature de la preuve doit relever d'une estimation des probabilités. Il conviendrait d'obtenir, si possible, un avis émanant du Liechtenstein selon lequel une tierce personne devrait être nécessairement intéressée par les actions qui intéressent la PHF. Par exemple, si la PHF constitue un fidéicommis et si les fidéicommissaires ont omis de le faire savoir, il pourrait y avoir lieu d'imposer des restrictions à ces activités. Un tel élément ne constituerait qu'une présomption, mais cela vaudrait pourtant la peine de chercher à obtenir tout renseignement disponible à cet égard. Il serait également utile de rassembler un dossier contenant toute information rendue publique sur les antécédents de Maxwell quant à l'obligation de fournir les indications requises par l'article 212 [l'article 212 de la loi sur les sociétés]. (L'expérience acquise par Kleinwort Benson dans l'affaire Waddington peut se révéler utile à cet effet.)

Il convient de remarquer que si Kleinwort participait à une telle conférence, il n'ignorait pourtant pas qu'il n'y avait rien à découvrir; son « expérience acquise dans l'affaire Waddington » lui avait appris que rien de suspect n'avait pu être décelé. Le recours à une tactique déjà employée prouvait seulement sa conviction de pouvoir faire échec à une OPA honnête par la seule force de ses insinuations.

Ce procédé fut également adopté par HBJ quand Maxwell voulut racheter la société américaine un peu plus tard en 1987. On pouvait en effet s'attendre à ce que la ruse de Kleinwort fît des adeptes outre-Atlantique; l'éditeur américain paya la forte somme pour s'assurer les services de cette banque d'affaires.

Robert Pirie, président-directeur général de Rothschild à New York, me dit avoir mis Maxwell et la Fondation en garde : s'ils entendaient maintenir leur offre d'achat du HBJ (malgré l'attitude hostile de Jovanovich) il leur faudrait révéler l'identité du véritable propriétaire de la BPCC et du groupe Pergamon. Il ajouta :

> Bob répondit « Pas de problème », de sorte que nos avocats se rendirent en Suisse et au Liechtenstein avec l'accord complet des parties pour que tout ce qu'ils pourraient découvrir au sujet de la Fondation soit rendu public. Nous étions absolument désireux et capables de le faire; l'administrateur de la Fondation était prêt, pour sa part, à témoigner devant n'importe quel tribunal.

Quand j'ai accepté d'écrire le présent ouvrage, j'ai dit à Maxwell que je voudrais tout savoir quant au « mystère du Liechtensein ». Il a répondu :

> – Certainement. C'est facile. Il n'y a pas de mystère.

J'ai insisté :

> – J'aurai besoin de tout savoir au sujet de l'argent.
> – C'est également facile, a-t-il dit, tout ce que j'ai contribué à créer appartient à la Pergamon Foundation qui distribuera le tout.

Les liens entre la famille Maxwell et le Liechtenstein ont pris naissance en 1953 quand Brana, la sœur de Maxwell, l'ancienne déportée de Buchenwald, s'inquiéta de mettre en sécurité le petit capital qu'elle possédait – environ 2 000 £ – après la rupture de son mariage. Un notaire lui conseilla d'établir un fidéicommis au Liechtenstein. Pourquoi le fit-elle? c'est ce que Maxwell ignore. On peut deviner aisément qu'elle ne se sentait pas en sécurité.

Aujourd'hui, le groupe Pergamon-Maxwell est la propriété de la Fondation Maxwell; il est également dirigé par cette fondation, connue jusqu'à une date récente sous le nom de Pergamon Foundation, et qui a succédé à Pergamon Holding Foundation; son siège est à Vaduz. Elle avait été originellement établie, en 1970, sous le nom de Swico Foundation par un éminent juriste suisse, Ludwig Gutstein. Ce vieil ami des Maxwell s'était inquiété des conséquences éventuelles du désastre causé par l'affaire Leasco. Il craignait de voir Mr et Mrs Maxwell ainsi que tous les acquis de la famille exposés à une demande de réparations de 22 millions de dollars, présentée en justice au nom de Leasco. Gutstein créa donc et finança une fondation qui, pensait-il, constituerait une digue contre les ravages exercés par les avocats de Leasco. Il y mit 20 000 francs suisses – c'est-à-dire la valeur de 1 500 livres de l'époque. En 1987, Gutstein céda sa place à un autre juriste suisse, Werner Rechsteiner, son ancien collègue et ami de longue date. L'administrateur de la fondation était depuis le début et jusqu'à 1986 Walter Keicher. C'est maintenant son fils Werner. La Fondation n'avait jamais été établie dans un but lucratif ni pour des raisons fiscales. Comme Slaughter & May l'avait fait savoir à Extel : « Une fondation ne peut être librement établie [au Liechtenstein] pour y poursuivre des buts lucratifs. »

La Fondation ne disposait pas de revenus jusqu'en 1986, sauf les petites sommes exigées par ses frais juridiques. Elle a perçu pour la première fois des dividendes en 1986. Les commissaires aux comptes de la Fondation sont Coopers and Lybrand. Leur premier rapport était encore en préparation au moment où le présent ouvrage se trouvait déjà sous presse.

En 1974, Maxwell et sa famille étaient pratiquement ruinés. Pergamon, la pierre angulaire de leur fortune, avait été reconquis mais se trouvait lourdement endetté. Seul un emprunt contracté auprès d'une banque new-yorkaise avait permis à Maxwell de racheter les actions. Lors de la parution du présent ouvrage, en février 1988, la Maxwell Communication Corporation valait plus de 1 500 millions de livres à la Bourse de Londres. La Fondation possède, entre autres, la majorité des parts de Maxwell Communication Corporation, de Mirror Group Newspapers, de Hollis plc * (une firme d'engineering achetée par Pergamon au moment où elle était sur le point de faire faillite), de Pergamon Holdings, de Pergamon Group plc, et de Pergamon Media Trust, deuxième actionnaire de TF 1, la chaîne de télévision la plus populaire en France. Les revenus annuels de ces propriétés étaient estimés à plus de 25 millions de livres en 1988; ils seront affectés à cinq objectifs philanthropiques :

1. Une aide à la recherche médicale et scientifique fondamentale, dans le domaine du cancer, des maladies cardiaques,

* Plc : public limited company.

cérébrales et nerveuses, et du Sida. La Fondation est en train d'examiner très sérieusement la création d'un centre de recherches sur le Sida, avec des installations aux États-Unis et en Europe, doté de 50 millions de dollars.
2. La fourniture d'une assistance financière à la population israélienne, tant arabe que juive; ces dons doivent contribuer à l'établissement d'une paix durable dans cette partie du monde.
3. L'attribution d'une aide et d'encouragements, sous forme de subsides financiers (dans le monde entier) à de jeunes chefs d'entreprise compétents et désireux de créer leur propre affaire dans le domaine des médias, de la communication et de l'information. La Fondation financera également des forums de jeunes chefs d'entreprise et des symposiums chargés de décerner des prix en la matière.
4. L'amélioration de l'éducation, la solution des conflits entre les nations et l'élimination des haines raciales dans toutes les parties du globes.
5. L'apport d'un concours aux institutions philanthropiques du Liechtenstein.

Les bourses de la Fondation seront octroyées par un bureau de « Kollatoren » – c'est un mot allemand employé au Liechtenstein pour désigner les personnes chargées de sélectionner les bénéficiaires et de déterminer le montant des sommes allouées à chacun.

La Fondation Maxwell sera l'une des plus richement dotées, en son genre, dans le monde entier. Aucun candidat à une bourse ne peut être exclu pour sa race ou sa nationalité. Quelques-unes des premières donations sont les suivantes : 500 000 £ au British National Aids Trust (pour la lutte contre le Sida); 250 000 £ pour la restauration de l'abbaye de Westminster; 5 millions de francs à la Fondation des Droits de l'homme en voie de constitution à Paris à l'initiative d'Edgar Faure à l'occasion de la célébration du bicentenaire de la Révolution française; 1 800 000 F à l'Académie (française) des Sciences, pour l'attribution annuelle d'un certain nombre de bourses à des savants européens, tout spécialement dans le domaine de la chimie; et 500 000 DM pour l'Appel Beethoven en Allemagne de l'Ouest.

C'est ainsi que désormais la fortune constituée par un garçon pauvre de Solotvino, dont le pain quotidien dépendait souvent de la charité d'autrui, est redistribuée au bénéfice des professions qui l'ont soutenu, en faveur de la paix dans le pays qui tient lieu de foyer national aux juifs, pour donner à de jeunes talents une chance que lui-même a dû se forger tout seul et pour assurer à d'autres l'éducation qu'il n'a jamais eue.

Appendices

de P.L. Kapitza
Moscou, le 28 avril 1938

à : J. V. Staline
Camarade Staline!

Un homme de science, membre de notre Institut, L. D. Landau, a été arrêté aujourd'hui. Bien qu'il ne soit âgé que de vingt-neuf ans, il est, avec Fock, l'un des deux physiciens les plus importants d'Union soviétique. Nos publications et celles d'autres pays font souvent référence à ses travaux sur le magnétisme et sur la théorie des quanta. L'année dernière, il a encore publié une étude remarquable, dans laquelle il apportait pour la première fois la démonstration qu'il existe une nouvelle source d'énergie dans les radiations émises par les étoiles. Grâce à ce travail, il devient possible de répondre à la question : « Pourquoi l'énergie du soleil et des étoiles ne décroît-elle pas avec le temps, et pourquoi ne s'est-elle pas encore épuisée? » Bohr et d'autres chercheurs de premier plan ont salué les perspectives que ces idées ouvrent pour l'avenir.

Il ne fait pas de doute que les milieux scientifiques, internationaux et soviétiques, seront alertés et profondément affectés par la perte d'un chercheur tel que Landau pour notre Institut. Certes, la compétence scientifique et le talent d'un homme, quelle que soit leur importance, ne lui donnent pas le droit de transgresser les lois de son pays, et si Landau est coupable il doit subir la peine qu'il mérite. Mais je vous serais reconnaissant, compte tenu de ses qualités remarquables, de donner des instructions pour que cette affaire soit menée avec le plus grand soin. Il me semble qu'il faut tenir compte de son tempérament qui, je dois l'admettre, est tout bonnement affreux. Il est taquin et tyrannique; il se plaît à déceler les erreurs dans le travail des autres, et quand il en découvre, notamment chez ses aînés, comme nos académiciens, il ne cesse de taquiner ceux-ci de la manière la plus irrévérencieuse. Cette conduite lui a valu de nombreux ennemis.

Il n'a pas été facile de travailler avec lui dans notre institut, bien qu'il ait tenu compte des observations et se soit déjà amélioré. J'ai excusé sa conduite en raison de ses dons remarquables. Mais quels que soient les défauts de son caractère, il m'est extrêmement difficile de croire que Landau pourrait être capable d'une conduite déshonorante.

Landau est un jeune homme, et il y a encore beaucoup à faire pour lui dans le domaine de la Science. Nul n'est en mesure de vous en entretenir, s'il n'est lui-même un chercheur, c'est pourquoi je vous écris cette lettre.

P. Kapitza

***

de P. L. Kapitza
le 6 avril 1939

à : L. P. Beria

Je vous demande de bien vouloir faire relâcher le professeur de physique, Lev Landau, que vous avez fait arrêter, et de le placer sous ma surveillance personnelle.

Je jure au NKVD que Landau n'entreprendra aucune activité contre-révolutionnaire envers les autorités soviétiques dans mon Institut et que je prendrai toutes les mesures en mon pouvoir pour m'assurer qu'il ne se livrera à aucune activité contre-révolutionnaire en dehors de l'Institut non plus. Si j'entends Landau proférer le moindre propos portant atteinte aux autorités soviétiques, j'en informerai immédiatement les services compétents du NKVD.

P. Kapitza

***

de P.L. Kapitza
Moscou, le 31 mars 1940

à : V. M. Molotov
Camarade Molotov!

En prévision des prochaines élections à l'Académie des Sciences, O. U. Schmidt m'a demandé, compte tenu de la maladie de l'académicien Vavilov, de consulter des physiciens de premier plan tels que Joffe et Vavilov pour établir une liste des candidats possibles. La communauté scientifique, à l'unanimité, a désigné Landau comme l'un des meilleurs candidats. Mais nul ne sait qu'il se trouve placé sous ma surveillance. Comme je ne connais personne d'autre que vous, parmi nos camarades dirigeants, qui soit au courant de l'affaire, je me suis décidé à vous déranger à ce sujet, afin de savoir si une telle circonstance m'interdit de mettre Landau sur la liste des candidats.

Je dois ajouter que le caractère de Landau s'est amélioré; il est désormais plus aimable et plus discipliné, et s'il se maintient dans cette voie, il pourrait très vraisemblablement devenir un garçon d'assez bonne compagnie dans l'ensemble. Sur le plan scientifique, il travaille énormément et, comme toujours, brillamment. Il a réalisé l'année dernière deux bonnes études de très grande importance.

Pour vous éviter la peine de me répondre, si je ne reçois pas d'instructions de votre part avant six jours (délai dans lequel la liste doit être soumise à Schmidt), j'en conclurai que la candidature de Landau peut être présentée.

P. Kapitza

ORGANIGRAMME DU GROUPE MAXWELL

FONDATION PHILANTHROPIQUE MAXWELL

100 %
PERGAMON MEDIA TRUST
Maxwell Media 19,9 %
TF1 10 %
Première Film Channel 51 %
MTV Europe 51 %
British Cable Service 100 %
Central TV 20 %
MIM Britannia plc 20 %

64 %
HOLLIS PLC
(société de services et d'ingénierie).

51 %
MAXWELL COMMUNICATION CORPORATION PLC

Edition, presse spécialisée et techniques de communication
Pergamon Press (édition d'ouvrages et de revues : sciences, technologies, médecine).
Pergamon Orbit infoline (bases de données informatiques).
Molecular Design Inc (édition de logiciels).
Maxwell Business Communications (revues professionnelles).
Webb Professional Publishing (USA).
Maxwell Magazines Co. (édition de magazines, revues et catalogues d'entreprises).
Macdonald & Co. (édition de livres brochés et reliés de littérature générale en Grande-Bretagne, Suède, RFA, Brésil).
Nimbus Records (disques laser).
Ad Sat (publicité par satellite).
Maxwell Satellite Communications (conférences vidéo par satellite).
Independent Network Systems (télécopie par satellite).

Imprimerie (presse et labeur)
BPCC
MCC (USA)
BNPC
Sino-British Printing (République populaire de Chine)
Kenya Times Media Trust (Kenya)

Papier et pâte à papier
Donohue Inc (Canada) 27 %

100 %
MIRROR GROUP NEWSPAPERS
Daily Mirror
Sunday Mirror
Sunday People
Daily Record
Sunday Mail
Sporting Life
European Daily
Montreal Daily News (participation minoritaire : Canada)
Kenya Times (40 % : Kenya)

DIFFUSION DES PRINCIPAUX JOURNAUX BRITANNIQUES
(presse quotidienne et hebdomadaire)
d'octobre 1987 à mars 1988

chiffres officiels publiés par l'organisme britannique de contrôle : ABC

	Quotidiens	Périodiques
Mirror Group Newspapers		
Daily Mirror	3 087 512	
Sporting Life	82 591	
Daily Record	761 330	
Sunday Mirror		2 797 279
The People		2 766 126
Sunday Mail		881 989
	3 931 433	6 445 394
Associated Newspapers		
Daily Mail	1 800 539	
Mail on Sunday		1 912 759
United Newspapers		
Daily Express	1 690 538	
The Star	1 041 648	
Sunday Express		2 193 746
News International		
The Times	449 531	
The Sun	4 098 234	
Sunday Times		1 306 841
News of the World		5 151 794
	4 547 765	6 458 635
Daily Telegraph plc		
Daily Telegraph	1 154 018	
Sunday Telegraph		730 674
Independent	376 750	
Guardian	474 017	
Financial Times	222 840	
Today	350 257	
Observer	764 047	

SUNDAY Mirror

WORDS OF FREEDOM!

COMMENT

A l'heure où le terrorisme fait rage en France,
In their hour of trial at the hands of terrorists, we in
nous Peuple de Grande-Bretagne faisons corps avec
Britain are at one with the people of France.
le Peuple Français.

Pendant que d'innocents Français, leurs femmes
As murderous cowards strike with their bombs at
et leurs enfants, sont lâchement assassinés par des
innocent Frenchmen and Frenchwomen, we share their
meurtriers lanceurs de bombes, nous partageons
suffering and their grief.
leur douleur et leurs souffrances.

C'est la France qui a appris au monde ces mots
France taught the world those glorious words:
glorieux: Liberté, Egalité, Fraternité.
Liberty, Equality, Fraternity.

Maintenant la paix de la Nation Française est
Now the peace of the French nation is in danger,
en danger, menacée dans les rues de sa capitale
threatened in the streets of its greatest city by the
par les hors-la-loi de la violence.
lawless men of violence.

Avec courage, le Gouvernement Français dit
A courageous French government is saying No to
"Non" au terrorisme; il remportera la victoire avec
terrorism. The backing of a united people will bring
l'appui de tout son peuple.
victory in this perilous time.

En ces temps périlleux, le monde civilisé bat
The hearts of all the civilised world are with them.
d'un seul coeur avec la Nation Française.
VIVE LA FRANCE!

THE Sunday Mirror is launching an appeal for funds to help victims of terrorist outrages in France. We have started it with a donation of £10,000. Please show your support for the people of France by sending your own donation to:

Mirror Fund for France, London SE99 6XE.

Editorial du
Sunday Mirror
du 21 septembre 1986
après l'attentat de
la rue de Rennes, à Paris.

Notes et références

Chapitre I : Comment se sortir de la misère

Pour décrire Solotvino et les premières années de la vie de Maxwell, je me suis servi des récits de ses parents et amis rassemblés dans le Livre d'Or-anniversaire. Les entretiens de Mme Maxwell avec des parents et amis résidant aux États-Unis et en Israël m'ont également été précieux.

1. Rothkirchen, Livia. Deep-Rooted Yet Alien : Some Aspects of the History of the Jews in Subcarpathian Ruthenia, *Yad Vashem Studies*, vol. II (1977), p. 147.
2. Steward Smith, Lorna. *Hungary : Land and People*, Atheneum, Budapest, 1933, p. 142.
3. Patric, John. Czechoslovaks, Yankees of Europe, *National Geographic Magazine*, Vol. LXXIV, juillet-décembre 1938, p. 212.
4. Wiesel, Élie. *One Generation After*, Sschocken, New York 1982, p. 212.
5. Dicker, Herman. *Piety and Perseverance, Jews from the Carpathian Mountains*, Sepher-Hermon, New York, 1981, p. 50?
6. Mills, John. *Famous First*, Weidenfeld & Nicolson, Londres, 1984, p. 116.
7. Fermor, Patrick Leigh. *A Time of Gifts*, Penguin, Londres, 1977, pp. 231-2.
8. Shirer, William L. *The Rise and Fall of the Third Reich*, Secker & Warburg, Londres, 1960, p. 392. Traduction française parue aux Éditions Stock sous le titre, *Le Troisième Reich, des origines à la chute.*
9. Bauer, Lieutenant-Colonel E. *The History of World War 2*, Orbis, Londres, 1966, p. 9.
10. Shirer, William L. *Op. cit.*, p. 377.
11. *Ibid.*, p. 388.
12. Sokols : association pour l'éducation physique et patriotique de la jeunesse tchèque. Ce mouvement fondé en 1862 constitua le principal groupe d'opposition aux Habsbourg. Les Sokols fournirent les premières unités de volontaires tchécoslovaques qui combattirent dans les rangs des Alliés en 1914. Cette association fut dissoute après la prise du pouvoir par les communistes à Prague en 1948.
13. Hilberg, Raul. *The Destruction of European Jews*, Holmes & Meier, New York, 1985, p. 894.

Chapitre II : De simple soldat à capitaine

Les renseignements concernant la carrière militaire de Maxwell proviennent de plusieurs sources inédites, et notamment d'entretiens avec Maxwell, des papiers personnels conservés dans les archives familiales, des témoignages rassemblés dans le « Livre d'Or-anniversaire » et des souvenirs de ses collègues dans l'armée évoqués au cours d'une réunion à Derby, en septembre 1987. En ce qui concerne les scènes de guerre à proprement parler, je me suis surtout servi des notes du régiment, et tout particulièrement du récit du Major D.J. Watson, *Surrey Troops in Grim Work on the Western Front*, écrit en février 1945, et *The Roer Offensive*, du Major H.J. Dangle DSO.

1. Kulka, Erich, *Jews in the Czechoslovak Armed Forces Abroad During World War II, The Jews of Czechoslovakia*, Jewish Publication Society of America, Philadelphia, vol. III (1984), p. 354.
2. Rhodes-Wood, Major E.H., *A War History of the Royal Pioneer Corps, 1939-45*, Gale & Polden, Aldershot, 1960, p. 65.
3. Wilmot, Chester, *The Struggle for Europe*, Collins, Londres, 1952, p. 353.

4. Maxwell, Elisabeth, *She*, mai 1987.
5. Foster, Major R.C.G., MC. *History of the Queen's Royal Regiment*, vol. VIII, Gale & Polden, Aldershot, 1953, p. 409.
6. *Ibid.*, p. 411.
7. *Ibid.*, p. 412.
8. *Ibid.*, p. 485.
9. *Ibid.*, p. 488.
10. *Ibid.*, p. 491.

Chapitre III : Berlin, le troc et les livres

Parmi les sources inédites qui se sont révélées précieuses pour la rédaction de ce chapitre, citons un Rapport général de Springer-Verlag sur la collaboration de Maxwell de 1947 à 1958, des documents commerciaux concernant Simpkin Marshall, les témoignages des premiers associés en affaires réunis dans le « Livre d'Or-anniversaire », la correspondance personnelle et professionnelle de Maxwell pour la période 1945-55.

1. Trevor Roper, Hugh R. *The Last Days of Hitler*, Macmillan, Londres, 1956. pp. XXVII-XXVIII. Traduction française parue aux Éditions Calmann-Lévy en 1958 sous le titre *Les derniers jours de Hitler.*
2. Shirer William L., *The Rise and Fall of the Third Reich*, Secker & Warburg, Londres, 1960, p. 1129. Traduction française parue aux Éditions Stock, sous le titre *Le Troisième Reich, des origines à la chute.*
3. Toland, John, *Adolf Hitler*, Doubleday & C°, New York, 1976, p. 885. Traduction française parue aux Éditions Pygmalion en 1986, sous le titre *Adolf Hitler*
4. Foot, M.R.D, *SOE, 1940-1946*, BBC, Londres, 1984, pp. 130-4.
5. Piekalkiewicz, Janusz. *Secret Agents, Spies and Saboteurs*, Davis Charles, Newton Abbot, 1974, p. 287.
6. Bullock, Alan. *Ernest Bevin, Foreign Secretary*, Heinemann, Londres, 1983, p. 309.
7. Johnes, H. Kay. *Butterworths, History of a Publishing House*, Butterworth, Londres, 1980, p. 130.
8. Karmish, Arnold. *The Griffin*, Houghton Mifflin, Boston, 1986.
9. Jones, H. Kay, *op. cit.*, p. 132.
10. Accord Byrnes-Bevin : voir pages 113-114.
11. *Diamond Fields Advertiser*, 17 mars 1964.
12. Baker, Captain Peter, MC, *My Testament*, John Calder, Londres, 1955, p. 240.

Chapitre IV : L'essor de Pergamon

Ce chapitre s'inspire des témoignages des directeurs et auteurs de Pergamon Press, écrits pour « le Livre d'Or-anniversaire » et pour le volume d'hommages préparé en 1988. Je me suis aussi servi des dossiers sur les affaires de Robert Maxwell et de la correspondance existant dans les archives familiales.

1. *Late Night Line-Up*, interview télévisée par Sheridan Morley, du 22 août 1972.
2. Biorhéologie : étude des mouvements des liquides dans les organismes vivants. (*N.d.T.*)
3. Development Means People, entretien entre Don Taylor et Robert Maxwell, 18 juin 1963.
4. *Financial Times*, 9 juillet 1964.
5. *Ibid.*, 9 septembre 1966.
6. *Daily Telegraph*, 2 mai 1967.
7. *Campaign*, 1er novembre 1967.
8. *The Guardian*, 18 août 1967.
9. *King*, juillet 1967.
10. *Columbus Citizen Journal*, 1er septembre 1967.
11. Discours à un dîner du Marketing Group of Interpublic, 18 septembre 1968.
12. *Hansard*, 12 mars 1969.

Chapitre V : Revers et succès parlementaires

Pour écrire les chapitres V et VI, je me suis servi principalement des archives familiales qui comportent non seulement les coupures de presse les plus variées, mais nombre de documents et d'informations relatifs à la campagne électorale de Maxwell ainsi qu'une bonne documentation sur la vie politique dans sa circonscription. J'ai également utilisé le « Livre d'Or » déjà cité, qui contient de précieux témoignages envoyés par les collègues et amis politiques de Maxwell.

1. John Profumo fut compromis dans un retentissant scandale de mœurs et d'espionnage au profit des Soviétiques, ce qui provoqua la chute du gouvernement Macmillan. (*N.d.T.*)
2. George Brown a été un des chefs du parti travailliste de 1963 à 1977. Ministre de l'Économie

en 1964, ministre des Affaires étrangères en 1967-68, il a démissionné du gouvernement travailliste, en mars 1968 (*N.d.T.*)

3. Député travailliste à la Chambre des Communes dès l'âge de trente-deux ans, Aneurin Bevan (1897-1960) est originaire d'une famille pauvre de mineurs gallois. Ministre de la Santé et de la Reconstruction dans le gouvernement travailliste d'Attlee en 1945, il instaure un système de soins médicaux gratuits. (*N.d.T.*).

4. Club socialiste anglais fondé en 1883, qui rejetait les théories marxistes, se référant à un idéal moral et aux méthodes du romain Fabius « le temporisateur ». Associé aux syndicats, il fut en 1906 à l'origine du parti travailliste et y exerce toujours une grande influence. (*N.d.T.*).

5. Anthony Wedgwood Benn : député du Labour à la Chambre des Communes dès 1925, à l'âge de vingt-cinq ans, il doit abandonner son siège lorsqu'il hérite en 1960 du titre de noblesse paternel : il renonce à la pairie et est réélu en 1963. Il est ministre (notamment de l'Industrie et de l'Énergie) dans les gouvernements travaillistes qui se succédèrent de 1964 à 1970 et de 1974 à 1979. Il exerce une influence considérable sur l'aile gauche du parti travailliste. (*N.d.T.*).

6. *Last Exit to Brooklyn*, roman américain d'Hubert Selby. Cette œuvre aux grandes qualités littéraires a fait scandale dans les années 1960 par l'audace et la violence avec lesquelles elle décrit les milieux homosexuels new yorkais; publiée en France (sous le titre anglais) par les Éditions Albin Michel en 1970, elle a fait l'objet, en Grande-Bretagne, d'un procès retentissant qui est décrit au chapitre 6. (*N.d.T.*).

7. *Daily mail*, 26 septembre 1959.
8. *Oxford Mail*, 15 septembre 1959.
9. *The Times*, 5 octobre 1960.
10. *The Guardian*, 5 octobre 1960.
11. *The Times*, 5 octobre 1960.
12. *Bucks Standard*, 22 octobre 1960.
13. Crossman, Richard. *The Backbench Diaries of a Cabinet Minister*, vol. II, Hamish Hamilton and Jonathan Cape, Londres, 1981, p. 1071.
14. *Nature*, 28 novembre 1964.
15. Benn, Tony. *Out of Wilderness, Diaries 1963-67*, Hutchinson, Londres, 1987, p. 294.
16. *Ibid*, pp. 331-32.
17. Crossman, Richard. *The Diaries of a Cabinet Minister*, Hamish Hamilton and Jonathan Cape, Londres, 1976, vol. II, p. 661.
18. *Daily Mail*, 22 mars 1965.
19. *Hansard*, 2 février 1965.
20. *Ibid.*, 14 juillet 1965.
21. *The Illustrated News*, 12 juin 1965.
22. *The Guardian*, 9 mars 1965.
23. *The Observer*, 27 juin 1965.
24. Keir Hardie, après avoir travaillé dès l'âge de dix ans dans les mines, fut le premier député socialiste – en 1900. Il est à l'origine du parti travailliste actuel.
25. *Tribune*, 21 mai 1965.
26. *The Times*, 5 octobre 1967.
27. *The People*, 6 août 1967.
28. *Oxford Mail*, 25 février 1966.
29. *Evening Standard*, 12 novembre 1966.
30. *Queen*, 4 janvier 1967.

Chapitre VI : Succès et revers

1. Publication des comptes rendus officiels des débats parlementaires, longtemps rédigés par M.M. Hansard.
2. *Bletchey Gazette*, 9 juin 1967.
3. Crossman, Richard, *The Diaries of a Cabinet Minister*, vol. II, Hamish Hamilton and Jonathan Cape, Londres, 1976, pp. 267-8.
4. *Sunday Express*, 19 mars 1967.
5. *Hansard*, 24 juillet 1967.
6. *Ibid.*
7. *Ibid.*, 27 novembre 1967.
8. *Ibid.*
9. *Ibid.*, 28 novembre 1967.
10. *Daily Express*, 15 mars 1969.
11. Crossman, Richard. *op. cit.*, p. 731.
12. *The Guardian*, 8 juillet 1967.
13. Crossman, Richard, *op. cit.*, p. 597.
14. *The Sun*, 20 décembre 1967.
15. *The Observer*, 24 décembre 1967.
16. *Evening Star*, 8 décembre 1967.

17. *Hansard,* 28 janvier 1969.
18. *Sunday Times*, 3 mars 1968.
19. La campagne publicitaire du 20 janvier 1968 utilisait le slogan « How To Help Britain and Yourself » (Comment aider la Grande-Bretagne et vous aider en même temps.)
20. Le « squire » anglais était autrefois, seigneur du village, juge de paix, châtelain et gros propriétaire terrien.
21. *Daily Mirror*, 1er février 1968.
22. Discours intitulé « Whither Britain » (Où va l'Angleterre?), Conservative CPC Conférence, Lambeth Town Hall, 17 février 1968.
23. *Daily Mirror*, 1er février 1968.
24. *Financial Times*, 16 mai 1968.
25. Ides de Mars : quinzième jour du mois de mars. (*N.d.T.*).
26. *Oxford Mail*, 29 mars 1968.
27. *Today*, 4 juin 1969.
28. *Wolverton Express*, 15 août 1969.
29. *Sunday Times*, 14 juin 1970.
30. *The Guardian*, 14 juin 1970.
31. Communiqué de presse, 26 mars 1971.
32. Amin Dada avait expulsé de Kampala toute la population d'origine indienne, formée en majorité par des commerçants. Les victimes de cette mesure s'étaient réfugiées en grand nombre en Angleterre. (*N.d.T.*).
33. Open University : système de cours par correspondance. (*N.d.T.*).
34. *The Guardian* : 13 février 1974.
35. *Daily Mail*, 28 février 1974.
36. *The Times*, 2 mars 1974.
37. *Milton Keynes Express*, 8 mars 1974.

Chapitre VII : Pergamon, perdu et retrouvé

Les documents juridiques conservés dans les archives familiales ont été particulièrement utiles pour la rédaction de ce chapitre. De plus, je me suis amplement servi des renseignements contenus dans une série d'entretiens qu'ont eus Anton Antonowicz, chroniqueur du *Daily Mirror*, et Robert Head, chef de la rubrique financière du *Daily Mirror* avec quelques-uns des principaux « éditeurs » de Pergamon et les confrères de Maxwell à la City de Londres.

1. *The Times*, 7 octobre 1969.
2. *Ibid.*
3. *Ibid.*, 19 juin 1969.
4. *The Observer*, 24 août 1969.
5. *The Times*, 27 août 1969.
6. *Financial Times*, 28 août 1969.
7. *Wall Street Journal*, 15 septembre 1969.
8. *Financial Times*, 16 septembre 1969.
9. Lettre aux actionnaires de Pergamon Press, 6 octobre 1969.
10. Marquis de Queensberry (John Sholto Douglas, 8e marquis de Queensberry, 1844-1900). Auteur des règlements qui gouvernent la boxe moderne. Très hostile aux relations de son fils Alfred Douglas avec Oscar Wilde il fut partiellement à l'origine du scandale qui conduisit à la condamnation de l'écrivain pour immoralité. (*N.d.T.*).
11. QC : Queen's Counselor. Littéralement, « avocat de la Reine », titre que portent les avocats (désignés par la couronne après proposition par le ministre de la Justice), membre du « Conseil de la Reine ». (*N.d.T.*).
12. « Justice naturelle » : la notion de « justice naturelle » est un concept éminemment anglo-saxon mais qui n'est pas sans parenté avec celui de « natural law » : droit naturel. (*N.d.T.*).
13. *Financial Times*, 14 juillet 1971.
14. *The Observer*, 3 octobre 1971.
15. *New Statesman*, 22 octobre 1971.
16. *Accountancy*, septembre 1973.
17. *Sunday Telegraph*, 23 août 1970.
18. *Evening News*, 18 septembre 1970.
19. Lettre aux actionnaires de Pergamon Press, 1er juin 1973.
20. *Daily Mail*, 19 juin 1973.
21. Damon Runyon (1884-1946) : Écrivain et journaliste américain, prédécesseur de Hemingway; il a renouvelé la langue écrite par injection de tournures populaires empruntées notamment au quartier de Broadway (*N.d.T.*).
22. *Evening News*, 8 janvier 1974.
23. *Daily Mail*, 8 juillet 1976.
24. *The Sun*, 7 juillet 1976.

Chapitre VIII : La naissance d'un empire de presse

1. Society of Graphical and Allied Trades, l'un des syndicats actifs dans la presse britannique *(N.d.T.)*.
2. « Buttons and Bows » est le titre d'une chanson très populaire récompensée par un Oscar, qu'interprétait Bob Hope dans le film de McLeod, *Paleface (Visage pâle)*, tourné en 1949.
3. Bande des Quatre : Groupe de dirigeants chinois comprenant notamment la femme de Mao Tsé-Toung qui furent arrêtés après la mort de celui-ci et condamnés pour « déviations gauchistes ».
4. *Daily Mirror*, 14 juillet 1984.
5. *Sunday Citizen*, 18 juin 1967.
6. Les élections de 1959 portèrent au pouvoir le parti conservateur, avec une majorité de plus de 100 sièges et Harold Macmillan comme Premier ministre.
7. Cecil King, *The Cecil King*, Jonathan Cape, Londres, 1972, 1975.
8. Hugh Cudlipp, *Walking on Water*, Bodley Head, Londres, 1976.
9. William Davis, *Merger Mania*, Constable & C°, Londres, 1970.
10. William Davis, *op. cit.*, p. 23.
11. *Campaign*, 1er novembre 1986.
12. *Evening Standard*, 16 octobre 1968.
13. *Financial Times*, 19 octobre 1968.
14. *The Economist*, 19 octobre 1968.
15. *News of the World*, 20 octobre 1968.
16. Il s'agit de Rupert Murdoch, qui à l'époque appartenait au club travailliste de l'université d'Oxford.
17. *The Observer*, 20 octobre 1968.
18. *The Times*, 25 octobre 1968.
19. *Wall Street Journal*, 25 octobre 1968.
20. *Daily Mail*, 25 octobre 1968.
21. *New Stateman*, 1er novembre 1968.
22. *Financial Times*, 12 novembre 1968.
23. Regan, Simon. *Rupert Murdoch, A Business Biography*, Angus & Robertson, Londres, 1976, pp. 125-6.
24. *Ibid.*, p. 24.
25. *Financial Times*, 3 janvier 1969.
26. *The Times*, 16 mai 1969.
27. Cudlipp, Hugh. *Op. cit.*, p. 252.
28. *The Times*, 3 septembre 1969.
29. Evans, Harold. *Good Times, Bad Times*, Weidenfeld & Nicolson, Londres, 1983, p. 158.
30. McKay, Ron and Barr, Brian. *The Story of the Scottish Daily News*, Canongate, Edinburgh, 1976.
31. *Ibid.*, p. 29.
32. *Ibid.*, p. 30.
33. *Financial Times*, 16 mai 1974.
34. McKay, Ron and Barr, Brian. *Op. cit.*, p. 6.
35. *Ibid.*, p. 11.
36. *Ibid.*, p. 62.
37. *Ibid.*, p. 76.
38. *Scottish Daily News*, Special Press Conference, 27 septembre 1975.
39. McKay, Ron and Barr, Brian. *Op. cit.*, p. 146.
40. *Ibid.*, pp. 145-6.
41. Press statement, 22 octobre 1980.
42. *The Times*, 23 octobre 1980.
43. *Ibid.*
44. *Sunday Times*, 18 janvier 1981.
45. Interview non publiée avec Robert Head, *Daily Mirror*, janvier 1988.
46. *Daily Mail*, 23 juin 1984.
47. *Daily Mirror*, 5 juillet 1984.
48. *Daily Mail*, 5 juillet 1984.

Chapitre IX : La fête est finie

1. *Sunday Times*, 15 juillet 1984.
2. *The Spectator*, 21 juillet 1984.
3. *Liverpool Echo*, 7 juillet 1985.
4. Mirror Group Newspapers, Maxwellgramme, février 1985.
5. *Daily Mirror*, 26 avril 1985.

6. *Financial Times*, 26 mars 1983.
7. *The Times*, 2 avril 1983.
8. *Sogat Journal*, mars 1984.
9. *The Guardian*, 15 novembre 1983.
10. *Financial Times*, 24 août 1985.
11. *Sunday Times*, 1er septembre 1985.
12. *The Spectator*, 7 septembre 1985.
13. *Daily Telegraph*, 25 février 1986.
14. *Sunday Mail*, 2 mars 1986.
15. *The Times*, 5 mars 1985.
16. *Marketing Week*, 19 septembre 1986.

Chapitre X : De « sans famille » à « en famille »

1. James Boswell, écrivain écossais (1740-1795) a écrit une monumentale biographie d'un de ses contemporains, l'auteur Samuel Johnson, à qui il vouait une admiration sans borne *(N.d.T.)*.
2. *She*, mai 1987.
3. Herbert, Ivor. *The Way to the Top*, Robert Maxwell, Londres, 1969, p. 147.
4. Balliol College : une des plus anciennes fondations privées de l'université d'Oxford, fondée en 1263 par Jean de Balliol *(N.d.T.)*.
5. Herbert Henri Asquith (1852-1928), premier comte d'Oxford et Asquith, libéral, Premier ministre de 1908 à 1916.
6. Oxford Committee for Famine Relief, œuvre de bienfaisance fondée à Oxford. Principal organisme d'aide au tiers monde en Grande-Bretagne.
7. *Daily Express*, 17 septembre 1984.
8. Henry de Montherlant, *Les jeunes filles*, éd. Gallimard.

Chapitre XI : L'incroyable Monsieur Maxwell

Ce chapitre a été conçu pour une grande part à l'aide des textes réunis dans le « Livre d'Or » préparé par Betty Maxwell à l'occasion du soixantième anniversaire de son mari, ainsi que sur les témoignages des collaborateurs de Pergamon rassemblés en 1988.

1. *Wall Street Journal*, 19 mai 1987.
2. *Financial Times*, 27 mai 1987.
3. MORI (Market Opinion and Research International), institut de sondages d'opinion.
4. Herbert, Ivor. *The Way to Top*, Robert Maxwell, Londres, 1969, pp. 146-7.
5. Stülpnagel est le nom de deux généraux allemands qui connurent des fins tragiques. Otto et Heinrich Stülpnagel étaient cousins. L'un et l'autre commandèrent les troupes d'occupation en France. En 1946, Otto fut arrêté par les Alliés pour répondre de la façon dont il avait rempli ses fonctions à Paris pendant la guerre. Il se suicida dans sa cellule, à la prison du Cherche-Midi. En août 1944, Heinrich, qui avait participé au complot contre Hitler, fut pendu à Berlin *(N.d.T.)*.
6. *Lancashire Evening Telegraph*, 15 janvier 1983.
7. Captain « Crash » Abbotts à M. Maxwell, 5 octobre 1969.
8. *Daily Mail*, 15 juin 1973.
9. *Scotsman*, 20 juin 1986.
10. *New Statesman*, 18 juillet 1986.
11. *Sunday Express*, 16 décembre 1984.
12. *The Mail on Sunday*, 16 décembre 1984.
13. *Financial Times*, 8 décembre 1984.
14. *The Times*, 5 décembre 1984.
15. *The Observer*, 9 décembre 1984.

Cet ouvrage a été réalisé sur
Système Cameron
par la SOCIÉTÉ NOUVELLE FIRMIN-DIDOT
Mesnil-sur-l'Estrée
pour le compte des Éditions Odile Jacob
le 19 mai 1988

Imprimé en France
Dépôt légal : mai 1988
N° d'impression : 9803